Internationale Politik und Sicherheit

herausgegeben von der
Stiftung Wissenschaft und Politik, Ebenhausen
Redaktion: Dr. Albrecht Zunker

Band 37

Winrich Kühne

Blauhelme in einer turbulenten Welt

Beiträge internationaler Experten zur Fortentwicklung des Völkerrechts und der Vereinten Nationen

Professor Dr. h.c. Hans L. Merkle,
Präsident des Stiftungsrats der
Stiftung Wissenschaft und Politik/SWP,
gewidmet zum 1. Januar 1993
durch das Forschungsinstitut der SWP

Nomos Verlagsgesellschaft
Baden-Baden

Die Deutsche Bibliothek – CIP-Einheitsaufnahme

Blauhelme in einer turbulenten Welt: Beiträge internationaler Experten zur Fortentwicklung des Völkerrechts und der Vereinten Nationen / Winrich Kühne. – 1. Aufl. – Baden-Baden: Nomos Verl.-Ges., 1993
(Internationale Politik und Sicherheit; Bd. 37)
ISBN 3-7890-3136-4
NE: Kühne, Winrich; GT

1. Auflage 1993

Inhalt

Vorwort

Der weltpolitische Umbruch der Jahre 1989 bis 1991 hat die Außen- und Sicherheitspolitik des vereinigten Deutschlands grundlegend verändert. Zwar wurde die Vereinigung im Rahmen der multinationalen Institutionen und Regime vollzogen, in die sich die deutsche Politik schon lange vor dem Umbruch eingegliedert hatte. Aber diese Institutionen und Regime, allen voran die EG und die NATO, müssen sämtlich reformiert bzw. weiterentwickelt werden, um künftigen Aufgaben gewachsen zu sein. Angesichts verbreiteter Trends zur Renationalisierung europäischer Politik erforderte dies von der deutschen Politik ein besonderes Engagement in Richtung internationaler Strukturbildung. Die Gestaltungsaufgaben reichen von der Stabilisierung der Nachfolgestaaten der Sowjetunion über die Neuordnung der europäisch-amerikanischen Beziehungen und der europäischen Gemeinschaftsbildung bis zur Eindämmung der Verbreitung von nuklearen, chemischen und biologischen Waffen. Die Vielfalt ungelöster Probleme im Süden der Welt verschärft diese Lage.

Zielsetzungen, Mittel und Entscheidungsstrukturen deutscher Politik müssen dem erwartbaren Spektrum künftiger Risiken, Konstellationen und Aufgaben angepaßt werden. Zugleich wird die internationale Handlungsfähigkeit Deutschlands mehr als die anderer Demokratien durch innenpolitische Blockaden eingeengt. Es fehlt noch weitgehend ein nationaler Konsens darüber, welche Rolle Deutschland auf längere Sicht international spielen und inwieweit sie Ordnungsmacht werden kann und soll. In der nach dem Umbruch instabilen und fließenden internationalen Umwelt ist dies nicht einfach eine Frage des politischen Willens. Die Grundfrage, ob die deutsche Außen- und Sicherheitspolitik von einem Modell der "Helvetisierung" oder dem Ziel geleitet ist, die internationale Umwelt als kooperierende Ordnungsmacht zu gestalten, ist bis heute nicht wirklich beantwortet. Von außen ist Deutschland trotz verknappter Ressourcen in vielfältiger Weise Gegenstand überzogener Erwartungen und von Ressentiments bestimmten Befürchtungen.

Die außen- und sicherheitspolitische Diskussion in Deutschland hat Mitte 1993 noch keine Orientierung gefunden. In Zeiten solchen Umbruchs kommt dem Diskurs über die künftige Rolle Deutschlands sowie über die Ziele und Instrumente seiner Politik besondere Bedeutung zu. Die Stiftung Wissenschaft und Politik hat frühzeitig begonnen, auf dem Wege der Politikberatung und durch die Beteiligung am allgemeinen außen- und sicherheitspolitischen Diskurs neue Wege aufzuzeigen. Mehrere Sonderforschungsvorhaben für das Bundesministerium der Verteidigung entwickelten hier ein breites Spektrum von Bewertungen und Empfehlungen. Ohne daß das Ministerium oder die Bundesregierung hier festgelegt wurden, führten die erforderlichen Dialoge während der Studienarbeit zu vielen neuen und wertvollen Erkenntnissen.

Die Sonderforschungsvorhaben begannen mit einer Untersuchung des neuen Analysebedarfs der sicherheitspolitischen Entscheidungsträger in der Bundesrepublik Deutschland – bis heute eine weder inhaltlich noch organisatorisch abgeschlossene Aufgabe. In der Zeit zwischen August und November 1991 wurden dann mit einer größeren Projektgruppe und unter Beteiligung zahlreicher externer Experten die neuen sicherheitspolitischen Rahmenbedingungen und möglichen künftigen Konstellationen, die erwartbaren Risiken und Konfliktformen sowie die verfügbaren Instrumente internationaler Sicherheitspolitik untersucht. Diese Studie diente vor allem der konzeptionellen Grundlegung und der Erarbeitung geeigneter methodischer Instrumente.[1]

Darauf aufbauend folgte zwischen April und November 1992 ein weiteres Sonderforschungsvorhaben, das im Februar 1993 zum Abschluß gebracht wurde. Es hatte die doppelte Aufgabe, für die wichtigen Bereiche deutscher Sicherheitspolitik Sachstands- und Trendanalysen zu erarbeiten und Lösungswege für künftige Probleme aufzuzeigen. Diese Studie gliederte sich in *internationale Umfeldanalysen* (zu Konstellationen, Risiken und Instrumentarien für das Krisen- und Konfliktmanagement), *Interessenanalysen* (Sicht Dritter sowie Interessen und Rollen Deutschlands) und *Analysen zu nationalen Planungsaufgaben* (Aufgaben und Struktur der Bundeswehr, Ressourcenstrategie und Organisation nationaler Planungs-, Führungs- und Entscheidungsstrukturen).

Die Leitung der Gesamtstudie lag bei Uwe Nerlich und Wolfgang Heydrich (Stellvertreter). Sie und die für die verschiedenen Teilstudien verantwortlichen Mitarbeiter – Falk Bomsdorf (GUS), Joachim Krause (Nichtverbreitung von Kernwaffen), Winrich Kühne (Völkerrecht und Vereinte Nationen), Jürgen Nötzold (Europäische Integration) und Bernard von Plate (KSZE und NACC) – bildeten die für die Planung und Durchführung der Studie verantwortliche Lenkungsgruppe. Die Projektassistenz lag bei Joachim Rohde und Helga Schubert. An der Gesamtstudie wirkten mehr als 150 Autoren und etliche zusätzliche Berater aus dem In- und Ausland mit, darunter zahlreiche Vertreter aus Rußland, der Ukraine und Mittelosteuropa.

1 Größere Teile dieser Untersuchung sind im Bd. 32 dieser Veröffentlichungsreihe zusammengefaßt. Vgl. Wolfgang *Heydrich*/Joachim *Krause*/Uwe *Nerlich*/Jürgen *Nötzold*/Reinhardt *Rummel* (Hrsg.), Sicherheitspolitik Deutschlands: Neue Konstellationen, Risiken, Instrumente, Baden-Baden 1992.

Im vorliegenden Band werden aus diesem Vorhaben die Ergebnisse und Beiträge der vom Herausgeber betreuten Teilstudie über die "Fortentwicklung des Völkerrechts und der Vereinten Nationen auf dem Gebiet der internationalen Friedenssicherung" veröffentlicht.[2]

Ebenhausen, Juli 1993 Uwe Nerlich

2 Folgende weitere Veröffentlichungen aus diesem Sonderforschungsvorhaben liegen in derselben Schriftenreihe bereits vor oder sind vorläufig beabsichtigt: Joachim *Krause* (Hrsg.), Kernwaffenverbreitung und internationaler Systemwandel – Neue Risiken und Gestaltungsmöglichkeiten, Bd. 36; Jürgen *Nötzold* (Hrsg.), Europäische Konstellationen (Arbeitstitel); Wolfgang *Heydrich*/ Joachim *Rohde* (Hrsg.), Überlegungen zur langfristigen Entwicklung deutscher Streitkräfte und ihrer rüstungswirtschaftlichen Basis (Arbeitstitel – Bd. 38); Bernard *von Plate* (Hrsg.), Instrumentarien für europäisches Krisen- und Konfliktmanagement (Arbeitstitel – Bd. 40).

Einleitung

Es sah so vielversprechend aus nach dem Ende des Ost-West-Konflikts. Washington und Moskau hatten ihren weltpolitischen Antagonismus vergessen und kooperierten eng bei der Beseitigung der Folgelasten des Kalten Krieges. Verhandlungen über die Reduzierung nuklearstrategischer und konventioneller Waffen in Europa, die sich seit mehr als einem Jahrzehnt dahinschleppten, kamen zum Abschluß. In der Dritten Welt wurden blutige Konflikte, die sich teilweise jahrzehntelang hingezogen hatten, einem friedlichen Abschluß zugeführt. Die Rote Armee zog aus Afghanistan ab, Namibia wurde unabhängig, in Nicaragua wurde der Bürgerkrieg beendet. In Angola, Kambodscha und der Westsahara sowie wenig später in Mosambik und Südafrika kamen ebenfalls Verhandlungsprozesse in Gang.

Eine Ära des Friedens schien angebrochen und das Fundament für eine Neue Weltordnung gelegt zu sein. Die 1945 von den Siegermächten mit großen Hoffnungen ins Leben gerufenen Vereinten Nationen (VN) standen plötzlich wieder im Rampenlicht der internationalen Friedens- und Sicherheitspolitik. Ihr Engagement in verschiedenen Teilen der Welt weitete sich sprunghaft aus. Aufbruchstimmung herrschte insbesondere im machtpolitisch wichtigsten Gremium der Weltorganisation, dem Sicherheitsrat (SR), auch wenn das kriegerische Vorgehen gegen Saddam Hussein in der Weltöffentlichkeit einen zwiespältigen Widerhall fand. Das erste Gipfeltreffen, das die Mitglieder des SR in der Geschichte des Gremiums am 31. Januar 1992 in New York abhielten, und die im Juni 1992 der Weltöffentlichkeit übergebene "Agenda für den Frieden" des VN-Generalsekretärs (GS) Boutros Boutros-Ghali markierten zweifellos den Höhepunkt dieser Phase.

Im Sommer 1993 jedoch ist von all dem Optimismus wenig geblieben. Von einer Ära des Friedens und dem Beginn einer Neuen Weltordnung kann nicht mehr die Rede sein. Bewußt in Gegensatz zu George Bush hat Präsident Mitterrand die Formel von der "neuen Weltunordnung" geprägt. Befreit von der eisernen Klammer der militärischen und ideologischen Blockkonfrontation brechen ethnische, soziale und religiöse Konflikte allerorten mit ungezügelter Kraft auf. Die Welle der Gewalt und des Chaos rückt nun auch an Inseln des Wohlstandes wie Westeuropa heran: 1993 ist die Zahl der gewaltsamen Konflikte im europäischen Raum größer als in Afrika.

Und die VN befinden sich nicht nur auf einem Gipfelpunkt ihrer Erfolge, sondern zugleich in einer ihrer schwierigsten Phasen. Eben noch auf einer Welle der Sympathie, drohen sie nun zum Prügelknaben der internationalen Öffentlichkeit zu werden. Dort, wo sie – wie in Bosnien – nicht oder nur vorsichtig handeln, wird ihnen vorgeworfen, schwächlich und unentschlossen zu sein; handeln sie jedoch – wie in Somalia – energisch, dann werden sie angeprangert, alles falsch zu machen. Der Vorwurf des Militarismus und Neokolonialismus ist schnell gemacht.

Zweifellos begehen die VN Fehler und müssen lernen; ihre Kritiker und die internationale Öffentlichkeit insgesamt allerdings nicht weniger. Denn alle haben sich mit der Ausweitung der friedenssichernden Aufgaben der VN nach dem Ende des Ost-West-Konflikts auf ein Unternehmen eingelassen, das zwar notwendig, in seinem Ausgang aber ungewiß ist. Blauhelmeinsätze sind heute keine "exotische" Randerscheinung der internationalen Politik mehr. Peace-keeping und seine fortentwickelten Formen sind vielmehr auf dem Weg, ein tragender Eckpfeiler der internationalen Friedens- und Sicherheitspolitik in einer turbulenten, von Konflikten geschüttelten Welt zu werden. Der sprunghaften Ausweitung der Einsätze ist kein "neues Denken" bezüglich der finanziellen Mittel und Instrumente gefolgt. Die Mehrheit der Staaten will die Neue Weltordnung zum Null-Tarif, wie Außenminister Kinkel in seiner Rede vor der Generalversammlung (GV) der VN im September 1992 kritisiert hat. Die VN sind in Gefahr, unter der Last der Befriedung ethno-nationaler und ähnlicher Konflikte zusammenzubrechen.

Die deutsche Öffentlichkeit hat die Fortentwicklung der VN und ihrer friedenssichernden Aufgaben bisher vornehmlich durch einen schmalen Spalt gesehen, nämlich den der verfassungsrechtlichen Zulässigkeit des Einsatzes von Bundeswehrsoldaten. Der vorliegende Band dagegen behandelt das Thema sehr viel umfassender. In Beiträgen internationaler Experten mit zumeist praktischer Erfahrung werden Grundfragen der Fortentwicklung des Völkerrechts und der VN-Satzung, die Veränderungen in der Arbeitsweise des SR, die Fortentwicklung des traditionellen Peace-keeping in seinen militärischen und zivilen Komponenten, Probleme der Friedenssicherung durch regionale Einrichtungen, Ausbaumöglichkeiten auf dem Gebiet der vorbeugenden Diplomatie und Konfliktverhütung einschließlich der internationalen Wahlbeobachtung sowie – last but not at least – die ungelösten Finanzierungsprobleme der VN erörtert.

Vorangestellt ist diesen Beiträgen eine ihre Gedanken zusammenfassende und weiterführende Studie des Herausgebers. Sie führt in die weltpolitische Dynamik der turbulenten Welt nach dem Ende des Ost-West-Konflikts und der Ausweitung ethnischer, religiöser und ähnlicher Konflikte ein. Völkerrecht und VN sind vor eine neue Lage gestellt. Eine zentrale These ist daher die Notwendigkeit, eine neue, robuste Generation des Peace-keeping zu entwickeln, die systematisch zwischen den traditionellen Blauhelmeinsätzen und den Zwangsmaßnahmen (enforcement) klassischer kollektiver Sicherheit entsprechend Kapitel VII der Satzung der VN angesiedelt ist.

Die deutsche Diskussion steht dieser Fortentwicklung angesichts der geringen Befassung mit Problemen des Peace-keeping in der Vergangenheit weitgehend hilflos gegenüber. Unter anderem werden derartige Einsätze vorschnell als eine verdeckte Form traditioneller Kriegführung abqualifiziert. Der Beitrag läßt allerdings keine Zweifel an den immensen Schwierigkeiten, die bei der Entwicklung eines neuen Typus des Peace-keeping sowohl im Hinblick auf die Einsatzformen als auch die Bereitstellung und Ausbildung von Truppen sowie deren politische militärische Kontrolle zu bewältigen sind. Workshops in New York mit Mitarbeitern der VN, Angehörigen diplomatischer Vertretungen und Wissenschaftlern sowie zahlreiche Diskussionen mit erfahrenen Peace-keepern aus Österreich und anderen Ländern haben den Inhalt dieses Beitrags maßgeblich beeinflußt. Der Ständigen Deutschen Vertretung bei den VN in New York ist für ihre Unterstützung zu danken.

Veröffentlichungen über die Fortentwicklung des Peace-keeping laufen in einer politisch so schnellebigen Zeit Gefahr, veraltet zu sein, bevor sie erscheinen. Um diese Gefahr zu mindern, wurde darauf verzichtet, die Beiträge der englischsprachigen Autoren ins Deutsche zu übersetzen. Außerdem wurden die Beiträge vor Drucklegung auf den neuesten Stand gebracht. Frau Gelsdorf, Mitarbeiterin der SWP, gebührt ausdrücklich Dank für ihre große Geduld bei der wiederholten Bearbeitung der Manuskripte.

Ebenhausen, Juli 1993 Winrich Kühne

1. Völkerrecht und Friedenssicherung in einer turbulenten Welt: Eine analytische Zusammenfassung der Grundprobleme und Entwicklungsperspektiven

Winrich Kühne

I. Die Explosion der Anforderungen an die Vereinten Nationen

Die Nachfrage nach einer Beteiligung der VN bei der Lösung regionaler Konflikte ist seit dem Ende des Ost-West-Konflikts sprunghaft angestiegen.[1] 1992 war insoweit ein besonderes düsteres Jahr. Die Zahl dieser Konflikte stieg um fast 40 auf über 100.[2] Und nun ist nicht mehr der Süden, sondern Europa einschließlich der Gebiete der früheren Sowjetunion der konfliktreichste Teil der Welt. Vom Ende des Zweiten Weltkriegs bis Anfang 1988 gab es lediglich 13 Peace-keeping-Missionen.[3] 14 weitere wurden in den vier nachfolgenden Jahren, also bis Anfang 1993, beschlossen.[4]

Eindrucksvoller noch ist die Zunahme des Personals. Im Januar 1992 betrug die Zahl der Blauhelme und -mützen 11 500. Ende Oktober 1992 war sie bereits auf ca. 51 000 Soldaten und 14 000 Zivilisten angestiegen. Über 40 000 waren allein bei UNTAC[5] in Kambodscha und UNPROFOR[6] im ehemaligen Jugoslawien eingesetzt. Der Einsatz von über 30 000, vor allem amerikanischen Soldaten im Rahmen von *Operation Recover Hope* in Somalia (UNITAF)[7] hat die Zahl dann auf über 90 000 hochschnellen lassen.[8] Noch im Laufe des Jahres 1993 könnte die

---

1 Vgl. bezüglich einer Übersicht über die vergangenen Peace-keeping-Operationen Rüdiger *Wolfrum*, Handbuch der Vereinten Nationen, 2. Aufl., München 1991, S. 180ff.

2 Frank R. *Pfetsch*, Die Bewältigung nationaler und internationaler Konflikte, in: Spektrum der Wissenschaft, (Juni 1993), S. 103-106.

3 Im weiteren werden die im VN-Sprachgebrauch üblichen englischen Begriffe verwendet. Die deutschen Übersetzungen sind bisher zu uneinheitlich. Allein für *peace-keeping* werden drei verschiedene Worte benutzt: Friedenserhaltung, -bewahrung oder -sicherung. Die offizielle VN-Schreibweise *peace-keeping* weicht von der sonst in der englischsprachigen Literatur üblichen Schreibweise *peacekeeping* ab.

4 Die Zahl schließt die U.N. Observer Mission in South Africa (UNOMSA) sowie die U.N. Mission to Verify the Elections in Haiti (ONUVEH) im Jahr 1990 ein, obwohl diese Aktion als reiner Wahlbeobachtungseinsatz ohne Blauhelme in gewisser Weise atypisch war. Ihre Basis bildete, anders als üblich, ein Beschluß der GV, nicht des SR.
Vgl. allgemein den Beitrag von Rudolf *Schmidt*, Das Instrumentarium der Vereinten Nationen zum Krisenmanagement und seine Entwicklung in den letzten Jahren, in diesem Band.

5 U.N. Transitional Authority in Cambodia.

6 U.N. Protection Force.

7 Unified Task Force.

8 Vgl. zu Details dieser Operation Africa Research Bulletin, 1.-31.12.1992, S. 10831ff. Folgende weitere Staaten planen, militärisch an dieser Operation teilzunehmen: Frankreich, Belgien, Kanada, Italien, Saudi-Arabien, Pakistan, Türkei, Zimbabwe, Botswana, Kuwait, Schweden, Djibouti, Norwegen, Vereinigte Arabische Republik, Australien, Marokko, Tunesien, Algerien.

100 000-Marke durch die Entsendung weiterer Truppen nach Bosnien, Somalia und in andere Konfliktherde überschritten werden.[9] Gleichzeitig wird aber die Operation in Kambodscha voraussichtlich zu Ende gehen.

Die Ausgaben der VN für diese Operationen sind natürlich ähnlich sprunghaft angewachsen. 1992 stiegen sie von 700 Mio. auf fast 4 Mrd. US-Dollar. 1993 dürfte sich dieser Anstieg weiter fortsetzen.[10] Allein der Einsatz in Kambodscha kostet über 1,7 Mrd. US-Dollar. Diese Steigerungen sind eindrucksvoll. UNOSOM[11] II in Somalia wird nicht billiger sein. Dennoch: Diese Kosten sind nur ein Bruchteil derer, die für den Einsatz der westlichen Mächte am Golf gezahlt wurden. Ein kürzlich veröffentlichter Bericht "of the Independent Advisory Group on U.N. Financing", an dem unter anderem der frühere Bundesbankpräsident Karl Otto Pöhl mitwirkte, stellt kritisch fest: "The startling fact is that the sum of U.N. regular budget and peacekeeping costs for 1992 [5.2 Mrd. US-Dollar] ... was less than the cost of New York City's Fire and Police departments for one year. Unlike most of the world's armies, the U.N.'s blue helmets are now engaged in nearly half of the world's most dangerous places. Yet, on average, the nations of the world invest only 1.40 $ in peacekeeping for every $1 000 they devote to their own armed forces."[12]

Fazit: Mitte der 90er Jahre werden Blauhelme, anders als in den Jahrzehnten des Kalten Krieges, keine exotische Randerscheinung der internationalen Friedens- und Sicherheitspolitik mehr sein, sondern einer ihrer wichtigsten Pfeiler. Weitere Einsätze stehen bevor.[13]

Der Personal- und Kostenanstieg der VN-Einsätze ist nicht lediglich eine Folge der größeren Zahl von Einsätzen, sondern auch ihres veränderten Charakters. In der Vergangenheit hatten Peace-keeping-Einsätze der VN vornehmlich einen *stati-*

---

9 Die Zahlen sind aufgrund verschiedener, in ihren Angaben nicht immer übereinstimmender Veröffentlichungen geschätzt worden. Der Einsatz im Golf gehört nicht in diesen Zusammenhang.

10 Vgl. Boutros *Boutros-Ghali*, Empowering the United Nations, in: Foreign Affairs, 71 (Winter 1992/93) 5, S. 89-102 (95) und Review (The Weekly Newsletter on the U.N.), 31.5.-4.6.1993, S. 1.

11 U.N. Operation in Somalia.

12 Siehe Shijuro *Ogata*/Paul *Volcker u.a.*, Financing an Effective United Nations. A Report of the Independent Advisory Group on U.N. Financing, The Ford Foundation, New York, N.Y., April 1993, S. 2. Vgl. zu den Finanzproblemen der VN genauer den Beitrag von Enid C. B. *Schoettle*, United Nations Financing: The Growing Gap between Demands and Resources, in diesem Band.

13 Ende Juni 1993 hat der SR die Entsendung von 81 Beobachtern an die Grenze zwischen Uganda und Ruanda beschlossen; sie bilden die Vorhut einer etwa 2 000 Mann starken Blauhelmtruppe (UNOMOR – U.N. Observer Mission Uganda-Rwanda), die ein geplantes Friedensabkommen überwachen sollen; des weiteren schlug der GS den Einsatz von 50 Militärbeobachtern in Abchasien (Georgien) vor; nach Angola werden die VN größere Kontingente senden müssen, sobald die Verhältnisse im Lande eine Aufnahme der Friedensbemühungen wieder zulassen.

schen Charakter. In erster Linie zielten sie darauf ab, die Streitparteien durch die Überwachung von Waffenstillständen, Demarkationslinien etc. auseinanderzuhalten und den Konflikt in seinem gewaltsamen Teil stillzulegen. Dieses Ziel wurde zwar in der Mehrheit der Fälle erreicht, häufig jedoch nur um den Preis einer kostspieligen Dauerpräsenz (Zypern, Golan-Höhen etc.). Nicht zuletzt um eine derartige Dauerpräsenz zu vermeiden, wurden seit Ende der 80er Jahre Rahmen und Inhalt der Peace-keeping-Einsätze *dynamisiert* und *erweitert*. Das heutige moderne Peace-keeping ist durch ein breites Spektrum militärischer und ziviler Komponenten gekennzeichnet. UNTAG[14] in Namibia, ONUVEN[15] in Nicaragua, insbesondere aber UNTAC in Kambodscha und UNOSOM in Somalia sind für diese Fortentwicklung die herausragenden Beispiele.

Die Entwicklung des Peace-keeping ist damit jedoch nicht zu Ende. Seit Mitte 1992 stehen die VN unter beträchtlichem Druck, von traditionellen, auf dem Konsens aller beteiligten Streitparteien beruhenden Formen des Peace-keeping zu militärisch druckvolleren überzugehen, zumindest in Teilbereichen wie der Durchsetzung von Waffenstillständen und der Absicherung humanitärer Hilfe. Vor allem in Somalia und Bosnien-Hercegovina, aber auch in Angola wurden die Grenzen traditioneller Blauhelmeinsätze und humanitärer Hilfe auf erschreckende Weise deutlich. In beiden Fällen vermochten die VN einen Absturz dieser Ländern in das totale Chaos nicht mehr aufzuhalten.

Des weiteren wird eine Ausweitung ins Vorfeld gefordert. Das Umschlagen von Konflikten in gewaltsame Auseinandersetzungen soll durch ein frühzeitiges Eingreifen verhindert werden. In seinem Bericht "Agenda für den Frieden" an den Sicherheitsrat hat der GS der VN dem Ausbau der *präventiven Diplomatie* und *Konfliktverhütung* durch die VN und Regionalen Abmachungen (RegAb) einen hohen Stellenwert zugewiesen. Sogar ein *preventive deployment* von VN-Truppen wird angestrebt.

Die eindrucksvolle quantitative und qualitative Ausweitung des Peace-keeping ist jedoch nur ein Teil der neuen Aufgaben, deren Bewältigung von den VN und RegAb wie der KSZE, der OAS[16] und der OAE[17] nach dem Ende des Kalten Krieges erwartet wird.[18] Friedenssicherung hat auf globaler ebenso wie auf regionaler Ebene in den letzten Jahren eine weit über den traditionellen Begriff der kollektiven Sicherheit hinausgehende inhaltliche Ausweitung erfahren. Neue Auf-

---

14 U.N. Transition Assistance Group.

15 U.N. Observation Mission for the Verification of Elections in Nicaragua.

16 Organisation Amerikanischer Staaten.

17 Organisation für Afrikanische Einheit.

18 Der Bericht folgt begrifflich hier dem Wortlaut von Artikel 52 der Satzung der VN, der nicht von Regionalen Organisationen, sondern "Abmachungen" spricht.

gabenfelder sind (1) die Durchsetzung internationaler *Mindeststandards* im Bereich der *Menschenrechte*, des *Minderheitenschutzes* und der *Demokratisierung*; (2) die Absicherung *humanitärer Hilfe* in Kriegs- und Katastrophenfällen; (3) die *Non-Proliferation* von nuklearen, chemischen und anderen Massenvernichtungswaffen sowie die Begrenzung des Rüstungstransfers im allgemeinen; (4) die Bekämpfung des *internationalen Terrorismus*[19] und (5) des *Drogenhandels* sowie schließlich (6) die Verhinderung bestimmter grenzüberschreitender, die internationale Sicherheit gefährdender Formen der *ökologischen Bedrohung*.

Man könnte also meinen, daß die VN sich in einer Phase ungefährdeten Wachstums befinden. Tatsächlich jedoch sind sie gleichzeitig in einer ihrer schwierigsten Phasen. Führungsmächte und die Weltöffentlichkeit bürden den VN zwar eine Vielzahl neuer Aufgaben auf, sind aber nicht bereit, die für deren Bewältigung notwendigen Ressourcen und Instrumente zur Verfügung zu stellen. Dem "neuen Denken" bei den Aufgaben ist bisher kein neues Denken hinsichtlich der Kosten gefolgt. Die Mehrheit der Staaten und Regierungen wollen die Neue Weltordnung zum Nulltarif, wie Außenminister Kinkel vor der GV zu Recht beklagt hat.[20] Die deutsche Politik bildet in dieser Hinsicht allerdings keine Ausnahme. Sie "zahlt" zwar, erweist sich bisher aber als unfähig, ihren Beitrag zur militärischen Komponente der VN-Friedenssicherung zu klären.

Diese Tatsache wiegt um so schwerer, als die internationale Politik sich erst am Anfang einer turbulenten Phase eines komplizierten *Spannungs- und Transformationsverhältnisses* von *Globalisierungs*- und *Fragmentierungs*-, von Zentralisierungs- und Dezentralisierungstendenzen befindet. Die Strukturen der Welt sind sowohl auf der Ebene der Staaten und internationalen Organisationen (Makroebene) als auch auf der Ebene der Individuen und Gruppen (Mikroebene) in Bewegung geraten. Spannungen und Beben in großen Teilen der Welt sind die Folge. Zahlreiche weitere Einsätze der VN stehen daher unmittelbar bevor oder werden nachgefragt.

II. Die VN und Regionale Sicherheitsabmachungen in einer turbulenten Welt der Globalisierung und Fragmentierung

Auf dem Gebiet der früheren Sowjetunion lassen sich gegenwärtig mehr als 20 potentiell gewaltsame Konflikte ausmachen. Es geht überwiegend um Gebietsansprüche und Grenzziehungen zwischen verschiedenen, sich als "national" verstehenden

---

19 Auf ihrem Gipfeltreffen in New York am 31. Januar 1992 haben sich die Mitglieder des Sicherheitsrates verpflichtet, die Nichtverbreitung von Massenvernichtungswaffen zu einer Angelegenheit des Sicherheitsrates zu machen. Denn die Verbreitung solcher Waffen an sich stellt bereits eine Bedrohung des Friedens dar. Vgl. Rolf *Ekéus*, The Iraqi Experience and the Future of Nuclear Proliferation, in: The Washington Quarterly, 15 (1992) 4, S. 47-73.

20 Der Text der Rede vom 23.9.1992 ist abgedruckt in: Bulletin des Presse- und Informationsamts der Bundesregierung, (25.9.1992) 101, S. 949ff.

Gruppen. Ähnlich hoch liegt die Zahl auf dem Balkan. Und in Afrika ließen sich leicht zehn und mehr Länder aufzählen, in denen die VN oder andere internationale Organisationen bereits tätig sein müßten, wenn mit dem in Kapitel VI der VN-Satzung niedergelegten Verpflichtung zur friedlichen Streitbeilegung Ernst gemacht würde. In diesen Ländern besteht konkret die Gefahr, daß ethnische oder religiöse Konflikte im Rahmen eines schwierigen Demokratisierungsprozesses in gewaltsame Konflikte umschlagen.[21] Eine Untersuchung der Bush-Administration aus dem Jahre 1992 über die künftige amerikanische Afrikapolitik ergab, daß "the very existence of many African states will be threatened by the centrifugal forces of ethnicity".[22] Denn eine bittere Lektion hat die Phase nach dem Ende des Ost-West-Konflikts bereits erteilt: Demokratisierung und Liberalisierung sind, so wünschenswert sie im Prinzip sein mögen, kein Spaziergang. In verschiedenen Fällen besteht ihre erste Phase in einer Auslösung blutiger ethnischer oder religiöser Gruppenkonflikte.

Alle diese Fälle überschattet jedoch der mögliche Zerfall eines noch als Großmacht geltenden Landes: Rußland! Der Zusammenhalt der Russischen Föderation ist nicht gesichert. Tendenzen der Fragmentierung sind erkennbar. Seit Anfang 1993 hat sich die Lage aber stabilisiert. Zerfällt Rußland, dann werden die dadurch ausgelösten Erschütterungen das benachbarte China nicht unberührt lassen. Der Zusammenhalt dieses "Großreiches" ist ebenfalls nicht gewährleistet.

Die sprunghafte Zunahme kriegerischer Konflikte wird überwiegend mit dem *Ende des Ost-West-Konflikts* erklärt, also einem radikalen Einschnitt in die Hierarchie und Struktur der machtpolitischen Beziehungen zwischen Staaten und Bündnissen. Die rigiden, durch das System der wechselseitigen Abschreckung und den ideologischen Antagonismus zementierten Strukturen der Bipolarität hatten eine militante Austragung von Konflikten weitgehend "unterdrückt" (jedenfalls auf der nördlichen Halbkugel). Die internationale Machtverteilung ist in Bewegung geraten. Auf den Gebieten des ehemaligen sozialistischen Lagers entladen sich die unter der Decke des totalitären Sozialismus angestauten ethnischen, religiösen und wirtschaftlichen Probleme. In verschiedenen Regionen der sogenannten Dritten Welt hat das weitgehende Scheitern der in den zurückliegenden Jahrzehnten erhofften "nachholenden Entwicklung" zusammen mit dem Ende der Bipolarität einen ähnlichen Effekt. Angesichts des ungebremsten Bevölkerungswachstums sind verschärfte Konflikte um Land und andere Ressourcen vorhersehbar. Mit großräumigen, grenzüberschreitenden Wanderbewegungen muß gerechnet werden. In einigen Regionen wird sich das auf einen bitteren *Streit um Wasser* zuspit-

---

21 Vgl. dazu Winrich *Kühne*, Demokratisierung in Vielvölkerstaaten unter schlechten wirtschaftlichen Bedingungen – Ein Diskussionsbeitrag am Beispiel Afrikas, in: Nord-Süd aktuell, 6 (Juli 1992) 2, S. 290-300.

22 Zitiert nach SouthScan, 7 (20.11.1992) 44.

zen. An mindestens zehn Plätzen der Welt existiert diese Gefahr (vor allem im Nahen Osten und in Nordafrika). 40% der Weltbevölkerung leben an grenzüberschreitenden Flüssen.

Die weltweit wachsende Kluft zwischen Arm und Reich ist zweifellos ein weiterer Faktor, der das Spannungsverhältnis von Globalisierung und Dezentralisierung, von Modernisierung und Regression in verschiedenen Regionen zu einer explosiven Konstellation macht. In einigen Ländern Afrikas liegt das jährliche Pro-Kopf-Einkommen heute unter 100 US-Dollar, während es in den nördlichen Industriestaaten durchschnittlich 14 000 US-Dollar beträgt. Der Anteil aller Entwicklungsländer am Weltbruttosozialprodukt ist auf etwas über 16% gesunken, obwohl in ihnen zwei Drittel der Menschheit leben. Die zunehmende Verarmung in den Ländern des ehemaligen Ostblocks ist dabei noch nicht berücksichtigt. Hier zeichnen sich ähnliche Verhältnisse wie in der Dritten Welt ab. Zwar sind einige Länder Asiens und das eine oder andere lateinamerikanische Land auf dem Weg, sich aus der Gruppe der Entwicklungsländer zu lösen und nach oben aufzusteigen. Insgesamt läßt sich aber schon jetzt feststellen, daß die Kluft in diesem Jahrzehnt weiter zunehmen und ein ständiger Grund für weltpolitische Turbulenzen und Chaos sein wird.

Die Frage nach Krieg oder Frieden, nach gewaltsamer Konfliktaustragung oder evolutionärer Konfliktbehandlung – und damit nach Einwirkungsmöglichkeiten der VN – stellt sich in den verschiedenen Teilen der Welt äußerst unterschiedlich. In den reichen Ländern des Nordens haben vier Jahrzehnte der Blockade jeglichen Gebrauchs militärischer Mittel durch das nukleare Abschreckungssystem sowie ein hoher Grad an wirtschaftlicher und politischer Integration zu einem – im Vergleich zu anderen Regionen der Welt – ungewöhnlichen Ausmaß an "Zivilisierung" im Umgang mit militärischer Macht geführt. (In diesen Ländern, den OECD-Staaten, lebt jedoch nur ein Fünftel der Menschheit.[23]) Unter wirtschaftlich schlechten bzw. sich dramatisch verschlechternden Bedingungen dagegen steigt die Wahrscheinlichkeit, daß die über ethnische und/oder religiöse Identifikationen und Strukturen laufenden Transformationsprozesse gewaltsam ausgetragen werden. Gruppenpluralität schlägt aufgrund von Ressourcenknappheit in antagonistische, nationalistische oder sogar faschistische Abgrenzung gegenüber anderen Gruppen um. Im "postideologischen Zeitalter" werden Ethnizität und Religion in verschiedenen Teilen der Welt zum wichtigsten Auffangbecken massiver wirtschaftlicher und sozialer Frustrationen. Gleichzeitig hat der Ost-West-Konflikt eines im Überfluß zurückgelassen: Waffen – vor allem die für die Austragung derartiger Konflikte besonders "geeigneten" leichten und mittelschweren Waffen. Ins-

23 Vgl. Dieter *Senghaas*, Interdependenz im Internationalen System – Ein Diskussionsbeitrag, unveröffentlichtes Manuskript, Stiftung Wissenschaft und Politik, Ebenhausen, Februar 1992, S. 7ff.

gesamt gesehen sind die Entwicklungen im früheren Machtbereich der Sowjetunion am Horn von Afrika, in Angola etc. bei genauerem Hinsehen keine Überraschung!

Staaten, teilweise sogar ganze Regionen, beginnen unter dem Druck dieser kumulativen Konfliktgründe und -austragungsmöglichkeiten zu *fragmentieren*. Chaos und Anarchie sind die Folge. Zugleich etablieren sich aber Strukturen und Subkulturen der Gewalt, die erstaunlich dauerhaft sind und Friedensinitiativen Dritter so schwierig machen. Die Überschwemmung dieser Regionen mit Waffen, die billigst zu haben sind (am Horn von Afrika und einigen Ländern des südlichen Afrika wird die Kalaschnikow unter 30 Dollar gehandelt), ist dafür ein maßgeblicher Grund. Denn die Waffen sind nicht nur Mittel der Konfliktaustragung, sondern dienen mehr und mehr auch oder sogar lediglich der Sicherung des eigenen wirtschaftlichen Überlebens sowie des Lebens der eigenen Angehörigen und Gruppe.

Veränderungen auf der *Makroebene* der internationalen Politik, also vor allem das Ende des Ost-West-Konflikts, reichen als Erklärung für die explosive Ausweitung gewaltsamer Konflikte am Ende des zweiten Jahrtausends jedoch nicht aus. Mindestens ebensowichtig sind, wie insbesondere der amerikanische Sozialwissenschaftler James N. Rosenau dargelegt hat, Veränderungen auf der *Mikroebene*, also auf der Ebene des Individuums und seiner gesellschaftlichen Einbettung.[24] Auf dieser Ebene scheint sich eine nachhaltige Veränderung bzw. Neudefinition der *Autoritätsbeziehungen* zu vollziehen. Insbesondere die staatliche Macht ist Gegenstand einer machtvollen Dynamik "of interactive centralizing-decentralizing tensions".[25] Möglicherweise sind diese Spannungen Vorboten eines weitreichenden "clash of civilizations". Denn nach Samuel P. Huntington werden die entscheidenen Konfliktlinien der Menschheit am Ende dieses Jahrtausends der Kampf zwischen verschiedenen Großzivilisationen sein: "Nation states will remain the most powerful actors in world affairs, but the principal conflicts of global politics will occur between nations and groups of different civilizations. The fault lines between civilizations will be the battle lines of the future."[26]

Ein ganzes Bündel von Faktoren ist für die Dynamik auf der Mikroebene verantwortlich. Die sogenannte *skill revolution* wird von Rosenau besonders betont. Die Leistungen des Staates werden kritischer beurteilt und die emotionale Grundeinstellung zum Staat als Autorität verändert. Dieser Trend wird durch qualitative, Mikro- und Makroebene gleichzeitig betreffende Sprünge bei der *globalen wirtschaftlichen Interaktion* und das atemberaubende *kommunikative Zusammenrücken* der Welt durch moderne Elektronik, Medien und Verkehrsmittel verstärkt. Die

---

24 James N. *Rosenau*, The United Nations in a Turbulent World, Boulder/London 1992 (International Peace Academy, Occasional Paper Series), S. 9.

25 Ebd., S. 13ff.

26 Samuel P. *Huntington*, The Clash of Civilizations? in: Foreign Affairs, 72 (1993) 3, S. 22-49 (22).

Tragödien in Bosnien und Somalia werden über den Bildschirm zu Ereignissen in der Nachbarschaft. Umgekehrt ist die Bevölkerung in den armen Teilen der Welt über den Wohlstand im Norden gut informiert. Die Welt erscheint als Dorf. Die Ereignisse im Süden lassen die Menschen im Norden in ihrem geistig-emotionalen Zustand nicht unberührt und umgekehrt. Der Ruf nach Angleichung, nach ähnlich guten Lebenschancen, nach mehr internationaler Zusammenarbeit und besser funktionierenden internationalen Organisationen ist dementsprechend stark. Die immer mehr ins Bewußtsein der Menschen rückende ökologische Interdependenz wird dieser *Globalisierung* einen weiteren Schub geben.

Die Möglichkeit zu minutenschneller weltumspannender Kommunikation und Information hat jedoch – anders als es das "aufklärerische" Denken erwarten ließ – nicht den "mündigen", globale Zusammenhänge abwägenden und rational beurteilenden Weltbürger hervorgebracht. Ganz im Gegenteil, die Flut der Informationen und Bilder überfordert die kognitiven und affektiven Kapazitäten der meisten Menschen,[27] insbesondere derer, die in noch relativ traditionell orientierten Gesellschaften leben. Sie reagieren mit Abwehr und Rückzug auf die mehr oder weniger unmittelbar wahrnehmbare und gemäß den traditionellen Mustern erfahrbare Umgebung. Der oben erwähnte Rückgriff auf ethnische und/oder traditionelle religiöse Strukturen ist mehr oder weniger zwangsläufig. Alte Formen und Werte sind allerdings häufig nur der *Anknüpfungspunkt*, nicht aber die *Substanz* dieses Prozesses. Bei genauerem Hinsehen erweist er sich als eine eigenartige Mischung von *Regression* und *Modernisierung*. Dieser komplexen Dialektik kann hier jedoch nicht weiter nachgegangen werden.[28]

Ein weiterer Faktor motiviert zum Rückzug auf ethnische und religiöse Strukturen. Individuen und lokale Gemeinschaften befürchten, daß sie in der Unübersichtlichkeit und Abstraktheit *globaler Institutionen* und Zusammenhänge ihre emotional-kulturelle Identität verlieren. Sie reagieren mit verstärkter Hinwendung zu lokal oder regional festmachbaren Identifikationsmöglichkeiten. Zutreffend schreibt der mexikanische Schriftsteller und Diplomat Carlos Fuentes: "Vor diesem Horizont erscheinen die Forderungen der Armenier, Ukrainer, Kroaten, Slovaken, Katalanen und Franco-Kanadier absurd, würden sie nicht eine tiefe Wahrheit in sich bergen: die Verbundenheit zur kulturellen Identität gegen die Geschwindigkeit weltweiter Integration, die uns ohne Gesicht zurücklassen könnte."[29]

27 Vgl. hierzu auch Robert A. *Dahl*, The Problem of Civic Competence, in: The Journal of Democracy, 3 (1992) 4, S. 45-59.

28 Vgl. hierzu zum Beispiel Georg *Elwert*, Nationalismus und Ethnizität. Über die Bildung von Wir-Gruppen, in: Kölner Zeitschrift für Soziologie und Sozialpsychologie, (1989) 3, S. 440-464.

29 Carlos *Fuentes*, Das europäische Gesicht kann Spuren des Zweifels nicht verdecken, in: Frankfurter Rundschau (FR), 25.6.1992.

Insgesamt läßt sich feststellen, daß der moderne Territorialstaat in weiten Teilen der Welt in eine Phase tiefgreifenden Wandels geraten ist. Das Ende dieser Phase und ihr Verlauf ist gegenwärtig kaum vorauszusagen.

Aus zwei Richtungen stehen der moderne Territorialstaat und sein traditioneller Souveränitätsanspruch unter Druck. *Zum einen* wird von ihm die Abgabe von Macht und Kompetenz nach "unten", also innerstaatlich, verlangt. Denn darauf läuft die in den meisten Staaten der Welt gegenwärtig aktuelle Forderung nach mehr Demokratie und Menschenrechten, nach mehr *Zivilgesellschaft* (also mehr Spielraum für nichtstaatliche Organisationen und Gruppen) sowie besserem Minderheitenschutz (zum Beispiel durch Formen der lokalen Selbstverwaltung und regionaler Autonomie) hinaus. Natürlich ist der Ruf nach diesen Rechten dort am stärksten, wo sie bisher am wenigsten praktiziert wurden. Dort schlägt Demokratisierung, wie angedeutet wurde, vielfach in den Zerfall multiethnischer Zentralstaaten um. Ein schwieriger, meist gewaltsamer Prozeß der Neukonsolidierung verkleinerter Einheiten in neuen Grenzen wird in diesen Fällen unvermeidbar sein. "Much more redrawing of the world's political map lies ahead – especially in regions we still describe, for want of a better word, as the Third World. The magnitude of this change can scarcely be overemphasized", schreibt ein Autor.[30] Dennoch dürfte die Annahme irrig sein, daß die Ära der Nationalstaatlichkeit zu Ende gegangen und die der "Weltinnenpolitik" angebrochen ist. Westeuropäische Integrationserfolge, die sich zwischenzeitlich durchaus als brüchig erweisen, werden in ihrer globalen Bedeutung überbewertet. In weiten Teilen der Welt ist das Bedürfnis nach nationalstaatlicher Organisation unverändert stark. Wohl aber kristallisieren sich in der allgemeinen Ungeordnetheit der internationalen Beziehungen zunehmend *Inseln weltinnenpolitikähnlicher Regime* heraus, die Folge einer aus unterschiedlichen Gründen erfolgten globalen Verdichtung von Verhaltensstrukturen, Normen und institutionalisierten Durchsetzungsmechanismen sind. Insgesamt dürfte Richard Falk mit der folgenden Feststellung die verwirrende Dynamik zutreffend beschrieben haben: "In this regard, the shape and orientation of a new world order will emerge over the course of the next decade as an output on an intense political struggle among many contending actors and social forces; states will certainly play a role, with leading states exerting considerable influence, but a statist future will be modified by market forces of various kinds and by the democratising struggles of peoples and their associations and movements in many local, national, regional and global settings.[31]

30 James C. *Clad*, Old World Disorders, in: The Washington Quarterly, 15 (1992) 4, S. 141-148 (141).

31 Richard *Falk*, Democratising, Internationalising, and Globalising: A Collage of Blurred Images, in: Third World Quarterly, 13 (1993) 4, S. 627-639 (628).

*Zum andere*n muß der Staat Kompetenz nach "oben", zu regionalen und globalen Organisationen abgeben sowie eine größere Durchlässigkeit gegenüber normativen Forderungen der Weltgemeinschaft zeigen. Der Katalog reicht von Normierungszwängen im Bereich der wirtschaftlichen, technischen und infrastrukturellen Zusammenarbeit, der Rüstungskontrolle und Non-Proliferation bis hin zu Aufgaben der Friedenssicherung sowie einem zunehmend universalen Bewußtsein bezüglich menschenrechtlicher und demokratischer Mindeststandards und dem Schutz der *global commons*.[32] Gerade auf dieser Ebene verliert der Territorialstaat seine exklusive Rolle als internationaler Akteur. Internationale Organisationen wie die VN selbst, die EG und internationale Nichtregierungsorganisationen (NGOs) gewinnen zunehmend die Qualität eigenständiger, eigenen Gesetzen gehorchender Akteure des internationalen Systems. Wenn auch zögernd, paßt sich das Völkerrechtsdenken dieser Realität an. Bisherige Interpretationen des *Souveränitätsprinzips* und *Nichteinmischungsgebots* werden überdacht. Die Verständigung über eine den heutigen Verhältnissen gerecht werdende Interpretation dieser beiden Völkerrechtsgrundsätze und des Selbstbestimmungsrechts ist zweifellos eine Grundvoraussetzung für die Fortentwicklung der VN-Friedenssicherung.

III. Völkerrecht im Wandel: Vom Recht der Staaten zum Recht der Weltgemeinschaft

1. Vom Recht der Völker zum "Weltinnenrecht"?

Jost Delbrück weist in seinem Beitrag zur Völkerrechtsentwicklung darauf hin, daß "eine in dieser Breite bisher nicht gekannte Entwicklung eines neuen Bewußtseins der Bedeutung und Rolle des Völkerrechts für die Errichtung und Sicherung einer umfassenden Friedensordnung" eingesetzt habe.[33] Das Schlußkommuniqué der Mitglieder des SR nach ihrem Gipfeltreffen in New York im Januar 1992 ist für diese Entwicklung ein Beispiel. Die Wiederherstellung der Einheit der Völkerrechtsordnung nach dem Ende des Ost-West-Konflikts, die Notwendigkeit einer verbesserten Gewährleistung der *rule of law* in den internationalen Beziehungen wurden in dieser Erklärung ebenso betont wie die Notwendigkeit verstärkter Anstrengungen zur Durchsetzung des Völkerrechts. Einschränkungen der staatlichen Souveränität seien dafür eine unverzichtbare Voraussetzung.[34] Eine der bemerkenswertesten Fortentwicklungen des Völkerrechts seit dem Zweiten Weltkrieg ist zweifellos die Tatsache, daß im Rahmen der Entwicklung des modernen Menschenrechtsschutzes nicht nur den Staaten als den "traditionellen Akteuren"

---

32 Wasser, Luft, Biosphäre, Regenwälder, Energie- und Rohstoffreserven etc.

33 Jost *Delbrück*, Wirksameres Völkerrecht oder neues "Weltinnenrecht"? Perspektiven der Völkerrechtsentwicklung in einem sich wandelnden internationalen System, in diesem Band, S. 101.

34 Ebd., S. 102.

des internationalen Systems, sondern auch Individuen die Möglichkeit zur Durchsetzung ihrer Rechte zur Verfügung steht.[35]

Ein weiterer Bereich, in dem die Rechtsentwicklung die einzelstaatliche Verantwortlichkeit eindeutig transzendiert und an ihre Stelle die gemeinsame Verantwortung der internationalen Gemeinschaft als "konzeptionelle Basis" getreten ist, ist das Umweltrecht. "Die neue Gestalt des internationalen Umweltrechts entwikkelte sich aus den Rechtsregimen für staatsfreie Räume, wie z.B. der Antarktis, der Hohen See und des Weltraums, die rechtsverbindlich zum 'Gemeinsamen Erbe der Menschheit' erklärt wurden. Insbesondere die Sorge um den Schutz der empfindlichen Ökosysteme der Antarktis und der Hohen See hat den Anstoß zur Entwicklung des konzeptionellen Rahmens ... gegeben, der klar über die traditionellen völkerrechtlichen Vorstellungen einzelstaatlicher Haftung und der Formen der Rechtsdurchsetzung hinausgeht."[36] Die Proliferation ethno-nationaler und religiöser Konflikte macht die Unterscheidung zwischen *innerstaatlicher* Suche nach *Demokratie* und Autonomie einerseits sowie Inanspruchnahme des dem *internationalen* Bereich zuzuordnenden *Selbstbestimmungsrechts* andererseits zunehmend schwierig, zumindest dann, wenn sich die betreffenden ethnischen Gruppen nicht mehr als "Minderheiten", sondern als "Nationalitäten" verstehen. Denn eine wesentliche Schwierigkeit der Regelung solcher Konflikte liegt in der Tatsache, daß es in der Vergangenheit weder ein Anliegen des traditionellen Völkerrechts noch der Satzung der VN war, diesen Konflikttypus zu regeln. Beide Mechanismen sind im wesentlichen auf *Kriege zwischen Staaten* ausgerichtet. Im übrigen galt das innerstaatliche Recht als zuständig. In seinem Rahmen gab es für das Völkerrecht nichts zu regeln. (Die Praxis trennte natürlich nie so sauber.) Die nun auf die internationale Gemeinschaft zukommende Konfliktwelle liegt jedoch genau zwischen beiden Polen. Das erklärt die gegenwärtig so große Unsicherheit im politischen, rechtlichen und militärischen Umgang mit diesem Konflikttypus, sei es im ehemaligen Jugoslawien, in Somalia, Liberia oder an anderen Plätzen. Die VN und die RegAb befinden sich erst am Anfang des Lernprozesses, wie mit diesen Konflikten umzugehen ist.

2. Souveränität und Nichteinmischungsgebot

Der Text der Satzung der VN scheint auf den ersten Blick die Meinung zu stützen, daß *Staaten* und *ihre Regierungen* als die international allein relevanten Akteure gelten und einen strikten Schutz durch das *Nichteinmischungsgebot* genießen. Artikel 2 der Satzung, insbesondere Ziffer 7, verbietet allen Staaten und den VN selbst, in die "internen Angelegenheiten" anderer Staaten einzugreifen. Der Ost-

35 Ebd., S. 108.

36 Ebd., S. 114f.

West-Konflikt mit seinen wechselseitigen Blockierungen und die Furcht der Herrschenden in den jungen Staaten der Dritten Welt, daß ihre frisch gewonnene Eigenständigkeit nicht genügend respektiert wird, haben dazu geführt, daß sich diese rigide und einseitige Interpretation als die herrschende durchgesetzt hat.

Diese Dogmatisierung der Staaten und ihrer jeweiligen Regierung als allein relevante Akteure beruht jedoch auf einer einseitigen Gewichtung der in Artikel 2 der Satzung niedergelegten *Grundsätze* im Verhältnis zu den in Artikel 1 beschriebenen *Zielen*. In Ziffer 2 von Artikel 1 ist zum Beispiel zu lesen, daß es bei der souveränen Gleichberechtigung der Staaten und der Selbstbestimmung um die Rechte von *Völkern*, nicht jedoch von Regierungen oder gar Diktatoren und Warlords geht. In Ziffer 3 von Artikel 1 ist noch deutlicher klargestellt, daß das Ziel der VN nicht das "Wohl" von Regierungen, sondern das der Völker und der in ihnen lebenden Menschen und Gruppen ist.[37] Des weiteren machen es Artikel 55 und 56 der Satzung den Staaten zur Pflicht, bei der Verbesserung und dem Schutz der individuellen Menschenrechte zu kooperieren.

Das Spannungsverhältnis zwischen dem Staat als wichtigstem Akteur des internationalen Systems einerseits und den in der VN-Satzung niedergelegten normativen Zielen der Weltgemeinschaft andererseits dokumentiert sich in einem weiteren, für die Sicherung des Friedens besonders wichtigen Artikel. In Artikel 2 Ziffer 7 letzter Satz haben die Väter der VN ausdrücklich klargestellt, daß das in Kapitel VII festgelegte Recht des SR zu Zwangsmaßnahmen bei der internationalen Friedenssicherung von dem Nichteinmischungsgebot unberührt bleibt. Mit anderen Worten: Das Friedenssicherungsrecht des SR gilt nicht nur im zwischenstaatlichen, sondern reicht in den innerstaatlichen Bereich hinein, soweit von dort aus Bedrohungen für den Frieden im Sinne von Artikel 39ff ausgehen.

In der Zeit des Kalten Krieges wurde trotz dieses klaren Wortlauts von der großen Mehrheit der Völkerrechtslehrer erstaunlicherweise dennoch die Auffassung vertreten, daß ein derartiges Eingriffsrecht des SR nicht bestehe. Verschiedene Entscheidungen des SR seit Anfang der 90er Jahre, die eine nicht an der staatlichen Souveränitätsgrenze haltmachende Interpretation des Begriffs der Friedensbedrohung zum Inhalt haben, führten jedoch zu einem Umdenken.[38]

---

37 Ziffer 3 von Artikel 1 lautet: "... Zusammenarbeit herbeizuführen, um internationale Probleme wirtschaftlicher, sozialer, kultureller und humanitärer Art zu lösen und die Achtung vor den Menschenrechten und Grundfreiheiten für alle ohne Unterschied der Rasse, des Geschlechts, der Sprache oder der Religion zu fördern und zu festigen".

38 Zwei Entscheidungen dieser Art hat es auch schon in der Phase des Kalten Krieges gegeben, nämlich die Sanktionsentscheidung des SR gegen Rhodesien 1968 und die Verhängung eines obligatorischen Waffenembargos gegen Apartheid-Südafrika 1977. Vgl. zum Wandel des Völkerrechtsdenkens in dieser Frage *Delbrück*, Wirksameres Völkerrecht oder neues "Weltinnenrecht"?, in diesem Band.

Tiefe Eingriffe in die "internen Angelegenheiten" enthalten die Resolutionen 687 und 688 (1992) gegen den Irak und Resolutionen 731 und 748 (1992) gegen Libyen. Aufgrund von Resolution 687 wurde der Irak einer in der Geschichte der VN bisher einmalig umfassenden Kontrolle des SR in Sachen Abrüstung unterworfen,[39] insbesondere was die Befugnisse der VN bei der Vernichtung von Massenvernichtungswaffen und ihren Produktionsstätten betrifft. Neuland wurde auch mit der Einrichtung einer international überwachten Schutzzone für die Kurden im Norden des Landes betreten. Letztere basiert auf der Feststellung des SR in Resolution 688, daß die interne Unterdrückung von Teilen der Zivilbevölkerung, insbesondere den Kurden, und der daraus resultierende grenzüberschreitende Flüchtlingsstrom eine Bedrohung des Friedens und der Sicherheit in der Region darstelle. Und die Verhängung eines Luft- und Waffenembargos gegen Libyen, um die Auslieferung der zwei angeblich für den Lockerbee-Anschlag verantwortlichen libyschen Diplomaten zu erzwingen, stellt sogar einen Schritt dar, der sicherlich nicht mehr im Vorstellungsbereich der Gründer der VN lag.[40]

Den Irak- und Libyen-Resolutionen folgten weitere Beschlüsse des SR, die vom traditionellen Souveränitätsverständnis abweichen. Resolution 794 vom 3. Dezember 1992 autorisierte UNITAF unter der Führung der USA, "alle notwendigen Maßnahmen" vorzunehmen, um in Somalia wieder ein sicheres Umfeld für humanitäre Hilfsleistungen herzustellen.[41] Der Beschluß wurde auf Kapitel VII der VN-Satzung gestützt. Seine Einmaligkeit liegt in der Tatsache begründet, daß nicht die Auswirkungen auf die Nachbarstaaten, sondern "die menschliche Tragödie des somalischen Volkes", also massive und andauernde Menschenrechtsverletzungen, als Bedrohung des internationalen Friedens im Sinne von Artikel 39 der Satzung qualifiziert wurde. Erklärend fügte GS Boutros-Ghali später hinzu: "In Somalia haben wir gesehen, daß ein Mitgliedsland der Vereinten Nationen keine Regierung hat, Hilfe von außen nicht auf die Zustimmung einer Regierung warten kann und daher die Vereinten Nationen Handlungen zur Wiederherstellung des Mitgliedslandes als Gesellschaft und souveräne Einheit billigen muß."[42] Im Frühjahr

---

39 Der Irak muß alle chemischen und biologischen Waffen sowie Raketen mit mehr als 150 km Reichweite und die entsprechenden Forschungsanlagen und logistischen Einrichtungen zerstören. Er hat die Entwicklung, den Bau und den Erwerb von Atomwaffen, Forschungseinrichtungen und -materialien zu unterlassen und das vorhandene Material zur Zerstörung bereitzustellen. Für die Überwachung und Durchführung wurde eine Sonderkommission errichtet, die bei der "Durchsuchung" von Einrichtungen, Gebäuden, Gelände etc. weitestgehende Vollmachten hat. Das Nichteinmischungsgebot ist insoweit praktisch außer Kraft gesetzt.

40 Knut *Ipsen*, Auf dem Weg zur Relativierung der inneren Souveränität bei Friedensbedrohung. Zu den Libyen-Resolutionen des Sicherheitsrats, in: Vereinte Nationen, (1992) 2, S. 41-45 (44).

41 Vgl. Africa Research Bulletin, 1.-13.12.1992, S. 10831. Vgl. zum Engagement der VN in Somalia auch Volker *Mathies*, Zwischen Rettungsaktion und Entmündigung, in: Vereinte Nationen, (1992) 2, S. 45-51.

42 Vgl. UNO-Woche, 10.3.1993, S. 3.

1993 galt die Mission von UNITAF, in Somalia ein "secure environment" wiederherzustellen, als mehr oder weniger erfüllt. Dieser Auffassung war jedenfalls GS Boutros-Ghali in seinem Bericht an den SR vom 3. März.[43] Die amerikanischen Truppen zogen sich weitgehend zurück. An die Stelle von UNITAF trat nun die direkt dem Kommando der VN unterstehende UNOSOM II mit einer militärischen Mannschaftsstärke von ca. 28 000 Personen. Auch UNOSOM II hat das Recht, notfalls militärische Gewalt zur Durchsetzung seines Mandats einzusetzen, insbesondere bei der weiteren Entwaffnung somalischer Guerilla und Banden. Das ist in Resolution 814 des SR vom 26. März 1993 ausdrücklich klargestellt. In dieser Resolution wurden die Vorschläge im Bericht des GS weitgehend übernommen. Die Einsatzrichtlinien der deutschen Soldaten allerdings erlauben keinen Waffengebrauch zur Durchsetzung des Mandats, sondern nur zur Selbstverteidigung. (UNOSOM II stellt in seiner Mischung von traditionellem Blauhelmeinsatz und Elementen des "enforcement" gemäß Kapitel VII der VN-Satzung den ersten Fall einer neuen, robusten Generation von Peace-keeping-Einsätzen dar, die ein zentrales Thema der weiteren Überlegungen dieses Beitrags sind.[44])

Neuland betrat der SR auch in den verschiedenen Resolutionen zum ehemaligen Jugoslawien, ohne daß ihnen an dieser Stelle genauer nachgegangen werden soll. Denn die Einmischung des SR in die internen Angelegenheiten ist bei ihnen weniger eindeutig, und zwar aus dem eingangs genannten Grund. Die Konflikte begannen als "interne" jugoslawische Angelegenheiten, wurden dann aber - mit der Ausnahme Bosnien-Hercegovinas - durch Sezession und Anerkennung weitgehend zu "zwischenstaatlichen". Theodor Meron ist jedoch darin zuzustimmen, daß die vom SR in Resolution 808 getroffene Feststellung, daß "violations of international humanitarian law constitute a threat to international peace and that the establishment of a war crimes tribunal would contribute to the restoration and the maintenance of peace is of ground-breaking importance."[45] Denn der SR hat die Errichtung des Gerichts ausdrücklich auf Kapitel VII der VN-Satzung gestützt und damit einmal mehr seine Auffassung bestätigt, daß nicht nur die direkte zwischenstaatliche Aggression, sondern auch schwere Verbrechen gegen die Menschlichkeit eine Bedrohung des internationalen Friedens darstellen können. In seinen faktischen Auswirkungen ist dieses Gericht allerdings wohl weit weniger enthusiastisch zu beurteilen als Meron das tut (vgl. weiter unten).

Insgesamt ist festzustellen, daß nach dem Wortlaut der VN-Satzung eine dynamische Interpretation und Umgestaltung des Nichteinmischungsgebots im Sinne

43 Vgl. genauer den entsprechenden Bericht des GS an den SR S/25354 vom 3.3.1993.

44 Vgl. früher schon Winrich *Kühne*, Friedenssicherung durch die Vereinten Nationen in einer Welt ethno-nationaler Konflikte, in: Aus Politik und Zeitgeschichte. Beilage zur Wochenzeitung Das Parlament, (9.4.1993) B15-16, S. 9-19.

45 Theodor *Meron*, The Case for War Crimes Trials in Yugoslawia, in: Foreign Affairs, 72 (1993) 3, S. 122-135 (122).

einer Relativierung und Transformation des Staates und seines in der Vergangenheit absoluten Souveränitätsanspruchs möglich, ja in gewisser Weise sogar gefordert ist. Nur so werden die Zielbestimmungen von Artikel 1 ernst genommen.[46] Eine derartige Interpretation muß jedoch zweierlei beachten:

Zum einen die Tatsache, daß das Nichteinmischungsgebot, insbesondere in seiner rigiden Interpretation, ein relativ primitives Organisationsprinzip des internationalen Zusammenlebens ist. Auch in früheren Jahrhunderten stand es schon im Gegensatz zur realen Verflechtung der in den verschiedenen Staaten lebenden Gesellschaften.[47] Heute gilt das angesichts der oben geschilderten Globalisierungstendenzen einmal mehr. *Zum anderen* übt das Nichteinmischungsgebot aber eine Schutzfunktion aus, die weiterhin wichtig ist. Vielfalt und Eigenständigkeit sind, wie beschrieben wurde, trotz der Globalisierungstendenzen ein unveränder-tes Bedürfnis der Völker und der in ihnen lebenden gesellschaftlichen Gruppen. Die Rechtsverbindlichkeit des Nichteinmischungsgebots ist für die Realisierung dieses Bedürfnisses unverzichtbar. Das gilt insbesondere für diejenigen Gesellschaften, die nicht über die Machtmittel verfügen, ihre Eigenständigkeit auf andere Weise zu schützen.

Dem entspricht, daß es vor allem die weltpolitisch schwachen Staaten des Südens sind, die die Relativierung des Nichteinmischungsgebots mit Mißtrauen betrachten. Eine international akzeptierte und politisch auch praktikable Neugestaltung des Nichteinmischungsgebots wird deswegen nur durchsetzbar sein, wenn seiner *Schutzfunktion* gerade von den starken Staaten des Nordens ausreichend Rechnung getragen wird, inhaltlich ebenso wie institutionell. (Letzteres wirft zwangsläufig die Frage nach einer angemessenen Besetzung des SR der VN auf, die am Schluß dieses Beitrags erörtert wird.[48])

Trotz des Mißtrauens vieler Staaten im Süden in dieser Frage ist es jedoch falsch, hinsichtlich des Nichteinmischungsgebotes von einer prinzipiellen Front-

46 Dem steht nicht entgegen, daß in der Absicht der Gründungsväter der VN "promotion of human rights ranked far below the protection of national sovereignty and the maintenance of peace as organizational goals". (Tom J. *Farer*, An Inquiry into the Legitimacy of Humanitarian Intervention, in: Lori *Fisler Damrosch*/David J. *Scheffer* [Hrsg.], Law and Force in the New International Order, Boulder 1991, S. 185-199 [190]). Der Wille der Gründungsväter ist nach ganz überwiegender Auffassung jedoch nur ein Element, das bei der Interpretation der Satzung zu berücksichtigen ist. Die sich fortentwickelnde Praxis und Überzeugung der Völker und Staaten ist nicht minder relevant. Das gilt um so mehr, je länger der Wille der Gründungsväter zurückliegt, der eine andere Welt als die gegenwärtige zum Gegenstand hatte.

47 Interessanterweise stellte der Permanent Court of International Justice schon 1923 in einem Satz fest: "Die Frage, ob eine bestimmte Angelegenheit ausschließlich eine Angelegenheit der Jurisdiktion eines Staates ist oder nicht, ist eine relative Sache; es kommt auf den Grad der Entwicklung der internationalen Beziehungen an" (zitiert nach Kelly-Kate S. *Pease*/David P. *Forsythe*, Human Rights, Humanitarian Intervention and World Politics. Paper prepared for the Atlanta Conference of the International Studies Association, April 14, 1992, S. 6).

48 Vgl. S. 96-100.

stellung im Nord-Süd-Verhältnis zu sprechen. Auch in den Entwicklungsländern werden rigide Interpretationen des Nichteinmischungsgebotes hinterfragt. Besonders in Afrika hat sich insoweit in den letzten Jahren ein bemerkenswertes Umdenken vollzogen. Das von dem früheren nigerianischen Staatschef, General Olusegun Obasanjo, ins Leben gerufene Africa Leadership Forum hat hier federführend gewirkt und in seinem Kampala-Dokument Grundsätze niedergelegt, die denen der KSZE ähnlich und von ihr beeinflußt sind.[49] Und Äußerungen, wie die des OAE-Generalsekretärs Salim Ahmed Salim, wären vor wenigen Jahren noch undenkbar gewesen: "In the past, internal conflicts were considered to be no-go, taboo areas for the OAU. But now it is accepted that we cannot behave like ostriches in Addis Ababa and let Somalia burn, let a situation of conflict prevail in Sudan, in Rwanda, and elsewhere and have the OAU keep quiet."[50]

In Lateinamerika ist spätestens seit der von der Generalversammlung der OAS in Santiago (Chile) im Juni 1991 verabschiedeten Resolution 1080 zur "Verteidigung und Erhaltung der Demokratie" klargestellt, daß die Beseitigung der Demokratie in einem Mitgliedsland nicht mehr lediglich eine rein innerstaatliche Angelegenheit ist. Die kollektive Sicherheit der Region gilt vielmehr als bedroht und die Gemeinschaft ist berechtigt, Gegenmaßnahmen zu ergreifen.[51] In zwei Fällen hat sie das bereits getan: Haiti und Peru. Selbst die islamischen Staaten sind in Fragen der Souveränität nicht mehr so rigide, wie es auf den ersten Blick erscheint. Immerhin hat die Islamische Weltkonferenz im Falle Bosniens internationale Zwangsmaßnahmen gefordert, die gegebenenfalls militärische einschließen, um ihre Glaubensbrüder vor der Vernichtung zu schützen.[52] Am wenigsten ist eine Veränderung des Souveränitätsdenkens bisher in Asien Thema. Aber auch dort gibt es Ansätze.

GS Boutros-Ghali, der in der "Agenda für den Frieden" noch von der Befriedung zwischenstaatlicher Konflikte als dem wichtigsten Aufgabengebiet der VN ausgegangen war und in dem Bericht ein entsprechend konventionelles Verständnis von Souveränität und Nichteinmischung vertrat, hat unter dem Druck der Ereignisse seine Position modifiziert. Auf einer Konferenz in New York Anfang Dezember 1992 betonte er: "Es ist eine sich herausbildende Tatsache, daß sich die Nationen heute mehr mit sich selbst im Kriegszustand befinden als mit anderen Regionen. Die Tatsache, daß sich derartige Verwüstungen innerhalb nationaler Grenzen ereignen, ist keine Entschuldigung für Nichthandeln."[53] Aussagen des GS

49 Vgl. *Africa Leadership Forum*, The Kampala Document, 19-22 May 1991, Kampala, Uganda.

50 Interview: A New Agenda for the OAU, in: Africa Report, (Mai/Juni 1992), S. 36.

51 Resolution zur Verteidigung und Erhaltung der Demokratie, 5.6.1991, OAS-Konferenz vom 3. bis 8.6.1991, Santiago de Chile, in: Keesing's Archiv der Gegenwart 1991, S. 35734A.

52 Die Islamische Weltkonferenz setzte dem SR der VN sogar ein Ultimatum, bis zum 15. Januar 1993 einen entsprechenden Beschluß zu fassen. Das Ultimatum verstrich folgenlos.

53 Zitiert nach UNO-Woche, 8 (16.12.1992) 37/38, S. 4.

im Zusammenhang mit der *Operation Recover Hope* in Somalia (siehe oben) belegen seinen Sinneswandel nicht minder deutlich.

Die Schlußerklärung des Gipfeltreffens der blockfreien Staaten in Jakarta 1992 ist ähnlich widersprüchlich.[54] Einerseits werden im ersten Teil traditionelle Positionen des Souveränitätsdenkens aufrechterhalten, andererseits werden dann aber im zweiten Teil all die neuen Herausforderungen genannt, die bisher meist nur in westlichen Dokumenten nachzulesen waren und die eben gerade nicht mehr mit dem traditionellen Souveränitätsdenken zu bewältigen sind. Trotz der Aversion der Blockfreienbewegung gegen eine schleichende Ausweitung der Jurisdiktion des SR, insbesondere im Bereich der Menschenrechte und Umwelt, wurden in Jakarta ausdrücklicher als bei früheren Treffen die globale Interdependenz und die Notwendigkeit zu einem kooperativen Dialog mit dem Norden anerkannt.

In der Praxis wird die Relativierung des Nichteinmischungsgebotes, ähnlich den widersprüchlichen Äußerungen Boutros-Ghalis und der Blockfreienbewegung, vermutlich einer Springprozession gleichen.[55] Einerseits werden Regierungen, insbesondere die des Südens, deklaratorisch auf seiner strikten Einhaltung insistieren, andererseits werden sie sich seiner immer häufigeren Relativierung im Einzelfall nicht verschließen. (In diesem Sinne ist auch die Kontroverse zwischen nördlichen und südlichen Staaten über die Fortentwicklung der Menschenrechte und ihrer internationalen Überwachung in Vorbereitung der Weltmenschenrechtskonferenz in Wien im Juni 1993 zu interpretieren.[56]) Dennoch wird es keineswegs nur von den Ländern der Südens abhängen, wie zügig diese Prozession vorankommt. Die Bereitschaft nördlicher Mächte, Eingriffe in ihre internen Angelegenheiten durch die VN oder andere Institutionen hinzunehmen, notfalls sogar Zwangsmaßnahmen, wird wichtig sein. *Vermeidung von Doppelstandards* ist ein wichtiger Grundsatz, Anerkennung von *Reziprozität* ein weiterer.

Die Weste der nördlichen Staaten ist in beiden Hinsichten nicht unbefleckt. Die islamischen Staaten haben zu Recht beklagt, daß das "vorsichtige" Eintreten der westlichen Mächte für die Muslime im ehemaligen Jugoslawien ebenso wie für die 400 von Israel ausgewiesenen Palästinenser im krassen Gegensatz zu dem energischen Vorgehen gegen Saddam Hussein stehe. Und die Entscheidung Washingtons, bei der Klage (1985) der sandinistischen Regierung gegen die amerikanische Verminung der Häfen Nicaraguas ihre Unterwerfung unter die Rechtsprechung des Internationalen Gerichtshofs (IGH) zurückzunehmen, mag politisch zwar verständlich sein. Im Hinblick auf die Fortentwicklung des Völkerrechts und die hier

---

54 Vgl. Statement issued by the 10th Conference of Heads of State or Government of Non-Aligned Countries, Jakarta, 1.-6.9.1992, in: Diplomatic World Bulletin (New York), 23 (21.-28.9.1992) 9, S. 4.

55 Die widersprüchlichen Resolutionen der GV zur "humanitären Hilfe" und zur "internationalen Wahlbeobachtung" sind hierfür gute Beispiele. Vgl. etwa Resolution A/46/137 vom 17.12.1991.

56 Vgl. Süddeutsche Zeitung (SZ), 10.5.1993.

zur Diskussion stehende Bereitschaft, Beschränkungen der eigenen Souveränität gegebenenfalls hinzunehmen, war sie aber kontraproduktiv.[57] Sie hat Zweifel aufkommen lassen, inwieweit die USA bereit sind, die Gültigkeit des Völkerrechts nicht nur von anderen, sondern auch von sich selbst zu verlangen. Diese Zweifel erhielten weitere Nahrung durch die seltsame Entscheidung des *Supreme Court* im Fall *United States of America versus Humberto Alvarez-Machain* über die gewaltsame Entführung eines Mexikaners in die USA und seine Strafverfolgung dort.[58] Das Gericht erklärte seine Anklage vor einem amerikanischen Gericht für zulässig, obwohl es einen Protest Mexikos und einen Antrag auf Auslieferung zur Anklage in Mexiko gab. Die Entscheidung löste bei Kanada, fast allen lateinamerikanischen Staaten und der Schweiz schärfsten Protest aus.[59] Die Vorgehensweise der USA sei mit "established practices" unter "civilized nations" unvereinbar.[60]

Die Nicaragua-Entscheidung des IGH weist zugleich auf ein weiteres grundsätzliches Problem der Fortentwicklung des Völkerrechts hin: Wer entscheidet im Einzelfall über Einschränkungen des Nichteinmischungsgebotes? Diese Entscheidung kann auf Dauer nicht im freien Ermessen einzelner Staaten liegen. Die *inhaltliche* Fortentwicklung des Völkerrechts im allgemeinen und des Souveränitätsprinzips im besonderen bedarf deswegen ihrer *Entsprechung im institutionellen Bereich*. Die Anerkennung von Mechanismen der freiwilligen und obligatorischen Streitschlichtung hat zwar Fortschritte gemacht, vor allem in Europa, ist aber weiterhin ungenügend. Inhaltlich ist das Völkerrecht den neuen Herausforderungen auf dem Gebiet der Menschenrechte und Demokratisierung bisher weit besser gerecht geworden als auf dem Gebiet der *Institutionalisierung*. Das ist ein im Detail weit über den Rahmen dieses Beitrags hinausgehendes Feld. Es betrifft die grundsätzliche und vielfältige Gestaltung des internationalen Systems durch den Ausbau sektoraler multilateraler Regime mit Überwachungs- und Implementierungsmechanismen, wie sie zum Beispiel im Bereich der Rüstungskontrolle, der Nichtverbreitung von Nuklearwaffen und der vertrauensbildenden Maßnahmen im Rahmen der KSZE bereits erfolgreich praktiziert werden. Politisch besonders aktuell aber ist die inhaltliche und prozedurale Fortentwicklung der dem SR gemäß Artikel 39ff

---

57 Zu diesen und anderen Fragen der amerikanischen VN-Politik vgl. Pia *Bungarten*, "Going out Alone, but in Multilateral Company:" American Policies towards the United Nations, in diesem Band.

58 Machain war der Folter und der Beihilfe zum Mord an einem als Agent der Drug Enforcement Agency (DEA) arbeitenden Mexikaner angeklagt. Von der DEA gedungene Kidnapper entführten ihn nach Texas wo ihn die amerikanischen Behörden verhafteten. Die mexikanische Regierung sah das als einen klaren Verstoß gegen den mit den USA bestehenden Auslieferungvertrag an und verlangte seine Rückführung. Das Gericht gab dem nicht statt. Der Fall nahm eine satirenhafte Wendung. Machain wurde von dem mit dem Fall befaßten Gericht in Los Angeles wegen Mangel an Beweisen freigesprochen. Vgl. Neue Zürcher Zeitung, 17.12.1992.

59 Vgl. die Materialien zu dem Fall in: International Legal Materials, 31 (Juli 1992) 4, S. 934ff.

60 Ebd., S. 923.

der VN-Satzung gegebenen Entscheidungs- und Durchsetzungskompetenz. Sie soll am Beispiel der für ein verändertes Souveränitätsverständnis so wichtigen Frage der humanitären Intervention erörtert werden.

3. Ein qualifiziertes Verständnis von Souveränität: Zum Problem der *humanitären Intervention*[61]

Im Völkerrecht ist die Diskussion über legitime Formen der *humanitären Intervention* und Hilfestellung alt. Sie lebt in regelmäßigen Abständen wieder auf. Zu greifbaren Ergebnissen hat sie bisher nicht geführt. In ihrer eindeutigen Mehrheit kommen die Völkerrechtslehrer zu dem Schluß, daß sich in der bisherigen Staatenpraxis ein Rechtsbewußtsein zugunsten "bewaffneter Eingriffe im Ausland zum Schutz der Menschenrechte der Angehörigen des Territorialstaates" nicht nachweisen läßt. Derartige Eingriffe sind durch das umfassende Gewaltverbot des Artikels 2 Absatz 4 der Satzung untersagt.[62] Aus diesem Grunde haben die Regierungen es in allen bekannten Fällen vorgezogen, ihr Vorgehen letztlich als Abwehr einer Aggression oder mit einem - mehr oder weniger konstruierten - "Hilferuf" des betreffenden Landes zu rechtfertigen, haben sich also - obwohl von den faktischen Voraussetzungen her höchst zweifelhaft - auf Artikel 51 der Satzung berufen. Humanitäre Erwägungen wurden nur als zweite, eher politisch gemeinte Rechtfertigung ins Feld geführt.[63] (Umstrittener ist ein zweiter, hier nicht relevanter Fall der humanitären Intervention: die Intervention zur Rettung eigener Staatsangehöriger [z.B. Israels Aktion in Entebbe, Uganda]. Nach Auffassung einer Minderzahl von Völkerrechtlern ist sie ein Fall "verlängerter Selbstverteidigung" gemäß Artikel 51 VN-Satzung.)

Die Diskussion über den im Januar 1979 erfolgten Einmarsch tansanischer Truppen in Uganda zur Beseitigung der Schreckensherrschaft von Idi Amin läßt erkennen, wo die rechtspolitischen Schwierigkeiten der Anerkennung einer humanitären Intervention liegen. Die internationale Gemeinschaft und die Mehrzahl der afrikanischen Staaten standen dem Einmarsch positiv gegenüber. Dennoch verweigerten sie eine explizite Bestätigung seiner Rechtmäßigkeit. Grund war vor allem die Furcht, damit einen Präzedenzfall zu schaffen, der von anderen Staaten mißbraucht werden könnte. Auch die große Zahl von Deklarationen, Konventionen und Vereinbarungen, die bezüglich einer Ächtung von Genozid, Sklaverei,

---

61 Auf eine umfassende Aufzählung der zu diesem Thema in jüngster Zeit abgefaßten Beiträge wird hier verzichtet und statt dessen auf die in den nachfolgenden Anmerkungen zitierten Beiträge verwiesen. Besonders in der Journalistik und politikwissenschaftlichen Literatur ist die "humanitäre Intervention" en vogue. Zahlreiche Beiträge sind mit dementsprechend heißer Feder und geringem Realitätssinn geschrieben.

62 Vgl. Alfred *Verdross*/Bruno *Simma*, Universelles Völkerrecht, 3. Aufl., Berlin 1984, S. 291.

63 Vgl. *Farer*, An Inquiry into the Legitimacy of Humanitarian Intervention, S. 192ff.

Folterungen und anderen massiven Verletzungen der Menschenrechte abgeschlossen worden sind, spricht dagegen, daß die Weltgemeinschaft und die Regierungen ein Eingreifen aus humanitären Gründen schlechterdings ablehnen. Der grundsätzlichen Anerkennung ihrer Rechtmäßigkeit steht vielmehr entgegen, daß bisher kein Weg gefunden wurde, sie vor *Mißbrauch* zu schützen. Das ließe sich ändern, wenn die Durchführung einer humanitären Intervention strikt an ein multilaterales, satzungsmäßig festgelegtes Verfahren gebunden wäre, also an die in Kapitel VII und (im Falle RegAb) Kapitel VIII der Satzung genannten Voraussetzungen. Die Gefahr ihres Mißbrauchs wäre dann zumindest gemindert.

Im Sicherheitsrat und in der Völkerrechtslehre besteht heute weitgehend Einigkeit darüber, daß der Begriff der "Bedrohung des internationalen Friedens" in Artikel 39 des Kapitels VII vom SR weit ausgelegt werden kann. Darauf wurde bereits hingewiesen. Völkermord, Vertreibung und andere massive Formen von Menschenrechtsverletzungen stellen zweifellos eine Bedrohung des Friedens dar. Christopher Greenwood stellt fest, daß "die Idee, daß die Vereinten Nationen ihre Befugnisse gemäß der Charta nutzen könnten, um aus humanitären Gründen in einem Staat zu intervenieren" jetzt "viel stärker etabliert" zu sein scheint.[64] Und dem amerikanischen Völkerrechtler Thomas M. Frank ist darin zuzustimmen, daß es – um die VN-Satzung sowohl in ihrem menschenrechtlichen als auch friedensichernden Teil zu einem Instrument des 21. Jahrhunderts fortzuentwickeln – notwendig ist, "*first* to establish a recognized, institutionalized process for determining whether a government has crossed the line from democracy to totalitarianism. The *second* is to create in law a significant range of penalties ..., if a government crosses the line [oder wenn ein Staat fragmentiert ist, W.K.]. The implementing of penalties ... must be the prerogative not of individual states but of legitimate, credible, international machinery charged with finding facts and determining the appropriate penalties."[65]

Die Satzung kennt allerdings nicht den Begriff der "humanitären Intervention", sondern nur den der "Friedensbedrohung". Außerdem knüpft er zu sehr an das Völkerrechts- und Politikverständnis des 19. Jahrhunderts an. Er ist deswegen für die gegenwärtige Diskussion wenig hilfreich. Zumindest im Verständnis der Länder des Südens erinnert er fatal an die Kanonenbootpolitik der Großmächte des vergangenen Jahrhunderts (man denke nur an die "Intervention" während des Boxeraufstands in China). Dieser Begriff stellt eine unnötige psychologische Bela-

64 Christopher *Greenwood*, Gibt es ein Recht auf humanitäre Intervention?, in: Europa-Archiv, (1993) 4, S. 93-106 (104). Ganz ähnlich auch David J. *Scheffer* in seinem vorzüglichen Beitrag Toward a Modern Doctrine of Humanitarian Intervention, in: The University of Toledo Law Review, 23 (1992) 2, S. 253-293.

65 Thomas G. *Frank*, Intervention against Illegitimate Regimes, in: *Damrosch/Scheffer*, Law and Force in the New International Order, S. 159-176 (164).

stung des Versuchs dar, sich mit den Ländern des Südens über die Durchsetzung der Menschenrechte in der Sache zu verständigen.

Für die Zukunft sollte man daher besser, auch wenn das für viele Politiker, Journalisten und Juristen ungewohnt ist, von unterschiedlichen und aus Gründen der Rechtsklarheit genauer zu definierenden Fällen internationaler *Zwangsmaßnahmen* zur Sicherung von menschenrechtlichen und demokratischen Mindeststandards sprechen. Die drei wohl wichtigsten Fälle sollen hier kurz genannt werden:

(1) Bei "massiver und systematischer" Verletzung der von der großen Mehrheit der Staaten anerkannten *menschenrechtlichen* (einschließlich des Schutzes von Minderheiten) Mindeststandards durch diktatorische Regime.[66] Die Mindeststandards ergeben sich aus den internationalen menschenrechtlichen Konventionen, Deklarationen und Abmachungen, insbesondere natürlich der "Allgemeinen Erklärung der Menschenrechte" von 1948, der "Konvention über die Verhütung und Bestrafung des Völkermordes" von 1948, dem "Internationalen Übereinkommen zur Beseitigung jeder Form von Rassendiskriminierung" von 1966, der "Erklärung über die Beseitigung aller Formen von Intoleranz und Diskriminierung aufgrund der Religion oder der Überzeugung" von 1981 und dem "Übereinkommen gegen Folter und andere grausame, unmenschliche oder erniedrigende Behandlung oder Strafe" von 1984. Äußerst umstritten ist, ob die menschenrechtlichen Mindeststandards auch bestimmte demokratische Grundrechte einschließen. Artikel 21 der Allgemeinen Erklärung der Menschenrechte spricht dafür.[67]

(2) Bei Fällen, in denen der politisch-soziale Zusammenhalt der auf einem Territorium lebenden Gruppen in einem Maße *fragmentiert* ist, daß keine der Streitparteien mehr für sich in Anspruch nehmen kann, die staatliche Souveränität auf diesem Territorium zu repräsentieren. Somalia und mit Einschrän-

66 Vgl. den Jahresbericht 1991 des früheren GS der VN, Perez de Cuellar, in dem er schreibt: "It is now increasingly felt that the principle of non-interference within the essential domestic jurisdiction cannot be regarded as a protective barrier behind which human rights could be *massively or systematically* violated with impunity" (U.N. Doc. A/46/1, 6.10.1991 [Hervorhebung W.K.]). Zur Entwicklung speziell des Minderheitenschutzes vgl. Klaus *Dicke*, Die UN-Deklarationen zum Minderheitenschutz, in: Europa-Archiv, (1993) 4, S. 107-116.

67 In Artikel 21 der Allgemeinen Erklärung der Menschenrechte vom 10. Dezember 1948 steht: (1) Jedermann hat das Recht, an der Gestaltung der öffentlichen Angelegenheiten seines Landes unmittelbar oder durch frei gewählte Vertreter teilzunehmen. (3) Der Wille des Volkes bildet die Grundlage für die Autorität der öffentlichen Gewalt; dieser Wille muß durch wiederkehrende, echte, allgemeine und gleiche Wahlen zum Ausdruck kommen, die mit geheimer Stimmabgabe oder mit einem gleichwertigen freien Wahlverfahren stattfinden. Artikel 25 des Internationalen Paktes über bürgerliche und politische Rechte vom 19. Dezember 1966 garantiert diese demokratischen Grundrechte ebenfalls.

Einige Völkerrechtler, so zum Beispiel Thomas G. Frank, gehen inzwischen durchaus so weit, dem Anspruch auf Demokratie völkerrechtliche Qualität zuzusprechen. Vgl. Thomas G. *Frank*, The Emerging Right to Democratic Governance, in: American Journal of International Law, 86 (1992) 1, S. 46-91.

kungen Bosnien sind für diesen Tatbestand gegenwärtig zweifellos die Hauptbeispiele. Es mag gut sein, in diesem Zusammenhang noch einmal die treffende Aussage von Boutros-Ghali zum Somalia-Einsatz zu wiederholen: "In Somalia haben wir gesehen, daß ein Mitgliedsland der Vereinten Nationen keine Regierung hat, Hilfe von außen nicht auf die Zustimmung einer Regierung warten kann und daher die Vereinten Nationen Handlungen zur Wiederherstellung des Mitgliedslandes als Gesellschaft und souveräne Einheit billigen muß." Verallgemeinernd fuhr er dann fort: "Die Herausforderung besteht heute darin, ein Gleichgewicht zwischen der Integrität des Staates und den Erfordernissen einer zunehmend interdependenten Welt zu finden."[68] Gebietshungrige Nachbarstaaten dürfen aus diesem Satz aber keine falschen Schlüsse ziehen. Die Souveränität des betreffenden Staates ist nicht aufgehoben. Der Anspruch auf territoriale Integrität bleibt bestehen. Nachbarländer können das Territorium nicht einfach unter sich aufteilen.

(3) Schließlich muß sich die Gewährleistung menschenrechtlicher Mindeststandards konsequenterweise auch auf die Fälle beziehen, in denen Regierungen die Durchführung zwingend notwendiger, vom SR der VN oder einem entsprechenden regionalen Gremium beschlossener, *humanitärer Hilfe* willkürlich behindern oder sogar verhindern. Auch hier wird offensichtlich nicht mehr die Souveränität von "Völkern", sondern von ihrer Bevölkerung feindlich gegenüberstehenden Machthabern ausgeübt. Von einer internationalen Norm der "non-interference in humanitarian assistance", wie US-Außenminister Baker es einmal formuliert hat, wird man wohl noch nicht sprechen können. Immerhin vertritt aber auch das Internationale Komitee des Roten Kreuzes (IKRK) die Auffassung, daß die Ausübung des "Rechts auf humanitäre Hilfe" keinen Fall von unberechtigter Einmischung darstellt.[69] Abdul Mohamed, verantwortlich für die Durchführung von humanitärer Hilfe am Horn von Afrika, formuliert entschiedener: "It is absolutely immoral for the UN and the world to listen to warlords who talk of sovereignty while they fail to feed their people or provide basic law and order."[70]

Die Aufforderung an den SR sowie die Völkerrechtslehre und die Politikwissenschaft lautet also, schrittweise eine den Ansprüchen der Rechtssicherheit genügende *Kasuistik* der "Bedrohung des internationalen Friedens" im Sinne von Artikel 39 der VN-Satzung zu entwickeln. Dafür wurde bereits in einer früheren Untersu-

---

68 Vgl. UNO-Woche, 10.3.1993, S. 3.

69 Zitiert nach Jarat *Chopra*/Thomas G. *Weiss*, Sovereignty Is No Longer Sacrosant: Codifying Humanitarian Intervention, in: Ethics and International Affairs, 6 (1992), S. 91-116 (108).

70 Financial Times, 12.9.1992.

chung plädiert.[71] Diese Kasuistik erschöpft sich nicht in der menschenrechtlichen Agenda, sondern betrifft auch – was hier nur angedeutet werden kann – Fragen (1) der Nichteinhaltung *international vereinbarter Regime*, wie dem Nichtverbreitungsvertrag, der NPT, Konvention über C-Waffen etc., (2) der *Bekämpfung des internationalen Terrorismus*, (3) des *internationalen Drogenhandels*, (4) der *Abwehr* schwerer, grenzüberschreitender ökologischer Gefahren und – wie noch gezeigt wird – (5) des *Nichteingehens auf Maßnahmen der präventiven Konfliktverhütung* und der *friedlichen Streitbeilegung* durch Verhandlungen oder andere Maßnahmen.

Die Verwirklichung der hier vorgeschlagenen Linie würde zweifellos eine breite Bresche in das herrschende Souveränitätsdenken schlagen. In allen Fällen der genannten reduzierten Souveränitätsausübung wäre, das ist ausdrücklich zu wiederholen, ein Beschluß gemäß Artikel 39 der Satzung als Mindestmaß der multilateralen Legalisierung erforderlich. Eine verstärkte gutachterliche Einschaltung des IGH hinsichtlich der völkerrechtlichen Seite entsprechender Beschlüsse wäre im Sinne einer vertrauensbildenden Maßnahme gegenüber den schwachen Staaten zweifellos wünschenswert. Das ist bereits nach der gegenwärtigen Rechtslage möglich. Denn gemäß Artikel 96 der Satzung kann der SR vom IGH ein Gutachten anfordern. Ist der SR durch ein Veto daran gehindert, seine Aufgaben wahrzunehmen, dann könnte man sich durchaus vorstellen, daß die GV in Analogie zur "Uniting for Peace Resolution" diese Blockierung mit einer "Uniting for Humanity Resolution" überwinden kann.

4. Selbstbestimmungs- oder Selbstzerstörungsrecht?

Die politische Relevanz des Selbstbestimmungsrechts schien mit dem Ende der Dekolonisierung ad acta gelegt zu sein. Das Gegenteil ist durch die Politisierung und Proliferation ethnischer und religiöser Konflikte jedoch eingetreten. Ethnien und Völker in den verschiedenen Teilen der Welt sind nicht mehr bereit, sich lediglich als "Minderheit" zu verstehen, sondern deklarieren sich als "Nationalitäten", die Anspruch auf einen eigenen Staat haben. Das Selbstbestimmungsrecht des Artikels 1 der VN-Satzung, das ähnlich den im selben Artikel genannten Menschenrechten als ein Prinzip zur Stärkung des "Weltfriedens und der internationalen Sicherheit" gedacht war, verkehrt sich in sein Gegenteil. Es wird zum Sprengsatz für den Frieden in zahlreichen Regionen, ja vielleicht sogar des Weltfriedens (nämlich dann, wenn Rußland und/oder China zerfallen sollten). Der territoriale Zusam-

---

71 Vgl. Winrich *Kühne*, Mögliche Konfliktlagen im Süden nach dem Ende des Ost-West-Konflikts, in: Wolfgang *Heydrich u.a.* (Hrsg.), Sicherheitspolitik Deutschlands: Neue Konstellationen, Risiken, Instrumente, Baden-Baden 1992, S. 459-463. Vgl. hierzu auch den Beitrag von Dieter *Senghaas*, Überlegungen zu einer Kasuistik internationaler Interventionen, in diesem Band, dessen Gedanken in eine ähnliche Richtung gehen.

menhalt zahlreicher Staaten ist bedroht. Es besteht die Gefahr, daß sich ganze Regionen in eine zerstörerische "Orgie der Selbstbestimmung" stürzen.

Ein einseitig ethno-religiös aufgeladenes Selbstbestimmungsrecht stellt gegenwärtig ohne Zweifel eine der größten Bedrohungen für den Frieden dar. Sie dürfte durch ein dogmatisches Insistieren auf dem Prinzip der *Unverletzlichkeit der Grenzen* nicht mehr in allen, vielleicht nicht einmal in der Mehrzahl der Fälle in den Griff zu bekommen sein. Die Frustrationen über den Staat und die Politik der vergangenen Jahrzehnte sind zu groß, die Feindschaft zwischen den auf einem Territorium zusammenlebenden Gruppen zu weit fortgeschritten. Außerdem hat das prinzipielle Argument gegen die Anerkennung neuer Einheiten seit der Anerkennung der sechs Teilrepubliken Jugoslawiens seine Glaubwürdigkeit verloren. Das Schleusentor wurde geöffnet.

Andererseits ist, wenn auch mit gewissen Einschränkungen, Etzioni zuzustimmen, daß "Self-determination movements, a major historical force for more than 200 years, have largely exhausted their legitimacy as a means to create more strongly democratic states." – "Self-determination movements challenge democracy by chipping away at its structural and socio-psychological foundations."[72]

Es geht also um einen angemessenen rechtlichen, politischen und gegebenenfalls auch miltärischen Umgang mit dieser widersprüchlichen Situation. Weder ein dogmatisches Insistieren auf dem territorialen Status quo von Staaten noch eine uferlose Anwendung des Selbstbestimmungsrechts wird helfen. Das traditionelle Völkerrecht, das sich seit langem mit einer angemessenen Definition des Selbstbestimmungsrechts herumquält, wird bei der Lösung des Problems jedoch bedauerlicherweise nur bedingt Hilfestellung leisten können.[73]

Das Recht der "Völker" auf Selbstbestimmung ist heute im Prinzip unbestritten. Es ist sowohl in Artikel 1 Ziffer 2 der VN-Satzung als auch in den verschiedenen Menschenrechtspakten eindeutig bestätigt worden.[74] In der von der GV im Dezember 1960 verabschiedeten "Declaration on the Granting of Independence to Colonial Countries and Peoples" wird ferner festgelegt, daß das Selbstbestimmungsrecht auf *dreifache* Weise ausgeübt werden kann: (1) durch die Errichtung eines selbständigen Staates, (2) durch freien Anschluß an einen bestehenden Staat oder (3) durch den Übergang in einen anderen Status. Ein *Sezessionsrecht* besteht jedoch nur dann, und das ist für den hier betrachteten Zusammenhang wichtig, wenn der betreffende Staat sich nicht in Übereinstimmung mit den Grundsätzen

---

72 Amitai *Etzioni*, The Evils of Self-Determination, in: Foreign Policy, (Winter 1992/93) 89, S. 21-35 (21/31).

73 Vgl. zur Diskussion des Völkerrechts unter dem Stichwort *Selbstbestimmung*, in: *Wolfrum*, Handbuch Vereinte Nationen, S. 753ff. Vgl. bezüglich einer politischen, zukunftsgerichteten Diskussion Morton H. *Halperin*/David J. *Scheffer*/Patricia L. *Small*, Self-Determination in the New World Order, Washington 1992.

74 Vgl. *Verdross/Simma*, Universelles Völkerrecht, S. 316.

der Gleichberechtigung und des Selbstbestimmungsrechts verhält, also eine die ganze Bevölkerung auf dem Territorium repräsentierende Regierung ohne Diskriminierung nach Rasse, Glaube und Geschlecht verweigert.[75] Sind diese Voraussetzungen nicht gegeben, so ist – unter Völkerrechtlern ist dieser Teil allerdings heftig umstritten – die diskriminierte Bevölkerung im Extremfall sogar zum bewaffneten Widerstand berechtigt.

Eine Schwäche des Völkerrechts ist, daß es nicht beantworten kann, was ein "Volk" ist, welches "selbst" eigentlich ein Recht auf Selbstbestimmung hat. Schlimmer noch, viele Völkerrechtler (wie auch Politiker und Journalisten) scheinen sogar von der Annahme auszugehen, daß es im Regelfall möglich ist, dieses "selbst" mehr oder weniger klar und objektiv zu bestimmen. Die Realität sieht jedoch anders aus. Trotz jahrzehntelanger Forschungen ist es der Ethnologie nicht gelungen, eindeutige und objektive Kriterien für die Abgrenzung von Ethnien und Völkern aufzustellen. Beide Begriffe haben einen stark subjektiven Aspekt, sowohl was die Eigeneinschätzung als auch die Beurteilung durch andere betrifft. Auch der vielfach ins Feld geführte gemeinsame geschichtliche Ursprung ist häufig mehr Mythos als Realität. Verschärft wird das Problem durch die Tatsache, daß Ethnien oder Völker in der Regel aus Untergruppen bestehen, die im Falle der Diskriminierung oder aus anderen Gründen dann ebenfalls das Selbstbestimmungsrecht in Anspruch nehmen. Die Gefahr des Umkippens in einen Prozeß der Fragmentierung ist vorgezeichnet, der selbst eine an sich ethnisch relativ homogene, aber in Klans segmentierte Bevölkerung wie die somalische, in einen Strudel der Selbstzerstörung gerissen hat. (Somalia wurde früher allgemein wegen seiner ethnischen Homogenität als ein besonders günstiger Fall für modernes *nation-building* betrachtet.)

Auch der Fall Bosnien zeigt, wie schnell sich die Dinge ändern können. Zum Zeitpunkt der Anerkennung war man noch von einem bosnischen Staatsvolk ausgegangen. Dafür sprach nach der Erfahrung der Vergangenheit einiges. Die verschiedenen Gruppen lebten friedlich zusammen. Heiraten über die ethnischen und religiösen Grenzen hinweg (Serben, Kroaten, Muslime) war nichts Ungewöhnliches.[76] Seit Herbst 1992 bekämpfen sich in Bosnien nicht nur die Serben auf der einen und die Kroaten und Muslime auf der anderen Seite, sondern auch Muslime und Kroaten untereinander.

GS Boutros-Ghali hat angesichts dieser Lage zu Recht gefordert, "daß es eine vernünftige Eingrenzung des Selbstbestimmungsrechts der Völker geben muß".[77] Die Hoffnung, die Proliferation des Selbstbestimmungsrechts durch eindeutige

---

75 Ebd., S. 318.

76 Vgl. ausführlich hierzu John *Zametica*, The Yugoslav Conflict, London 1992 (International Institute for Strategic Studies, Adelphi Papers, No. 270).

77 FR, 12.1.1993.

rechtliche Kriterien in den Griff zu bekommen, ist jedoch – wie bereits angedeutet wurde – illusorisch. Die Aufabe ist im wesentlichen politischer Natur. Abgesehen von der längerfristigen Vorsorge durch regionale und globale Regime des Menschenrechts- und Minderheitenschutzes, die dem Anwachsen ethno-religiöser Spannungen entgegenwirken, geht es darum, frühzeitig einen politisch und rechtlich verbindlichen Prozeß zu installieren, der das Verlangen einer oder mehrerer Konfliktparteien nach Sezession in friedliche Bahnen lenkt.

Die Stufen dieses Prozesses, den man durchaus als eine "therapeutische Konfliktintervention" bezeichnen kann,[78] könnten etwa folgendermaßen aussehen (weiteres hierzu im Abschnitt über die vorbeugende Diplomatie):

- Bei Anzeichen ethnischer, religiöser oder ähnlicher Spannungen wird vom GS der VN im Zusammenwirken mit der oder den betroffenen RegAb eine *fact-finding mission* entsandt. Im Sinne einer besseren vorbeugenden Diplomatie bei "Selbstbestimmungskonflikten" mag es sogar zweckmäßig sein, unter dem Dach des SR einen Sonderausschuß anzusiedeln, der die Aufgabe hat, "to monitor self-determination movements and to alert the Council whenever a situation appeares likely to escalate into a threat of peace". Sicher ist es auch wert darüber nachzudenken, ob der Treuhandrat der VN wiederbelebt und "into a modern international clearing house for self-determination" umgewandelt werden sollte.[79]
- Bestätigt sich die Gefahr einer Eskalation des Konflikts, wird ein von den VN und der betreffenden RegAb getragener Verhandlungsrahmen etabliert, ähnlich dem (allerdings viel zu spät) in Genf von EG und VN für das ehemalige Jugoslawien eingerichteten; ein oder zwei Sonderbeauftragte werden als Verhandlungsführer ernannt; gleichzeitig sollte – um den Streitparteien die Ernsthaftigkeit des internationalen Engagements zu signalisieren – ein erster Beschluß des SR ergehen, der die Gefahr einer Bedrohung des internationalen Friedens feststellt. Die Möglichkeit von Zwangsmaßnahmen gegen die Konfliktparteien ist damit angedeutet.
- Die internationalen Vermittler würden in erster Linie versuchen, durch Beseitigung von Diskriminierungstatbeständen und durch Verständigung auf Autonomiemodelle eine interne Lösung des Konflikts unter Beibehaltung der staatlichen Einheit zu finden. Den Streitparteien sind insbesondere die wirtschaftlichen Konsequenzen des Scheiterns einer solchen Lösung vor Augen zu führen.
- Schlägt dieser Versuch der "internen Lösung" fehl, dann sind die Streitparteien als nächstes zu einem Verfahren der friedlichen "Scheidung" zu bewegen. Im

78 Vgl. Dieter *Senghaas*, Therapeuthische Konfliktintervention in Europa, Eskalation und Deeskalation ethno-nationalistischer Konflikte, unveröffentlichtes Manuskript, Stiftung Wissenschaft und Politik, Ebenhausen, Juni 1991.

79 *Halperin/Scheffer/Small*, Self-Determination in the New World Order, S. 112ff.

Mittelpunkt dieses Verfahrens stünde ein *international überwachtes Referendum* sowie, wenn dieses zugunsten einer Sezession ausfällt, Unterstützung bei den dann notwendigen weiteren Auseinandersetzungsverhandlungen bezüglich wechselseitiger wirtschaftlicher und infrastruktureller Abhängigkeiten, gemeinsamer Einrichtungen etc.

- Als *letzter* und nicht als erster Schritt - wie im Falle des ehemaligen Jugoslawiens - würde die internationale *Anerkennung* der neuen Einheiten und ihre Aufnahme in internationale Organisationen, insbesondere in die VN erfolgen.[80] Vorbedingung dafür wäre die Anerkennung von Menschenrechten, Demokratie, vereinbarten Grenzziehungen etc., wie sie zum Beispiel in dem 13 Punkte umfassenden Prinzipienkatalog der Londoner Jugoslawienkonferenz enthalten sind.[81]

In der Praxis wird der Prozeß nur ausnahmsweise so planmäßig ablaufen, wie er hier geschildert wird. Tatsächlich werden Konfliktparteien die Teilnahme an einem solchen Prozeß häufig verweigern. Selbst wenn sie mitmachen, werden sie bei einem für sie ungünstigen Verlauf immer wieder ausbrechen und einmal gemachte Zusagen brechen. So wenig ermutigend das Beispiel Jugoslawien in dieser Hinsicht auch ist, Abhilfe kann dagegen lediglich durch gezielte Beschlüsse und Zwangsmaßnahmen des SR gemäß Artikel 39 (oder RegAb gem. Art. 53) geschaffen werden. Frühzeitiges und in der Ausgestaltung des Mandats klares Handeln dürfte im Regelfall besser sein als spätes und diffus formuliertes. Die Mitglieder des SR sollten in der Lage sein, aus den Erfahrungen in Somalia, Angola, Bosnien und Kambodscha zu lernen. Das später zu erörternde erweiterte robuste Peacekeeping hat hier seinen Platz.[82]

Denkbar ist natürlich auch eine ganz andere, gewissermaßen auf der naiven Denkschule des Selbstbestimmungsrechts aufbauende Vorgehensweise. Sie würde "Völker/Gruppen", die das Selbstbestimmungsrecht in Anspruch nehmen, relativ schnell anerkennen.[83] Führt das nicht zu einer *friedlichen* Abtrennung, was wahrscheinlich ist, könnte dieser Staat dann das individuelle und kollektive Selbstverteidigungsrecht gemäß Artikel 51 VN-Satzung in Anspruch nehmen. Das würde

---

80 Bezüglich eines späten Zeitpunkts der Anerkennung ähnlich Christian *Deubner*, Die EG und Jugoslawiens Bürgerkrieg, unveröffentlichtes Manuskript, Stiftung Wissenschaft und Politik, Ebenhausen, Oktober 1991.

81 Vgl. SZ, 28.8.1992.

82 Vgl. Kap. IV.2 dieses Beitrags.

83 Eine Beurteilung, ob die baldige Anerkennung Kroatiens und Sloweniens durch die EG aufgrund deutscher Initiative klug war, soll hier nicht erfolgen. Darüber gibt es inzwischen einen heftigen Streit. Für die deutsche Initiative kann ins Feld geführt werden, daß nur so andere europäische Mächte und die USA zu einer entschiedeneren Befassung mit den Konflikten in Jugoslawien bewegt werden konnten. Die Erwartung, daß dieser Schritt zu einer schnellen Befriedung führt, hat sich jedoch nicht erfüllt.

anderen Staaten, wie im Falle Bosniens in Erwägung gezogen, die Möglichkeit zu Waffenlieferungen oder sogar direkter militärischer Unterstützung eröffnen.

Die Gefahr dieses Weges liegt auf der Hand. Zumindest in Regionen mit einer großen Dichte ethno-politischer Konflikte wäre eine Kettenreaktion und damit eine Internationalisierung dieser Konflikte so gut wie sicher. Die "Balkanisierung" ganzer Regionen wäre wahrscheinlich.

Die wichtigste, den Rahmen des Völkerrechts überschreitende Frage ist deswegen, inwieweit es der internationalen Gemeinschaft über die VN und die RegAb gelingt, bei ethno-nationalen und religiösen Konflikten einen stabilen *Verhandlungsrahmen* im oben dargelegten Sinne zu etablieren und zu stabilisieren. Das ist die zentrale konzeptionelle Aufgabe für die Fortentwicklung der vorbeugenden Konfliktverhütung, des Peace-keeping und der Friedenssicherung der VN in den kommenden Jahren. Eine ihrer schwierigsten und umstrittensten Fragen ist, inwieweit zur Stabilisierung dieses Rahmens nicht nur Blauhelme im traditionellen Sinne, sondern gegebenenfalls auch gezielte militärische Zwangsmaßnahmen eingesetzt werden sollen. Damit ist das *Gewaltmonopol* angesprochen.

5. Ein Gewaltmonopol der VN? Die Regelungen der VN-Satzung in Theorie und Praxis

Die Frage, unter welchen Bedingungen Staaten militärische Gewalt anwenden dürfen, ist in der VN-Satzung vergleichsweise eindeutig geregelt: Artikel 2 Ziffer 4 der Satzung spricht ein umfassendes Verbot der "Androhung oder Anwendung von Gewalt" als Mittel der internationalen Politik aus. Dieses Gewaltverbot ist, das verdient ausdrücklich hervorgehoben zu werden, nach herrschender Völkerrechtsauffassung weiter gefaßt als der Begriff des "bewaffneten Angriffes", gegen den gemäß Artikel 51 alle Staaten ein Recht auf individuelle und kollektive Selbstverteidigung haben.[84] Der IGH hat diese Auffassung im Nicaragua-Urteil vom 27. Juni 1986 bestätigt. Nicht jede Gewaltanwendung ist bereits als "bewaffneter Angriff" im Sinne des Artikels 51 zu qualifizieren. Dazu muß sie eine gewisse Intensität und Qualität haben. Vereinzelte bewaffnete Grenzzwischenfälle genügen nicht. Eine eindeutige Definition des Begriffs der Aggression ist bisher jedoch nicht gelungen.[85]

Zwischen Artikel 2 Ziffer 4 und Artikel 51 besteht also eine wichtige Lücke. Einzelne Staaten können Formen der Gewaltanwendung, die nicht den Tatbestand der Aggression erfüllen, nicht mit Hilfe des Selbstverteidigungsrechts abwehren. Die Völkerrechtslehre vertritt eben deswegen ganz überwiegend die Auffassung,

---

84 Vgl. Bruno *Simma* (Hrsg.), Charta der Vereinten Nationen, Kommentar, 1. Aufl., München 1991, S. 619ff.

85 Die von der GV am 14.12.1974 verabschiedete Resolution 3314 (XXIX) bietet lediglich gewisse Leitlinien für diese Definition.

daß eine *humanitäre Intervention* als Recht einzelner oder mehrerer Staaten nicht zulässig ist. Artikel 51 ist nicht anwendbar. Es gilt vielmehr das Verbot des Artikels 2 Ziffer 4.

Diese Regelungslücke der Satzung ist kein Versehen. Geschlossen werden soll sie durch Maßnahmen des SR gemäß Artikel 39ff oder der RegAb mit Autorisierung des SR gemäß Artikel 53. Von den Vätern der VN wurde bewußt eine Dynamik zugunsten des SR, das heißt *multilateral legitimierter Gewaltausübung* geschaffen. In die gleiche Richtung geht im Grunde auch Artikel 51, obwohl er den Staaten gegen Angriffshandlungen ein primäres Recht auf inviduelle und kollektive Selbstverteidigung zugesteht. Denn dieses Recht erlischt, sobald der SR die "zur Wahrung des Weltfriedens erforderlichen Maßnahmen getroffen hat". Auch hier liegt die oberste Zuständigkeit also letztlich beim SR, selbst wenn sie aus praktischen Erwägungen weniger absolut ausgestaltet ist. Denn es besteht ja, so wie die Staatengemeinschaft bisher organisiert ist, keineswegs die Gewähr, daß der SR eingreifen wird. Deswegen muß den Staaten für den schweren Fall des Angriffskrieges ein eigenes Handlungsrecht verbleiben. Die VN wurden von ihren Vätern, die die Realitäten der internationalen Politik zutreffend einschätzten, als ein unvollkommenes, aber entwicklungsfähiges kollektives Sicherheitssystem konzipiert.

In der Praxis hat sich das Verhältnis zwischen Artikel 51 und Artikel 39ff (insbesondere Art. 42) der Satzung nicht so klar gegliedert entwickelt, wie es der Text der Satzung vorsieht. Denn in den beiden bisher einzigen Fällen des militärischen *enforcement* wurden die beiden Vorschriften nicht alternativ, sondern kumulativ herangezogen. Die Einsätze in Korea und am Golf wurden in den entsprechenden Resolutionen sowohl auf das Recht zur kollektiven Selbstverteidigung Südkoreas bzw. Kuwaits als auch auf das Vorhandensein einer Friedensbedrohung gemäß Artikel 39 gestützt. Darauf bestanden die USA und ihre Verbündeten – aus leicht einsehbaren Gründen.[86] Sie wollten ihre Handlungsfähigkeit auch für den Fall rechtlich abgesichert sehen, daß der SR insgesamt einem Einsatz oder dessen weiterer Durchführung nicht zustimmen sollte.

Einige Völkerrechtler haben diese Doppelgleisigkeit als unvereinbar mit dem Text der Satzung kritisiert. Andere haben in ihr eine Bestätigung ihrer Auffassung gesehen, daß das gewohnheitsrechtliche, bereits vor der Gründung der VN entstandene absolute Selbstverteidigungsrecht der Staaten weiter gilt, die Einschränkung in Artikel 51 "bis der Sicherheitsrat die ... erforderlichen Maßnahmen getroffen hat" also nur auf der Ebene der Satzung, nicht aber des allgemeinen Völker-

86 In einem Einleitungsparagraph zu Res. 661 des SR vom 6.8.1990 wird "the inherent right of collective self-defense, in response to the armed attack of Iraq against Kuwait" ausdrücklich bestätigt.

rechts gilt.[87] Diese Auffassung hält angesichts der Tatsache, daß fast alle Staaten der Welt zugleich Mitglieder der VN sind, einer strengen Auslegung der Satzung zwar nicht stand. Richtig ist dennoch, daß sich in der Praxis der VN die erwähnte Parallelität durchgesetzt hat und als rechtens angesehen wird. Satzungstext und Satzungswirklichkeit sind in diesem wie in anderen Fällen nicht völlig deckungsgleich. Das vom *common law* geprägte, auf Präzedenzfälle gestützte angelsächsische Rechtsdenken kann hiermit leichter umgehen als das deutsche.

Die prioritäre Zuständigkeit des SR zur Legitimierung der Ausübung militärischer Gewalt wird schließlich durch eine dritte Vorschrift bestätigt, nämlich die des Artikels 53. Im Hinblick auf die Ausübung von Zwangsmaßnahmen wird dort das zwischen den VN und den RegAb gültige Subsidiaritätsprinzip (Art. 52) eingeschränkt. Ohne Ermächtigung des SR dürfen RegAb keine Zwangsmaßnahmen ergreifen. Der SR kann zudem RegAb zur Durchführung von Zwangsmaßnahmen in Anspruch nehmen.

In der Praxis hat diese an sich klare Zuständigkeit verschiedene Modifikationen erfahren. Die wirtschaftlichen und diplomatischen Zwangsmaßnahmen wurden von der Pflicht zur vorherigen Zustimmung ausgenommen. Das ist im wesentlichen Folge einer von den USA aus Anlaß der Kubakrise Anfang der 60er Jahre über die OAS durchgesetzten Praxis.[88] Die Argumentation der amerikanischen Regierung lautete damals, daß – da die Staaten als einzelne das Recht zu wirtschaftlichen Gegenmaßnahmen hätten – dies auch seitens eines Kollektivs wie dem der in der OAS zusammengeschlossenen Staaten rechtens sei. Dem IGH wurde diese Auffassung niemals zur Entscheidung vorgelegt. Ob er sie bestätigen würde, ist angesichts des klaren Wortlauts von Artikel 53 ungewiß.[89] Oscar Schachter, ein bekannter amerikanischer Völkerrechtler, hält sie für unvereinbar mit dem Wortlaut von Artikel 53.[90] Dennoch wird diese Auffassung inzwischen weitgehend als für die Praxis der VN verbindlich akzeptiert – ein weiteres Beispiel für den Unterschied zwischen Satzungstext und -wirklichkeit.

Das Erfordernis einer "Ermächtigung" der RegAB durch den SR bei militärischen Zwangsmaßnahmen (Art. 53) ist dagegen im wesentlichen unbestritten.

---

87 Siehe zum Beispiel W. Michael *Reisman*, Allocating Competences to Use Coercion in the Post-Cold War World: Practices, Conditions, and Prospects, in: *Damrosch/Scheffer*, Law and Force in the New International Order, S. 26-48.

88 Vgl. Engelbert *Theuermann*, Regionale Friedenssicherung im Lichte von Kapitel VIII der Satzung der Vereinten Nationen: Juristische und politische Probleme, und Tom J. *Farer*, The Role of Regional Organizations in International Peacemaking and Peace-keeping: Legal, Political and Military Problems, in diesem Band.

89 Wenn ja, könnte die Begründung wohl nur über die sogenannte *Erga-omnes*-Wirkung bestimmter völkerrechtlicher Grundnormen erfolgen; vgl. hierzu *Delbrück*, Wirksameres Völkerrecht oder neues "Weltinnenrecht"?, in diesem Band.

90 Vgl. Oscar *Schachter*, Authorized Uses of Force by the United Nations and Regional Organizations, in: *Damrosch/Scheffer*, Law and Force in the New International Order, S. 66-93 (87).

Diese Ermächtigung muß nach der Auffassung der meisten Völkerrechtler im voraus erfolgen. Eine nachträgliche und lediglich konkludente Kenntnisnahme durch den SR genügt nicht.[91] Dennoch hat es eine derartige Ermächtigung einer RegAb im voraus bisher nicht gegeben. In der Praxis haben sich die Dinge wiederum anders entwickelt. Das wird deutlich, wenn man die Reaktion des SR auf den Einsatz von militärischen Zwangsmaßnahmen durch die eine oder andere RegAb unter die Lupe nimmt. So beschritten die USA und OAS in der Kubakrise einen interpretativen Sonderweg. Die mit militärischen Mitteln durchgeführte Blockade Kubas wurde nicht durch den SR der VN autorisiert. Die USA argumentierten, daß es sich bei der Blockade nicht um eine "Zwangsmaßnahme" im Sinne der Satzung handele. Denn die Blockade sei nur eine "Empfehlung" (recommendation) gewesen. Sie habe keinen mandatorischen Charakter gehabt. Diese Definition von "Zwangsmaßnahme" ist völkerrechtlich jedoch höchst umstritten. Entscheidend für den Zwangscharakter ist nach überwiegender Auffassung lediglich, ob sie ohne Zustimmung des betroffenen Staates erfolgt. Insgesamt sollte man diesen Streit um Definitionen jedoch nicht zu ernst nehmen. Die Haltung der USA war nicht das Resultat ausgefeilter rechtsdogmatischer Überlegungen, sondern bestimmter Grundtatsachen des Kalten Krieges, ähnlich wie seinerzeit die Breschnew-Doktrin im Falle der Sowjetunion.

Ein Beispiel für den gegenwärtig "lockeren" Umgang des SR mit dem Ermächtigungsgebot ist der Einsatz von ECOMOG[92] in Westafrika. Der Untergeneralsekretär der VN, James O. C. Jonah, hat die Geschichte dieses Einsatzes genauer beschrieben.[93] Bei einer strikten Anwendung des Artikels 53 hätte eine ausdrückliche Ermächtigung des SR für den Einsatz in Liberia erfolgen müssen. Denn von Anfang an war ECOMOG kein klassischer Blauhelmeinsatz, dem alle beteiligten Konfliktparteien zugestimmt hatten, er enthielt vielmehr Elemente des *enforcement*. Olara Otunnu, Präsident der International Peace Academy in New York, schrieb deswegen: "It was called peace-keeping, began more like an enforcement measure, then alternated between peace-keeping and enforcement. There was no consent of the Liberian State, because the State had disintegrated."[94] Zwar gab es innerhalb von ECOWAS einen Abklärungsprozeß, an dem die liberianischen Gruppierungen mehr oder weniger beteiligt waren. Charles Taylor, Führer der bei weitem stärksten der drei Kriegsfraktionen in Liberia, lehnte den Einsatz von ECOMOG anfänglich entschieden ab, spielte dann aber zeitweilig in dem durch

91 Vgl. *Theuermann*, Regionale Friedenssicherung, in diesem Band.

92 ECOWAS [Economic Community of West African States] Cease-fire Monitoring Group.

93 Vgl. James O. C. *Jonah*, ECOMOG: A Successful Example of Peacemaking and Peace-keeping by a Regional Organization in the Third World, und *Farer*, The Role of Regional Organizations, in diesem Band.

94 Zitiert nach *The Singapore Symposion*, The Changing Role of the United Nations in Conflict Resolution and Peace-keeping, 13.-15.3.1991, S. 64.

sie in Gang gesetzten Friedensprozeß wieder mit und lehnt ihren Einsatz inzwischen erneut aufs schärfste ab.

Liberia konnte bis zum heutigen Tage nicht befriedet werden. Die Kämpfe haben in jüngster Zeit wieder zugenommen, und ECOMOG ist in sie verwickelt. Mehr und mehr wird ihr vorgeworfen, nicht neutral, sondern kriegführende Partei zu sein, die einseitig von den Interessen Nigerias dominiert werde (Nigeria stellt ca. 80% der gegenwärtig ca. 12 000 Mann zählenden ECOMOG-Truppen). Im Oktober und November 1992 eskalierten die Kämpfe nachhaltig. ECOMOG versuchte, mit schweren Bombardements die Truppen Charles Taylors wieder zurückzudrängen. Im März 1993 schienen Taylor und die National Patriotic Front of Liberia (NPFL) durch den permanenten militärischen Druck ECOMOGs in die Defensive geraten zu sein.[95]

Die rechtliche Basis für den Einsatz von ECOMOG ist insgesamt also recht unsicher. Weder der SR noch der GS haben daraus jedoch einen Punkt der Kritik gemacht. Im Gegenteil, sie haben den Einsatz auch ohne die vorherige Ermächtigung zustimmend und ermunternd zur Kenntnis genommen, ihm also lediglich nachträglich und konkludent zugestimmt. Allerdings ist gar nicht klar, welchem Einsatz sie eigentlich zugestimmt haben. Eine ausdrückliche Ermächtigung zu militärischen Zwangsmaßnahmen gemäß Artikel 53 Ziffer 1 Satz 2 erfolgte nicht, obwohl ECOMOG eindeutig militärisch in die Offensive gegangen war und *enforcement* betreibt. Der SR dagegen sprach weiter von Peace-keeping und lavierte somit in dieser Situation mit bewußter Unklarheit.

Im Januar 1992 ermutigte der Präsident des SR die ECOWAS-Staaten im Namen der Mitglieder des SR in ihren Bemühungen, in Liberia den Frieden wiederherzustellen. Im Mai 1992 beriet der SR angesichts der sich verschlechternden Lage erneut über Liberia und erklärte den von ECOWAS ausgehandelten "Yamoussoukro Accord" vom 30. Oktober 1991 als den besten Rahmen für eine friedliche Lösung des Konflikts. Am 19. November 1992 schließlich verabschiedete der SR Resolution 788, nachdem Taylor die Ablösung von ECOMOG durch die VN verlangt und ECOWAS ihrerseits die Entsendung eines VN-Sonderbeauftragten gefordert hatte. Diese Resolution erklärte ausdrücklich, daß "die Zerrüttung der Situation in Liberia eine Gefahr für den internationen Frieden und die Sicherheit darstellt, besonders in ganz Westafrika". Der Weg für Zwangsmaßnahmen nach Kapitel VII der VN-Satzung war damit freigemacht. Gegen die kriegführenden Parteien wurde ein Waffenembargo verhängt, von dem lediglich die "peacekeeping forces" von ECOWAS ausgenommen sind. Des weiteren wurde der GS aufgefordert, einen VN-Sonderbeauftragten für Liberia zu ernennen, der – nach Erkundung der Lage – dem SR einen Bericht über weitere notwendige Maß-

95 Vgl. West Africa, 8.-14.3.1993, S. 369.

nahmen seitens der VN vorlegen soll.[96] Der GS setzte daraufhin den Jamaikaner Gordon-Somers zum Sonderbeauftragten ein. Außerdem wurde in Monrovia das Office of the U.N. Special Coordinator *in Liberia* (UNSOL) eingerichtet. Nicht zuletzt mit Gordon-Somers Hilfe gelang es schließlich im Juli 1993 in Genf ein weiteres Friedensabkommen abzuschließen. Erster Schritt ist ein für den 1. August vereinbarter Waffenstillstand. Am Ende des Friedensprozesses sollen international überwachte Wahlen innerhalb von sieben Monaten stehen. Ob Charles Taylor sich an diesen Fahrplan hält, ist allerdings ungewiß.

Die Geschichte von ECOMOG wurde hier deswegen ausführlicher dargestellt, weil sie ein Präzedenzfall für die künftige Anwendung von Artikel 53 Absatz 2 in den Fällen sein könnte, die in der Grauzone von Peace-keeping und -enforcement liegen, also Fällen des robusten Peace-keeping, und in denen der SR von sich aus nicht handeln will oder kann. Denn vor dem ECOMOG-Einsatz hatten sowohl die USA als auch der SR Appelle aus Westafrika für einen Einsatz der VN ignoriert. Dieser Präzedenzfall könnte auch für Europa bei einer Fortentwicklung der Mandatierungsfähigkeit der KSZE einmal wichtig werden, falls die Handlungsfähigkeit des SR blockiert ist. Denn analog zur "Uniting for Peace Resolution" ließe sich in Ergänzung zu diesem Präzedenzfall argumentieren, daß RegAb dann zu militärischen Zwangsmaßnahmen ohne ausdrückliche Ermächtigung berechtigt sind, wenn der SR entsprechenden Appellen nicht nachkommt, seine in Artikel 24 festgelegte Aufgabe der "maintenance of international peace and security" nicht wahrnimmt. (De facto ginge eine solche Entwicklung in Richtung auf eine bereits auf der Konferenz von San Francisco 1945 unterbreitete, aber nicht akzeptierte Vorstellung: Eine RegAb erhält bei Handlungsunwilligkeit oder -unfähigkeit des SR Handlungsfreiheit.[97])

Insgesamt ist also festzustellen, daß die Satzung dem SR keine absolute, wohl aber *prioritäre Zuständigkeit* bei der Ausübung von Gewalt verleiht. Deswegen allerdings von einem dem innerstaatlichen Recht vergleichbaren *Gewaltmonopol* der VN zu sprechen, erscheint zu weitgehend. Es bestehen gewichtige Unterschiede, sowohl was die Mechanismen zur Durchsetzung dieses Monopols wie Polizei, Strafverfolgung etc. als auch was die Legitimation des SR betrifft. Insbesondere besteht keine dem innerstaatlichen Recht vergleichbare Handlungspflicht des SR. Die VN-Satzung ist nicht die Verfassung eines Weltstaates, sondern eben nur die der *Vereinten Nationen*.

Gemäß der eingangs vertretenen These, daß nicht nur in Europa, sondern auch global multilaterale Einbindung nationalstaatlicher Politik ein grundlegendes Interesse deutscher Politik ist, muß es das Anliegen der deutschen Politik sein, diese

---

96 Vgl. im einzelnen zu den Schritten des SR *Jonah*, ECOMOG: A Successful Example of Peacemaking and Peace-keeping, in diesem Band.

97 Vgl. *Theuermann*, Regionale Friedenssicherung, in diesem Band.

prioritäre Rolle der VN gegenüber Tendenzen zur Gewaltanwendung durch einzelne Staaten oder Staatengruppen zu stärken. Der Notwendigkeit, Gewaltanwendung, wenn sie denn schon unvermeidlich ist, zuvor einem internationalen Diskussionsprozeß und dem Test der multilateralen Zustimmung in den VN auszusetzen, ist ein hoher Wert beizumessen, auch wenn dieser Prozeß im Einzelfall mühselig sein mag. Zugleich ist es aber eine Frage des Realismus, die Grenzen des SR und der VN sowie ihrer Handlungsmöglichkeiten unter den gegenwärtigen Bedingungen klar zu sehen.

Zwischen der in der VN-Satzung vorgegebenen universalen/multilateralen Legitimität und Kontrolle von militärischer Gewaltausübung und der organisatorischen und machtpolitischen Realität, diese Option auf der Handlungsebene zuverlässig auszufüllen, besteht zweifellos noch eine beträchtliche Kluft. Vereinfachend läßt sie sich in der folgenden Skala *ansteigender Multilateralität* und Legitimität, zugleich aber (im Regelfall) auch *abnehmender Handlungsfähig- und -willigkeit* darstellen. Sie macht deutlich, daß die Frage der Legitimität in der Praxis nicht unabhängig von der der Handlungsfähigkeit diskutiert werden kann:

- individuelle Selbstverteidigung gemäß Artikel 51, Satz 1 VN-Satzung;
- kollektive Selbstverteidigung gemäß Artikel 51, Satz 1 VN-Satzung;
- kollektive Selbstverteidigung mit der Bereitschaft, diese einzustellen, sobald das kollektive Sicherheitssystem der VN gemäß Artikel 51, Satz 1, 2. Halbsatz, "die zur Wahrung des Weltfriedens und der internationalen Sicherheit erforderlichen Maßnahmen getroffen hat" (hier wird die Unterscheidung zwischen kollektiver Verteidigung und kollektiver Sicherheit zu schwierig);
- Beauftragung von Ad-hoc-Koalitionen im Rahmen kollektiver Sicherheit der VN ohne VN-Kommando (siehe Golfkrieg);
- Beauftragung von Ad-hoc-Koalitionen im Rahmen kollektiver Sicherheit unter VN-Kommando (de jure Ansätze im Koreakrieg, de facto nicht) oder VN-autorisiertes Vorgehen einer RegAb;
- Autorisierung und Durchführung unter dem Kommando der VN und mit VN-Truppen.

Inwieweit eigenmächtiges militärisches Handeln einzelner oder mehrerer Staaten zurückgedrängt werden kann, wird unter anderem davon abhängen, wie sehr SR/VN und RegAb ihren Verpflichtungen nachkommen. Die Frage, was zu tun ist, wenn der SR nicht handelt, obwohl er handeln sollte, wird ein kritischer Punkt bleiben. Staaten, Verteidigungsbündnisse und RegAb werden nicht auf ihr Recht verzichten, gegebenenfalls handeln zu können. Dieses Recht sollte jedoch in Übereinstimmung mit der *Ratio* der VN-Satzung im Falle des Artikels 51 nur als Rückfallposition und nicht als alternative und vorrangige Strategie verstanden werden. Vorrangige Strategie sollte der Ausbau des durch die VN legitimierten Systems der internationalen Friedenssicherung sein. Denn die VN sind ein unvollkommenes System der kollektiven Sicherheit, das es weiterzuentwickeln gilt.

IV. Fortentwicklung des Peace-keeping und seiner Instrumente

1. Das Peace-keeping in seinem Entwicklungsstand Anfang der 90er Jahre[98]

Bis 1988 erfüllten die Blauhelme vor allem zwei Funktionen: "*Observing* the peace (i.e. monitoring and reporting on the maintenance of cease-fires) and *keeping* the peace (i.e. providing an interpositional buffer between belligerents and establishing zones of disengagement)."[99] Brian Urquhart hat die wichtigsten Grundsätze des Peace-keeping in der Zeit des Kalten Krieges folgendermaßen zusammengefaßt: Zustimmung aller Streitparteien; eindeutige Unterstützung durch den SR; ein klares und praktikables Mandat; keine Anwendung von Gewalt außer im äußersten Fall der Notwehr.[100] Ein weiteres Charakteristikum war, daß die als Blauhelme eingesetzten Truppen fast ausschließlich von kleineren und häufig neutralen oder blockfreien Ländern gestellt wurden. "The influence of UN peacekeepers in this period resulted from the moral weight of the international community rather than any military progress."[101]

Seit Ende der 80er Jahre jedoch hat das Peace-keeping sich von einem *statischen* und relativ einfachen Modell der Konfliktberuhigung zu einem *dynamischen* und *multidimensionalen* der Konfliktlösung entwickelt.[102] Eine "zweite Generation" des Peace-keeping entstand.[103] Konflikte sollten nicht nur stillgelegt, sondern durch ein breites Spektrum von Maßnahmen einer direkten Lösung zugeführt werden. Das führte zwangsläufig zu einer Diversifizierung der militärischen und nichtmilitärischen Aufgaben, wie insbesondere

– Entwaffnung, Zusammenfassung und Demobilisierung der Truppen der Streitparteien in "assembly points";

---

98 Vgl. zur Entwicklung des Peace-keeping und einer Kritik an der "Agenda für den Frieden" den Beitrag von Thomas G. *Weiss*, Problems for Future U.N. Military Operations in "An Agenda for Peace", sowie die Beiträge von *Schmidt*, Das Instrumentarium der Vereinten Nationen zum Krisenmanagement, und Helmut *Freudenschuss*, The Changing Role of the U.N. Security Council: Trends and Perspectives, in diesem Band.

99 *Weiss*, Problems for Future U.N. Military Operations, in diesem Band.

100 Sir Brian *Urquhart*, Beyond the Sheriff's Posse, in: Survival, 32 (Mai/Juni 1990) 3, S. 18; vgl. auch John *Mackinlay*/Jarat *Chopra*, Second Generation Multinational Operations, in: The Washington Quarterly, Sommer 1992, S. 113-131.

101 *Urquhart*, Beyond the Sheriff's Posse, S. 18.

102 Einen Überblick über die Entwicklung der zivilen Komponenten des Peace-keeping gibt Peter *Bardehle* mit seinem Beitrag: Tendenzen und Probleme der Fortentwicklung der zivilen Komponente des VN-Peace-keeping, in diesem Band.

103 Die Unterscheidung zwischen "erster, zweiter und dritter Generation" von Peace-keeping wird unterschiedlich gehandhabt. Einige Autoren bezeichnen das weiterentwickelte robuste Peacekeeping als "zweite" Generation.

- Räumen von Minen;
- Aufbau neuer Streitkräfte etc.

Als nichtmilitärische Aufgaben sind insbesondere zu nennen:[104]

- Rückführung und Reintegration von Flüchtlingen;
- Organisation und Durchführung von humanitärer Hilfe;
- Wiederherstellung und Überwachung der öffentlichen Ordnung bis hin zur teilweisen oder völligen Übernahme von Polizei-, Verwaltungs- und Rechtspflegeaufgaben oder gar der Finanzverwaltung (Kambodscha);
- Überwachung der Einhaltung von Menschenrechten und schließlich
- die in sich wiederum sehr vielfältige Aufgabe der Organisation, Durchführung und Beobachtung von Wahlen oder Referenden.

Die Zahl des zur Erfüllung dieser Aufgaben eingesetzten zivilen Personals ist bis Ende 1992 auf mehr als 15 000 Personen (einschließlich Polizei) angestiegen.

Aus der Vielzahl von Fragen, die im Hinblick auf den nichtmilitärischen Bereich des Peace-keeping zu erörtern wären, sollen hier nur folgende Punkte als Merkposten für die deutsche Politik hervorgehoben werden:

(1) Die internationale Garantie von freien, fairen und geheimen Wahlen (oder Referenden) durch *internationale Wahlbeobachtung* und *Wahlorganisation* ist heute ein wichtiges Element nicht nur bei der Beendigung von Konflikten, sondern auch bei der vorbeugenden Diplomatie und Konfliktverhütung. Außerdem markiert sie eine Schnittstelle von zwei herausragenden Aufgaben globaler Ordnungspolitik, nämlich *sicherheitspolitische Stabilisierung* einerseits und *Demokratisierung und Sicherung der Menschenrechte* andererseits.

(2) Eine in der "Agenda für den Frieden" geäußerte Sorge des GS kann direkt an die Entscheidungsträger der deutschen Politik weitergegeben werden. Er schreibt: "Es erweist sich als immer schwieriger, Polizisten in der benötigten Anzahl zu erhalten [da sie, anders als Soldaten, auch in Friedenszeiten in eine feste Aufgabe eingespannt sind, W.K.] ... Mit dem Fortschreiten der Bemühungen, weitere Staaten zur Beitragsleistung zu gewinnen, sollten sich einige Staaten, die über ein beträchtliches Potential verfügen, auf die Sprachausbildung von Polizeikontingenten konzentrieren".[105] Der Bundesgrenzschutz (BGS) ist ein solches Potential. Man könnte sich vorstellen, daß Deutschland – neben der Beteiligung der Bundeswehr an VN-Einsätzen – beispielhaft vorangeht und dem GS in Analogie zu militärischen *stand-by forces* ein kurzfristig abrufbares, auf Peace-keeping-Aufgaben vorbereitetes BGS-Kontingent von 500 oder 1 000 Mann anbietet. Angehörige des BGS haben sich bei

---

104 Im einzelnen zur internationalen Wahlbeobachtung Larry *Garber*, A New Era of Peacemaking: United Nations and Election Monitoring, in diesem Band.

105 *Boutros-Ghali*, Agenda für den Frieden, Ziff. 52.

UNTAG in Namibia und MINURSO[106] in der Westsahara bereits bewährt. Von Japan wird ähnliches erwartet.[107]

2. Die Notwendigkeit zur Entwicklung eines "robusten" Peace-keeping

Seit Anfang der 90er Jahre zeichnet sich ein weiterer Sprung in der Entwicklung der Friedenssicherung unter dem Dach der VN ab. Der Titel der von GS Boutros-Ghali im Juni 1992 vorgelegten "Agenda für den Frieden" ist zu einem Schlagwort schlechthin für die Diskussion geworden.[108] In der Praxis waren es dann vor allem die Ereignisse in Somalia und Bosnien, die ein Umdenken über den Einsatz von Blauhelmen in ethnischen und ähnlichen Konflikten erzwangen. Sowohl in Bosnien als auch in Somalia ging der SR von dem früher als *conditio sine qua non* geltenden Grundsatz ab, daß nicht nur ein vereinbarter, sondern auch ein *sicherer* Waffenstillstand Voraussetzung für die Durchführung des Mandats ist. Beide Fälle erklären das Verlangen nach einer Fortentwicklung der Blauhelmeinsätze jedoch nur vordergründig. Die wirklichen Gründe liegen tiefer:

Erstens sind die VN gewissermaßen das Opfer ihres eigenen Erfolges. Die schnelle und eindrucksvolle Beendigung der Konflikte insbesondere in Namibia

---

106 United Nations Mission for the Referendum in Western Sahara.

107 Auch seitens der skandinavischen Staaten wurde der Vorschlag gemacht, kurzfristig abrufbare Polizeireserven bereitzuhalten.

108 Der GS unterscheidet in der Agenda zwischen vier grundlegenden Aufgabenbereichen der Friedenssicherung:
- *Vorbeugende Diplomatie (preventive diplomacy)* bezeichnet Maßnahmen mit dem Ziel, das Entstehen von Streitigkeiten zwischen einzelnen Parteien zu verhüten, die Eskalation bestehender Streitigkeiten zu Konflikten zu verhindern und, sofern es zu solchen kommen sollte, sie einzugrenzen.
- *Friedensschaffung (peacemaking)* bezeichnet Maßnahmen mit dem Ziel, feindliche Parteien zu einer Einigung zu bringen, und zwar im wesentlichen durch solche friedlichen Mittel, wie sie in Kapitel VI der Satzung vorgesehen sind.
- *Friedenssicherung (peace-keeping)* bezeichnet die Errichtung einer Präsenz der VN vor Ort, was bisher mit Zustimmung aller Parteien geschah, im Regelfall unter Beteiligung von Militär- und/oder Polizeikräften der VN und häufig auch von Zivilpersonal.
- *Friedenskonsolidierung (peace-building)* schließlich bezeichnet Maßnahmen zur Bestimmung und Förderung von Strukturen, die geeignet sind, den Frieden zu festigen und zu konsolidieren, um das Wiederaufleben eines Konflikts zu verhindern.

Der GS weist in seinem Bericht zwar selbst darauf hin, daß die Maßnahmen miteinander verknüpft sind. Dennoch ist seine Systematik von Praktikern des Peace-keeping kritisiert worden. Sie unterstelle eine Abfolge friedenserhaltender Maßnahmen, die in der Praxis nicht existiere. Das Peace-keeping zum Beispiel bestehe in der Regel aus einem Bündel von Maßnahmen aus drei oder allen vier Bereichen. Die präventive Diplomatie wiederum hat häufig wenig Aussicht auf Erfolg, wenn sie nicht sogleich mit Maßnahmen des Peace-keeping und Peace-building verbunden wird. Und die Rückführung und Wiederansiedlung von Flüchtlingen, zweifellos eine Maßnahme des Peace-building, finde in der Regel parallel zur Überwachung des Waffenstillstandes, einer Maßnahme des Peace-keeping, statt. Vgl. *Boutros-Ghali*, Agenda für den Frieden, Ziff. 20ff.

und Nicaragua nach Jahren ihrer Verschleppung durch den Kalten Krieg hat große Erwartungen geweckt. Namibia wurde als Modellfall gepriesen. Dann kam *desert storm* am Golf. Das Vorgehen gegen die Aggression des Iraks wurde von einigen sogar als Beginn einer Neuen Weltordnung gefeiert. (Tatsächlich ist der Golfkrieg eher ein Ausnahmefall in der Geschichte der VN. Ähnlich wie seinerzeit beim Koreakrieg handelte es sich um den klassischen Fall einer zwischenstaatlichen Aggression, bei der die VN von den USA und ihren Verbündeten im Sinne eines traditionellen kollektiven Sicherheitssystems aktiviert wurden. Hinsichtlich der Vernichtung von Massenvernichtungswaffen und der Respektierung von Minderheitenrechten hat das Vorgehen der VN im Irak allerdings wichtige Präzedenzfälle geschaffen.)

Zweitens hat die relativ lange Phase der unter anderem durch das Abschrekkungssystem erreichten Friedfertigkeit im Norden zu einem qualitativen Bewußtseinssprung geführt: Kriege und die damit einhergehenden Grausamkeiten gelten nicht nur aus humanitären Gründen als untragbar, sie berühren auch direkt das zivilisatorische Selbstverständnis der Bevölkerung der industrialisierten Länder. Dieses Selbstverständnis steht zur Realität der sich ausweitenden Kriege kleiner und mittlerer Größe in krassem Gegensatz. Wie schon erwähnt, trägt die gerade in den Wohlstandsstaaten perfektionierte Medienberichterstattung den Widerspruch aus allen Winkeln der Welt in das Heim der Bürger.[109] Es waren diese Bilder, die Präsident Bush veranlaßten, den Einsatz amerikanischer Soldaten in Somalia anzuordnen, trotz grundlegender Bedenken führender amerikanischer Militärs. Die Öffentlichkeit in den USA, aufgeschreckt durch die plötzlich auf Somalia konzentrierte Berichterstattung und handlungsbezogener als die europäische, war nicht länger bereit, dem Leiden in Somalia tatenlos zuzusehen.

Drittens schließlich geriet die Durchführung der humanitären Hilfe mehr und mehr zu einem aussichtslosen Unterfangen. Die Hilfsorganisationen, und letztlich auch die internationale Gemeinschaft, standen und stehen in einigen Fällen vor der Wahl, ihre Hilfe entweder ganz einzustellen oder sie mit militärischen Mitteln abzusichern.

Brian Urquhart ist deswegen im Prinzip darin zuzustimmen, daß "a third category of international military operation is needed, somewhere between peace-keeping and large-scale enforcement".[110] Diese dritte Kategorie bildet nach der Auffassung dieser Studie das *robuste Peace-keeping* als eigene Kategorie der internationalen Friedenssicherung. (Die Bezeichnung *robust* mag nicht der Weisheit

109 Er wirft angesichts der Fixiertheit der Medien und ihrer Zuschauer auf Gewalt allerdings auch die Frage auf, was es mit der den Krieg angeblich so ablehnenden Zivilisation in den Industrieländern eigentlich wirklich auf sich hat.

110 International Herald Tribune (IHT), 31.12.1992; vgl. auch *Mackinlay/Chopra*, Second Generation Multinational Operations.

letzter Schluß sein. Der GS sprach während eines Vortrags in Washington im März 1993 von einem "erweiterten" Peace-keeping,[111] andere von "peace-keeping with teeth and muscles".)

Von dem traditionellen Peace-keeping unterscheidet sich dieser Typus dadurch, daß es um Elemente der militärischen Durchsetzung angereichert ist, die von vornherein konzeptionell integrierte Bestandteile des Einsatzes sind. Es unterscheidet sich aber auch von dem klassischen Enforcement, an das die Gründer der VN bei der Abfassung von Kapitel VII der VN-Satzung gedacht haben, nämlich das kollektive Vorgehen gegen eine Aggression. Beim robusten Peace-keeping bleiben die VN trotz eventueller Kampfhandlungen im Prinzip in der Rolle des *neutralen Dritten* und *Vermittlers* zwischen den Konfliktparteien. Die VN werden nicht Kriegspartei, verhalten sich dementsprechend im Hinblick auf Eskalation, Repressalien, Kampfmittel etc. auch nicht wie eine kriegführende Partei. Die Zustimmung der Konfliktparteien wird im Prinzip weiter angestrebt, spielt aber nicht eine derart absolute Rolle wie beim traditionellen Peace-keeping.[112] Gegebenenfalls kann sie sogar, wie im Falle Somalias, ohne jede Zustimmung der Konfliktparteien (oder Warlords, wie man wohl besser sagen müßte) beschlossen werden.[113] Entsprechend der in den Resolutionen zu Somalia und Bosnien gepflegten Praxis sollte aber in jedem Fall eine Mandatserteilung durch den SR gemäß Kapitel VII (oder VIII) erfolgen.

Das robuste Peace-keeping ist also, das soll noch einmal ausdrücklich betont werden, keine Kriegführung bzw. Enforcement im Sinne traditioneller zwischenstaatlicher kollektiver Sicherheit wie im Fall des Irak, sondern eine *Form des militarisierten internationalen Polizeieinsatzes*, der insbesondere im Hinblick auf die folgenden Aufgaben notwendig werden kann:

- bessere Durchsetzung einmal vereinbarter, aber immer wieder gebrochener *Waffenstillstände*;

---

111 Vgl. UNO-Woche, 7.4.1993, S. 2.

112 Das Konsensprinzip sollte also lediglich mit "Zähnen" versehen werden. Zum Teil wird vorgeschlagen, die in diesen Fällen gegebenenfalls notwendig werdende Gewaltanwendung als Ausübung des *Selbstverteidigungsrechts* zu qualifizieren. Dabei wird auf eine erweiterte, aus dem Jahre 1973 stammende Definition hingewiesen, die den gewaltsamen Widerstand von Blauhelmen gegen Versuche der Kriegsparteien einschließt, "to prevent a UN-peacekeeping operation from performing its duties under the Security Council mandate". Auf den ersten Blick mag zwar einiges für diese Ausweitung sprechen. Sie steht jedoch in einem gewissen Gegensatz zur engeren völkerrechtlichen Definition des Selbstverteidigungsrechts. (Vgl. F. T. *Liu*, United Nations Peacekeeping and the Non-Use of Force, 1992 [International Peace Academy, Occasional Paper Series], S. 24.) Außerdem verwischt sie die obengenannten unterschiedlichen politischen und militärischen Risiken. Ich schlage deswegen vor, von einer eigenen Kategorie der *Mandatsverteidigung* zu sprechen, die weder lediglich Selbstverteidigung noch Angriffshandlung im üblichen Sinne, sondern eben robustes Peace-keeping ist.

113 Es wird insoweit auf die Ausführungen zur "humanitären Intervention" in Kap. III Abs. 3 verwiesen.

- bessere Absicherung vereinbarter *befriedeter Zonen und Korridore*;
- Absicherung von *humanitären Transporten*;
- Absicherung von *Flughäfen* und anderen *lebenswichtigen Versorgungseinrichtungen*;
- Absicherung von *Staudämmen, Nuklearkraftwerken* oder anderen Einrichtungen, deren Zerstörung *weitflächigen* Schaden verursachen könnte;
- Absicherung von *sicheren Zonen* zum Schutz der Bevölkerung vor weiteren kriegerischen Angriffen und Gewalttaten; Anfang Mai 1993 hat der SR sechs bosnische Städte in diesem Sinne unter seinen direkten Schutz gestellt;[114]
- Absicherung von *Flugverbotszonen*;
- Absicherung von Bevölkerungsteilen, die mit *Vertreibung* oder sogar *Völkermord bedroht* sind;[115]
- Einsatz von Truppen im Rahmen des in der "Agenda für den Frieden" vorgeschlagenen *preventive deployment*, auch ohne daß alle Streitparteien zugestimmt haben;
- Absicherung von *VN-Personal* und seinen *Einrichtungen*;[116]
- Absicherung von *Embargomaßnahmen* an den Grenzen oder anderen strategisch wichtigen Punkten.

Die Liste ließe sich fortsetzen. Insgesamt geht es um die Errichtung und Absicherung des weiter vorne beschriebenen stabilen Verhandlungsrahmens einer längerfristigen therapeutischen Konfliktintervention. Der hierfür selektiv eventuell notwendige Einsatz militärischer Gewalt darf nicht mit Kampfeinsätzen im Rahmen traditioneller Kriegführung gleichgesetzt werden, weder was die Einsatzform noch was ihre Dynamik betrifft! Nicht Sieg ist ihr Ziel, sondern die Aufrechterhaltung des Friedens- und Verhandlungsprozesses und der dafür notwendigen Voraussetzungen. Das muß zum Beispiel, anders als bei Kriegführung, mit einem Minimum an Verlusten nicht nur bei den eigenen Truppen, sondern auch der Konfliktpartei und ihrer Anhänger erfolgen, gegen die vorgegangen wird. Sie sollen nicht vernichtet, sondern zur Einhaltung des Mandats und der Rückkehr an den Verhandlungstisch bewegt werden. Schon nach den Erfahrungen des traditionellen Peace-keeping kann eine energische und vom Zeitpunkt gut gewählte "show of force" hierzu entscheidend beitragen.

---

114 Vgl. SR-Resolutionen 819 und 824 bezüglich der Städte Srebrenica, Zepa, Gorazde, Bihac, Tuzla und Sarajevo.

115 Der frühere polnische Ministerpräsident Mazowiecki schlug Ende August 1992 in seinem Bericht an die VN-Menschenrechtskommission vor, Blauhelmen im ehemaligen Jugoslawien ein direktes Recht zum Eingreifen bei Menschenrechtsverstößen zu geben; vgl. SZ, 1.9.1992.

116 In Somalia sollen bewaffnete Anhänger des Interims-Präsidenten Ali Mahdi den inzwischen zurückgetretenen Sonderbeauftragen der VN, Mohammed Sahnoun, bedroht und mit vorgehaltener Waffe gezwungen haben, sich mit dem Gesicht nach unten in sein Auto zu legen. "They were unhappy with the allegedly bigger sums the UN had negotiated in Mogadishu-south" (Africa Confidential, 33 [11.9.1992] 18, S. 8).

Zweifellos verlangt der Verzicht auf Sieg und Vernichtung eine beträchtliche mentale Umstellung der üblicherweise auf diese Ziele ausgebildeten Offiziere und Soldaten. Diese Umstellung gelang bei den traditionellen Blauhelmeinsätzen. Sie sollte auch im Hinblick auf das robuste Peace-keeping möglich sein.

Auf dem Papier mag die Entwicklung eines robusten Peace-keeping einfach und logisch erscheinen. Die Schwierigkeiten in der Praxis sind jedoch immens. Das war von Anfang an klar. Und die militärischen und politischen Wirren um das gewaltsame Vorgehen von UNOSOM II gegen General Aidid im Sommer 1993 haben die letzten Zweifel in dieser Hinsicht beseitigt. Denn der Übergang vom bisherigen Typus des Peace-keeping – bei dem auf Kampfhandlungen verzichtet und nur geringe Bewaffnung mitgeführt wird – zu *robusten*, das heißt gegebenenfalls Kampf einschließenden Einsatzformen ist nicht kontinuierlich, sondern gleicht dem Überspringen eines Grabens.[117] Die Friedenssicherung begibt sich in eine Dimension, in der sowohl militärisch als auch politisch andere Gesetze gelten.

Einige der Dilemmata, mit denen bei diesen Einsätzen politisch und militärisch umzugehen ist, sollen hier genannt werden: *Erstens* wird die Effektivität der VN als *Vermittler* in Frage gestellt. Dafür war "impartiality" bisher ein unumstößliches Prinzip. Sie ist auch die Grundlage für die Durchführung humanitärer Hilfe. In dem Augenblick jedoch, in dem VN-Truppen nicht mehr nur in unmittelbarer Selbstverteidigung, also zu ihrer persönlichen Sicherheit, zurückschießen, sondern zur Durchsetzung des Mandats, ist diese Neutralität in Frage gestellt. Mit diesem Problem umzugehen, wird eine der schwierigsten Aufgaben des robusten Peace-keeping sein. Politik, Militär und Diplomatie werden sich insoweit, ähnlich wie zu Beginn des traditionellen Peace-keeping, auf einen pragmatischen, von Rückschlägen und Erfolgen gekennzeichneten Lernprozeß einlassen müssen. Somalia zeigt, daß diese Aufgabe nicht unlösbar, Bosnien allerdings, wie schwierig sie im Einzelfall sein kann.

Zweitens verändern sich die militärischen Einsatzbedingungen. Der Einsatz im Kongo Anfang der 60er Jahre bietet dafür reiches Anschauungsmaterial. Die VN-Truppen müssen mit Gegenschlägen, Vergeltungsangriffen und Geiselnahme rechnen, sobald sie selbst Gewalt anwenden. Der Einsatz von traditionellen Blauhelmen und solchen, die gegebenenfalls militärische Gewalt anwenden sollen, unterliegt, was Strategie und Taktik angeht, unterschiedlichen, häufig sogar konträren Gesetzen! Traditionelle Blauhelme werden nicht zuletzt aus Gründen der Kostenersparnis in der Regel in einer möglichst geringen Zahl entsandt. Sie sind, wenn

117 Die strikte Anwendung des Konsensprinzips gegenüber allen Beteiligten und auf allen Ebenen hat in der Vergangenheit die Zahl der tödlichen Verluste bei Blauhelmeinsätzen erstaunlich gering gehalten. Bis zum Januar 1992 hatten ca. 528 000 Militärs, Polizisten und Zivilisten unter der Flagge der VN gedient. 800 von ihnen kamen dabei ums Leben (die große Mehrzahl allerdings durch Unfälle der verschiedensten Art, insbesondere Verkehrsunfälle).

überhaupt, minimal bewaffnet. Außerdem werden sie nicht nach *militärischen* Gesichtspunkten disloziert (also an Plätzen und unter Bedingungen, bei denen ihre Verteidigung gut zu gewährleisten ist), sondern nach *friedensichernden*, das heißt möglichst sichtbar mitten im Gebiet oder den Stellungen der kriegführenden Parteien, um dort die Einhaltung von Waffenstillständen oder – wie in Bosnien – den Nichteinsatz bestimmter Waffentypen zu überwachen. Kommt es dann zu Kampfhandlungen, ist die Gefahr ihrer Vernichtung oder Geiselnahme groß. In Bosnien war diese Tatsache ein wichtiger Grund für das Zögern, das vom SR verhängte Flugverbot militärisch durchzusetzen. Franzosen, Briten und Kanadier fürchteten um die Sicherheit ihrer Bodentruppen.

Drittens ist ein hinsichtlich der Ziele eines eventuellen militärischen Einsatzes *klar formuliertes Mandat* des SR erforderlich. Das ist sowohl für die Truppe notwendig, als auch um die negativen Auswirkungen auf den Verhandlungsprozeß und die Vermittlerrolle der VN zu begrenzen. Der hier zu erwartende Schaden dürfte um so geringer sein, je klarer und inhaltlich überzeugender das Mandat in seiner völkerrechtlichen Verankerung, seinem politischen Auftrag sowie seinem militärischen Durchführungsmodus abgefaßt ist. Das in Resolution 794 des SR vom 3. Dezember 1992 formulierte Mandat für den Einsatz von UNITAF hat diesen Anforderungen nicht genügt. Die in Ziffer 10 der Resolution enthaltene Formulierung "to use all necessary means to establish as soon as possible a secure environment" ließ alles offen. Diese Unbestimmtheit ist jedoch insoweit zu entschuldigen, als man mit UNITAF Neuland betreten hat. Außerdem wurden für den Einsatz von UNOSOM II die notwendigen Lehren gezogen. Das Mandat dieser Operation ist sehr viel genauer und umfassender abgefaßt worden.[118] Die vielfach von Politikern und Journalisten zu hörende Kritik, die VN wüßten in Somalia nicht, was sie wollen, ist weitgehend unberechtigt. In der Mehrzahl der Fälle beruht diese Kritik auf der Tatsache, daß die Betreffenden es unterlassen haben, Resolution 814 vom März 1993 und den zu ihr gehörenden Bericht des GS zu lesen.

Viertens schließlich besteht das Problem der *Eskalation* und der Notwendigkeit des *Nachschiebens* von Truppen. Die VN und die Staaten, die Truppen zur Verfügung gestellt haben, können aus den oben genannten Gründen in Schwierigkeiten geratene Truppen nicht einfach ihrem Schicksal überlassen. Man wird sie durch stärkere Einheiten und gebenenfalls den Einsatz von Luft- und Seestreitkräften retten und die Durchführung ihres Mandates sicherstellen müssen. Die Staaten müssen im voraus, also beim Ersteinsatz entscheiden, ob sie zu diesen Nachschüben bereit sind. Eine andere Haltung wäre gegenüber den Soldaten des Ersteinsatzes verantwortungslos. In Somalia wurde dieses Problem durch auf Schiffen stationierte amerikanische Truppen exemplarisch gelöst.

---

118 Vgl. den Text von SR-Resolution 814 vom 26.3.1993 und den Bericht S/25354 des GS an den SR vom 3.3.1993, auf den die Resolution in weiten Teilen Bezug nimmt.

3. Kategorien von Truppen zum Einsatz unter der Flagge der VN

Die VN haben schon in der Vergangenheit bei der Zusammenstellung und Bewaffnung von Truppen große Variabilität gezeigt. Die Notwendigkeit des Einzelfalles war entscheidend. Für ein robustes Peace-keeping wird man das Spektrum der Truppen erweitern müssen. Der frühere Untergeneralsekretär Liu schlug vor einiger Zeit "two-tier peacekeeping forces" vor, bestehend aus traditionellen Blauhelmen und "a special task force", die mit einer "rapid deployment capability as well as sophisticated weapons with highly visible deterrent power" ausgestattet wären.[119] GS Boutros-Ghali hat in der "Agenda für den Frieden" eine ähnliche Richtung eingeschlagen. Die VN bräuchten dringend Truppen, die schnell abrufbar seien und eine sogenannte "rapid deployment capacity" hätten.[120] Denn die Tatsache, daß "auf Abruf bereitstehende Streitkräfte jederzeit verfügbar sind, könnte für sich allein bereits als Abschreckungsmittel für Friedensbrüche dienen".

Im Grunde sind alle Mitglieder der VN schon seit 1945 gemäß Artikel 43 aufgefordert, *Sonderabkommen* abzuschließen, in denen die genauen Bedingungen für die Bereitstellung von Truppen zum Einsatz unter der Flagge der VN geregelt sind. Dieser Artikel wurde jedoch ein Opfer des Kalten Krieges. Keine einzige derartige Vereinbarung wurde getroffen. (Immerhin verständigte man sich im Generalstabsausschuß der VN 1946 aber auf einen "Report of the Military Staff Committee on General Principles Governing the Organization of the Armed Forces Made Available to the Security Council by Member Nations of the United Nations".)[121] Das sollte nach Auffassung des GS nun, da der Kalte Krieg vorbei ist, anders werden.

Die von den Mitgliedstaaten zur Verfügung gestellten Truppen würden sich aus Freiwilligen zusammensetzen. Sie müßten schwerer bewaffnet sein als die bisherigen Blauhelme und sich im Rahmen der Streitkräfte ihres Landes einer umfassenden vorbereitenden Ausbildung unterziehen. Die Entsendung dieser vom GS als "peace-enforcement units" bezeichneten Truppen würde aufgrund einer Ermächtigung des SR erfolgen. Sie sollen aber, obwohl es sich nicht mehr um die traditio-

---

119 *Liu*, United Nations Peacekeeping, S. 42.

120 *Boutros-Ghali*, Agenda für den Frieden, Ziff. 42ff.

121 Es handelt sich um den Report der Chiefs of Staff, MS/265. Eric Grove, der diesen Report eingesehen hat, setzt sich mit ihm ausführlicher auseinander; vgl. Eric *Grove*, UN Armed Forces and the Military Staff Committee – A Look Back, in: International Security, 17 (1993) 4, S. 172-183. Auch damals war die Absicht nicht, ein stehendes VN-Heer zu schafffen, die Mitgliedstaaten sollten vielmehr innerhalb ihres normalen Truppenbestandes Streitkräfte für VN-Einsätze bereithalten. Dabei dachte man an Streikräfte von beträchtlicher Größe und Stärke. 1947 schien man sich innerhalb des Generalstabsausschusses auf *Luftwaffe*: 750 Flugzeuge, *Marine*: 3 Schlachtschiffe, 6 Flugzeugträger, 12 Kreuzer, 33 Zerstörer, 64 Fregatten, 24 Minensucher und 14 U-Boote sowie *Landstreitkräfte*: 15 Divisionen mit insgesamt 375 000 bis 450 000 Mann verständigen zu wollen (zitiert nach *Grove*, UN Armed Forces, S. 180f). Der Ausbruch des Kalten Krieges setzte dann allen diesen Überlegungen ein Ende.

nellen Blauhelme handelt, dem GS unterstellt werden.[122] Eine Klarstellung ist dem GS in diesem Zusammenhang jedoch wichtig. Die Truppen sind nicht für Einsätze wie den am Golf gedacht. Streitkräfte, um gegen Aggressoren wie den Irak vorzugehen, wären gesondert gemäß Artikel 43 aufzustellen. Sie würden nicht seinem Kommando unterstehen, sondern direkt dem des SR oder einer vom SR beauftragten Ad-hoc-Koalition.

Systematisch gesehen unterscheidet der GS in der "Agenda für den Frieden" also zwischen drei Kategorien von Truppen: (1) traditionelle Blauhelme, (2) *peace-enforcement units* und (3) Truppen im konventionellen Sinn zur Abwehr einer zwischenstaatlichen Aggression. Eine genauere Analyse vergangener und gegenwärtiger Einsätze legt jedoch nahe, zwischen *fünf* Kategorien von VN-Truppen gemäß ihrem Aufgabengebiet zu unterscheiden (in der Praxis sind die Übergänge natürlich fließend):[123]

(1) *unbewaffnete Blauhelme* als Beobachter oder im Rahmen von *fact-finding missions*;

(2) *leicht bewaffnete Blauhelme* mit Fahrzeugen und anderen Transportmitteln, wie bisher vielfach üblich;

(3) *mittelschwer ausgerüstete Truppen*, deren Fahrzeugbestand schwerpunktmäßig aus gepanzerten Fahrzeugen (und Hubschraubern) besteht; ausreichender Schutz der Soldaten gegen Minen wird bei VN-Einsätzen gerade in Bürgerkriegen immer wichtiger; außerdem könnten diese gepanzerten Einheiten Feuer von Heckenschützen, Banden und lokalen Warlords bis zu einem gewissen Grade absorbieren,[124] ohne selbst sogleich zu Kampfhandlungen übergehen zu müssen; derartige Truppen haben die Briten und Franzosen in Bosnien eingesetzt;

(4) *Truppen wie unter (3)*, die jedoch auch einfacheres, in seinen militärischen Risiken überschaubares Enforcement zur Verteidigung eines Mandates durchführen; die Bewaffnung müßte wahrscheinlich besser als die der Truppen unter (3) sein; außerdem wäre von Fall zu Fall ihre Absicherung aus der Luft und/oder von See notwendig; gegebenenfalls kann der Übergang zu (5) fließend sein; der Einsatz von UNITAF in Somalia im Rahmen von *Operation Recover Hope* ist für diesen Typus beispielhaft;

(5) *schwer bewaffnete konventionelle Einheiten* unter nationalem Kommando von Ad-hoc-Koalitionen für militärische Großeinsätze (Extremfälle: Korea-, Golfkrieg).

Keine dieser Kategorien ist als Teil einer stehenden Armee der VN zu verstehen. Eine stehende VN-Armee ist gegenwärtig weder notwendig noch kosten-

---

122 *Boutros-Ghali*, Agenda für den Frieden, Ziff. 43ff.

123 Ähnlich *Freudenschuss*, The Changing Role of the U.N. Security Council, in diesem Band.

124 Problem: leichte, tragbare, panzerbrechende Waffen!

mäßig zu vertreten. Dringend geboten aber ist, daß eine größere Zahl von Staaten sich gemäß Artikel 43 der VN-Satzung verpflichtet oder zumindest im Prinzip bereit erklärt, Einheiten der Kategorien 1 bis 4 als *stand-by forces* bereitzuhalten. In diesem Sinne hat der französische Präsident Mitterrand bereits auf dem Gipfeltreffen der SR-Mitglieder im Januar 1991 angekündigt, Frankreich werde in Zukunft bereit sein, dem SR innerhalb von 48 Stunden 1 000 und weitere 1 000 Mann innerhalb einer Woche zur Verfügung zu stellen. Andere Länder sollten diesem Beispiel folgen. Der Plan Mitterrands fand Unterstützung bei anderen SR-Mitgliedern, insbesondere bei Rußlands Präsident Jelzin. Österreich, Kanada und die skandinavischen Länder haben schon Ende der 60er Jahre angeboten, kurzfristig abrufbare Einheiten bereitzuhalten. In ihrer späteren Praxis haben sie dieses Angebot weitgehend verwirklicht.[125] Ihre Einheiten standen bisher nur für die traditionellen Blauhelmeinsätze zur Verfügung. Es zeichnet sich aber eine Änderung dieser Haltung ab. Von 1996 an soll Dänemark über eine internationale Brigade von rund 4 500 Mann verfügen, die unter der Flagge der VN, NATO und auch der KSZE gegebenenfalls Kampfeinsätze leisten kann. Das sieht jedenfalls eine Planung von Verteidigungsminister Häkkerup vor.[126]

Ähnlich die *deutsch-französische Brigade*. Ihre Einheiten könnten verschiedene der oben genannten Missionen erfüllen. Gleiches gilt für die 50 000 Soldaten der Bundeswehr, die nach Auskunft von Verteidigungsminister Rühe im nächsten Jahrzehnt als Krisenreaktionsstreitkräfte bereitstehen sollen.[127] Kernstück der künftigen NATO-Strategie soll eine "schnelle Eingreiftruppe" von ca. 100 000 Mann sein. Inwieweit dieses Allied Command Europe Reaction Corps auch für Einsätze außerhalb Europas unter dem Dach der VN zur Verfügung stehen sollte, ist nicht ausdiskutiert.[128]

Viel Beachtung hat der Vorschlag von Richard N. Gardner, Professor an der Columbia Universität und einer der außenpolitischen Berater des amerikanischen Präsidenten Bill Clinton, gefunden. Nach ihm sollen die fünf ständigen Mitglieder des SR *stand-by forces* in Brigadestärke (ca. 2 000 Mann) bereithalten, insgesamt also 10 000. Bis zu 30 weitere Staaten sollten seiner Meinung nach in der Lage sein, jeweils ein Bataillon (600-700 Mann) bereitzuhalten. Insgesamt ergäbe sich also eine *VN-stand-by force* von ca. 30 000 Mann. Alle Einheiten bestünden aus Freiwilligen, würden Übungen unter einer gemeinsamen Führung abhalten und möglichst standardisiert ausgerüstet werden.[129]

---

125 Vgl. zur Praxis der skandinavischen Länder Åge *Eknes*, Prepared for Peace-keeping: The Nordic Countries and Participation in U.N. Military Operations, in diesem Band.

126 Vgl. SZ, 20.7.1993.

127 FR, 16.12.1992.

128 FR, 5.10.1992.

129 Richard N. *Gardner*, Practical Internationalism: The United States and Collective Security, in: SAIS Review, 12 (1992) 2, S. 35-49. Exotisch mutet der Vorschlag der Publizistin Flora Lewis

Die Position der USA wird für die Entwicklung zukünftiger VN-Streitkräfte zweifellos entscheidend sein. Die Regierung Clinton hat hierüber noch nicht abschließend geäußert. Die neue amerikanische VN-Botschafterin, Madeleine K. Albright, hat in ihren ersten Interviews, ähnlich wie wenig später der neue Außenminister Warren Christopher, keinen Zweifel daran gelassen, daß Washington in den VN eine "aggressive and strong role" zu spielen gewillt ist und sich einer Politik der "multilateralen Kooperation" verpflichtet fühlt.[130] Speziell zur Frage von VN-Truppen erklärte der neue Verteidigungsminister Les Aspin Anfang Februar 1993 anläßlich seines ersten Zusammentreffens mit Boutros-Ghali, daß die amerikanische Regierung gegenwärtig drei Optionen prüfe:[131]

- eine ständige VN-Streitkraft;
- verschiedene Länder würden nationale Streitkräfte für die VN bereithalten;
- eine internationale Freiwilligenarmee, zu der sich Angehörige aller Länder ähnlich der französischen Fremdenlegion melden könnten.

Ein Vorschlag von Brian Urquhart in "The New York Times Review of Books" vom Juni 1993 hat weitere Bewegung in die Diskussion gebracht.[132] Er fordert eine 5 000 Kopf starke Freiwilligenarmee, die ausschließlich und unmittelbar den VN unterstellt ist. Sie soll vor allem im Rahmen des vom GS in der "Agenda für den Frieden" vorgeschlagenen *preventive deployment* eingesetzt werden. Der Vorschlag ist interessant und verdient, gründlich diskutiert zu werden. In den nachfolgenden Ausgaben der Review of Books ist das ansatzweise erfolgt.[133] Kurz- und mittelfristig hat er jedoch nur geringe Verwirklichungschancen. Denn die Konsensfähigkeit der Führungsmächte im SR und der internationalen Gemeinschaft insgesamt reicht für die Einigung über einen so weitgehenden Vorschlag nicht aus. In den nächsten Jahren wird die Entwicklung bestenfalls in Richtung auf Option 2 des Vorschlags der Clinton-Administration gehen.

---

an: Aus den in verschiedenen Armeen dienenden Gurkhas (7 500 in der britischen Armee, von ihnen 5 000 in Hongkong, 1 000 in Brunei, 1 500 in Großbritannien und ca. 65 000 in der indischen Armee) könnte wegen ihrer hohen Kampfmoral und Diszipliniertheit eine *stand-by rapid deployment force* der VN zusammengestellt werden. Der Anfang könnte mit den 5 500 gemacht werden, die die britische Armee bis zum Jahre 2000 demobilisieren will. Die Rolle der Gurkhas entspräche ungefähr der der Schweizer Garde im mittelalterlichen Vatikan. Schließlich ist in Erinnerung zu rufen, daß die GV im Zusammenhang mit dem Koreakrieg schon 1950 dazu aufgerufen hat, daß "each member maintains within its national forces elements so trained, organized and equipped that they could promptly be made available in accordance with its constitutional processes for services as a U.N. unit or units upon recommendation by the Security Council or the General Assembly" (G.A. Res. 377 [V; Para 8] 1950).

130 *United States Information Service*, U.S. Policy Information and Texts, Bonn, 4.2.1993, S. 7ff.

131 Nach IHT, 8.2.1993.

132 Vgl. Brian Urquhart, For a UN Volunteer Military Force, in: The New York Times Review of Books, 10.6.1993, S. 3f.

133 Vgl. The New York Times Review of Books, 24.6. und 7.7.1993.

Im Sommer 1992 galt der Vorschlag von Richard Gardner für eine *stand-by force* der VN in Höhe von 30 000 Sodaten noch als sensationell. Ein dreiviertel Jahr später, im Frühjahr 1993, stand bereits fest, daß diese Zahl zu gering ist, wenn die VN ihren Aufgaben in einer turbulenten Welt auch nur halbwegs gerecht werden sollen. In einem Interview anläßlich seines Besuches in Bonn im Januar 1993 forderte GS Boutros-Ghali, daß Truppen für die VN in einer Größenordnung zwischen 50 000 und 100 000 zur Verfügung gestellt werden müßten.[134] Zweifellos bleibt auch diese Zahl noch weit hinter dem zurück, was realistischerweise notwendig wäre, wenn man mit der Forderung nach einem effektiven Einsatz der VN bei der Vielzahl der gegenwärtig virulenten Konflikte Ernst machen würde. Man käme schnell auf eine Zahl von einigen Hunderttausend Soldaten und Zivilisten. Die Zahl mag provokativ und unrealistisch erscheinen. Sie entspricht aber durchaus den Vorstellungen, die man in den ersten Jahren der VN hatte. 1947 hielt man in einem Bericht des Generalstabsausschusses VN-Landstreitkräfte von insgesamt 375 000 bis 450 000 Mann für notwendig.[135]

Insgesamt dürften keine Zweifel bestehen, daß es so schnell wie möglich ein System der Bereitstellung von kurz- und mittelfristig abrufbaren VN-Truppen der verschiedenen oben beschriebenen Kategorien geben muß. Nur so haben die VN eine realistische Chance, den neuen Anforderungen wenigstens annähernd gerecht zu werden. GS Boutros-Ghali hat seine diesbezüglichen, in der "Agenda für den Frieden" nur angedeuteten Vorstellungen über die Ausgestaltung eines solchen Systems in einer Rede im Rahmen einer Konferenz über kollektive Sicherheit an der New Yorker Universität konkretisiert, dabei allerdings auf die Schwierigkeit hingewiesen, die genauen Anforderungen an die Truppen für künftige Missionen vorherzusagen: "Es ist möglich, eine ganze Reihe von Szenarien unterschiedlicher Komplexität zu entwerfen, von denen jedes unterschiedliche Erfordernisse an die Truppenstruktur nach Größe und Schlagfähigkeit darstellt. Diese Truppenstrukturen können in Standardbauteile ihrer Einsatzfähigkeit zerlegt werden. Dabei kann es sich um ein Infanteriebataillon, medizinische Begleitung, die Transportbegleitung und das Beobachterteam handeln. Jede neue Anforderung an eine Mission könnte in Form dieser standardisierten Bausteine ausgearbeitet werden, und die Teilnahmeersuchen an die Staaten würden auf dieser Grundlage erfolgen." Bezüglich der Ausrichtung der nationalen Streitkräfte fährt er fort: "Wenn nationalen Bausteine einmal feststehen, würde das nächste Ziel in der formellen Verpflichtung der Mitgliedsländer zur Bereitstellung von einem oder mehreren dieser Blöcke bestehen, also etwa einem Bataillon in einer Truppenstruktur von Brigadegröße oder zwei Zehn-Mann-Teams von Militärbeobachtern. Die Mitgliedsländer würden sich verpflichten, eine bekannte Zahl an Truppenangehörigen in einer be-

134 Vgl. FR, 12.1.1993.

135 Vgl. Anm. 120.

kannten Formation mit einer bekannten erforderlichen Ausrüstung und mit einem bekannten Zeitablauf bereitzustellen."[136]

Abkommen gemäß Artikel 43 der Satzung würden diesem System eine gewisse Rechtssicherheit geben. (Eine größere Zahl von Abgeordneten der Regierungskoalition hat sich in einem Antrag an die Bundesregierung für den Abschluß von Sonderabkommen gemäß Artikel 43 ausgesprochen; Ziel sei die ständige Verfügbarkeit solcher Streitkräfte auf der Basis nationaler Entscheidungen.[137] Und in den USA hat man sich in diesem Zusammenhang wieder an das *U.N. Participation Act* des amerikanischen Kongresses aus dem Jahre 1945 erinnert, das den Präsidenten unter anderem autorisiert, dem SR Truppen, die gemäß Artikel 43 der Satzung ausgehandelt worden sind, zu unterstellen.[138]) Die Erarbeitung gemeinsamer Einsatzrichtlinien sowie die Durchführung gemeinsamer Ausbildungskurse (und Übungen) sind absolut notwendige Bestandteile. Präsident Bush hat auf diesen Aspekt in seiner Rede vor der GV besonders hingewiesen und die volle Unterstützung der USA angeboten. Die Clinton-Administration scheint gewillt zu sein, im Rahmen der von ihrer VN-Botschafterin als "assertive multilateralism" bezeichneten Politik in diese Richtung weiterzugehen. Im Juni 1993 wurde der Presse ein vertrauliches Dokument des Weißen Hauses bekannt, in dem neue Kriterien für die Unterstützung von Blauhelmeinsätzen durch die USA und die Rolle amerikanischer Truppen bei solchen Einsätzen aufgestellt werden.[139] Besonders bemerkenswert: In Abweichung von der bisher unumstößlich geltenden Doktrin für den Einsatz amerikanischer Truppen wird nun Bereitschaft signalisiert, sie gegebenenfalls auch der Autorität der VN zu unterstellen. Eine grundlegende Verbesserung der politischen und militärischen Kommandostrukturen der VN sei dafür allerdings zwingende Voraussetzung.

Die Frage einer adäquaten politischen und militärischen Kontrolle von Kampfeinsätzen der VN ist bereits seit einiger Zeit Gegenstand einer kontroversen Diskussion. Ihr gilt der nächste Abschnitt.[140]

4. Das Problem der politisch-militärischen Kontrolle von VN-Einsätzen

Zumindest unter Präsident Bush haben die USA ebenso wie Großbritannien ein Kommando der VN über Enforcementeinsätze abgelehnt.[141] Frankreich und Rußland sind dagegen für eine Stärkung der Rolle des in Artikel 47 der VN-Satzung vorgesehenen Generalstabsausschusses eingetreten, haben im Detail dazu aber

136 Zitiert nach UNO-Woche, 10.1.1993, S. 12.

137 Vgl. BT-Drucksache 12/3702, 11.11.1992.

138 Vgl. The Washington Post, 11.4.1993, S. C7.

139 Vgl. IHT, 19./20.6.1993.

140 Siehe New York Times (NYT), 22.9.1992.

141 Vgl. die Rede von Präsident Bush vor der GV, NYT, 22.9.1992.

keine Vorschläge gemacht. Die Vorschläge der SPD vom September 1992 hinsichtlich einer Beteiligung der Bundeswehr zielen ebenfalls auf eine Unterstellung militärischer Einsätze unter das Kommando der VN ab.[142] Auch die schon genannte Gruppe von Abgeordneten der Regierungskoalition verlangt in Ziffer 3.3 ihrer Anfrage vom November 1992 die "Einsetzung des Generalstabsausschusses nach Artikel 47".[143] (Der Generalstabsausschuß existiert gegenwärtig nur formal. Aufgrund des Kalten Krieges ist er nie im Sinne der in Artikel 47 vorgesehenen Aufgaben tätig geworden. Ein Mißverständnis, das gerade in der deutschen Diskussion über seine Aufgaben besteht, ist auszuräumen: Er war von den Gründern der VN nicht als oberstes Kommando für militärische Einsätze der VN vorgesehen, sondern hat gemäß Artikel 47 Absatz 1 den SR "in allen Fragen zu beraten und zu unterstützen, die dessen militärische Bedürfnisse zur Wahrung des Weltfriedens und der internationalen Sicherheit" betreffen. Gemäß Artikel 47 Absatz 3 werden die Fragen "bezüglich der Führung dieser Streitkräfte später geregelt".)

Die Entwicklung adäquater Kommando- und Kontrollstrukturen bei militärischen VN-Einsätzen ist eine schwierige Aufgabe. Bei den traditionellen Blauhelmeinsätzen war die Lösung einfach. Die Zusammensetzung der Truppen konnte möglichst multinational sein, da die militärischen Anforderungen im Sinne von Kampfbereitschaft gering waren. Das Oberkommando hatten nicht nationale Stäbe, sondern der GS bzw. der von ihm eingesetzte Sonderbeauftragte (wie zum Beispiel der Finne M. Ahtisaari in Namibia) und ein *force commander*. Beides war günstig für die Autorität der VN und die Legitimität des jeweiligen Einsatzes. Den VN war nicht so leicht der Vorwurf zu machen, Handlanger einer Macht oder nur einer kleinen Gruppe von Staaten zu sein.

Beide Prinzipien lassen sich jedoch bei Einsätzen, bei denen mit bewaffneten Auseinandersetzungen zur Durchsetzung des Mandats zu rechnen ist, nicht oder nur noch bedingt durchhalten. Diese Einsätze erfordern wegen ihres Gefährlichkeitsgrades eine funktionierende, gut eingespielte Zusammensetzung der Truppen und eine straffe Führung, die nicht durch politische Rangeleien gestört wird. Die Voraussetzungen für beides sind bisher in der Regel jedoch nur auf nationaler Ebene und, mit gewissen Einschränkungen, bei den der NATO unterstellten Truppen gegeben. Nicht zu vergessen ist schließlich die Tatsache, daß es die nationalen Regierungen und Parlamente sind, die ihrer Bevölkerung gegenüber Verluste bei den Einsätzen zu vertreten haben.

Die Entwicklungsaufgabe besteht also darin, zwei sich im Hinblick auf Truppenzusammensetzung und Befehlsgewalt widersprechende Anforderungen in einer fallbezogenen Weise auszubalancieren, nämlich die nach militärischer Effektivität

---

142 Vgl. den Beschluß des SPD-Parteivorstandes vom 13.9.1992.

143 Vgl. BT-Drucksache 12/3702, 11.11.1992.

einerseits und die nach multilateraler Legitimität und Autorität im Rahmen der VN-Satzung andererseits. In Resolution S/794 des SR vom 3. Dezember 1992 über den Einsatz in Somalia ist insoweit ein Anfang gemacht worden.[144] Er hat in Resolution 814 vom 26. März 1993 und im Bericht des GS vom 3. März 1993, auf den die Resolution für Details des Ausgestaltung des Mandats und der politisch-militärischen Kontrolle von UNISOM II verweist, seine Fortsetzung gefunden. Das VN-Oberkommando vor Ort in den Händen des türkischen Generals Bir wird durch vier Mechanismen im Hauptquartier der VN in New York unterstützt: (1) einer *policy group* unter Vorsitz des GS, (2) einer *operational task force*, geleitet vom Untergeneralsekretär für Peace-keeping und zusammengesetzt aus Vertretern der von der Operation betroffenen Abteilungen der VN sowie der USA, (3) ein *liaison team* amerikanischer Offiziere in der Peace-keeping-Abteilung des Sekretariats und (4) einem *UNOSOM planning team* in derselben Abteilung.[145]

Diese Organisationsformen sind gewiß noch nicht der Weisheit letzter Schluß. Es wird um eine pragmatische Fortentwicklung dieser Mischform bei weiteren Einsätzen gehen. Die zwischen NATO und VN für UNPROFOR und mögliche weitere Einsätze in Bosnien ausgehandelte Struktur wird zweifellos weitere Maßstäbe setzen.

Neben der Organisation des Oberkommandos vor Ort ist es zweifellos notwendig, die militärische Beratungskapazität im Hauptquartier der VN in New York auszubauen. Lange Zeit besaß das Sekretariat nicht einmal einen sogenannten 24-Stunden-Lageraum, mit dem die *force commander* jederzeit in Kontakt treten konnten, um sich in politisch oder militärisch brisanten Situationen Anweisung aus New York holen zu können. Das hat sich kürzlich geändert. Ein 24 Stunden operierender *situation room* mit sieben Offizieren verschiedener Nationalitäten wurde aufgebaut. Sie betreuen allerdings nur die Operationen in Somalia, dem früheren Jugoslawien und in Kambodscha. Insgesamt müssen die insgesamt über 90 000 Blauhelme in den verschiedenen Teilen der Welt weiterhin mit einem Stab von 35 Militärberatern und 40 zivilen Angestellten auskommen.[146] Dennoch sieht Kofi Annan, der für das Peace-keeping zuständige Untergeneralsekretär, die Zukunft optimistisch. Er strebt eine Besetzung des Operationsraumes mit über 100 Offizieren an: "The days will soon be over when force commanders ring me up at home during the weekend for instructions. Our operations are now so large and complex that we are redesigning the whole department. The days of gifted amateurism are

---

144 In Ziffer 13 werden der GS und die truppenstellenden Staaten aufgefordert, "to establish appropriate mechanisms for coordination between the United Nations and their military forces". Außerdem wird eine "ad hoc commission" des SR zur Überwachung der Implementierung der Resolution eingerichtet sowie ein kleiner "UNOSOM liaison staff" in das "unified command" entsandt, das die militärische Kommandogewalt innehat (Ziff. 14 und 15).

145 Vgl. den Bericht des GS S/25354 vom 3.3.1993.

146 Vgl. IHT, 19./20.6.1993.

over."[147] Und im Pentagon wird angeblich sogar über den Aufbau eines *operation headquarters* nach dem Vorbild des 24-Stunden *command centers* im Pentagon nachgedacht.[148]

Ist ein Aufbau derart umfassender, möglicherweise von einer Großmacht dominierter Kommandokapazitäten im Sekretariat der VN notwendig und opportun? Das ist eine schwierige Frage, die Gegenstand einer eigenen Studie sein muß. Politisch enthält dieses Thema zweifellos viel Brisanz. Und es soll nicht verschwiegen werden, daß von verschiedenen Mitarbeitern des VN-Sekretariats die Notwendigkeit eines solchen militärischen Apparates bestritten und mit größtem Mißtrauen gesehen wird, aus welchen Gründen auch immer. Aus ihrer Sicht sollten die VN auch über die neue Generation von Einsätzen nur die politische Kontrolle ausüben. Die militärische solle bei den Mächten oder den regionalen Bündnissen und Abmachungen liegen, die diese Operationen durchführen.

Aus der Sicht des Autors dieses Beitrags bedarf es in New York zumindest einer Art *Permanent Military Advisory Committee*, das dem GS und dem SR beratend zur Seite steht. Diesem Komitee würden in VN-Einsätzen erfahrene Militärs verschiedener Staaten angehören, unter ihnen auf jeden Fall Vertreter der ständigen Mitglieder des SR. Militärs von Staaten, die an aktuell laufenden Operationen beteiligt sind, wären auf Ad-hoc-Basis zu beteiligen. Die Aufgabenstellung des Komitees wäre eine doppelte: Zum einen würde es den GS und den SR bei der Abfassung von Mandaten entsprechend den aus dem jeweiligen Einzelfall erwachsenden militärischen Notwendigkeiten beraten und dafür sorgen, daß diese im Resolutionstext angemessen berücksichtigt werden. Zum anderen wäre es aber auch autorisiert, die Mandate des SR in praktikable *operational guidelines* für die Befehlshaber vor Ort umzusetzen. Denn die Resolutionstexte werden aus politischen Gründen weiterhin relativ allgemein und interpretationsfähig bleiben. Der in Artikel 47 der Satzung vorgesehene *Generalstabsausschuß* ließe sich möglicherweise in diesem Sinne umfunktionieren.

5. Post-conflict Peace-building durch internationale Treuhandschaft?

Robustes Peace-keeping ist hier vor allem in seinen militärischen und politisch-rechtlichen Dimensionen diskutiert worden. Sein Erfolg wird in letzter Instanz jedoch vom Umgang mit einer weiteren, vom GS ausdrücklich angesprochenen Dimension abhängen, dem post-conflict Peace-building.[149] Der Begriff ist allerdings irreführend. Denn Peace-building ist nicht eine Notwendigkeit, die erst nach dem Ende des Konflikts durch den Einsatz militärischer Mittel entsteht, sondern

147 Vgl. NYT, 28.3.1993.

148 Vgl. IHT, 19./20.6.1993.

149 Vgl. *Boutros-Ghali*, Agenda für den Frieden, Ziff. 55ff.

es geht um das schwierige Problem eines parallelen oder in Sequenz mit den militärischen Mitteln abgestimmten Einsatzes nichtmilitärischer Mittel. Militärische Mittel, humanitäre Maßnahmen, entwicklungspolitische Aufgaben, Sicherung der öffentlichen Ordnung, Restrukturierung von Verwaltungs- und Rechtssystem etc. müssen integriert werden.

Die Auswertung verschiedener Fälle (Golfkrieg, Somalia, ehemaliges Jugoslawien) zeigt, daß sowohl die VN als auch ihre zahlreichen Unterorganisationen wie UNDP, UNHCR, WHO, FAO und die Vielzahl der auf diesen Gebiet tätigen NGOs wie Save the Children, Oxfam etc. auf einen integrierten Ansatz in diesem Sinne wenig vorbereitet sind. Im Falle Somalias ist die VN von einigen Organisationen wegen der Inkompetenz ihrer Vorgehensweise heftig angegriffen worden.[150] Eine amerikanische Studie über die Koordination der humanitären Hilfe am Golf von 1990 bis 1992 ist zu folgenden Ergebnissen gekommen: "While many UN officials worked tireless ... the United Nations as a system failed to coordinate the world's humanitarian response effectively."[151] Noch unter GS Pérez de Cuéllar wurde im Sekretariat die Stelle eines *Koordinators für Katastrophen- und Humanitäre Hilfe* im Rang eines Untergeneralsekretärs eingerichtet, der dem Department of Humanitarian Affairs (DHA) vorsteht. Gegenwärtig ist diese Stelle mit dem Schweden Jan Eliasson besetzt.[152]

Im Rahmen dieses Beitrags kann auf das *Verhältnis zwischen militärischen und nichtmilitärischen Mitteln* im Sinne eines integrierten Ansatzes für Peace-building nicht im Detail eingegangen werden. (Das nachfolgende Kapitel über die vorbeugende Diplomatie behandelt jedoch verschiedene, insoweit wichtige Punkte.)

Die Einsätze in Namibia und Kambodscha, mehr noch aber die in Somalia und Bosnien, werfen jedoch eine *grundsätzliche politisch-rechtliche* Frage auf. Wie ist mit der *Souveränität* dieser Länder im Hinblick auf einen integrierten Ansatz von robustem Peace-keeping und Peace-building umzugehen? Ein schwieriges Dilemma ist zu lösen: Denn einerseits besteht häufig ein Vakuum im Hinblick auf eine effektive, ordnungsgemäße Ausfüllung des Souveränitätsrechts, sei es, weil das Land durch internen Zerfall keine funktionierende Regierung mehr hat, wie in Somalia, sei es, weil die angeblich Regierenden jegliche Legitimität verspielt haben, wie zum Beispiel in Haiti. Andererseits gilt es, die Souveränität des in diesem Lan-

---

150 Vgl. z.B. Rakiya *Omaar*/Alex *de Waal*, Somalia: See, the UN Relief System Doesn't Work, in: IHT, 28.8.1992.

151 Vgl. Larry *Minear u.a.*, United Nations Coordination of the International Humanitarian Response to the Gulf Crisis 1990-1992, Thomas J. Watson Jr. Institute for International Studies, 1992 (Occasional Paper No. 13), S. 2.

152 Vgl. zu den Aufgaben der Abteilung *United Nations Department of Public Information*, Enlarging the UN's Humanitarian Mandate, New York, Dezember 1992, S. 1-6. Siehe auch den Beitrag von Jan *Eliasson*, UN-Hilfe erniedrigt, wenn sie nicht mit Hoffnung einhergeht, in: FR, 8.1.1993, S. 8.

de lebenden "Volkes" zu respektieren. Völkerrecht ebenso wie die praktischen Probleme des Konfliktmanagements und des Wiederaufbaus erfordern eine Antwort auf diese Fragen.

Der Ruf, Länder der Dritten Welt (und nun auch des früheren Ostblocks) aufgrund des Versagens ihrer politischen Eliten unter *internationale Vormundschaft* zu stellen, hat seit einiger Zeit Konjunktur.[153] Vereinzelt wird sogar einer Rekolonisierung offen das Wort gesprochen. Zwei Autoren, Gerald B. Helman und Steven R. Ratner, haben versucht, drei Stufen einer derartigen internationalen Verantwortlichkeit zu entwickeln:[154]

- *governance assistance* in den Staaten, in denen "some type of minimal governmental structure is still maintained – where the state is failing, but not yet failed"[155] (worin der Unterschied zur gegenwärtigen Entwicklungshilfe und zu der von Weltbank und IWF betriebenen Strukturanpassungspolitik liegen soll, bleibt unklar; den Autoren schweben wohl noch weitergehende Eingriffe in die internen politischen und verfassungsrechtlichen Prozesse vor);
- *U.N. conservatorship*, "a more intrusive form ... for those states that have already failed";[156] UNTAC in Kambodscha wird in diesem Fall von den Autoren als Modell genannt; das conservatorship soll gegebenenfalls, dem Konzept der humanitären Intervention folgend, auch gewaltsam durchgesetzt werden; "Cambodia under the Khmer Rouge might have well merited such an extraordinary form of forcible conservatorship";[157]
- *direct U.N. trusteeship* als die radikalste Form des Eingriffs;[158] dieses Modell ginge weiter als das Kambodscha-Modell; die lokale Autorität würde ihre Entscheidungsgewalt an die VN abgeben; die VN oder eine von ihnen eingesetzte Staatengruppe würden dann bis zur Wiederherstellung der Staaten die rechtliche Autorität übernehmen.

Das Thema internationaler Vormundschaft bei fragmentierenden Staaten bedarf noch gründlicher Diskussion. Auf den ersten Blick klingen entsprechende Vorschläge gut, auf den zweiten jedoch weit weniger. Die Schwierigkeiten ihrer praktischen Verwirklichungsmöglichkeiten werden in den wenigsten Beiträgen reflektiert. Hier sollen lediglich drei Einwände zu bedenken gegeben werden:

- Überprüft man Erfolge und Effektivität von Institutionen wie Weltbank, IWF, UNDP und weiteren Einrichtungen der VN, die in ihren Ansätzen ja bereits in

---

153 Siehe zum Beipiel Ulrich *Menzel*, Nach dem Ost-West-Konflikt: Was wird aus der Dritten Welt?, in: Epd-Entwicklungspolitik, (Dezember 1992) 23/24, S. a-d.

154 Gerald B. *Helman*/Steven R. *Ratner*, Saving Failed States, in: Foreign Policy, (Winter 1992/93) 89, S. 3-20.

155 Ebd., S. 13.

156 Ebd., S. 14.

157 Ebd., S. 13.

158 Ebd., S. 16.

diese Richtung gehen, dann ist festzustellen, daß deren Erfolge bei der wirtschaftlichen und politischen Konsolidierung der Entwicklungsländer bisher nicht beeindruckend waren. Ginge man in die oben beschriebene Richtung, würden vor allem die Bürokratien dieser Organisationen anwachsen, nicht aber ihre Effektivität.

- Ein überstarkes, "verbürokratisiertes" Eingreifen von außen hat aller Erfahrung nach einen zwar ungewollten, deswegen aber nicht weniger gewichtigen Effekt, vor allem wenn es sich über einen längeren Zeitraum erstreckt: Es erstickt die Eigeninitiative und Eigenverantwortlichkeit derjenigen, denen geholfen werden soll.
- Schon gegenwärtig ist das für die Sanierung von Ländern wie Somalia, Kambodscha und Mosambik notwendige Geld kaum zusammenzubekommen. Die bürokratisierten Treuhand- und Vormundschaftsmodelle würden wegen ihres umfassenden Ansatzes noch beträchtlich teurer werden. Bedenkt man die Vielzahl der Staaten, die bereits jetzt oder demnächst unter Vormundschaft gestellt werden müßten, dann ist nicht zu sehen, wie diese Modelle finanziert werden sollen.

Insgesamt erscheint es deswegen besser, auf dem mit UNTAG in Namibia, UNTAC in Kambodscha und UNISOM I und II in Somalia eingeschlagenen Weg der pragmatischen, auf den Einzelfall bezogenen Sanierung zu bleiben. Alle drei Einsätze haben ja stark treuhänderische Elemente, versuchen aber, eine bürokratische Aufblähung zu vermeiden. Kernpunkt dieser Ansätze und aller weiteren sollte sein, keinen Zweifel darüber aufkommen zu lassen, daß die Verantwortlichkeit für Frieden und Wiederaufbau letztlich bei der einheimischen Bevölkerung und ihren Eliten liegt. Zu Recht betont GS Boutros-Ghali, ebenso wie die amerikanische Führung, immer wieder: "the crisis in Somalia can only be resolved by the Somali people themselves."[159] Aufgabe der internationalen Gemeinschaft kann es lediglich sein, diese Fähigkeit und Verantwortlichkeit der einheimischen Bevölkerung, wenn sie durch gewaltsame Konflikte schwer beschädigt ist, zeitweise mit einem militärischen, administrativen etc. Korsett zu versehen, damit sie sich wieder konsolidieren kann. Das kann durchaus auch die zeitliche Ausübung hoheitlicher Gewalt in bestimmten Bereichen durch die internationale Gemeinschaft oder von ihr beauftragte Akteure bedeuten. Die Vorfälle in Mogadischu im Juni 1993 sollten allen, die von Modellen internationaler Treuhandschaft träumen, eine Warnung sein. Der Vorwurf des Neo-Kolonialismus ist schnell gemacht, sobald derartige Modelle in Schwierigkeiten geraten!

---

159 Boutros *Boutros-Ghali*, The Situation in Somalia, Progress Report of the Secretary-General, U.N. Doc. S/25168 vom 26.1.1993, S. 3.

V. Vorbeugende Diplomatie und Konfliktverhütung[160]

Bosnien, Somalia und zahlreiche weitere Fälle, in denen die VN zur Beendigung gewaltsamer Konflikte eingeschaltet wurden, lehren eine Erfahrung: Das Eingreifen der VN kommt fast immer zu spät, das heißt zu einem Zeitpunkt, an dem die Konflikte eine Eigendynamik entwickelt haben, die durch externe Akteure entweder gar nicht oder nur durch den Einsatz massiver Mittel zu beeinflussen ist. Chancen hat die Konfliktvermittlung erst dann wieder, wenn die Parteien erschöpft sind und diese Einsicht sich auch auf der Ebene der militärischen und politischen Führer durchgesetzt hat. Das kann lange dauern, da letztere von den Folgen des Krieges (und denen wirtschaftlicher Sanktionsmaßnahmen) meistens am wenigsten hart und direkt betroffen sind. Gegenwärtig ist Angola ein erschütterndes Beispiel dafür, wie hartnäckig absolut unsinnige Kriege fortgeführt werden können.

In der "Agenda für den Frieden" hat der GS deswegen die Verbesserung des Instrumentariums der *vorbeugenden Diplomatie* zu einem wichtigen Punkt gemacht.[161] Insbesondere schlägt der GS verbesserte vertrauensbildende Maßnahmen, ein Frühwarnsystem sowie vorbeugende Einsätze von VN-Beobachtern oder -Truppen vor. Die Regierungschefs und Außenminister der meisten Staaten haben diese Priorität in ihren Reden vor der 47. GV im Herbst 1992 unterstützt. Besonders nachhaltig für den Ausbau der vorbeugenden Diplomatie setzten sich die Staaten der Europäischen Gemeinschaft ein. Sie hatten ihm schon in der Entstehungsphase seines Berichts ein internes Papier mit Vorschlägen zur Verbesserung der vorbeugenden Diplomatie übergeben. Douglas Hurd, der britische Außenminister, forderte den GS in seiner Rede vor der GV in Namen der EG-Staaten auf, in Zukunft stärkeren Gebrauch von seinem Recht zu vorbeugenden Maßnahmen gemäß Artikel 99 der VN-Satzung zu machen.[162]

Die Aufrufe zu einer Verbesserung des Instrumentariums vorbeugender Diplomatie sind nicht neu. In Literatur und Praxis wird ein breites Spektrum politischer, rechtlicher und anderer Maßnahmen angeboten, auf das die Konfliktparteien und/oder Vermittler zurückgreifen können. Nachfolgend wird – ohne Anspruch auf Vollständigkeit – eine Übersicht über die wichtigsten *Maßnahmen* und vorhandenen internationalen *Regelungen* gegeben:

---

160 Vgl. hierzu die Beiträge von Roy S. *Lee*, How Can States be Enticed to Settle Disputes Peacefully?; Connie *Peck*, Improving the U.N. System of Preventive Diplomacy and Conflict Resolution: Past Experiences, Current Problems and Future Perspectives, sowie Giandomenico *Picco*, Preventive Diplomacy and Conflict Resolution: How to Improve the United Nations Intelligence Assessment and Early Warning Capabilities, in diesem Band.

161 Vgl. *Boutros-Ghali*, Agenda für den Frieden, Ziff. 23ff.

162 Vgl. NYT, 23.9.1992.

MAßNAHMEN:[163]

- Untersuchung und Tatsachenermittlung (*enquiry and fact-finding*);
- Beratung (*consultation*);
- Vermittlung (*mediation*);
- Gute Dienste z.B. des GS der VN (*good offices*);
- Schiedsgerichtsverfahren (*arbitration*);
- gerichtliche Streitentscheidung z.B. durch den IGH (*judicial settlement*);
- vorbeugende Stationierung von Truppen (*preventive deployment*);
- Zwangsmaßnahmen wirtschaftlicher, militärischer und sonstiger Art (*enforcement*).

REGELUNGEN:

Im Lauf der Jahre sind eine Reihe internationaler Konventionen und Deklarationen verabschiedet worden (auf regionale Entwicklungen, wie sie gerade im Rahmen der KSZE in den letzten Jahren stattgefunden haben, wird hier nicht eingegangen), insbesondere:[164]

- die *Hague Conventions for the Peaceful Settlement of Disputes* von 1899 und 1907;
- die *Declaration on the Prevention and Removal of Disputes and Situations and on the Role of the United Nations in this Field* von 1988 (einstimmig von der GV angenommen);
- die *Declaration on Fact Finding* von 1991 (einstimmig von der GV angenommen).

Verschiedene Bestimmungen der VN-Satzung autorisieren vorbeugende Diplomatie, allerdings nur in sehr allgemeiner Form (einen eigenen Abschnitt über vorbeugende Maßnahmen gibt es nicht, wohl aber einen über die friedliche Beilegung von Streitigkeiten [Kapitel VI]):

- Artikel 33 verpflichtet alle VN-Mitglieder zur friedlichen Streitbeilegung und nennt verschiedene Verfahrensweisen (die mit der oben aufgelisteten Typologie weitgehend übereinstimmen);
- Artikel 34 bis 38 geben vor allem dem SR, aber auch der GV verschiedene Möglichkeiten, vorbeugend in Konflikte einzugreifen; der SR hat ein eigenes Untersuchungsrecht (Art. 34), jedes VN-Mitglied kann den SR oder die GV auf die Notwendigkeit zum Vorgehen gemäß Artikel 34 aufmerksam machen; gemäß Artikel 36 und 37 schließlich kann der SR Empfehlungen sowohl im Hinblick auf Verfahren als auch Methoden der Streitbeilegung machen;

---

163 Vgl. ausführlicher *Lee*, How Can States be Enticed?, S. 383ff, in diesem Band.

164 Vgl. ebd., S. 393ff.

- gemäß Artikel 40 in Kapitel VII der Satzung kann der SR "vorläufige Maßnahmen" ergreifen, um einer Verschärfung der Lage vorzubeugen;
- schließlich kann der SR gemäß Artikel 39 in Kapitel VII Zwangsmaßnahmen, wie zum Beispiel Embargos oder die Entsendung von Truppen beschließen, wenn der Konflikt bereits zu einer Bedrohung oder einem Bruch des Friedens eskaliert ist;
- nach allgemeiner Auffassung autorisiert Artikel 99 in Kapitel XV der Satzung den GS nicht nur, die "Aufmerksamkeit des SR auf Friedensgefährdungen zu lenken", sondern auch in Vorbereitung dieses Schrittes verschiedene *Maßnahmen* zu ergreifen, wie die Entsendung von *fact-finding missions*, Anbieten seiner Guten Dienste etc.[165] (In der Vergangenheit haben die GSe dies auch getan, waren aber stets darauf bedacht, nicht mit dem durch den Ost-West-Konflikt blockierten SR bzw. einem seiner führenden Mitglieder zu kollidieren. De facto haben sie sich deswegen zuvor meist der Zustimmung der führenden Mächte im SR vergewissert.)

Dieses reichhaltige Instrumentarium an generellen Vorkehrungen für vorbeugende Konfliktverhütung und friedliche Streitbeilegung ist nicht völlig ohne Bedeutung für die Praxis geblieben. Immerhin sind seit 1945 bis Anfang der 90er Jahre dem IGH 64 Fälle zur Entscheidung vorgelegt worden. Insgesamt ist die Erfolgsbilanz der vorbeugenden Diplomatie jedoch negativ. Der Einsicht, daß es besser und billiger ist, Schaden zu verhüten als später zu reparieren (was vielfach gar nicht mehr möglich ist), steht eine nicht weniger eindeutige Abneigung entgegen, dieser Einsicht in der Praxis zu folgen.[166] Präventive Diplomatie ist, wie der österreichische Diplomat Freudenschuss zu Recht schreibt, eine "Medizin, von der zwar viel geredet ..., die aber nicht gerne genommen wird".[167] Dafür gibt es Gründe:

Erstens, in der Anfangsphase, wenn noch nicht geschossen wird, erregt ein Konflikt wenig internationale Aufmerksamkeit. Die Politiker der führenden internationalen Mächte sind mit anderen, wichtigeren Problemen beschäftigt. Und die Konfliktparteien selbst sind zu diesem Zeitpunkt wenig geneigt, die Kontrolle über den Konfliktverlauf von anderen Akteuren beeinflussen zu lassen. Außerdem ist unklar, ob und inwieweit der jeweilige Konflikt eskalieren und sich zu einer Gefährdung des internationalen Friedens auswachsen wird. Erst wenn die Menschen zu

---

165 Dieses Initiativrecht wurde in Artikel 21 der obengenannten *Declaration on the Prevention and Removal of Disputes and Situations and on the Role of the United Nations in this Field* aus dem Jahre 1988 verstärkt.

166 Im Zusammenhang mit dem Koreakrieg etablierte die GV schon 1949 verschiedene Ausschüsse und Kommissionen, die für vorbeugende Maßnahmen geeignet waren, nämlich einen *Untersuchungs- und Schlichtungsausschuß*, einen *VN-Feldbeobachtungsausschuß*, eine *Friedensbeobachtungskommission* sowie ein *Register von Untersuchungsfaktoren*; sie wurden jedoch nie gebraucht. Vgl. Michael *Schaefer*, Die Funktionsfähigkeit des Sicherheitsmechanismus der Vereinten Nationen, Berlin 1981, S. 65.

167 *Freudenschuss*, The Changing Role of the U.N. Security Council, S. 163, in diesem Band.

Hunderten oder zu Tausenden zu Tode kommen und die Flüchtlingsströme anschwellen, ist die Antwort klar. Für vorbeugende Maßnahmen ist es dann jedoch bereits zu spät. Denn sobald das erste Blut vergossen worden ist, verhärten sich die Konfliktfronten. Von nun an gehorcht der Konflikt politisch und psychologisch anderen Gesetzen – bis zur Niederlage einer Seite oder der totalen Erschöpfung beider in einer Pattsituation.

Zweitens wissen die führenden Mächte bei einem Engagement in der Frühphase, das mehr als nur symbolisch ist, nicht, auf welches Abenteuer sie sich einlassen, zu welchen weiteren Maßnahmen oder riskanten Einsätzen sie im weiteren Verlauf noch gezwungen sein werden. Denn im Gegensatz zu dem, was ein Teil der etwas idealistisch anmutenden Konfliktverhütungs- und Friedensliteratur suggeriert, kann keineswegs davon ausgegangen werden, daß für eine erfolgreiche vorbeugende Diplomatie ein geringer Mitteleinsatz ausreicht. Im günstigen Fall, also bei verständigen und schwachen Konfliktparteien, kann das so sein. In der Regel wird sich die internationale Gemeinschaft jedoch auf einen umfangreicheren Mitteleinsatz und ein breites Spektrum von Maßnahmen einstellen müssen, das von der Entsendung ziviler und militärischer Peace-keeper bis hin zur Beseitigung sozialer und wirtschaftlicher Mißstände im Sinne eines Peace-building, also einer umfangreichen Strukturhilfe, reicht. (Die Kategorie des *pre-conflict peace-building* fehlt im Bericht des GS.) Ohne einen derartigen Einsatzwillen wird die vorbeugende Diplomatie bestenfalls erfolglos sein, dafür gibt es genügend Beispiele, schlimmstenfalls aber den Konflikt zusätzlich anfachen.

Drittens schließlich ist die Zahl der Fälle, in denen gegenwärtig unter dem Gesichtspunkt der vorbeugenden Diplomatie mit einem erheblichen Mitteleinsatz eingegriffen werden müßte, überwältigend. Darauf wurde eingangs hingewiesen. Diese Vielzahl schreckt diejenigen Mächte ab, die den Löwenanteil der vorbeugenden Diplomatie finanzieren und gegebenenfalls militärisch absichern müssen. Ein hoher Grad an Selektivität wird deswegen eine grundlegende und im Hinblick auf die Nord-Süd-Beziehungen äußerst problematische Realität vorbeugender Diplomatie bleiben.

An die Fortentwicklung der vorbeugenden Diplomatie und Konfliktverhütung ist also mit großem Realismus heranzugehen. Es gibt kein einfaches Konzept, sondern nur ein geduldiges Vorarbeiten an verschiedenen Fronten und auf unterschiedlichen Ebenen. Das *preventive deployment* von 700 Blauhelmen in Mazedonien aufgrund einer Resolution des SR vom Dezember 1992 ist jedoch ein kleiner Lichtblick. Im Sommer 1993 erklärten sich die USA zur Entsendung weiterer 400 Soldaten bereit.

Früherkennung von Konflikten: Die Verbesserung der Intelligence- und Informationsmöglichkeiten des Sekretariats des GS im Sinne eines Frühwarnsystems ist seit langem in der Diskussion. Einiges wurde auf diesem Gebiet getan. Der Mangel an Information ist jedoch nicht das Hauptproblem. Informationen über potentielle Konflikte sind in Zeitungen, Literatur, den einschlägigen Expertenberichten etc. in der Regel ausreichend bis reichlich vorhanden. Zametica schreibt in einem Bericht des International Institute for Strategic Studies (IISS) in London zu Recht: "The war in Yugoslavia was perhaps the most widely predicted in the late twentieth century."[168] Bereits im Herbst 1990 hatte ein CIA-Bericht gewarnt, daß in ca. 18 Monaten der Krieg ausbrechen werde. Dennoch gab es keine energisch vorbeugende Diplomatie. Zu diesem Zeitpunkt war die Aufmerksamkeit der internationalen Gemeinschaft und Washingtons völlig von den Ereignissen am Golf und den Entwicklungen in Moskau absorbiert.

Der wunde Punkt der Frühwarnung ist deswegen die institutionelle Gewährleistung eines *assessment* der vorhandenen Informationen in einer Art und Weise, die dem GS, SR und anderen internationalen Akteuren die Notwendigkeit zum Handeln vor Augen führt. Ein hochqualifiziertes *Intelligence Gathering and Assessment Center* im Sekretariat des GS in New York könnte weiterhelfen, insbesondere wenn seine Mitarbeiter Zugang zu Geheimdienstmaterialien der ständigen Mitglieder des SR haben. Satellitenkapazitäten wären ebenfalls von Vorteil.[169] Der Leiter des Zentrums müßte ein hoher Beamter sein, der jederzeit Zugang zum GS hat und gewährleistet, daß Lageeinschätzungen politisch ernst genommen werden. (Ansätze zu einem solchen Zentrum gibt es in verschiedenen Funktionen, die dem neu eingerichteten *Department of Policital Affairs* zugeordnet wurden.) Das Zentrum könnte in Zusammenarbeit mit regionalen *U.N. Bureaus for Preventive Diplomacy and Conflict Management* regelmäßig hochqualifizierte *Zustandsberichte* und außerplanmäßig *Dringlichkeitsberichte* für den GS und den SR anfertigen. Einige regionale Büros, die einem solchen Zweck dienen, wurden seit 1987 eingerichtet, nämlich in Kabul, Islamabad, Bagdad, Teheran, Beirut. Am 24. Oktober 1992 wurde in Jerevan (Armenien) ein provisorisches VN-Büro eröffnet. Ein Übereinkommen zur Errichtung eines neuen provisorischen VN-Büros in Kazachstan wurde am 5. Oktober 1992 und in der Ukraine am 7. Oktober unterzeichnet. In ihrer Überzahl dienen diese Büros, ähnlich wie die für Azerbajdschan, Belarus', Kazachstan und Uzbekistan geplanten Büros, vorerst allerdings in erster Linie der entwicklungspolitischen Zusammenarbeit.

Vorteil der Büros vor Ort ist unter anderem, daß bereits persönliche Kontakte mit den Konfliktparteien bestehen und im Konfliktfall nicht erst mühsam aufgebaut werden müssen. Auf dem Gebiet der Vermittlung und vorbeugenden Diplo-

168 *Zametica*, The Yugoslav Conflict, S. 58.

169 Möglicherweise wäre das von Perez de Cuellar eingerichtete *Office of Research and Collection of Information (ORCI)* ein guter Anfang in dieser Richtung gewesen. Es hatte ca. 20 Mitarbeiter, wurde jedoch Anfang 1992 von Boutros-Ghali wieder aufgelöst. Die Funktionen des ORCI wurden teilweise in das neue *Department of Political Affairs* integriert. Vgl. dazu *Peck*, Improving the U.N. System of Preventive Diplomacy, in diesem Band.

matie erfahrene Diplomaten und Politiker messen diesem persönlichen Faktor große Bedeutung bei.[170] Die inzwischen gängige Praxis des GS, für bestimmte Konflikte *Sonderbeauftragte* zu ernennen (hohe Beamte der VN oder international anerkannte Politiker oder Diplomaten), ist ein Schritt in die richtige Richtung. Ihre Arbeit ließe sich effektiver durchführen, wenn sie von regionalen Büros der VN Unterstützung erhielten.

Struktur und Dynamik von Konflikten: Konflikte, und ganz besonders die gegenwärtig vorherrschenden ethno-religiösen Konflikte, sind äußerst komplizierte Prozesse in bezug auf Zeit und Raum, bei denen subjektive und objektive Elemente der Eskalation und De-Eskalation in verschiedenen Phasen höchst unterschiedlich interagieren. Connie Peck unterscheidet deswegen bei Vermittlungsbemühungen Dritter zwischen einem "interest-, rights- und power-based approach".[171] Soweit es sich um ethnische und/oder religiöse Konflikte handelt, müßte man eine vierte Kategorie hinzunehmen, nämlich die jeweiligen besonderen ethnischen und/oder religiösen "kollektiven Motivations- und Identifikationsstrukturen". Sie sind für den Vermittler nur bedingt mit der auf die drei genannten Kategorien angewandten Rationalität erfaßbar. Auf der Basis dieser vier Kategorien ist weiter die Unterscheidung in Phasen für die jeweilige Art des präventiven Eingreifens wichtig.

Eine wichtige Funktion externer Vermittler liegt im Management scheinbar rein formaler, organisatorischer Fragen des Gesprächs- und Verhandlungsrahmens. Denn wenn Streitparteien sich friedlich einigen sollen, müssen sie sich auf Tagesort und -ordnung, Sitzordnung, Häufigkeit des Zusammentreffens, Verhandlungssprache etc. verständigen. Die Entscheidung all dieser Fragen hat unmittelbare Relevanz für die Verhandlungen in der Substanz (wer wo am Tisch sitzt, wird von manchen als Vorentscheidung über den Ausgang der Verhandlungen betrachtet). Keine Streitpartei wird sie daher auf die leichte Schulter nehmen. Ganz im Gegenteil: In der aufgeladenen Atmosphäre ethno-religiöser Konflikte ist so gut wie sicher, daß Gespräche bereits an dieser Stelle scheitern und deswegen der Rückgriff auf Gewalt noch eher als einziger Ausweg erscheint als vor den Gesprächen.[172] Erfahrene externe, neutrale Vermittler können hier zu einem anderen Verlauf beitragen, zumindest in der Frühphase.

Ist der Konflikt dagegen bereits in die Phase der gewaltsamen Eskalation eingetreten, wird eine externe Kontrolle und Stabilisierung des Verhandlungsprozesses durch den Einsatz politischer, wirtschaftlicher und militärischer Machtmittel not-

---

170 Vgl. den Bericht des früheren Assistant Secretary General for Political Affairs, *Picco*, Preventive Diplomacy and Conflict Resolution, in diesem Band.

171 Vgl. *Peck*, Improving the U.N. System of Preventive Diplomacy, S. 402ff, in diesem Band.

172 Es ist eine gängige Illusion, daß Gespräche an sich friedensfördernd sind. In dem genannten Kontext führen sie eher zu einer Bestätigung der wechselseitigen Vorurteile und Aversionen.

wendig sein, sowohl um die Spirale der Gewalt zu stoppen als auch um die Entschlossenheit der Vermittler zum Erfolg zu demonstrieren. An dieser Stelle gilt das, was bereits früher zur Notwendigkeit der Errichtung eines stabilen Verhandlungsrahmens gesagt wurde.[173]

Verhältnis GS und SR: Der Unterscheidung zwischen Vermittlung ohne und mit dem Einsatz von Machtmitteln entspricht innerhalb der VN-Strukturen in gewisser Weise das Gegenüber von GS und SR. Der GS verfügt im wesentlichen nicht über eigene Machtmittel. Das ist eine Schwäche, aber – zusammen mit seiner Distanz zu machtpolitischen Einzelinteressen – zugleich auch eine Stärke. Er und seine Sonderbeauftragten sind für die Konfliktparteien als neutrale Berater und Vermittler besonders akzeptabel. Der GS und seine Sonderbeauftragten sind und sollten deswegen die *erste Station* vorbeugender Diplomatie bleiben. Die ihnen zur Verfügung stehenden Mittel und Methoden bedürfen jedoch der nachhaltigen Verbesserung. Insbesondere sollten die organisatorischen und finanziellen Möglichkeiten des GS verbessert werden, kurzfristig *fact-finding*-Missionen, Beobachter oder sogar kleinere Einheiten von Blauhelmen im Sinne eines *preventive deployment* zu entsenden. Die Einrichtung des oben beschriebenen *Assessment Center* und regionaler *U.N. Bureaus of Preventive Diplomacy and Conflict Management* ist ebenfalls ein wichtiger Baustein. Das Recht, vom IGH ein Rechtsgutachten anzufordern, sollte – wie von den EG-Staaten vorgeschlagen – auf den GS ausgeweitet werden. Bisher haben nur GV und SR dieses Recht (Art. 96 Ziff. 1).

In zahlreichen, wahrscheinlich der Mehrzahl der Fälle, wird der GS bei seiner vorbeugenden Diplomatie am harten machtpolitischen Kern der Konflikte scheitern. Ohne den Einsatz von Druckmitteln wird er die Streitparteien nicht zu einem Einlenken bewegen können. In der Frühphase ist in der Regel mindestens eine Konfliktpartei der Auffassung, daß sie siegen kann, notfalls eben mit Gewalt und Brutalität. Verhandlungen, die mehr tun, als den Schein zu wahren, sind deswegen unwillkommen. Bosnien ebenso wie Somalia bieten dafür reiches Anschauungsmaterial. Vorbeugende Diplomatie, die keine konkreten Druckmittel einsetzen kann, ist dann am Ende. Diese Druckmittel kann jedoch nur der SR zum Tragen bringen – entweder auf indirektem Wege (Druckausübung durch ein oder mehrere Mitglieder des SR) oder durch die Anordnung von Maßnahmen gemäß Artikel 40ff der Satzung.

Ein Hauptmangel der gegenwärtigen vorbeugenden VN-Diplomatie besteht nun gerade darin, daß der Übergang von einer ohne machtpolitischen Druck betriebenen Vermittlung des GS zu einer druckvollen des SR weitgehend ungeregelt und unklar ist. Das muß durch zumindest allgemeine Absprachen zwischen GS und SR sowie der GV geändert werden. "The resulting degree of automatic

---

173 Vgl. Kapitel III.4 und IV.2.

reaction to particular crises of threats to the peace would give new life and credibility to the Security Council"[174] und – so muß man hinzufügen – zu den Aktivitäten des GS. Anders ausgedrückt: Ohne klare Richtlinien über das Verhalten von GS und SR im Falle einer Weigerung von Konfliktparteien, auf die Beratungs- und Vermittlungsbemühungen des GS einzugehen, wird das Instrument der vorbeugenden Diplomatie stumpf bleiben. Die Konfliktparteien müssen wissen, daß diese Weigerung Folgen hat.

Einem Thema gebührt unter dem Gesichtspunkt der Konfliktvorbeugung jedoch besondere Aufmerksamkeit: *internationale Wahlbeobachtung*.[175] Wahlen sind in Staaten, die gerade erst zur Demokratie aufbrechen, ein riskanter Vorgang, zumal in solchen mit starker ethno-religiöser Segmentierung. Sie können sehr schnell zum Auslöser eines Bürgerkrieges werden, wenn die verlierende Partei die Ergebnisse nicht anerkennt. Die Präsenz internationaler, mit internen Gruppen und Einrichtungen eng zusammenarbeitender Wahlbeobachter mindert diese Gefahr. Die internationale Wahlbeobachtung unter dem Dach der VN sollte deswegen in Zusammenarbeit mit den in den meisten Ländern sich intern herausbildenden Mechanismen der Wahlorganisation und -überwachung weiter ausgebaut werden. Die Einrichtung einer Electoral Assistance Unit (EAU) in der Abteilung des Under Secretary General for Political Affairs, James Jonah, im März 1992 ist ein Anfang, die organisatorischen Voraussetzungen in den VN für eine kontinuierliche internationale Wahlbeobachtung zu schaffen. Denn sie sollte nicht ein einmaliges Ereignis sein. Das würde das Vertrauen von Bevölkerung und Parteien in den betreffenden Ländern in eine Stabilisierung der Demokratisierung stärken. Wahlbeobachtung ist ein relativ billiges Instrument der vorbeugenden Konfliktverhütung. Insgesamt hat die EAU seit ihrer Errichtung "electoral assistance" an über 30, vor allem afrikanischen Staaten gegeben.[176]

Die Errichtung eines *Internationalen Strafgerichtshofs für Verbrechen gegen die Menschlichkeit* mag man ebenfalls als eine Maßnahme vorbeugender Konfliktverhütung betrachten. Ein solcher Gerichtshof könnte, wenn er mit den notwendigen Strafverfolgungsmechanismen ausgestattet ist, den Konfliktparteien und ihren Führern die möglichen Konsequenzen eines gewaltsamen, menschenrechtsverachtenden Vorgehens frühzeitig vor Augen führen. Anfang Oktober 1992 wurde der GS erstmalig in der Geschichte der VN vom SR beauftragt, eine "unparteiische Expertenkommission" einzurichten, welche die fortgesetzten Berichte über Kriegsverbrechen auf dem Territorium des früheren Jugoslawien und insbesondere Bos-

---

174 Sir Brian *Urquhart*, The United Nations: From Peacekeeping to a Collective System? (unveröffentlichtes Manuskript) 1991.

175 Vgl. hierzu und zu anderen Einzelheiten der Wahlbeobachtung *Garber*, A New Era of Peacemaking, in diesem Band.

176 Vgl. UN Press Release GS/8481 vom 16.4.1993.

niens prüfen soll.[177] Im Februar 1993 beschloß der SR dann die Bildung eines Tribunals zur Verfolgung von Kriegsverbrechen im früheren Jugoslawien.[178] Der GS wurde beauftragt, innerhalb von sechzig Tagen detallierte Vorschläge für die Arbeit eines solchen Gerichts vorzulegen. Diesen Bericht legte der GS im Mai vor, und der SR beschloß daraufhin endgültig die Errichtung eines Sondergerichtshofs in Den Haag, ausgestattet mit elf Richtern und einem Arbeits- und Verwaltungsstab von 373 Personen. Geschätzte Kosten: 31,2 Mio. D-Mark.[179]

Trotz dieser Fortschritte sei in Sachen Strafgerichtshof ein Wort der Kritik angebracht. Die vehementen Rufe nach seiner Errichtung sind nicht frei vom Odium des Eskapismus. Vielfach sind sie ein Ersatz für ein energisches Handeln hier und jetzt, das allein den Opfern helfen würde. Außerdem wird ein ungelöstes Problem verschwiegen: Diejenigen, die man als Kriegsverbrecher anklagen will, und diejenigen, mit denen man zur Wiederherstellung des Friedens verhandeln muß, sind häufig dieselben. Kurz- und mittelfristig erfolgversprechender mag deswegen die Einsetzung eines *VN-Hochkommissars* für die kontinuierliche Überwachung der Menschenrechte sein. Eine entsprechende Einigung gelang auf der Weltmenschenrechtskonferenz in Juni 1993 in Wien jedoch nicht. Mißtrauisch macht schließlich die im Vergleich zum IGH großzügige Personal- und Mittelausgestaltung. Letzterer hat, obwohl er gewissermaßen das Oberste Gericht der Weltgemeinschaft ist, einen Stab von nur ca. 60 Mitarbeitern, der Sondergerichtshof dagegen fast 400. Ist diese großzügige Ausstattung Ausdruck des schlechten Gewissens, daß die Führungsmächte im SR im Hinblick auf ihr mangelndes Handeln in der Substanz im Jugoslawienkonflikt haben?

Die besondere Rolle der RegAb bei der mittel- und längerfristigen Konfliktvorbeugung: Vorbeugende Diplomatie und Konfliktlösung werden auch zunehmend wichtige Aktivitäten der RegAb. Die KSZE hat in dieser Richtung die bisher konkretesten Mechanismen entwickelt, die allerdings noch der Bewährung in der Praxis bedürfen. Die OAS ist schon früher in die gleiche Richtung gegangen, aber mit weniger konkreten Regelungen als die KSZE. Im Hauptquartier der OAE in Afrika

---

177 Vgl. Neue Zürcher Zeitung, 9.10.1992.

178 Vgl. SZ, 23.2.1993, S. 1. Der Text für die Resolution 808 wurde von Frankreich eingebracht. Auch Außenminister Kinkel hatte in seiner Rede in der GV der VN im September 1992 gefordert, daß die Völkerrechtskommission der VN ein Mandat erhält für die Ausarbeitung eines Status eines derartigen Gerichtshofs. (Vgl. Bulletin des Presse und Informationsamts der Bundesregierung, [25.9.1992] 104, S. 194ff.) Des weiteren wird von deutscher Seite auch ein "Hochkommissar für Menschenrechte" gefordert. Seine und andere Informationen sollen als Grundlage für spätere Strafverfahren in einem Register gesammelt werden. (Vgl. die Rede von Außenminister Kinkel vor der Menschenrechtskommision der VN am 5.3.1993 in Genf, abgedruckt in Bulletin des Presse und Informationsamts der Bundesregierung, [6.3.1993] 19, S. 149f.) Vgl. zur deutschen Menschenrechtspolitik auch den Aufsatz von Christian *Tomuschat*, Bewahrung, Stärkung, Ausgestaltung – Zur künftigen Menschenrechtspolitik in der Weltorganisation, in: Vereinte Nationen, 39 (Februar 1991) 1, S. 6-10.

179 Vgl. FR, 22.5.1993.

wird ebenfalls über ein verstärktes Engagement auf diesem Gebiet und entsprechende institutionelle Veränderungen nachgedacht.

VI. Zusammenarbeit zwischen VN und Regionalen Abmachungen[180]

1. Begriffsbestimmung, Zuständigkeit und allgemeine Erfahrungen

Die Überflutung der VN mit Peace-keeping-Aufgaben war ein wesentlicher Grund dafür, daß der GS den RegAb in der "Agenda für den Frieden" einen längeren Abschnitt gewidmet hat. Sie sollen bei der Friedenssicherung verstärkt in die Verantwortung genommen werden, um die VN personell und finanziell zu entlasten. Der GS konnte sich bei dieser Weichenstellung auf das zu Kapitel VIII der Satzung festgeschriebene "Subsidaritätsprinzip" zugunsten der RegAb stützen. In Literatur und Praxis ist jedoch umstritten, inwieweit RegAb in der Lage sind, diese Rolle auszufüllen.

Begriffsbestimmung: Der Begriff "Regionale Abmachungen" in Kapitel VIII wurde von den Vätern der VN-Satzung bewußt unklar gelassen. Deswegen wird er weit und flexibel verstanden. RegAb müssen keine eigene Rechtspersönlichkeit haben oder in definitive Vertrags- und Organisationsform gegossen sein. Im Kern sollten sie gemäß den Bestimmungen des Kapitels VIII jedoch zur Sicherung des regionalen Friedens und der regionalen Sicherheit bestimmt und zur Stabilisierung der zwischenstaatlichen Beziehungen in einer Region in der Lage sein. Vor allem sollten sie über ein Verfahren der friedlichen Streitbeilegung verfügen. Als klassische RegAb wurden in der Vergangenheit zumeist die OAS, die OAE und die Arabische Liga genannt.

Heute wird der Kreis weiter gefaßt. Der GS hat in Ziffer 61ff seines Berichts keinen Zweifel gelassen, daß die VN von einem pragmatischen Begriff der RegAb ausgehen. Dementsprechend wird auch das Kriterium "regional" inzwischen weitläufig verstanden. Verlangt werden lediglich gewisse gemeinsame geographische Anknüpfungspunkte oder gemeinsame kulturelle und historische Beziehungen.[181] Speziell Tom Farer weist darauf hin, daß kein Grund bestehe, die geographische Gemeinsamkeit für eine besonders günstige Voraussetzung zur Friedenssicherung zu halten. Die Geschichte lehre etwas anderes (mehr dazu unten). Außerdem sei die Aufnahme dieses Kriteriums in die Satzung eher zufällig und spezifisch auf die Interessen der USA in Mittel- und Lateinamerika am Ende des Zweiten Weltkrieges zugeschnitten gewesen. Besser wäre es, von "subglobalen", durch gemeinsamen Zweck und Inhalt verbundene Abmachungen zu sprechen.[182]

---

180 Vgl. genauer die Beiträge von *Farer*, The Role of Regional Organizations, und *Theuermann*, Regionale Friedenssicherung, in diesem Band.

181 Vgl. *Theuermann*, Regionale Friedenssicherung, in diesem Band.

182 Vgl. *Farer*, The Role of Regional Organizations, S. 275ff, in diesem Band.

Das Britische Commonwealth mit seinen zahlreichen Aktivitäten im Bereich Friedenssicherung und Peace-keeping wäre eine solche "subglobale" Abmachung, die KSZE im Grunde ebenfalls.[183] Denn angesichts der Mitgliedschaft der USA und Kanadas auf der einen Seite und verschiedener asiatischer Staaten der früheren Sowjetunion auf der anderen kann man sie kaum noch als regional im eigentlichen Sinn des Wortes bezeichnen. Ihre heutige Mitgliederzahl von über 50 Staaten entspricht ziemlich genau dem Mitgliederstand der VN zum Zeitpunkt ihrer Gründung. WEU, NATO und EG sind in ihrer Eigenschaft als RegAb weniger eindeutig. Das nachhaltige Engagement der EG speziell im ehemaligen Jugoslawien und die Diskussion in NATO und WEU über eine veränderte, stärker auf Peace-keeping-Aufgaben bezogene Struktur ist jedoch Indiz dafür, daß sich alle drei in Richtung auf RegAb im Sinne der VN-Satzung entwickeln.[184] "Bereits bei der Vorbereitung der Ministerratstagung der NATO in Rom vom November 1991 hat es in der Allianz intensive Debatten darüber gegeben, welche Rolle die politischen und militärischen Einrichtungen der NATO im Rahmen von Maßnahmen der VN oder der KSZE spielen können. Frankreich etwa opponierte gegen eine Einbeziehung der NATO in solche Aktionen. Im Verlauf der nachfolgenden Osloer NATO-Ratstagung einigten sich die NATO-Staaten jedoch darauf, daß die Allianz auch zu 'peace-keeping'-Aktionen herangezogen werden kann – allerdings nur in der Verantwortung der KSZE. Später, in Brüssel, wurde der Aktionsbereich um friedenserhaltende Operationen unter dem Dach der VN erweitert. Die Einigung auf die Erweiterung der Allianzaufgaben war angesichts des französischen Widerstandes jedoch nur dadurch möglich geworden, daß die WEU-Mitgliedsländer sich bereit zeigten, der WEU weitergehende Aufgaben als der NATO zu übertragen. Dies ist mit der Petersberg-Erklärung der WEU im Juni 1992 geschehen."[185]

Aufgaben und Kompetenzverteilung zwischen VN und RegAb: Die Bestimmungen der Artikel 52 und 53 der Satzung bestechen zwar durch ihre Klarheit, entsprechen jedoch nur bedingt den praktischen Notwendigkeiten des täglichen Konflikt- und Krisenmanagements. Bei der Abfassung von Kapitel VIII wurde im Sinne des *Subsidiaritätsprinzips* davon ausgegangen, daß es in erster Linie Aufgabe der RegAb sei, regionale Streitigkeiten beizulegen (Art. 52 Ziff. 2). Dieser Ausgangspunkt ist jedoch problematisch. Vordergründig scheinen Nachbarstaaten für

183 Die seitens der KSZE erfolgte Klarstellung, eine RegAb im Sinne von Kapitel VIII der Satzung zu sein, ist zwar politisch, nicht jedoch juristisch bedeutsam. Ein formales Verfahren zur Anerkennung als RegAb kennt die Satzung der VN nicht.

184 Bezüglich der Vorstellungen in der NATO vgl. den Aufsatz ihres Generalsekretärs Manfred *Wörner*, A Vigorous Alliance – A Motor for Peaceful Change in Europe, in: NATO-Review, Dezember 1992, S. 3-9. Das NATO Military Committee wurde im Oktober 1992 beauftragt, "a range of options for peacekeeping (plans, training, tasks)" vorzubereiten; vgl. Atlantic News (Brüssel), (23.10.1992) 2466.

185 Peter *Schmidt*, Die Sicherheitspolitik der EG-Staaten und die Vereinten Nationen, unveröffentlichtes Manuskript, Stiftung Wissenschaft und Politik, Ebenhausen, Juni 1993, S. 12f.

eine Führungsrolle in der regionalen Friedenssicherung zwar prädestiniert zu sein. Die Erfahrung zeigt aber, daß ihnen ein erfolgreiches Konfliktmanagement häufig schwerfällt. Denn raumnahe Mächte verfolgen in der Regel starke Eigeninteressen und stehen deswegen ganz besonders unter Verdacht, keine "neutralen" Vermittler zu sein. Außerdem sind ihre Beziehungen zu den Konfliktparteien historisch zumeist belastet. Ihre Beteiligung am Konfliktmanagement wird deswegen von der einen oder anderen Konfliktpartei mit Mißtrauen betrachtet. Es ist daher kein Zufall, daß die große Mehrheit der in den letzten Jahren erfolgreich abgeschlossenen Friedens- und Waffenstillstandsverhandlungen ein Ergebnis des Zusammenspiels von raumnahen und raumfremden Mächten, von RegAb und den VN ist (siehe Namibia, Nicaragua, Angola, Mosambik, Kambodscha und jetzt auch die jüngsten Versuche, die VN im Falle Liberias wegen der Schwierigkeiten von ECOMOG einzuschalten). Raumnahe Mächte sind eben nicht die "idealen" Vermittler. Allein kommen sie selten zum Erfolg. Diese Erfahrung haben auch die Europäer im ehemaligen Jugoslawien machen müssen.

Vereinzelt wird daher die Auffassung vertreten, daß die regionale Friedenssicherung ausschließlich in den Händen der VN liegen sollte. Diese Auffassung ist jedoch ebenfalls unrealistisch: *Erstens* werden die regionalen Mächte einseitige Unterordnung unter die VN kaum hinnehmen (und können sich dabei auf Kapitel VIII der Satzung berufen). *Zweitens* – wichtiger noch – würde eine solche Weichenstellung die wichtige Rolle der RegAb bei der Ausbildung regionaler Ordnungsmuster und -regime auf dem Gebiet der Sicherheit, der Menschenrechte und des Minderheitenschutzes, der Demokratisierung sowie der wirtschaftlichen Zusammenarbeit behindern. (Auf die große Bedeutung derartiger Regime als Mittel der vorbeugenden Konfliktverhütung wurde im vorhergehenden Abschnitt hingewiesen.) Diese brauchen, um glaubwürdig zu sein, konkrete Implementierungsmechanismen und -institutionen, die wiederum weitgehend identisch mit den Mechanismen vorbeugender Konfliktverhütung und friedlicher Streitbeilegung sind, wie sie von den VN eingesetzt werden. Die Streitschlichtungs- und Konfliktverhütungsmechanismen, um deren praktische Verwirklichung die KSZE-Staaten ringen, sind hierfür ein Paradebeispiel.

Fazit: Friedenssicherung durch RegAb und VN kann nur als sich *wechselseitig ergänzender*, nicht jedoch wechselseitig ausschließender Vorgang verstanden werden. Die häufig anzutreffende Problematisierung dieses Themas im Sinne eines Entweder-Oder ist falsch und für die Praxis schädlich. Es geht vielmehr um eine gut strukturierte Kooperation und Arbeitsteilung von RegAb und VN. Die VN bringen ihre größere Erfahrung im Bereich des Peacemaking und Peace-keeping ein, ihre größere Neutralität sowie den äußerst wichtigen Bonus der *globalen* Legitimität. Letztere ist nicht nur ein psychologischer Faktor, sondern im Falle von Embargomaßnahmen auch ein ganz praktischer. Denn wenn Sanktionen oder Embargomaßnahmen nur regional verhängt werden, werden sie mit einiger Sicherheit von außerregionalen Mächten unterlaufen, da sie für diese nicht bindend sind (siehe die Divergenzen in dieser Frage zwischen den USA und den europäischen Staaten im Falle der Embargomaßnahmen gegen das Militärregime in Haiti). RegAb können die größere Vertrautheit mit den Bedingungen vor Ort einbringen, vor allem aber ihre größeren indirekten und direkten Einwirkungsmöglichkeiten auf die Konfliktparteien im Rahmen der bestehenden Wirtschafts- und Handelsbeziehungen.

Im Sinne dieser pragmatischen Ausrichtung hat es keinen Sinn, starre Regeln darüber aufzustellen, welche Organisation – VN oder RegAb – jeweils die Initiative und Führung bei der vorbeugenden Diplomatie und Konfliktvermittlung übernehmen soll. Diese Frage muß in der Praxis von Fall zu Fall beantwortet werden. Es muß das Prinzip des *optional leader- and co-leadership* im Rahmen der gemeinsamen Verantwortung und Kooperation gelten.

Die Gefahr des Ausgespieltwerdens durch die Konfliktparteien ist allerdings beträchtlich, wenn die Abstimmung zwischen den VN und den RegAb nicht funktioniert. Im Konflikt um Nagornij-Karabach haben die Konfliktparteien beide mehrfach mit Erfolg gegeneinander ausgespielt, zumindest in der Anfangsphase.[186] Der in Genf von VN und EG gemeinsam etablierte Verhandlungsrahmen unter der Führung von Cyrus Vance (VN) und dem Briten Owen (EG) könnte Modellcharakter für die Zusammenarbeit zwischen RegAb und VN haben, auch wenn der von Vance und Owen ausgehandelte Friedensplan inhaltlich ein Fehlschlag war.[187]

Wie schon angedeutet, wäre die Einrichtung regionaler *U.N. Bureaus of Preventive Diplomacy and Conflict Management* ein wichtiger Schritt zur organisatorischen Unterfütterung dieser Zusammenarbeit. Diese Büros hätten eine Scharnierfunktion zwischen dem Sekretariat der VN in New York und den Konflikt- und Krisenbewältigungsmechanismen der RegAb. Soweit derartige Büros nicht existieren, sollte in den Einrichtungen der RegAb je ein Vertreter der VN als permanenter Verbindungsmann angesiedelt werden. Die verstärkte Teilnahme des GS an Jahrestagungen und Gipfeltreffen der RegAb ist ebenfalls ein wichtiges Element bei der Verbesserung der Zusammenarbeit. Diese und andere Fragen sollten, wie

---

186 Die RegAb und ihre Vertreter sind nach den Erfahrungen der Vergangenheit (siehe das früher sehr schwierige Verhältnis zwischen OAS und VN) aus Gründen des regionalen Stolzes, der eigenen Profilierung und/oder der eng gefaßten Interessen und Statusansprüche regionaler Führungsmächte stark in Gefahr, den VN und ihren Vertretern nicht den sachlich angemessenen Platz und Spielraum bei einer derartigen Zusammenarbeit zu geben, zum Nachteil einer erfolgreichen Vermittlung.

187 Ausnahmecharakter hat jedoch das persönlich gute und durch frühere Zusammenarbeit eingespielte Verhältnis von Vance und Owen. Beide haben in der zweiten Hälfte der 70er Jahre als Außenminister ihrer Länder im Falle Rhodesiens und in der westlichen Namibia-Kontaktgruppe eng zusammengearbeitet.

von den EG-Staaten vorgeschlagen, Gegenstand von Rahmenvereinbarungen zwischen dem GS der VN und den RegAb sein.

In Europa ist eine Institutionalisierung der Kooperation zwischen den VN und den RegAb besonders vordringlich. Beim Ausschuß Hoher Beamter der KSZE und/oder beim Wiener Konfliktverhütungszentrum sollten so schnell wie möglich permanente Verbindungsstellen mit dem VN-Sekretariat eingerichtet werden. Die Zusammenarbeit zwischen der KSZE und den VN auf der Arbeitsebene ist bisher mangelhaft. Fortschritte sind jedoch zu verzeichnen. So haben sich der GS der VN und der Vorsitzende des KSZE-Ausschusses Hoher Beamter in einem informellen Briefwechsel auf bestimmte Kanäle und Formen der Zusammenarbeit verständigt. Insbesondere wollen sie sich regelmäßig konsultieren. Einrichtungen bzw. diplomatische Vertretungen beider Organisationen in New York, Wien und Genf wurden zu *points of contact* bestimmt. Des weiteren gibt es im Hinblick auf die praktische Zusammenarbeit bei Operationen beider Seiten, wie zum Beispiel im ehemaligen Jugoslawien, *memorandums of understanding*. Seit ihrem Abschluß, so die Aussage von VN-Beamten, habe sich die Zusammenarbeit sehr verbessert.[188] Im Verhältnis zwischen NATO und VN ist diese Koordination durch die Vorbereitung des Einsatzes von NATO-Einheiten im ehemaligen Jugoslawien zwar bereits weiter fortgeschritten. Auch hier wäre aber ein ständiges Verbindungsbüro entweder bei den VN in New York oder bei der NATO in Brüssel notwendig.

2. Zum unterschiedlichen Entwicklungsstand der verschiedenen RegAb: Europa, Lateinamerika, Afrika, Asien

Es liegt auf der Hand, daß die Art der Zusammenarbeit zwischen VN und RegAb den jeweiligen regionalen Bedingungen, also insbesondere dem Typus der dort vorherrschenden Konflikte (ethno-religiöse Konflikte etwa spielen in Lateinamerika so gut wie keine Rolle, anders als in Afrika, den östlichen Teilen Europas und Zentralasien), dem institutionellen Entwicklungsstand der jeweiligen RegAb sowie ihrer Ressourcenlage etc. angepaßt sein muß.

Europa: Die Tatsache, daß Europa im Prozeß der regionalen Integration und Friedenssicherung von allen Regionen die am weitesten fortgeschrittene ist, bedarf trotz der großen Schwierigkeiten bei der Ausgestaltung der Aufgabenverteilung zwischen KSZE, EG, NATO und WEU im Sinne eines "interlocking" dieser Institutionen keiner besonderen Erwähnung. Der GS der VN erwartet deswegen zu Recht, daß die Europäer aufgrund ihrer materiellen Ressourcen und ihrer militärischen Kapazitäten mehr als alle anderen Regionen zur Übernahme von Aufgaben der regionalen Friedenssicherung bereit sind.

188 Persönliches Gespräch des Autors.

Interlocking institutions ist ein kompliziertes und umstrittenes Konzept, das die NATO sich auf der Gipfelkonferenz der Staats- und Regierungschefs der NATO-Mitgliedstaaten am 7. und 8. November 1991 in Rom[189] zu eigen gemacht hat.[190] An dieser Stelle nur so viel: Das Konzept besagt, daß zwischen den verschiedenen Einrichtungen nicht eine strenge Hierarchie und Zuordnung der Aufgaben als Ordnungsprinzip angestrebt wird, zumindest nicht in der gegenwärtigen Phase. Angesichts wechselnder Bedingungen und unklarer Zukunftsentwicklungen geht es vielmehr darum, ihre jeweiligen Stärken, unterschiedliche Mitgliedschaft, Reichweite der Vertragsbestimmungen etc. arbeitsteilig für die unterschiedlichen Aufgaben der europäischen Friedenssicherung zum Tragen zu bringen und auf pragmatischem Wege schrittweise zu einer funktionsfähigen Strukturierung und Schwerpunktbildung zu gelangen. *Optional leader*- oder *co-leadership*, Ad-hoc-Koalitionen etc. sind dabei wichtige Handlungsmaximen.

Die Grundzüge der Aufgabenverteilung lassen sich jedoch bereits erkennen: Die KSZE wird sich vor allem auf die grundlegende Aufgabe der Fortbildung gesamteuropäischer (genauer "subglobaler") Ordnungs- und Verhaltensstrukturen in den Bereichen Sicherheit, Menschenrechte und Minderheitenschutz, Demokratisierung, kulturelle und wirtschaftliche Kooperation sowie der dafür notwendigen Überprüfungs- und Implementierungsmechanismen zu konzentrieren haben.[191] Das schließt, wie bereits angedeutet, ein verstärktes Engagement bei der präventiven Konfliktverhütung ein bis hin zur Mandatierung von traditionellen Blauhelmeinsätzen. Dagegen dürfte die Mandatierung von Enforcementeinsätzen im Sinne von Kapitel VIII der VN-Satzung durch einen europäischen Sicherheitsrat ein Ziel in weiter Ferne sein. Bernard von Plate gibt zu Recht zu bedenken, daß zweifelhaft ist, ob es für die KSZE gedeihlich wäre, dieses Ziel anzustreben.[192] Es besteht wenig Grund für die Annahme, daß die über 50 Staaten der KSZE sich in absehbarer Zeit darauf einigen können, eine kleinere Zahl von europäischen Führungsmächten zu ermächtigen, gegebenenfalls militärische Zwangsmaßnahmen gegen Mitgliedstaaten der KSZE zu beschließen. (Diese Zwangsmaßnahmen bedürften dann gemäß Artikel 54 der VN-Satzung noch der Billigung durch den SR.)

NATO, und mit Einschränkungen die WEU, werden – wie bereits angedeutet – in Zukunft verstärkt mit der militärischen Durchführung von Peace-keeping- und gegebenenfalls Peace-enforcement-Einsätzen beauftragt werden, die entweder

---

189 *NATO*, Dokument zum neuen strategischen Konzept der NATO und andere Erklärungen, in: Europa-Archiv, 47 (1992) 2, S. D52-72.

190 Vgl. Uwe *Nerlich*, Das Zusammenwirken multinationaler Institutionen: Neue Optionen für kollektive Verteidigung und internationale Friedensmissionen?, unveröffentlichtes Manuskript, Stiftung Wissenschaft und Politik, Ebenhausen, Februar 1993.

191 Vgl. dazu Bernhard *von Plate* (Hrsg.), Instrumentarien für europäisches Krisen- und Konfliktmanagement, Baden-Baden 1993 (in Vorbereitung).

192 Siehe die genauere Argumentation zu diesem Punkt ebd.

von den VN oder der KSZE mandatiert werden. Im Schlußkommuniqué des Ministertreffens der NATO-Staaten am 17. Dezember 1992 in Brüssel ist zu lesen: "We confirm today the preparedness of our Alliance to support, on a case-by-case basis and in accordance with our own procedures, peacekeeping operations under the authority of the UN Security Council."[193] Eine offene Frage ist, wie eigenständig NATO oder WEU ihre Aufträge ausführen werden. In beiden Organisationen sind die Modalitäten einer Unterstellung unter die politische und militärische Kontrolle der VN noch nicht ausdiskutiert.[194] Weder die VN noch die KSZE werden aber auf eine politische Kontrolle in letzter Instanz verzichten können. Das sieht NATO-Generalsekretär Wörner ebenso: "NATO's military structure ... will, in my opinion, become essential to this type of operation either under a UN or CSCE mandate and overall UN or CSCE authority or even a combination of the two."[195] Die von NATO und VN für den Einsatz im ehemaligen Jugoslawien ausgehandelten Modalitäten werden hier sicher Präzedenzwirkung haben. UNPROFOR benützt bereits Elemente der Northern Army Group (NORTHAG) der Allianz für sein operatives Hauptquartier.

Auf die Frage, wie das Nebeneinander von WEU und NATO zu lösen ist, soll hier nicht weiter eingegangen werden.[196] Nicht Sachzwänge des Peace-keeping sind dafür entscheidend, sondern grundlegende ordnungs- und sicherheitspolitische Weichenstellungen, insbesondere die künftige Rolle der USA in Europa. In den VN besteht teilweise ein starkes Interesse an einer engen Zusammenarbeit mit der NATO. Ihre erprobte multilaterale Einsatzstruktur würde die Einsatzmöglichkeiten der VN erheblich verbessern. Außerdem ist die NATO mit der Aufstellung unterschiedlicher Kategorien von Truppen dem Konzept des GS, VN-Truppen aus verschiedenen "Bausteinen" zusammenzusetzen, bereits vorausgeeilt. Der Verteidigungsplanungsausschuß des Bündnisses stellte auf seiner Tagung Ende Mai 1991 die Weichen für eine Neugliederung der Streitkräfte in *Krisenreaktionskräfte*, *Hauptverteidigungskräfte* und *Verstärkungskräfte*. Die Krisenreaktionskräfte in einer Personalstärke von insgesamt über 100 000 sollen ihrerseits in *Immediate Reaction Forces* (hochmobil, einsatzfähig in zwei bis sieben Tagen) und *Rapid Reaction Forces* (einsatzbereit in sieben bis dreißig Tagen) unterteilt werden.

In dieser Fähigkeit der NATO, den VN schneller, mehr und besser ausgebildete Truppen als alle anderen Bündnisse und regionalen Einrichtungen auf der Welt zur Verfügung stellen zu können, liegt jedoch eine Gefahr, die besonderer Erwähnung bedarf. Die VN könnten allein aufgrund militärischer Sachzwänge Opfer einer einseitigen Dominanz durch die NATO werden. Das täte der universalen Le-

---

193 Atlantic News (Brüssel), (19.12.1992) 2484 (Annex).

194 Vgl. dazu die Ausführungen oben.

195 *Wörner*, A Vigorous Alliance, S. 8.

196 Vgl. dazu *Nerlich*, Das Zusammenwirken multinationaler Institutionen.

gitimität der VN gewiß nicht gut. Solange die NATO sich in ihren VN-Einsätzen auf Europa beschränkt, dürfte diese Gefahr jedoch begrenzt sein.

Insgesamt wird hier also die Auffassung vertreten, daß die VN, soweit es nicht um Verteidigung, sondern um Peace-keeping und -enforcement geht, im Gesamtzusammenhang der *interlocking institutions* ein wichtiger Pfeiler der europäischen Friedenssicherung sein sollte und in gewissem Grade wohl bereits ist. Dafür sprechen folgende Überlegungen:

(1) Die Annahme, daß die Europäer sich untereinander leichter einigen als der SR der VN, stimmt nur vordergründig. Die Erfahrungen der letzten zwei Jahre sprechen nicht dafür. Unter Umständen kann eine Einigung im SR aufgrund erprobter Mechanismen sogar einfacher sein. Die Angst vor dem chinesischen Veto ist angesichts der Überzahl nördlicher Mächte im SR und der großen wirtschaftlichen Abhängigkeit Chinas vom Norden übertrieben.

(2) Die universale Legitimität der VN und ihre Erfahrungen sind auch für die europäische Friedenssicherung unverzichtbar. Beides nicht in Anspruch zu nehmen wäre unklug.

(3) Schließlich hätte eine gezielte Marginalisierung der VN in Europa einen globalpolitischen Preis: Die VN sind aus der Sicht der nördlichen Mächte eine wichtige, wahrscheinlich die wichtigste Institution für eine aufgeklärte langfristige globale Ordnungs- und Sicherheitspolitik. Europa kann nicht erwarten, daß die übrige Welt bereit ist, den VN diese Rolle zuzugestehen, wenn Europa selbst sich entgegengesetzt verhält.

Zu wenig Beachtung in der europäischen Diskussion haben bisher Formen der *subregionalen* Friedenssicherung gefunden. Die GUS-Staaten haben auf diesem Gebiet interessante Schritte unternommen.[197] Auf dem 4. Gipfeltreffen am 20. März 1992 unterzeichneten zehn der elf Mitgliedstaaten ein Abkommen über *Groups of Military Observers and Collective Peacekeeping Forces*. Auf dem Treffen der Staats- und Regierungschefs in Moskau am 6. Juli 1992 und auf dem der Außen- und Verteidigungsminister in Taschkent am 15. Juli 1992 wurde dann konkret die Aufstellung einer ständigen Friedenstruppe (weiße Helme mit blauem Band) beschlossen. Der SR der VN und der jeweilige Vorsitzende der KSZE sollen vom Einsatz von GUS-Weißhelmen sofort benachrichtigt werden. Die Weißhelme sind im Prinzip ermächtigt, zur Selbstverteidigung und zur Trennung von feindlichen Parteien Gewalt einzusetzen, also robustes Peace-keeping zu betreiben. Der erste Einsatz von Weißhelmen erfolgte in der Dnjestr-Republik in Moldavien. Ein weiterer Einsatz, in Südossetien, beruhte auf einem speziellen Abkom-

197 Vgl. hierzu Suzanne *Crow*, Peace-keeping in the CIS: An Instrument of Russian Hegemonic Desires, in diesem Band.

men zwischen Rußland, Georgien und den Vertretern Nord- und Südossetiens, da Georgien nicht Mitglied der GUS ist.[198]

Der Zeitraum ist zu kurz für eine qualifizierte Beurteilung dieser Initiative der GUS-Staaten. Insbesondere ist unklar, inwieweit es sich um originäre, unparteiische Friedenssicherung oder um ein Instrument zur einseitigen Einflußsicherung Rußlands handelt.[199] Zweifellos ist ein vorrangiges Ziel der von Moskau betriebenen Einsätze, die russische Bevölkerung in den ehemaligen sowjetischen Gebieten zu schützen. Bisher haben die russischen Truppen versucht, dieses Ziel nicht identisch mit einer eindeutigen Parteinahme zugunsten der einen oder anderen Konfliktpartei werden zu lassen, also die für das Peace-keeping notwendige Distanz zu wahren. Ob das künftig so bleibt, ist ungewiß. Bei Konflikten, wie dem von Nagornij-Karabach, bei denen die russische Bevölkerung nicht in Gefahr ist, hat Moskau bisher kein Interesse an Peace-keeping-Einsätzen gezeigt.

Das Peace-keeping der GUS stellt die westliche Politik vor eine schwierige politische Wahl. KSZE und VN werden auf die zahlreichen Konflikte im zentralasiatischen Raum und in anderen Gebieten der früheren Sowjetunion nur begenzt Einfluß nehmen können, obwohl sich dort ein Instabilitätspotential von bedrohlicher Größe aufbaut.[200] Eine stabilisierende Rolle Rußlands (solange das Land selbst stabil bleibt) in dieser Region wäre deswegen erstrebenswert. Voraussetzung dafür ist jedoch, daß Rußland von einer allzu einseitigen Wahrnehmung seiner Interessen abgehalten werden könnte. Besteht Aussicht, in diesem Sinne auf die russische Politik Einfluß zu nehmen? Ansatzpunkt könnte das russische Interesse sein, vom Westen *finanzielle* Unterstützung sowie den *legitimatorischen* Segen der KSZE und des VN-SR für Peace-keeping-Einsätze der GUS zu erhalten. Beides könnte von der Bereitschaft Moskaus abhängig gemacht werden, die Teilnahme von KSZE- und VN-Beobachtern an diesen Einsätzen zu akzeptieren. Diese Beobachter hätten die Aufgabe, auf eine Durchführung der Einsätze im Sinne eines modernen Peace-keeping bzw. auf seine Entwicklung in diese Richtung zu achten. Ob die russischen Militärs zu einem derartigen "deal" bereit sind, ist ungewiß. Der von der NATO mit den ehemaligen Staaten des Warschauer Paktes errichtete *North Atlantic Cooperation Council (NACC)* scheint sich in diesr Hinsicht zu einem fruchtbaren Forum zu entwickeln. Im Dezember 1992 wurde von ihm eine *Ad hoc-Group on Cooperation in Peacemaking* eingerichtet mit dem Ziel, ein gemeinsames Verständnis über die Prinzipien und Instrumente von Peace-keeping-Einsätzen unter dem Dach der VN und/oder der KSZE zu entwickeln. Diese Gruppe legte für das

198 Vgl. *Theuermann*, Regionale Friedenssicherung, in diesem Band.

199 Vgl. *Crow*, Peace-keeping in the CIS, in diesem Band.

200 Vgl. dazu Falk *Bomsdorf*, Der Gestaltungsraum der früheren UdSSR (GUS plus Baltikum), unveröffentlichtes Manuskript, Stiftung Wissenschaft und Politik, Ebenhausen, Februar 1993.

NACC-Treffen in Athen im Juni 1993 einen außerordentlich interessanten und detaillierten Bericht über die gemeinsamen Arbeitsergebnisse vor.[201]

Lateinamerika, Afrika, Asien: Die OAS in Lateinamerika, die OAE in Afrika und die Arabische Liga gelten, wie mehrfach angeführt, als die klassischen RegAb im Sinne der VN-Satzung. In der Vergangenheit hat jedoch nur die OAS diese Rolle in gewissem Umfang ausfüllen können. Zweierlei war dafür entscheidend: die quasi-hegemoniale Führungsrolle der USA und die relative Homogenität dieses Kontinents.[202]

Das Verhältnis der OAS zu den VN allerdings war die meiste Zeit von beträchtlicher Konkurrenz geprägt. Neben der jeder Institution eigenen Tendenz, ein möglichst autonomes, von den Ansprüchen anderer Institutionen ungestörtes Handeln zu gewährleisten, war dafür vor allem der Wille der USA verantwortlich, in Fortführung der Monroe-Doktrin die OAS als ein Instrument zur Sicherung ihrer wirtschaftlichen, militärischen und ideologischen Interessen in der Region unter Ausschluß anderer Weltmächte benutzen zu können. Insbesondere ging es darum, das Vetorecht der Sowjetunion zu neutralisieren (siehe Kubakrise etc.). Das hat vereinzelt zu Interpretationen der VN-Satzung geführt, die mit ihrem Text nicht mehr vereinbar sind.[203]

Mit dem Ende des Ost-West-Konflikts hat sich das Verhältnis zwischen OAS und VN jedoch entspannt. In Zentralamerika kam es im Zuge der von Washington und Moskau angestrebten Beendigung des Konfliktes in Nicaragua zu einer engen Zusammenarbeit beider Organisationen. Im September 1989 riefen die GS der VN und der OAS gemeinsam die *Comisión Internacional de Apoyo y Verificación* (CIAV) zur Durchführung der zivilen und politischen Aspekte des Friedensprozesses ins Leben. Ihr folgten die Zusammenarbeit im Rahmen von ONUCA (Waffenstillstandsüberwachung, Demobilisierung) und ONUVEN (Wahlbeobachtung).[204] Hand in Hand arbeiteten die beiden Organisationen auch bei ONUVEH[205] in Haiti. Trotz der verbesserten Zusammenarbeit werden in der OAS, anders als in KSZE und OAE, bisher keine Überlegungen angestellt, die institutionellen Voraussetzungen für gemeinsam mit den VN durchgeführte Peace-keeping-Operationen zu schaffen. Die OAS beschränkt sich auf eine unterstützende Rolle.

---

201 Vgl. Report to Ministers by the *NACC Ad Hoc Group* on Cooperation in Peacekeeping, Meeting of the North Atlantic Cooperation Council in Athens, Greece, 11 June 1993, Press Release M-NACC-1(93)40.

202 Vgl. zur Politik und Rolle der OAS auf dem Gebiet der Konfliktlösung und des Peace-keeping vor allem Wolf *Grabendorff*, Ansätze und Erfahrungen mit multilateralen Instrumenten der Konfliktlösung und Friedenssicherung in Lateinamerika, in diesem Band.

203 Vgl. dazu die in dem Beitrag von *Farer*, The Role of Regional Organizations, genannten Beispiele; siehe auch Kapitel III.5 über das Gewaltmonopol.

204 Genauere Beschreibung der Zusammenarbeit im Bericht des GS, U.N. Doc. A/45/706 vom 8.11.1990.

205 U.N. Observer Group for the Verification of the Elections in Haiti.

Im Falle Afrikas hätte die OAE von ihrer Satzung her die Kompetenz, eine maßgebliche Rolle bei der innerafrikanischen Friedenssicherung zu spielen. Denn in Artikel XIX wurde die Errichtung einer *Commission of Mediation, Conciliation and Arbitration* als Instrument der friedlichen Streitbeilegung vereinbart. Die Einzelheiten wurden 1964 in Kairo in einem Protokoll festgelegt. Dennoch ist der Kommission, die nicht über Sanktionsmöglichkeiten verfügt, in keinem Fall eine erfolgreiche Konfliktvermittlung gelungen. Das Schwergewicht der afrikanischen Konfliktvermittlung hat sich auf subregionale Einrichtungen oder Gruppierungen wie die ECOWAS verlagert. Die bereits erwähnte ECOMOG, eine ca. 12 000 Mann starke Peace-keeping-Streitmacht mehrerer ECOWAS-Staaten, versucht seit mehreren Jahren, den Frieden in Liberia wiederherzustellen. Die Southern African Development Conference (SADC) könnte sich in eine ähnliche Richtung entwickeln. Ihre Umorganisation nach dem Vorbild der KSZE wird diskutiert.[206]

In Afrika ist die Diskussion zum Thema Peace-keeping seit Anfang der 90er Jahre beeindruckend in Bewegung geraten. "Within the context of general international law as well as humanitarian law, Africa should take the lead in developing the notion that sovereignty can legally be transcended by the intervention of outside forces", fordert der GS der OAE, Salim Ahmed Salim, in einem Papier, das er auf dem Gipfeltreffen der Staats- und Regierungschefs der OAE in Dakar im Juni 1992 vorlegte.[207] Es enthielt konkrete Vorschläge für einen dauerhaften *Mechanismus für Konfliktverhütung, -management und -lösung*. Die Hauptverantwortung soll ein *Gipfelbüro* tragen, bestehend aus dem derzeitigen und dem vorigen Präsidenten der OAE und acht weiteren Vertretern. Das Initiativrecht zur Vermittlung soll beim GS der OAE liegen. Zu diesem Zweck kann er unter anderem eine Untersuchungskommission berufen und anerkannte Persönlichkeiten zu Sonderbeauftragten ernennen. Dem GS sollen auch die Planung und Durchführung friedenserhaltender Operationen obliegen. Eine ihn darin unterstützende *Division of Conflict Management* im Sekretariat der OAE wurde bereits geschaffen. Der GS der OAE fordert, es im Sinne eines *early warning system* mit entsprechenden analytischen Kapazitäten auszubauen. Die Durchführung von Peace-keeping-Operationen bedürfte allerdings der vorherigen Beschlußfassung durch das Gipfelbüro. Die *OAU Defence Commission* schließlich soll zu einem militärischen Beratungsorgan für die Durchführung von Peace-keeping umgebaut werden. Zur friedlichen Regelung zwischenstaatlicher Grenzkonflikte schlägt der OAE-GS bis zur Funktionsfähig-

---

206 Vgl. dazu Bernhard *Weimer*, Eine Konferenz über Sicherheit und Zusammenarbeit im Südlichen Afrika. Zusammenfassung der Ergebnisse des "Workshop on Cooperation and Security in Post-Apartheid Southern Africa", Maputo, 3. bis 6. September 1991, unveröffentlichtes Manuskript, Stiftung Wissenschaft und Politik, Ebenhausen, Dezember 1991.

207 Vgl. *Organization of African Unity*, Resolving Conflicts in Africa – Proposals for Action, OAU Press and Information Series (1), Addis Abeba, 1992; vgl. auch Peter *da Costa*, Combining against Conflict, in: Africa Report, September-Oktober 1992, S. 21-26.

keit des *African Court of Justice* ein *Interim Arbitral Tribunal* vor, besetzt mit führenden afrikanischen Juristen.

Der Vorschlag wurde auf dem Treffen in Dakar überwiegend positiv aufgenommen. Einige Regierungen, zum Beispiel der Sudan, äußerten allerdings starke Vorbehalte. Ihnen ging die Kompetenz zur Einmischung in die internen Angelegenheiten zu weit. Differenzen bestanden und bestehen auch im Hinblick auf die Finanzierung. Im Prinzip wurde die Schaffung eines Konfliktverhütungs- und -lösungsmechanismus aber beschlossen. Der GS wurde beauftragt, eine umfassende, weiterführende Studie für die künftige Beschlußfassung der OAE vorzulegen. Im Februar 1993 unterstützte der Ministerrat der OAE auf seinem Treffen in Addis Abeba die Aufstellung panafrikanischer Peace-keeping-Einheiten. Dem OAE-Gipfeltreffen in Kairo im Juni 1993 wurde dazu ein entsprechender Plan vorgelegt. Er wurde dort jedoch in einer sehr "verwässerten" und reduzierten Form angenommen. Der entscheidende Sprung nach vorne erfolgte nicht. Lediglich ein Rahmenprogramm zur Konfliktbekämpfung wurde beschlossen.[208] Ein im Ansatzpunkt eigenständiges Peace-keeping der OAE wird es nicht geben. Vielmehr will man in diesen Fällen die VN entsprechend den Bestimmungen ihrer Satzung anrufen.

Eine große Schwierigkeit bei der künftigen Gestaltung der Zusammenarbeit von VN und RegAb wird, das ist am Schluß dieses Abschnitts besonders hervorzuheben, die *unterschiedliche Ressourcenausstattung* der Regionen sein. Die Rolle der VN wird deswegen insbesondere in den "armen" Regionen der Dritten Welt, wie zum Beispiel in Afrika, im Hinblick auf die Bereitstellung der notwendigen finanziellen, personellen und organisatorischen Kapazitäten eine völlig andere sein als in Europa. Die VN haben der OAE bereits zugesagt, für den Aufbau des geplanten Konfliktverhütungs- und -lösungsmechanismus Experten zu entsenden.[209]

Fazit: Die Entwicklungen in der OAS und mehr noch die der OAE, die hier ausführlicher dargestellt wurden, zeigen also eines: Bei richtiger Herangehensweise besteht keinerlei Notwendigkeit, daß sich Nord und Süd in Fragen der Souveränität, Nichteinmischung und Peace-keeping in einen grundsätzlichen Konflikt hineinreden. Im Hinblick auf den *Nahen, Mittleren und Fernen Osten* ist die Lage zwar schwieriger. Denn in bezug auf Souveränitätsverständnis und regionale Friedenssicherung ist das Denken hier weniger fortgeschritten. Ansätze zum Umdenken gibt es aber ebenfalls, sowohl was die Arabische Liga, die Konferenz Islamischer Staaten als auch ASEAN und andere Einrichtungen betrifft.[210] Diese Ansätze sind in einem behutsamen Dialog weiterzuentwickeln, der nicht allein die Interessen und den Bewußtseinszustand Europas und Nordamerikas im Auge hat. Das

---

208 Vgl. SZ, 1.7.1993.

209 Vgl. *da Costa*, Combining against Conflict, S. 23.

210 Es wird auf die Beiträge von *Farer*, The Role of Regional Organizations, und Kay *Möller*, Kollektive Sicherheit und Peace-keeping in Südostasien, in diesem Band verwiesen.

wird nur möglich sein, wenn der den VN sachlich gebotene Platz bei der Friedenssicherung im Norden gewährt und die Relativierung des Souveränitätsprinzips nicht macht- und interessenpolitisch einseitig mißbraucht wird. Das ist gerade im Hinblick auf den Mittleren und Fernen Osten ein besonders empfindlicher Punkt.

VII. Schlußfolgerungen

1. Robustes Peace-keeping – Die Hauptentwicklungsaufgabe der VN-Friedenssicherung in den 90er Jahren

Die Schlußfolgerungen, die aus diesem Beitrag hinsichtlich der Fortentwicklung des Völkerrechts und der VN gezogen werden können, sind vielfältig. Nur die drei wichtigsten sollen hier aufgelistet werden:

Erstens: Im Bereich des Völkerrechts ist nicht der Ausbau der Normen, sondern der Institutionen zur Durchsetzung der Menschenrechte und der friedlichen Streitbeilegungen vordringlich. Das kann jedoch nur auf der Basis eines gelockerten Verständnisses von Souveränität und Nichteinmischung geschehen. Gleichzeitig bedarf es einer neuen Standortbestimmung im Umgang mit dem Selbstbestimmungsrecht der Völker in einer Welt ethnischer und religiöser Konflikte.

Zweitens: Die Instrumente der vorbeugenden Konfliktverhütung und der präventiven Diplomatie müssen ausgebaut werden. Die Einrichtung weiterer regionaler Büros der VN, die mit den RegAb in diesem Sinne zusammenarbeiten, wäre dazu ein wichtiger Beitrag. Gleichzeitig muß auch die Rolle des GS und seiner Sonderbeauftragten gestärkt werden, insbesondere was die frühzeitige Entsendung von *fact-finding*- und Vermittlungsmissionen betrifft. Die Wirksamkeit des GS und seiner Beauftragten im Vorfeld des Umschlagens von Konflikten in bewaffnete Auseinandersetzungen könnte durch eine bessere Gestaltung ihres Vorgehens im Verhältnis zu dem des SR gesteigert werden. Es muß von Anfang an und grundsätzlich Klarheit bestehen, daß bei einem Scheitern des GS und seiner Beauftragten ein Eingreifen des SR mit seinen machtvolleren Instrumenten gemäß Kapitel VII der Satzung zwangsläufig ist. Eine entsprechende Festlegung müßte in Resolutionen des SR und der GV erfolgen. Das ist, dessen ist sich der Verfasser bewußt, zweifellos leichter gesagt als getan. Das in der "Agenda für den Frieden" vorgeschlagene und überwiegend willkommen geheißene Instrument des "preventive deployment" erzwingt diese Klärung geradezu, da es ja sowohl außerhalb von Kapitel VII mit Zustimmung der Konfliktparteien als auch auf Anordnung des SR gemäß Kapitel VII erfolgen kann.

Drittens: Von ausschlaggebender Bedeutung für Erfolg und Mißerfolg der friedensichernden Rolle der VN und der RegAb ist nach den Erkenntnissen dieser Studie zweifellos die Fortentwicklung des traditionellen zu einem erweiterten und robusten Peace-keeping. Robustes Peace-keeping ist nicht als eine neue Form der

Kriegführung zu betrachten, sondern – wie an anderer Stelle in dieser Arbeit ausgeführt worden ist[211] – als Rückgrat für die Installierung eines stabilen, therapeutischen Verhandlungsrahmens zur Begrenzung und Lösung ethnischer und religiöser Konflikte. Die Anreicherung der bisherigen Blauhelm-Missionen mit Elementen der militärischen und nichtmilitärischen Zwangsdurchsetzung ist zweifellos schwierig und muß deswegen als eine langfristige, mit viel Realismus zu anzugehende Entwicklungsaufgabe betrachtet werden. Rückschläge werden in Kauf zu nehmen sein. Auch das traditionelle Peace-keeping ist nicht über Nacht entstanden, sondern war ein permanenter Prozeß des Lernens auf der Basis von "trial and error". Der Einsatz in Somalia und der bevorstehende im ehemaligen Jugoslawien sollten in diesem Sinne verstanden werden.

Als ein schwieriges Thema zeichnet sich die angesichts knapper Mittel zwangsläufige *Selektivität* solcher Einsätze ab. Welche Kriterien rechtfertigen es zum Beispiel, einen Einsatz zwar in Somalia, nicht aber in anderen Fällen mit vergleichbarem Leidensdruck der Bevölkerung durchzuführen, wie zum Beispiel im Sudan, in Liberia, Angola oder Armenien? In den USA gibt es hierüber bereits eine heftige Diskussion, insbesondere was Liberia und Bosnien betrifft. Die Weltgemeinschaft wird sich nur einer kleinen Zahl von Konflikten auf so intensive Weise annehmen können wie in Kamboscha, Somalia und Mosambik. Die daraus zwangsläufig erfolgende Selektivität stellt eine beträchtliche Gefahr dar für die moralisch-politische Autorität der VN und der Führungsmächte, aber auch aller truppenstellenden Staaten, jetzt also auch Deutschlands. Die Kluft zwischen dem, was hinsichtlich Zahl und Intensität der Einsätze realpolitisch möglich, und dem, was aus moralisch-humanitären Gründen notwendig wäre, wird gewaltig sein. Entsteht bei der Auswahl der Einsätze jedoch der Eindruck übermäßiger Willkür (bzw. der einseitigen Interessenwahrnehmung durch die Führungsmächte), dann wird diese Autorität erodieren. Die moralisch-humanitären Anforderungen einerseits und die Grenzen der Realpolitik andererseits werden sich bei der Auswahl der Einsätze hart im Raum stoßen. Die Betroffenen ebenso wie die internationale Öffentlichkeit, insbesondere die moralisch-humanitär engagierte, werden eine beträchtliche Selektivität und Unzulänglichkeit von Einsätzen auszuhalten haben. Denn wirklich überzeugende Kriterien für das Tätigwerden in einem Fall und dem Unterlassen im anderen gibt es nur bedingt. Zuviel hängt realpolitisch von den Bedingungen des Einzelfalles ab, sowohl was die Bewaffnung der Kriegsparteien, Intensität und Art des Konflikts als auch was die geographischen Einsatzbedingungen betrifft. Einsatzformen, die in Bosnien aufgrund der Schwere der Bewaffnung zu riskant und zu kostspielig wären, können in Somalia oder mehr noch Mosambik durchaus möglich und sinnvoll sein. Der starke, wenn nicht sogar übermächtige Einfluß, den

211 Siehe S. 42.

Fernsehprogramme wie CNN und andere Fernsehstationen darauf ausüben, ob und wie Konflikte von der internationalen Öffentlichkeit wahrgenommen werden, gibt der Auswahl der Einsätze ein zusätzliches Element des Unkalkulierbaren.

2. Zur Schwierigkeit der Deutschen mit Soldaten in einer friedensichernden Rolle

Auch das folgende dürfte in diesem Beitrag deutlich geworden sein: Die VN sind in Gefahr, unter der Last der Befriedung ethno-nationaler und ähnlicher Konflikte zusammenzubrechen. Grund dafür ist nicht – bei aller berechtigten Kritik an ihren organisatorischen Defiziten – ein Versagen der Organisation als solcher, sondern die Halbherzigkeit, mit der sich die Mehrheit der Staaten hinter die Aufgaben der Organisation stellt. Japan und Deutschland, obwohl zwei der wirtschaftlich, politisch und auch militärisch potentesten Staaten dieser Welt, gehören zu diesem Kreis der Halbherzigen. Denn das Argument, die Lehren der Vergangenheit würden eine Beteiligung mit Truppen ihrer Streitkräfte an militärischen Aufgaben der Friedenssicherung verbieten, hat keine Überzeugungskraft mehr. Für einige Zeit war es im Sinne einer gründlichen Prüfung und öffentlichen Diskussion dieser Frage aufgrund der historischen Belastung beider Länder in Sachen Militarismus berechtigt. Jetzt geht es um diese Vergangenheit jedoch nur noch unter anderem. Im wesentlichen wird parteipolitisch taktiert. Das Ergebnis der nun schon mehrjährigen Diskussion ist hinreichend klar. Die Beteiligung an dem Versuch, die VN und RegAb wie die KSZE zu tragenden Pfeilern einer regionalen und globalen kollektiven Sicherheit zu machen, stellt keine Fortsetzung desaströser Tendenzen der Vergangenheit dar, sondern bricht mit deren Irrwegen klarer als eine Politik des Beiseitestehens und Freikaufens mit Yen und D-Mark. Denn diese lagen, vor allem was den Faschismus betrifft, in blindwütigen Alleingängen unter totaler Mißachtung internationaler Ordnungsstrukturen. Die Einbindung deutscher Friedens- und Sicherheitspolitik in die Abstimmungs- und Beschlußorgane der VN und anderer multilateraler Einrichtungen ist die beste Absicherung gegen die Wiederholung derartiger Alleingänge.

Ohne ein tatkräftiges Mitanfassen Japans und Deutschlands werden die VN der anrollenden Welle gewaltsamer Konflikte auf die Dauer nicht gewachsen sein (oder – wie GS Boutros-Ghali bei seinem Besuch in Japan kürzlich gewarnt hat – zu einem einseitig von den USA dominierten Instrument degenerieren). Scheitern die VN aber, dann steht, wie in Ansätzen bereits zu beobachten ist, die Renationalisierung nationaler Interessen- und Sicherheitspolitik ins Haus. Eine solche Entwicklung kann die deutsche Friedens- und Sicherheitspolitik nicht wollen, ebensowenig wie die japanische. Denn das würde in der Tat die Lehren der Vergangenheit in den Wind schlagen.

Die trotz der beiden vorläufigen Entscheidungen des Bundesverfassungsgerichts über den Einsatz von Bundeswehrsoldaten weiterhin wünschenswerte und rechtlich wohl auch notwendige verfassungsrechtliche Klarstellung der Einsatzmöglichkeiten der Bundeswehr duldet also keinen Aufschub. Die Linie des Kompromisses liegt auf der Hand. Die SPD muß einen Schritt nach vorne machen in Richtung auf eine Beteiligung der Bundeswehr an allen Einsätzen unter der Flagge der VN, die Regierungskoalitionen einen zurück. Denn über den Rahmen der VN hinauszugehen besteht gegenwärtig keine zwingende Notwendigkeit.[212] Es könnte sogar ein Schritt in die falsche Richtung sein. Außerdem werden die deutsche Politik und die Bundeswehr ohnehin Mühe haben, den Anforderungen von Einsätzen im VN-Rahmen quantitativ und qualitativ nachzukommen. Denn sollte die Bundeswehr tatsächlich in diesem Jahr zwei Bataillone nach Somalia entsenden, wie dem GS bei seinem Besuch in Bonn versprochen wurde, dann ist ihr Vorrat an Truppen und Kapazitäten, die für derartige Einsätze geignet sind, schon fast aufgebraucht. Vorstellungen von einer "Bundeswehr weltweit" gehören also ins Reich der Fabel.

Schließlich: Durch den verschleppten Streit um die verfassungsrechtliche Zulässigkeit des Einsatzes der Bundeswehr hat die deutsche Diskussion über die VN-Friedenssicherung eine ungute Schlagseite bekommen. Der Einsatz von Militär, das heißt der Bundeswehr, scheint der einzige wichtige Punkt in der Diskussion über die Fortentwicklung der VN-Friedenssicherung zu sein. Die nicht weniger wichtige Diskussion über die *nichtmilitärischen* Mittel, zum Beispiel beim systematischen Aufbau einer für die Konfliktverhütung wie die Demokratisierung gleichermaßen wichtigen Wahlbeobachterkapazität, findet nur unter wenigen Experten und Diplomaten statt.

Leider gibt es hinsichtlich des wichtigsten Mittels der nichtmilitärischen Friedenssicherung eine bittere Einsicht: *Wirtschaftliche Sanktionen* und andere Embargomaßnahmen haben sich als ein kurz- und mittelfristig weit weniger erfolgreiches Instrument erwiesen als erhofft. Selbst wenn Sanktionen halbwegs energisch durchgeführt werden, was häufig nicht der Fall ist, wirken sie meistens nur langfristig. Das läßt sich an zahlreichen Beispielen belegen, nicht zuletzt am Jugoslawienkonflikt. So lange können die Menschen, deren Leben unmittelbar bedroht ist oder die mit Vergewaltigung, Vertreibung und anderen Brutalitäten rechnen müssen, nicht warten. (Manche Friedensforscher geben dieser simplen Tatsache und der begrenzten Wirkung von Wirtschaftssanktionen bei der konkreten Krisenbewältigung erstaunlich wenig Raum.[213]) Rationale Kosten-Nutzen-Erwägungen, die

---

212 Komplizierter ist die Frage der für die verschiedenen Einsatzformen jeweils notwendigen Parlamentseinheiten, da die Grenze zwischen traditionellen Blauhelmeinsätzen und solchen, in denen auch Enforcement notwendig werden kann, fließend geworden ist.

213 Diese Kritik muß sich auch der ansonsten interessante Beitrag von Achim *Schmillen* und Erich *Schmidt-Eenboom*, Friedliche Konfliktregelung und aktive Konfliktaustragung, in: *Schmidt-Eenboom/Angerer*, Siegermacht NATO, Starnberg 1993, S. 241-269, gefallen lassen.

die Konfliktparteien auch kurzfristig reagieren ließen, haben in der emotional aufgeladenen Atmosphäre ethnischer und religiöser Konflikte nur wenig Raum. Warum sollten die Führer von Konfliktparteien (oder menschenverachtende Diktatoren), die – wie in Bosnien oder Somalia – bereit sind, für ihre Ziele notfalls ein ganzes Land und seine Bevölkerung mit in den Abgrund zu reißen, durch wirtschaftliche oder ähnliche Sanktionen besonders beeindruckbar sein? Deren Auswirkungen sind vergleichsweise harmlos. Umgekehrt ist es natürlich unsinnig, den Einsatz von Militär für ein Allheilmittel zu halten. Zweifellos sind Wirtschaftssanktionen, Waffenembargo etc. wichtige flankierende Maßnahmen der Friedenssicherung, insbesondere wenn sie in der Frühphase von Konflikten, wenn noch kein Blut geflossen ist, energisch eingesetzt werden.

Es ist völlig falsch, militärische und nichtmilitärische Mittel gegeneinander ausspielen zu wollen, wie das in der deutschen Diskussion vielfach üblich ist. Keines dieser Mittel wird in Fällen wie in Somalia, Bosnien oder Angola allein Frieden schaffen können. Die verschiedenen Elemente der Friedenssicherung haben jeweils ihre Zeit, die nichtmilitärischen ebenso wie die militärischen. Die Kunst besteht darin, sie im Hinblick auf Sequenz und Aufgabenbereich optimal zu kombinieren. Auf diesem Gebiet ist noch viel zu lernen.

3. Ein ständiger Sitz für Deutschland im SR der VN?

Die neuen Aufgaben der VN greifen zum Teil tief in das Innenleben der Staaten ein. Die Grenze zwischen *internationalen* und *internen* Angelegenheiten löst sich zunehmend auf.[214] Das bedeutet zwar nicht, wie eingangs dieser Arbeit erläutert wurde, das Ende staatlicher Souveränität. Bei den Regierungen der "schwachen", wirtschaftlich und militärisch von den Industriestaaten des Nordens weitgehend dominierten Staaten des Südens wächst aber die Furcht, daß die Mächte des Nordens den SR der VN einseitig zu ihrer Bevormundung benutzen werden. Aus diesen und anderen Gründen drängt sich deswegen zunehmend die Überzeugung auf, daß sich die durch das Ende des Ost-West-Konflikts "einseitig" gewordene Zusammensetzung des SR auf die Dauer nicht halten läßt. Die gegenwärtige Verteilung der *ständigen Sitze* (P 5 – permanent five)[215] repräsentiert weder die mächtigsten Staaten der Welt noch die Regionen in angemessener Weise, die am stärksten von den Aktivitäten der VN betroffen sind. Dadurch droht die Autorität des Gremiums untergraben zu werden.

Als erste haben die Japaner Ernst gemacht mit der Forderung nach einem ständigen Sitz im SR. Schon im Januar 1992, als Japan erneut als nichtständiges Mit-

---

214 Zu den Veränderungen der Arbeit des SR in den zurückliegenden Jahren vgl. genauer *Freudenschuss*, The Changing Role of the U.N. Security Council, in diesem Band.

215 Ständige Mitglieder sind die USA, Rußland, China, Großbritannien und Frankreich.

glied in den SR einzog, erklärte sein Botschafter, daß Japan seinen Sitz nach Ablauf der zweijährigen Periode nicht wieder aufzugeben gedenke. "No taxation without representation" ist die japanische Devise. Tokio ist mit einem Anteil von 12,5% am regelmäßigen Haushalt nach Washington inzwischen der größte Geldgeber der VN. Die Japaner wissen, daß der Hinweis auf ihre Beiträge kein Bluff ist. Finanziell stehen die VN, wie im Beitrag von Enid Schoettle genauer ausgeführt ist, am Rande des Abgrunds.

Am 24. September 1992 meldete Außenminister Kinkel auf der 47. GV den deutschen Anspruch auf einen ständigen Sitz im SR an. Deutschland könne bei einer Erweiterung des SR nicht übergangen werden.[216] Anders als die Japaner werde man aber nicht drängen. Das wiedervereinigte Deutschland ist ebenfalls eine führende Wirtschaftsmacht und wird ab 1993 nach den USA und Japan und vor Rußland mit einem Anteil von ca. 9% der drittgrößte Beitragszahler der VN sein. Zusammen finanzieren die USA, Japan und Deutschland jetzt schon über 50% der Kosten des Peace-keeping der VN. Im Dezember 1992 schränkte Bundeskanzler Kohl die Aussage seines Außenministers ein. Gegenwärtig sei Deutschland nicht in der Lage, einen ständigen Sitz im SR einzunehmen, selbst wenn er angeboten würde. Er bezog sich dabei auf die ungeklärte Verfassungslage hinsichtlich eines Einsatzes der Bundeswehr unter der Flagge der VN.[217] Im Juni 1993 dagegen maß der Bundeskanzler einem ständigen deutschen Sitz größere Dringlichkeit bei.[218] Denn nun hatten sich die USA offiziell für einen ständigen Sitz von Tokio und Bonn im SR ausgesprochen.[219]

Bei der Diskussion über die Erweiterung des SR geht es jedoch keineswegs nur um Japan und Deutschland. Auch die Blockfreienbewegung hat auf ihrem Gipfeltreffen im Sommer 1992 in Jakarta auf eine Reform gedrängt. Eine Weigerung des Nordens, ständige Sitze für den Süden in Betracht zu ziehen, enthielte eine fatale Botschaft: Südlichen Mächten würde eine Übernahme weltpolitischer Verantwortlichkeit prinzipiell nicht zugetraut. Bei aller Kritik, die man an der Politik südlicher Staaten üben kann: Für ein derart grundsätzliches Mißtrauen besteht kein Anlaß. Saddam Husseins Irak ist ebensowenig der Normalfall südlicher Großmachtpolitik, wie Hitlers Deutschland ein typischer Fall nördlicher Politik war.

---

216 Vgl. Text der Rede, in: Bulletin des Presse- und Informationsamts der Bundesregierung, (25.9.1992) 101, S. 949ff.

217 Vgl. FR, 1.12.1992. Die SPD-Arbeitsgruppe "Vereinte Nationen" ist bereits in einem von ihr im Mai 1991 vorglegten Programm zur Reform und Weiterentwicklung der VN für eine Ausweitung des SR und einen ständigen Sitz Deutschlands eingetreten. Vgl. Pressemitteilung Die SPD im Deutschen Bundestag, 14.5.1991, S. 10ff. Im November 1992 hat sich eine größere Zahl von Abgeordneten der Regierungskoalition in einem Antrag an den Bundestag für eine "Erweiterung der Zahl der SR-Mitglieder bei Einschränkung des Veto-Rechts" ausgesprochen (BT-Drucksache 12/3702, 11.11.1992).

218 SZ, 17.6.1993.

219 IHT, 10.6.1993.

Die Erweiterung des SR muß als Gelegenheit begriffen werden, die Kluft zwischen Nord und Süd zu überbrücken, nicht sie zu vertiefen. Ausreichende geographische Repräsentanz ist ein wichtiges und in der Satzung ausdrücklich festgelegtes Prinzip der Zusammensetzung des SR. Bereits Mitte der 60er Jahre wurde die Zahl der nichtständigen Mitglieder von 11 auf 15 erhöht. Die Zahl der in der VN vertretenen Staaten war von 51 im Gründungsjahr 1945 auf 113 gestiegen. Heute sind es mehr als 170.

Es werden also auch ständige Sitze für den Süden zu diskutieren sein. Indien und Brasilien sind naheliegende Kandidaten ihrer jeweiligen Region. Für Schwarzafrika und die arabische Welt wird es schwieriger sein, sich auf einen Kandidaten zu verständigen. Nigeria und Ägypten stehen zur Diskussion.[220] GS Boutros-Ghali hat sich für fünf weitere ständige Sitze ausgesprochen: Brasilien, Deutschland, Indien, Japan und Nigeria. Auch Indonesien wurde als möglicher Kandidat genannt.

Die Auswahl der südlichen Kandidaten wird nicht einfach und eine beträchtliche Herausforderung für die in den Reden von Dritte-Welt-Politikern so gerne beschworene Süd-Süd-Solidarität sein. Pakistan wird einen ständigen Sitz Indiens wohl bis aufs äußerste bekämpfen. Argentinien wird die Gründe für eine Bevorzugung Brasiliens keineswegs einleuchtend finden. Und in Westafrika wird die Mehrheit der Nachbarstaaten die Aufwertung des bevölkerungsmäßig, militärisch und wirtschaftlich dominierenden Nigerias mit größtem Mißtrauen betrachten.

Natürlich wirft die Erweiterung der Zahl der ständigen Mitglieder von fünf auf zehn oder gar elf und damit des SR insgesamt von fünfzehn auf zwanzig bzw. einundzwanzig schwierige Fragen auf. Denn gemäß Artikel 24 der Satzung soll der SR "schnell" und "wirksam" handeln. Es müssen also Wege und Mittel gefunden werden, diese Handlungsfähigkeit zu gewährleisten. Ein Weg dazu wäre, die Abstimmungs- und Konsultationsmechanismen zwischen den ständigen Mitgliedern technisch und institutionell zu verbessern, sowohl was die Zusammenarbeit zwischen den Vertretungen in New York als auch zwischen den Hauptstädten betrifft. In der Ära nach dem Kalten Krieg sollte das möglich sein. Der Vertreter Rußlands schlug während der letzten GV (1992) die Einrichtung von "hot-lines" zum Hauptquartier der VN vor.

Erledigt hat sich dagegen vorerst die Hoffnung auf eine scheinbar elegante Lösung: die Umwandlung der Sitze Frankreichs und Großbritanniens in einen für Japan und einen für die Europäische Gemeinschaft (oder die Rotation dieses Sitzes unter den europäischen Führungsmächten). Dadurch wären die numerische Zusammensetzung des SR und folglich auch die Abstimmungsmechanismen unange-

---

220 Bezüglich Indiens siehe den interessanten Vorschlag, daß Indien im Gegenzug zu einem ständigen Sitz im SR den Vertrag über die Nichtverbreitung von Nuklearwaffen unterzeichnen und – ähnlich wie Japan und Deutschland – explizit den Status einer Großmacht ohne Nuklearwaffen einnehmen sollte. Vgl. IHT, 1.2.1993.

tastet geblieben. Der Zustand der europäischen Integration läßt eine solche Lösung jedoch weder jetzt noch in absehbarer Zukunft zu. Gegenwärtig steht völlig in den Sternen, ob die EG jemals ein außenpolitisch so einheitlich handelnder Akteur sein wird, wie ihn die Satzung der VN für einen ständigen Sitz voraussetzt.[221]

Der Prüfung wert sind dagegen Vorschläge, die den Bereich der Entscheidungen, bei denen ein Vetorecht ausgeübt werden kann, auf wenige wichtige Fragen reduzieren.[222] Nur die Entscheidungen über die Anordnung politischer, wirtschaftlicher oder militärischer Zwangsmaßnahmen gemäß Kapitel VII der Satzung über größere Peace-keeping-Einsätze und die Wahl des GS sind von so großer Tragweite, daß ein Vetorecht als Notbremse angebracht ist. Im übrigen könnten andere Mehrheitsregelungen gelten. Bei Verfahrensfragen ist das gemäß Artikel 27 (2) bereits der Fall.

Dagegen sind Vorstellungen der Blockfreienbewegung, das Vetorecht ganz abzuschaffen, weder praktikabel noch realistisch. (Außenminister Kinkel hat sich gelegentlich ebenfalls in diesem Sinne geäußert;[223] Bundeskanzler Kohl dagegen will auch für Deutschland ein uneingeschränktes Vetorecht.[224]) Sie werden auf den eisernen Widerstand der gegenwärtigen P 5 stoßen. (Es scheint jedoch ein Teil des "guten Tons" zwischen den Großmächten in der Ära nach dem Kalten Krieg geworden zu sein, Vetos nur noch als diplomatische Manövriermasse im Hintergrund zu halten. In der Zeit des Kalten Krieges sind über 270 eingelegt worden.) Wohl aber könnte der SR das Troika-Modell der KSZE übernehmen und dem amtierenden SR-Präsidenten zusammen mit dem vorhergehenden und dem nachfolgenden besondere Handlungsvollmachten erteilen. Gleichzeitig wäre die Stellung des GS aufzuwerten. Ihm kommt für die schnelle Handlungsfähigkeit in Frühphasen von Konflikten eine Schlüsselrolle zu.

Der Zeitpunkt für die Durchführung der SR-Reform ist gegenwärtig völlig ungewiß. Immerhin hat sich die GV Mitte Dezember 1992 in einer Resolution für eine verstärkte Debatte über eine Erweiterung des SR ausgesprochen. Das Thema soll auf die Tagesordnung der 48. Vollversammlung gesetzt werden. In der Resolution wird der GS beauftragt, bis zum 30. Juni 1993 die Meinung der Mitglieder der VN über eine mögliche Erweiterung des SR einzuholen, damit die GV diese Frage im Herbst 1993 gründlich beraten kann.[225]

---

221 Die CDU/CSU/FDP-Abgeordneten fordern die "Möglichkeit einer Vertretung regionaler Zusammenschlüsse wie der Europäischen Gemeinschaft."

222 Die SPD-Arbeitsgruppe zur Reform der VN ist sich mit der erwähnten Parlamentariergruppe der Regierungsparteien darin einig, daß zwar nicht die Abschaffung, wohl aber eine gewisse Einschränkung des Vetorechts überlegenswert wäre; siehe Anm. 214.

223 Vgl. Frankfurter Allgemeine Zeitung, 28.8.1992.

224 SZ, 10./11.7.1993.

225 Ebd., 14.12.1992.

Politik und Öffentlichkeit in Deutschland wären also gut beraten, die Diskussion über das Für und Wider eines ständigen Sitzes im SR energisch aufzunehmen.[226] Verkappte und aus dem Repertoire des 19. Jahrhunderts stammende "out of area"-Großmachtphantasien haben in dieser Diskussion ebensowenig einen Platz wie friedensbewegte Einseitigkeiten, die hinter Einsätzen der Bundeswehr unter der Flagge der VN bereits ein Wiedererwachen des deutschen Militarismus zu erkennen glauben. Zur Erinnerung: Nicht ein verstärktes Engagement im Völkerbund und seinen Gremien, sondern der abrupte Austritt im Jahre 1935 ging der Expansion des Dritten Reiches voran. Die Fraktionen im Bundestag waren sich bei der Wiedervereinigung deswegen zu Recht darüber einig, daß die beste Sicherung gegen erneute deutsche Einzelgänge die gezielte multilaterale Einbindung ist – in Europa ebenso wie weltweit.

Die Diskussion über eine Erweiterung des SR wird schwierig sein, zu Hause ebenso wie international. Denn gleichzeitig wird über die an verschiedenen Stellen dieser Arbeit angedeutete Notwendigkeit zu sprechen sein, die Stellung des GS zu stärken und seine Arbeit effektiver zu gestalten. Das Zusammenspiel zwischen diesen drei organisatorischen Pfeilern der VN ist ungenügend. Keine Probleme dagegen dürfte es bereiten, aus der Satzung die historisch überholte Feindstaatenklausel des Artikels 107 zu entfernen.

Diese Aufgabe muß jedoch bewältigt werden, damit die Weltorganisation in einer dramatisch veränderten Welt den Aufgaben der Zukunft gewachsen ist. Die Verteilung der ständigen Sitze im SR muß die Welt von 1995, nicht die von 1945 widerspiegeln. Gerade Japan und Deutschland, die sich aufgrund der Notwendigkeit eines völligen Neuanfangs nicht zu Militärmächten, sondern zu wirtschaftlich potenten "Zivilmächten" entwickelt haben, könnten auf die Politik des SR einen positiven Einfluß ausüben. Umweltfragen zum Beispiel stehen bisher nur am Rande seiner Tagesordnung. Das wird sich eines Tages auch unter dem Gesichtspunkt der internationalen Friedenssicherung ändern müssen. Ganz gewiß aber wird sich der Flächenbrand ethno-religiöser Nationalitäten- und Minderheitenkonflikte ohne eine starke Weltorganisation nicht eindämmen lassen.

---

226 Der Unterausschuß Vereinte Nationen/Weltweite Organisation des Auswärtigen Ausschusses des Bundestages hat sich am 9.11.1992 in einer öffentlichen Anhörung zur "Reform der Vereinten Nationen" (Protokoll Nr. 13) unter anderem mit der Reform des SR befaßt. Die Möglichkeit, eine solche Reform zustande zu bringen und einen ständigen Sitz für die Bundesrepublik Deutschland anzustreben, wurde überwiegend skeptisch bis ablehnend beurteilt. Dagegen treten sowohl Regierungsparteien als auch die SPD im Prinzip für eine Erweiterung des SR und einen ständigen deutschen Sitz ein; vgl. oben sowie Christian *Tomuschat*, Die Zukunft der Vereinten Nationen, in: Europa-Archiv, 47 (25.1.1992) 2, S. 42-50.

2. Wirksameres Völkerrecht oder neues "Weltinnenrecht"? Perspektiven der Völkerrechtsentwicklung in einem sich wandelnden internationalen System

Jost Delbrück

I. Einleitung

Mit dem Ende des Kalten Krieges ist das internationale System[1] in einen tiefgreifenden Wandlungsprozeß eingetreten. Die nicht nur starre, sondern auch stabilisierende Ost-West-Bipolarität ist einer offenen, in einzelnen Bereichen sogar instabilen Mächtekonstellation gewichen. Der Status eines souveränen Nationalstaates - vor Jahren als eine "im Abstieg begriffene Kategorie" apostrophiert[2] - hat eine kräftige Renaissance erlebt, und zwar nicht nur durch die nach Freiheit und Unabhängigkeit strebenden Nationen der zerfallenen Sowjetunion und des desintegrierenden Jugoslawiens, sondern auch durch eine gewisse "Renationalisierungstendenz" einzelner Bevölkerungsgruppen in solchen Staaten, die sich in den vergangenen Jahrzehnten - gestützt auf einen breiten Konsens der Bevölkerung - supranationalen Gemeinschaften angeschlossen haben.[3] Dieser Renationalisierungstendenz steht der Wille vieler bedeutender Staaten gegenüber, durch eine Stärkung organisierter und institutionalisierter Zusammenarbeit, namentlich im Rahmen der Vereinten Nationen (VN), aber auch auf regionaler Ebene, das internationale System zu stabilisieren.[4]

Im Kontext der hier zu behandelnden Problematik ist als Folge des soeben angesprochenen Institutionalisierungs- bzw. Vergemeinschaftungsprozesses eine in dieser Breite bisher nicht gekannte Entwicklung eines neuen Bewußtseins der Bedeutung und Rolle des Völkerrechts für die Errichtung und Sicherung einer umfassenden Friedensordnung als besonders wichtig hervorzuheben. Ausdruck dessen

---

1 Zum Verständnis des hier zugrundegelegten Begriffs des internationalen Systems als dem tatsächlichen Bereich, auf den sich das Völkerrecht als Rechtsordnung bezieht, vgl. Georg *Dahm*/ Jost *Delbrück*/Rüdiger *Wolfrum*, Völkerrecht, 2., völlig neubearbeitete Auflage, Bd.I/1, Berlin/ New York 1989, S. 2ff.

2 Vgl. den Nachweis in *Dahm/Delbrück/Wolfrum*, Völkerrecht, S. 11.

3 Die veränderten Einstellungen von Wählern in Dänemark, Deutschland und Frankreich gegenüber einer noch engeren Integration der Europäischen Gemeinschaft zu einer Union mit einheitlicher Währung sind indikativ für diese Entwicklung. Zur Bedeutung der neuen Nationalismen, insbesondere in Osteuropa, vgl. Dieter *Senghaas*, Vom Nutzen und Elend der Nationalismen im Leben der Völker, in: Aus Politik und Zeitgeschichte. Beilage zur Wochenzeitung Das Parlament, (1992) B31-32, S. 23ff.

4 In diesem Sinne sind etwa die verstärkten Bemühungen um die Entwicklung der Europäischen Gemeinschaft zu einer Union durch den Vertrag von Maastricht, aber auch diejenigen um eine festere Institutionalisierung der KSZE oder diejenigen um die Revitalisierung und Aktivierung der WEU zu interpretieren.

ist nicht nur die Aufgabe der Doktrin eines vom allgemeinen Völkerrecht getrennt existierenden "sozialistischen Völkerrechts" noch durch die Sowjetunion und dem von ihr seinerzeit beherrschten Warschauer Pakt,[5] sondern das neue internationale Rechtsbewußtsein schlägt sich heute auch in einer weltweiten Betonung der Notwendigkeit nieder, die internationalen Beziehungen unter der Herrschaft des Rechts zu pflegen. Beispielhaft sind insoweit die Aussagen des Sicherheitsratsgipfels vom Januar 1992.[6] Hier wurde die Wiederherstellung der Einheit der Völkerrechtsordnung ebenso betont wie die Notwendigkeit der Gewährleistung der "rule of law" in den internationalen Beziehungen, die Notwendigkeit verstärkter Anstrengungen zur Durchsetzung des Völkerrechts, insbesondere der international anerkannten Menschenrechte, und damit verbunden eine zunehmende Bereitschaft, Einschränkungen der staatlichen Souveränität hinzunehmen.[7] Auch kommt in diesen Äußerungen ein gewachsener Konsens über die verpflichtende Kraft des Völkerrechts und seiner Geltungsgrundlage zum Ausdruck – eine bedeutende Voraussetzung für eine wirksamere Rechtsordnung als Grundlage des internationalen Friedens.[8]

Angesichts dieser Entwicklungen, die im wesentlichen die Folge des Endes des Kalten Krieges sind, stellt sich die Frage, ob die sich wandelnde Vorstellung von Rolle und Funktion des Völkerrechts Ausdruck eines qualitativen Sprungs in der Entwicklung des Völkerrechts darstellen, das heißt einen Sprung von einer

---

5 Diese neuen Haltung zur Rolle des Völkerrechts in den internationalen Beziehungen wurde vom russischen Präsidenten Jelzin auf dem Sicherheitsratsgipfel der Staats- und Regierungschefs bekräftigt, vgl. Preliminary Verbatim Record – U.N. Doc. S/PV.3046, S. 45ff.

6 Treffen der Staats- und Regierungschefs der Mitglieder des VN-Sicherheitsrates vom 30. Januar 1992, vgl. dazu U.N. Doc.S/PV.3046 passim. Diese Betonung der "rule of law" als Maßstab internationalen Handelns, namentlich im Rahmen der Vereinten Nationen, stellt eine bedeutsame Akzentverschiebung von der früheren Dominanz politischer Dezision, wie sie die Vereinten Nationen übten, zu einer stärker normativen Vorgehensweise. Vgl. zur Frage der Beachtung der "rule of law" in den Vereinten Nationen kritisch Jost *Delbrück*, Peacekeeping by the United Nations and the rule of Law, in: *Akkerman u.a.* (Hrsg.), Declaration of Principles (Festschrift Bert V. A. Röling), Leyden 1977, S. 73ff.

7 Neben den Aussagen des Sicherheitsratsgipfels sind hier die Kopenhagener Erklärung der KSZE-Staaten (1990) – Text in: Europa-Archiv (EA), 45 (1990), S. D380ff (deutsch); International Legal Materials (I.L.M.), 29 (1990), S. 1305ff (englisch) – sowie die Charta von Paris (1990) – Text in: EA, 45 (1990), S. D656ff (deutsch); I.L.M., 30 (1991), S. 193ff (englisch) relevant.

8 Theorien, wonach das Völkerrecht seine verpflichtende Kraft vom Willen oder dem Konsens der Staaten erhält, die im Grunde das Völkerrecht dem Willen der Staaten unterwerfen und damit seine Verbindlichkeit letztlich leugnen, verlieren offensichtlich an Boden. So ist etwa die wachsende Akzeptanz von Erga-omnes-Normen, die sich auf den Schutz von Werten richten, die von der Staatengemeinschaft als unverzichtbar für das friedliche Zusammenleben der Völker angesehen und deshalb unabhängig von der individuellen Zustimmung einzelner Staaten für verbindlich gehalten werden, mit der traditionellen Vorstellung einer auf dem Willen der Staaten beruhenden Verbindlichkeit des Völkerrechts unvereinbar. Für eine knappe Darstellung der normativen Grundlagen des Völkerrechts vgl. J. *Starke*, Introduction to International Law, 10. Aufl., 1989, S. 18ff; auch *Dahm/Delbrück/Wolfrum*, Völkerrecht, S. 34ff.

zwischenstaatlichen Ordnung zu einem *"Weltinnenrecht"* als der rechtlichen Grundlage einer künftigen "Weltinnenpolitik"[9] bedeuten. Oder sind sie nichts anderes als die überfällige Effektuierung des geltenden Völkerrechts als rechtsförmige Friedensordnung?[10]

Dieser Frage, die – das sei schon hier vorweggenommen – nicht mit einer klaren Entscheidung in der einen oder anderen Richtung beantwortet werden kann, sondern einer differenzierten Antwort bedarf, soll im folgenden nachgegangen werden. Anhand von drei exemplarischen Topoi – Gewaltverbot, internationaler Menschenrechts- und Umweltschutz und Durchsetzung des Völkerrechts – sollen die mit dem Ende des Kalten Krieges eingetretenen völkerrechtlichen Entwicklungen näher aufgezeigt und analysiert werden. Auf der Grundlage dieser Analysen sind sodann in einem letzten Abschnitt die Perspektiven der künftigen Rolle und Bedeutung des Völkerrechts als dem normativen Rahmen internationalen und nationalen Handelns zu umreißen.

II. Die Erweiterung des Gewaltverbots und des Begriffs der Friedensbedrohung im Sinne des Artikels 39 der Satzung der VN

In Artikel 2(4) der Satzung der VN wurde 1945 auf der Konferenz von San Francisco ein umfassendes, über das Kriegsverbot des Briand-Kellogg-Paktes[11] hinausgehendes Gewaltverbot niedergelegt. Seinem Geltungsumfang nach war es jedoch strikt auf die internationale, das heißt zwischenstaatliche Anwendung von Gewalt oder Androhung von Gewalt begrenzt.[12] Innerstaatliche Gewaltanwendung, etwa im Zusammenhang mit revolutionären Umwälzungen, sollte nach dem Wortlaut und der Zielsetzung des Artikels 2(4) der Satzung der VN nicht erfaßt werden. Entsprechend war der in Artikel 39 der Satzung der VN verwandte Begriff des Friedensbruches, der Aggression, aber auch der der Friedensbedrohung als auf die Anwendung oder Androhung internationaler militärischer Gewalt begrenzt zu verstehen. Mit der Ausnahme der durch die Politik des Ian Smith-Regimes in Südrhodesien, dem heutigen Zimbabwe, und durch die Apartheidpolitik in der Republik Südafrika entstandenen Situationen, die vom Sicherheitsrat der VN als "friedensbedrohende" Situationen im Sinne des Artikels 39 der Satzung der VN eingestuft

9 Vgl. zu diesem schon vor längerer Zeit von C. F. *von Weizsäcker* geprägten Begriff dessen Aufsatz: Das ethische Problem der modernen Strategie, in: EA, (1969), S. 191; neuerdings auch Dieter *Senghaas*, Weltinnenpolitik. Ansätze für Konzept, in: EA, 47 (1992), 643ff.

10 Näheres zum Verständnis von Frieden als Rechtsordnung bei Jost *Delbrück*/Klaus *Dicke*, Zur Konstitution des Friedens als Rechtsordnung, in: Uwe *Nerlich*/Trutz *Rendtorff* (Hrsg.), Nukleare Abschreckung. Politische und ethische Interpretationen einer Neuen Realität, Baden-Baden 1989, S. 797ff.

11 Text in: League of Nations Treaty Series (LNTS), Bd. 94, S. 57ff.

12 Vgl. dazu A. *Randelzhofer*, Artikel 2(4), in: Bruno *Simma* (Hrsg.), Die Charta der Vereinten Nationen – Kommentar, München 1991, Randziff. 29.

wurden, obwohl es sich um interne Angelegenheiten handelte,[13] ist es bis zum Ende der 80er Jahre bei der engen, auf *internationale militärische* Gewaltanwendung beschränkten Auslegung des Begriffes der verbotenen Gewalt bzw. einer entsprechend restriktiven Auslegung des Begriffs der Friedensbedrohung geblieben.

Seit dem Ende des Kalten Krieges haben sich jedoch in der Auslegung des Gewaltverbotes bzw. des Begriffs der Friedensbedrohung im Sinne des Artikels 39 der Satzung der VN bedeutsame Wandlungen vollzogen – Wandlungen, die für die hier behandelte Frage nach der Qualität der Veränderungen des Völkerrechts wichtigen Aufschluß geben können.

Im Gefolge des zweiten Golfkrieges hatte sich der Sicherheitsrat mit der Verfolgung der kurdischen und schiitischen Minderheiten im Irak zu befassen. Angesichts der massiven Anwendung militärischer Gewalt gegen diese Minderheiten, die zum Teil zu genozidartigen Verlusten an Menschenleben führte, hatte der Sicherheitsrat über Maßnahmen zum Schutze der verfolgten Menschen vor weiterer Unterdrückung und Vernichtung zu entscheiden. Mit Resolution vom 5. April 1991 verurteilte der Sicherheitsrat die Unterdrückung der irakischen Zivilbevölkerung und stellte fest, daß die Folgen dieser Unterdrückung "den Frieden und die internationale Sicherheit in der Region" bedrohten.[14] Ohne sich ausdrücklich auf Artikel 39 oder Kapitel VII der Satzung als ganzes zu beziehen, machte es der Sicherheitsrat dennoch durch die Wortwahl in der Resolution klar, daß diese in Artikel 39 bzw. Kapitel VII der Satzung ihre Rechtsgrundlage findet. Die Feststellung, daß die Unterdrückung im Irak den Weltfrieden und die internationale Sicherheit in der Region bedroht, entspricht in der Sache den entsprechenden Formulierungen in Artikel 39, die dem Sicherheitsrat die Kompetenz verleihen festzustellen, daß eine Friedensbedrohung oder ein Friedensbruch oder eine Aggression vorliegen. Darüber hinaus berief sich der Sicherheitsrat in der Präambel der Resolution 688 auf seine "Pflichten und Verantwortlichkeiten in bezug auf die Wahrung des Weltfriedens und der internationalen Sicherheit", die im einzelnen in Kapitel VII der Satzung niedergelegt sind. So geht aus der Resolution klar hervor, daß der Sicherheitsrat eine interne Situation – die gewaltsame Unterdrückung der Minderheiten im Irak – wegen deren "Folgen", das heißt einer möglichen Eskalation des inter-

13 Vgl. näher dazu Jost *Delbrück*, A Fresh Look at Humanitarian Intervention under the Authority of the United Nations, in: Indiana Law Journal, 67 (1992), S. 887ff mit weiteren Nachweisen.

14 Resolution S/688 – U.N. Doc. S/Res/688(1991) – lautet in ihrem operativen Teil (Abs. 1 und 2): "1. verurteilt die in vielen Teilen Iraks, insbesondere auch in allerjüngster Zeit in den kurdischen Siedlungsgebieten stattfindende Unterdrückung der irakischen Zivilbevölkerung, deren Folgen den *Weltfrieden und die internationale Sicherheit in der Region bedrohen*; 2. verlangt, daß Irak als Beitrag zur Beseitigung der *Bedrohung des Weltfriedens und der internationalen Sicherheit in der Region* die Unterdrückung sofort einstellt"; zitiert aus EA, 46 (1991), S. D234 (Hervorhebung vom Verf.).

nen Konfliktes in einen internationalen, als eine Bedrohung des Weltfriedens und der internationalen Sicherheit angesehen hat.

Ein anderes Beispiel für eine erweiterte Sicht des Begriffs der verbotenen Gewaltanwendung und damit des Begriffs des Friedens oder der Friedensbedrohung bietet die Behandlung der Jugoslawienkrise durch den Sicherheitsrat. Obwohl die internen Kämpfe zwischen der Zentalregierung und den sezedierenden Teilrepubliken Slovenien und Kroatien keine unmittelbare Gefahr für die Nachbarstaaten bedeuteten, ordnete der Sicherheitsrat in seiner Resolution 713 vom 25. September 1991 die Situation in Jugoslawien als eine Friedensbedrohung ein und beschloß nach Kapitel VII der Satzung ein Waffenembargo gegen Jugoslawien.[15] Am 30. Mai 1992 hat der Sicherheitsrat gegen Serbien und Montenegro, die nunmehr die neue Bundesrepublik Jugoslawien bilden, ein umfassendes Handels- und Luftembargo sowie weitere nicht-militärische Sanktionen verhängt[16] und außer der von den betroffenen Parteien gebilligten Entsendung einer größeren Friedenstruppe (UNPROFOR)[17] den militärischen Schutz der Konvois, die humanitäre Hilfe für die Zivilbevölkerung nach Bosnien-Hercegovina bringen, autorisiert.[18]

Ein weiteres Beispiel für die neue Sicht der Interventionsbefugnisse bietet die Behandlung der Somalia-Krise durch den Sicherheitsrat. Wiederum unter Berufung auf Kapitel VII der Satzung beschloß der Sicherheitsrat mit der Resolution 733 vom 23. Januar 1992, daß "all States shall, for the purpose of establishing peace and stability in Somalia, immediately implement a general and complete embargo on all deliveries of weapons and military equipment to Somalia until the Security Council decides otherwise". Darüber hinaus autorisierte der Sicherheitsrat die Entsendung von Friedenstruppen nach Somalia zum Schutze der Verteilung

---

15 U.N. Doc. S/Res/713 (1991) lautet in den relevanten Passagen: "Der Sicherheitsrat ... zutiefst besorgt über die Kampfhandlungen *in* Jugoslawien, die schwere Verluste an Menschenleben und Sachschäden verursachen ..., besorgt darüber, daß das Fortbestehen dieser Situation *eine Bedrohung des Weltfriedens und der internationalen Sicherheit darstellt* ... 6. beschließt nach *Kapitel VII der Charta der Vereinten Nationen*, daß alle Staaten zur Herstellung von Frieden und Stabilität in Jugoslawien die Lieferungen von Waffen und militärischen Ausrüstungen an Jugoslawien sofort mit einem allgemeinen und vollständigen Embargo belegen werden, bis der Sicherheitsrat nach Konsultationen zwischen dem Generalsekretär und der Regierung Jugoslawiens etwas anderes beschließt." Zitiert aus EA, 46 (1991), S. D550ff (Hervorhebungen des Verf.).

16 Vgl. Resolution vom 30. Mai 1992 – U.N. Doc. S/Res/757 (1992).

17 Siehe die Resolutionen vom 27. November 1991 – U.N. Doc. S/Res/721 (1991) –, vom 21. Februar 1992 – U.N. Doc. S/Res/743 (1992) – und vom 7. April 1992 – U.N. Doc. S/Res/749 (1992); eine kurze Diskussion der rechtlichen Implikationen der Resolution 721 bezüglich der Rolle der Vereinten Nationen in internen Konflikten findet sich bei M. E. *O'Connell*, Continuing Limits on UN Intervention in Civil War, in: Indiana Law Journal, 67 (1992), S. 909ff.

18 Resolution vom 13. Juli 1992 – U.N. Doc S/Res/764 (1992); dazu auch die vorangehende Resolution des Sicherheitsrates vom 15. Mai 1992 – U.N. Doc. S/Res/752 (1992), beide Resolutionen in deutscher Übersetzung in: VN, 40 (1992), S. 109ff.

der humanitären Hilfslieferungen für die hungernde Bevölkerung des vom Bürgerkrieg schwer getroffenen Landes.[19]

Das Problem des Schutzes der ethnischen und religiösen Minderheiten im Irak beschäftigte die internationale Öffentlichkeit erneut, als im frühen Herbst 1992 Berichte über massive Bombardements der schiitischen Minderheit im Süden des Landes durchdrangen. Die Vereinigten Staaten, das Vereinigte Königreich und Frankreich verkündeten nach Konsultationen mit anderen Regierungen, insbesondere mit der russischen Regierung, eine "no fly zone" für irakische Flugzeuge südlich des 32. Breitengrades. Die Umsetzung der "no fly zone" wurde umgehend durch Kontrollflüge amerikanischer, britischer und französischer Kampfflugzeuge entlang der nördlichen Grenze der Sperrzone über irakischem Gebiet vorgenommen. Um eine Autorisierung dieser Maßnahmen durch den Sicherheitsrat suchten die Regierungen der Vereinigten Staaten, des Vereinigten Königreichs und Frankreichs nicht nach. Sie gingen offensichtlich davon aus, daß die Resolution 688/1991 eine hinreichende Ermächtigungsgrundlage für ihre Aktionen bildete. Diese Auffassung wurde offenbar auch von VN-Generalsekretär Boutros Ghali geteilt, der die Errichtung der "no fly zone" billigte. Einwände seitens anderer Mitgliedstaaten des Sicherheitsrates wurden ebenfalls nicht erhoben mit Ausnahme einer Warnung der Volksrepublik China, daß die Kontrollflüge nicht zu Angriffen gegen den Irak mißbraucht werden dürften. Auch in diesem Falle zeigt sich – allerdings eher indirekt als durch ausdrücklichen Bechluß –, daß die interne Gewaltanwendung gegen die schiitische Minderheit den Anküpfungspunkt für eine Intervention im Rahmen einer zurückliegenden Sicherheitsratsentscheidung bildete.[20]

Schließlich hat der Sicherheitsrat in zwei weiteren Fällen – Schutz der Menschenrechte in El Salvador,[21] Errichtung einer geordneten Staatsgewalt in Kambo-

---

19 Resolution 733 – U.N. Doc. S/Res/733 (1992). Hier ist darauf hinzuweisen, daß die Durchsetzung der mit der genannten Resolution beschlossenen Maßnahmen *ohne* die Zustimmung einer legitimierten Regierung oder sonstigen Autorität Somalias erfolgt, die es nicht gab und gibt. Zu dieser bedeutsamen Abweichung von der bisherigen Praxis, friedenserhaltende Maßnahmen nur im Konsens mit den Regierungen betroffener Länder durchzuführen, vgl. Boutros *Boutros-Ghali*, Friedenserhaltung durch die Vereinten Nationen: eine neue Chance für den Weltfrieden, in: EA, 48 (1993), S. 23ff (129).

20 Angesichts des zeitlichen Abstandes von über einem Jahr zwischen der Annahme der Resolution 688/1991 und der Erklärung der "no fly zone" kann es zweifelhaft sein, ob diese Resolution in der Tat als Rechtsgrundlage für die ergriffenen Maßnahmen dienen konnte, oder ob es einer erneuten Entscheidung des Sicherheitsrates bedurft hätte. Aber es kann kein Zweifel bestehen, daß eine neue Resolution sich angesichts der weiten Interpretation des Begriffs der Friedensbedrohung, wie sie der Sicherheitsrat inzwischen anwendet, auf Kapitel VII der Satzung hätte stützen können.

21 Die Organisation einer Friedenstruppe für El Salvador (ONUSAL), die eine militärische Komponente einschließt, wurde mit Sicherheitsratsresolution 693/1991 vom 30. Mai 1991 beschlossen – U.N. Doc. S/Res/693 (1992).

dscha – Peace-keeping Forces zum Einsatz gebracht.[22] Zwar bedurfte es hierfür nicht der Feststellung einer Friedensbedrohung, jedoch ist das Vorgehen des Sicherheitsrates ein weiteres Zeichen dafür, daß von gewaltsamen Auseinandersetzungen gekennzeichnete Situationen in den betroffenen Staaten nicht als interne Angelegenheiten, sondern als der Verantwortung der Staatengemeinschaft, genauer gesagt, der Verantwortung des für den internationalen Frieden und die Sicherheit zuständigen politischen Hauptorgans der VN, unterfallende Vorgänge eingestuft werden.

Die vorstehend aufgeführten Beispiele aus der jüngeren Praxis des Sicherheitsrates zeigen insgesamt, daß dieser die Kontrolle über die Einhaltung des Gewaltverbotes des Artikels 2(4) der Satzung der VN in zunehmenden Maße auf innerstaatliche Vorgänge erstreckt, jedenfalls dann, wenn die innerstaatliche Gewaltanwendung schwere Menschenrechtsverletzungen bewirkt und/oder aktuell oder mit hoher Wahrscheinlichkeit eine Gefährdung des internationalen Friedens und der Sicherheit darstellt.[23]

III. Die Intensivierung des internationalen Menschenrechtsschutzes und des Schutzes der Umwelt

Rechtsentwicklungen sind Antworten auf gesellschaftliche Lagen, in aller Regel auf Unrechtserfahrungen – so im Falle der Entwicklung des Menschenrechtsschutzes – oder auf kollektive Bedrohungen der Existenzgrundlagen von Gesellschaften – so im Falle der Entwicklung des Schutzes der Umwelt. Dies gilt auch für die internationale Rechtsentwicklung, die sich in der Regel als Reaktion auf Defizite in der rechtlichen (und tatsächlichen) Bewältigung erkannten Unrechts oder aufgetretener Bedrohungen durch einzelne Staaten darstellt. Massive Men-

---

22 Vgl. dazu den Bericht des VN-Generalsekretärs "Central America: Efforts Towards Peace," U.N. SCOR, 46th Session, U.N. Doc. S/22494 & Corr. 1 (1991) sowie das Übereinkommen auf der Pariser Friedenskonferenz für Kambodscha – U.N. Doc. S/23177 – und den Bericht des VN-Generalsekretärs über die in Kambodscha schon getroffenen und noch zu treffenden Maßnahmen – U.N. Doc. S/23331 mit Add. 1 –, Text des Pariser Übereinkommens in: I.L.M., 31 (1992), S. 180ff; die U.N. Transitional Authority in Cambodia (UNTAC) wurde formell mit der Resolution des Sicherheitsrates 745/1992 – U.N. Doc. S/Res/745 (1992) – vom 28. Februar 1992 [deutscher Text in: VN, 40 (1992), S. 78], beschlossen; vorangegangen waren die vorbereitenden Entscheidungen des Sicherheitsrates 718/1991 vom 31. Oktober 1991 und 728/1992 vom 8. Januar 1992; zum Vorstehenden auch Boutros *Boutros-Ghali*, Friedenserhaltung durch die Vereinten Nationen, S. 125-129.

23 Vgl. dazu einschlägige Ausführungen von Mitgliedern des Sicherheitsrates während der Debatte des Sicherheitsrates aus Anlaß der Verabschiedung von Resolution 713/1991 betreffend das Waffenembargo gegen Jugoslawien, Auszüge in: United Nations Law Reports, 26 (1991) 2, S. 7ff; dazu auch Wolfgang S. *Heinz*, Schutz der Menschenrechte durch humanitäre Intervention, in: Aus Politik und Zeitgeschichte. Beilage zur Wochenzeitung Das Parlament, (1993) B12-13, S. 3ff; Knut *Ipsen*, Auf dem Weg zur Relativierung der inneren Souveränität bei Friedensbedrohung, in: Vereinte Nationen, 40 (1992), S. 41ff.

schenrechtsverletzungen innerhalb souveräner Staaten, denen die betroffenen Menschen hilflos ausgeliefert sind, haben die Staatengemeinschaft veranlaßt, internationale Verantwortung für den Schutz der Menschenrechte in solchen Fällen zu übernehmen und entsprechende Rechtsnormen zu setzen. Die vielfältigen und schwerwiegenden Gefährdungen der natürlichen Lebensgrundlagen der Menschen sind ihrer Qualität nach mit ausschließlich nationalen Mitteln nicht zu überwinden. Internationale Regeln für den behutsamen Umgang mit der Natur und ihrer Ressourcen und für eine bindende Kooperationspflicht zur Behebung eingetretener Umweltschäden waren daher eine zwingende Antwort. In beiden Rechtsbereichen finden sich nun Entwicklungen, die sich in das Bild einer wachsenden Bedeutung der internationalen Rechtsordnung einfügen.

Obwohl erste Schritte in Richtung auf einen internationalen Menschenrechtsschutz in der Zeit vor dem Zweiten Weltkrieg unternommen wurden, so stellt doch die in der Satzung der VN niedergelegte universal ausgerichtete Verpflichtung der Mitgliedstaaten zur Beachtung der Menschenrechte und besonders des Verbotes der Diskriminierung aufgrund der Rasse, des Geschlechts, der Sprache oder Religion (Artikel 1 [3] und 55 lit.c) den eigentlichen Beginn des internationalen Menschenrechtsschutzes dar. Auf der Grundlage dieser Verpflichtung hat sich die internationale Staatengemeinschaft der Aufgabe unterzogen, die klassischen Grund- und Menschenrechte sowie wirtschaftliche, soziale und kulturelle Rechte der Menschen zu kodifizieren. In jüngerer Zeit ist die Bemühung um die Kodifzierung von Gruppenrechten und Rechten der Völker – sogenannter Drittgenerationsrechte – hinzugekommen. Diese "Rechte" oder "standards of achievement" richten sich auf die Förderung der politischen, wirtschaftlichen, sozialen und kulturellen Selbstbestimmung von Gruppen und Völkern mit dem Ziel, deren volle und gleichberechtigte Teilhabe am Leben der Staatengemeinschaft zu sichern.

Ein besonders innovativer Zug des so entstandenen und noch entstehenden – im wesentlichen vertragsrechtlich, aber auch gewohnheitsrechtlich geltenden – Rechts zum Schutze der Menschenrechte ist, daß es eine Reihe von Durchsetzungsmechanismen vorsieht, die nicht nur den Staaten als den traditionellen Akteuren im internationalen System offenstehen, sondern auch dem Individuum die Möglichkeit der Durchsetzung seiner ihm garantierten Rechte eröffnen. Jedoch ist auch festzuhalten, daß die praktische Umsetzung dieser Fülle von Normen zum Schutze der Menschenrechte angesichts der bisherigen politisch-ideologischen Zerrissenheit der Staatengemeinschaft – mit Ausnahme der politisch und kulturell weitgehend homogenen Regionen Westeuropas und in leicht geringerem Maße denen Amerikas – hinter den Erwartungen und Hoffnungen der Menschen zurückgeblieben ist.[24]

---

24 Kritisch zum Stand der internationalen Durchsetzung der Menschenrechte Jost *Delbrück*, International Protection of Human Rights and State Sovereignty, in: Indiana Law Journal, 57 (1982),

Nach dem Ende des Kalten Krieges und der weitgehenden Überwindung der Vorstellung eines besonderen "sozialistischen Völkerrechts" sind neue Möglichkeiten zu einer wirksameren Durchsetzung des Menschenrechte sowie zur Ausbildung eines breiteren Konsenses über den Inhalt einzelner Menschenrechte eröffnet. So ist die Menschenwürde als der Grundpfeiler des normativen Geltungsanspruchs der Menschenrechte und als Leitprinzip ihrer Interpretation und Anwendung heute bereits im Bewußtsein der Staaten fester verankert als je zuvor. Damit ist aber auch, jedenfalls im Prinzip, die Geltung der individuellen Grundrechts- und Freiheitsgarantien und zugleich der wirtschaftlichen, sozialen und kulturellen Rechte als integrale Bestandteile eines ernsthaften Schutzes der Menschenwürde weithin anerkannt – ein inhaltliches Konzept des Menschenrechtsschutzes, daß in der Vergangenheit sehr kontrovers war. Obwohl auch schon frühere Menschenrechtsdokumente auf den Wert der Menschenwürde als letztem Grund des Menschenrechtsschutzes Bezug nahmen, so sind die jüngst erfolgten Bekräftigungen des Bekenntnisses zur Menschenwürde und den aus ihr folgenden Rechten, wie sie in der Erklärung von Kopenhagen und in der Charta von Paris der Konferenz über Sicherheit und Zusammenarbeit in Europa (KSZE) sowie den Erklärungen der Staats- und Regierungschefs der Sicherheitsratsmitglieder der VN bei ihrem Treffen am 30. Januar 1992 geäußert wurden,[25] von besonderer Bedeutung, weil sie nach dem Ende der ideologischen Ost-West-Konfrontation erfolgten.

Die wachsende Akzeptanz einer Erga-omnes-Wirkung solcher grundlegenden Menschenrechtsnormen, die von der Staatengemeinschaft ihrer außerordentlichen Bedeutung für das Zusammenleben der Staaten, Völker und Individuen wegen als absolut unverzichtbar angesehen werden, ist ein weiterer Hinweis auf den Wandel der Haltung der Staatengemeinschaft im Hinblick auf die Bedeutung des Völkerrechts allgemein und auf die gestiegenen Aussichten für einen wirksameren internationalen Menschenrechtsschutz im besonderen. Die Anerkennung von Erga-omnes-Normen im Bereich des internationalen Menschenrechtsschutzes,[26] so z.B. des

---

S. 567ff; *ders.*, Menschenrechte im Schnittpunkt von universalem Schutzanspruch und staatlicher Souveränität, in: German Yearbook of International Law (GYIL), 22 (1979), S. 384ff; doch ist ein erheblicher Fortschritt in der Weiterentwicklung der verschiedenen nicht-judiziären Beschwerdeverfahren nicht zu übersehen; vgl. dazu *ders.*, Non-judicial Procedures of Enforcement of Internationally Protected Human Rights with Special Emphasis on the Human Rights Practice of UNESCO, in: *Delbrück/Rauschning/Rudolf/Schweisfurth*, Neuntes deutsch-polnisches Juristen-Kolloquium – Der internationale und nationale Schutz der Menschenrechte, Baden-Baden 1992, S. 31ff, jeweils mit weiteren Nachweisen.

25 Vgl. die Nachweise in Anm. 7.

26 Zum Begriff und zur Konzeption von Erga-omnes-Normen vgl. J. A. *Frowein*, Die Verpflichtungen erga omnes im Völkerrecht und ihre Durchsetzung, in: *Bernhardt/Geck* (Hrsg.), Völkerrecht als Rechtsordnung – Internationale Gerichtsbarkeit – Menschenrechte (FS Mosler), Berlin/Heidelberg/New York u.a. 1983 (Beiträge zum ausländischen öffentlichen Recht und Völkerrecht Bd. 1), S. 241ff; ferner Karin *Oellers-Frahm*, Comment: The erga omnes Applicability of Human Rights, in: Archiv des Völkerrechts, 30 (1992), S. xxxx; das Konzept von erga

Verbots der Folter und der Diskriminierung aufgrund der Rasse, des Geschlechts, politischer Überzeugung und der Religion bedeutet einen wesentlichen Schritt in Richtung auf die Universalisierung der in den Menschenrechten zum Ausdruck kommenden Wertvorstellungen. Obwohl in dieser Hinsicht noch große Schwierigkeiten angesichts der noch immer existierenden inter-kulturellen und inter-religiösen Differenzen zu überwinden sein werden, so bildet doch die Annahme einer Erga-omnes-Wirkung besonders bedeutsamer Menschenrechte eine tragfähige Basis für die Fortführung des notwendigen internationalen Diskurses über den Inhalt und den Geltungsumfang anderer Menschenrechte. Zugleich bedeutet die Anerkennung menschenrechtlicher Erga-omnes-Normen eine Erweiterung der Verantwortung der Staatengemeinschaft für die wirksame Durchsetzung und Einhaltung der Menschenrechte. Die Kriterien eines legitimen und legalen Verhaltens der Staaten im Bereich der Menschenrechte gegenüber ihrer Jurisdiktion unterworfenen Individuen und Gruppen liegen heute klarer zutage als je zuvor. Sich der Verantwortung für die Einhaltung und Durchsetzung der Menschenrechte mit der Begründung zu entziehen, diese Rechte seien zu unbestimmt bzw. entbehrten eines internationalen Konsenses über ihre inhaltliche Bedeutung, ist heute schwerer geworden. Zugleich wird die Verpflichtung, internationale Autorität zur wirksamen Durchsetzung des Menschenrechtsschutzes einzusetzen und sich an entsprechenden Maßnahmen zu beteiligen, zwingender.

Von diesen neuen Impulsen ausgehend, ist in der Staatengemeinschaft auch ein neues Bewußtsein für die Notwendigkeit des Schutzes des Individuums in seiner politisch-sozialen und kulturellen Umgebung, insbesondere in seiner Eingebundenheit in seine soziale Gruppe (Familie, Volksgruppe, Nation) entstanden. Grundlegend ist für diese Entwicklung die Einsicht, daß der Schutz der Entfaltung der Persönlichkeit, der Individualität, nicht allein durch inviduelle Rechte auf Schutz vor staatlicher Ingerenz, also durch die klassischen Freiheitsrechte, gewährleistet werden kann, sondern daß der einzelne Mensch auch als Teil seiner spezifischen sozialen Gruppe in seiner Entfaltung geformt und gefördert wird.[27] Für eine Minderheit, die sich ihrer Eigenart bzw. ihres Andersseins im Verhältnis zur Mehrheitsbevölkerung bewußt ist, ist es von existenzieller Bedeutung, daß die Staats- und Rechtsordnung, in der sie zusammen mit der Mehrheit lebt, jedenfalls ein Mindestmaß an Schutz für die Wahrung und Entwicklung der Eigenheiten der Minderheit, für deren kulturelle Identität im weitesten Sinne gewährleistet. Im Anschluß an die nationale Bewegung des 19. Jahrhunderts ist der Minderheitenschutz

---

omnes geltenden Normen des Völkerrechts wurde vom IGH in die internationale Rechtsprechung im Falle Barcelona Traction, Light and Power Company Ltd. (Belgium v. Spain) [vgl. ICJ Reports 1970, S. 4ff (20)] eingeführt.

27 Vgl. dazu näher Douglas *Sanders*, Colletive Rights, in: Human Rights Quarterly, 13 (1991), S. 368ff.

unter dem Schirm des Völkerbundes in der Periode nach dem Ersten Weltkrieg in vielfacher Weise Gegenstand völkerrechtlicher und staatsrechtlicher Regelung gewesen.[28] Da diese Regelungen jedoch unter denkbar ungünstigen politischen Vorzeichen getroffen wurden – die meisten Regelungen wurden im Rahmen der politisch wenig klugen Pariser Friedensverträge von 1919 und 1923 geschaffen bzw. vorgezeichnet –, waren die Erfahrungen mit dem Minderheitenschutz in aller Regel schlecht. Sie führten zu scharfen Antagonismen zwischen Mehrheitsnation und nationalen Minderheiten, die nicht zuletzt zu der zum Zweiten Weltkrieg führenden politischen Eskalation beitrugen. Als Reaktion hierauf verzichteten die Siegermächte des Zweiten Weltkrieges und Gründerstaaten der Vereinten Nationen auf jede Wiederbelebung des Gedankens des Minderheitschutzes als *Gruppenschutz*.[29] An die Stelle trat der unter menschenrechtlichen Gesichtspunkten unhaltbare Versuch, durch Umsiedlungen bzw. Vertreibung von vorhandenen oder durch neue Grenzziehungen entstehenden nationalen Minderheiten die Probleme der Vergangenheit durch die Schaffung homogener Staatsvölker zu vermeiden. Selbst die Einsicht in das schwere Leid, das diese Bevölkerungsverschiebungen über die betroffenen Menschen brachte, hat zunächst zu keiner Veränderung der ablehnenden Haltung der Staatengemeinschaft, insbesondere der VN, geführt. Hinzu kam, daß ein grundlegender Wandel in der Sicht des Problems des Minderheitenschutzes voraussetzte, daß die Nachkriegsordnung wesentlich hätte revidiert werden müssen, wenn ein wirksamer Minderheitenschutz Platz greifen sollte. Dies war aber unter den Bedingungen des Kalten Krieges völlig aussichtslos.

Mit der zunehmenden Entspannung der politischen Lage in Europa bahnte sich jedoch ein Positionswechsel an, der schließlich in den politischen Diskussionen im Rahmen der KSZE-Folgekonferenzen voll zum Durchbruch kam. In der bereits mehrfach erwähnten Kopenhagener Erklärung von 1990 haben die an der Konferenz teilnehmenden Staaten umfassende Regelungen zum Minderheitenschutz niedergelegt, die in Zukunft als Maßstab für nationale Minderheitenregelungen dienen sollen. Hinzu kommen der Bericht des Genfer Expertentreffens über nationale Minderheiten vom Juli 1990 und das KSZE-Dokument des Moskauer Treffens über die menschliche Dimension: Achtung der Menschenrechte, der pluralistischen Demokratie, der "rule of law" und zu Verfahren des "fact-finding" vom Ok-

28 Vgl. Francesco *Capotorti*, Minderheiten, in: Rüdiger *Wolfrum* (Hrsg.), Handbuch Vereinte Nationen, München 1991, Randziff. 4ff; kurz auch Karl Josef *Partsch*, Von der Souveränität zur Solidarität. Wandelt sich das Völkerrecht?, in: Europäische Grundrechte Zeitschrift (EUGRZ), S. 469ff (474).

29 Minderheitenschutz als Individualschutz des einzelnen Angehörigen einer Minderheit wurde in Artikel 27 der Konvention der Vereinten Nationen über bürgerliche und politische Rechte (IPbürg) von 1966 festgeschrieben; vgl. dazu auch *Partsch*, Von der Souveränität zur Solidarität, S. 474.

tober 1991.[30] Zwar entbehren diese Erklärungen der rechtlichen Verbindlichkeit von Verträgen. Jedoch ist der Prozeß ihrer Verrechtlichung durch bindende Vereinbarungen bereits fortgeschritten. So sind etwa in den deutsch-polnischen Vertrag über die nachbarschaftlichen Beziehungen zwischen Deutschland und Polen von 1991,[31] der als Teil der durch die Wiedervereinigung Deutschlands eingetretenen politischen Neuordnung in Mitteleuropa geschlossen wurde, eingehende Regelungen zum Schutz der deutschen Minderheit in Polen und der polnischen Minderheit in Deutschland vorgenommen worden.[32] Im Rahmen der Revision des deutschen Grundgesetzes, die im Zuge der Wiedervereinigung erforderlich geworden ist, sind auch Regelungen zum Schutz nationaler und ethnischer Minderheiten vorgesehen.[33] Die Kodifikationsarbeiten hinsichtlich des Schutzes von Ureinwohnern (indigenous peoples), in der Regel einer spezifischen Erscheinungsform von Minderheiten, sind in den VN und der International Labour Organization (ILO) weit fortgeschritten.[34]

So richtig es ist, angesichts der allenthalben aufbrechenden Minderheitenkonflikte die Renaissance des völkerrechtlichen Schutzes nationaler oder ethnischer oder völkischer Minderheiten als Fortschritt auf dem Gebiet des internationalen Menschenrechtsschutzes zu sehen, so richtig ist es jedoch auch einzugestehen, daß mit der verbindlichen Vorgabe von Regelungsstandards, Prinzipien und Normen zum Schutz von Minderheiten außerordentlich schwierige Probleme verbunden sind. Nicht nur ist die Frage der Durchsetzung der Regelungen im Einzelfall ein schwerwiegendes Problem. Vielmehr birgt schon die Frage der Kriterien für die Anerkennung von Minderheiten[35] als solche politischen Sprengstoff. Das Recht

30 Text des Berichts des Genfer Expertentreffens, in: I.L.M., 30 (1991), S. 1692ff, und des Moskauer Dokuments, ebd., S. 1671ff.

31 Text in: BGBl. 1991/II, S. 1315.

32 Vgl. die Artikel 20-22 des Vertrages zwischen der Bundesrepublik Deutschland und Polen über gute Nachbarschaft und freundschaftliche Zusammenarbeit vom 17. Juni 1991 (Anm. 31).

33 Vgl. dazu Dietrich *Franke*/Rainer *Hofmann*, Nationale Minderheiten – ein Thema für das Grundgesetz?, in: EuGRZ, (1992), S. 406.

34 Vgl. Entwurf einer Convention on the Rights of Indigenous Peoples, in: Report of the Working Group on Indigenous Populations on its ninth session, DOC.E/CN.4/Sub. 2/1991/40, Genf 1991, 53 und ILO Konvention (No. 169) Concerning Indigenous and Tribal Peoples in Independent Countries, Genf, 27.6.1989, International Labor Conference, Draft Report of the Committee on Convention No. 107, Appendix I, C.C. 107/D. 303 (Juni 1989).

35 Eine allgemein verbindliche Definition der Minderheit enthält das geltende Völkerrecht bisher nicht. Verbreitete Anerkennung hat die Definition Francesco Capotortis gefunden, wonach eine Minderheit gekennzeichnet ist durch 1. zahlenmäßige Unterlegenheit, 2. nicht beherrschende Stellung im Verhältnis zur Mehrheitsbevölkerung, 3. ethnische, religiöse und sprachliche Charakteristiken, die die Minderheit von der Mehrheitsbevölkerung unterscheiden, und 4. der Wille, die den Minderheitsangehörigen gemeinsame Kultur, Lebensweise, Religion und Sprache zu bewahren; vgl. dazu *Capotorti*, Minorities, in: Encyclopedia of Public International Law (EPIL), 8, S. 385; der deutsch-polnische Vertrag (Anm. 31) definiert die jeweiligen Minderheiten nach nationaler Abstammung und dem Bekenntnis zu ihrer Sprache, Religion und Tradition (Art. 20 Abs. 1).

auf Selbstbestimmung der Völker, das auch Rechtsgrundlage des völkerrechtlichen Schutzes von Minderheiten bildet, gibt in dieser Hinsicht trotz vieler Ansätze zur Ausarbeitung operativer Kriterien für die Bestimmung einer Gruppe, die Träger des Selbstbestimmungsrechts sein kann oder ist, wenig Unterstützung bei der Lösung der Anerkennung von Minderheiten als solcher. So bleibt die Anerkennung von Gruppen als Minderheiten im völkerrechtlichen Sinne und damit ihres Anspruchs auf völkerrechtlichen Schutz in nicht unerheblichem Maße eine Frage politischer Dezision. Das impliziert aber auch die Möglichkeit politischen Konflikts, dessen Beilegung im rechtsförmigen, friedlichen Verfahren gegenwärtig nicht gesichert ist. Die gewaltsamen Auseinandersetzungen zwischen verschiedenen ethnischen Minderheiten auf dem Gebiet der ehemaligen Sowjetunion und im ehemaligen Gesamtstaat Jugoslawien sprechen hier eine deutliche Sprache. Trotz des grundsätzlichen Fortschritts auf dem Gebiet des internationalen Menschenrechtsschutzes durch das Wiederaufgreifen der Minderheitenproblematik muß gesagt werden, daß die weitere Entwicklung des Völkerrechts von der Erarbeitung praktikabler Normen zum Schutze von Minderheiten geprägt sein wird und muß. Wichtiger aber wird die Stärkung *internationaler* Autorität zur Durch- und Umsetzung der Minderheitenschutznormen sein. Das Grundprinzip eines hinreichenden und vor allem durchsetzbaren Minderheitenschutzes wird dabei sein müssen, sowohl den unverzichtbaren Inhalt des Sebstbestimmungsrechts[36] als menschenrechtliches Gruppenrecht als auch seiner eine *radikale Fragmentierung von Staaten und Regionen vermeidenden Grenzen* näher zu bestimmen.

Nachhaltige Veränderungen im Völkerrecht haben sich auch auf dem Gebiet des internationalen Umweltrechts vollzogen. Im Rahmen dieser Abhandlung kann keine umfassende und ins Detail gehende Darstellung dieses reichen und sich rasch entwickelnden Rechtsbereichs gegeben werden. Es muß hier genügen, die wesentlichen Charakteristiken des internationalen Umweltrechts aufzuzeigen, die für die innovativen Trends dieses Rechtszweiges bezeichnend sind.[37] Traditionell war nur ein Schaden, der durch von einem Staat ausgehende Immissionen in einem anderen Staat entstand, von völkerrechtlicher Relevanz. Eine Haftung des

36 Zu diesem unverzichtbaren Kerngehalt wird man ein hinreichendes Maß kultureller Autonomie (z.B. Schutz und Pflege der Sprache, Religion und spezifischer Lebensart) und ein Maß an politischer Autonomie, die als Grundlage der kulturellen Autonomie unerläßlich ist (z.B. Rechte zur lokalen Selbstverwaltung) zählen müssen. Zu entsprechenden Sicherungen der Rechte von Minderheiten vgl. das Dokument des Kopenhagener KSZE-Treffens über die menschliche Dimension vom 29. Juni 1990 (Kopenhagener Erklärung), Abschnitt IV, Ziffern 32ff, in: EA, 45 (1990), S. D380ff (D390ff).

37 Einen informativen Überblick der Ziele und Prinzipien des internationalen Umweltrechts gibt Rüdiger *Wolfrum*, Purposes and Principles of International Environmental Law, in: GYIL, 33 (1990), S. 308ff; eine gründliche Analyse der Probleme der Durchsetzung des internationalen Umweltrechts nimmt Mary Ellen *O'Connell*, Enforcing the New International Law of the Environment, in: GYIL, 35 (1992), S. 293-332, vor.

Staates, von dem die schädigende Immission ausging, wurde auch nur dann angenommen, wenn dieser Schaden *wesentlich* war. Die Rechtsgrundlage dieser Haftung bildeten die Prinzipien der Souveränität und der territorialen Integrität der Staaten. Trotz mehrerer Erweiterungen und Verfeinerungen der Regeln über die Staatenhaftung für grenzüberschreitende Umweltschädigungen wurde diese mehr repressive als präventive Gestaltung des internationalen Umweltrechts – wiewohl notwendig – zunehmend im Hinblick auf einen unmittelbaren, langfristigen Umweltschutz als unzureichend empfunden. So wurden Änderungen des traditionellen Umwelthaftungsrechts vorgenommen, die sowohl Art und Umfang der Schadensersatzleistungen als auch die Einfügung des Gedankens der Prävention in das internationale Umweltrecht betrafen. Während traditionell Ersatzleistungen für Umweltschäden auf die Entschädigung für materiellen Schaden zielten, sieht das geltende Recht, wie es in der Rechtsprechung und in einer Reihe von Vertragsvorschriften zum Ausdruck kommt, eine Schadensersatzleistung mit dem Ziel vor, den Zustand vor dem Eintritt der Umweltschädigung wiederherzustellen.[38] Als Maßnahmen zur Vermeidung von Umweltschädigungen hat die internationale Praxis aus dem traditionellen Nachbarschaftsrecht Konsultationspflichten für Nachbarstaaten *vor* der Durchführung von Projekten entwickelt, die potentiell zu grenzüberschreitenden Umweltschäden führen können. Auch sind nach gegenwärtigem Recht die Staaten verpflichtet, alle zur Verfügung stehenden technologischen Mittel auszuschöpfen, um umweltschädliche Auswirkungen ihrer technischen Anlagen zu vermeiden. Eine Verletzung dieser Pflicht führt ipso iure zu einer Haftung.

Doch hat es mit diesen Änderungen des internationalen Umweltrechts nicht sein Bewenden gehabt. Die wachsende Erkenntnis des Umfangs und der Intensität der Umweltgefährdungen – neben der unmittelbaren Verschlechterung der Luft-, Boden- und Wasserqualität durch Schadstoffeintrag die langfristigen Veränderungen des Klimas durch den Treibhauseffekt und die Zerstörung der Ozonschicht – forderten grundsätzlich neue Ansätze in der Gestaltung des Umweltrechts.[39] Das traditionelle Paradigma des repressiven und des frühen präventiven Umweltrechts, das heißt die Pflichten und Haftungen des einzelnen Staates, erschienen angesichts der riesigen, globalen Aufgabe der Erhaltung der Umwelt und damit des auch künftig bewohnbaren Planeten Erde als nicht mehr angemessen.

Die neue Gestalt des internationalen Umweltrechts entwickelte sich aus den Rechtsregimen für staatsfreie Räume, wie z.B. der Antarktis, der Hohen See und des Weltraums, die rechtsverbindlich zum "Gemeinsamen Erbe der Menschheit"

---

38 Siehe dazu *Wolfrum*, Purposes and Principles of International Environmental Law, S. 317, mit weiteren Nachweisen, insbesondere zur Schadensersatzleistung nach einer Verschmutzung von Küsten und Stränden nach Tankerunfällen.

39 Näheres zu diesem Aspekt der Entwicklung des internationalen Umweltrechts, ebd., S. 327ff.

erklärt wurden.[40] Insbesondere die Sorge um den Schutz der empfindlichen Ökosysteme der Antarktis und der Hohen See hat den Anstoß zur Entwicklung des konzeptionellen Rahmens für die künftig erforderliche rechtliche Regelung des Schutzes dieser Ökosysteme gegeben, der klar über die traditionellen völkerrechtlichen Vorstellungen einzelstaatlicher Haftung und der Formen der Rechtsdurchsetzung hinausgeht. Da das Recht zum Schutze der Antarktis und der marinen Umwelt der Hohen See sich auf staatsfreie Räume bezieht, die zum "Gemeinsamen Erbe der Menschheit" erklärt wurden, findet dieses Recht seine konzeptionelle Basis in einer gemeinsamen Verantwortung der Staatengemeinschaft, nicht aber in der Idee und dem Prinzip einzelstaatlicher Haftung. Was es unter dem sich herausbildenden neuen Recht zu schützen gilt, ist ein nun anerkanntes "öffentliches Interesse" der Staatengemeinschaft, nicht das einzelstaatliche Interesse an der Erhaltung der Umwelt in den betroffenen Räumen.[41] Es ist nur eine logische Konsequenz aus dieser neuen Sicht der Funktion des völkerrechtlichen Umweltrechts, daß im Rahmen dieses Rechts auch die Rechtsdurchsetzung zu einer Verantwortung der Staatengemeinschaft – im Unterschied zur einzelstaatlichen Verantwortung und Berechtigung zur Rechtsdurchsetzung – erhoben wurde.

Diese innovative Konzeption des neuen Umweltrechts hat einen ersten vertragsrechtlichen Ausdruck in Artikel 218 der Seerechtskonvention von 1982 gefunden.[42] Diese Vorschrift ermächtigt Küstenstaaten – oder genauer – Hafenstaaten, die Vorschriften der Konvention zum Schutze gegen Ölverschmutzungen durchzusetzen, selbst wenn diese Verseuchungen außerhalb ihrer Hoheitsgewässer erfolgen und unabhängig davon, ob der Hafenstaat selbst von einem Umweltschaden durch die Ölverschmutzungen betroffen wird. Eine gemeinsam getragene internationale Verantwortung für die Erhaltung der Umwelt und für die Durchsetzung der entsprechenden völkerrechtlichen Normen sind also die wesentlichen innovativen Charakteristika des sich entwickelnden neuen Umweltrechts, die das künftige Völkerrecht zur Bewältigung der globalen Herausforderungen des Umweltschutzes bestimmen werden. Und in der Tat befindet sich die Staatengemeinschaft bereits in einem rasch fortschreitenden Prozeß, entsprechende Rechtsnormen in Verträgen niederzulegen. So wurde z.B. im Jahre 1985 das Wiener Übereinkommen zum Schutz der Ozonschicht angenommen und 1987 durch das Montrealer Protokoll über Stoffe, die zu einem Abbau der Ozonschicht führen, weiter ent-

40 Vgl. ebd., S. 321ff.

41 Die Vorstellung des Schutzes von "öffentlichen" oder "Gemeinschaftsinteressen" hat seitens des IGH in der Identifizierung von völkerrechtlichen Normen mit Erga- omnes-Wirkung Ausdruck und rechtliche Anerkennung gefunden, vgl. dazu den Fall Barcelona Traction, Light and Power Company Ltd. (Belgium v. Spain), ICJ Reports 1970, S. 4ff (20).

42 Vgl. Doris *König*, Durchsetzung internationaler Bestands- und Umweltschutzvorschriften, Berlin 1990, S. 184ff; dazu auch *Wolfrum*, Purposes and Principles of International Environmental Law, S. 326.

wickelt.[43] Im Juni 1992 unterzeichneten zahlreiche Staaten Rahmenübereinkommen der VN über Klimaänderungen[44] und zum Schutz der Artenvielfalt.[45]

Diesen in vieler Hinsicht innovativen Übereinkommen sind eine Vielzahl von Übereinkommen vorangegangen, die auf eine Vermeidung bzw. Verminderung von Verschmutzungen von Luft und Meer zielen.[46] Andere Verträge betreffen das brennende Problem des Schutzes wildlebender Tierarten.[47] Während sich dieses neue Recht auf die Erhaltung der natürlichen Umwelt richtet, wurde das diesen Regelungen zugrundeliegende Konzept einer internationalen, von allen Staaten geteilten Verantwortung für das gemeinschaftliche oder "öffentliche" Interesse auch auf dem Gebiet des Schutzes der kulturellen Umwelt als integralem Bestandteil der menschlichen Umwelt als ganzer angewandt. Ein bezeichnendes Dokument dieses umfassenden Ansatzes bildet das 1972 von der UNESCO angenommene Übereinkommen zum Schutz des Kultur- und Naturerbes der Welt von 1972,[48] das schon durch die Formulierung seines Titels auf das Konzept einer gemeinsamen Verantwortung der Staatengemeinschaft für die Sicherung der mit diesem Übereinkommen verfolgten Ziele hindeutet. Auch auf der Ebene nicht rechtsverbindlicher internationaler Deklarationen über die Ziele und Prinzipien des internationalen Umweltschutzes finden sich in reichem Maße Nachweise des neuen Ansatzes, den die Staatengemeinschaft in diesem Rechtsgebiet gewählt hat: die Betonung der gemeinsam zu tragenden Verantwortung für eine wirksame Bewältigung der globalen Herausforderungen auf dem Gebiet des Umweltschutzes.[49]

Der nahezu explosionsartige Entwicklungsprozeß des internationalen Umweltrechts, das auf die Verwirklichung des Schutzes des internationalen "öffentlichen

43 Texte in: BGBl. 1988/II, S. 902ff (englisch in: U.N. Environment Program [UNEP], Vienna Convention for the Protection of the Ozone Layer, Final Act, Nairobi 1985, S. 11ff) und BGBl. 1988/II, S. 1015ff (englisch in: UNEP, Montreal Protocol on Substances that Deplete the Ozone Layer, Final Act, 1987, S. 12ff).

44 Deutscher Text in: VN, 40 (1992), S. 140ff; dazu näher Sebastian *Oberthür*, Rio: kein Mißerfolg, in: EA, 47 (1992), S. 595ff.

45 Vgl. dazu kurz *Oberthür*, Rio, S. 600; ferner *O'Connell*, Enforcing the New International Law of the Environment, mit weiteren Nachweisen.

46 Weitere Hinweise bei *Wolfrum*, Purposes and Principles of International Environmental Law, passim; auch *O'Connell*, Enforcing the New International Law of the Environment, passim.

47 Vgl. z.B. das Abkommen über Feuchtgebiete, insbesondere als Lebensraum für Watt- und Wasservögel vom 2. Februar 1971, in: BGBl. 1976/II, S. 1265ff/UNTS 996, S. 245ff; Übereinkommen über den internationalen Handel mit gefährdeten Arten wildlebender Tiere und Pflanzen vom 3. März 1973, in: BGBl. 1975/II, S. 773ff/I.L.M., 12 (1973), S. 1085ff; weitere Hinweise bei Bernd *Bender*/Reinhard *Sparwasser*, Umweltrecht 1988, Randziffern 888ff.

48 Text in: BGBl. 1977/II, S. 213ff.

49 Die erste prinzipelle Erklärung in diesem Sinne ist in der Stockholmer Deklaration von 1972 enthalten, die von der Konferenz der Vereinten Nationen über die menschliche Umwelt angenommen wurde, Text in: I.L.M., 11 (1972), S. 1416ff. Ihr folgte die von der Generalversammlung der VN beschlossene World Charter of Nature (28.10.1982) – U.N. Doc./GA Res 37/7; weitere Hinweise zu dieser Thematik bei *Wolfrum*, Purposes and Principles of International Environmental Law, S. 327ff.

Interesses" und die Bewältigung der globalen Herausforderungen gerichtet ist, ging allerdings nicht einher mit der Entwicklung adäquater Durchsetzungsmechanismen.[50] Schwierige rechtspolitsche Fragen stellen sich in dieser Hinsicht: Welche internationale Autoritäten sollen die Vollmacht haben zu entscheiden, was eine *globale* Umweltbedrohung darstellt; welche Schutzmaßnahmen würden den jeweiligen Vertragsstaaten angemessene oder unangemessene Belastungen auferlegen bzw. – noch wichtiger – was sollen die Kriterien der Angemessenheit sein angesichts der ungleichen Verteilung der wirtschaftlichen Ressourcen und der ungleichen wirtschaftlichen Leistungsfähigkeit zwischen industrialisierten Staaten und Entwicklungsländern? Gerade diese letzte Frage wurde im Zusammenhang mit den Bemühungen um einen Schutz der Regenwälder gestellt, die ein zentrale Rolle in der Weltklimaentwicklung spielen, zugleich aber auch eine bedeutsame wirtschaftliche Ressource bestimmter Entwicklungsländer darstellen.[51] Neben diesen noch unbeantworteten Fragen gibt das neue Umweltrecht weitere Probleme hinsichtlich seiner Durchsetzung auf. Das neue Vertragsrecht zum Schutz des Klimas und der Ozonschicht sieht Verpflichtungen vor, die im Gemeinschaftsinteresse zu erfüllen sind, denen aber keine unmittelbar korrespondierenden Rechte oder tatsächliche Kompensationen zu Seite stehen. Die traditionelle Verbindung von Rechten und Pflichten und das Prinzip der Gegenseitigkeit als bedeutende Anreize zur Befolgung des Völkerrechts sind in diesem neuen Rechtsbereich nicht anwendbar.[52] Die Einhaltung des neuen Rechts beruht – jedenfalls zur Zeit – im wesentlichen auf der Hoffnung auf internationale Kooperationsbereitschaft und dem hohen Stellenwert, den die Staatengemeinschaft der künftigen Verbesserung oder Erhaltung der Umwelt beimißt. Konkretere Durchsetzungsmittel müssen noch erarbeitet werden, und die internationalen Autoritäten, die mit wirksamer Rechtsdurchsetzungsmacht ausgestattet sind, müssen noch bestimmt werden.[53] Obwohl die Qualität der Rechtsdurchsetzung, die den globalen Herausforderungen im Umweltschutz gerecht wird, sich von derjenigen der Rechtsdurchsetzungsmittel- und -verfahren in anderen Gebieten des Völkerrechts unterscheiden wird, die in den vorhergehenden Abschnitten dieser Untersuchung behandelt wurden, so ist doch hier dasselbe Grundproblem gestellt: die Bestimmung der geeigneten internationalen Rechtsdurchsetzungsautorität und des Umfangs ihrer Kompetenzen. Diesem übergreifenden Problem ist im folgenden Abschnitt nachzugehen.

---

50 Vgl. *Wolfrum*, Purposes and Principles of International Environmental Law, S. 324.

51 Zur Diskussion der Bedeutung der unterschiedlichen Interessen der Industrie- und Entwicklungsländer bezüglich der erforderlichen Klimaschutzmaßnahmen vgl. *ebd.*, S. 329.

52 Insoweit wird hier der Interpretation des einschlägigen Vertragsrechts durch *Wolfrum*, ebd., S. 327 gefolgt.

53 Zum Problem der Durchsetzung des internationalen Umweltrechts vgl. umfassend *O'Connell*, Enforcing the New International Law of the Environment.

IV. Das Problem der Allokation von Rechtsdurchsetzungsmacht im internationalen System

Es ist heute eine geradezu banale Feststellung, daß das Völkerrecht noch immer einer zentralen Rechtsdurchsetzungsinstanz entbehrt. Die Durchsetzung internationaler Normen und Pflichten erfolgt in den alltäglichen internationalen Transaktionen in dezentralisierter Form. Der einzelne Staat ist dabei seine eigene Rechtsdurchsetzungsinstanz. Akzeptanz und Legitimität des Völkerrechts und das Prinzip der Gegenseitigkeit sind außerordentlich wichtige Voraussetzungen und Anreize für eine allgemeine internationale Rechtsbefolgung. Im einzelnen Fall eines Völkerrechtsbruches stehen dem betroffenen Staat Retorsion, Repressalie und Selbstverteidigung zur Durchsetzung seines Rechts zur Verfügung.[54] Das Recht, vom Rechtsbrecher Schadensersatz zu fordern, ist diesem Katalog von Mitteln der Rechtsdurchsetzung hinzuzufügen. Es ist jedoch wichtig, darauf hinzuweisen, daß das heute den Staaten zur Verfügung stehende Instrumentarium zur Rechtsdurchsetzung erheblich beschränkter ist, als dies in der klassischen Völkerrechtsperiode, also bis zum Ersten Weltkrieg, der Fall war.

Die Beschränkung der rechtlich zulässigen Formen der Rechtsdurchsetzung[55] ist durch das umfassende Gewaltverbot des Artikels 2(4) der Satzung der VN vorgenommen worden. Dem einzelnen Staat ist es nicht mehr erlaubt, sein Recht oder gar nur – wenn auch wesentliche – Interessen mit offensiver militärischer Gewalt durchzusetzen, eine im klassischen Völkerrecht, das noch das liberum ius ad bellum kannte, durchaus legale und legitime Form der Rechts- und Interessendurchsetzung. Lediglich im Rahmen des auch nach der Satzung der VN noch geltenden Rechts auf Selbstverteidigung ist dem einzelnen Staat oder einzelnen Staaten im Wege individueller oder kollektiver Selbstverteidigung die Anwendung von militärischer Gewalt zur Rechtswahrung erlaubt. Dem Entzug des liberum ius ad bellum – im Interesse der Befriedung und "Zivilisierung" der internationalen Beziehungen[56] ein entscheidender Fortschritt in der Entwicklung des Völkerrechts – folgte jedoch zunächst nicht die Bereitstellung verbindlicher Alternativen friedli-

---

54 Vgl. zur internationalen Rechtsdurchsetzung *Dahm/Delbrück/Wolfrum*, Völkerrecht, S. 90ff; zur Durchsetzung von international garantierten Menschenrechten speziell siehe R. A. *Müllerson*, Monitoring Compliance with International Human Rights Standards, in: W. E. *Butler* (Hrsg.), Control over Compliance with International Law, 1991, S. 125ff; zur Durchsetzung von Umweltrechtsnormen vgl. *O'Connell*, Enforcing the New International Law of the Environment.

55 Vgl. die Darstellung der völkerrechtlichen Rechtsdurchsetzungsinstrumente bei *Dahm/Delbrück/Wolfrum*, Völkerrecht, S. 88ff.

56 Vgl. dazu Hanns W. *Maull*, Zivilmacht Bundesrepublik Deutschland – Vierzehn Thesen für eine neue deutsche Außenpolitik, in: EA, 47 (1992), S. 269ff; ferner Dieter *Senghaas*, In den Frieden ziehen – Neue Aufgaben der Konfliktforschung nach dem Ende des weltbedrohenden Gegensatzes zwischen Ost und West, in: Frankfurter Allgemeine Zeitung – Bilder und Zeiten, 6.6.1992; auch Jost *Delbrück*, Staatliche Souveränität und die neue Rolle des Sicherheitsrates, in: Verfassung und Recht in Übersee, 26 (1993) 1, S. 6-21.

cher Streitbeilegung bzw. Rechtsdurchsetzung. Zwar ist im Zuge der Illegalisierung der Gewaltanwendung als Rechtsdurchsetzungsmittel zugleich auch der Ausbau der internationalen Schiedsgerichtsbarkeit und der Aufbau des internationalen Gerichtshofes erfolgt. Auch wurden die Formen friedlicher Streitbeilegung verfeinert und ihre Anwendung den Mitgliedstaaten des Völkerbundes und heute der VN zur Pflicht gemacht (Artikel 33 der Satzung der VN). Jedoch ermangelt die internationale Gerichtsbarkeit der allgemeinen obligatorischen Jurisdiktion. Und die Pflichten zur friedlichen Streitbeilegung sind – jedenfalls soweit sie außerhalb der VN zur Anwendung kommen sollen – unvollkommene Pflichten, weil es einen mit letzter Konsequenz durchsetzbaren Einlassungszwang im Verhältnis der streitbeteiligten Staaten nicht gibt.

Die so entstandene Lücke im System der Rechtsdurchsetzung sollte mit der Schaffung der Vereinten Nationen als einer mit verbindlicher Entscheidungsmacht und auch mit Kompetenzen zur Rechtsdurchsetzung ausgestatteten internationalen Autorität geschlossen werden. Dem einer Rechtsdurchsetzung mit friedlichen Mitteln – also insbesondere auch der Nutzung internationaler gerichtsförmiger Streitbeilegungsverfahren – widerstrebenden Staat sollte im äußersten Falle, das heißt wenn die Weigerung, sich rechtskonform zu verhalten, zu einer Friedensbedrohung wird, mit internationaler Zwangsgewalt seitens des Sicherheitsrates der VN begegnet werden können. Die in dieser Konzeption liegende und aus der Sicht des klassischen, von uneingeschränktem Souveränitätsdenken geprägten Völkerrechts revolutionäre Veränderung der internationalen Rechtsordnung ist jedoch aufgrund der politischen Polarisation in der Nachkriegsepoche kaum wirksam und in der Öffentlichkeit weitgehend unerkannt geblieben. Weder ist von der Möglichkeit, Streitentscheidung durch den Internationalen Gerichtshof zu suchen, in größerem Umfang Gebrauch gemacht worden, noch konnte der Sicherheitsrat aufgrund des Ost-West-Konfliktes seine Entscheidungs- und Sanktionskompetenzen – von wenigen Ausnahmen abgesehen – in dem vorgesehenen Sinne ausüben. Für die Weltöffentlichkeit sichtbar blieb im wesentlichen der Rückzug der Staaten auf Gewaltprävention durch den Aufbau stabilisierender Systeme kollektiver Selbstverteidigung und – besonders schwerwiegend – der Rückfall auf den einseitigen Einsatz auch militärischer Gewalt.[57]

Das Ende des Kalten Krieges hat auch insoweit eine Chance eröffnet, die Blockaden der Rechtsdurchsetzung zu überwinden und das der Satzung der VN zugrundeliegende Ordnungskonzept zu realisieren. Darüber hinaus zeichnen sich Tendenzen zu einer über bisherige Vorstellungen bezüglich der Rolle und Funktionsweise des Sicherheitsrates als einer auf die Sanktionierung von friedensbedro-

57 In der Nachkriegsepoche haben bis zum Ende der 80er Jahre weit über 100 militärisch ausgetragene Konflikte stattgefunden, vgl. dazu Frank R. *Pfetsch* (Hrsg.), Konflikte seit 1945 – Daten-Fakten-Hintergründe, 5 Bde., Freiburg/Würzburg 1990.

henden Rechtsbrüchen beschränkten Rechtsdurchsetzungsinstanz hinausgehende Erweiterung der Verantwortung dieses politischen Hauptorgans der VN ab, die sich an den wachsenden Anforderungen internationaler Rechtsdurchsetzung im Hinblick auf den erweiterten Begriff der Friedensbedrohung des Artikels 39 und die verstärkten Bemühungen um den internationalen Menschenrechts- und Umweltschutz orientiert.

Unter den gegebenen Bedingungen des internationalen Systems steht also der Sicherheitsrat der VN im Mittelpunkt der Überlegungen und tatsächlichen Entwicklungen auf dem Gebiet einer Stärkung der internationalen Rechtsdurchsetzung. Die diesem Organ zustehenden Kompetenzen zur Sachaufklärung von Konflikten sowie ihrer Hintergründe (Artikel 34 der Satzung der VN) zur friedlichen Streitbeilegung und Konfliktprävention und gegebenenfalls zur zwangsweisen Konflikteindämmung (Kapitel VI und VII der Satzung der VN) – in beidem unterstützt durch den Generalsekretär der VN (Artikel 99 der Satzung der VN) – sind grundsätzlich geeignet, die Aufgabe der Rechtsdurchsetzung als Grundlage des internationalen Friedens zu bewältigen. Dies gilt insbesondere dann, wenn der Sicherheitsrat die restriktive Auslegung des Interventionsverbotes[58] beibehält oder sogar noch verstärkt; denn nur unter dieser Bedingung werden die sich abzeichnenden bzw. schon sichtbaren neuen Konfliktsituationen, die sich in ihrem Ursprung vermehrt als innerstaatliche entwickeln, für den Einsatz der Autorität des Sicherheitsrates erfaßbar.

Die aus dieser Sicht notwendige Zuordnung der an der Friedenssicherung orientierten internationalen Rechtsdurchsetzungsmacht an den Sicherheitsrat ist allerdings nicht problemlos. Zunächst einmal ist zu bedenken, daß eine wirksame Rechtsdurchsetzung durch den Sicherheitsrat auch in Zukunft mit politischen Widerständen zu rechnen haben wird. Die während der akuten Phase der Golfkrise und noch danach herrschende weitgehende Einmütigkeit der fünf ständigen Ratsmitglieder kann nicht als ein Anzeichen dafür gewertet werden, daß der entscheidungshemmende Gebrauch des Vetorechtes der Vergangenheit angehört. Die Warnung der Volksrepublik China an die Regierungen der Vereinigten Staaten, Großbritanniens und Frankreichs vor militärischen Eingriffen im Irak, als die drei Staaten – gestützt auf Resolution 688 (1991) – ein Flugverbot für irakische Flugzeuge südlich des 32. Breitengrades zum Schutze der schiitischen Minderheit verhängten, ist ein deutlicher Hinweis, daß der Konsens unter den ständigen Mitgliedern des Sicherheitsrates noch brüchig ist. Dies wird auch daran deutlich, daß sich die Volksrepublik China während des Sicherheitsratsgipfels als einziges ständiges Ratsmitglied jeder Aufweichung des in Artikel 2(7) der Satzung der VN niederge-

58 Dazu oben, Kapitel II, und ausführlich *Delbrück*, A Fresh Look at Humanitarian Intervention under the Authority of the United Nations, S. 887ff (891ff), mit weiteren Nachweisen; ferner Boutros *Boutros-Ghali*, Friedenserhaltung durch die Vereinten Nationen, S. 125ff.

legten Interventionsverbotes entgegengestellt hat.[59] Es ist also unrealistisch und eine unangemessene Vereinfachung, eine wirksame, friedenssichernde Rechtsdurchsetzung allein dem Sicherheitsrat zuzuordnen.

Das Problem der Allokation internationaler Rechtsdurchsetzungsmacht und -autorität ist in der Tat komplex; denn neben der Unsicherheit hinsichtlich der künftigen politischen Funktionsfähigkeit des Sicherheitsrates ist auch zu bedenken, daß eine ausschließlich zentral beim Sicherheitsrat angesiedelte Rechtsdurchsetzung keineswegs in jedem Fall zu Lösungen führen muß, die der Vielfalt und Komplexität lokaler oder regionaler Konflikte angemessen sind. Zwar kann der Sicherheitsrat auf verschiedene Formen der Umsetzung seiner verbindlichen Entscheidungen zurückgreifen. Kapitel VII der Satzung erlaubt z.B. die Delegation der Durchführung von Maßnahmen, die der Sicherheitsrat zur Wiederherstellung oder Erhaltung des Friedens und der internationalen Sicherheit für erforderlich hält, an mehrere oder einzelne Mitgliedstaaten (Artikel 48 der Satzung der VN).[60] Damit können durchaus den regionalen oder lokalen Bedürfnissen entsprechende *Instrumente* der Rechtsdurchsetzung oder Konfliktlösung bereitgestellt werden. Jedoch wird hiermit nicht gewährleistet, daß die vom Sicherheitsrat selbst zu treffende Entscheidung den lokalen oder regionalen Interessen und Bedürfnissen entspricht bzw. überhaupt zustande kommt. Das heißt, daß unter den heute und auf unbestimmte Frist auch weiterhin obwaltenden Umständen auf eine diversifizierte Allokation von Rechtsdurchsetzungmacht und -autorität nicht verzichtet werden kann. Die Gründungsväter der VN haben dies durchaus im Auge gehabt, indem sie neben dem Sicherheitsrat auch regionale Institutionen in den Kreis der für die Wahrung des Friedens und der Sicherheit verantwortlichen Akteure einbezogen haben. Artikel 52 schließt ausdrücklich das "Bestehen regionaler Abmachungen oder Einrichtungen zur Behandlung derjenigen die Wahrung des Weltfriedens und der internationalen Sicherheit betreffenden Angelegenheiten nicht aus, bei denen Maßnahmen regionaler Art angebracht sind". Das Wirken dieser regionalen Einrichtungen wird allerdings an die Beachtung der Ziele und Grundsätze der VN gebunden. Auch setzt der Einsatz von Zwangsmaßnahmen seitens der regionalen Einrichtungen die *Ermächtigung des Sicherheitsrates* voraus.[61]

---

59 Treffen der Staats- und Regierungschefs der Mitglieder des VN-Sicherheitsrates vom 30. Januar 1992 - U.N. Doc. S/PV 3046.

60 Vgl. dazu Brun-Otto *Bryde*, Kommentierung zu Artikel 48, in: *Simma*, Die Charta der Vereinten Nationen, Randziff. 5; die Aktionen der Golf-Koalition gegen die irakische Aggression gegen Kuwait aufgrund von Resolution 678 (1990) dürften sich jedenfalls auch auf Artikel 48 der Satzung der VN gestützt haben.

61 Vgl. ausführlich zur rechtlichen Problematik des Verhältnisses zwischen dem Sicherheitsrat der VN und regionalen Einrichtungen den Beitrag von Engelbert *Theuermann*, Regionale Friedenssicherung im Lichte von Kapitel VIII der VN-Satzung: Juristische und politische Probleme, in diesem Band.

Damit stellt sich das Problem einer effektive Rechtsdurchsetzung gewährleistenden Allokation von Rechtsdurchsetzungsmacht im Hinblick auf die soeben aufgezeigten Defizite in aller Schärfe: Die Frage ist, ob die Staatengemeinschaft unter Beachtung des Rechts der Satzung der VN in ihren Bemühungen um eine Friedensordnung unter der "rule of law" mit den damit verbundenen Defiziten an effektiver Rechtsdurchsetzung leben muß oder ob sich in der gegenwärtigen Völkerrechtsentwicklung Ansätze ausmachen lassen, die die geschilderten Defizite in der Rechtsdurchsetzung wenn nicht völlig beseitigen, so doch nachhaltig mindern, ohne den Weg in die unilaterale Rechtsdurchsetzung freizumachen, wie sie unter dem klassischen Völkerrecht bestand, jedoch mit einer Völkerrechtsordnung, die sich vom Paradigma des Friedens her versteht,[62] nicht mehr vereinbar ist.

Eine erste und wesentliche Voraussetzung für eine wirksame, das Rechtsdurchsetzungssystem der Vereinten Nationen ergänzende dezentrale Rechtsdurchsetzung ist selbstverständlich die Existenz von Institutionen, denen die erforderliche regionale Rechtsdurchsetzungsmacht zugeordnet werden kann. Zweite Voraussetzung ist, daß es rechtliche Grundlagen für die regionale Rechtsdurchsetzung gibt, die nicht nur den Einsatz von regionaler Zwangsgewalt legitimieren, sondern dies auch in Einklang mit der Satzung der VN ermöglichen, ohne durch den Ermächtigungsvorbehalt des Artikels 52 der Satzung der VN begrenzt zu sein. Mit anderen Worten, es stellt sich die Frage, ob das geltende Satzungsrecht insoweit Raum für eine den selbständigen regionalen Einsatz von Zwangsgewalt durch regionale Institutionen legitimierende Interpretation läßt oder ob die Regionalisierung der Rechtsdurchsetzung nur durch eine Satzungsrevision ermöglicht werden kann. Drittens ist schließlich zu fragen, ob das allgemeine Völkerrecht Ansätze zeigt, dezentrale Rechtsdurchsetzung zu legitimieren, sollten die zuvor aufgezeigten Alternativen zu keinem befriedigenden Ergebnis führen.

Trotz der durch das Ende des Kalten Krieges bewirkten strukturellen Veränderungen des internationalen Systems – zu erinnern ist hier an die Auflösung des Warschauer Paktes und daran anschließend der Sowjetunion – haben sich eine Reihe von regionalen Organisationen innerhalb und außerhalb Europas erhalten, denen regionale Rechtsdurchsetzungsmacht zugeordnet werden kann. Von den Wandlungsprozessen völlig unberührt geblieben ist zunächst einmal das interamerikanische Institutionsgefüge. Seine politische Handlungsfähigkeit ist jedoch durch den sich in Lateinamerika vollziehenden Demokratisierungsprozeß deutlich gestiegen. Mit Ausnahme Kubas, das unter Führung von Fidel Castro bisher erst geringe Anzeichen einer politischen Wende erkennen läßt, sind – wenn auch zum Teil

62 Vgl. dazu Jost *Delbrück*/Klaus *Dicke*, The Christian Peace Ethic and the Doctrine of Just War from the Point of View of International Law, in: GYIL, 28 (1985), S. 194ff; Trutz *Rendtorff*, Christian Ethics and the Doctrine of Just War. A Re-evaluation in the Nuclear Age, in: GYIL, 28 (1985), S. 209ff; *Delbrück/Dicke*, Die Konstitution des Friedens als Rechtsordnung, S. 797ff.

noch wenig stabile – demokratische Herrschaftstrukturen etabliert oder in der Durchsetzung begriffen.[63] Im Verhältnis zu den bestehenden Konfliktpotentialen erscheint die Organisation Amerikanischer Staaten (OAS) durchaus in der Lage, etwaige Rechtsdurchsetzungsaufgaben effizient wahrzunehmen. Im südostasiatischen Raum spielt die ASEAN-Staatengruppe erfolgreich eine stabilisierende Rolle, wenngleich die Wahrnehmung von Rechtsdurchsetzungsaufgaben bisher keine zentrale Bedeutung gehabt hat. Unter dem Gesichtspunkt regionaler Konfliktträchtigkeit und Rechtsdurchsetzungsfähigkeit ist in diesem Zusammenhang der europäische Raum von besonderem Interesse. Hier haben sich nach der Wende in den Ost-West-Beziehungen mit Ausnahme des Warschauer Paktes die bereits seit der frühen Nachkriegszeit bestehenden Organisationen erhalten, die – ihrem Aktionsraum nach teils auf ganz Europa, teils auf West- und Südeuropa begrenzt – Aufgaben regionaler Konfliktprävention und -lösung sowie politischer Stabilisierung, aber gegebenenfalls auch der Rechtsdurchsetzung wahrgenommen haben bzw. auch weiterhin wahrnehmen sollen.[64] Ihrer vertraglichen Zielsetzung nach zielen der Europarat und die KSZE auf ganz Europa als Aktionsraum ab. Jedoch ist der Europarat in seinem Aufgabenkreis auf die Stärkung friedlicher Kooperation zwischen den Mitgliedstaaten sowie auf den Schutz der Menschenrechte durch den Einsatz gerichtsförmiger Durchsetzungsinstrumente begrenzt. Fragen der regionalen Friedenssicherung im engeren Sinne und damit zusammenhängender Rechtsdurchsetzung zählen nicht zu seinen Aufgaben. Der Europarat hält lediglich eine eher lockere, jedoch institutionell gesicherte Verbindung zur Westeuropäischen Union (WEU) und zur Nordatlantischen Verteidigungsorganisation (NATO).[65] Die KSZE zählt dagegen Fragen der Sicherheit in Europa zu ihren zentralen Anliegen. Die institutionelle Ausgestaltung der erst in den allerletzten Jahren zu einer regionalen Organisation verfestigten KSZE steht jedoch noch in ihren Anfängen. Die letztlich wenig effektiven Bemühungen der KSZE, den immer gewaltträchtiger werdenden Konflikt zwischen den auseinanderstrebenden jugoslawischen Teilrepubliken einzudämmen und die militärischen Aktionen der ehemaligen jugoslawischen Volksarmee sowie serbischer Freischärler zu beenden, haben die noch geringe Rechtsdurchsetzungsmacht der KSZE deutlich unterstrichen. Immerhin zeigt die Tatsache, daß im Rahmen der KSZE eine ganze Reihe

63 Siehe dazu näher Thomas M. *Franck*, The Emergence of a Human Right to Democratic Governance, in: American Journal of International Law, 86 (1992), S. 46ff (47 und 65f).

64 Vgl. dazu die Übersicht über die Kooperationsstrukturen in Europa bei Jost *Delbrück*, A European Peace Order and the German Question – Legal and Political Aspects, in: Michigan Journal of International Law, 11 (1990), S. 897ff.

65 Vgl. den aufgrund des Änderungs- und Ergänzungsprotokolls in den Brüsseler Vertrag neu eingefügten Artikel 4; siehe dazu Knut *Ipsen*, Rechtsgrundlagen und Institutionalisierung der atlantisch-westeuropäischen Verteidigung, Hamburg 1967, S. 65; kurz auch Rudolf *Geiger*, Recht der internationalen Organisationen, 3. Aufl., München 1982, S. 103.

von Vorschlägen diskutiert werden, wie diesem Defizit abgeholfen werden kann, daß die Mitgliedstaaten darauf hinarbeiten, die KSZE zu einer Rechtsdurchsetzungsmacht zu entwickeln. So ist vorgeschlagen worden, unter der Autorität der KSZE friedenssichernde und friedenschaffende militärische Blau- oder Grünhelmkontingente zu bilden. Andere Vorschläge zielen auf eine enge Kooperation zwischen der KSZE und der NATO, der insoweit die Funktion des militärischen Arms der KSZE zugedacht wird. Entsprechende Vorstellungen sind auch im Rahmen der Europäischen Gemeinschaft (EG) entwickelt worden, deren Aufgabenfeld durch den Vertrag von Maastricht um die Bereiche Sicherheit und Verteidigung erweitert werden soll. Hier sind es sowohl die NATO als auch die WEU, die als militärischer Arm der EG im Gespräch sind. Anzumerken ist hier jedoch, daß trotz der unter den EG-Mitgliedstaaten schon weit ausgeprägten politischen Homogenität die Fähigkeit zu einem entschlossenen politischen Handeln in Fragen der Friedenssicherung in Europa viele Wünsche offen läßt, wie die wenig befriedigende Handhabung des Jugoslawienkonflikts gezeigt hat.

Wie die vorstehende kurze Skizzierung der in Europa als Subjekte einer Zuordnung regionaler Rechtsdurchsetzungsmacht in Frage kommenden Organisationen zeigt, sind durchaus Strukturen vorhanden, die grundsätzlich zur Übernahme entsprechender Verantwortung in der Lage wären, jedoch derzeit weder organisatorisch noch politisch hinreichend für die Ausfüllung einer solchen neuen Rolle gerüstet sind. Immerhin gibt es klare Anzeichen dafür, daß einflußreiche Mitgliedstaaten der KSZE und der NATO/WEU im Begriff sind, konkrete Vorstellungen über die strukturelle, logistische und politische Ausrichtung der entsprechenden Organisationen zu entwickeln, die diese in die Lage versetzen sollen, als Träger einer regionalen Rechtsdurchsetzungsmacht zu fungieren.[66] Angesichts dessen ist es durchaus sinnvoll, der Frage nach den rechtlichen Möglichkeiten effektiver friedenssichernder Rechtsdurchsetzung auf regionaler Ebene nachzugehen.

Wie zuvor ausgeführt, ordnet die Satzung der VN regionalen Abmachungen oder Einrichtungen nur eine begrenzte Funktion in der internationalen Friedenswahrung und Rechtsdurchsetzung zu. Sie können vom Sicherheitsrat im Einzelfall "zur Durchführung von Zwangsmaßnahmen unter seiner Autorität in Anspruch" genommen werden (Artikel 53 [1]). Soweit diese regionalen Abmachungen oder Einrichtungen in eigener Verantwortung diejenigen "die Wahrung des Weltfriedens und internationalen Sicherheit betreffenden Angelegenheiten ..., bei denen Maßnahmen regionaler Art angebracht sind" (Artikel 52 [1]), behandeln, sind sie entweder auf Maßnahmen unterhalb der Schwelle von Zwangsmaßnahmen beschränkt oder auf die Einholung der Ermächtigung des Sicherheitsrates angewiesen. Diese im Falle voller politischer Handlungsfähigkeit des Sicherheitsrates im

66 Vgl. dazu die ausführliche Studie von Uwe *Nerlich*, Optionen für kollektive Verteidigung, unveröffentlichtes Manuskript, Stiftung Wissenschaft und Politik, Februar 1993, passim.

Interesse einer zentralen Kontrolle über den Einsatz von Zwangsmaßnahmen sinnvolle Beschränkung der Handlungsvollmacht der regionalen Abmachungen und Einrichtungen, stellt für den Fall der politischen Handlungsunfähigkeit des Sicherheitsrates die entscheidende Schwäche des gegenwärtigen Rechtsdurchsetzungssystems dar. Sie entspricht der analogen Situation auf der universalen Ebene, wenn nämlich der Sicherheitsrat politisch handlungsunfähig ist, ein internationaler Konflikt jedoch dringend des Eingreifens der VN bedarf. Auf der Ebene der VN ist mit der Anerkennung einer subsidiären Kompetenz der Generalversammlung durch die *Uniting for Peace Resolution*[67] der Versuch unternommen worden, die Lücke im Rechtsdurchsetzungssystem jedenfalls insoweit zu schließen, als die Generalversammlung in die Lage versetzt worden ist, militärische Zwangsmaßnahmen empfehlen zu können, wie dies im Falle der nordkoreanischen Invasion in Südkorea geschehen ist. In Fortführung des Gedankens einer subsidiären Verantwortung der Generalversammlung für die Wahrung des Weltfriedens und der internationalen Sicherheit ist es vertretbar, im Falle der politischen Handlungsunfähigkeit des Sicherheitsrates der Generalversammlung auch die Kompetenz zuzusprechen, die nach Artikel 53(1) der Satzung der VN erforderliche Autorisierung der Vornahme von Zwangsmaßnahmen durch eine regionale Einrichtung durch eine entsprechende Empfehlung vorzunehmen. Damit wäre immerhin eine teilweise Schließung der Lücke im regionalen Rechtsdurchsetzungssystem geschlossen. Einer Änderung der Satzung bedürfte es nicht, da die Grundsatzentscheidung, die Satzung im Sinne einer subsidiären Verantwortung der Generalversammlung für die Aufrechterhaltung von Frieden und Sicherheit auszulegen, bereits mit der *Uniting for Peace Resolution* getroffen worden ist. Deren Anwendung auch auf die Entscheidungskompetenz nach Artikel 53(1) der Satzung der VN zu übertragen, ist nur eine folgerichtige Interpretation dieser Norm. Auch bleibt es bei der von der Satzung gewollten Anbindung der regionalen Abmachungen und Einrichtungen an den Entscheidungsprozeß in den VN.

Unabhängig von den VN können die regionalen Abmachungen und Einrichtungen auch militärische Zwangsmaßnahmen ergreifen, wenn sie in Wahrnehmung ihres Rechtes auf kollektive Selbstverteidigung im Falle einer bewaffneten Aggression handeln (Artikel 51 der Satzung der VN) – und dies so lange, bis der Sicherheitsrat die zur "Wahrung des Weltfriedens und der internationalen Sicherheit erforderlichen Maßnahmen getroffen hat". Die Möglichkeit der Ausübung des Rechts auf kollektive Selbstverteidigung zusammen mit der Möglichkeit, aufgrund einer autorisierenden Empfehlung der Generalversammlung im Sinne des Artikels 53(1) auch militärische Zwangsmaßnahmen ergreifen zu können, engt den Bedarf

---

67 GA Res 377/V(1950); dazu Jost *Delbrück*, Das Verhältnis von Sicherheitsrat und Vollversammlung der Vereinten Nationen, Kiel 1964, S. 87ff, Barbara *Nolte*, Uniting for Peace, in: *Wolfrum*, Handbuch Vereinte Nationen, S. 950ff.

an zusätzlicher, eigenständiger Rechtsdurchsetzungsmacht, einschließlich der Anwendung von militärischer Gewalt, auf wenige Konstellationen ein. Es sind dies diejenigen Fälle, in denen weder der Sicherheitsrat politisch handlungsfähig ist, noch die Generalversammlung die für eine Autorisierung von Zwangsmaßnahmen seitens regionaler Einrichtungen erforderliche Zwei-Drittel-Mehrheit zustande bringt. Wiewohl diese Konstellation in der Praxis nur sehr selten auftreten wird, da es kaum vorstellbar ist, daß eine regionale Organisation auf der Durchführung von Zwangsmaßnahmen beharrt, die weder im Sicherheitsrat noch in der Generalversammlung den für entsprechende Beschlüsse erforderlichen Konsens finden noch ein Recht auf Ausübung individueller oder kollektiver Selbstverteidigung besteht, so ist der Eintritt einer solchen Konstellation auch nicht auszuschließen.

Die im Hinblick auf militärische Zwangsmaßnahmen durch regionale Einrichtungen politisch relevante Konstellation ist also die, in der weder eine Ermächtigung seitens der VN zu erlangen ist noch eine Ausübung des Rechtes auf kollektive Selbstverteidigung der Sach- und Rechtslage nach in Frage kommt, jedoch die Vornahme von Zwangsmaßnahmen, einschließlich des Einsatzes militärischer Gewalt, von der regionalen Organisation im Interesse der Friedens- und Rechtswahrung für unabdingbar gehalten wird. Ein entsprechendes Szenario wäre etwa die schwerwiegende und systematische Verletzung elementarer Menschenrechte, z.B. im Zuge von Verfolgungen von Minderheiten, wie sie sich derzeit in Teilen des ehemaligen Jugoslawien abspielen. Daß militärische Zwangsmaßnahmen zur Behebung von derart schwerwiegenden Menschenrechtsverletzungen nicht gegen das Interventionsverbot verstoßen, ist unter Berücksichtigung der oben angeführten erweiterten Auslegung des Begriffs der Friedensbedrohung und der entsprechenden engen Auslegung des Interventionsverbotes, wie sie der Sicherheitsrat neuerdings vornimmt,[68] nicht mehr zweifelhaft. Fraglich bleibt jedoch, ob es im geltenden Satzungsrecht oder im allgemeinen Völkerrecht eine Rechtsgrundlage für ein solches, von autorisierenden Beschlüssen der VN unabhängiges Vorgehen oder wenigstens Ansätze zu einer entsprechenden Rechtsentwicklung gibt.

Was das Recht der Satzung der VN angeht, so ist der Befund eindeutig: Die Satzung geht von einem Sanktionsmonopol der VN aus, zu dessen voller Realisierung und auch Erweiterung die Satzung Interpretationsspielräume eröffnet, wie gerade zuvor aufgezeigt. Eine Interpretation der Satzung aber, die eine eigenständige, wenn auch an die materiellen Vorschriften der Satzung gebundene Rechtsdurchsetzungsautorität regionaler Einrichtungen legitimieren könnte, gibt die Satzung nach Wortlaut, Sinn und Zweck nicht her. Wenn überhaupt, so ist eine Rechtsgrundlage für eine eigenständige regionale Rechtsdurchsetzungsautorität nur aus dem allgemeinen Völkerrecht zu entwickeln, die allerdings vom Grundsatz

68 Vgl. dazu oben, Kapitel II, sowie *Delbrück*, A Fresh Look at Humanitarian Intervention under the Authority of the United Nations, S. 895ff.

her mit den Zielen und Vorstellungen der VN vereinbar sein muß. Andernfalls würde der Fortschritt, der mit der Institutionalisierung und Internationalisierung der Verantwortung für die Wahrung von Frieden und Recht in Gestalt der VN erreicht worden ist, schon vom Grundsatz her aufgegeben.

Ein Ansatz für die Annahme einer Rechtsgrundlage für eigenständige Rechtsdurchsetzung außerhalb des institutionellen Rahmens der Vereinten Nationen seitens regionaler Einrichtungen könnte in der zunehmenden Internationalisierung, vor allem aber in der Vergemeinschaftung der Verantwortung für die Wahrung und Durchsetzung von elementaren Normen des Völkerrechts gesehen werden, denen die Staatengemeinschaft eine *Erga-omnes*-Wirkung zuschreibt. Wie oben gezeigt, obliegt die Beachtung solcher Normen allen Staaten, unabhängig davon, ob sie bei der Entstehung der Normen mitgewirkt haben oder sie sonst ausdrücklich als für sich verbindlich anerkannt haben. Ihre Durchsetzung erfolgt nicht im Einzelinteresse eines bestimmten Staates, sondern im Interesse der Staatengemeinschaft. Insoweit Staaten an Rechtsregimen, die der Wahrung von Erga-omnes-Normen dienen und deren Durchsetzung den beteiligten Staaten zur Pflicht machen, würde eine rechtliche Lage entstehen, auf deren Grundlage auch regionale Institutionen unter näher zu bestimmenden Umständen eigenständig auch militärische Zwangsmaßnahmen durchführen könnten. Die Maßnahmen müßten den materiellen Normen, Zielen und Prinzipien der Satzung der VN entsprechen. Sie dürften als Konsequenz aus der zuvor genannten Bedingung nur kollektiv, vorzugsweise im Wege institutionalisierter Kooperation regionaler Staatengruppierungen erfolgen. Schließlich wäre die Anwendung von militärischen oder nicht-militärischen Zwangsmaßnahmen am Grundsatz der Verhältnismäßigkeit zu messen, das heißt sie dürften nur nach Ausschöpfung aller anderen Mittel und Verfahren der Rechtsdurchsetzung und in einer der Schwere des Rechtsbruches angemessenen Weise durchgeführt werden. Diese Kriterien bzw. Bedingungen bedürfen der Erläuterung.

Die Eröffnung der Möglichkeit, in rechtlich zulässiger Weise außerhalb des Rahmens der VN Rechtsdurchsetzungsmacht auszuüben, darf nicht zu einer neuen Legitimation für einseitige, einzelstaatliche Maßnahmen der Rechtsdurchsetzung führen.[69] Dies widerspräche nicht nur ganz grundsätzlich dem Gewaltverbot der Satzung der Vereinten Nationen, sondern auch dem die Rechtsgrundlage dezentraler Rechtsdurchsetzung bildenden Gedanken *vergemeinschafteter* Verantwortung für die Wahrung und Durchsetzung elementarer, mit Erga-omnes-Wirkung ausgestatteter Völkerrechtsnormen. Ob Zwangsmaßnahmen in dem hier diskutierten Kontext institutionalisierter oder auch ad hoc vereinbarter kollektiver Form erfolgen müßten bzw. dürften, hängt – worauf Schreuer kürzlich treffend hinge-

69 Dazu näher ebd., S. 890f.

wiesen hat[70] – von der Schwere des jeweils erforderlichen Einsatzes ab. Je schwerer der Eingriff, desto nachhaltiger wäre zu fordern, daß institutionalisierte Verfahren der Rechtsdurchsetzung zum Zuge kommen, um eine geordnete, öffentlich überprüfbare Entscheidungsfindung zu gewährleisten. Daß schließlich derartige Zwangsmaßnahmen den Kriterien der Proportionalität entsprechen müßten, ergibt sich aus der bindenden Wirkung dieses Prinzips auch im Völkerrecht.[71] Dabei käme der Anforderung, daß eigenständige regionale Rechtsdurchsetzung mittels Zwangsmaßnahmen nur die ultima ratio sein dürfte, besondere Bedeutung zu. Die Vielfalt der für eine effektive Rechtsdurchsetzung zur Verfügung stehenden Verfahren verlangt, daß das jeweils angemessene Verfahren gewählt wird und namentlich dem an Boden gewinnenden Gedanken Rechnung getragen wird, daß vor allem militärische Maßnahmen zur Rechtsdurchsetzung in einzelnen Lebensbereichen gerade die Rechtsgüter bedrohen, denen die Rechtsdurchsetzung gerade dienen soll, wie etwa im Umweltbereich.[72] Werden die genannten Bedingungen erfüllt, so wären eigenständige regionale Rechtsdurchsetzungsmaßnahmen als rechtlich zulässig anzusehen. Dies gälte auch unter dem Gesichtspunkt, daß der innerhalb der VN bereits anerkannte Grundsatz der Subsidiarität der Zuständigkeiten von Sicherheitsrat und Generalversammlung auf dem Gebiet der Friedenswahrung hier bezüglich des Einsatzes dezentraler Rechtsdurchsetzungsmacht im Interesse der Rechtswahrung und -durchsetzung zum Zuge käme.

Die vorstehenden Überlegungen sind im Konditional formuliert worden. Daß sie schon fest etabliertes Recht darstellen, kann angesichts der noch bestehenden Unsicherheiten hinsichtlich des Geltungsumfangs und Wirkungen von Erga-omnes-Normen nicht angenommen werden. Es gibt jedoch im Hinblick auf die wachsende Bedeutung der "rule of law" in den internationalen Beziehungen und im Hinblick auf die wachsenden neuen Bedrohungen der Staatengemeinschaft gute Gründe anzunehmen, daß die hier aufgezeigten Ansätze zur Vervollständigung des Systems völkerrechtlicher Rechtsdurchsetzung Bestandteil des geltenden Völkerrechts werden.

V. Konsequenzen für die künftige Gestalt der Völkerrechtsordnung: Wirksameres Völkerrecht oder neues "Weltinnenrecht"?

Die vorstehenden Skizzen der Entwicklung verschiedener Bereiche der Völkerrechtsordnung haben deutlich gemacht, daß sich im internationalen System und

70 *Schreuer*, Comment, in: Jost *Delbrück* (Hrsg.), The Future of International Law Enforcement, Berlin 1993 (Veröffentlichungen des Instituts für Internationales Recht an der Universität Kiel).

71 Dazu Jost *Delbrück*, Proportionality, in: Rudolf *Bernhardt u.a.* (Hrsg.), EPIL, Teilband 7, (1984), S. 396.

72 Vgl. zu dem Vordringen des Gedankens alternativer Formen der Rechtsdurchsetzung im Umweltrecht *O'Connell*, Enforcing the New International Law of the Environment.

seiner Rechtsordnung zum Teil tiefgreifende Wandlungen vollzogen haben und sich weitere Veränderungen abzeichnen. Ein gewachsener Konsens über die Grundlagen der Verbindlichkeit des Völkerrechts, die Erweiterung der Verantwortung der Staatengemeinschaft für die Wahrung und Sicherung des Weltfriedens, des Schutzes der Menschenrechte und des Schutzes der Umwelt sowie die damit einhergehende Einschränkung staatlicher Souveränität bzw. des Verbotes der Einmischung in die inneren Angelegenheiten der Staaten sind die wesentlichen Merkmale des Wandels in der internationalen Rechtsordnung. Eine Stärkung hat auch die internationale Rechtsdurchsetzung erfahren, doch bleiben de lege lata noch Lücken im internationalen System der Rechtsdurchsetzung, für deren Schließung Ansätze auszumachen sind, die jedoch zur Zeit noch bei der Beantwortung der Ausgangsfrage nach den Auswirkungen der dargelegten Veränderungen auf den Charakter des Völkerrechts zu berücksichtigen sind.

Die Ausgangsfrage lautete dahin, ob die Veränderungen in der Völkerrechtsordnung sowohl hinsichtlich seiner Geltungsgrundlagen und Verbindlichkeit als auch hinsichtlich der Erweiterungen des sachlichen Geltungsbereichs und der Rechtsdurchsetzung lediglich zu einer höheren Wirksamkeit des geltenden Völkerrechts geführt haben oder ob sie den Charakter des Völkerrechts als einer bisher koordinationsrechtlichen Ordnung zu einer hierarchisch strukturierten Ordnung, das heißt zu einem "Weltinnenrecht" verändern. Um den in den Einzeluntersuchungen gewonnenen Befund nach diesen beiden Kriterien beurteilen zu können, bedarf es deren näherer Bestimmung.

Schon die Feststellung, daß die geschilderten Veränderungen im gegenwärtigen Völkerrecht zu einer erhöhten Wirksamkeit der in ihren Grundstrukturen durch den Aufbau des Systems der Vereinten Nationen geprägten internationalen Rechtsordnung geführt haben, würde einen deutlichen Fortschritt in der Zivilisierung des internationalen Systems bedeuten. An die Stelle einseitiger, gegebenenfalls gewaltsamer Rechtsdurchsetzung wäre das von der Satzung der VN geschaffene System kollektiv verantworteter, institutionalisierter Rechtsdurchsetzung getreten, das zwar in letzter Konsequenz nicht auf das Mittel zwangsweiser Rechtsdurchsetzung verzichten kann, jedoch insgesamt das breitgefächerte Rechtsdurchsetzungsinstrumentarium unter der Geltung der *rule of law* anzuwenden verpflichtet ist und damit jede einseitige, individuelle zwangsweise Rechtsdurchsetzung – mit Ausnahme der Ausübung des Rechts zur Selbstverteidigung – effektiv in die Illegalität verweist. Charakteristisch für die Einstufung der Wandlungsprozesse im Völkerrecht als Effektuierung des seit dem Ende des Zweiten Weltkrieges geltenden Rechts ist jedoch, daß der staatlichen Souveränität noch so viel Bedeutung zugemessen wird, daß eine vollständige Monopolisierung der Rechtsdurchsetzungsmacht bei den VN als zentraler Rechtsdurchsetzungsinstanz nicht erreicht wird.

Lücken in der Rechtsdurchsetzung sind selbst bei weiter Interpretation der Satzung der VN – wie gezeigt – noch unvermeidbar.

Von einer Weltinnenrechtsordnung wäre dagegen zu sprechen, wenn – jedenfalls vom Prinzip her – die vollständige Unterordnung staatlicher Souveränität hinsichtlich der Rechtsdurchsetzung anerkannt und entsprechende Rechtsdurchsetzungsmacht den Staaten übergeordneten Rechtsdurchsetzungsinstanzen zugeordnet wäre. Diese internationalen oder regionalen Instanzen müßten allerdings in jedem Falle an die materiellen Vorschriften der Satzung der VN gebunden sein. Bei der Verwirklichung eines solchen Systems wäre die internationale Rechtsdurchsetzungsgewalt in weit höherem Maße – insbesondere gegenüber das Recht verletzenden Staaten – verselbständigt, als dies im geltenden Recht der Fall ist. Damit würde aber das Völkerrecht ein wesentliches Merkmal, nämlich seinen Charakter als *zwischenstaatliche* Ordnung verlieren. Es würde sich unter dem Gesichtspunkt der Rechtsdurchsetzung zu einer der gewachsenen globalen Verantwortung für die Lösung dringender Aufgaben, wie sie etwa im internationalen Menschenrechts- und Umweltschutz anliegen, entsprechenden überstaatlichen Ordnung wandeln. So wie sich die globalen Probleme der Gegenwart und nahen Zukunft nicht als klassiche einzelstaatliche, sondern als globale Probleme einer *Weltinnenpolitik* darstellen, so würde ihre rechtliche Bewältigung durch ein neues *Weltinnenrecht* erfolgen können.

Es ist kaum bestreitbar, daß in den Veränderungen der Völkerrechtsordnung, die sich in der jüngeren Vergangenheit vollzogen haben – so etwa im internationalen Menschenrechts- und Umweltschutz –, Anzeichen vorhanden sind, die als ein qualitativer Wandel des Völkerrechts in Richtung auf ein Weltinnenrecht gedeutet werden könnten. Namentlich die weitergehenden internationalen Zuständigkeiten auf dem Gebiet des Menschenrechts- und des Umweltschutzes, die eine deutliche Bereitschaft der Staatengemeinschaft bezeugen, Einschränkungen ihrer Souveränität hinzunehmen und sich internationalen Normen und ihrer Durchsetzung zu unterwerfen, weisen auf eine solchen qualitativen Wandel hin. Auf der anderen Seite ist jedoch darauf hinzuweisen, daß die Relativierung des Prinzips der Souveränität, wie sie in der Akzeptanz von weitgehenden internationalen Zuständigkeiten auf Gebieten, die bisher nationaler Jurisdiktion unterlagen, zum Ausdruck kommt, bereits im System der durch die Satzung der VN geprägten internationalen Rechtsordnung angelegt war. Die heute als zum Teil dramatisch empfundenen Fortschritte internationaler Normsetzung und Normdurchsetzung erscheinen als solche ganz überwiegend nur deshalb, weil die als revolutionär zu bezeichnende Ordnung der Satzung der VN aufgrund der durch den Kalten Krieg verursachten politischen Blockaden so gut wie unerfüllt geblieben war. Im wesentlichen bedeuten die Wandlungen des Völkerrechts daher "nur", daß seine Wirksamkeit gestärkt worden ist. Im Hinblick auf die unübersehbaren Tendenzen im internationalen Umweltrecht, zu einer *Vergemeinschaftung der Verantwortung* der Staaten für die Durchsetzung dieses für das Überleben der Menschheit zentralen Rechts zu gelangen, gehen die Wandlungen des Völkerrechts jedoch über die – überfällige – Effektuierung der chartarechtlichen Ordnung hinaus. Hier zeigen sich im Sinne der obigen Ausführungen weltinnenrechtliche Gestaltungen des Völkerrechts, die selbst die bisher bestehenden Vorstellungen über ein wirksames modernes Völkerrecht sprengen. Es wird in den kommenden Jahren die Aufgabe der Völkerrechtswissenschaft sein, das neue Weltinnenrecht als Rechtsordnung einer globalen Weltgesellschaft näher zu bestimmen und in seinem Verhältnis zu dem auf lange Zeit gewiß noch weiter bestehenden modernen Völkerrecht dogmatisch zu erfassen. Dabei werden insbesondere auch die Auswirkungen dieser neuen Entwicklungen auf Begriff und Funktion des Staates als internationaler Wirkeinheit und auf die Kriterien seiner Legitimität zu berücksichtigen sein.

3. Das Instrumentarium der Vereinten Nationen zum Krisenmanagement und seine Entwicklung in den letzten Jahren

*Rudolf Schmidt**

I. Die VN als Funktion ihres internationalen Umfeldes

Wenn man die Rolle der Vereinten Nationen (VN) bei der Bewältigung internationaler Krisen untersucht, sollte man sich das Selbstverständliche immer wieder ins Gedächtnis rufen: Die VN sind keine eigenständige Kraft im internationalen System, keine Supermacht und kein Weltstaat im Werden, sondern eine internationale Organisation, die sich allerdings durch ihre Aufgaben und ihre Befugnisse von anderen Organisationen abhebt: Sie ist die einzige weltweite Organisation – mit derzeit 179 Mitgliedern hat sie fast die Universalität erreicht –, zu deren Hauptaufgaben die Aufrechterhaltung der internationalen Sicherheit und des Weltfriedens gehört. Der Sicherheitsrat als das dafür in erster Linie zuständige Organ ist nach Größe, Zusammensetzung und vor allem kraft seiner weitreichenden Befugnisse in der Lage, durchgreifende Entscheidungen zu treffen – solange es zwischen den Ständigen Mitgliedern ein ausreichendes Maß an Übereinstimmung gibt. Weder auf regionaler Ebene noch in anderen Bereichen gibt es ein internationales Organ, das vergleichbare Befugnisse hätte.

Die VN sind in einer exzeptionellen geschichtlichen Lage entstanden und spiegelten auch in ihrer weiteren Entwicklung das internationale Umfeld und seine Wandlungen wider. Nur am Ende eines Krieges, den sie als Verbündete gemeinsam geführt hatten, konnten sich die damaligen großen Mächte – trotz des sich bereits abzeichnenden Gegensatzes – darauf einigen, einem internationalen Organ – dem Sicherheitsrat – weitgehende Befugnisse zu übertragen. Die Mächte behielten sich allerdings das Vetorecht vor und machten damit die Funktion des Sicherheitsrats vom Stand ihrer wechselseitigen Beziehungen abhängig. Folglich mußte der Sicherheitsrat in einen Zustand der Lähmung fallen, als der Ost-West-Gegensatz entstand und sich, mit den USA und der Sowjetunion als Protagonisten, zu einem Spannungsfeld entwickelte, das mehr und mehr die meisten anderen Konflikte überlagerte. In Europa führte er zu einem Erstarren der Fronten und zu einer messerscharfen Teilung durch den Eisernen Vorhang, in anderen Teilen der Welt zu Konflikten, die etwas vereinfacht "Stellvertreterkriege" genannt wurden. Wo immer die beiden Lager aufeinanderstießen, war der Sicherheitsrat handlungsunfähig. Nur in der kurzen Zeit, in der die Sowjetunion ihren Stuhl im Sicherheitsrat leer ließ, konnte die Aktion gegen Nordkorea beschlossen werden. Nachdem sie ihren Fehler erkannt hatte, kehrte die Sowjetunion in den Sicherheitsrat zurück

---

* Der Verfasser legt seine persönliche Auffassung dar.

und blockierte seitdem ohne Zögern alle Entscheidungen, die ihr unwillkommen waren. Die Resolution "Uniting for Peace" eröffnete zwar die Möglichkeit, anstelle des entscheidungsunfähigen Sicherheitsrats die Generalversammlung entscheiden zu lassen. Nachdem aber Ende der 50er Jahre als Folge der Dekolonisierungswelle die Drittweltstaaten in der Generalversammlung die Mehrheit erhalten hatten, war jedenfalls dem Westen dieser Weg verschlossen.

Das Ende des Ost-West-Konflikts änderte auch die Arbeit des Sicherheitsrats von Grund auf. Das Verhältnis zwischen USA zur Sowjetunion – später Rußland – wandelte sich seit Ende der 80er Jahre von der Konfrontation zur Kooperation. Diese Entwicklung wird weiter unten im einzelnen nachgezeichnet werden. Festzuhalten ist, daß das Veto in den 80er Jahren fast nur noch von den USA, in einigen Fällen zusammen mit Großbritannien, eingesetzt wurde, um Israel abzuschirmen oder ein mandatorisches, umfassendes Wirtschaftsembargo gegen Südafrika abzuwehren. Das Veto wurde von westlichen Sicherheitsratsmitgliedern gegen Initiativen der Blockfreien eingesetzt, die von der Sowjetunion und China unterstützt wurden. Es hatte also – verglichen mit den Zeiten des Kalten Krieges – bereits seine Bedeutung geändert. Das bisher letzte Veto wurde am 31. Mai 1990 von den USA gegen einen Resolutionsentwurf eingelegt, der gegen Israel gerichtet war. In der Periode des Übergangs und nachher erwies der Sicherheitsrat seinen Wert als ständiges Organ mit flexibler Arbeitsweise, in dem die wichtigen Entscheidungen durch vertrauliche Gespräche ohne störende Publizität vorbereitet werden konnten. Die Gruppe der fünf Ständigen Mitglieder entwickelte sich zu einem aktiven Kern des Sicherheitsrats und zu einem Gremium, in dem die USA zunächst diskret und dann immer deutlicher sichtbar die Führung übernehmen konnten. Großbritannien und Frankreich, mit den USA verbündet und zudem als Mittelmächte zu alleinigem Handeln kaum mehr fähig, akzeptieren die amerikanische Führung. Für die Sowjetunion, jetzt Rußland, war und ist eine international bedeutende Rolle nur noch in enger Zusammenarbeit mit den USA möglich. China, an wirtschaftlicher Zusammenarbeit mit dem Westen interessiert, aber wegen seiner harschen Politik im Innern mancher Kritik ausgesetzt, will sich nicht isolieren und begnügt sich damit, seine Bedenken gegen amerikanische Initiativen gelegentlich durch Stimmenthaltung auszudrücken.

In dem Maße, im dem der Sicherheitsrat die Fähigkeit zurückgewann, wirkliche Entscheidungen zu treffen, nahm auch sein Gewicht gegenüber der Generalversammlung zu. Seine Entscheidungen – vor allem die allgemein verbindlichen gemäß Kapitel VII der Satzung – heben sich von den Empfehlungen der Generalversammlung ab, ebenso das rasche Beschlußverfahren, vorbereitet in vertraulichen Konsultationen, von dem langwierigen und schwerfälligen Verfahren der Generalversammlung. Gleichwohl behielt auch diese ihre Bedeutung: In ihren Beschlüssen spiegelt sich die Haltung der internationalen Gemeinschaft im umfassendsten Sinn, auch zu regionalen Konflikten. Ihre Stellungnahmen entfalteten, wiewohl nicht rechtlich verbindlich, doch erhebliche politische Wirkungen: Wenn die Mehrheit der Generalversammlung bis 1987 in alljährlichen Resolutionen den Abzug aller ausländischen Truppen aus Afghanistan forderte und wenn die Mehrheit für diese Resolution von Jahr zu Jahr wuchs, so war der politische Schaden für die Sowjetunion offensichtlich. Ihr Anspruch, der natürliche Verbündete der Blockfreien zu sein, wurde dadurch widerlegt. Besonders offensichtlich wurde der Gegensatz zur Mehrheit der islamischen Staaten. Man darf annehmen, daß dies zu dem Entschluß der Sowjetunion beigetragen hat, sich aus Afghanistan zurückzuziehen. In ähnlicher Weise erhielt die Generalversammlung den Druck auf Vietnam aufrecht, um einen Rückzug der vienamesischen Truppen aus Kambodscha zu erzwingen. Auch nach dem Ende des Ost-West-Konflikts wird es eine wesentliche Funktion der Generalversammlung bleiben, die in der Staatengemeinschaft vorherrschende Meinung in Resolutionen zu formulieren und dadurch bestimmte politische Entwicklungen zu fördern. Es erfordert allerdings Überzeugungskraft und Geschick, für eine konkrete Initiative genügend Unterstützung zu erhalten. Wichtig ist, eine der größeren Gruppen innerhalb der Generalversammlung – die Blockfreien, eine oder mehrere Regionalgruppen, die islamischen Staaten – dafür zu gewinnen. Das jüngste Beispiel für eine klare Stellungnahme der Generalversammlung in einem Konflikt bildet Jugoslawien: Auf Vorschlag des Sicherheitsrats beschloß die Generalversammlung am 22. September 1992, daß das (frühere) Jugoslawien erloschen ist und daß sich die "Bundesrepublik Jugoslawien" (bestehend aus Serbien und Montenegro) nicht mehr an der Arbeit der Generalversammlung beteiligen darf. Auch dieser Staat muß sich – wie die anderen Republiken des früheren Jugoslawien – um Aufnahme in die VN bewerben. Bedingung dafür ist, daß der Bewerber als friedliebender Staat angesehen wird. Sicherheitsrat und Generalversammlung haben dadurch – über die Wirtschaftssanktionen gegen Serbien und Montenegro hinaus – ein weiteres Druckmittel in die Hand bekommen. Es waren vor allem die westlichen Staaten und – wegen der grausamen Vertreibung der moslemischen Bevölkerung in Bosnien durch die Serben – die islamischen Staaten, die diese Entscheidung herbeiführten.

Das Amt des Generalsekretärs konnte von den Veränderungen im Sicherheitsrat nicht unberührt bleiben. Die Zeit, in der die Sowjetunion versuchte, den Generalsekretär entgegen dem Sinn der Satzung auf eine ganz unselbständige Durchführungsfunktion zu beschränken und ihm jede Eigeninitiative zu verbieten, ist längst vorbei. Auch in der Periode der teilweisen Lähmung des Sicherheitsrats konnte der Generalsekretär aufgrund der oft vagen und allgemeinen Mandate der Generalversammlung oder des Sicherheitsrats versuchen, in Konflikten zu vermitteln oder seine guten Dienste anzubieten. Zypern und Afghanistan sind die bekanntesten Beispiele. Diese Funktion hat sich in den letzten Jahren noch wesentlich ausgeweitet. Dafür gibt es mehrere Gründe: Der Generalsekretär beansprucht nun auch ohne konkretes Mandat die Befugnis, Gespräche zu führen und Tatsachen zu ermitteln, vor allem auch, um den Ausbruch oder die Ausweitung von Konflikten zu verhindern. Dagegen werden auch keine Einwendungen oder Bedenken mehr erhoben. Vor allem aber hat sich die Zahl der Konflikte vermehrt, in denen ein Engagement des Generalsekretärs geduldet, begrüßt oder sogar gefordert wird. Die Erkundungsmissionen, die er nach Nagorny Karabach und nach Georgien entsandt hat, sind Beispiele dafür, aber auch die Entsendung eines Sonderbeauftragten nach Südafrika. Neben diese erweiterte Vermittlungsfunktion traten die enormen Aufgaben, die sich bei der Durchführung von Sicherheitsratsresolutionen ergeben: Von der Zusammenstellung, Entsendung und Steuerung von Friedenstruppen über die Wahlüberwachung und die Koordinierung humanitärer Hilfe bis zu den Sonderaufgaben, die sich aus der Sicherheitsratsresolution 687 mit den Waffenstillstandsbedingungen gegenüber Irak ergeben. Darauf wird später noch einzugehen sein. Der neue Generalsekretär, Boutros-Ghali, weist immer wieder auf die enorme zusätzliche Belastung hin, die sich für ihn und seine Mitarbeiter aus diesen neuen Aufgaben ergeben und leitet daraus den Anspruch ab, an der Formulierung neuer Mandate beteiligt zu werden. In einem Fall, in dem dies nach seiner Ansicht nicht geschehen war, führte er deutlich und auch öffentlich Klage darüber. Grundsätzlich wird ihm dieses Mitspracherecht auch nicht bestritten.

Bemerkenswert ist auch, daß der Generalsekretär vom Sicherheitsrat – in seiner ersten Sondersitzung auf der Ebene der Staats- und Regierungschefs am 31. Januar 1992 – gebeten wurde, eine Analyse und Empfehlungen zur Stärkung der VN auf den Gebieten der Konfliktverhütung, der Friedensstiftung und der Friedenserhaltung vorzulegen. Dem neuen Generalsekretär wurde damit eine konzeptionelle Aufgabe von beträchtlicher Bedeutung übertragen. Der Bericht "Programm für den Frieden", den er im Juni 1992 vorlegte, wurde der schwierigen Aufgabe gerecht. Er fand breite Beachtung. Obwohl er in seinen Vorschlägen weit über das hinausgeht, was die USA bisher zu akzeptieren bereit waren, regte Präsident Bush in seiner Rede vor der Generalversammlung am 21. September 1992 an, der Sicherheitsrat solle sich, in einer erneuten Sondersitzung der Staats- und Regierungschefs, mit dem Bericht befassen. Von den neuen Vorschlägen sind folgende hervorzuheben:[1]

- Stationierung von Friedenstruppen zur *Verhinderung* von Konflikten;
- Entsendung von Truppen zur Wiederherstellung und Aufrechterhaltung eines Waffenstillands (peace-enforcement units);
- auf längere Sicht auch Einsatz von Truppen *durch* den Sicherheitsrat, gemäß Artikel 42 der Satzung, bei Bedrohung oder Verletzung des Friedens. Voraus-

1 Auf diese Vorschläge wird in den folgenden Beiträgen genauer einzugehen sein.

setzung dafür ist natürlich, daß die Mitgliedstaaten den VN, gemäß Artikel 43 der Satzung, Truppen zur Verfügung stellen.

II. Phasen in der Entwicklung des Instrumentariums

1. Ein Probelauf: Der Konflikt Iran – Irak

Die Zusammenarbeit der Fünf wurde erstmals in einer Region erprobt, in der sowjetische und westliche Interessen in eine komplizierte und schwer durchschaubare Gemengelage geraten waren: im Mittleren Osten. Saddam Hussein hatte die Wirren in Iran, die durch den Sturz des Schah und die Machtübernahme der Mullahs entstanden waren, benützen wollen, um den traditionellen Rivalen Iran zu schwächen und Irak als Vormacht in der Region zu etablieren. Iran hatte sich aber als widerstandsfähig erwiesen. Nach sechsjährigen Kämpfen hatte sich 1986 sogar die Gefahr abgezeichnet, daß Irak unter den Anstrengungen des Krieges zusammenbrechen könnte. Daran waren weder die Sowjetunion interessiert, die mit Irak einen Freundschaftsvertrag abgeschlossen hatte, noch die USA, die eine Ausbreitung des islamischen Fundamentalismus unter iranischer Führung befürchteten. Vor diesem Hintergrund sah der damalige Generalsekretär, Pérez de Cuéllar, eine Chance, die fünf Ständigen Sicherheitsratsmitglieder zur Zusammenarbeit aufzufordern. Diese begann 1987 und führte zur Sicherheitsratsresolution 598, auf deren Basis der Generalsekretär schließlich im August 1988 einen Waffenstillstand durchsetzen konnte. Zur Überwachung wurde das bewährte Instrument einer Gruppe von Militärbeobachtern (UNIIMOG) eingesetzt. Den Waffenstillstand zu einem echten Frieden weiterzuentwickeln ist allerdings bisher nicht gelungen.

2. Zweite Phase: Die Bewältigung der Erblast des Ost-West-Konflikts

(1) 1988 wandten sich die USA und die Sowjetunion einer Region zu, in der ihre Interessen aufeinander geprallt waren: dem südlichen Afrika. In Angola wurde einer der sogenannten Stellvertreterkriege geführt. Die USA hatten seit langem den Abzug der kubanischen Truppen aus Angola gefordert und die Lösung des Namibia-Problems daran geknüpft. In der Ära Gorbatschow hatte die Sowjetunion begriffen, daß ihr Engagement in Afrika zu einer Belastung und nicht zu einem Vorteil geworden war. Sie war nun bereit, die Kubaner zu einem Abzug aus Angola zu drängen, dadurch die Unabhängigkeit Namibias zu fördern undd sich den USA als Partner regionaler Zusammenarbeit zu präsentieren. Die Verhandlungen wurden zwar außerhalb des Sicherheitsrats geführt. Jedoch erwiesen sich die Instrumente der VN als unerläßlich zur Umsetzung der in New York geschlossenen Vereinbarungen vom Dezember 1988. Für die Überführung Namibias in die Unabhängigkeit wurde eine VN-

Gruppe (UNTAG) eingerichtet, die viel breitere Kompetenzen und daher auch einen viel größeren Anteil an zivilem Personal hatte als frühere friedenserhaltende Missionen, bei denen es sich meist nur um Friedens*truppen* gehandelt hatte. Zwar sollte Südafrika auch in der Übergangszeit die Verantwortung in Namibia behalten. Jedoch sollte UNTAG die südafrikanischen Truppen, die Polizei und die Verwaltung kontrollieren. Vor allem aber sollte UNTAG die Vorbereitung und Durchführung der Wahlen zu einer verfassunggebenden Versammlung überwachen. Auf der Grundlage von schon früher ausgehandelten Prinzipien sollte diese Versammlung eine Verfassung ausarbeiten. Diese sollte so rechtzeitig in Kraft gesetzt werden, daß Namibia im März 1989 die Unabhängigkeit erhalten konnte. Trotz einer schweren Krise zu Beginn der Operation konnte der Zeitplan eingehalten und das Ziel erreicht werden. Namibia hat sich seitdem als stabiler Staat erwiesen, der mit seinem übermächtigen Nachbarn Südafrika in Frieden leben kann.

(2) Auch die Konflikte in Zentralamerika waren von den Ost-West-Spannungen überlagert worden. Die USA sahen hinter der Aktivität linker Rebellenbewegungen in mehreren zentralamerikanischen Staaten einen Versuch der Sowjetunion, sich auf dem amerikanischen Kontinent festzusetzen und den Einfluß der USA zu unterlaufen. Gegen die Sandinistas, die in Nicaragua an die Macht gekommen waren, förderten die USA die Contras, die vor allem vom honduranischem Territorium aus operierten. In dieser Lage unternahmen die zentralamerikanischen Staaten einen Versuch, ihre Probleme selbst zu lösen. Auf der Grundlage eines Plans von Arias, dem damaligen Präsidenten Costa Ricas, gelang eine Einigung, die unter dem Schlagwort "Esquipulas II" bekannt wurde. Darin wurden einige Prinzipien für das friedliche Nebeneinander der Staaten formuliert. Vor allem verpflichteten sich die Regierungen, Rebellenbewegungen im Nachbarland nicht länger zu unterstützen und sie nicht mehr von ihrem Territorium aus operieren zu lassen. Um die Einhaltung dieser Verpflichtungen zu überwachen, baten die zentralamerikanischen Staaten um Hilfe der VN. Diese entsandten im November 1989 eine Beobachtergruppe (ONUCA). Zum Arias-Plan gehörten auch freie Wahlen in Nicaragua unter internationaler Überwachung. Die VN übernahmen auch diese Aufgabe. Zum ersten Mal führten sie die Überwachung regulärer Wahlen außerhalb des Kontextes der Dekolonisierung durch. Sie entsandten eine eigene Mission (ONUVEN), die sowohl die Vorbereitung als auch die Durchführung der Wahlen kontrollierten. Ihre Sorgfalt und Unparteilichkeit wurde allgemein anerkannt. Das Ergebnis der Wahlen vom 25. Februar 1990 wurde auch von den Sandinistas, die eine schwere Niederlage erlitten, nicht angezweifelt.
Es blieb vor allem die Aufgabe, den Bürgerkrieg in El Salvador zu beenden. Durch Vermittlung des Generalsekretärs und seines Beauftragten kam es im

April 1991 zu ersten Vereinbarungen. Dazu gehörten auch Verpflichtungen zur Einhaltung der Menschenrechte. Um diese zu überwachen, wurde die ONUSAL errichtet – eine VN-Mission mit einer völlig neuen Aufgabe. Ende 1991 schließlich, in den letzten Stunden der Amtszeit von Generalsekretär Pérez de Cuéllar, gelang die Beendigung des Bürgerkrieges. Das Mandat von ONUSAL wurde auf die Überwachung des Waffenstillstands ausgedehnt. Erst damit erhielt ONUSAL eine Aufgabe, die für friedenserhaltende Maßnahmen typisch ist. Sie behielt aber die untypische neue Aufgabe auf dem Gebiet der Menschenrechte.

Ermutigt durch den Erfolg in Nicaragua, ließen sich die VN auch zur Überwachung der Wahlen in Haiti herbei, obwohl es sich dabei um einen rein innerstaatlichen Vorgang ohne Verbindung mit einem internationalen Konflikt handelte. Die Wahlen konnten ordnungsgemäß durchgeführt werden. Der neu gewählte Präsident wurde jedoch wenig später vertrieben, und die VN konnten wenig tun, um ihm bei der Durchsetzung seines Anspruchs auf sein neues Amt zu helfen.

(3) Vor allem das gelungene Modell Namibia stand denen vor Augen, die sich an die Beseitigung einer weiteren Erblast des Ost-West-Konflikts machten: Kambodscha. Hier war es der Gegensatz zwischen China und dem – von der Sowjetunion und ihren Verbündeten unterstützten – Vietnam, der den Kampf der kambodschanischen Parteien überlagerte. Die abnehmende Unterstützung aus dem Ostblock führte im August 1989 zu der vietnamesischen Ankündigung, seine Truppen bis Ende 1989 aus Kambodscha zurückzuziehen. Die Lage war komplizierter als in Namibia: Keiner der streitenden Parteien, auch nicht der ursprünglich von Vietnam eingesetzten Regierung Hun Sen, konnte für die Übergangszeit die volle Regierungsverantwortung übertragen werden. Es erwies sich als unvermeidlich, nicht nur wie in Namibia eine "Transition Assistance Group", sondern eine wirkliche VN-Übergangsverwaltung (transitional authority) einzurichten. Auf der Grundlage eines von Australien ausgearbeiteten Konzepts wurden in den im Oktober 1991 abgeschlossenen Pariser Verträgen über Kambodscha den VN sehr weitgehende Kompetenzen für die Übergangsverwaltung zugewiesen. Das Mißtrauen der Bürgerkriegsparteien untereinander drängte die VN in die Rolle eines Schiedsrichters, wie sie sie noch nie innerhalb eines Landes gespielt hatten. Dafür war mehr Personal als in früheren Fällen notwendig. UNTAC wurde deshalb zur umfangreichsten und teuersten Operation in der Geschichte der VN. Auch sie soll zu freien Wahlen unter VN-Aufsicht führen. Mit der Bildung einer demokratisch legitimierten Regierung soll die Übergangszeit enden. Inzwischen hat sich allerdings gezeigt, daß eine der Parteien, die Roten Khmer, sich weder an den Wahlen beteiligen noch in den von ihnen

beherrschten Gebieten Wahlen zulassen wollen. Die erstrebte Befriedung wird also zunächst nur partiell gelingen.

3. Ein Sonderfall: Die Golfkrise von 1990/91

Der Einmarsch irakischer Truppen nach Kuwait Anfang August 1990 war nach dem Angriff auf Iran ein erneuter Versuch Saddam Husseins, seine Dominanz in der Region zu etablieren. Der Gegner war diesesmal nicht ein etwa gleich starker Rivale, sondern ein militärisch hoffnungslos unterlegener Kleinstaat. Warum sollte diesesmal nicht gelingen, was zehn Jahre früher gegen Iran gescheitert war? Saddam Hussein hatte den Wandel im internationalen Umfeld nicht begriffen. Er unterschätzte die gewachsene Grundübereinstimmung vor allem zwischen den Ständigen Mitgliedern des Sicherheitsrats, er unterschätzte die Solidarität vieler Drittweltländer mit einem kleinen und militärisch schwachen Staat, auch wenn Kuwait selbst alles andere als beliebt war. Er hatte in den Wochen vor dem Angriff allerdings gerade von den USA keine klare Warnung erhalten. Mit dem Angriff auf Kuwait provozierte er Entscheidungen des Sicherheitsrats, die prompter, entschlossener und durchgreifender waren als alle Aktionen, die die VN seit dem Koreakonflikt unternommen hatten.

Noch am Tag der Invasion, am 2. August 1990, verurteilte der Sicherheitsrat in aller Klarheit und Eindeutigkeit diesen Angriff und forderte den Rückzug der Truppen. Vier Tage später verhängte der Sicherheitsrat, da Irak keinerlei Anstalten zum Rückzug machte, ein Handelsembargo, von dem nur Arzneimittel und Lebensmittel im Rahmen der humanitären Hilfe ausgenommen waren. Mit Resolution 665 vom 25. August 1990 wurden erstmals "die Mitgliedstaaten, die mit der Regierung von Kuwait zusammenarbeiten" (sprich: die Koalition unter Führung der USA) aufgerufen, den Schiffsverkehr im Golf zu kontrollieren, um die Einhaltung des Embargos sicherzustellen. Damit war das Modell vorgeprägt, das später auch für die Militäraktion gegen Irak selbst verwendet werden sollte. Vorher wurde noch, als nächste Stufe der wirtschaftlichen Zwangsmaßnahmen, mit Resolution 670 vom 25. September 1990 ein Luftverkehrsembargo verhängt. Zu diesem Zeitpunkt war bereits erkennbar, daß die irakische Bevölkerung unter dem Embargo zu leiden hatte, daß sich Saddam Hussein davon aber nicht beeindrucken ließ. Die Basis seiner politischen Macht war eben nicht die Unterstützung in der Bevölkerung, sondern die offensichtlich äußerst wirksame Kontrolle durch Geheimdienst, Polizei und Armee, in deren Schlüsselstellungen Saddam Hussein Männer seiner Clique plaziert hatte. Daran änderte auch das Luftverkehrsembargo nichts.

Am 25. November 1990 griff der Sicherheitsrat zu einem neuen, bisher nicht erprobten Instrument: Er ermächtigte die Koalition, alle Mittel zur Durchsetzung der Resolutionen 660 und der folgenden Resolutionen zu benützen, wenn Irak bis zum 15. Januar 1991 die Resolutionen nicht freiwillig befolge. Diese Ermächtigung ging sehr weit. Sie stellte es in das Ermessen der Koalition, welche Mittel sie für notwendig hielt. Der Sicherheitsrat selbst beanspruchte keine Kontrolle über die militärischen Operationen, wenn es dazu kommen sollte. Im November 1990 schien es in erster Linie darauf anzukommen, Saddam Hussein eine letzte Frist zu setzen und an die Nichteinhaltung die schärfste mögliche Drohung zu knüpfen: freie Hand für die Koalition.

Die Botschaft war klar genug. Die Vorbereitungen für einen Einsatz hatten bereits begonnen. Es schien offensichtlich, daß selbst eine große und gut gerüstete Armee wie die irakische gegen den gewaltigen Apparat der Koalition, der nun aufgebaut wurde, keine Chance haben würde. In dieser Lage unternahm der Generalsekretär kurz vor Ablauf der Frist noch einen Versuch, Saddam Hussein zum Einlenken zu bewegen. Seine Reise nach Irak endete aber mit einer bitteren Enttäuschung. Es bleibt bis heute rätselhaft, ob Saddam Hussein glaubte, die Koalition werde nicht eingreifen, ob er hoffte, die Koalition besiegen zu können oder ob er befürchtete, bei einem Zurückweichen würde sich seine eigene gedemütigte Armee gegen ihn wenden.

Der Verlauf der Operation "Wüstensturm" ist bekannt. Sie endete mit der Vertreibung Iraks von kuwaitischem Territorium und mit der Besetzung irakischen Gebiets. Es folgte die Aushandlung der Sicherheitsratsresolutionen, in denen die Bedingungen für den Waffenstillstand mit Irak festgelegt wurden: Resolution 687, ergänzt durch Resolution 688. Keinem anderen Staat wurde vorher vom Sicherheitsrat ein Regime auferlegt, das so umfassend ist und so weitgehende Kontrollrechte einschließt. Das Regime enthält auch Instrumente, die vorher noch nicht eingesetzt worden waren: Dem Irak wurden umfassende Abrüstungsmaßnahmen unter internationaler Kontrolle aufgegeben. Er hat alle chemischen und biologischen Waffen sowie die Raketen mit mehr als 150 km Reichweite und die entsprechenden Forschungsanlagen und logistischen Einrichtungen zu zerstören. Er hat die Entwicklung, den Bau und den Erwerb von Atomwaffen, Forschungseinrichtungen und -materialien zu unterlassen und das vorhandene Material zur Zerstörung bereitzustellen. Für die Überwachung und Durchführung dieser Pflichten wurde eine Sonderkommission gebildet, die seit 1991 in Irak tätig ist, auch einen Teil ihrer Aufgaben durchgeführt hat, aber immer wieder auf irakischen Widerstand stößt. Das Wirtschaftsembargo, das durch Resolution 687 nur teilweise aufgehoben worden war, wird auch dazu benützt, die weitere Kooperation Iraks mit der Sonderkommission zu erzwingen. Neu ist auch die Einsetzung einer militärischen Beobachtergruppe an der Grenze Irak/Kuwait unter Berufung auf Kapitel VII der Satzung. Die Präsenz der Beobachter hängt damit nicht mehr von der Zustimmung der Stationierungsländer ab. Sie müssen nicht – wie dies 1967 im Vorfeld des Siebentage-Krieges geschah – zurückgezogen werden, wenn eines der

Stationierungsländer dies verlangt. Ohne Vorbild ist auch, daß der Generalsekretär bei der Demarkation der irakisch-kuwaitischen Grenze Hilfe leisten soll. Umfassender als nach allgemeinem Völkerrecht ist die Pflicht Iraks zum Schadensersatz geregelt. Sie umfaßt ausdrücklich auch Umweltschäden. Die Zahlungen sollen aus einem Fonds geschehen, der aus Ölexporteinnahmen Iraks gespeist wird. In der Folgezeit wurde eine Regelung ausgearbeitet, die eine teilweise Wiederaufnahme irakischer Ölexporte und die Verwendung der Einnahmen auch für Lieferungen von Medikamenten und Gütern des zivilen Grundbedarfs vorsieht. Irak hat diese Regelung bisher aber nicht akzeptiert, obwohl die unzureichenden Lieferungen ersichtlich zu schweren Mangelerscheinungen bei der irakischen Bevölkerung führen. Hier zeigen sich erneut die Wirkungsgrenzen wirtschaftlicher Zwangsmaßnahmen.

Mit Resolution 688 griff der Sicherheitsrat auch die internen Probleme Iraks auf: die Unterdrückung der Kurden im Norden und der Schiiten vor allem im Süden Iraks. Auf diese Resolution wurde die Errrichtung eines Sicherheitszone in Nordirak gestützt, in der bestimmte militärische Aktionen, vor allem der Einsatz von Flugzeugen, verboten ist. Im August 1992 wurde auch im Süden Iraks eine Flugverbotzone errichtet.

Irak akzeptierte die Resolution 688 nicht, war aber dennoch bereit, sich in einem "Memorandum of Understanding" zur Zulassung humanitärer Hilfe auf seinem Gebiet durch VN-Organisationen zu verpflichten. Das Memorandum sieht auch die Stationierung von VN-Wachmannschaften zum Schutz des Hilfspersonals vor – eine offensichtliche Hilfskonstruktion. Die Verlängerung des Memorandums, das jeweils für sechs Monate abgeschlossen wurde, erweist sich von mal zu mal als schwieriger.

Die Ziele der Resolutionen 687 und 688 konnten also bisher nur zum Teil erreicht werden. Man muß damit rechnen, daß Saddam Hussein, solange er seine Stellung behaupten kann, weiter versuchen wird, sich dem harten Griff des Sicherheitsrats zu entziehen und die VN nach und nach aus Irak zu verdrängen.

III. Neue Herausforderungen: Der Zerfall von Staaten

(1) Seit Beginn der 90er Jahre trat fast gleichzeitig in Afrika und Europa ein Problem auf, das zwar nicht neu war, aber den handlungsfähig gewordenen Sicherheitsrat vor neue Bewährungsproben stellte: der Zerfall und das Auseinanderbrechen von Staaten. Es erwies sich, daß das Instrumentarium der VN in erster Linie für zwischenstaatliche Konflikte geeignet ist. Zwar ist offensichtlich, daß auch viele dieser Konflikte innerstaatliche Ursachen haben. In der Regel hatten sich der Sicherheitsrat, die Generalversammlung oder der Generalsekretär ihrer jedoch erst angenommen, wenn der innerstaatliche in

einen zwischenstaatlichen Konflikt umgeschlagen war. Der Sicherheitsrat griff zum Beispiel nicht zugunsten der Kurden und Schiiten ein, bevor die Golfkrise ein Einschreiten gegen Irak unabweisbar machte. Die Erfahrung der letzten Jahre zeigte aber, daß diese Zurückhaltung gegenüber innerstaatlichen Problemen schwer durchzuhalten ist, wenn diese zu einem Zustand gewaltsamer Anarchie führen oder zu Kämpfen zwischen den Teilstaaten, in die ein Staat zerbrochen ist. Der traditionellen Praxis entsprechend griff der Sicherheitsrat nicht ein, als in Liberia ein Bürgerkrieg ausbrach, der in kurzer Zeit zu einem völligen Zusammenbrechen jeder staatlichen Authorität führte. Die Bevölkerung litt entsetzlich. Es waren schließlich die Staaten der Westafrikanischen Wirtschaftsgemeinschaft (ECOWAS), die in Liberia intervenierten, ohne jedoch wieder eine funktionierende Regierung etablieren zu können.

In den Konflikten, die das Auseinanderbrechen der Sowjetunion begleiten, sind die VN bisher nur am Rande involviert. Würden sich diese Konflikte ausweiten und zu offenen Kriegen zwischen den größeren der früheren Sowjetrepubliken führen, so wären die VN wohl überfordert.

(2) In Somalia, wo sich seit Anfang 1991 ebenfalls in kurzer Zeit alle staatlichen Strukturen auflösten, mußten die VN die Initiative und Führung übernehmen, arbeiteten jedoch mit der Organisation für afrikanische Einheit und der Organisation der islamischen Konferenz zusammen. Auf der Grundlage der Sicherheitsratsresolution 733 vom 24. Januar 1992, in der als erste Maßnahme ein wenig wirksames Waffenembargo enthalten ist, bemühen sich Beauftragte der VN und der Regionalorganisationen, einen Waffenstillstand herbeizuführen. Bis April 1992 gelang es ihnen immerhin, ein Mindestmaß von Verständigung zu erreichen. Mit Resolution 774 beschloß der Sicherheitsrat die Entsendung eines kleinen Monitorenteams in die Hauptstadt Mogadischu. Damit wurde auch die Benutzung des Hafens von Mogadischu für die Anlieferung humanitärer Hilfe möglich. Da die Güter immer noch zum großen Teil den Konfliktparteien in die Hände fallen, wurde bereits in Resolution 774 vorgesehen, Truppen in das Innere des Landes zu entsenden, die in erster Linie die Lieferung humanitärer Hilfsgüter sichern sollten. Diese Aufgabe – für die VN-Truppen neu – wurde, als sie mit Resolution 775 vom 28. August endgültig beschlossen war, zur wichtigsten Aufgabe der VN-Mission in Somalia (UNOSOM). Mandat und Ausstattung von UNOSOM erwiesen sich jedoch als unzureichend, so daß der Generalsekretär am 29. November 1992 dem Sicherheitsrat vorschlug, unter Berufung auf Kapitel VII der Charta Maßnahmen zur Herstellung eines sicheren Umfelds für humanitäre Hilfe zu ergreifen. Ein Angebot der USA zur Durchführung solcher Maßnahmen lag vor. Mit Resolution 794 vom 3. Dezember 1992 ermächtigte der Sicherheitsrat den Generalsekretär *und* die Mitgliedstaaten, die dazu bereit sind, alle not-

wendigen Mittel zur Herstellung eines sicheren Umfeldes zu gebrauchen. Anders als bei der Aktion gegen Irak arbeiten VN und Mitgliedstaaten – die USA an der Spitze – bei der Aktion in Somalia eng zusammen. Resolution 794 sieht enge Koordinierung und die Errichtung eines SR-Ausschusses vor, der sich mit der Durchführung der Resolution befaßt. Nach Herstellung des sicheren Umfeldes sollen die VN mit der Operation UNOSOM II wieder die volle Verantwortung für die Versorgung und Befriedung Somalias übernehmen. Insgesamt haben sich die VN damit mehr Einfluß und Kontrolle vorbehalten als bei der Golfaktion.

(3) Die außerordentlich komplizierte Konfliktlage, die sich beim Auseinanderbrechen Jugoslawiens entwickelte, wurde zunächst als eine Sache der Europäer angesehen. Es waren die Zwölf, die sich früh engagierten. Sie schienen wegen der engen und für das damalige Jugoslawien wichtigen wirtschaftlichen Zusammenarbeit mit der EG auch einen wirksamen Hebel zu haben. Sie übernahmen die Vermittlung zwischen den verschiedenen Beteiligten und entschlossen sich auch dazu, eine Gruppe von zivilen Monitoren zu entsenden, um die Vorgänge genau beobachten zu können. In den Gremien der KSZE wurden Konsultationen eingeleitet. Sowohl der Generalsekretär als auch die Mitglieder des Sicherheitsrats begrüßten das europäische Engagement, das – entsprechend dem in Artikel 53 der VN-Satzung angelegten Subsidiaritätsprinzip – den VN eine schwierige neue Aufgabe zu ersparen schien. Die Vermittlungsbemühungen der Zwölf erwiesen sich jedoch als wenig erfolgreich, die Kompetenzen der EG-Monitoren als nicht ausreichend. Für alle Staaten verbindliche Zwangsmaßnahmen sind dem Sicherheitsrat vorbehalten. Nur die VN haben auch die tatsächliche Kompetenz für die Entsendung von Militärbeobachtern und Friedenstruppen. Auch die KSZE mit ihren rudimentären Sekretariatsstrukturen konnte diese Aufgabe nicht übernehmen. Von deutscher Seite wurde deshalb darauf gedrängt, das Problem vor den Sicherheitsrat zu bringen. Vom jugoslawischen Außenminister ausdrücklich ermutigt, drang der Sicherheitsrat am 25. September 1992 mit Resolution 713 auf die Einhaltung des mehrfach vereinbarten Waffenstillstands, unterstützte die Bemühungen der Zwölf und beschloß ein Waffenembargo. Dieses galt gegen Jugoslawien in seiner bisherigen Ausdehnung. Die selbständige Existenz von Slowenien und Kroatien war damals noch nicht anerkannt. Man hoffte, mit dem Waffenembargo den Konflikt austrocknen zu können oder ihm jedenfalls keine neue Nahrung zuzuführen. Man nahm dabei allerdings in Kauf, daß die serbische Seite, die auf die Unterstützung der gut ausgestatteten Bundesarmee rechnen konnte, davon weit weniger betroffen war als Slowenien, Kroatien und später Bosnien-Hercegovina.

Wie zu erwarten konnten die Kämpfe in den Gebieten Kroatiens mit starkem serbischen Bevölkerungsanteil weder durch die Vermittlungsbemühungen der EG noch durch das Waffenembargo beendet werden. Deshalb stiegen die Erwartungen an die VN, sich stärker zu engagieren, vor allem durch die Entsendung von Truppen. Die bis dahin allgemein akzeptierten Bedingungen für die Entsendung von Friedenstruppen waren jedoch nicht gegeben: Die immer wieder vereinbarten Waffenstillstände in Kroatien erwiesen sich als nicht haltbar. Ein Rückzug aller Truppen in ihre Kasernen oder wenigstens in eng begrenzte Gebiete, wo sie unter internationale Überwachung gestellt werden konnten, erschien nicht erreichbar, noch weniger die Trennung der kämpfenden Parteien und die Errichtung einer entmilitarisierten Zone. Das VN-Sekretariat zeigte deshalb zunächst großes Widerstreben gegen diese Aufgabe. Es entwickelte dann jedoch auf Drängen mehrerer Sicherheitsratsmitglieder ein neues Modell: In Ost- und Westslawonien sowie in der Krajina sollten VN-Schutzzonen (U.N. Protected Areas; UNPAs) errichtet werden, die dann nach und nach entmilitarisiert werden sollten. Vor allem in diesen Zonen sollten VN-Truppen, Militärbeobachter und Polizeimonitoren stationiert werden. In einer Übergangsphase sollte dort der Status quo vor Ausbruch der Kämpfe gelten. Die kroatische Regierung unter Präsident Tudjman stimmte diesem Konzept – wenn auch gegen beträchtlichen Widerstand im eigenen Land – in der Erwartung zu, daß die VN für eine rasche Wiedereingliederung der UNPAs in das kroatische Staatsgebiet sorgen würden. Die serbischen Gruppen in Kroatien akzeptierten den VN-Plan, weil sie ihn wohl als den ersten Schritt zu einer Abtrennung ihrer Gebiete von Kroatien und zu einer Eingliederung in einen großserbischen Staat betrachteten. Der Sicherheitsrat beschloß mit Resolution 743 vom 21. Februar 1992 die Entsendung von VN-Schutztruppen (UNPROFOR) für ein Jahr. Wie schon bei Errichtung der Beobachtergruppe Irak/Kuwait (UNIKOM) berief sich die Resolution auf Kapitel VII der Satzung, beanspruchte also rechtliche Verbindlichkeit, und stellte fest, daß UNPROFOR vor Ablauf eines Jahres nur durch einen neuen Beschluß des Sicherheitsrats beendet werden könne. Die Aufstellung von UNPROFOR verzögerte sich. Das VN-Sekretariat, die Truppensteller und nicht zuletzt die Beitragszahler gerieten in einen Zustand der Überforderung. Zwei bedeutende, umfangreiche und kostspielige friedenserhaltende Maßnahmen (UNTAC und UNPROFOR) mußten nun gleichzeitig aufgestellt werden. Dazu kamen die politischen Schwierigkeiten in Kroatien. Vor allem verzögerte sich der vollständige Abzug der Bundestruppen aus den UNPAs, die dort – entgegen dem VN-Plan – den serbischen irregulären Verbänden einen Teil ihrer Waffen überließen. Auch waren die Serben in den UNPAs bisher nicht zu der vorgesehenen Demilitarisierung und insbesondere zur Entwaffnung ihrer Territorialverteidigung sowie der irregulären Kräfte bereit. Kroatien hat erklärt, einer Verlängerung des UNPROFOR-Mandats nur dann zuzustimmen, wenn Fortschritte zur Wiederherstellung seiner Hoheit über die UNPAs erzielt werden. Ob der VN-Plan insoweit durchgesetzt werden kann oder ob sich die UNPAs auf den Weg der Abtrennung von Kroatien und später vielleicht des Anschlusses an einen serbischen Staat begeben, ist noch offen.

Für Bosnien-Hercegovina sah der VN-Plan die Stationierung von bis zu 100 Militärbeobachtern vor. Da die bosnische Hauptstadt geographisch günstig zwischen den UNPAs lag, wurde das UNPROFOR-Hauptquartier dorthin verlegt. Ein stärkeres VN-Engagement in Bosnien erwies sich als nicht durchsetzbar, obwohl sich schon in den ersten Monaten des Jahres 1992 die Gefahr eines offenen Konflikts zwischen den drei Volksgruppen abzeichnete. Es war offensichtlich, daß die serbische Volksgruppe von Serbien und von der Bundesarmee unterstützt wurde. Die Stationierung von Beobachtern oder Friedenstruppen an der Grenze zu Serbien hätte dem vielleicht entgegenwirken können. Der Konflikt wurde unausweichlich, als sich die serbische Gruppe weigerte, an der Errichtung eines unabhängigen bosnischen Staates mitzuwirken. Sie boykottierte das Referendum über die neue demokratische Verfassung. Statt dessen wurde ein eigener serbisch-bosnischer Staat ausgerufen. Moslems und Kroaten wurden aus dem Gebiet vertrieben, das dieser Staat beanspruchte: 60% des bosnisch-hercegovinischen Territoriums. Damit sollte auch eine gesicherte Landverbindung zwischen Serbien und den serbisch beherrschten Gebieten Kroatiens hergestellt werden. Auch die Hauptstadt Sarajevo wurde von den Serben beansprucht. Dort entwickelten sich heftige Kämpfe, die schließlich dazu führten, daß das UNPROFOR-Hauptquartier nach Zagreb verlegt werden mußte.

Die Vorgänge in Bosnien-Hercegovina führten zu einer veränderten Haltung des Sicherheitsrats. Hatte er bisher versucht, die gewaltsamen Begleiterscheinungen beim Auseinanderbrechen Jugoslawiens einzudämmen, ohne sich auf die Seite einer der kämpfenden Parteien zu stellen, so wandte er sich nun deutlich gegen Serbien und Montenegro. Mit Resolution 752 vom 15. Mai 1992 forderte er die Einheiten der Bundesarmee – daneben allerdings auch "Elemente der kroatischen Armee" – auf, sich entweder aus Bosnien-Hercegovina zurückzuziehen, sich der legitimen Regierung Bosnien-Hercegovinas zu unterstellen oder sich unter internationaler Kontrolle aufzulösen. Als dies nicht geschah, verhängte er zwei Wochen später mit der Resolution 757 umfassende Wirtschaftssanktionen gegen "die Bundesrepublik Jugoslawien (Serbien und Montenegro)" einschließlich eines Luftverkehrsembargos. Serbien wurde als verantwortlich für die Unterstützung und Ermutigung der bosnischen Serben angesehen. Eine direkte Einwirkung auf diese war mit den bisher entwickelten Instrumenten der VN nicht möglich. Schon die mit Resolution 772 angeordnete Kontrolle der schweren Waffen in Bosnien, die die Waffen der Bundesarmee den Serben vorenthalten hätte, konnte nicht durchgesetzt werden. Am 8. Oktober 1992 verhängte der Sicherheitsrat ein Flugverbot über Bosnien, mit dem insbesondere die Bombenabwürfe auf Städte verhindert werden sollten. Aber erst im März 1993 begann im Sicherheitsrat die Diskussion über die Durchsetzung dieses Verbots. Dabei soll die NATO, die über die erforderlichen militärischen Fähigkeiten verfügt, im Auftrag der VN handeln – ein weiterer Schritt bei der schon vorher angebahnten Zusammenarbeit der beiden Organisationen.

Alle diese Ansätze ändern aber nichts an dem Dilemma, das sich im Falle Bosniens besonders kraß zeigt: Vermittlung, wie sie von Vance und Owen im Auftrag der Londoner Konferenz versucht wird, kann nur dann zu einigermaßen gerechten und haltbaren Lösungen führen, wenn sich in einem Konflikt zwei einigermaßen gleichstarke Gegner gegenüber stehen. Dies ist in Bosnien nicht der Fall. Eine Lösung von außen aufzuzwingen, erweist sich als besonders schwierig, wenn der Konflikt innerhalb eines Staates tobt. Wirtschaftliche Druckmittel wirken dann, wenn überhaupt, nur indirekt und auf längere Sicht. Militärisches Eingreifen ist riskant. Rasche Erfolge sind dabei nicht zu erwarten. Die Bereitschaft der Staaten, sich auf ein solches Abenteuer einzulassen, erweist sich deshalb als gering.

Statt dessen ging die internationale Gemeinschaft dazu über, die Folgen des Krieges für die Bevölkerung in Bosnien zu lindern und vor allem den Flüchtlingen zu helfen.

Nach Sarajevo wurde eine Luftbrücke eingerichtet. Lastwagen-Konvois gelang es nur gelegentlich und mit großen Verzögerungen, bis zu den notleidenden Städten durchzudringen. Mit der Resolution 769 wurde das Mandat von UNPROFOR schließlich auf Bosnien-Hercegovina ausgeweitet, das Personal wesentlich verstärkt. UNPROFOR war damit in der Lage, auch die humanitäre Hilfe besser zu unterstützen. Für einen wirksamen Schutz dieser Hilfe gegen Angriffe vor allem der serbischen irregulären Truppen reichte dies jedoch nicht aus. Am 17. August 1992 rief der Sicherheitsrat mit Resolution 770 alle Staaten auf, national oder durch Regionalorganisationen alle Maßnahmen zu treffen, die notwendig sind, um die Lieferung humanitärer Hilfe nach Sarajevo oder in andere bedürftige Teile von Bosnien und Hercegovina zu ermöglichen. Dies war ein von den USA entworfenes neues Modell einer Ermächtigung an die Mitgliedstaaten. Kein Staat – auch nicht die USA – wollte jedoch schließlich von dieser Ermächtigung Gebrauch machen. Statt dessen wurde nun auch der Schutz humanitärer Hilfe an UNPROFOR über-

tragen. Zu diesem Zweck wurde UNPROFOR um weitere 6 000 Mann aufgestockt. Das Mandat dieser Truppen geht über das bisher für Friedenstruppen übliche hinaus. Sie sollen zwar den Zugang für humanitäre Hilfe nicht erzwingen. Sie können jedoch Angriffe auf Hilfstransporte abwehren. Wenn die Hilfskonvois gestoppt werden – was of geschieht – ist UNPROFOR nicht in der Lage, einen Durchbruch zu erzwingen.
Angesichts dieser entmutigenden Erfahrungen ist es besonders dringend, den Ausbruch weiterer Konflikte im ehemaligen Jugoslawien rechtzeitig zu verhindern.
Mit Resolution 795 hat der Sicherheitsrat beschlossen, Friedenstruppen und Beobachter nach Makedonien zu entsenden, um Entwicklungen in den Grenzgebieten zu beobachten, die die Stabilität untergraben und Makedoniens Territorium bedrohen könnten. Dies ist das erste Mal, daß Friedenstruppen ausdrücklich zur Verhütung eines Konflikts entsandt werden. Bemerkenswert ist auch, daß in der Resolution von der Bedrohung des Territoriums eines Staates gesprochen wird, der zu diesem Zeitpunkt noch nicht in die VN aufgenommen und von vielen Staaten auch noch nicht anerkannt worden war.
Eine Präsenz der VN in Kosovo, einem besonders konfliktträchtigen Gebiet, ist bisher an Serbien gescheitert, das den Widerstand der albanischen Bevölkerung in Kosovo als innere Angelegenheit betrachtet.

IV. Ausblick

Wir haben in den vergangenen Jahren zu viele Überraschungen erlebt, als daß man mit einiger Zuversicht die internationale Entwicklung auch nur in der nächsten Zukunft zu umreißen wagte. Erkennbar sind allenfalls einige Fragen, die sich aus möglichen Entwicklungen des internationalen Umfelds für die VN und ihre Fähigkeit zur Bewältigung von Krisen ergeben werden. Die Fragen stellen sich auf zwei miteinander verbundenen Ebenen: der Ebene der faktischen Macht der Staaten einerseits und der Legitimität dieser Macht, oder – wenn man diesen wertenden Begriff vermeiden will – ihrer Akzeptanz andererseits. Es ist offensichtlich, daß die VN-Satzung von der faktisch unterschiedlichen Macht einzelner Staaten ausgeht und sie voraussetzt: Nur den mächtigsten Staaten wurden in der Satzung ständige Sitze im Sicherheitsrat zugewiesen. Diese Macht ist aber nur legitim, wenn sie im Einklang mit der Satzung gebraucht wird. Auch die mächtigsten Staaten sind durch die Regeln der Satzung gebunden, die damit zu einem Schutz der kleineren Staaten und sogar – durch die Anerkennung von Menschenrechten – von innerstaatlichen Gruppen und Individuen werden.

Eine dramatische Änderung der faktischen Machtverhältnisse haben wir in den letzten Jahren erlebt. Die akuteste Frage auf dieser Ebene bleibt das Schicksal

Rußlands, das ein eigenes multi-ethnisches Imperium ist. Sollte sich der Anspruch auch immer kleinerer Völker auf selbständige staatliche Einheiten fortsetzen, so stünde auch die Existenz des verbliebenen russischen Imperiums und die Handlungsfähigkeit der Moskauer Führung auf der internationalen Bühne auf dem Spiel. Daß darüber hinaus die Bereitschaft der russischen Führung zur Zusammenarbeit eine wesentliche Bedingung für das Funktionieren des Sicherheitsrats ist, bedarf nach den bisherigen Erfahrungen keiner besonderen Erläuterung. Neben dem geschwächten Rußland erheben sich nun neue Mächte. Das wirtschaftlich ungeheuer erfolgreiche Japan etwa hat bereits seinen Anspruch angemeldet, in den Kreis der ständigen Mitglieder des Sicherheitsrats aufgenommen zu werden. Zu den anderen Staaten, die ihr Interesse geäußert haben, gehören Brasilien, Nigeria und Indien. Deutschland will zwar selbst keine Initiative ergreifen, aber auch nicht übergangen werden, wenn es zu einer Erweiterung des Sicherheitsrates kommt.

Auf der Ebene der Legitimität stellen sich mehrere Fragen. Auch hier verzeichnen wir in den letzten Jahren wichtige Veränderungen. Der Zusammenbruch des sowjetischen Kommunismus hatte den westlichen Staaten, und vor allem den USA, nicht nur einen relativen Gewinn faktischer Macht gebracht, sondern auch einen Zugewinn an Legitimität: Diese Staaten waren die Träger des Gesellschaftsmodells und des Wertesystems, das sich gegenüber dem Sowjetkommunismus als überlegen erwiesen hatte. Die USA leiteten aus diesem Legitimitätsgewinn gerade in den VN einen Führungsanspruch her, den sie besonders in der Golfkrise mit beträchtlichem Geschick durchsetzten. Sie erregten damit allerdings auch Widerstände, die seitdem noch stärker und sichtbarer geworden sind. Sie richten sich zunächst gegen die Dominanz der USA im Sicherheitsrat. Es ist zweifelhaft, ob die anderen Sicherheitsratsmitglieder, vor allem die Blockfreien, erneut bereit wären, den USA und deren Verbündeten in dem Maße freie Hand zu geben, wie sie es in der Golfkrise getan hatten. Die Widerstände richten sich aber auch gegen die Bestrebungen der westlichen Staaten, den Grundsätzen der Demokratie und den Menschenrechten weltweit Geltung zu verschaffen und damit über die innere Verfassung anderer Staaten mitzubestimmen. Viele Staaten, zum Beispiel auch China, weisen dieses Einmischungsrecht mehr oder weniger deutlich zurück. Die islamischen Staaten bestreiten die universelle Geltung bestimmter Menschenrechte unter Berufung auf ihre eigene Rechtsordnung, die sie auf ihre Religion gründen und der sie deshalb Vorrang einräumen. Die Abwehr der Einmischung in innere Angelegenheiten würde offensichtlich auch dem Wirken der VN Grenzen setzen. Wir haben gesehen, daß viele Konflikte ihre Ursachen im Inneren von Staaten haben. Nur wenn gewisse Grundsätze auch für die Gestaltung der inneren Verfassung von Staaten allgemein akzeptiert werden, können die VN die Konfliktursachen präventiv oder kurativ angehen. Angesichts des Wiedererstarkens nationaler Bewegungen auch im Inneren von Staaten (nur 10% aller Staaten sind ethnisch homogen) werden etwa internationale Standards für die Rechte von Minderheiten zu entwickeln und durchzusetzen sein, um das Staatensystem einigermaßen stabil zu halten.

Die Antworten auf diese Probleme werden den Rahmen bestimmen, in dem sich das Instrumentarium der Vereinten Nationen zur Bewältigung von Krisen weiterentwickeln kann.

4. The Changing Role of the U.N. Security Council: Trends and Perspectives

*Helmut Freudenschuss**

I. Myth versus Reality: An Overview

The unprecedented involvement of the Security Council (SC) in the Gulf conflict – and in other conflicts since then – is well known and, by now, extensively documented and commented. There is already a vast body of literature[1] on various legal and political issues. I myself have attempted, at an early date, to summarize the present and future impact of the Gulf conflict on the U.N. and its SC.[2] This is not the place to do so again. Suffice it to state therefore that what we have seen is largely the creation of a myth.

1. The Myth

This myth has various facets: that the SC was in the driving seat, that collective security as envisaged by the Founding Fathers of the U.N. has, at long last, come into existence, that SC involvement in a problem is a panacea for all ills. In short, that all tired, poor, huddled masses yearning to breathe free could place their hopes in this "new world order where diverse nations are drawn together in common cause to achieve the universal aspirations of mankind: peace and security, freedom and the role of law ... where brutality will go unrewarded, and aggression will meet collective resistance."[3]

2. The Reality

Reality is different. The SC was never in the driving seat – it was driven, very skillfully, first by the U.S. in the Gulf, then, less effectively, by its European members, and finally again by the U.S. in the Yugoslav crisis. Collective security in its

---

* The views expressed in this article – which was completed on 15 September 1992 – are only the author's.

1 The best contributions are still Franck/Patel, "U.N. Police Action in Lieu of War: 'The Old Order Changeth'," in *American Journal of International Law* (*AJIL*), Vol. 85, 1991, pp. 63ff; Schachter, "U.N. Law in the Gulf Conflict," ibid., pp. 452ff; Rostow, "Until What? Enforcement Action or Collective Self Defense?," ibid., pp. 506ff, and Weston, "SCR 678 and Persian Gulf Decision Making: Precarious Legitimacy," ibid., pp. 516ff.

2 Freudenschuss, "The Impact of the Gulf Conflict on the U.N. and its SC: Developments and Perspectives," in Danspeckgruber/Tripp, eds., *The Iraqi Aggression against Kuwait*, Second Liechtenstein Colloquium, May 1991, Boulder 1993 (in print).

3 G. Bush, *Toward a New World Order*, Address before the joint session of Congress on 11 September 1990, U.S. Dept. of State Dispatch 1, No. 3, 17.9.1990, pp. 91ff.

classical sense has not been realized. And, as the Kurds, the Afghans, the Somalis and the Bosnians can testify, U.N. action is not (yet) a panacea but largely (still) a palliative.

Put differently, the language and the instruments of idealism were employed in the service of realism, of power politics. International institutions – primarily the SC – were made greater use of as *providers of international political cover* while national interests were still being pursued.[4] The possible reasons for this are set out below.

3. The Reasons

Some regard collective security itself as a myth that cannot possibly work since it presupposes identical interests and the indivisibility of peace.[5] Instead of discrimination on the basis of power, interest, geography and circumstance, collective security – and this New World Order – would have to be applied everywhere, anytime, regardless of who the aggressor is. Aggression would have to be regarded as a disease to which the U.N. must supply the antidote – collective security. If recent history – the best examples are Somalia and former Yugoslavia – has shown anything, it is precisely the contrary: peace is divisible, conflicts are normally of a merely local or regional significance.[6]

Others have critizised collective security in its present day-incarnation as not decisive enough. Pointing out that "the villains seem to be winning" in Iraq, Cambodia and Bosnia and Hercegovina, they call on the U.N. to "abandon some of its cherished notions about impartiality between victims and victimizers, and about the minimum use of force against aggressors and facing the fact that it is not poverty, not ethnicity, nor the break-up of empires that cause war. It is violent men and lawless governments." Since the framework of collective security is in place and military and human resources are available, they argue that what is necessary is to mobilize and use them.[7]

Yet another criticism of collective security is that it is state-centric and therefore not applicable if force is used within states.[8] One may not want to go as far as to

4 Freedman, "The Gulf War and the New World Order," in *Survival*, Vol. 33, 1991, pp. 195ff (at 197).

5 Statz, "Nachkriegszeit: VN zwischen ziviler und militärischer Weltordnung," in *VN*, No. 4, 1991, pp. 129ff (at 130).

6 Tucker/Hendrickson, *The Imperial Temptation. The New World Order and America's Purpose* (New York 1992), p. 207.

7 Kirkpatrick, "Yes, Violent Men Can be Confronted and Beaten," in *International Herald Tribune*, 31.7.1992. For a critique of this view see Grenier, "Bleeding Heart Hawks," in *Washington Times*, 16.8.1992, who accuses them of having "worked themselves into a positive frenzy of moralism."

8 Nye, "What New World Order?," in *Foreign Affairs*, Vol. 71, 1992, pp. 83ff (at 90).

state that the U.N. is unsuitable for the sort of world which has developed since its foundation,[9] but – in the light of recent developments – it seems clear that the major threats to order do not result from naked aggression but from the disintegration of existing states. Since a policy of unqualified support for self-determination would not find the necessary support in the Security Council (one only has to think of the internal problems of Russia and China) and would result in enormous disorder, the U.N. has basically two choices: one is to continue to muddle through, as it were, by imposing sanctions, demanding restraint and respect for ceasefire agreements and throwing increasingly scarce resources – military observers, troops, civilian guards, humanitarian assistance and what not else – at a problem in the hope that reason will prevail. The other is to act before it is too late, i.e. preventively, and, where applicable, to encourage and, if need be, to induce solutions short of independence: federalist structures, autonomy and minority rights with international supervision.

If – as I believe – states will remain the cornerstone of the international system, the U.N. will not become a super-State or a world government since this would entail for states to give up considerable sovereignty and freedom to act nationally. While the objective criteria – universality and a legal framework – for a system of collective security exist, its subjective criteria – international solidarity and consensus on what is wrong, the preparedness to cede executive authority to the U.N. and to bear the burdens and consequences of collective decisions – lack and are likely to continue to do so.[10]

4. The Future: Cooperative Internationalism

In practice, the cases of multilateral intervention may, along with the reasons for them, incrementally increase and expand over time. This paper will examine how the U.N. and its SC in particular can be agents of change in this process of gradual adjustment of the concept of collective security which can be called cooperative internationalism.

This approach is based on the basic assumption that the selective internationalization of previously purely national functions is a logical consequence of a general increase in governmental functions, growing interdependence and the inability of any one state to be the world's policeman, both because of its own unwillingness or lack of sufficient resources and the unwillingness of other states to accept unilateralism, in particular with regard to issues considered internal affairs. Since states,

9 As does James, "The Enforcement Provisions of the U.N. Charter," in UNITAR, ed., *The U.N. and International Peace and Security*, Dordrecht 1987, pp. 213ff (at 219).

10 Schaefer, "Die Rolle der VN im Rahmen der Friedenssicherung," in Doeker/Volger, eds., *Die Wiederentdeckung der VN* (Opladen 1990), pp. 155ff (at 157).

however, are going to remain the cornerstones, the role of the U.N. will not develop into a world government but will be limited to being a mechanism for finding the acceptable extent of cooperative internationalism with regard to tasks to be carried out, means applied to that end and their underlying reasons. The U.N. is thus seen as a *coordinating mechanism for national interests and policies* (as opposed to acting upon a "global interest") in those areas and for those reasons were there is both the need and the desire to pool these policies and to translate them into international action.[11]

In the field of peace and security, the SC is the primary mechanism. Below I will attempt to show to which extent the SC has carried out this task and to predict future developments.

II. Tasks of the SC in the 1990s and beyond: Changes and Chances

There can be no doubt that the U.N. and its SC have already broken new ground in being mechanisms for cooperative internationalism, in particular with regard to the Gulf conflict, former Yugoslavia, Somalia, Libya and Cambodia. A number of issues arise from these cases.

1. Collective Security and Collective Self-Defense

Security Council Resolution (SCR) 678 was not the application of collective security in the traditional sense. Adopted under a general reference to Chapter VII, it refers back to resolution 661 and, through it, to SCR 660 which stated explicitly that the SC was acting under Articles 39 and 40 of the Charter. Collective security as originally intended would have also meant applying Articles 42, 43 and so on, implying a U.N. command, agreements between the U.N. and states on the provision of troops, a role for the Military Staff Committee etc. None of this came to pass. But neither was it – as the dominant view would have it[12] – collective self-defense in the sense of Article 51 of the Charter.

Firstly, the reporting requirement of this provision – which has been interpreted as requiring timely and adequate information concerning necessity, proportionality and the ends sought to enable the SC to make an informed judgement as to the legality of the self-defense measures has not been complied with nor were the sketchy reports submitted intended to be reviewed by the Council. On the con-

11 See already Rittberger, "Zwischen Weltregierung und Staatenanarchie – U.N. und internationale Friedenssicherung," in Doeker/Volger, op. cit. (note 10), pp. 139ff (at 152).

12 See Franck/Patel, Rostow, and Schachter, op. cit. (note 1). They differ, however, on whether (Franck/Patel) or not the coalition, once it had seized the SC, needed its consent before military action and whether or not this limited the purposes to which force may be directed. I side with the latter view if only because the former would surely dissuade states from making use of the Council.

trary: When, after the beginning of the "air war" on 16 January 1991, some non-aligned members of the SC demanded a formal meeting, the U.S., Great Britain and France resisted and managed, with the help of the then President of the Council (Zaire), to delay such a meeting for several weeks. Finally, a compromise proposal by Austria to have a formal but private meeting of the Council – the first since 1974 – was accepted by a procedural vote.[13]

Secondly, the obligation placed on all states in op. p. 3 of SCR 678 to "provide appropriate support for the actions undertaken" would not have been possible if it had been collective self-defense under Article 51. Likewise, the mandate contained in op. p. 2 of the same resolution "to restore peace and security in the area" goes beyond the traditional confines of self-defense.[14]

Consequently, one is left to conclude that the SC created an entirely new instrument. This "Article 42 1/2 authorization," as some have called it, was a viable alternative to the unviable, unfeasable concept of collective security, based on a temporary identity of interests. This new instrument, like the so-called "Chapter VI 1/2"-peace-keeping operations (PKO), cannot be found in the letter of the Chapter. But it responded to a need and, if it were to help substituting multilaterally authorized enforcement for unilateral violence under the guise of self-proclaimed self-defense, it would certainly be regarded as in conformity with the spirit of the Charter.[15]

The new task for the SC is therefore not a dogmatic one: to attempt defining collective security vs. collective self-defense is, in practical terms, a futile exercise. Its new task is rather more mundane but equally difficult: to maintain respect for and confidence in itself in the long run. Given the particular circumstances of the Gulf conflict – which resulted in the U.S. taking a strong and direct interest in the matter – some have argued that it may well remain a case sui generis not to be repeated again soon, either because the manner in which the Gulf military action was carried out may well limit the willingness of Council members to follow a similar procedure in the future[16] or because no sufficiently strong commonality of national interests emerges in other situations. I tend to agree with the view that future applications of the approach taken with SCR 678 will be few and far

---

13 U.N. Doc. S/PV. 2977 (Part I) of 13 February 1991.

14 Heinz/Philipp/Wolfrum, "Zweiter Golfkrieg: Anwendungsfall von Kapitel VII der UN-Charta," in *VN*, No. 4, 1991, pp. 126ff (at 126).

15 See Scheffer, "Use of Force after the Cold War: Panama, Iraq and the New World Order," in Henkin et al., eds., *Right v. Might. International Law and the Use of Force* (New York 1991), pp. 109ff (at 129). The ICJ, in its Advisory Opinion in the "Certain expenses of the U.N."-case, rejected the argument that armed force authorized by the SC had to be based on Art. 42 (1962 ICJ Rep. 151, 167).

16 So Russett/Sutterlin, "The U.N. in a New World Order," in *Foreign Affairs*, Vol. 70, 1991, pp. 69ff (at 83).

between but I also think that they will be, for the foreseeable future, the limit to U.N. involvement in the collective use of substantial force.

2. Towards a New System of Comprehensive Peace and Security?

"The creation of a reliable system for international peace and security involves more than reacting, however forcefully, to a crisis that has already happened. It requires both the creation of conditions in which peace can be maintained, and the capacity to anticipate and prevent breaches of the peace ... Governments will also have to be prepared to support and put adequate resources behind both global and regional security systems."[17] These words were written in March 1991 but nothing of that sort has happened. If anything, confidence in the SC has largely eroded and respect for its decisions widely vanished. This is not only true for Iraq, but also for Cambodia, former Yugoslavia and elsewhere. This underlines the necessity for the SC to develop more creative and compelling means to establish peace and security lest it will again come to be regarded as being only a paper tiger, churning out resolutions which everybody quotes but nobody minds.

In theory, the SC has grasped the complexity of the problem and has identified the need for an integrated approach as can be seen from the statement adopted by the Council at the conclusion of its first meeting at the level of Heads of State and Government on 31 January 1992:[18]

> "The absence of war and military conflicts amongst States does not in itself ensure international peace and security. The non-military sources of instability in the economic, social, humanitarian and ecological fields have become threats to peace and security."

But how to fill this tall order? Many theoretical answers can be found in the report prepared by the Secretary-General *An Agenda for Peace*[19] pursuant to the Summit's request for an "analysis and recommendations on ways of strengthening and making more efficient within the framework and provisions of the Charter the capacity of the U.N. for preventive diplomacy, for peacemaking and for peacekeeping." The Council's reaction to this report can, at least until now, be characterized as benign neglect. The main reason for this was the fear held by the majority of Council members that a substantive consideration of the Secretary-General's recommendations would either – as in the case of the U.S. and Great Britain – force them to oppose (or, which would be even worse, to agree to) elements of the report (in particular those referring to peace enforcement) which they had themselves commissioned or – as in the case of some non-aligned members and China – draw them into taking substantive positions on issues which they consider the

17 Urquhart, "Learning from the Gulf," in *The New York Review of Books*, 7.3.1991, pp. 34ff.
18 U.N. Doc. S/23500 of 31.1.1992.
19 U.N. Doc. S/24211 of 17.6.1992.

holy cows of sovereignty. Consequently, an unholy alliance was struck to maintain, as long as possible, a conspiracy of silence. Ironically France and in particular Russia, who had, in its previous incarnation on the Council as the Soviet Union, championed many if not most of the very recommendations of the Secretary-General, felt compelled to sacrifice their interest in the matter on the altar of solidarity among the P5. This ominous development was only slightly mitigated by the inclusion, upon Austria's insistance, of a declaration of intent to "examine in depth and with due priority the recommendations of the Secretary-General" in the statement by the SC noting this report with interest and appreciation.[20]

In practice, the SC's approach after the Gulf conflict has been – not surprisingly – one of continuing to "muddle through," former Yugoslavia being the most notable case. This is not to say, however, that the Council has not, in a pragmatic – some would call it haphazard – way made some progress towards measured humanitarian interventions and, in a broader sense, a more extensive interpretation of threats to international peace and security by rolling back, as it were, the concept of internal affairs. The same cannot, however, be said about preventive measures, co-operation with regional organisations or, let alone, dealing with the underlying causes of most conflicts: resurgent nationalism, political oppression, social injustice and blatant economic disparities.

3. Re-definition of Internal Affairs?

Again it was the decisions taken with regard to the Gulf conflict that raised hopes and expectations on the one hand and fear of neo-colonialism in humanitarian disguise on the other. The landmark-decisions were SCR 687 and 688 (1991).

SCR 687, based on the double premise that there should be no costless aggression and that military means of aggression can be taken away and denied for the foreseeable future, has created a precedent as far as the SC's intrusive powers are concerned. As events since then have shown, however, it did not create a precedent with regard to their use. The main difference to other cases like Somalia and former Yugoslavia lies again in the different degree of national interests involved. In both cases the SC decreed an arms embargo – without any follow-up despite obvious violations –; in the latter case the SC also agreed in principle to supervise heavy weapons in Bosnia and Hercegovina, but subject to the implementation of an agreement by the parties, in particular an effective ceasefire. Ideally, the acquisition of weapons of mass destruction could be regarded as a threat to international peace and security per se,[21] but no such effort has yet been made in the SC.

20 U.N. Doc. S/24210 of 30.6.1992.

21 Mueller, "Das nukleare Nichtverbreitungsregime im Wandel," in *Europa-Archiv*, No. 2, 1992, pp. 51ff (at 54). More generally, Krause, "Neuartiges internationales Regime mit Präzedenz-

SCR 688 – based on the premise that the repression of the civilian population in Iraq and the resulting massive violations of human rights constitute a threat to international peace and security – established a right to interfere and thus constitutes a milestone in international law. But it is important to note that this resolution was not adopted under Chapter VII of the Charter due to the opposition of China and some non-aligned members of the Council. As someone who was "present at its creation," I can testify to the correctness of the view that it was not intended to authorize moving coalition forces into Northern Iraq although the allies claimed it as a basis for doing just that and for prohibiting all Iraqi military activity above the 36th parallel. Consequently it did not establish a right toward military intervention for humanitarian purposes.[22]

A few weeks later, when the coalition forces wanted to be replaced in the "save havens" by a U.N. force, the Secretary-General concluded that he could not legally send in regular U.N. force unless the SC ordered Iraq (in a new resolution) to accept it or Iraq agreed to it. Since neither was forthcoming, the Secretary-General – based on a so-called "Memorandum of Understanding" with Iraq – dispatched a small contingent of "U.N. Guards" to perform minimal policing in an area where displaced Kurds were located and U.N. relief operations were carried out. It was argued that these guards were also implicitly authorized by op. p. 5 of SCR 688 which requested the Secretary-General to use all the resources at his disposal to address urgently the critical needs of the refugees and the displaced Iraqi population.[23] SCR 688 seems to have been used again as a basis when the U.S., Great Britain, France and Russia declared a "no fly" – or "air exclusion zone" in Southern Iraq on 26 August 1992, prohibiting the use of all Iraqi aircraft below the 32nd parallel.[24]

Nor did the action taken by contingents drawn from ECOWAS-states in Liberia constitute humanitarian intervention as their own decisions and the two statements by the SC on this matter clearly demonstrate.[25]

In the case of Libya the SC, by adopting SCR 731 and 748, has not only extended the scope of "threats to international peace and security" but has thereby

---

wirkung? Die Kontrolle der irakischen Rüstung durch VN und IAEA," in *VN*, No. 2, 1992, pp. 46ff and Deutch, "The New Nuclear Threat," in *Foreign Affairs*, Vol. 71, 1992, pp. 120ff.

22 Scheffer, op. cit. (note 15), at 145. It is unclear how Heinz/Philipp/Wolfrum, op. cit. (note 14) at 126, could argue that SCR 688 had its basis in Chapter VII.

23 Schachter, op. cit. (note 1), at 469.

24 See Gordon, "Gulf Allies Agree to Hit Iraqi Aircraft in the South," in *The New York Times*, 19.8.1992; Weller, "Intervention Plans Lack Specific U.N. Sanction," in *The Times*, 20.8.1992. I do not share the view that SCR 688 is a sufficient legal basis.

25 U.N. Docs. S/22133 of 22.1.1991 and S/23886 of 7.5.1992. See also Farer, "An Inquiry into the Legitimacy of Humanitarian Intervention," in Damrosch/Scheffer, eds., *Law and Force in the New International Order* (Boulder 1991), pp. 185ff (at 199).

also expanded its own competence through a dynamic or teleological interpretation of the Charter.[26]

Regarding former Yugoslavia, the SC initially made a pretense of avoiding intervention in internal affairs by claiming that it was motivated by the external ramifications and even that was done with the consent of the central government.[27]

Later, in the case of Bosnia and Hercegovina, U.N. efforts to re-open Sarajevo airport for humanitarian purposes – and the decisions by the Security Council pertaining to them – were contingent upon and subsequent to the agreements of the parties of 5 June 1992. SCR 770 of 13 August 1992 and its aftermath are of particular interest. Based originally on an initiative by the U.S. administration in reaction to domestic pressures, it was watered down considerably in consultations with Great Britain and France but still contained the key element of calling on states to take all measures necessary to ensure the delivery of humanitarian assistance to Bosnia and Hercegovina. This was meant to – and understood to – include military force which led, inter alia, China to abstain. However, in preparatory work among NATO and WEU-member states, among different branches of the U.S. administration and with the UNHCR considerable difficulties emerged. Finally, the U.S. declared itself prepared to go along with the original British and French idea of instead strengthening UNPROFOR and enlarging its mandate. The U.N.-SG consented, provided that the normal PKO-rules of engagement (use of force only in self-defense, although this was to be interpreted in a larger than usual sense) would apply, that UNHCR would decide which convoys needed protection and that states would cover the costs on a voluntary basis. He further suggested that this expanded UNPROFOR could also be used to protect convoys of released detainees if the ICRC so requested and if it was practicable.[28] The SC approved this departure from – and indeed weakening of – "all measures necessary" called for in SCR 770 only a few weeks earlier without much ado in SCR 776 on 14 September 1992.

With regard to Somalia, the evidence is also ambiguous. While the actual deployment of security personnel for the protection of humanitarian relief operations was also made contingent upon the agreement of all parties, the SC approved the larger part of it before this agreement had been given and did "not exclude other

26 Ipsen, "Auf dem Weg zur Relativierung der inneren Souveränität bei Friedensbedrohung. Zu den Libyen-Resolutionen des Sicherheitsrates," in *VN*, No. 2, 1992, pp. 41ff; Franck, "The 'Powers of Appreciation': Who Is the Ultimate Guardian of U.N. Legality?," in *AJIL*, Vol. 86, 1992, pp. 519ff (at 523) cautions that the more the SC uses its wide powers as in the case of Libya, the more urgent the calls for institutional reform will become. He also argues that the ICJ may have to be the last-resort defender of the system's legitimacy if the U.N. is to continue to enjoy the adherence of its members.

27 See Weller, "The International Response to the Dissolution of the SFRY," in *AJIL*, Vol. 86, 1992, pp. 569ff.

28 U.N. Doc. S/24540 of 10.9.1992.

measures to deliver humanitarian assistance" in the absence of cooperation of the parties.[29]

Haiti is a different case. The sending of some personnel to supervise the elections was based on a General Assembly (GA) resolution and not on a decision by the SC due to the opposition of China and some non-aligned members despite a request by the then Provisional President of Haiti.[30] Later, an attempt by the deposed President Aristide to get the SC involved was also rebuffed.

Recent examples therefore show that the U.N. is still trying to find a balance between respect for the principle of non-interference and the maintenance of international peace and security. Although "it is now increasingly felt that the principle of non-interference with the essential domestic jurisdiction of States cannot be regarded as a protective barrier behind which human rights could be massively or systematically violated with impunity"[31] and that "we are clearly witnessing what is probably an irresistable shift in public attitudes towards the belief that the defense of the oppressed in the name of morality should prevail over frontiers and legal documents,"[32] there is no agreement in the SC to such an extended interpretation of its powers under the Charter nor is there the necessary will on the part of (Western) Council Members to push for such a conceptual extension.

It is therefore, at least for the time being, futile to propose[33] that the SC should define humanitarian intervention as a third category of collective action along side collective self-defense and collective sanctions. This diagnosis is also borne out by the "history" of the above-mentioned SC-Summit Declaration of 31 January 1992 in the drafting of which I participated. Upon insistance of China, India and Zimbabwe, the references to democracy, responsive forms of government, election monitoring, human rights verification and repatriation of refugees were not only phrased in a past – and not future – oriented way but also explicitly linked to the request or the agreement of the parties concerned, thereby underlining their voluntary nature. Their opposition to the SC dealing with human rights questions at all became evident again in informal consultations on the Presidential statement regarding alleged concentration camps in the former Yugoslavia of 4 August 1992

29 Op. p. 4 of SCR 767 of 27.7.1992.

30 U.N. Docs. S/21846 and 21847 of 5.10.1990. See also Franck, "Intervention against Illegitimate Regimes," in Damrosch/Scheffer, op. cit. (note 25), pp. 159ff.

31 Address delivered by U.N.-SG Pérez de Cuéllar at the University of Florence, U.N. Doc. SG/SM4655 of 22.11.1991.

32 Address delivered by U.N.-SG Pérez de Cuéllar at the University of Bordeaux, U.N. Doc. SG/SM4560 of 24.4.1991.

33 As was done by Kolosov, "Limiting the Use of Force: Self-Defense, Terrorism, and Drug Trafficking," in Damrosch/Scheffer, op. cit. (note 25), pp. 233ff (at 234).

and on hearing the Special Rapporteur of the U.N. Human Rights Commission on Iraq in the SC.[34]

Then there are, of course, those who believe there should be no intervention to promote human rights and democracy (or in the fight against terrorism). They argue on legal, political and practical grounds: that it was the original intent of the U.N. Charter to forbid such interventions and that nothing has happened since to justify deviations from that commitment, that the Charter would be meaningless if it were construed to permit states to impose their own version of democracy, that the use of force is itself the worst violation of human rights, that it would escalate rather than confine violence, that it would not be guided by altruistic motives but follow national self-interest since the multiplicity of interests represented on the SC would not guarantee the purity of motives and that these problems are not really amenable to military solutions anyway.[35]

I am therefore led to conclude that – while undeniable inroads into the principle of absolute sovereignty have been made in piecemeal practice recently – conditions do *at present* not exist which would allow the SC to take a more systematic and, in particular, a coercive approach. Instead it will continue to be incremental and on a case by case-basis.

4. Peace-keeping

A detailed examination of this subject is also outside the purview of this essay. A few remarks are, however, in order. Since 1988, we have witnessed an unprecedented increase in the numbers, types and costs of U.N.-PKOs. Alongside the expansion of the mandates of PKO, some of the principles traditional peace-keeping was based on have also undergone considerable changes.[36]

UNIKOM – between Iraq and Kuwait – was the first PKO based on Chapter VII-decisions of the SC, namely SCR 687 and 689 (1991), and therefore not subject to the consent of the parties. Its mandate does also not need to be renewed every six months as in the case of most other PKOs.

UNTAC in Cambodia has the widest mandate ever held by an U.N. operation, encompassing also considerable administrative authority over this country. When

---

34 U.N. Doc. S/PV. 3105 of 11.8.1992.

35 See Henkin, "The Use of Force: Law and U.S. Policy," in Henkin et al., op. cit. (note 15), pp. 37ff (at 61f) and Damrosch, "Commentary on Collective Military Intervention to Enforce Human Rights," in Damrosch/Scheffer, op. cit. (note 25), pp. 215ff (at 220).

36 Freudenschuss, "Entwicklungen auf dem Gebiet der friedenserhaltenden Operationen der VN," in *Österreichische Militärische Zeitschrift*, Vol. 28, 1990, pp. 100ff; Rikhye, *Strengthening U.N. Peacekeeping. New Challenges and Proposals*, U.S. Institute of Peace (Washington 1992); Durch/Blechman, *Keeping the Peace: The U.N. in the Emerging World Order*, Stimson Center 1992 and Lee/Pagenhardt/Stanley, *Strengthening U.N. Peacekeeping and Peacemaking: A Summary* (International Economic Studies Institute: Washington, 1992).

the Khmer Rouge refused to permit the deployment of UNTAC to areas under their control, the SC took – in SCR 766 of 21 July 1992 – the unprecedented step of instructing the Secretary-General to ensure that international rehabilitation and reconstruction assistance benefits only those parties which are fully cooperating with UNTAC.

UNOSOM's initial mandate in Somalia, apart from monitoring a somewhat fragile ceasefire, was primarily humanitarian in the sense of ensuring the safe distribution of food and other assistance by way of a security force (SCR 751 of 24 April 1992). In the absence of cooperation by "all parties, movements and factions" (the largest circle of addressees of a SCR to date), the SC did "not exclude other measures to deliver humanitarian assistance to Somalia" (SCR 767 of 27 July 1992).

This veiled threat with the possible use of force was modelled after SCR 761 of 29 June 1991 concerning the deployment of additional UNPROFOR-personnel to ensure the security and functioning of Sarajevo airport and the delivery of humanitarian assistance, the first such reference ever to possible enforcement action. The original mandate of UNPROFOR, contained in SCR 743 of 21 February 1992, was limited to the protection of Serb-populated UNPAs in Croatia in return for the withdrawal of the Yugoslav army and the disarming of Serbian irregular forces and had an unusually long duration of 12 months. This mandate was later enlarged to comprise also the so-called "pink zones" in Croatia by SCR 762 of 30 June 1992. This resolution also made a number of unprecedented demands on Croatia, in particular th granting of an amnesty. Further expansions of UNPROFOR's mandate concern taking over border and immigration controls in the UNPAs (SCR 769 of 7 August 1992), and the protection of UNHCR convoys, storage centers and of released detainees if requested by the ICRC in Bosnia and Hercegovina (SCR 776 of 14 September 1992).

Apart from the fundamental problem of many PKOs – that they come too late and therefore allow the aggressors to hold on to their spoils of war as is the case in particular with respect to the territorial gains of the Serbian side in Croatia and Bosnia and Hercegovina, these developments have resulted in the U.N. becoming stretched to – if not beyond – its limits. This concerns above all the Secretariat but also the SC. It has become almost impossible for Council members to keep track of what is going on with regard to all existing PKO, let alone exercise some kind of oversight. Instead, the SC is largely reduced to either routinely extending mandates for yet another period or to hastily approving plans submitted to it by the Secretary-General with little or no regard for their implications or alternatives.

Probably the most serious implication of the recent SC decisions with regard to UNOSOM and especially UNPROFOR is the incrementally growing acceptance of casualties. While casualties have de facto become acceptable in other PKOs –

most notably UNIFIL –, there has lately been a trend to give a mandate to a PKO despite the absence of an effective ceasefire – previously a conditio sine qua non of peace-keeping. The most glaring example was the continuing stationing of troops at and around Sarajevo airport despite the casualties incurred. This was a remarkable turn-around compared to the decision taken only a few weeks earlier to relocate UNPROFOR-HQ personnel from Sarajevo because of potential losses. It will be interesting to see how UNPROFOR will in practice carry out its new mandate to protect humanitarian assistance in Bosnia and Hercegovina where its normal rules of engagement are interpreted in a way that includes the use of force in self-defense against armed persons attempting by force to prevent U.N. troops from carrying out their mandate.[37] A similar development will take place with regard to UNOSOM in Somalia. Obviously troop-contributing states will have to consider this higher level of risk when deciding on their participation in an operation. A consequence may be the emergence of a two-tiered structure where there will be one group of contributors willing to incur and sustain casualties and another group sticking to participation in traditional operations.

There are a number of reasons why peace-keeping, both in its traditional and in its expanded sense, could become unmanageable: the lack of sufficient resources, the lack of necessary cooperation by the parties to increasingly internal or interethnic conflicts and the resulting losses may well lead contributors and the SC to a reassessment of the recent practice of throwing money, material and personnel at almost each and every conflict. A possible solution would be to focus again on the original purpose of peace-keeping, namely to prevent a conflict from spreading. While morality would dictate intervening and stopping slaughter everywhere, practicality may require a sort of international triage: choosing whom to save and whom to let die. Instead of attempting to separate warring parties, a "cordon sanitaire" would be placed around a conflict, thereby insulating the neighbours from its effects until the parties have exhausted themselves. This may not be an appealing alternative to the new world order but it may be the only feasible one as long as the much-quoted "international community" remains largely (or even becomes again increasingly) elusive.

5. Preventive Measures

The main characteristic of preventive measures for the maintenance of international peace and security is – like preventive medicine – that they are talked and written about a lot but not taken. The Secretary-General's report *An Agenda for Peace* groups them under the headings of confidence-building measures, fact-finding, preventive deployment and demilitarized zones. Apart from the general

37 U.N. Doc. S/24540 of 10.9.1992, para. 9.

tendency of governments and organizations to concentrate mostly on pressing problems at hand and the resulting inability or unwillingness to anticipate events, there are a number of considerations that make taking preventive measures so difficult:

- the lack of established, accepted criteria for their initiation (nature of threats, level of danger, anticipated actions by the parties);
- drawing the line with regard to interference in internal affairs, raising the
- problem of consent of the parties, or – in the case of deployment at the request and on the territory of only one side – the concern about neutrality of the U.N.;
- doubts about their value as a deterrent: Contrary to popular belief, recent history (Cyprus 1974; South Lebanon 1982) shows that even the presence of sizable U.N. forces does not necessarily deter aggression;
- the lack of readily available resources and
- concerns about entering into open-ended and costly commitments.

Leaving aside again the – except on a case by case basis – intractable dilemma of sufficient (national) interest in getting involved and sidestepping issues like non-interference and the consent of parties, I believe that the following two conditions would have to be met before the U.N. could effectively handle preventive measures: It would have to make procedural and organizational arrangements that are more conducive to carrying out this task than the present ones and, above all, the preventive deployment of U.N. personnel would have to be linked to pre-planned and possibly pre-authorized-enforcement action such as economic sanctions and ultimately the use of force in order to have credibility and therefore a truly deterrent effect.

I am of course aware of the various proposals regarding preventive diplomacy by the SC, including ideas like holding periodic meetings at a high political level or the dispatching of fact-finding missions by the Council, but I do not believe in them. Instead, I would favour a division of labour with the Secretary-General – whose capabilities in this respect should be enhanced – and the SC. The Council should not engage in micro-management of crises but limit itself to giving "strategic" direction in peace-building, peace-making and enforcement action. While it may direct the Secretary-General to undertake preventive efforts – although the initiative should largely come from him – the Council should act like a Board of Directors, approving (or modifying or denying) proposals put forward by the CEO – the Secretary-General – and seeing to it that he has the necessary means to implement them. For one, the Council's workload is too heavy as it is. To expect it to sensibly deal also with preventive measures is to expect too much, not to speak of the lack of infrastructure. But even more importantly, preventive diplomacy has to be carried out quietly and discreetly, away from the public spotlight which the direct involvement of the SC would inevitably entail.

6. Collective Economic Sanctions

The sanctions imposed against Iraq raised a number of issues of general significance which remain largely unresolved even though the SC went on to impose arms embargos against former Yugoslavia and Somalia, limited sanctions against Libya and a rather comprehensive package against Serbia and Montenegro.

One aspect is the "relief"-provision of Article 50 of the Charter which provides that States which experience special economic problems resulting from the implementation of sanctions have the right to "consult" the SC. In the case of Iraq, the Council did not arrange for any direct assistance to the 21 states that invoked this provision, but it declared Iraq liable to pay compensation and urged states and international organisations to increase assistance to the countries injured by the embargo. The Sanctions-Committee established by SCR 661 also turned a blind eye to Jordanian imports of Iraqi oil. The then U.N.-SG called Article 50 too weak and warned that Article 41 could become inapplicable.[38] [39] As the subsequent experience has shown, this concern was exaggerated. In the wake of the sanctions against Serbia, only a few states invoked Article 50.

The end of hostilities and the Iraqi withdrawal did not bring an end to the sanctions, although an exemption was made for goods for essential civilian needs subject to approval by the Sanctions-Committee and Iraq was permitted to export oil to meet the cost of humanitarian imports, meet claims for compensation and pay for U.N. activities to implement SCR 687. This resolution shows that sanctions may be a means for enforcing SC decisions that extend *beyond* repelling aggression or ending hostilities. While those decisions went beyond the original demands by the SC, they can be considered as falling within the terms of Article 39 of the Charter and therefore within the broad aim of maintaining or restoring peace and security.[40] The political side looks, however, different from legal considerations: The Iraqi complaint that regardless of (partial) compliance with its obligations there was no (partial) lifting of sanctions and that there was consequently no incentive to cooperate further merits consideration.

The most controversial issues at hand are, of course, whether economic sanctions can work, how long they have to be in place before the SC can determine that the next step – the use of force – becomes necessary and how this determination is to be made. In the – special – case of Iraq, Article 42 was not applied. Conse-

38 Urquhart, op. cit. (note 17), at p. 37.

39 Pérez de Cuéllar, op. cit. (note 32), at p. 5.

40 Schachter, op. cit. (note 1), at pp. 456f.

quently, no formal determination of the inadequacy of economic sanctions was made although it was argued that the SC had implicitly recognized that economic sanctions would not be sufficient by adopting SCR 678.[41]

Another aspect is non-compliance with sanctions. The main problem lies in the fact that the various Sanction-Committees established by the SC have to rely on evidence supplied by states which, in turn, are extremely reluctant because of reasons related to other issues (like Jordanian participation in the Middle East peace process) to "press charges" against offenders. The fact that any decision by the Sanction-Committees requires consensus – which means that there are 15 potential vetos – does not make the work easier or more effective.

It has been suggested that the SC should discuss policy guidelines as to how economic sanctions may be used in a more systematic way in the future, either through a SC Committee or the appointment of an independent international commission.[42] In the light of available experience, I tend to agree that the SC's approach to sanctions as a potentially important weapon in its arsenal should be reconsidered lest "cooperation brings no benefits and defiance has no cost."[43]

7. The Collective Use of Force

I have argued above that, for a number of reasons, the procedures followed and the measures taken in the Gulf conflict may well remain a case sui generis. However, as the following look at alternatives and their implications will show, the simple collective authorization of the use of national force by the SC may yet prove to be the most practical and the least unpalatable. What it really boils down to is this question: Is there enough readiness to make – national – sacrifices in the course of a truly collective use of force and for the cause of real collective security?[44] Or, put more crudely, has dying for Sarajevo or Mogadishu become more acceptable than dying for Danzig was? The veritable flood of articles, op-ed pieces and editorials that has recently appeared on the subject of a "new World Army," a U.N. Fire Brigade and the like[45] seems to suggest that there is a distinct trend in published if

41 Ibid., at p. 462.

42 Otunnu, "The U.N. and Conflict Resolution," in U.N., ed., *The Singapore Symposium: The Changing Role of the U.N. in Conflict Resolution and Peace-Keeping* (New York 1991), pp. 7ff (at p. 8).

43 P. Lewis, "Immovable Object," in *The New York Times*, 31.7.1992.

44 Tomuschat, "Die Zukunft der VN," in *Europa-Archiv*, No. 2, 1992, pp. 42ff (at p. 45).

45 Apart from Urquhart, op. cit. (note 17) and Russett/Sutterlin, op. cit. (note 16), see f.i. Urquhart, "How the U.N. Could Break up Civil Wars," in *The New York Times*, 31.12.1991; Nye, "Create a U.N. Fire Brigade," in *The New York Times*, 1.2.1992; Scheffer, "Turn the Pentagon to International Service," in *International Herald Tribune*, 9.4.1992; F. Lewis, "A Globo-Cop no Longer," in *The New York Times*, 1.8.1992 and the editorials "The New World Army," "The Unsung New World Army" and "The New World Cops," in *The New York Times*, 6.3., 11.5. and 28.6.1992 respectively.

not public opinion towards a positive reply to this question. It is based on several assumptions:

- there is a genuine collective desire to have order;
- apart from interstate aggression which is becoming more rare, there is the growing danger of intra-state conflicts and shaky ceasefires;
- there are humanitarian imperatives for action resulting from these conflicts from which the international community must not shrink, both because of the need for order and reasons of morality;
- that collective internationalism is the only acceptable way for the majority of countries to intervene in what they would normally consider internal affairs;
- that interdependence does not allow for isolationism;
- that a one-power world is an illusion and that the U.S. has neither the will nor the means to play global policeman and bear any burden or pay any price to intervene in all conflicts;
- that it would afford the U.S. and others the opportunity to better align its defense strategy to the new circumstances – that is achieve a better relationship of means to ends – than now by only paying part of the bill while allowing them to hold the bulk of national military capabilities in reserve as a final deterrent, made stronger by the United Nations' early action and by not being urged to respond to every crisis.[46]

The Secretary-General, in his report *An Agenda for Peace*, has introduced a distinction: While recognizing that armed forces under Articles 42-47 of the Charter for use against outright, imminent or actual, small or medium-sized, aggression are not likely to be available for some time to come, he recommended that the SC consider the utilization of *peace-enforcement units* as a provisional measure under Article 40 of the Charter. Such units, to be made available on call and consisting of volunteers, would be used to restore and maintain ceasefires previously agreed to but not complied with. This idea, probably inspired by the events in Somalia and Bosnia and Hercegovina, aims at breaking the vicious circle of a traditional PKO being impossible without a ceasefire and a ceasefire unlikely to hold without a peace-keeping force. A possible "U.N. order of battle" would thus look somehow like this:

- traditional PKOs for stable situations (Chapter VI 1/2);
- peace enforcement units to restore and maintain ceasefires (Art. 40);
- U.N. forces against small and medium-sized aggressions under U.N. command (Art. 42-47);
- U.N.-authorized use of force under national command for large-scale contingencies (Art. 42 1/2).

46 Huddleston, "Policing the New World Order: An Alternative Strategy," in *Comparative Strategy*, Vol. 11, 1992, pp. 1ff (at p. 13).

Apart from the above-mentioned assumptions which would have to be accepted, the truly collective use of force would also necessitate a considerable revamping of the way the SC works and of its administrative back-up provided by the Secretariat.

Again there are of course many who do not accept some or all of these assumptions and consequently reject the collective use of force for legal, political as well as practical reasons. The above-mentioned short shrift which the SC has so far given to the Secretary-General's proposals indicates that these concerns are widely shared in Government circles, in particular those relating to the loss of national command and control over forces.

My view as stated above is that the approach first taken with SCR 678 will remain the maximum of U.N. involvement in the collective use of force and that it will only be applied exeedingly rarely in the foreseeable future. To wit, an Austrian initiative in the SC in July 1992 which aimed at authorizing military intervention in Bosnia and Hercegovina did not receive any real support[47] and the use of all measures necessary to ensure the delivery of humanitarian assistance called for in SCR 770 resulted only in an enlargement of UNPROFOR a few weeks later.

III. Internal Dynamics and Working Methods of the SC: Impressions of an Outsider on the Inside

1. The Players

The increased cooperation among the permanent members (P5) – which began 1986 during the efforts to stop the Iran-Iraq war[48] – reached its culmination in 1990/91 with Cambodia and above all in the Gulf conflict. Due to the pliancy of the then Secretary-General Pérez de Cuéllar, the preponderance of the P5 extended beyond the decision-making in the Council as such to the preparatory stage of reviewing (and rewriting) draft reports of the Secretary-General to the Council, in particular on matters with financial implications, before their submission to all its members. The P5 had, in fact, become the Council's executive committee.

Within the P5, there were of course differences. While China did usually not participate actively and abstained on most key decisions (SCR 678, 687, 688, 748, 757 and 770), the Soviet Union and then Russia normally refrained from substantive input (the "period of good will" in SCR 678 being an exception) but went along with the initiatives of the U.S., Great Britain and France. Among them – the P3 – the U.S. usually took the lead with regard to Iraq (with the exception of the French initiative on SCR 688) and Great Britain and France on former Yugoslavia

47 Ramet, "War in the Balkans," in *Foreign Affairs*, Vol. 71, 1992, pp. 79ff (at p. 95).

48 See Bardehle, "Die Res. 598 des SR: Grundlage für die Waffenruhe im Konflikt zwischen dem Iran und dem Irak," in *Orient*, Vol. 31 (2), 1990, pp. 265ff.

(although SCR 757 and 770 were primarily inspired by the U.S.). On Cambodia it was the P5 as a whole, on Libya the P3.

In recent months this close cooperation has, however, begun to show cracks. At first, the P5 could not agree on an early imposition of an oil embargo against former Yugoslavia. Then the U.S. could for months not even get the support of the UK and France for authorizing the use of frozen Iraqi assets. Tentative hints by the P3 to seek authorization for the use of force against Libya met with clear resistance. Finally, in August 1992, the U.S. at first met with British and French opposition to its ideas on the use of all necessary measures to ensure delivery of humanitarian assistance to Bosnia and Hercegovina and then – SCR 770 notwithstanding – had to follow its allies in implementing it only through UNPROFOR. The new Secretary-General is also so far proving to be less forthcoming towards the P5 than his predecessor.

The NAM have not recovered from the split which developed during the Gulf conflict which pitted the "Gang of Four" (Cuba, Yemen, Malaysia and Colombia) against Zaire, Cote d'Ivoire and Ethiopia. Their cooperation during the lengthy consultations leading to the election of the present Secretary-General was only superficial and temporary. The election of Japan on a previously NAM-held seat meant that they also lost their theoretical ability to block decisions of the SC for which nine positive votes are necessary. Consequently they are consulted less and consult less among themselves, thus further weakening their impact. The marginalization of the NAM caucus in the SC reflects the declined importance of their movement as a whole.

Then there are the "middle-powers" – at the time of writing Japan, Belgium, Hungary and Austria. The degree of their involvement in SC decision-making differs depending on the issue. It is overall somewhat larger than the NAM's but still quite limited. Japan attempts from time to time to use its financial clout but finds itself, more often than not, largely by-passed even on matters with considerable financial implications and thus unable to convert financial into political power. Belgium is a beneficiary of the increased but still rudimentary European Political Cooperation in SC matters in cases where the initiative comes from the UK and France, but is very much a junior partner. Hungary and Austria have a "nuisance value" in matters concerning former Yugoslavia but only a limited impact apart from acting as a kind of "conscience" of the Council. In other matters of a lesser national interest, Austria has attempted to facilitate agreements and the work of the Council in general, often by procedural proposals.

2. The Procedures

With the beginning of the Gulf conflict, the work of the Council has shifted more and more into bilateral as well as informal consultations of the whole and thus away from the previous, GA-style lengthy public debates. While this has undoubtedly increased the Council's efficiency, it has led to criticism, both from inside (Cuba, India) and outside.

The most significant development has, however, been the search for unanimous adoption of Council decisions. In 1991, 36 out of 42 resolutions were adopted unanimously. The rest all related to Iraq. This trend – highlighted also by the increasing number of Presidential statements for which consensus is required – continued in 1992. It may be partly a reaction to the concerns expressed about the Western "hold" over the Council, partly motivated by the – to my mind erroneous-belief that unanimous decisions are always preferable since they carry more weight with or have more impact on their addressees. The danger lies in their often watered-down content, although I, of course, realize that this can also serve as an excuse for relative inaction which is desired anyway but – instead of publicly admitting to it – can be explained as a necessary sacrifice on the altar of consensus.

It requires a lot of political "guts" or the absence of other over-riding political interests to oppose this search for consensus. Apart from not believing in the greater value of weaker but unanimous decisions, I also doubt their higher "democratic" quality: instead of openly voicing dissenting opinions through voting or explanatory statements, members are sweeping their objections under the carpet, as it were, by laboriously hiding them in obliquely worded preambular paragraphs and by avoiding debates in formal Council meetings.

Another procedural aspect is that the Council's decisions are usually prepared by the members most interested in a given issue, usually the P3. The ensuing negotiations – if any – are based on their draft. More often than not changes are difficult to achieve since there seems to be almost an understanding that a text is, to a large extent, the sponsors' property which makes members extremely reluctant to insist on changes. The practice of consensus-seeking combined with this deference to sponsors render the chances of adopting substantive amendments exceedingly slim. This increases the dominance of the P3 even further.

3. The Relationship of the SC with the GA

This relationship is virtually non-existent, apart from the yearly election of five non-permanent members and the consideration of the – purely factual – annual report of the SC. The role and the functioning of the Council in the Gulf conflict has led some countries to propose closer consultations between the Council members and the rest of the U.N. membership in order to make the Council more responsive to the wishes of the majority.[49] It is noteworthy that these countries were the SC members whose views on the Gulf conflict did not find sufficient support in the SC and that they received little support among the general U.N. membership.

There can be no doubt that the Council's decisions should – as much and as often as possible – be representative of the collective will of the whole international community in order to enjoy the maximum political and moral authority and legitimacy. To achieve this goal, the SC has to be – and has to be perceived to be – just and fair in all the cases brought before it. This can only be achieved by the attitudes of Council members and not by any procedural devices such as reporting requirements or institutionalized consultations aimed at increasing its accountability to the U.N. membership at large. Apart from politically unfeasable,[50] it would also seem to be practically impossible, considering the workload of the Council. If there were to be a real desire on the part of the GA to exert more influence on the Council's work, it could do so by way of applying the primary criteria for the election of the non-permanent members contained in Articles 23 (1) of the Charter, namely their contribution to the maintenance of international peace and security and to the other purposes of the U.N.: If the SC is the U.N.'s Board of Directors on matters concerning international peace and security, then the GA should be the annual shareholders' meeting where the Board's decisions are discussed and votes of confidence are taken.

A separate issue are, of course, the demands for a change in the composition of the SC in order to make it more representative and for the abolition of the right of veto in order to make it more democratic.[51] The more the SC is perceived as important and the more it uses its powers, especially if there is no broad consensus, the more urgent the calls for institutional reform will become. Given the circumstances, I recommend attempts to influence the behaviour of Council members rather than wasting time with – for the present – futile attempts at institutional reform.

Besides, I do not share the view that increasing the number of permanent members would lead to a greater sense of inclusion: It is hard to see how Pakistan could feel represented by India, Argentina by Brazil or Egypt by – let us say – Nigeria.

---

49 See the statements in U.N. Doc. A/45/P.V. 63, pp. 32ff.

50 During the drafting of the U.N. Charter, Australia proposed to give the President of the GA the right to request reports on the work of the Security Council. This was not acceptable to the big powers then nor is it now. See Hailbronner/Klein, "Art. 12, Rdnr. 34," in Simma, ed., *Charta der VN. Kommentar* (München 1991).

51 The "Question of equitable representation on and increase in the membership of the Security Council" is on the agenda of the GA; see the debate in U.N. Doc. A/46/PV.68.

4. The Relationship of the SC with the SG

Throughout the existence of the U.N., this relationship has had its ups and downs. In recent years the SC had settled into a comfortable routine with Pérez de Cuéllar, allowing him a certain measure of independence and considerable public credit for mediating most notably in Afghanistan, between Iran and Iraq and in Central America while keeping him out of other areas which really counted. The P5 in particular developed a cosy relationship with the Secretary-General, resulting in them being consulted by him before other Council members. Towards the end of his tenure, as the result of the Gulf conflict, he had been relegated back to the role of humble servant, striving to do his increasingly difficult best in carrying out new tasks by implementing the various decisions of the Council with regard to the disarming of Iraq and demarcating its border. Even his activities in areas like humanitarian assistance to Iraq and negotiating the details of an "oil for food"-procedure where he had somewhat more leeway were still based on parameters established in Council resolutions.

Eight months into the tenure of the new Secretary-General, things have changed, atmospherically and procedurally. One – from the point of view of a non-permanent member – positive development is that the P5 now enjoy a less privileged relationship with the Secretary-General. This, to a limited extent, levels the playing field in the SC in dealing with recommendations coming from the Secretary-General. Another result of less consultations is, however, that the SC did, on several occasions during the first half of 1992, decide differently from the Secretary-General's proposals.[52] Things got only out of hand though after the SC had decided in principle on 17 July 1992 that the U.N. should make arrangements to supervise all heavy weapons in Bosnia and Hercegovina based on an agreement negotiated by Lord Carrington earlier in the day in London. First in an unpublished letter to the President of the SC and then in his report of 21 July 1992,[53] the Secretary-General criticized the setting of peremptory dates for submission of reports, stressed the primacy of the U.N. over regional organizations, complained about the absence of involvement by the U.N. in implementing an agreement in whose negotiation it played no part, decried the lack of cooperation by the parties, of a practicable mandate and of sufficient operational and logistical capabilities of the U.N. and, finally, questioned the order of priorities by pointing out that if the SC were to continue to concentrate its attention and resources to such an extent on Yugoslav problems this would be at the expense of the U.N.'s ability to help resolve equally pressing and important problems elsewhere such as in Somalia. These enunciations led to an unprecedented debate, especially in the British press,

52 These instances concerned Western Sahara, former Yugoslavia and UNFICYP.

53 U.N. Doc. S/24333.

about whether someone who should be a humble servant turned into an "incipient megalomaniac" who should be given "a reality check."[54] The Secretary-General retorted by accusing Council members of "Eurocentrism" and wondering aloud whether this was "maybe because I am a wog."[55]

Leaving aside questions of style, this controversy has highlighted the need for a clearer perception on all sides how the relationship between a Secretary-General and the SC should be. To my mind, the ideal lies somewhere between "secretary" and "general." Without wanting to stretch the analogy with the corporate world too far, the SG should be like a CEO, enjoying both the cooperation and partnership of his Board of Directors (the members of the SC), in particular of its Executive Committee (the P5) and the trust of the organization's shareholders, the member states. A strong CEO is not simply an instrument who carries out instructions but a power in his own right, albeit subject to higher authority. Although it is difficult to devise a conceptual division of labour since in practice things tend to become blurred, the following ground rules would seem to be useful: Peace-making efforts under Chapter VI should largely be left to the "good offices" of the SG with the SC only in exceptional cases lending its support. Peace-keeping operations under "Chapter VI 1/2" would be joint undertakings with a preponderance of the SG; matters relating to enforcement measures under Chapter VII would be the domain of the SC with the SG relegated to a purely administrative role.[56]

Such a division of labour – as indeed any division of labour which would avoid duplication of efforts – would not only make life easier for everyone but could have the additional advantage of correcting the impression that all powers are concentrated in the hands of a few Council members.

5. The SC and Regional Organizations

Until recently, the provisions of Chapter VIII of the Charter have largely been dead letter. Faced with ever-increasing demands on the peace-making and peacekeeping capabilities of the U.N., the new SG has launched a drive to reactivate these provisions. In para. 64 of his *Agenda for Peace*, he has argued that "regional action as a matter of decentralization, delegation and cooperation with U.N. efforts could not only lighten the burden of the Council but also contribute to a deeper sense of participation, consensus and democratization in international af-

54 A good example is Doyle, "The Heavy Hand of Boutros-Ghali," in *The Independent*, 29.7.1992.

55 As quoted by Tyler, "U.N.-Chief's Dispute with Council Boils over," in *The New York Times*, 3.8.1992.

56 Sir Anthony Parsons, in *The European*, 13.8.1992. See also Kramer, "Neue Weltordnung statt Neuer Weltwirtschaftsordnung," in *VN*, No. 6, 1991, at p. 193; Dedring, "Towards Greater Effectiveness of the SC," in *UNITAR Newsletter*, Vol. 1, No. 2.

fairs." He, however, purposely desisted from proposing any specific division of labour.

There are three aspects to the problem and I have, based on recent experiences, various degrees of doubt with regard to all of them. According to Article 52 of the Charter, regional organizations are supposed to be the peace-makers of first resort before a problem is turned over to the U.N. As the case of former Yugoslavia has shown, regional organizations may hold on to a problem for too long before admitting that it requires treatment in the wider forum of the U.N.[57] There is also the problem of neutrality – easier for the U.N. to maintain since it is both further away and reflecting a broader diversity of interests – and the danger of parties playing off a regional organization against the U.N. Consequently, if states are reluctant to bring a problem to the U.N. for peace-making at an early stage and the U.N. – under its new SG – is reluctant to take it on, there should at least be better coordination from the outset.

Regarding peace-keeping activities in their expanded sense, there have been a number of cases recently where they were carried out by regional associations alone (f.i. ECOWAS in Liberia) or in conjunction with the U.N. who took the lead. These joint efforts did, however, only work in relatively low-intensity situations involving primarily civilian cooperation with regional organizations (f.i. in El Salvador, Nicaragua, Haiti and now in South Africa). They failed in the case of CIAV in Central America which never got its planned military component[58] and has proven to be unfeasible in Bosnia and Hercegovina with regard to the supervision of heavy weapons and the protection of humanitarian assistance as has indeed the original division of labour between the EC's peace-making efforts and the U.N.'s peace-keeping activities in the former Yugoslavia.[59] The EC monitors in the former Yugoslavia are also a very limited success and coordination and cooperation with the U.N. has proven to be difficult.

In advocating a larger role for regional organizations in peace-keeping, the SG has pointed to their larger resources. I consider this approach flawed because these resources can be put at the disposal of the U.N. as WEU and NATO states are doing it – albeit at their own expense – to ensure delivery of humanitarian assistance to Bosnia and Hercegovina. But this approach is not only flawed, it is also dangerous since it puts into question the principle of universality of peace-keeping, both with regard to sharing the burdens and with lending political and moral support. Regional peace-keeping would be – at best – difficult since these organiza-

57 See already Urquhart, "International Peace and Security: Thoughts on the Twentieth Anniversary of Dag Hammarskjøld's Death," in *Foreign Affairs*, Vol. 60, 1991, pp. 1ff (at 14).

58 U.N. Doc. S/20856 of 21.9.1989.

59 Address by U.N.-SG Boutros-Ghali to the International Conference on the former SFRJ in London, U.N. Doc. SG/SM/4798 of 26.8.1992, at p. 3.

tions do not have the structures, the know-how and the authority of the U.N. At worst, it could become unfeasible: Contributions to peace-keeping activities are not a one-way street like development aid. If peace-keeping becomes a regional task in (Eastern) Europe, it may well become so elsewhere.[60] The fragmentation of peace-keeping should therefore be avoided. Instead, the U.N.'s capabilities should be strengthened, notwithstanding the desire to demonstrate a common (European) foreign policy or the desire not to be subject to pressures, scrutiny or even a possible veto by countries that are far away. At least under present circumstances, the disadvantages of regional peace-keeping outweigh its possible advantage.

The third aspect concerns enforcement measures by regional organizations mandated by the SC. In practice, these organizations have imposed diplomatic and economic sanctions without Council involvement. So far no use has yet been made by the SC of Article 53 of the Charter, which could also encompass military enforcement. SCR 770, which called on states to use all measures necessary to ensure delivery of humanitarian assistance to Bosnia and Hercegovina, initially seemed to be a step into this direction, although it neither referred to Article 53 nor mentioned the member states of the CSCE. As mentioned earlier, it was not implemented as originally intended anyway.

Nonetheless, military enforcement by regional organizations under a mandate of the SC and in observance of the reporting requirement in Article 54 seems to be the most promising area of the use of regional capabilities since it combines several advantages: Possibly a greater commonality of interests and concomitant readiness to participate and bear the costs of participation, no additional loss of national command and control powers beyond previously accepted structures (such as NATO) and the avoidance of tarnishing the U.N. with the use of force by itself. The way SCR 770 is now being implemented shows, however, that for whatever reason (European and Atlantic) regional organizations face enormous difficulties in this respect which they have not yet been able to overcome.[61]

---

60 Interestingly, during informal consultations on 11 September 1992, some non-aligned members of the Council raised doubts about the contributing countries bearing the additional expenses of the latest expansion of UNPROFOR in implementation of SCR 770 as proposed by the SG in para. 17 of his report of 10.9.1992, Doc. S/24540. They received assurances by the P4 that this would not constitute a precedent for other operations.

61 There is reason to believe that the situation in Europe is too uneven and fragmented to allow for a system of collective security requiring a high degree of cohesiveness and commonality of purpose. See Lehne, *The CSCE in the 1990s. Common European House or Potemkin Village?*, The Laxemburg Papers 9, Vienna 1991, at 70 and Wolf, "Kollektive Sicherheit und das neue Europa," in *Europa-Archiv*, No. 13, 1992, pp. 365ff.

IV. Conclusion

To sum up: As long as the much quoted "international community" remains an elusive phenomenon, true collective security will remain elusive as well. The highly visible role played by the SC in the Gulf conflict and the fact that since then it has almost become part of the foreign policy reflexes of governments to seize the Council have led to exaggerated hopes – and fears. A dispassionate analysis of the Council's capabilities reveals its successes and shortcomings.

While a more realistic assessment of the role of the SC is being formed, it will continue to evolve, gradually and incrementally. In this paper I have attempted to sketch some evolutionary lines. I may have overlooked some; new ones may emerge. The SC may well make more inroads into the principle of non-interference in internal affairs, may further develop peace-keeping and expand and refine sanction regimes. It may even dabble in preventive measures.

But in the case of the ultimate sanction – the use of force – which is also the cornerstone of collective security in its traditional sense, the SC will remain a co-ordinating mechanism for national policies and the provider of international political cover. In this respect, its function is "to hand down blessings and curses on particular parties and courses of action which, like those of ancient Delphi and the medieval papacy, have power: they affect morale, for good or ill."[62] Mobilizing and coordinating support for just causes are, no doubt, noble and difficult tasks. It will be interesting to see in the years to come if – and what – a consensus on the meaning of justice will emerge.

---

62 Conor Cruise O'Brien, "Winning Votes in Sarajevo," in *The Times*, 11.8.1992. Similarly already Claude, "Just Wars: Doctrines and Institutions," in *Political Science Quarterly*, Vol. 95, 1980, pp. 83ff who, at 96, calls the U.N. the secular equivalent of the medieval church, mobilizing multilateral support for those its finds to be engaged in just war.

5. Problems for Future U.N. Military Operations in "An Agenda for Peace"*

*Thomas G. Weiss***

It is by now commonplace to speak and write about sea changes in international politics and about the accompanying possibilities for the enhanced activities of the United Nations (U.N.).[1] *An Agenda for Peace*,[2] the recent report by U.N. Secretary-General Boutros Boutros-Ghali that responded to a request from the Summit Meeting of the Security Council in January 1992, is perhaps the most spectacular indication of just how significant the U.N.'s future role could be in international peace and security. This fundamental function of the world organization had been largely underutilized during the U.N.'s first four decades, until the Cold War began to wane and finally ended with the collapse of the former Soviet Union.

The Secretary-General's report covers much ground, but the focus here is to examine the prospects for implementing those proposals that require the use of outside military forces. The purpose is to illustrate what significant conceptual, operational, and political changes are required to complement the new thinking about international peace and security put forward by the U.N.'s chief executive officer. The Secretary-General has affirmatively responded to the question "Does the international community require new measures?" But he has not provided a "road map" for inter-governmental decision-making.

The Secretary-General's proposals have yet to receive the thoughtful review that they deserve. His report contains intriguing suggestions about the U.N.'s potential security role at the dawn of the 21st Century. The international community is preoccupied with putting out fires in Somalia and the former Yugoslavia, but addressing difficult questions about structural alterations in the U.N. are no less urgent.

Before the critique of *An Agenda for Peace* and recommendations about priorities, two brief historical sections set the stage. First, there is a brief discussion of

---

* Parts of this article appear in "New Challenges for U.N. Military Operations," in *The Washington Quarterly*, Vol. 16, No. 1, Winter 1993. Reprinted with permission of the MIT Press, copyright 1993 by the Center for Strategic and International Studies and the Massachusetts Institute of Technology.

** The author is grateful to the "Stiftung Wissenschaft und Politik" for research support in the preparation of this article. He also wishes to acknowledge comments on earlier drafts from Jarat Chopra, John Mackinlay, and Larry Minear.

1 For a discussion of these prospects, see James N. Rosenau, *The United Nations in a Turbulent World* (Boulder: Lynne Rienner, 1992), and Thomas G. Weiss, ed., *Collective Security in a Changing World* (Boulder: Lynne Rienner, 1993).

2 Boutros Boutros-Ghali, *An Agenda for Peace: Preventive Diplomacy, Peacemaking and Peace-keeping* (New York: United Nations, 1992), citations will be by paragraph number for ease of reference.

Cold War peace-keeping, the U.N.'s principal security task from 1948-1987, which in fact provides the groundwork for subsequent thinking and actions. There follows a discussion of U.N.-mounted or U.N.-sanctioned military operations over the last five years, some of which are an extension of past efforts; but others are so fundamentally different in terms of their mandates and operational requirements that they constitute a new generation of U.N. military operations.

I. Cold War Peace-keeping, 1948-1987[3]

The effective projection of military power under international control to enforce international decisions against aggressors was supposed to distinguish the U.N. from its predecessor, the League of Nations. The onset of East-West tensions and the Cold War made this impossible, and peace-keeping developed to fill the void. The use of troop contingents in this way is widely recognized as having begun during the 1956 crisis in Suez, although military observers had been utilized before. Contemporary accounts credit Lester B. Pearson, then Canada's Secretary of State for External Affairs, with proposing to the General Assembly that Secretary-General Dag Hammarskjöld organize an "international police force that would step in until a political settlement could be reached."[4]

The lack of reference to peace-keeping in the Charter led Hammarskjöld to coin the expression "chapter six-and-a-half," and certainly it "can rightly be called the invention of the United Nations," as the Secretary-General claims in *An Agenda for Peace*.[5] However, the lack of a clear international constitutional basis makes a consensus definition difficult, particularly because peace-keeping operations have been improvised in response to the specific requirements of individual conflicts. Despite the lack of consensus and multiplicity of sources,[6] the present Under-Secretary-General of the Department of Peace-keeping Operations, Marrack Goulding, has formulated a workable and accurate definition of peace-keeping: "United Nations field operations in which international personnel, civilian and/or military, are deployed with the consent of the parties and under United Na-

---

3 This section draws upon Thomas G. Weiss/Jarat Chopra, *Peacekeeping: An ACUNS Teaching Text* (Hanover: Academic Council on the United Nations System, 1992), pp. 1-20.

4 Max Harrelson, *Fires All Around the Horizon: The U.N.'s Uphill Battle to Preserve the Peace* (New York: Praeger, 1989), p. 89.

5 *Agenda*, para. 46.

6 Other definitions can be found in United Nations, *The Blue Helmets: A Review of United Nations Peace-keeping* (New York: UNDPI, 1990), p. 4; International Peace Academy, *Peacekeeper's Handbook* (New York: Pergamon, 1984), p. 22; Alan James, *Peacekeeping in International Politics* (London: Macmillan, 1990), p. 1; Gustav Hägglund, "Peacekeeping in a Modern War Zone," in *Survival*, Vol. 32, No. 3, May/June 1990, p. 240, and *Agenda*, para. 20.

tions command to help control and resolve actual or potential international conflicts or internal conflicts which have a clear international dimension."[7]

A veritable cottage industry of peace-keeping publications has recently emerged, especially since the award of the Nobel Peace Prize to U.N. peace-keepers in 1988. The man generally regarded as the "father of peace-keeping," Sir Brian Urquhart, has summarized the characteristics of U.N. operations during the Cold War as follows: consent of the parties; continuing strong support of the Security Council; a clear and practicable mandate; non-use of force except in the last resort and in self-defense; willingness of troop contributors to furnish military forces; and willingness of member states to make available requisite financing.[8]

The first thirteen U.N. peace-keeping and military observer operations deployed during the Cold War are listed first in Table 1, of which five are still in the field. From 1948 to 1987, peace-keepers in their blue headgear (helmets and berets) typically served two functions: observing the peace (i.e., monitoring and reporting on the maintenance of cease-fires); and keeping the peace (i.e., providing an interpositional buffer between belligerents and establishing zones of disengagement). The forces were normally composed of troops from small or non-aligned states, with permanent members of the Security Council and other major powers making troop contributions only under exceptional circumstances. Lightly armed, these neutral troops were symbolically deployed between belligerents who had agreed to stop fighting; and they rarely used force and then only in self-defense and as a last resort. The influence of U.N. peace-keepers in this period resulted from the moral weight of the international community rather than any military prowess.[9]

These peace-keeping operations were created essentially to defend the status quo; they contributed to suspending a conflict and gained time so that belligerents could be brought closer to a negotiating table. However, these operations do not in and of themselves guarantee the negotiating phase. Hence, they are often easier to institute than to dismantle, as the case of Cyprus demonstrates. The termination of peace-keeping operations creates a vacuum and has serious consequences on the stability of a region, as actually took place in 1967 at the outbreak of the Arab-Israeli War.

---

7 Marrack Goulding, "The Changing role of the United Nations in Conflict Resolution and Peace-keeping," speech given at the Singapore Institute of Policy Studies, 13.3.1991, p. 9.

8 Brian Urquhart, "Beyond the 'Sheriff's Posse,'" in *Survival*, Vol. 32, No. 3, May/June 1990, p. 198.

9 For a discussion of U.N. and non-U.N. operations in a comparative military perspective, see John Mackinlay, *The Peacekeepers* (London: Unwin Hyman, 1989).

Table 1 – U.N. Peace-keeping Operations during the Cold War

YEARS ACTIVE	OPERATION
1948 – present	United Nations Truce Supervision Organization (UNTSO, based in Jerusalem)
1949 – present	United Nations Observer Group in India and Pakistan (UNMOGIP)
1956 – 1967	United Nations Emergency Force (UNEF I, Suez Canal)
1958	United Nations Observation Group in Lebanon (UNOGIL)
1960 – 1964	United Nations Operation in the Congo (ONUC)
1962 – 1963	United Nations Security Force in New West Guinea (UNSF, in West Irian)
1963 – 1964	United Nations Yemen Observation Mission (UNYOM)
1964 – present	United Nations Peace-keeping Force in Cyprus (UNFICYP)
1965 – 1966	United Nations India-Pakistan Observation Mission (UNIPOM)
1965 – 1966	Mission of the Representative of the Secretary-General in the Dominican Republic (DOMREP)
1973 – 1979	Second United Nations Emergency Force (UNEF II, Suez Canal and later the Sinai Peninsula)
1974 – present	United Nations Disengagement Observer Force (UNDOF, Golan Heights)
1978 – present	United Nations Interim Force in Lebanon (UNIFIL)
	*****
1988 – 1990	United Nations Good Offices Mission in Afghanistan and Pakistan (UNGOMAP)
1988 – 1991	United Nations Iran-Iraq Military Observer Group (UNIIMOG)
1989 – 1990	United Nations Transition Assistance Group (UNTAG, in Namibia)
1989 – 1991	United Nations Angola Verification Mission (UNAVEM I)
1989 – 1992	United Nations Observer Group in Central America (ONUCA)

II. U.N. Military Operations since the End of the Cold War, 1988-1992

In 1988 and 1989, the collegiality and regular collaboration among great powers in the Security Council foreseen in the Charter finally seemed possible. The revitalization of peace-keeping, and the approval of the last five operations listed on Table 1, can be traced directly to the onset of Soviet "new thinking" and Mikhail Gorbachev's enthusiasm for the U.N., which finally served to elicit positive responses from the Reagan and then Bush administrations.[10] After a ten-year gap in deploying new U.N. operations (since the contested UNIFIL in Lebanon in 1978), five new operations were launched in Afghanistan, Angola, Namibia, astride the Iran-Iraq border, and in Central America.

These operations have now been completed. They incorporated some new elements in the improvisation that is so characteristic of peace-keeping. For example, there were large numbers of civilians in tandem with soldiers in Namibia and Central America; there also took place the supervision for the first time of domestic elections in Nicaragua as well as the collection of weapons from insurgents. These interesting precedents indicated clearly the U.N.'s capacity for evolution and growth in the new era. However, they were essentially extensions of the time-tested recipe for success, in particular the consent of belligerents and defensive concepts of force employed by modestly-equipped U.N. soldiers, few of whom came from first-class armies of the major powers. Two other more recent operations in Table 2, "U.N. Peace-keeping Operations in 1992," also fall into this category, namely the follow-on operation in Angola and the one in the Western Sahara.

However, this table also contains operations that are so different in scope and mandate that they can be characterized as "peace-keeping" only by stretching analytical categories to the breaking point. Three of them (in Cambodia, the former Yugoslavia, and Somalia) indicate the new challenges of U.N. operations providing the basis for the military departures in *An Agenda for Peace*. And one operation in Table 2 (in Iraq-Kuwait) merits discussion because its deployment followed the first enforcement action of the post-Cold War era, which was nominally sanctioned by the U.N. and which is surrounded by relevant precedents.

---

10 See Thomas G. Weiss/Meryl A. Kessler, "Moscow's U.N. Policy," in *Foreign Policy*, No. 79, Summer 1990, pp. 94-112. For a series of essays about the initial impact of these changes, see Thomas G. Weiss/Meryl A. Kessler, eds., *Third World Security in the Post-Cold War Era* (Boulder: Lynne Rienner, 1991), and Thomas G. Weiss/James G. Blight, eds., *The Suffering Grass: Superpowers and Regional Conflict in Southern Africa and the Caribbean* (Boulder: Lynne Rienner, 1992).

Table 2 – U.N. Peace-keeping Operations in 1992
Rough Annualized Cost, About $3 Billion

1. U.N. Truce Supervision Organization (UNTSO) – Middle East, June 1948 –
Rough annual cost to the U.N.: $31 million
Current strength (military personnel): about 300

2. U.N. Military Observer Group in India and Pakistan (UNMOGIP), January 1949 –
Rough annual cost to the U.N.: $5 million
Current strength (military personnel): about 40

3. U.N. Peace-keeping Force in Cyprus (UNFICYP), March 1964 –
Rough annual cost to the U.N.: $31 million
Current strength (military and police personnel): $31 million, and troop-contributing countries absorb an additional $60 million
Current strength (military and police personnel): 2,200

4. U.N. Disengagement Observer Force (UNDOF) – Golan Heights, June 1974 –
Rough annual cost to the U.N.: $43 million
Current strength (military personnel): about 1,300

5. U.N. Interim Force in Lebanon (UNIFIL), March 1978 –
Rough annual cost to the U.N. $157 million
Current strength (military personnel): about 5,800

6. U.N. Iraq-Kuwait Observation Mission (UNIKOM), April 1991 –
Rough annual cost to the U.N.: $67 million
Current strength (military personnel): about 550

7. U.N. Angola Verification Mission (UNAVEM II), June 1991 –
Cost to the U.N. through October 1992: $128 million
Current strength (military and police personnel): about 440

8. U.N. Observer Mission in El Salvador (ONUSAL), July 1991 –
Cost to the U.N. through October 1992: $70 million
current strength (military and police personnel): about 1,000

9. U.N. Mission for the Referendum in Western Sahara (MINURSO)*, September 1991 –
Rough annual cost to the U.N. about $200 million
Current strength (military personnel): about 375

10. U.N. Transitional Authority in Cambodia (UNTAC)*, March 1992 –
Estimated cost to the U.N. for 15 months: $1.9 billion
Projected maximum strength (military and police personnel): 19,500

11. U.N. Protection Force (UNPROFOR) – former Yugoslavia*, March 1992 –
Cost estimate for 12 months: $611 million
Projected maximum strength (military and police personnel): about 16,000 at least 5,000 additional humanitarian soldiers approved, to be provided by NATO at no cost to U.N. budget

12. U.N. Operation in Somalia (UNOSOM)*, June 1992 –
Cost estimate to the U.N. for 12 months: about $100 million
Current strength (military personnel): 50 unarmed observers and 500 infantry being posted; another 3-4,000 upon approval by the parties.

* not yet fully operational

Source: U.N. Department of Public Information and author's own estimates.

These operations are qualitatively and quantitatively different: the consent of the parties can not be assumed and the levels of military effectiveness that may be required from U.N. forces go far beyond the parameters of a traditionally lightly-armed and ad hoc peace-keeping force, as do the dangers. Moreover, they encapsulate the magnitude of the new demands on the U.N. for services that may break the bank, accounting for what may be a quintupling of the peace-keeping budget over the next year to about $3 billion, a budget that already has some $800 million in arrears.

The Cambodian operation amounts to the U.N.'s taking over all the important civilian administration of the country while simultaneously providing security as well as disarming guerrillas and governmental armed forces. In size, danger, and complexity, it rivals the contested operation from 1960 to 1964 in the Congo; and hopefully this comparison may turn out to be inappropriate in its fate. The deployment was based – as in most U.N. undertakings – on intergovernmental scrutiny of budgets that is out of touch with real military requirements. It is inappropriately based on best-case scenarios, while the situation on the ground hardly justified such optimism. Years of internal conflict have left Cambodia's infrastructure devastated, its population displaced, and its administration almost exterminated. UNTAC's success is hardly a foregone conclusion, particularly in light of the Khmer Rouge's recently demonstrated unwillingness to respect key elements of agreements and Prince Sihanouk's stated position that the peace process and elections should continue with or without the Khmer Rouge. And failure here would seriously undermine the confidence of member states in attempting an undertaking of this scale or complexity elsewhere.

In the former Yugoslavia, the U.N. is involved in a military operation for the first time on European soil, which seemed almost surrealistic until the collapse of the Soviet Union, but which now seems the possible scene of growth in future demand.[11] The dissolution of a U.N. member state into 6 and perhaps more new countries entailed violence and displacement of a magnitude not seen in Europe since the Second World War. The U.N.'s initial involvement in Croatia, with close to 14,000 peace-keepers, did not serve to prevent the ethnic-cleansing, detention camps, refugees, and killing in neighboring Bosnia and Hercegovina. Europeans and the Western Alliance were unable to get the parties to half their internecine fighting. The U.N. was sucked into a conflict that it had sought to avoid. It was the last resort in trying to ensure the delivery of humanitarian assistance to Muslims and Croats under siege from Serbia and Serbian irregulars. The 1,500 U.N. soldiers initially assigned to the Sarajevo area quickly proved inadequate; and in early

11 For a discussion of these possibilities before the U.N.'s involvement in the former Soviet bloc, see Thomas G. Weiss/Kurt M. Campbell, "The United Nations and Eastern Europe," in *World Policy Journal*, Vol. 7, No. 3, Summer 1990, pp. 575-592.

September the Security Council authorized adding at least 5,000 more troops for the purpose of protecting humanitarian convoys and escorting detainees in Bosnia and Hercegovina. In an approach reminiscent of the voluntary financing of UNFICYP, the Secretary-General insisted that these additional humanitarian soldiers be provided at no cost to the world organization, and NATO countries have responded favorably.

Finally, Somalia provides a ghoulish model for the future. The Middle East had previously provided analysts with the specter of "lebanonization" as perhaps one of the worst epithets in politics, describing the seemingly infinite fragmentation of a country along religious and ethnic lines. Somalia has now gone further and is the logical extreme in fragmentation; members of a single ethnic group share the same religion, history, and language but who are now split among heavily-armed clans. Without a government in any meaningful sense of the term and with one-third of the population risking death from starvation because humanitarians cannot have access to the needy, the Security Council at the end of August authorized 3-4,000 soldiers. They are to be deployed after the belligerents agree in order to supplement an initial infantry battalion of 500 and some unarmed observers to help protect the delivery of humanitarian succor throughout that hapless country.

The details of the Iraq-Kuwait War are relevant for this discussion in that this first major post-Cold War crisis made use of U.N. decision-making through the Security Council. The Article 42 variety of collective security was forsaken, albeit in this case unavoidably, because the U.N. troops and command structures foreseen in article 43 have never been agreed. Hence, a type of "sub-contract" was given to the 28 members of the U.S.-led coalition. Backed by a host of resolutions and particularly Security Council resolution 678 authorizing "all necessary means," they conducted a war to reverse Iraqi aggression. Unlike the only previous enforcement action in Korea, U.N. flags or symbols were not used in the military action, and the United States and the coalition were not responsible to the authority of the U.N. on a day-to-day basis.

The combination of international decision-making and multinational follow-up like the Allied coalition in the Gulf War may be quite relevant for the future. The creation of a U.N. standing force is prohibitively expensive and, unless its parameters for deployment are restricted, removes from governments the need for their approval for sending troops into combat. Even in the unlikely event that soldiers were made readily available to the U.N. on a standing basis, the Secretary-General himself points out that the U.N. will "perhaps never be sufficiently large or well enough equipped to deal with a threat from a major army equipped with sophisticated weapons."[12]

---

12 *Agenda*, para. 43.

After the end of the coalition action, a civil war began within Iraq, and Security Council resolution 688 also set a precedent, this one humanitarian, which is likely to be applicable in other situations.[13] Setting aside diplomatic niceties in the face of the Kurdish tragedy with some 1.5 million refugees appearing virtually overnight, the Security Council for the first time linked humanitarian concerns to international peace and security and gave humanitarianism greater weight than non-intervention. As a result, American, British, French, and Dutch troops – in spite of active protests from Iraq – intervened to create a refugee haven for Kurds. Moreover, the protection afforded by this military presence and other Allied forces in the area provided a security cover for an international relief effort coordinated by the U.N. of a magnitude and rapidity not seen since the Second World War.[14] UNIKOM is an unusual peace-keeping operation for the U.N. because it contains some military monitors from the victorious coalition forces. There was also the inventive use of the U.N. Guards Contingent in Iraq, which helped contribute to a sense of security by working in tandem with the Allied Coalition. The Memorandum of Understanding between Iraq and the U.N., which governed the operations of more than 500 aid workers and 500 guards, expired on June 30. The Security Council ordered U.N. personnel to remain in September; depending on the reaction of the government, humanitarian soldiers from the Allied Coalition may again be deployed.

As efforts discussed above in both Bosnia and Hercegovina, Somalia, and Iraq illustrate, humanitarianism appears as the driving rationale behind new international military forces, and so the precedent of humanitarian intervention is critical in looking toward future U.N. military efforts.

III. An Agenda for Peace, A Critique

The subtitle for the Secretary-General's report reflects accurately the breadth of U.N. activities in the field of international peace and security: "Preventive Diplomacy, Peacemaking and Peace-keeping." In each of these areas, the Secretary-General proposes the deployment of U.N. contingents in order both to enhance or extend traditional activities where the U.N. has demonstrated its capacities as well to launch new and largely untried ones that require an increased willingness to run risks. Policy-makers should keep these two kinds of activities quite separate.

---

13 See Thomas G. Weiss/Kurt M. Campbell, "Military Humanitarianism," in *Survival*, Vol. 33, No. 5, September/October 1991, pp. 451-465.

14 See Larry Minear/Thomas G. Weiss, "Groping and Coping in the Gulf Crisis," in *World Policy Journal*, Vol. 9, No. 4, Fall 1992 (forthcoming), and also Larry Minear/U. B. P. Chelliah/Jeff Crisp/John Mackinlay/Thomas G. Weiss, *United Nations Coordination of the International Humanitarian Response to the Gulf Crisis, 1990-1992* (Providence: Watson Institute, 1992).

The use of outside military personnel under U.N. command and control could of course usefully be expanded in a number of areas where they have been used in the past: supervising confidence-building measures related to military downsizing; fact-finding in areas of tension; staffing early-warning and crisis-prevention centers with intelligence data supplied by governments to the U.N.; and participating in operations between belligerents (either in inter-state or civil conflicts) when they agree. With these time-tested activities, the report in fact makes some concrete suggestions about implementation. Improving personnel, logistics, information, and, above all, financing would in fact be feasible. While appropriate action is hardly a foregone conclusion, some of the future steps to be taken by governments are at least well understood. A number of countries have in fact already indicated their willingness to make changes and alter behavior on such items as logistic support and payments schedules.

More significant dissent surrounds reviving the Military Staff Committee (MSC) and constituting a standing force for enforcement actions.[15] The exact role of the five permanent members versus that of other troop contributors looms large in any possible restructuring of the MSC, which has been moribund since 1947. The renegotiation of any details of article 43 agreements also poses serious problems in terms of increased costs as well as removing command and control from governments. The wisdom of vigorously pursuing these options is doubtful, but there is at least a basis for proceeding in the Charter.

However for the new military initiatives outlined by the Secretary-General, there is virtually no U.N. track-record and even less consensus among governments. World politics will be increasingly characterized by levels of violence and unrest from micro-nationalism that was not imagined by the framers of the Charter, or even by pundits a few years ago.[16] The search for order may be no less quixotic at the present than earlier as the decolonization process and self-determination take new forms and as ethnic particularism comes to dominate the local and global agenda.[17] Already the Soviet Union and Yugloslavia have given birth to 20

15 For a discussion, see Benjamin Rivlin, "The Rediscovery of the U.N. Military Staff Committee," Ralph Bunche Institute, City University of New York, May 1991 (Occasional Papers Series No. IV).

16 See Brian Urquhart, "Learning from the Gulf War," in *New York Review of Books*, Vol. 38, No. 7, 15.3.1991, pp. 34-37; James N. Rosenau, *Turbulence in World Politics: A Theory of Change and Continuity* (Princeton: Princeton University, 1990), and August Richard Norton, "The Security Legacy of the 1980s in the Third World," in Weiss/Kessler, eds., *Third World*, pp. 19-34. See also arguments made by a group of Third World intellectuals under the chairmanship of Julius Nyrere, *The Challenge to the South* (New York: Oxford University Press, 1990).

17 See Lawrence Freedman, "Order and Disorder in the New World," in *Foreign Affairs*, Vol. 71, No. 1, 1991/92, pp. 20-37; James N. Rosenau, "Normative Challenges in a Turbulent World," and Charles W. Kegley, Jr., "The New Global Order: The Power Principle in a Pluralistic World," in *Ethics and International Affairs*, Vol. 6, 1992, pp. 1-40, and Morton H. Hal-

countries; and Somalia, Liberia, Peru, and Haiti have ceased to have anything resembling organized governance. In order to face the challenges of this new disorder, Boutros-Ghali makes far-reaching proposals. It is worth focussing on the most important uses of U.N. troops as they apply to situations where consent of the parties may not be present and where the use of force is likely to involve U.N. troops in operations where their presence could be seriously and dangerously challenged.

For example, the preventive deployment of U.N. forces is the centerpiece of Boutros-Ghali's chapter on preventive diplomacy. He stresses the importance of forestalling strife. However, if only one country or party to a civil conflict requests U.N. troops, the U.N. could become a party to the conflict by taking sides, thereby hindering subsequent mediation by the world organization. Further, even if parties to a conflict agree initially to a preventive buffer, one of them, or a sub-group of one of them, could change its position and ask the U.N. to leave. It is quite possible that the early presence of U.N. forces could actually foster moves toward violent secession. While preventive deployment may still be desirable in these circumstances, governments that provide troops on the basis of consent and the likelihood of low or no casualties may not wish to continue under these new conditions. Moreover, when a preventive force is deployed, subsequent contingencies to respond to various types of escalation must also be agreed in advance; and this may also prevent responses from traditional troop-contributing countries.

As part of peace-keeping, the protection of U.N. administrative and humanitarian personnel is an obvious and growing challenge pointed to by Boutros-Ghali; but citing the U.N. Guards Contingent in Iraq is not useful in this respect. These guards were helpful in Iraq for a time not because of their own military capabilities, which consisted mainly of security officers on leave armed only with pistols and clad in blue baseball caps. Their performance was related to three realities: they were based in a country whose population and military had been bombed into submission by the Allied war effort; Iraq initially found them less odious than western soldiers; and the physical presence and back-up fire-power of the Allied Coalition remained in the area as an ever-present insurance against Iraqi hostility.

The most significant departures in the report are organized, somewhat surprisingly, under the rubric of "peacemaking." The usual notion concerns such peaceful measures as mediation and good offices, outlined in Chapter VI of the U.N. Charter. While they are referred to in the definitions at the outset of the report,[18] the actual chapter in the report dealing with peacemaking includes even such Chapter VII actions as sanctions and the use of military enforcement action to roll-back aggression. In addition, the creation of "peace-enforcement units" would be a major

---

perin/David J. Scheffer, *Self-Determination in the New World Order* (Washington: Carnegie Endowment, 1992).

18 *Agenda*, para. 20.

departure in that cease-fires would be guaranteed by U.N. soldiers when parties no longer agreed to respect a negotiated halt to carnage. The Secretary-General recognizes that such soldiers would need "to be more heavily armed than peace-keeping forces and would need to undergo extensive preparatory training" and that the tasks envisioned could "exceed the mission of peace-keeping forces and the expectations of peace-keeping force contributors."[19]

While the author agrees heartily with the bullish thrust of these proposals, and in fact has made similar ones, he is concerned about the lack of practicality of the proposals and about three conceptual changes that have not as yet occurred. The way that the argument is framed in *An Agenda for Peace* obfuscates rather than clarifies decisions for governments that would need to precede eventual action by the U.N.

The conceptual issues should be clarified first because they obscure practical insights. *First, state sovereignty has been given a predominance that it no longer merits, in rhetoric or reality.* On several occasions in his report, Boutros-Ghali goes out of his way to affirm the importance of conventional notions of sovereignty, at the same time that he presents the entire host of arguments about its erosion. Unlike his predecessor, Javier Pérez de Cuéllar, who at the end of his term began to address in no uncertain terms the limits of sovereignty in the new order,[20] Boutros-Ghali appears to have back-tracked, certainly on the rhetorical level. He appears hesitant to indicate those areas – e.g., in humanitarian emergencies or in gross violations of human rights – where sovereignty is occasionally being superseded by new international norms just as it is in international environmental politics or international finance.

This is surprising in that many countries, in both the First and Third Worlds, are reevaluating their positions.[21] Moreover, conventional notions of state sovereignty in countries like Somalia and Yugoslavia make very little legal or operational sense. The Secretary-General's present treatment of this old shibboleth is thus remarkably pedestrian. The best procedure might be to avoid discussion altogether. The present report seeks to satisfy the most outspoken critics in the Third World in attempting to reinstate article 2, paragraph 7, as if no erosion in sovereignty or evolution in international norms had occurred since 1945.[22]

---

19 Ibid., para. 44.

20 See especially his speech at the University of Bordeaux in April 1991 (see U.N. Press release S6/SM/4560) and his last "Report of the Secretary-General on the Work of the Organization," September 1991, document A/46/1.

21 For a discussion of relevant issues, see "The New South," four essays in *The Washington Quarterly*, Vol. 15, No. 4, Autumn 1992, pp. 139-184.

22 For a short discussion of this issue, see Jarat Chopra/Thomas G. Weiss, "Sovereignty Is No Longer Sacrosanct," in *Ethics and International Affairs*, Vol. 6, 1992, pp. 95-118. For a series of essays, see Gene M. Lyons/Michael Mastanduno, eds., *National Sovereignty and International Intervention* (Berkely: University of California Press, forthcoming).

Second, the nature and dynamics of peace itself require more differentiation than occurs in the report. While he devotes a chapter to "Post-conflict peace-building,"[23] the Secretary-General approaches peace almost exclusively as relations among constituted political authorities, especially among states. This is a very traditional, and in fact quite inaccurate, view of how peace is negotiated and sustained.

Conflicts have deeper roots than governments or parties hoping to establish them; and hence conflict management must be conceived broadly enough to include a host of such non-governmental actors as clans and the International Committee of the Red Cross (ICRC). People make war and people make peace. Experience in the Sudan,[24] for example, suggests that the U.N. as an inter-governmental organization is frequently at a disadvantage in dealing with irregular forces and insurgents. Thus the role of non-state intermediaries in internal armed conflicts may be heightened in the post-Cold War era. The report pays lip service to them, but non-governmental organizations (NGOs) and other non-state actors must be integrated far more adequately in a working international security system.

Third, the final conceptual leap yet to be made, and perhaps the most significant in its impact on the operational aspects of U.N. military forces, is the changing nature of what John Mackinlay and Jarat Chopra have aptly labelled "second generation multinational operations."[25] In brief, the two essential challenges facing the U.N. in its newest and most dangerous operations are to push out the frontiers, and in many cases to move beyond, the consent of the parties as well as to resort to military capabilities that were unthinkable in the past for peace-keepers.

It is more accurate to speak of a departure from peace-keeping rather than a mere extension of traditional operations. Observer and traditional peace-keeping operations should be conceived at one end of a continuum and Chapter VII enforcement actions at the other. The Secretary-General's most interesting proposals, in fact, fall in between these extremes: preventive deployment, military assistance to civil authorities, protection of humanitarian relief, guaranteed rights of passage, and enforcement of cease-fires.

These proposals constitute "Chapter six-and-three-quarters." They would require a level of military professionalism and discipline not commonly found in previous U.N. peace-keeping operations. They would necessitate participation from the armies of major powers. Accomplishing the tasks in these operations would go far beyond both the expectations and the capacities of most countries that have

---

23 *Agenda*, para. 55-59.

24 See Larry Minear et al., *Humanitarianism under Siege: A Critical Review of Operation Lifeline Sudan* (Trenton: Red Sea Press, 1990).

25 John Mackinlay/Jarat Chopra, "Second Generation Multinational Operations," in *The Washington Quarterly*, Vol. 15, No. 3, Summer 1992, pp. 113-134.

contributed troops to U.N. peace-keeping operations during the Cold War. In the words of Mackinlay and Chopra:

> "It has become clear that the U.N.'s resourcefulness as a mediator has outstripped its capability as a military organizer and that a more effective military response is now required by the newly defined tasks of the second generation of U.N. activity. Peace-keeping cannot be adapted any further to perform these tasks. A more practical instrument is needed."[26]

To be fair to the Secretary-General, there is an implicit recognition of these factors throughout his report. Yet because enhanced military operations are the core of *An Agenda for Peace* and the U.N. has virtually no professional military expertise, the report is too opaque. While pacifists can bemoan the resort to force for an organization that is supposed to foster peace, the proposals by Boutros-Ghali address new and dangerous challenges. And subsequent policy changes by governments and secretariats must take the world organization in the direction of a more professional military.

In New York and national capitals, as well as amongst seasoned academic observers, reactions to the report vary. The Third World is characteristically guarded. At recent sessions of the Committee of 34 that focuses on peace-keeping within the General Assembly, for instance, representatives of developing countries focussed on "who would pull the trigger" and "when," reflecting clearly their preoccupation with calling sovereignty into question. The war in Iraq and the humanitarian intervention in Kurdistan as well as more recent efforts in the former Yugoslavia and Somalia notwithstanding, many of these governments are too close to the period of colonial domination to consider the prospects for outside intervention in a detached and sanguine manner.

The smaller countries, particularly in Europe, that have contributed the bulk of U.N. peace-keeping troops in the past appear keenly interested in concentrating on improving the financial, logistical, and professional bases of traditional operations, while leaving aside such new ideas as peace-enforcement units. Preventive diplomacy seems also to be in favor with them, although preventive deployment is not so popular. Many observers from these countries do not even like referring to terms other than "peace-keeping" in U.N. debates that more and more frequently entail discussions of new military contingencies. Many of the delegates working on the Committee of 34 would agree.

The Permanent Five should be pursuing a common course, but they are hardly unified in their initial reactions. The Americans prefer proceeding on selected items one step at a time, avoiding those steps where their troops would be placed under foreign control. At the same time that they are looking for improvements,

---

26 Ibid., p. 113.

they also favor helping to forestall disaster through preventive deployment of troops. China is cool to the entire report. Traditionally suspicious of international institutions, its present low-level hostility is designed to counter proposals that would make the U.N. more powerful or autonomous, particularly in reference to human rights. Russia, with its born-again World Federalism, argues that the entire report should be put into effect. France and Britain have remained low-key and non-committal, but they are just as keen as Washington is to maintain control and not give to the U.N. any "blank checks." They appear to support in principle many of the proposals but are wary of anything that would weaken their own status, especially decision-making control, which wealthier countries like Germany and Japan are increasingly demanding.

The members of the U.N. secretariat have taken a position of "wait and see." On the one hand, initiatives should emanate from member states. On the other hand, the secretariat should be in a position to float trial balloons. But it has no staff available to do forward-looking analyses, seemingly all the competent staff are busy with day-to-day crises. Part of the streamlining that occurred in early 1992 dismantled the Office of Research and Collection of Information (ORCI). While this unit, with its 20 or so professionals, was hardly a first-rate think tank, it was at least a small step in the direction of establishing a policy and planning unit within the Secretary-General's office, a hesitant endeavor to create something like what most governments have in the form of a national security council.

In spite of these shortcomings, what should be the emphases in the near future? In this author's view, five recommendations should guide priority-setting in future intergovernmental discussions about the implementation of *An Agenda for Peace*, at least concerning the increased use of outside military forces to meet the needs of the post-Cold War period. These five suggestions, if followed, would move international debate either toward action or toward clearly identifying the major differences in policy that would prevent action no matter how long the debate. In the latter case, governments could at least set aside an item and concentrate on those where movement was plausible.

The first recommendation would be negative, essentially to downplay or even set aside paragraphs 60 to 65, which deal with regional organizations. These organizations can play a helpful role in diplomatic arm-twisting as was witnessed by the Association of South-East Asian Nations (ASEAN) in Cambodia and by the Contadora Group in Central America. With the exception of the North Atlantic Treaty Organization (NATO), which possesses the most authoritative joint force in the world and advanced cooperative procedures, they are and will remain poor sources for supplying international military forces to help quell inter-state and local conflicts. The rhetoric about regional organizations in developing countries flourishes – Boutros-Ghali's own doctoral dissertation some forty years ago was about them and he ended up his tenure in the Egyptian Foreign Ministry responsible for co-operation with the Organization of African Unity (OAU). However, the hopes placed on them for their contribution to international peace and security are unduly optimistic, if not altogether misplaced.

This author has argued in detail elsewhere[27] that their military and financial capacities are lacking and that they inevitably contain states that are so embroiled in the conflict to make community decisions impossible. The European Community's dithering in the former Yugoslavia illustrates the incapacity of even well-endowed organizations to manage effectively conflicts in their locale and of the "indispensability" of the U.N.[28] While NATO, as well as the Western European Union (WEU) and the Conference on Security and Cooperation in Europe (CSCE) discussed helping with humanitarian relief in the former Yugoslavia, political considerations prevented action. The NATO humanitarian troops in Bosnia and Hercegovina are necessarily being deployed under a U.N. flag. The U.N. is the logical convener of future international military operations. Rhetoric about regional organizations risks slowing down or even making impossible more timely and vigorous action by the U.N., the one organization most likely to fulfil adequately the role of regional conflict manager.

The second recommendation would give an absolute priority to placing on-going and future U.N. military operations on solid financial bases. The host of proposals that are largely uncontroversial in the Secretary-General's report basically come down to paying the bills for internationally-agreed military operations. Suggestions in the report could bring relief, particularly those related to accelerating payments and reducing arrears. One non-controversial item, the creation of a $50 million revolving fund to help move more swiftly, is almost certain to be implemented. Most importantly, changing the budgeting of U.N. military operations to defense ministries and away from foreign affairs would, in itself, go a long way toward the implementation of better fact-finding, preventive diplomacy, and peace-keeping.

The third recommendation would be to consider seriously paragraphs 38 and 39, which deal with the World Court; these should interest governments and not just international legal experts. In response to questions of sovereignty and of command and control, the need for objective standards that dictate action will increasingly be necessary. While resolutions are often vague in order to secure intergovernmental assent – e.g., "all necessary means" in the war against Iraq created a host of questions about proportionality – they are not specific enough to determine what operations are permissible and what concrete policies and procedures should guide international actions. The Secretary-General, and not just the General Assembly

27 See S. Neil MacFarlane/Thomas G. Weiss, "Regional Organizations and Regional Security," in *Security Studies*, Vol. 2, No. 1, Autumn 1992, pp. 6-37.

28 John Zametica, *The Yugoslav Conflict* (London: IISS, 1992), IISS, Adelphi Paper 270, p. 67.

and the Security Council, should be authorized to request advisory opinions from the World Court, which would help reduce the criticism of selective application of the principles guiding decision-making by the Security Council.

The fourth recommendation would be to focus on the need for military humanitarian support forces.[29] *In spite of the U.N.'s fledgling efforts in Bosnia and Hercegovina and Somalia as well as the Allied Coalition's efforts in 1991 in Kurdistan, the An Agenda for Peace* is remarkably reticent about ensuring that truly opprobrious behavior against civilians by governments or insurgents is no longer tolerated. Such actions amount to "intervention" – a term that does not figure in the report for the same reason that so much attention is given to traditional notions of sovereignty. To enforce new standards of behavior, the Secretary-General has chosen to sidestep this issue, mainly, one suspects, to avoid Third World sensitivities toward outside interference in what many of them still consider their legitimate domestic affairs.

One the one hand, it is understandable that he wishes to avoid the controversy and bitterness of the last General Assembly's discussions of humanitarian matters that eventually resulted in Resolution 46/182 and the creation of the Department of Humanitarian Affairs. On the other hand, it is difficult to fathom because his report responds to a request from the January Summit of the Security Council, which affirmed the right to respond to "non-military" threats to the peace, including humanitarian. Only China and India maintained the fervor of the strict post-colonial and restrictive interpretation of non-intervention when governments or insurgents abuse the basic human rights of large numbers of their people. Militaries around the world have assets that could be used effectively in humanitarian crises, and public opinion is in favor of such assistance. Hence, the international community must focus on the specific mechanics for enhancing the ability to avoid the most egregious and large-scale violations of civilian rights.

The fifth and final recommendation would be to give prominence of place to paragraph 44 of the report, which deals with "peace-enforcement units." If a decision-maker wished to read only one paragraph in the report, this is it. A threshold is clear. This is the cross-over point after traditional peace-keeping. While many of the proposals – e.g., fact-finding or preventive diplomacy – are not controversial or worrisome, the exact nature of the commitment of governments to the next generation of U.N. forces will quickly become clear with the debate over peace-enforcement. The fault line will become obvious with answers to such questions as: What happens when there is a dramatic change in the basis on which contributors have originally supplied troops? What kind of reserve fire-power will the Security Council make available? How will the permanent five and other major powers

29 For a discussion of these issues, see Leon Gordenker/Thomas G. Weiss, eds., *Soldiers, Peacekeepers and Disasters* (London: Macmillan, 1992).

participate? Who needs to agree to a cease-fire: all belligerents or just some or the Security Council? When will the Security Council make the decision to "enforce" the peace, in an advance authorization before a breakdown occurs or only after a new crisis has arisen?

The end of the Cold War has raised expectations for the U.N., just as it has unleashed violence and instability with which the U.N. is trying to cope. Member states and peoples across the world are looking to the world organization to muster multilateral responses to both international and civil strife. Secretary-General Boutros-Ghali's *An Agenda for Peace* has provided an outline of what he believes is necessary to respond to security challenges during his tenure at the helm of the world organization. It is now incumbent upon the international community to respond clearly and quickly. In all likelihood the report will provide the framework for discussion in the coming months in the General Assembly and the Security Council, which has already established a Working Group. Composed of diplomatic representatives from the New York missions of Council members acting on instructions from capitals, however, this is likely to have a delaying effect rather than result in concrete decisions.

As the General Assembly meets for its 47th session, no one is quite sure which parts of the Secretary-General's report are acceptable or will be agreed; and too few governments and international civil servants have thought concretely about how to put the proposals into practice. Hopefully the preceding discussion contributes in a modest way to altering this state of affairs.

6. Tendenzen und Probleme der Fortentwicklung der zivilen Komponente des VN-Peace-keeping

Peter Bardehle

Das Peace-keeping der Vereinten Nationen (VN) ist gewissermaßen über sich hinausgewachsen. Das klassische Instrument der friedlichen Streitbeilegung, das Militärbeobachter und VN-Friedenstruppen kennt, hat aufgrund der Konfliktlagen zivile Ableger produziert, deren "Knospen" aus vergangenen Jahrzehnten ausgereift sind. Die ersten Fundstellen dazu datieren Anfang der 90er Jahre.[1] Mittlerweile hat nun der VN-Generalsekretär in einem offiziellen Dokument die Erweiterung des traditionell militärisch geprägten Peace-keeping-Konzepts bekanntgegeben.[2] Was als Ergänzung gedacht war, hat sich zu einem zweiten Standbein entwickelt: Zivilisten und Polizisten (CIVPOL) sind aus dem VN-Peace-keeping nicht mehr wegzudenken. Besonders seit Beginn der 90er Jahre wurde die zivile Komponente des Peace-keeping für multifunktionale Operationen ausgebaut. Diese Arbeit soll die Entwicklung dokumentieren und Perspektiven für die weitere "zivile" Evolution des VN-Peace-keeping aufzeigen.

I. Historische Evolution (Stand: Oktober 1992)

Ebenso wie das VN-Peace-keeping insgesamt entwickelte sich auch dessen zivile Komponente ohne eindeutige Rechtsgrundlagen in der VN-Satzung oder den "procedural rules" des Sicherheitsrats. Mit der allgemeinen Mandatsevolution fand auch die zivile Komponente zunehmende und erweiterte Anwendung.[3]

Als 1956 die erste VN-Friedenstruppe United Nations Emergency Force (UNEF I) zur Behebung der Suezkrise am Sinai aufgestellt wurde, hatte sie nach dem Abzug der israelischen Streitkräfte kurzzeitig die Verantwortung auch für zivile Angelegenheiten übernommen, bis die ägyptischen Behörden das Gebiet übernahmen. Eine starke zivile Rolle spielte das VN-Sekretariat 1960, als ihm unter Generalsekretär Dag Hammarskjøld in der Kongokrise die schwierige Aufgabe zufiel, mit der Operation ONUC Recht und Ordnung in dem zentralafrikanischen Staat aufrechtzuerhalten.

---

1 Marianne *Heiberg*, Ethnic Conflict, Peacekeeping and Peacemaking towards 2000 – Second Generation Peacekeeping, Oslo, April 1991 (NUPI notat 442).

2 An Agenda for Peace, U.N. Doc. S/24111 und A/47/277 vom 17.6.1992, § 52.

3 Die allgemeine Mandatsevolution und die einzelnen Operationen sind bis Juni 1990 detailliert dokumentiert in: *United Nations*, Blue Helmets – A Review of United Nations Peacekeeping, 2. Aufl., New York 1990, sowie Allan *James*, Peacekeeping in International Politics, London 1990.

1. ONUC im Kongo 1960-1964

In einer ersten Phase der Opération des Nations Unies au Congo (ONUC) erfüllten die VN-Soldaten unter anderem Ordnungs- und Polizeiaufgaben. Als nach Stammesunruhen der Konsens der Beteiligten, eine friedliche Lösung zu suchen, zerbrach, bemühte sie sich, weitere Gewaltanwendung zu verhindern. Als nach der Verhaftung und Ermordung des ehemaligen Premierministers Lumumba der Bürgerkrieg eskalierte, autorisierte der VN-Sicherheitsrat am 21. Februar 1991 sogar die Anwendung von Gewalt (Resolution 161).

Neben dem in der VN-Geschichte bislang größten militärischen Peace-keeping-Einsatz mit fast 20 000 Soldaten wurde eine umfangreiche Zivilkomponente (Civilian Operations) mit rund 2 000 Experten aus 48 Staaten aufgebaut, die für Hilfsmaßnahmen und den Wiederaufbau zuständig waren. Der Leiter der Zivilkomponente war dem militärischen Kommandeur im Rang gleichgestellt.

Die Aufgaben der Zivilkomponente: die Aufrechterhaltung öffentlicher Dienste. Nach der Flucht vieler belgischer Staatsangehöriger, die für Verwaltung und Versorgung in der ehemals belgischen Kolonie zuständig gewesen waren, lag der öffentliche Dienst des Kongo weitgehend still. In diese Funktionslücke stießen Angestellte der VN-Sonderorganisationen. Sie nahmen eine Vielzahl technischer Projekte in Angriff wie die Wiedereröffnung des wichtigen Hafens Matadi oder die nationale Eisenbahnverbindung. Ein Team der internationalen Zivilluftfahrtgesellschaft ICAO überwachte den zivilen Flugverkehr im Kongo. Meteorologen der World Meteorological Organization bildeten Spezialisten für Flugwettervorhersagen aus, und Fernmeldetechniker der International Telecommunications Union bauten die wichtigsten Telefon- und Fernschreibverbindungen wieder auf. Wirtschaftsexperten der ONUC halfen, die Staatsfinanzen sowie Außenwirtschaft und Außenhandel zu organisieren und für die Regierung kontrollierbar zu machen. Ohne diese Unterstützung wären die spärlichen Ressourcen des Kongo in dunklen Kanälen "versickert". All diese Unterstützung war darauf ausgerichtet, die unzureichend vorhandenen Behörden der kongolesischen Regierung zu organisieren bzw. adäquate Verwaltungsstrukturen nach praktizierten Vorbildern aufzubauen. Die Generalversammlung richtete zur Finanzierung dieser Maßnahmen einen eigenen United Nations Fund for the Congo ein, der aus freiwilligen Beiträgen gespeist wurde.[4] Nach dem Auseinanderbrechen der Regierungsgewalt im Kongo wurde die VN-Unterstützung in Zusammenarbeit mit den jeweiligen De-facto-Machthabern vor Ort geleistet.

Neben der wirtschaftlichen und technischen wurde umfänglich humanitäre Hilfe gebraucht. In einigen Gebieten des Kongo verhungerten täglich Dutzende Menschen, weil ihre Lebensmittel im Zuge der ethnischen Kämpfe vernichtet worden

---

4 Resolution 1474 der Generalversammlung vom 20.9.1960.

waren. Sechs Monate lang lieferten die Vereinten Nationen Nahrung und Medikamente in diese Gebiete. Diese Hungerhilfe rettete über 200 000 Menschen das Leben.[5] Getragen wurde sie vor allem durch die Welternährungsorganisation (FAO), das VN-Kinderhilfswerk UNICEF, die Weltgesundheitsorganisation (WHO) und das Internationale Komitee vom Roten Kreuz (IKRK).

Neben dieser kurzfristigen Hilfe wurden Langzeitprojekte gestartet. Die UNESCO übernahm etwa die Aus- und Weiterbildung von Lehrern. Andere VN-Sonderorganisationen bildeten Farmmechaniker, Forstwirtschaftler, medizinisches Personal etc. aus. ONUC-Mitarbeiter halfen beim Aufbau eines Ministeriums für öffentliche Dienste und richteten Schulungskurse für die kongolesischen Staatsbediensteten ein, die unter dem Dach einer "national school of law and administration" durchgeführt wurden. Kongolesischen Führungskräften wurde ein umfangreiches Stipendienprogramm für Auslandsaufenthalte angeboten.

Durch all diese Bemühungen war es möglich, ab 1963 stufenweise die internationalen Bediensteten durch Kongolesen zu ersetzen. Teile der Zivilkomponente der ONUC blieben aber auch nach dem Abzug der Militärs 1964 unter der Leitung des United Nations Development Programme im Land, um die Regierung bei ihrer Wirtschaftsplanung zu beraten.

2. UNTEA in West Irian (West Neuguinea) 1962-1963

Zwei Jahre nach dem Start der Kongo-Operation leisteten die Vereinten Nationen Hilfe für die Aufrechterhaltung von Recht und Ordnung bei der Dekolonisierung in West-Neuguinea. Dabei wurde klar zwischen zivilen und militärischen Aufgaben unterschieden. Entscheidend war die zivile Komponente UNTEA (United Nations Temporary Executive Authority), zu deren Unterstützung eine United Nations Security Force (UNSF) aufgestellt wurde. UNTEA amtierte von Oktober 1962 bis April 1963 als Interimverwaltung beim Übergang des Territoriums von einem Kolonialherren (Niederlande) an einen zweiten (Indonesien). Ihr Mandat erhielt UNTEA aus einer bilateralen Vereinbarung zwischen den Niederlanden und Indonesien über die Übergabe West-Neuguineas. Das Mandat gab UNTEA bestimmte Zuständigkeit für Legislative, Exekutive und Judikative, etwa die Möglichkeit, Regierungsangestellte zu ernennen und die Aufsicht über Bürgerrechte, vor allem Eigentumsrechte. VN-Personal sollte auch eine Waffenruhe überwachen, die Grundlage für den Einsatz der UNTEA war. Ohne vorherige Autorisierung durch die Generalversammlung oder den Sicherheitsrat setzte der nach Hammarskjølds Tod kommissarisch tätige Generalsekretär U Thant zu diesem Zweck 21 Militärbeobachter aus sechs Staaten ein. Im Gegensatz zu den Militärbeobachtern war die UNSF ausschließlich die "Polizei" der UNTEA. Gebildet wurde sie nach Artikel 8

5 *United Nations*, Blue Helmets, S. 254.

der bilateralen Übereinkunft aus dem Papua Volonteer Corps, einheimischen Polizisten also, die bis zur Übernahme in die UNSF durch Niederländer kommandiert worden waren. Unterstützt wurden sie durch 1 500 pakistanische Soldaten sowie durch Lufttransport-Einheiten aus Kanada und den USA.

Während der siebenmonatigen Übergangszeit sollten weder niederländische noch indonesische Beamte leitende Posten in der Verwaltung West Irians innehaben. So sah es die bilaterale Übereinkunft vor. Sie konnte allerdings nicht eingehalten werden. Aufgrund personeller Engpässe mußte der kommissarische VN-Verwalter José Rolz-Bennett neben internationalem Personal auch Holländer und Indonesier einsetzen. Mit ihnen waren insgesamt 32 Nationen in der UNTEA vertreten.

Am 1. Oktober 1962 wurde in Hollandia/Kotabaru neben der niederländischen Fahne die der Vereinten Nationen gehißt. Drei Monate später wurde die niederländische Fahne planmäßig durch die indonesische ersetzt. Eine der ersten Amtshandlungen Rolz-Bennetts war die Freilassung aller politischen Gefangenen zum 15. Oktober 1962. Einen Monat später wurde Rolz-Bennett durch den Iraner Djalal Abdoh abgelöst.

UNTEA wurde aus einem internationalen Expertenteam gebildet: Ingenieure, Techniker, Forstleute, Mediziner, die für eine Übergangszeit die Leitung der wichtigsten Behörden des öffentlichen Dienstes übernahmen.

In der Justiz wurden die niederländischen Juristen unmittelbar durch indonesische ersetzt, die sich auf eine Ausschreibung der UNTEA beworben hatten. Anders der Bereich "innere Sicherheit": Für die halbjährige Übergangsphase schickte das VN-Sekretariat eine eigene VN-Polizei unter der Leitung eines Briten, die durch ortsansässige Papua-Polizisten unterstützt wurden. Als Offiziere dienten übergangsweise Philippinos. Hauptprobleme der UNTEA waren die Bekämpfung der Arbeitslosigkeit in der Übergangszeit sowie der Aufbau einer Infrastruktur für Transport und Kommunikation. Der Machttransfer brachte zudem Sprach- und Verständnisprobleme mit sich.

Der politische Übergang verlief relativ ruhig mit Ausnahme zweier Vorfälle am 15. Dezember 1962, bei dem durch indonesische Soldaten ein Polizist getötet und vier weitere verwundet wurden. Der Staatsrat wurde am 4. Dezember 1962 auf die UNTEA vereidigt. Seine Abgeordneten wurden durch den VN-Verwalter aufgefordert, in ihre Heimatgebiete zurückzukehren und den Menschen dort den politischen Übergang zu erklären. Mit Hilfe einer Informationskampagne informierten UNTEA-Angestellte die Bevölkerung über das bilaterale Abkommen und den politischen Übergang.

Bezahlt wurde UNTEA nach der bilateralen Übereinkunft durch gleiche Beiträge aus den Niederlanden und Indonesien. Darüber hinaus konnten durch die Finanzbehörden während der sieben Monate 15 Millionen New Guineischer Florins an Steuern und Zöllen eingenommen werden.

Die täglichen Probleme der UNTEA wurden zufriedenstellend gelöst. Mit Unterstützung der WHO wurde eine kurzzeitig auftretende Cholera-Epidemie gestoppt. Die Wirtschaft konnte weitgehend stabilisiert werden. Gesundheits- und Erziehungseinrichtungen funktionierten besser als zuvor.

Nachdem alle Stufen des Übergangs planmäßig verlaufen waren, wurde am 1. Mai 1963 die Flagge der Vereinten Nationen eingeholt. Letzte Aufgabe der VN war die Überwachung eines Plebiszits. Bei einer "Volksbefragung" 1969 stimmten alle Bezirksräte und der Staatsrat West-Neuguineas für ein Verbleiben im indonesischen Staat. Der Vertreter des VN-Generalsekretärs berichtete, daß "unter Berücksichtigung der geographischen Beschränkungen und der allgemeinen politischen Lage in der Gegend ein freier Wahlakt gemäß der üblichen indonesischen Praxis" stattgefunden habe.[6]

3. UNFICYP auf Zypern seit 1964

Ausgebaut wurde das Konzept der VN-Polizei, das in West Irian einen Vorläufer gefunden hatte, im April 1964 im Zypern-Konflikt. Die United Nations Peacekeeping Force in Cyprus (UNFICYP) bekam dort vom Sicherheitsrat den Auftrag, die weitere Gewaltanwendung zwischen Griechen und Türken zu verhindern und bei der Wiederherstellung von Recht und Ordnung zu helfen. Wegen der innerstaatlichen Konfliktlage wurde neben den militärischen Kontingenten eine Polizeikomponente aufgebaut (UNCIVPOL), die mit den Polizeibehörden der beiden Streitparteien Kontakt halten und lokale Streitfälle der Bevölkerung beilegen helfen sollte. Ähnlich wie bei den militärischen Einheiten handelt es sich bei UNCIVPOL nicht um einen vom VN-Sekretariat rekrutierten und bezahlten Polizeikörper, sondern um eine multinational bestrittene Operation, zu der die VN-Mitgliedsstaaten Personal abstellen. 1964 stellten Australien, Dänemark, Neuseeland, Österreich und Schweden Polizeipersonal. 1967 wurden die neuseeländischen, 1975 die dänischen und 1977 die österreichischen Polizisten abgezogen. Derzeit sind den rund 2 000 VN-Soldaten 39 VN-Polizisten zugeordnet.

Die VN-Polizisten in Zypern tragen keine Waffen und haben kein Recht zur Festnahme. Als sinnvoll erwies sich ihr Einsatz bei der Freilassung von Geiseln und bei der Untersuchung von Kriminalfällen. Zusammen mit den VN-Soldaten überwachen sie in einer VN-Pufferzone jegliche zivile Aktivität sowie die Ausübung von Eigentumsrechten. Dies betrifft hauptsächlich Ackerbau und Viehzucht.

---

6 U.N. Doc. A/7723 Annex 1.

Neben der UNCIVPOL kamen in Zypern noch weitere Zivilisten zum Zug, etwa die Mitarbeiter verschiedener VN-Sonderorganisationen wie des U.N. High Commissioner for Refugees (UNHCR) oder internationale Hilfsorganisationen wie des Internationalen Komitees vom Roten Kreuz. Diese Arbeit wird im Zypernkonflikt seit 1974 vom VN-Hochkommissar für Flüchtlingsfragen koordiniert, der die militärischen Einheiten der UNFICYP mit einer eigenen Humanitarian and Economics Branch zuarbeiten. Dem Kommandeur des militärischen UNFICYP-Kontingents ist zudem für alle politischen Fragen ein Sonderbeauftragter des VN-Generalsekretärs beigeordnet. Nach klassischer Einschätzung liegt sein Aufgabenfeld weniger beim Peace-keeping als vielmehr beim Peacemaking, wobei sich die Unterschiede mit den jüngsten Operationen zunehmend verwischen. In der Regel ist der Sonderbeauftragte als Vermittler im Rahmen einer Mission der Guten Dienste des VN-Generalsekretärs tätig, die vom Sicherheitsrat üblicherweise mit jeder Mandatsverlängerung bestätigt wird.

4. UNDOF und UNEF II im Nahen Osten

Auch bei den meisten anderen bisherigen VN-Peace-keeping-Operationen wurden zivile Aufgaben miterfüllt. So leistete die Puffertruppe United Nations Disengagement Observer Force (UNDOF), die seit 1973 die Waffenruhe zwischen Israel und Syrien überwacht, humanitäre Dienste für die Bevölkerung wie die Familienzusammenführung oder die Beförderung von Post über die Grenze hinweg. Ähnliche Dienste erfüllten die Militärs der UNEF II (1973-1979). Bei beiden Operationen wurden die Soldaten durch Angehörige des Roten Kreuzes unterstützt.

5. UNIFIL im Libanon seit 1978

Ähnlich wie die ONUC und die UNFICYP bekam auch die United Nations Interim Force in Lebanon (UNIFIL) 1978 den Auftrag des Sicherheitsrats zur Mithilfe bei der Wiederherstellung von Gesetz und Ordnung. Dies erwies sich im Libanon als undurchführbar, da die Regierung keine Kontrolle über ihr Staatsgebiet hatte und weite Teile von unterschiedlichen Milizen beherrscht werden, die der VN-Operation kritisch gegenüberstanden. Eine Unterstützung der de-jure-Regierung in Beirut brachte die UNIFIL zwangsläufig in Konflikt mit De-facto-Mächten vor Ort, die kein Interesse an einer Stärkung der Beiruter Regierung hatten. Nicht zuletzt wegen dieses Grundproblems erwies sich das UNIFIL-Mandat als undurchführbar.

Ohne hierfür ein eigenes Mandat erhalten zu haben, organisierten die UNIFIL-Soldaten statt dessen die Versorgung der Bevölkerung mit Nahrung, Wasser und Medikamenten. Straßen wurden repariert, Impfungen der Kinder bei Militärärzten durchgeführt. Der größte Teil dieser Hilfe wurde durch VN-Soldaten geleistet, die von Fall zu Fall mit VN-Sonderorganisationen wie der UNICEF kooperierten.

6. UNGOMAP in Afghanistan 1988-1990

Bei der United Nations Good Offices Mission in Afghanistan and Pakistan (UNGOMAP) wurde 1988 den Militärbeobachtern auch das Mandat zur Flüchtlingsrückführung erteilt. Ähnlich wie in Kambodscha 1992 wurde diese Aufgabe in der Praxis überwiegend durch zivile Mitarbeiter des UNHCR geleistet. Voraussetzung in beiden Fällen war die Räumung des Gebiets von Minen bzw. ein Mine Awareness Training für die Zivilbevölkerung, für das die VN erstmals Militärfachleute einsetzte.

7. UNTAG in Namibia 1989-1990

Alle bisher aufgetretenen zivilen Einsatzformen fanden sich 1989 in der United Nations Transition Assistance Group (UNTAG) in Namibia vertreten, die nicht zuletzt deshalb als Peace-keeping-Operation zweiter Generation zu kennzeichnen ist. Die zivile Komponente der UNTAG spielte dabei eine wichtige Rolle. Den etwa 4 500 VN-Soldaten standen rund 3 500 Angehörige der zivilen Komponente gegenüber. Diese Komponente umfaßte sechs Bereiche:

- das Büro des Sonderbeauftragten,
- CIVPOL, also die Polizei-Einheit (bis 1 500 VN-Polizisten),
- die Wahleinheit (bis 1 500 Mitarbeiter),
- das Büro des UNHCR,
- ein unabhängiger juristischer Beobachter

sowie die allgemeine Verwaltung der Operation.

Der Sonderbeauftragte des VN-Generalsekretärs, der Finne Martii Ahtisaari, war zuständig für die Durchführung des Friedensplanes des Sicherheitsrats, niedergelegt in der Resolution 435 vom 29. August 1978. Zwar lag die Verwaltungsverantwortung nach wie vor beim südafrikanischen Generaladministrator, doch wurde dieser durch Ahtisaari überwacht und beraten. Ahtisaari hatte am Ende festzustellen, ob die vom Generaladministrator durchzuführenden Wahlen "free and fair" waren. Er stand als Moderator in Kontakt mit allen politischen Parteien und erreichte mehrfach aufgrund deren Beschwerden Modifikationen der Wahlgesetze. Auch bei der Formulierung und Durchsetzung eines politischen "code of conduct" spielte der Finne eine maßgebliche Rolle. Auf sein Drängen hin wurde schließlich nach anfänglichen Schwierigkeiten die Polizei-Komponente der UNTAG durch den Sicherheitsrat erheblich verstärkt.

Nach Meinung einiger Beobachter spielte die CIVPOL in Namibia die wichtigste und prominenteste Rolle, die je einer Polizei-Einheit im VN-Peace-keeping zu-kam.[7] CIVPOL überwachte die South West Africa Police (SWAPOL), begleitete deren Angehörige bei ihren Einsätzen und überprüfte ihre Untersuchungen. Insbesondere bei Wahlveranstaltungen und bei der Überwachung der Wahllokale wirkte diese "Betreuung" der SWAPOL bei der schwarzen Bevölkerung vertrauensbildend. Nicht zuletzt aus diesem Grund wurde die bei Operationsbeginn angesetzte Zahl von 500 VN-Polizisten bis zur Wahl verdreifacht. Der Einsatzplan von 1978 hatte sogar nur 360 Polizisten vorgesehen. Zur Wahl stand an jeder Urne aber dann mindestens ein VN-Polizist bereit.

Ein weiterer Grund für die Aufstockung der VN-Polizei war die Tätigkeit der paramilitärischen "Kovoet"-Verbände, die von Südafrika in die SWAPOL eingegliedert worden waren. Auf Druck des VN-Sonderbeauftragten wurde der Großteil dieser Einheiten im Laufe der VN-Operation aus der SWAPOL entfernt.

Hauptoperationsgebiet der CIVPOL war der Norden Namibias, wo die Spannungen zwischen der SWAPOL und der Befreiungsbewegung SWAPO am stärksten waren (im Gegensatz zur VN-Polizei kamen die rund 4 500 Soldaten der UNTAG dort kaum zum Einsatz). Zwei Drittel der CIVPOL-Kapazität wurden dort tätig. Während anfänglich die Kooperation der SWAPOL und die Ausstattung der CIVPOL, etwa mit minensicherem Gerät, zu wünschen übrig ließ, besserte sich die Einflußmöglichkeit der CIVPOL mit dem Fortgang der Operation. Zum Schluß überließen die demotivierten SWAPOL-Angehörigen der VN-Polizei sogar vielerorts die Patrouille-Aufgaben, etwa bei Wahlveranstaltungen. Die gute Zusammenarbeit der CIVPOL-Komponente mit der Bevölkerung manifestierte sich besonders im Norden Namibias und gipfelte in der Bitte der neugewählten Regierung in Windhuk an sieben UNTAG-Nationen, darunter die Bundesrepublik Deutschland, ihre Polizisten über das Ende der Mission hinaus zur aktiven Unterstützung der SWAPOL im Lande zu belassen. Dies wurde aus rechtlichen Gründen heraus von der Bundesregierung abgelehnt.[8]

Geleitet wurde die CIVPOL durch einen "police commissioner" und ein multinational besetzten Hauptquartier, die 41 CIVPOL-Stationen unter sich hatten. Obwohl die VN-Polizisten unbewaffnet waren, weder Personen verhaften noch Verbrechen untersuchen konnten, gelang es ihnen, das Vertrauen der Bevölkerung zu gewinnen. 97% der registrierten Wähler nahmen an der ersten demokratischen Wahl in einer ruhigen Atmosphäre teil.

Zur UNTAG in Namibia wurden erstmals auch deutsche Polizisten eingesetzt: 50 Beamte des Bundesgrenzschutzes aus der Bundesrepublik Deutschland und 30

---

7 Robin *Hay*, Civilian Aspects of United Nations Peacekeeping, October 1991 (Canadian Institute for International Peace and Security, Background Paper 38), S. 5f. Ähnlich der Kommandeur des deutschen CIVPOL-Kontingents bei UNTAG und UNTAC, Detlef *Buwitt*, in: Ernst *Koch* (Hrsg.), Die Blauhelme – im Einsatz für den Frieden, Frankfurt a.M. 1991, S. 229ff.

8 *Buwitt*, ebd., S. 241f.

Volkspolizisten der DDR. Beide deutschen Kontingente wurden im Ovamboland in Nordnamibia stationiert – dies geschah gegen den erklärten Willen der DDR. Sie hatte darauf bestanden, ihre Volkspolizisten getrennt von den Bundesgrenzern einzusetzen. Erst bei ihrer Ankunft in Windhuk erfuhren die "Vopos" davon, daß einige von ihnen irrtümlich zusammen mit dem "Klassenfeind" wohnen und arbeiten sollten. Nach anfänglichen Schwierigkeiten klappte das Zusammenleben gut, ganz im Gegensatz zu Polizeikontingenten aus Indien und Pakistan, die ebenfalls zum gemeinsamen Dienst in den Busch Namibias eingeteilt worden waren. Während die Asiaten schnell wieder getrennt werden mußten, fanden die Deutschen aus Ost und West auf privater Ebene zusammen. Im fernen Ovamboland erlebten sie die Öffnung der DDR-Grenzen und die ersten Schritte zur Vereinigung Deutschlands.

Unterstützt von CIVPOL arbeitete die Wahlheinheit, die am 13. November 1989 358 Wahlstationen bereithielt und die Stimmen auszählte. Zusätzlich zu den 180 Mitarbeitern der UNTAG-Wahleinheit stellten 27 Staaten, darunter die Bundesrepublik Deutschland, während der Wahl insgesamt 885 weitere zivile Helfer bereit.

Neben dem UNTAG-Personal arbeiteten Mitarbeiter des VN-Hochkommissars für Flüchtlingsfragen (UNHCR), die die rechtzeitige Rückführung der Flüchtlinge zur Wahl organisierten. Sie richteten fünf Aufnahmelager (auf englisch freundlicher "reception center" genannt) ein, über die rund 40 000 Flüchtlinge wieder angesiedelt wurden. Die meisten kamen aus Angola und Sambia. Unterstützt wurde der UNHCR durch mehrere VN-Sonderorganisationen wie UNICEF, UNESCO, aber auch durch den Rat der Kirchen in Namibia. UNTAG-Militär sowie die "police monitors" der CIVPOL garantierten die Sicherheit der Lager.

Der gutachterlich tätige internationale Jurist kümmerte sich um die politischen Gefangenen, sowohl auf seiten der SWAPO wie auf seiten der Südafrikaner. Während bei der Besichtigung der SWAPO-Lager in Angola und Sambia keine politischen Gefangenen entdeckt werden konnten, kennzeichnete der Jurist 25 Gefangene auf seiten Südafrikas als politische Gefangene, die auf sein Anraten hin entlassen wurden.

8. ONUCA in Zentralamerika seit November 1989, UNIKOM in Irak/Kuwait seit April 1991, ONUSAL in El Salvador seit Juli 1991

Für die Beilegung des Bürgerkriegs in Zentralamerika spielte die United Nations Observer Group in Central America (ONUCA) eine entscheidende Bedeutung, die überwiegend militärisch strukturiert war. Unterstützt wurde sie aus Deutschland durch eine zivile Medizin-Einheit (Johanniter-Hilfsdienst) sowie eine zivile Flugzeugbesatzung samt Flugzeug. Die Schweiz steuerte ebenfalls zwei Flugzeuge mit ziviler Besatzung für die United Nations Iraq-Kuwait Observer Mission (UNIKOM, seit April 1991) bei. Ansonsten waren ONUCA und UNIKOM von Soldaten bestimmt. Anders dagegen wieder die VN-Beobachtermission ONUSAL, die am 26. Juli 1991 ins Leben gerufen wurde, um die Achtung der Menschenrechte in El Salvador zu überwachen (monitor). Seit Oktober 1991 kann die ONUSAL sogar Menschenrechtsfälle systematisch mit den zuständigen Gremien der Regierung bzw. der Wiederstandsorganisation Frente Farabundo Martí para la Liberación Nacional (FMLN) im Lande weiterverfolgen. Das Personal der ONUSAL ist im ganzen Land tätig und kann nach der Übereinkunft über Menschenrechte zwischen Regierung und FMLN jeden Ort frei und ohne Ankündigung aufsuchen, allerdings zeitweise mit hohem Sicherheitsrisiko, da es bis Februar 1992 keine Waffenruhe in El Salvador gab. Außerdem darf ONUSAL die Massenmedien für Aufklärungsprogramme benutzen. Das Büro des Direktors für Menschenrechte wird durch Teams von Menschenrechtsexperten sowie durch Rechts- und Polizeiberater unterstützt. Außerdem hat die Mission ein Bildungsprogramm über Menschenrechte eingeführt. Im November 1991 bestand die ONUSAL aus 135 internationalen Mitarbeitern aus 31 Ländern, darunter 57 Menschenrechtsexperten, 27 Polizeiberater, 36 Mitarbeiter in den Bereichen Verwaltung und Kommunikation sowie 15 militärische Verbindungsleute.

Nach dem Abschluß eines Friedensabkommens erweiterte der Sicherheitsrat am 14. Januar 1992 das Mandat der ONUSAL und beauftragte sie mit der Verifikation der Friedensabkommen, inklusive Truppenentflechtung sowie mit der Überwachung (monitor) der öffentlichen Ordnung bis zum Aufbau einer neuen nationalen Polizei.

9. UNAVEM II in Angola seit Juni 1991

Die United Nations Angola Verification Mission, gemäß Resolution 626 des VN-Sicherheitsrats zur Überwachung des Abzugs der kubanischen Truppen aus Angola eingesetzt, bekam in einer zweiten Stufe das Mandat, den Waffenstillstand zwischen Regierung und UNITA, die Verlagerung der Truppen der Streitparteien in markierte Gebiete und die angolanische Polizei zu überwachen (UNAVEM II). In einer dritten Stufe am 24. März 1992 wurde die UNAVEM II außerdem mit Wahlbeobachtung betraut. Damit berührte die VN-Beobachtermission ebenso wie die UNTAG in Namibia den innerstaatlichen Machtbereich. 350 Militärbeobachter und 126 VN-Polizisten aus fast 30 Staaten sind in Angola im Einsatz. Die Polizeikräfte der UNAVEM II überprüfen zusammen mit gemischten Überwachungsteams aus Mitarbeitern von Regierung sowie der UNITA die Neutralität der angolanischen Polizei. Bei Verletzung der politischen Grundrechte können sie Untersuchungen einleiten. Nach mehrmonatigen Verhandlungen wurden die ersten Überwachungsteams im Juni 1992 in allen 18 Provinzen Angolas aufgestellt. Ihnen zugeordnet sind die Wahlbüros mit rund 100 Mitarbeitern, die überwiegend vom United Nations Development Program (UNDP) abgestellt werden. Zur Wahl Ende September 1992 sollten insgesamt 400 VN-Beobachter bereitstehen. Andere VN-Hilfsorganisationen kümmern sich um die Ernährung der "stillgestellten" Truppen-Einheiten. Der UNHCR betreut 800 000 Vertriebene. Über 300 000 angolanische Flüchtlinge werden durch UNHCR-Mitarbeiter aus Sambia und Zaire zurückgebracht und wieder angesiedelt.

10. UNPROFOR in Ex-Jugoslawien (seit März 1992)

Ursprünglich sollte eine VN-Operation im jugoslawischen Separationskrieg einen zivilen Chef erhalten und vor allem interne Polizeiaufgaben wahrnehmen.[9] Dieses Konzept des Generalsekretärs wurde auf Drängen des VN-Sicherheitsrats im Februar 1992 aufgegeben, nachdem Kroatien und Slowenien von der Europäischen Gemeinschaft anerkannt worden waren. Nun wurde eine Truppe mit starker militärischer Dominanz (13 000 Soldaten) und einem bisher unüblichen Namen aufgestellt, der eher an die koloniale Vergangenheit erinnert als an die Praxis des VN-Peace-keeping.

De "Schutztruppe" für Kroatien beigeordnet wurden 530 VN-Polizisten, die in den Bezirkshauptquartieren der örtlichen Polizei tätig werden sollten. Im Juni und im August 1992 wurde die VN-Polizei zur Überwachung der lokalen Polizisten verstärkt. Dies konnte nicht darüber hinwegtäuschen, daß die ursprünglich zivile Intention von der militärischen Dimension der Operation überlagert wurde. Für die zivile Seite war fast ausschließlich der UNHCR zuständig.[10]

Aufgrund der Flucht und Vertreibung von über zwei Millionen Menschen wurden die Hilfsleistungen des UNHCR immer wichiger, vor allem Lebensmittelhilfe und technische Unterstützung beim Aufbau von Flüchtlingslagern. Im Gegensatz zur UNPROFOR konnte der UNHCR im gesamten Gebiet des ehemaligen Jugoslawien tätig werden. Wegen der gefährlichen Sicherheitslage in Bosnien-Hercegovina mußte der UNHCR seine Tätigkeit dort allerdings zwischen dem 22. Mai und dem 16. Juni 1992 einstellen. Nicht zuletzt vor diesem Hintergrund stimmt am 29. Juni 1992 der Sicherheitsrat einmütig für die Stationierung zusätzlicher UNPROFOR-Einheiten außerhalb Kroatiens am Flughafen von Sarajevo (Bosnien-Hercegovina), um die Sicherheit und Funktionsfähigkeit des Flughafens für die Verteilung humanitärer Versorgungsgüter an die Menschen dieser Region sicherzustellen. Am 2. August 1992 wurde der 500. Hilfsflug im Rahmen des huma-

9 U.N. Doc. S/23280 vom 11.12.1991.

10 Stand am 4.2.1993: Von 23 093 U.N. Protection Force-(UNPPOFOR-)Mitarbeitern waren nur 623 *civilian police monitors*, die anderen waren VN-Soldaten.

nitären Luftbrücke durchgeführt. Über 6 200 Tonnen an Lebensmitteln, Medikamenten und anderen Hilfsgütern waren in die belagerte Stadt geschafft worden, in der über 400 000 Menschen eingeschlossen waren. 18 Nationen nahmen an der Luftbrücke teil, darunter auch die Bundesrepublik (Luftwaffe). Später wurde die UNPROFOR-Hilfe (protective support) auf ganz Bosnien ausgedehnt.

Am 27. Juli 1992 berichtete der VN-Generalsekretär dem Sicherheitsrat, daß der UNPROFOR-Truppenkommandant Satish Namibiar eine Mandatserweiterung befürwortete, unter anderem die Befugnis zur Wahrnehmung von Einwanderungs- und Zollfunktionen an den Grenzen der United Nations Protected Areas (UNPA) in Kroatien zu anderen Staatsgrenzen hin. Ferner empfahlen Namibiar und Boutros-Ghali eine Verstärkung des für die zivilen Angelegenheiten zuständigen Teils des UNPROFOR um rund 350 internationale und 500 örtliche Mitarbeiter sowie eine größere Anzahl Polizeibeobachter für UNCIVPOL. Diese Empfehlungen zögen die UNPROFOR "gleichsam in Regierungsfunktionen hinein, die weit über die übliche Praxis der Friedenserhaltung hinausgehen, haben große Auswirkungen auf die Reserven der UNPROFOR und könnten die Nachfrage nach einer noch tieferen Verwicklung der Vereinten Nationen in diese unruhige Region verstärken", berichtete der Generalsekretär wörtlich. Am 7. August 1992 beschloß der Sicherheitsrat die Erweiterung des UNPROFOR-Mandats gemäß des Berichts des Generalsekretärs unter Bezugnahme auf Kapitel VII der VN-Satzung.[11]

Eine weitere Mandatserweiterung war die der UNPROFOR zugewiesene Aufgabe, das vom Sicherheitsrat am 9. Oktober 1992 verhängte Flugverbot über Bosnien-Hercegovina zu überwachen. UNHCR-Mitarbeiter sollten alle Flüge von Split nach Bosnien-Hercegovina inspizieren, UNPROFOR-Zivilpolizei den Flughafen von Belgrad.[12] Darüber hinaus sollte UNPROFOR Richtlinien für erlaubte Zivilflüge nach Bosnien-Hercegovina aufstellen.

11. UNTAC in Kambodscha seit März 1992

Seit Mai 1992 bereitete die United Nations Transitional Authority in Cambodia (UNTAC) freie Wahlen im Kambodscha vor. Dazu hatte sie, in Zusammenarbeit mit allen Streitparteien, übergangsweise die Verwaltung des Landes zu kontrollieren. Mit rund 16 000 teilnehmenden VN-Soldaten, 3 600 VN-Polizisten und 2 500 zivilen VN-Angehörigen war es die bislang größte Operation in der Geschichte der Vereinten Nationen nach der ONUC im Kongo. Das Mandat erteilte der Sicherheitsrat nach einer Aufforderung der Pariser Kambodscha-Konferenz, an der auch die fünf ständigen Ratsmitglieder beteiligt waren. Nach dem Implementierungsbe-

---

11 Resolution 770 (1992) vom 13.8.1992.

12 Mandat in der Resolution 781 des Sicherheitsrats vom 9.10.1992.

richt des Generalsekretärs vom 19. Februar 1992 bestand die UNTAC aus sieben eigenständigen Bereichen:[13]

- Menschenrechte,
- Wahlen,
- Polizei,
- Wiedereingliederung von Flüchtlingen,
- Zivilverwaltung,
- Wiederaufbau,
- Militär.

Menschenrechte: Dieser Bereich der UNTAC sollte in dreierlei Hinsicht tätig werden. Neben einem Erziehungs- und Trainingsprogramm für Kambodschaner sollte die Einhaltung der Menschenrechte in den örtlichen Behörden der inneren Sicherheit beaufsichtigt werden. Drittens sollte die Einheit Beschwerden über Menschenrechtsverletzungen nachgehen.

Wahleinheit: Sie sollte die Wähler registrieren und die Wahl vorbereiten. Ähnlich wie in Namibia sollten ihre Wahlhelfer die für Mai 1992 geplante Wahl überwachen.

Polizei: Ähnlich wie bei UNTAG in Namibia wurde auch in Kambodscha eine starke Einheit der *civilian police* (CIVPOL) vorgesehen. 46 Staaten, darunter die Bundesrepublik Deutschland, sollten insgesamt 3 600 VN-Polizisten stellen, die offiziell "civilian police monitors" hießen. Ihre Aufgabe: Überwachung und Kontrolle der örtlichen Polizei.

Repatriierung: Diese UNTAC-Einheit zur Rückführung der 350 000 kambodschanischen Flüchtlinge wurde überwiegend von UNHCR-Personal gestellt. Die Aufgabe umfaßte den Rücktransport, die Versorgung mit Lebensmitteln und materieller Hilfe sowie ein Programm zur Wiedereingliederung mit Arbeitsvermittlung, Weiterbildung, Landschenkung etc.

Zivilverwaltung: Nach den Pariser Kambodscha-Abkommen hatte UNTAC die direkte Kontrolle der kambodschanischen Verwaltung in den Ministerien für Außenpolitik, Nationale Verteidigung, Finanzen, öffentliche Sicherheit und Information.

Wiederaufbau: Ein eigener Koordinator der Vereinten Nationen sollte den Bedarf ermitteln und die Hilfe der Spenderländer koordinieren.

Neben den sechs zivilen Komponenten war die Militärkomponente der UNTAC für die Erfassung, Entwaffnung und Demobilisierung der Streitkräfte der Bürgerkriegsparteien zuständig. Außerdem sollten die Soldaten Unterstützung beim Minenräumen leisten.

---

13 U.N. Doc. S/23613. Der Sicherheitsrat bestätigte den Bericht und gab UNTAC das vorgesehene Mandat in seiner Resolution 745 (1992) am 28.2.1992.

Gemäß Plan hätte UNTAC eine überwiegend zivil dominierte Operation werden sollen. In der Realität freilich bestimmte das Militär die wesentlichen Ereignisse – mit Ausnahme der Wahleinheit. Im Vergleich zu den 15 000 Soldaten kamen 3 500 VN-Polizisten und nur 200 Zivilisten in der Zivilverwaltung zum Einsatz. Diese 200 Mitarbeiter konnten unmöglich die kambodschanische Verwaltung kontrollieren. Pro Ministerium wurden maximal fünf VN-Mitarbeiter abgeordnet, denen wesentliche Entscheidungen verheimlicht wurden.[14]

Es bleibt unfaßbar, wie der VN-Generalsekretär im September 1992 erklären konnte, daß am 1. Juli 1992 "the civilian administration component began to exercise full control over the five key areas in the Phnom Penh administration."[15] Statt Herzstück der Operation zu werden, blieb die Komponente der Zivilverwaltung allein aufgrund ihrer geringen Personalstärke ein Anhängsel der Operation.

Auch die wesentlich stärkere CIVPOL-Einheit füllte ihr Mandat nur teilweise aus. Der Auftrag "to supervise and control" wurde nur selten durchgesetzt. In der Regel suchten die VN-Polizisten die Abstimmung mit ihren Überwachungsobjekten, anstatt diese effektiv zu kontrollieren. Wenn Untersuchungen angestellt wurden, endeten diese mit einem Bericht ohne Garantie einer Konsequenz für die Beteiligten. Erst im Januar 1993, nach monatelangem Zögern, gab UNTAC-Chef Yasushi Akashi seinen VN-Polizisten die Erlaubnis, Festnahmen durchzuführen. Auch die Human Right Officers der UNTAC waren im Mandat überfordert. Sie erreichten zwar in einigen Fällen die Freilassung politischer Gefangener, konnten deren weiteren Weg aber nicht begleiten, so daß ein effektiver Schutz nicht möglich war.

Die Bundesrepublik Deutschland beteiligte sich an der UNTAC erstmals mit VN-Soldaten. Sie stellte 140 Sanitäter und Ärzte der Bundeswehr, die in Phnom Penh ein Feldlazarett betrieben. Daneben waren 75 Beamte des Bundesgrenzschutzes für CIVPOL und zivile Wahlhelfer aus Deutschland eingesetzt.

12. UNOSOM (seit April 1992 in Somalia)

Am 24. April 1992 traf der Sicherheitsrat mit seiner Resolution 751 die Entscheidung zur Aufstellung der United Nations Operation in Somalia, um "eine sofortige und wirkungsvolle Beendigung der Feinseligkeiten und die Aufrechterhaltung eines Waffenstillstandes im ganzen Land zur Förderung der Versöhnung und der politischen Streitbeilegung in Somalia sowie die Versorgung mit humanitärer Hilfe möglich zu machen". Neben 50 Militärbeobachtern wurde erstmals in der VN-Geschichte eine Sicherungsabteilung mit zunächst 500, später erheblich mehr Solda-

---

14 Jarat *Chopra u.a.*, Report on the Cambodian Peace Process, Oslo, Februar 1993 (NUPI, Research Report No. 165).

15 U.N. Doc. S/24578 vom 21.9.1992.

ten für den Schutz von Hilfslieferungen vorgesehen. Sie sollen die Konvois der VN-Hilfsorganisationen schützen und dabei auch schießen, falls ihr Abschreckungseffekt nicht ausreichend Wirkung zeigen sollte.

13. MINURSO in der Westsahara (in Vorbereitung seit September 1991)

Die Einrichtung der United Nations Mission for the Referendum in Western Sahara (MINURSO) wurde am 29. April 1991 vom Sicherheitsrat beschlossen, um eine Waffenruhe von September ab zu überwachen, danach ein Referendum über die Staatszugehörigkeit des Gebiets vorzubereiten, durchzuführen und zu überwachen. Aufgrund politischer Schwierigkeiten konnte der zweite Teil des Mandats bislang nicht ausgeführt werden. Vorgesehen ist, daß ein Sonderbeauftragter des VN-Generalsekretärs mit einer integrierten Gruppe aus Zivilisten, Soldaten und Polizisten (CIVPOL) tätig wird. Erstmals wird die CIVPOL nicht mehr der Zivilkomponente zugerechnet, sondern als Security Unit mit rund 300 Polizisten eingeplant. Daneben sollen nach den Vorstellungen des VN-Generalsekretärs rund 1 700 VN-Soldaten und bis zu 1 000 zivile VN-Mitarbeiter zum Einsatz kommen. Die Bundesrepublik Deutschland hat sich schon 1991 bereiterklärt, Zivilisten und Beamte des Bundesgrenzschutzes für die Sicherheitseinheit zu stellen.

II. Ziviler Graubereich des VN-Peace-keeping

In einem rein zivilen und nationalen Graubereich des Peace-keeping operierten die Vereinten Nationen mit der Wahlbeobachtergruppe in Haiti ONUVEH (U.N. Observer Group for the Verification of the Elections in Haiti) von Oktober 1990 bis Januar 1991, die im Sicherheitsrat auf Widerstand gestoßen und deshalb von der Generalversammlung mandatiert worden war. Die Probleme dieser Wahl waren rein innerstaatlich. Ein ähnliches Ansuchen Rumäniens um internationales Überwachungspersonal einer Wahl nach dem Sturz Ceausescus wurde deshalb auf Anraten des VN-Sekretariats vom Sicherheitsrat abgelehnt.

Eine Neuerung im Rahmen der Mission der Guten Dienste des VN-Generalsekretärs stellte das achtköpfige VN-Team zur Beobachtung der Massendemonstrationen in Südafrika Anfang August dar, das unter dem Sondervertreter des VN-Generalsekretärs, Cyrus Vance, auf Bitten des ANC, der die Demonstrationen organisierte, ins südliche Afrika reiste. Südafrikas Regierung stimmte dem Einsatz zu. Auf Empfehlung des Generalsekretärs wurden 30 Beobachter nach Südafrika entsandt. Sie kommen in einem nationalen Konflikt zum Einsatz, dessen völkerrechtliche Dimension sich lediglich auf die Überwachung der Einhaltung der Menschenrechte stützen kann.

III. Analyse der Mandatsevolution im zivilen Bereich des VN-Peace-keeping

Die vorstehende Auflistung läßt erkennen, daß die zivile Komponente an Bedeutung zunimmt und die Beschränkung des Peace-keeping auf allein militärische Einsatzformen nicht mehr dem heutigen Entwicklungsstand entspricht. In seinem programmatischen Bericht "An Agenda for Peace" an Sicherheitsrat und Generalversammlung hat VN-Generalsekretär Boutros Boutros-Ghali am 17. Juni 1992 ausgeführt:

> "Die Friedenssicherung verlangt in zunehmendem Maße, daß zivile politische Mitarbeiter, Menschenrechtsbeobachter, Wahlbeobachter, Spezialisten für Flüchtlings- und humanitäre Hilfe und Polizisten eine ebenso zentrale Rolle übernehmen wie das Militär."[16]

Aus dem klassischen Peace-keeping ist ein Peace-keeping zweiter Generation erwachsen, das zwar immer noch klassische Aufgaben wie die Beobachtung einer Waffenruhe oder die Puffertruppe zwischen zwei verfeindeten Armeen enthält, aber darüber hinaus weitergehende Aufgaben erfüllt, die die Conditio Neutralität aufweichen. Mit zunehmender Übernahme innerstaatlicher Aufgaben auch in politisch sensiblen Bereichen können sich die Vereinten Nationen nicht mehr neutral verhalten, sondern müssen Farbe bekennen und ihre eigenen demokratischen, universell legitimierten Werte verfolgen. Der Schutz der Menschenrechte vor Ort durch VN-Personal ist ein markantes Beispiel für die neue Qualität der Aufgabe. Für diese Funktion braucht es kein Militär, sondern Juristen und Polizisten, die gewohnt sind, Untersuchungen durchzuführen. In El Salvador (ONUSAL), aber auch in Kambodscha (UNTAC) ist derartiges Zivil-Personal eingesetzt. Auch wenn dort mehr beobachtet als kontrolliert wird, stellt doch allein der Auftrag eine bemerkenswerte Neuerung dar. Es kommt nur darauf an, die VN-Instrumente besser darauf einzurichten.

IV. Funktionsausweitung der VN-Polizei

In der Rückschau tauchen VN-Polizisten erstmal bei der UNTEA 1962/63 sowie unter der Bezeichnung "Civilian Police" bei der UNFICYP 1964 auf. Im Kongo waren diese Aufgaben offenbar ausschließlich durch Soldaten wahrgenommen worden. Die vom VN-Sekretariat entsandten Polizisten zur UNTEA wirkten ausschließlich als Organisationshelfer, um die bisherigen Polizeistrukturen an die neuen Verhältnisse anzupassen. Anders im Falle UNFICYP. Die VN-Polizisten aus fünf Staaten sollten zur lokalen Polizei Kontakt halten und in Streitfällen vermitteln helfen. Dabei ging es weder um die Beobachtung der örtlichen Polizei-Aktivitäten noch um deren Überwachung und schon gar nicht um deren Kontrolle, was weitgehende Eingriffsrechte voraussetzen würde. Sowohl die griechische wie

16 An Agenda for Peace, U.N. Doc. S/24111 und A/47/277 vom 17.6.1992, § 52.

auch die türkische Polizei arbeiten selbstständig. Die VN-Polizisten bei UNFICYP waren mehr oder weniger beratend tätig und weitgehend wirkungslos im Vergleich zu der Rolle, die die CIVPOL bei den neuen Operationen in Namibia, Kambodscha oder in der Westsahara zu spielen hat.

Bislang führt das VN-Sekretariat alle Polizisten einer Peace-keeping-Operation unter der Bezeichnung UNCIVPOL (United Nations Civilian Police). Dieser Begriff wurde als Unterscheidung zur ebenfalls bestehenden "Military Police" eingeführt, weist jedoch in eine falsche Richtung. Die VN-Polizisten sind in der Regel keine zivil arbeitenden Fahnder im Sinne deutscher Kriminalpolizei, sondern uniformierte Gruppen, zusammengestellt aus verschiedenen Staaten, die die ortsansässige Polizei überwachen. Oft wirken die VN-Polizisten in ihren Felduniformen paramilitärisch, etwa die Beamten des Bundesgrenzschutzes oder der französischen "Gendarmerie". Ähnlich wie die VN-Soldaten tragen auch die VN-Polizisten eine nationale Uniform sowie das hellblaue Barett.

Bisher treten die VN-Polizisten vor Ort unbewaffnet auf, auch wenn sie mit Waffen an den Einsatzort reisen wie etwa der Bundesgrenzschutz nach Namibia oder Kambodscha. Vor Ort wurden die Waffen auf Anordnung des VN-Sekretariats eingeschlossen. Eine Notwendigkeit ist diese Praxis allerdings nicht. Das Musterstatusabkommen des VN-Sekretariats für Peace-keeping-Einsätze von 1990 sieht in dieser Frage ausdrücklich die Gleichstellung von "military members and civilian police" einer VN-Peace-keeping-Operation vor.[17] Denkbar ist also eine bewaffnete VN-Polizei durchaus. So wurde etwa bei der Operation in der Westsahara die CIVPOL als Security Unit mit 300 Polizisten aus der zivilen Komponente ausgegliedert. Warum sollen diese Polizisten nicht bewaffnet sein, wenn sie Wahllokale zu schützen haben?

Die Waffe dürfte bei der VN-Polizei über kurz oder lang zu einer wichtigen Statusfrage werden, ähnlich wie sie es beim Aufbau der militärischen VN-Einheiten war. Als Generalsekretär Dag Hammarskjøld 1956 die erste VN-Friedenstruppe UNEF plante, mußte er sich auch mit dem Problem der Gewaltanwendung befassen. Das erste Statusabkommen einer VN-Friedenstruppe führte unter dem Absatz "arms" nur auf, daß die Angehörigen der Truppe Waffen besitzen dürften "in accordance with their orders".[18] Erst in seiner "Summary Study" präzisierte Hammarskjøld ein Jahr später die Frage der Gewaltanwendung:

> "A reasonable definition seems to have been established in the case of UNEF, where the rule is applied that men engaged in the operation may never take the initiative in the use of armed force, but are entitled to respond with force to an attack with arms, including attemps to use

---

17 U.N. Doc. A/45/594 vom 9.10.1990, § 37.

18 Robert C. R. *Siekmann*, Basic Documents on U.N. and Related Peackeeping Forces, Den Haag 1975, S. 77.

force to make them withdraw from positions which they occupy under orders from the Commander."[19]

Während die UNEF noch in einem klassischen Staatenkrieg zum Einsatz kam, sind die gewaltsamen Konflikte von heute in der Regel Bürgerkriege. Dieser Konflikttyp war zu Zeiten des Ost-West-Konflikts für den Sicherheitsrat im allgemeinen tabu. Erst mit dem allgemeinen Konsens der fünf ständigen Ratsmitglieder können die Vereinten Nationen auch in Bürgerkriegen tätig werden. Im allgemeinen muß ein internationaler Konflikt vorliegen, damit der VN-Sicherheitsrat eingreifen kann. Doch Ausnahmen sind möglich, wie die Beispiele ONUSAL in El Salvador oder die vom VN-Sekretariat ungeliebte Verifikationsgruppe ONUVEH für die Wahlen in Haiti zeigt. Derartige Operationen für "innerstaatlich-nationale" Ziele erfolgen unter der Überschrift "Internationaler Menschenrechtsschutz".

Befürworter eines Ausbaus derartiger Konfliktkompetenzen für die VN fordern sogar die Durchführung humanitärer Interventionen.[20] Sie sehen darin die Perfektionierung des internationalen Menschenrechtsschutzes mit Hilfe von VN-Personal. Die Kritiker warnen dagegen vor dem Mißbrauch des Konzepts für machtpolitische Erwägungen.[21] Selbst bei der harmlosen Überwachungsaktion der Wahlen in Haiti, die nichts mit einer humanitären Intervention zu tun hat, verweigerten Kuba und Kolumbien als nichtständige Mitglieder des Sicherheitsrats ihre Zustimmung wegen der Befürchtung, das Gremium der fünf ständigen Mitglieder könne sich zu einem "Politbüro" für Einmischung in innere Staatsangelegenheiten entwickeln.

Im übrigen wäre zu prüfen, ob eine Intervention überhaupt mit dem Instrumentarium des Peace-keeping geleistet werden kann oder nicht vielmehr die Ermächtigung des Kapitels VII der VN-Satzung braucht, so geschehen bei der multinationalen Schutztruppe der Kurden im Nordirak.[22] Mit dem Mandat des VN-Sicherheitsrats schützten amerikanische unter anderem Soldaten kurdische Flüchtlingslager gegen den Willen der irakischen Regierung, die nur als Kriegsverlierer einwilligte. Gelegentlich werden mit Blick auf derartige Experimente die Begriffe durcheinandergeworfen. So fordern etwa Bruce Russett und James S. Sutterlin die Kompetenz des Sicherheitsrats zur Aufstellung einer eigenen Truppe für Zwangsmaßnahmen.[23] Sie sprechen von "deterrent peace-keeping operations", ohne zu klären, wie weit das Konzept Peace-keeping dabei ausgereizt werden soll und wie davon

---

19 U.N. Doc. GA/3943, § 179.

20 Jarat *Chopra*/Thomas G. *Weiss*, Sovereignty is no Longer Sacrosanct: Codifying Humanitarian Intervention, in: Ethnics and International Affairs, (1992), S. 95ff.

21 David P. *Forsythe*, The Internationalization of Human Rights, Lexington 1991, sowie Michael *Reisman*, Sovereignty and Human Rights in Contemporary International Law, in: American Journal of International Law, (1990), S. 866ff.

22 Resolution 688 des VN-Sicherheitsrats.

23 Bruce *Russett*/James S. *Sutterlin*, The U.N. in a New World Order, in: Foreign Affairs, 70 (Frühjahr 1991) 2, S. 69ff.

"Enforcement" zu unterscheiden wäre. Ein möglicher Ansatz könnte vielleicht die Unterscheidung zwischen dem klassischen Enforcement des Kapitels VII und einem "civil law-enforcement" sein. Entweder käme "civil law-enforcement" als "provisional measure" unter Artikel 40 zum Zuge und läge unterhalb der Schwelle der militärischen Zwangsmaßnahme.

Eine Alternative könnte auf einem erweiterten Peace-keeping-Begriff aufbauen, der die Neutralität der VN-Operation nicht als sakrosankt nimmt, sondern anerkannte VN-Werte wie "Achtung der Menschenrechte" mit Hilfe innerstaatlicher VN-Einsätze durchsetzt. Die Durchsetzung ihrer Mandatsziele erzwänge die VN auf zivile Art mit Hilfe von Polizei und Verwaltung. Für eine derartige treuhänderische Übernahme eines Staats ist unbedingt die Zustimmung des gesamten Sicherheitsrats sowie der betreffenden Regionalmächte nötig. Insofern bedarf die Maßnahme eines weitgehenden Konsenses aller Beteiligten.

In internen Konflikten ist die Stabilisierung von Ruhe und Ordnung das Hauptziel. Dies erfordert weniger militärische als Polizei-Qualitäten, wenngleich auch dem Militär beim VN-Peace-keeping neue Aufgaben zuwachsen wie das Minenräumen, das Entwaffnen von Streitparteien, das Bewachen von Hilfskonvois oder Schutzgebieten. Soll dagegen die lokale Polizei überwacht oder gar kontrolliert werden, so ist dies nach aller Erfahrung am besten mit beruflich Gleichgestellten, also mit Polizisten zu leisten. Ihre Aufgabe ist in Demokratien seit jeher die Wahrung der inneren Sicherheit. Ihre Inanspruchnahme durch das VN-Sekretariat zur Wahlüberwachung in Namibia 1989 war daher nur konsequent. Ähnlich wurde kurz darauf in Angola und Kambodscha verfahren.

Soll die innere Ordnung nicht nur überwacht oder kontrolliert, sondern durch eine internationale Operation organisiert und gewährleistet werden, reichen internationale Polizeibeobachter nicht aus. Ähnlich wie im militärischen Bereich müßte dann zwischen Beobachtern und "Truppe" unterschieden werden. Denkbar ist der Einsatz einer internationalen "Polizei-Einheit", zu der auch eine paramilitärische Sicherungstruppe gehören kann. Eine derartige Einheit war beim Peace-keeping bisher nicht vorgesehen. Dies bleibt wohl einer dritten Generation des VN-Peace-keeping vorbehalten, in der internationale Peace-keeper nicht mehr nur beobachten oder überwachen, sondern kontrollieren und treuhänderisch verwalten. Für derartige Polizei- und Sicherungsaufgaben müßte das VN-Sekretariat wohl einen neuen Status entwickeln. Bislang wurden die Polizisten der CIVPOL jedenfalls gemeinsam mit den zivilen Mitarbeitern und den Militärbeobachtern völkerrechtlich als "experts on mission" geführt. Neben einer effektiven Polizei ist ein großer ziviler Apparat unverzichtbar, um die öffentlichen Dienste zu organisieren.

V. Funktionsausweitung Verwaltung: Die international durchgeführte Organisation der öffentlichen Dienste

Alle Mandate, die die Stabilisierung der inneren Ordnung zum Ziel haben, benötigen für ihre Umsetzung weitgehende Organisationsstrukturen im zivilen Bereich. Als Hauptaufgabe, die den Vereinten Nationen in diesem Bereich derzeit zuwächst, ist die internationale Garantie für freie Wahlen bis hin zu deren Organisation zu nennen. Eine zweite zivile Aufgabe ist die Überwachung/Kontrolle/Übernahme der Justiz zur Einhaltung der Menschenrechte. Dritte zivile Aufgabe ist die Organisation humanitärer Hilfe, die ebenfalls eigene Verwaltungsstrukturen erfordert. Oft steht die existenzielle Hilfe am Anfang (z.B. Nahrungsmittel), um sich im Verlauf einer Operation in technische Unterstützung (z.B. Brunnenbohren) und langfristige Entwicklungshilfe (z.B. Erziehungswesen) umzuwandeln.

Unproblematisch sind derartige Hilfen in saturierten Staatsgebieten – sie brauchen kein VN-Peace-keeping. Sobald jedoch eine Bürgerkriegssituation konkrete Aspekte der Friedensbedrohung ins Spiel bringt, ist ein überstaatlicher Regelungsmechanismus gefragt, der neutrale Informationen, Vermittlungs- und Schlichtungsdienste (Militär) sowie "Demokratisierungshilfe" (Justiz, Polizei, Wahlen, Medienkampagnen) bieten kann. Eines der wichtigsten Instrumente hierfür ist das VN-Peace-keeping, das sich in seiner erweiterten Form mehr und mehr mit Aufgaben des Peacemaking bzw. des Peacebuildung vermischt.[24]

Wahlen: Von Nicaragua nach Kambodscha sind die Aufgaben gewachsen und die zivilen Mandate der Operationen komplexer geworden. Während die bloße Wahlbeobachtung in Nicaragua 1989, Haiti 1990 und Angola 1992 mit relativ kleinen Teams zu leisten war, bedurfte die Wahlüberwachung in Namibia 1990 und erst recht die für Kambodscha 1993 durchzuführende Wahlorganisation eines größeren Apparats mit mehreren Hundert Mitarbeitern. Nach Abschluß der Kambodscha-Operation wird ein Stamm erfahrener Wahlbeobachter zur Verfügung stehen, die von ihren jeweiligen Heimatstaaten kurzzeitig abgestellt werden können.

Justiz: In Zusammenarbeit mit der VN-Polizei überwachen erfahrene Juristen und andere VN-Mitarbeiter die Gefängnisse und die Rechtsprechung. Sie erstellen Listen von Gefangenen, dringen auf die Freilassung politischer Häftlinge und auf menschenwürdige Verfahren nach demokratischen Regeln, die in einem "code of conduct" landesweit mit allen Streitparteien festgelegt und danach der Öffentlichkeit bekanntgemacht werden. Sie gehen Beschwerden über Menschenrechtsverletzungen nach.

Existenzhilfe: Die von einer Vielzahl nichtstaatlicher Organisationen geleistete Hilfe muß koordiniert und gesichert werden. Dazu kann eine Peace-keeping-

---

24 Zur ersten VN-offiziellen Definition der Begriffe vgl. den Bericht des VN-Generalsekretärs: An Agenda for Peace, U.N. Doc. S/24111 und A/47/277 vom 17.6.1992, § 52.

Operation eigene humanitäre Hilfe leisten (Nahrungsmitteltransporte, Schutz von Lagern, Flüchtlingsrücksiedlung, technische Hilfe etwa in Form von Brunnenbau oder Minenräumen).

Darüber hinaus ist die treuhänderische Übernahme bzw. Kontrolle aller Bereiche des öffentlichen Dienstes denkbar. Während das Treuhandsystem der VN-Satzung hierfür einem Treuhandstaat die Verwaltung übergibt, könnte mit Hilfe der in Jahren gewachsenen Strukturen mittlerweile eine derartige Aufgabe zeitweise auch mit Hilfe des Peace-keeping vom VN-Sekretariat selbst bewältigt werden. Voraussetzung hierfür ist ein Konsens aller Mitglieder des Sicherheitrats sowie der betroffenen Regionalmächte und eine ausreichende finanzielle und personelle Unterstützung der VN-Mitgliedschaft.

VI. Ausblick

Viele der aufgeführten zivilen Tendenzen des VN-Peace-keeping muten utopisch an. Gleichwohl sind sie in greifbare Nähe gerückt – ihr Einsatz ist heute machbar, auch wenn das Konzept des zivilen Peace-keeping weiter entwicklungsfähig ist. Die Entscheidung darüber, ob die modernen Formen der internationalen Streitschlichtung tatsächlich zum Einsatz kommen, bleibt allerdings eine politische. Sie ist weiterhin mit den Interessen der einflußreichen Staaten und der Kampfkraft der Streitparteien vor Ort verknüpft. Eine schlimme Menschenrechtsverletzung, die im einen Fall den Sicherheitsrats beschäftigt, wird im anderen unbeachtet durch den Rat bleiben. Zwischen "machbar" und "machen" klafft weiterhin eine tiefe Lücke. Doch die Entwicklung des Know-how, des Instruments, des "Machbar", ist schon ein Fortschritt an sich.

Mehr und mehr kann das VN-Sekretariat Organisationshilfe für Staaten in Not anbieten. Ein selbstgesetzter "code of conduct" könnte dabei die oft fehlende Verfassung eines Staates im Bürgerkrieg ersetzen. Die Durchsetzung dieses "code of conduct" wird freilich immer heikel bleiben, sofern mehr gebraucht wird als Geld, Personal und gute Worte. Der Konsens aller Beteiligten bleibt oberstes Prinzip des VN-Peace-keeping, gerade auch für seine zivilen Komponenten. Alle Versuche, Peace-keeping mit militärischen Zwangsmitteln auszustatten, dürften fehlschlagen. Peace-keeping basiert auf einer kooperativen Strategie und kann allenfalls komplementär zu den Militärsanktionen des Kapitels VII der VN-Satzung eingesetzt werden. Das erwähnte "civil law-enforcement" im Unterschied zu den Sanktionen des Kapitels VII wäre dagegen durchaus mit dem konsensbedürftigen Peace-keeping-Konzept vereinbar, würde unter einer allgemeinen Autorisierung per Konsens eine autonome Operation mit "enforcement pockets" geschaffen.

7. A New Era of Peacemaking: United Nations and Election Monitoring

*Larry Garber**

Had anyone predicted the contours of the international landscape even 10 years ago, the characterization would have been labeled fiction. Now, the Cold War has ended and the polemics it aroused are relicts of a soon-to-be-distant era. Equally significant, countries in all regions of the globe have moved inexorably toward more open and democratic systems of government. This transformation of the international system has prompted a rethinking of the concept of national sovereignty and the emergence of a growing consensus regarding the content of a "democratic entitlement."[1]

As part of this transformed international setting, the role of international election monitoring has also evolved. International observers were once confined to elections occurring in circumstances of decolonization or as a means of legitimizing controversial electoral processes.[2] Today, international observers are increasingly appreciated for their contributions to resolving longstanding conflicts, promoting political development and drawing attention to fraudulent elections.[3] Governments, intergovernmental organizations and nongovernmental groups have all played a part in this extraordinary development. Domestic monitoring groups also have advanced this historic progression, particularly in countries undergoing democratic transitions.[4]

Nowhere is this change more noticeable than in the activities of the U.N. Until 1989, the U.N. generally was not in the business of monitoring elections in member states.[5] Nor was it expected that the U.N. could or would provide technical assistance to member states on election related matters. Such activities, it was thought, constituted a breach of sovereignty and intervened in the internal affairs of a member state.

Today, a mere three years later, the situation is quite different. The U.N. has become a major player in the field of election related assistance. Recent U.N. ventures range from supervising an entire electoral process to providing advisory

* The author thanks his colleague Michael Stoddard for his thoughtful comments on this essay.

1 See T. Franck, "The Emerging Right to Democratic Governance," in *American Journal of International Law*, January 1992.

2 See generally, L. Garber, *Guidelines for International Election Observing* (International Human Rights Law Group 1984).

3 See generally, J. McCoy, L. Garber and R. Pastor, "Pollwatching and Peacekeeping," in *Journal of Democracy*, Vol. 2, Fall 1991, pp. 102-14.

4 L. Garber, "Observers at the Polling Site Should Include Those without a Stake," in *The Christian Science Monitor*, May 12, 1992.

5 U.N. election related activities prior to 1989 are described in section I below.

services on an ad hoc basis. Consequently, an active U.N. role in supporting democratic election processes is foreseen for the organization in various regions of the world, particularly in countries where there has been an on-going armed conflict.

This essay examines this remarkable development. The first section provides a brief historical overview of U.N. monitoring efforts in the decolonization context. The second section describes the ground breaking 1990 U.N. verification missions in Nicaragua and Haiti. The subsequent section considers more recent U.N operations in Ethiopia, Angola, Cambodia, and elsewhere.

The fourth section reviews the institutionalization of the U.N. role through the adoption of a 1991 General Assembly resolution and the establishment of an Election Assistance Unit in March 1992. The fifth section identifies several issues that, despite the progress that has been made, must be addressed in the near future. The concluding section outlines the prospects for a continued activist role by the U.N. in the field of election related assistance.

Before beginning, the differences between electoral assistance and election monitoring should be noted. Electoral assistance, which may be offered to election commissions, political parties, or civic organizations, is designed to ensure that preparations for free and fair elections are in place and proceeding toward successful implementation. Election monitoring serves other distinct purposes, including:

- promoting confidence among the population;
- encouraging the development of fair election laws and practices;
- reducing levels of violence, intimidation and general fears of a public that has not recently participated in democratic elections;
- facilitating the resolution of disputes regarding the interpretation and implementation of the election law;
- deterring election day fraud;
- detecting and denouncing election fraud when it occurs;
- encouraging acceptance of election results where fraud is absent; and
- reporting on the overall fairness of the process to the international community.

I. Historical Overview – Decolonization

The U.N.'s direct involvement with election related activities began in 1948, three years after the organization's establishment. Responding to a deteriorating situation in Korea, the U.N. established a United Nations Temporary Commission on Korea, which was formed to observe elections in all of Korea. The Commission, however, was able to observe elections only in South Korea, as elections in the northern region of the peninsula were never held. Even after the Korean War established the reality of two Koreas, the U.N. continued to observe elections in South Korea through the late 1960s.[6]

The U.N. also observed elections in many countries that were decolonized during the 1950s and 1960s, and continued observing elections through the 1970s and 1980s in territories subject to the Trusteeship Council's jurisdiction and in other small non-self-governing territories.[7] All told, prior to the Namibia operation, the U.N. had observed elections, plebiscites and referenda in approximately 30 countries or territories.

For the most part, these early U.N. observation missions involved a relatively limited mandate and a relatively small on-site presence. Indeed, until recently there was little expectation that the U.N. could conduct effective election observation operations in a highly charged political environment. This outlook changed as a result of the U.N. efforts in Namibia, Nicaragua and Haiti in 1989 and 1990.

The November 1989 elections in Namibia marked the culmination of the U.N. commitment to observing elections in the decolonization context. The Namibia effort, however, involved more than mere observing. The specific Security Council mandate, Resolution 435 adopted in 1978, referred to "supervision and control." In practice, the operation included peace-keeping forces, civilian police, election monitors, negotiations concerning details of the election law and a civic education effort. In sum, the effort represented, for the first time in U.N. history, a coordinated military, police and civilian effort involving more than the mere preservation of peace between hostile parties and the passive observation of elections.[8]

Namibia's adoption of a democratic constitution and the establishment of democratic institutions during the two years following independence confirmed – among U.N. personnel and throughout the international community – the significance of the contribution that the U.N. made during the transition process. Notwithstanding the problems faced by the U.N. in Namibia, and recognizing Namibia's unique status under international law, the U.N. performance established a significant precedent for the organization. It created expectations that the U.N. could play a positive role in helping resolve longstanding conflicts and in promoting democratic governance. At the same time, the cost of the Namibia operation made the development of a more modest, but still thorough, approach a practical imperative. Nicaragua, where elections were held on February 25, 1990, provided an opportunity for the U.N. to develop this new approach.

---

6 See, D. Amato, *Elections under International Auspices* (doctoral dissertation on file at Johns Hopkins School of Advanced International Studies, 1971).

7 See *United Nations Participation in Popular Consultations and Elections* (published in 1983 by the U.N. Department of Political Affairs).

8 See generally, National Democratic Institute for International Affairs, *Nation Building: The U.N. and Namibia*, 1990.

II. Electoral Verification in Nicaragua and Haïti

The Nicaragua mission differed significantly from the Namibia operation. The U.N. mandate in Nicaragua was to "verify" the election process as opposed to "supervise and control." Moreover, in Nicaragua there was no military or police component and election monitors visited polling sites on a rotating basis; the overall verification was based on visual impressions of a limited number of polling sites and a statistical sampling with respect to the election results.

Nicaragua marked the first time that the U.N. observed elections in a member state (Korea was not a member state in 1948). The decision to observe was justified as representing a U.N. response to the threat to international peace and security existing in Central America. Ultimately, the decision to observe the elections was vindicated by the relatively peaceful election campaign, the well-administered balloting process and the smooth transition that occurred following the defeat of the ruling party in the elections. Certain key elements of the operation deserve special mention:

- the on-site U.N. presence began in August 1989, seven months before the elections;
- U.N. representatives were present at most rallies organized during the campaign by the political parties;
- U.N. personnel (and personnel from other observer delegations) facilitated the resolution of problems that emerged during the campaign between the ruling and opposition parties;
- the U.N. mission issued five comprehensive and critical reports covering the election law, the registration process, the first phase of the election campaign and the role of the media, the second phase of the campaign, and the balloting, counting and transition processes;
- the U.N. Secretary-General appointed as his personal representative Elliot Richardson, a well-respected former U.S. cabinet officer;
- the U.N. implemented a parallel vote tabulation based on a statistical sample, which accurately projected the results on election night and provided the basis for encouraging the participants to accept the outcome; and
- the U.N. maintained an on-site presence following the elections to ensure a smooth transition.

In a letter to the Secretary-General dated March 22, 1990, Richardson, highlighted two additional features:

> "Attention should be focused on the decision taken early in ONUVEN [the acronym used for the U.N. mission in Nicaragua] history that responsibility for verification of the electoral process demanded more than merely recording the process, more than monitoring, and could not stop short of actively seeking to get corrected whatever substantial de-

fects had been discovered. The very fact that the future of Nicaragua literally depended on the fairness and freedom of the elections would have made a purely passive role for ONUVEN morally unacceptable; a comparably important decision [was] to make a judgment before election day as to whether or not, despite its deficiencies, the electoral process was on balance sufficiently fair so as to assure that voters would be able to exercise a free choice ... It had to be recognized, of course, that the election might be close, and in that event not to have done this, to have waited instead until after the votes had been counted, could have greatly complicated the effort to render a final verdict."[9]

At the same time, questions arose regarding certain aspects of the U.N. operation in Nicaragua. The cost of the operation was a concern, as was the question of U.N. coordination with the Organization of American States (OAS), which mounted a nearly identical operation. Some Nicaraguans joked that, at times, it seemed as if the competition between the U.N. and OAS was more intense than the competition among the parties. While the U.N. evaluation of the process was widely accepted, some worried that the U.N. would have been in a more difficult position if the incumbent party had won the election or if the results were closer.[10]

Elections on December 16, 1990 in Haiti provided the U.N. with an opportunity to extend the model utilized in Nicaragua. These elections represented the freest and fairest elections in Haiti's long history. Again, the U.N. deserves considerable credit for the success of the election process, particularly in helping create a psychological climate conducive to the holding of democratic elections.

The road to U.N. involvement in Haiti, however, was not as simple as in Nicaragua. The situation in Haiti, unlike Nicaragua, did not represent an obvious threat to international peace and security. Consequently, a heated debate emerged regarding the propriety of a U.N. verification mission. Eventually, the General Assembly authorized the provision of technical assistance to the government of Haiti and the establishment of an observer mission in Haiti.[11] As acknowledged in the first U.N. report on the Haitian election process, "[a]ssistance for the electoral process in Haiti is an innovation but is amply justified by a situation that is the result of 30 years of dictatorship and several years of political turbulence and by the serious economic and social consequences thereof."[12]

For the most part, the U.N. operation in Haiti followed the Nicaragua model. Again, there was an extended, although more abbreviated, on-site presence; two reports, which highlighted significant administrative deficiencies in the process,

9 U.N. Doc. A/44/927, issued March 30, 1990, pp. 3-4.

10 By contrast, Mr. Richardson believed that "our own observation of the manner in which the voting and vote counting were conducted put us in a position to respond with confidence and precision to any issue that might have been raised." Ibid. at p.3

11 U.N. General Assembly Resolution 45/2, adopted October 10, 1990.

12 U.N. Doc. A/45/870, issued December 14, 1990, p. 2.

were issued; and the U.N. mission, together with the OAS, implemented a "quick count," which provided the basis for the accurate projections of the results in the presidential race on election night long before the Provisional Election Council (CEP) issued its first communique regarding preliminary results.

The circumstances in Haiti necessitated that the U.N. also provide hands-on technical assistance to the electoral authorities and coordinate the material assistance provided by donor countries in support of the process. The material assistance included three helicopters, which helped distribute election materials, and computers for use as a backup tabulation system in case of an emergency.

Perhaps the most significant innovation in the U.N. operation involved the provision of security assistance. The Haitian government's request for such assistance initially aroused considerable controversy within U.N. corridors, in part because the request was misunderstood and in part because some member states feared a precedent being established. In the end, the security assistance proved crucial in establishing a level of psychological confidence among the population, segments of which were still traumatized by the 1987 election day massacre. The security assistance entailed providing advisers who worked with the Haitian authorities to develop an effective electoral security plan for the entire country.

Despite the fact that the Haitian elections were viewed [at least at the time] as a success, the final report of the U.N. observer mission describes some of the administrative problems that could have made the U.N. task more difficult had the presidential race been closer or had the political parties sought to contest the legislative results. First, logistical obstacles prevented the distribution of ballots and other election materials in some regions, almost causing the CEP to cancel the elections.[13] Second, the CEP required eight days to count the presidential results, during which time the U.N./OAS quick count provided the principal basis for unofficial acknowledgement within Haiti and the international community that Jean Bertrand Aristide had won the presidential election; it took even longer to complete the tabulation of results for the legislative elections. The U.N. report concludes by noting that the "1990-1991 elections were only a first step on the road to democracy" and that further elections are scheduled for 1992, highlighting the need to establish a sound electoral system.[14]

III. Recent Developments

The success of the U.N. efforts in Namibia, Nicaragua and Haiti focussed attention on the potential for using election processes, with an international component, as a

---

13 National Democratic Institute for International Affairs/Council of Freely Elected Heads of Government, *The 1990 General Elections in Haiti*, 1991.

14 U.N. Doc. A/45/870/Add.1, issued February 22, 1991, p. 23.

conflict resolution device.[15] Recent developments in several countries, including Haiti, where President Aristide was deposed in a September 1991 coup d'etat, have demonstrated that this approach is not a panacea, even where the U.N. commitment is significant. Nonetheless, there are few alternative approaches available for dealing with the extreme suffering caused by an on-going civil war. In this context, the model developed in Namibia, Nicaragua and Haiti, modified as appropriate, will undoubtedly continue to resonate with peacemakers worldwide. This section reviews some of the U.N. more recent efforts in assisting election processes around the world.

The June 21, 1992 regional and district elections in Ethiopia were organized slightly more than a year after the fall of the regime led by Haile Marian Mengistu. They were designed to demonstrate, *inter alia*, the Transitional Government of Ethiopia's commitment to decentralizing political power and to political pluralism.[16]

Unfortunately, the elections did not achieve their proclaimed objectives.[17] Several key parties withdrew from the process during the week preceding the elections, resulting in little competition throughout most of the country. Moreover, the entire process, from registration through the announcement of results, was marred by acute administrative and logistical shortcomings. Perhaps most important, the elections failed to resolve the ongoing ethnic conflicts and, in the short term, led to an increase in tensions and a renewed outbreak in fighting.

In May 1992, a month before the elections, the U.N. committed to coordinating and supporting a Joint International Observer Group (JIOG). The JIOG ultimately comprised observers from 23 nations, 10 intergovernmental organizations and two nongovernmental organizations. Personnel retained by the U.N. acted as the secretariat for the JIOG, helping in the deployment of the more than 200 observers and in the preparation of a post-election report that was presented to the government, but not released publicly.

Involvement in Ethiopia marked a significant expansion in U.N. practice. The international dimension of the election, as in Haiti, was tangential. Also, the elections were for regional and local bodies, not for national legislatures or a president as had been the case with earlier efforts. Finally, there was only a limited time before the elections for the U.N. and the other observers to prepare their monitoring operation. The U.N. decision to participate in the Ethiopian observer operation, notwithstanding the less than ideal circumstances, is attributable to the pressures

---

15 See McCoy, Garber and Pastor, supra note 3. See also, L. Garber, *Palestinian Elections: Working out the Modalities* (Washington Institute for Near East Studies, 1989).

16 National Democratic Institute for International Affairs and African-American Institute, *An Evaluation of the June 21, 1992 Elections in Ethiopia*, p. 2 (1992).

17 Ibid. at pp. 3-4.

exerted both by the Transitional Government of Ethiopia and by the international donor community.

Despite the problems surrounding the electoral process and the observation effort,[18] a modified version of the Ethiopian model may be used in future operations.[19] The model reflects a desire to respond affirmatively to requests from member states for electoral assistance, without initiating a complicated and costly U.N. verification operation, such as occurred in Angola.

The September 29-30, 1992 elections in Angola were planned as a conflict resolution mechanism, designed to terminate a bloody civil war that had lasted more than 17 years. Overcoming tremendous logistical and other obstacles, the elections occurred on schedule and with minimal reports of election day irregularities. Nonetheless, the losing UNITA party refused at first to accept the results; this, in turn, led to renewed armed conflict.

U.N. involvement in Angola began with a peace-keeping mission. U.N. forces were responsible for demobilizing the armies of the parties that had been fighting the civil war and for helping in organizing an integrated new army.

In March 1992, the U.N. operation was transformed to include an electoral verification component.[20] Ultimately, 400 election monitors operating under U.N. auspices were present in Angola on election day. The U.N. effort also included providing technical assistance to the Angolan electoral authorities, helping with the distribution of election paraphernalia and the implementation of a parallel vote tabulation.

The official vote count released by the Angolan electoral authorities showed that the incumbent president, Jose Eduardo dos Santos, had received 49.2% of the vote, far more than his nearest competitor and slightly less than the 50% required to avoid a second round. The slow vote counting process fueled suspicions among supporters of the opposition, who alleged that the count had been manipulated. Some observers, meanwhile, considered Dos Santos' failure to obtain the requisite 50% as reflecting the political exigencies of the Angolan situation where a face-saving second round election might prevent further bloodshed. The U.N. parallel vote tabulation, however, confirmed the official results released by the Angolan electoral authorities, although the results from the U.N. tabulation, surprisingly, were not well-publicized.

The challenges faced by the U.N. in Angola, however, pale in comparison with those facing the organization in Cambodia. Under the terms of the October 1991

18 Ibid. at 5-7.

19 United Nations and United Nations Development Programme, *Guidelines on Special Arrangements for Electoral Assistance*, August 1992.

20 U.N. Security Council Res. 747, adopted March 24, 1992. See also, *Further Report of the Secretary-General on the United Nations Angola Verification Mission*, U.N. Doc. S/23671, March 3, 1992.

Paris peace accord, which was designed to bring an end to the bitter civil war that has engulfed the country for most of the past 20 years, the U.N. has assumed administrative control of Cambodia until elections are held and a new government is formed. Currently, the U.N. is responsible for security and police matters, promulgating the election law, administering the election process, conducting civic education programs and coordinating all election-related activities.

Elections are scheduled for April 1993, although it remains to be seen whether all the parties will participate. More than 20,000 U.N. personnel will be involved in the actual administration of the elections. The cost for the U.N. operation in Cambodia is enormous, far exceeding other U.N. election (and most non-election) related activities.

In addition to the cases cited above, the U.N. has also responded to several requests for electoral observation by asking the U.N. resident representative in the country to "follow and report" to the Secretary-General on the electoral process. Also, the U.N. has provided technical assistance to a number of countries in response to their requests. Examples of such assistance include: advising the Albanian Central Election Commission on the preparation of election paraphernalia before the March 1992 elections; working with the Guyanese Electoral Commission in developing an accurate voter registry prior to the October 1992 elections; and helping the Liberian Electoral Commission prepare a realistic budget and plan of action for elections, which were scheduled for the fall of 1992 but have again been postponed.

IV. Institutionalizing the U.N. Role

Concurrent with developments on the ground has been the institutionalization of the U.N. role through various resolutions and the establishment of a small Electoral Assistance Unit in the secretariat. In December 1990, the U.N. General Assembly called upon the Secretary-General "to seek the views of ... those with specific expertise ... concerning suitable approaches that will permit the Organization to respond to requests of Member States for electoral assistance."[21] More than 50 countries and several nongovernmental organizations submitted comments in response to the resolution. Based on these responses, the Secretary-General prepared a detailed report, which reviewed U.N. involvement in the election field and identified several possible U.N. approaches to dealing with requests for election related assistance.[22]

---

21 U.N. General Assembly Res. 45/150, adopted December 18, 1990.

22 U.N. Secretary-General, *Enhancing the Effectiveness of the Principle of Periodic and Genuine Elections,* A/46/609, issued November 19, 1991.

In December 1991, the General Assembly, with only three states dissenting, approved a resolution calling upon the Secretary-General to designate a focal point "to ensure consistency in the handling of requests of Member States organizing elections."[23] In March 1992, James Jonah, the Undersecretary for Political Affairs, was designated as the focal point. At the same time, the Electoral Assistance Unit (EAU), operating under Mr. Jonah's direction, was established. Mr. Horacio Boneo, who helped coordinate the U.N. missions in Nicaragua and Haiti, was appointed director of the unit.

The EAU provides technical assistance on election matters to governments requesting such assistance and advises the Secretary-General on requests for U.N. election monitors. Since its formation, the EAU has handled requests from more than 20 member countries for both electoral assistance and election observation. In addition, the EAU has prepared guidelines for use by U.N. resident representatives in transmitting requests for assistance, co-sponsored with the Government of Canada a meeting of donor countries to discuss issues of coordination in the electoral field and organized a two-week training program for U.N. personnel on election-related matters.

The EAU has distinguished six categories of U.N. responses to requests for electoral assistance. These include: organization and conduct of elections (e.g., Cambodia and Western Sahara); supervision of elections (e.g., Namibia); verification of elections (e.g., Nicaragua and Haiti); support to the international observation of elections (e.g., Ethiopia and Central African Republic); follow and report on elections (e.g., Mali); and technical assistance to electoral authorities (e.g., Albania, Liberia and Romania).[24]

In addition to the EAU, the U.N. Development Programme, the Human Rights Center and the Department of Economic and Social Development also have assumed responsibilities for responding to member state requests for electoral assistance. With the establishment of the EAU, however, there is considerable coordination within the U.N. on a whole regarding election related matters.

V. Emerging Challenges

Notwithstanding the developments described above, the U.N. must address a number of issues in the context of planning for the future. These issues include: (1) the extent to which election monitoring implicates notions of sovereignty and principles of nonintervention; (2) the basis for allocating scarce resources between political and economic development initiatives and, within the political development

---

23 U.N. General Assembly Res. 46/137, adopted December 17, 1991.

24 United Nations and United Nations Development Programme, *Guidelines on Special Arrangements for Electoral Assistance*, 1992, pp. 5-8.

category, between election related and other activitics; (3) the degree of coordination and cooperation that should be encouraged among different organizations, while not compromising the institutional autonomy of these organizations; (4) the need for developing precise and uniformly accepted methodology for use by election monitors; and (5) the implications of a conclusion that an election is unfair for the legitimacy of a government.

While Resolutions 45/150 and 46/137 endorse an expanded U.N. role in the field of election assistance, other resolutions also adopted overwhelmingly by the U.N. warn against violations of national sovereignty and interference in the internal affairs of members states with respect to their electoral processes.[25] The seemingly inconsistent resolutions reflect the divide that still exists within the U.N. regarding the proper role of the international community in supporting democratic processes. In any event, the invitation by a government provides the easiest response to concerns that U.N. activity is violating the fundamental principle of nonintervention. Indeed, several countries that voted for the warning resolution subsequently invited the U.N. to monitor their elections.

The substantial resources required to organize a large scale U.N. monitoring effort also raises worries that funds will be diverted from equally important, but less flashy, economic development and humanitarian programs. Even within the area of political development, the allocation of scarce resources to election related programs and not for human rights programs, which are chronically underfunded, is a cause for concern. The Human Rights Center, for example, is providing technical assistance to several countries on election related matters. Even if these technical assistance programs are funded from separate budgets, there is undoubtedly a diversion of personnel, who are responsible for servicing various U.N. human rights bodies. Sadly, despite the political advances of recent years, these bodies still have a good deal of traditional human rights work to perform.

The issue of institutional overextension is also serious. The EAU has been inundated with requests for assistance since its formation in March 1992. This has raised questions regarding the criteria for U.N. involvement in providing electoral assistance and in monitoring elections.

The Secretary-General's 1991 report stated that electoral verification should "remain an exceptional activity of the Organization" and set forth four criteria for evaluating requests for a U.N. monitoring role:

- There should be a specific request from the government and broad public support for a U.N. role;
- there should exist a clear international dimension to the situation;

25 U.N. General Assembly Res. 45/151, adopted December 1990.

- the monitoring should cover the entire electoral process from registration through the announcement of the results; and
- approval is obtained from the appropriate U.N. organ.[26]

These criteria remain relevant for the categories of "organization and conduct," "supervision" and "verification." However, with the exception of insisting on a government request, the criteria have mostly been ignored in responding with lesser forms of U.N. involvement, such as "support for international observer efforts," "follow and report" and "technical assistance." Consequently, concerns have emerged regarding the extent to which U.N. resources, fiscal and personnel, are committed to election-related endeavors. There also is growing concern that the U.N.'s reputation, which was established by its fine work in Namibia, Nicaragua and Haiti, will be sullied by participating in elections whose legitimacy, ultimately, is called into question.

One solution to the overextension problem is to coordinate effectively with other organizations providing electoral assistance and monitoring elections. In several instances, particularly in the Western Hemisphere and in Europe, the U.N. has deferred to regional organizations that are prepared to monitor elections within their jurisdiction. In Africa, the U.N. has sought to coordinate with the Organization of African Unity, which is increasingly responding affirmatively to request for election monitors. However, the difficulty arises when the U.N. is explicitly invited to monitor an election and is uniquely placed, given the U.N. logistical and political capabilities, to do so in an effective manner. In such instances, the involvement of a regional organization in the monitoring effort may not provide an adequate rationale for U.N. abstinence.

The EAU has demonstrated a willingness to co-sponsor needs assessment missions and technical assistance programs with nongovernmental organizations as a means of minimizing duplication and limiting the use of U.N personnel. Coordination with other organizations and donor countries providing electoral assistance should further be facilitated by designation of the EAU as the clearinghouse for requests from governments for election related assistance.

The U.N. also must continue to ensure that monitoring missions are conducted in a credible manner. This will prove increasingly difficult as the frequency of requests increases, as the organization's willingness to respond negatively to requests decreases and as the extent of U.N. involvement is limited to coordinating the efforts of observers sponsored by other organizations or to providing technical assistance.

An improperly conceived U.N. effort may prove more harmful than no U.N. involvement where the legitimacy of an election is called into question by one or

26 Secretary-General report, supra note 22 at p. 25.

more parties. Indeed, given the potential damage, particularly in a polarized political environment, the U.N. should consider reverting to the strict criteria outlined in the Secretary-General's 1991 report for U.N. involvement in monitoring efforts. Where the criteria are not met, the U.N. role might be limited to encouraging non-governmental organizations to monitor the elections.

Similarly, in undertaking large scale verification missions, the U.N. must ensure that the operation is well planned and that verification of all phases of the electoral process is possible. The publication of periodic and consequential reports requires the accumulation and evaluation of data collected by the observers and ensures a degree of intellectual honesty by the mission. It also places all parties on notice that the U.N. is prepared to criticize publicly those who seek to disrupt, manipulate or otherwise detrimentally effect the election process.

Finally, the question arises regarding what happens if a U.N. mission concludes that an election was conducted fraudulently. Should the government that assumes power after such an election be denied recognition by member states? Should the U.N. General Assembly refuse to seat this government?[27] The October 11, 1992 elections in Cameroon highlight the fact that this is not such a far-fetched a scenario.[28]

VI. Concluding Remarks

With the end of the cold war, the U.N. is entering a brave new world. The organization is being called upon to play an active role on a whole range of issues. Election related assistance is one such issue. The very recent evolution of a U.N. role in this field belies the significance that it is accorded by several major international actors.

Democratic elections are increasingly regarded as an effective device for resolving and preventing armed conflicts. For the U.N. to fulfill the dreams of its founders, constructive U.N. activities in support of democratic elections is an imperative. To this end, the U.N. must continue building on the impressive efforts of the past few years, while maintaining its institutional integrity.

---

27 See G. Fox, "The Right to Political Participation in International Law," in *Yale Journal of International Law*, Vol. 17, Summer 1992, p. 603.

28 National Democratic Institute for International Affairs, *Interim Report on the October 11, 1992 Elections in Cameroon*, October 1992.

8. Regionale Friedenssicherung im Lichte von Kapitel VIII der Satzung der Vereinten Nationen: Juristische und politische Probleme

Engelbert Theuermann

I. Einleitung

In den letzten Jahren kam es zu einer Vervielfachung der Inanspruchnahme der Vereinten Nationen (VN) für die Beilegung regionaler oder innerstaatlicher Konflikte durch gute Dienste, insbesondere durch Entsendung von "Blauhelmen". Seit 1988 stieg die Anzahl Friedenserhaltender Operationen explosionsartig an, wobei die meisten die Beilegung "interner" Krisen zum Gegenstand haben. Den VN werden dabei immer umfassendere Aufgaben übertragen: So treten neben traditionelle Aufgaben der Überwachung eines Waffenstillstands bzw. der Demilitarisierung zivile Elemente wie zum Beispiel humanitäre Hilfe, Flüchtlingsrepatriierung, Menschenrechtsschutz oder Wahlbeobachtung bzw. -durchführung. Daneben kam es zu einer Belebung des Kernkapitels der Satzung der VN betreffend Maßnahmen bei Bedrohung oder Bruch des Friedens.

Die VN geraten mit diesen neuen Herausforderungen an die Grenzen ihrer finanziellen, personellen und logistischen Ressourcen. Daher bemüht man sich um eine verstärkte Arbeitsteilung zwischen den VN und den zahlreichen bestehenden regionalen Einrichtungen, deren Kapazitäten in den Bereichen "preventive diplomacy, peace-keeping, peacemaking and post-conflict peace-building" besser herangezogen werden sollen.[1] Insbesondere die regionalen Strukturen und Institutionen für Friedenserhaltende Operationen sollen ausgebaut werden.

Im folgenden soll das Verhältnis zwischen Friedenserhaltung und -sicherung auf universeller Ebene durch die VN und durch regionale Einrichtungen im Lichte der VN-Satzung behandelt werden. Dabei soll besonders auf die Frage Friedenserhaltender Operationen und (militärischer) Zwangsmaßnahmen in Europa eingegangen werden. Ausgangspunkt für diese Untersuchung ist das Kapitel VIII der Satzung, das in letzter Zeit eine Revitalisierung erfährt. Daneben sollen auch Fälle aus der Praxis und Reformvorschläge untersucht werden.

II. Das Verhältnis zwischen universeller und regionaler Friedenssicherung im allgemeinen

Die Satzung der VN stellt die Grundlage für das Handeln einzelner Staaten bzw. regionaler Einrichtungen im Bereich der Friedenssicherung dar. Jede dabei getrof-

---

1 Vgl. An Agenda for Peace, Preventive Diplomacy, Peacemaking and Peace-keeping, Report of the S-G pursuant to the statement adopted by the Summit Meeting of the Security Council on 31 January 1992, U.N. Doc. S/24111, 17 June 1992, § 64.

fene Maßnahme muß in der Satzung eine Rechtsgrundlage finden und mit den Zielen und Prinzipien der Organisation vereinbar sein.[2] Gemäß Artikel 24 der Satzung haben die Mitglieder der VN dem Sicherheitsrat (SR) die Hauptverantwortung für die Wahrung des Weltfriedens und der internationalen Sicherheit übertragen. Darüber hinaus haben gemäß Artikel 103 die Verpflichtungen aus der Satzung der VN gegenüber widersprechenden Verpflichtungen aus anderen internationalen Übereinkünften Vorrang. Daraus folgt, daß jede Vereinbarung im Bereich der Friedenssicherung mit der Satzung kompatibel sein und darin eine Dekkung finden muß: Regionale Zusammenschlüsse von Staaten zur Friedenssicherung fallen somit entweder unter das Kapitel VIII (regionale Abmachungen oder Einrichtungen zur Friedenssicherung im Innenverhältnis), unter Kapitel VII (Artikel 51, kollektive Selbstverteidigungssysteme für den Fall eines bewaffneten Angriffs von außen) oder unter beides (z.B. eine regionale Abmachung gemäß Kapitel VIII sieht auch kollektive Selbstverteidigung im Falle eines bewaffneten Angriffs von außen vor).

Während Artikel 51 das naturgegebene Recht eines Staates oder einer Staatengruppe zur individuellen oder kollektiven Selbstverteidigung im Falle eines bewaffneten Angriffs bekräftigt, überträgt Kapitel VIII unter gewissen Bedingungen regionalen Einrichtungen Kompetenzen zur Wahrung des Weltfriedens und der internationalen Sicherheit. Regionale Einrichtungen sollen mit Mitteln der friedlichen Streitbeilegung und Zwangsmaßnahmen zur Lösung "örtlicher Streitigkeiten" beitragen. Regionale Einrichtungen, deren Satzung und Tätigkeit nicht mit den Zielen und Grundsätzen der Satzung der VN vereinbar sind und die sich den Kautelen des Kapitels VIII nicht unterordnen, sind hingegen unzulässig.[3]

III. Der Regelungsbereich des Kapitels VIII der Satzung der VN

Hinter der Einbindung regionaler Einrichtungen in das universelle System der Friedenssicherung steht der Gedanke, daß nur von den Staaten, deren Interessen durch einen Streit direkt betroffen sind, erwartet werden kann, daß sie sich mit Entschlossenheit für dessen Beilegung einsetzen.[4] Sichert die direkte Betroffenheit zwar das besondere Interesse von Staaten, kann dies jedoch auch das Motiv für der Konfliktlösung abträglicher Parteinahme sein. In diesem Spannungsverhältnis regelt das Kapitel VIII die Kompetenzen regionaler Abmachungen und Einrichtungen im Bereich der Friedenssicherung.

---

2 L. M. *Goodrich*/E. *Hambro*/A. P. *Simons*, Charter of the United Nations. Commentary and Documents, 3rd and Revised Edition, New York/London 1969, S. 359.

3 Vgl. Waldemar *Hummer*/Michael *Schweitzer* zu Artikel 52, Rdnr. 29, in: Bruno *Simma* (Hrsg.), Charta der Vereinten Nationen. Kommentar, München 1991.

4 Vgl. *Goodrich/Hambro/Simons*, Charter of the United Nations, S. 354, die in diesem Sinne Winston Churchill zitieren.

Gemäß Artikel 52 schließt die Satzung das Bestehen regionaler Abmachungen oder Einrichtungen zur Behandlung derjenigen die Wahrung des Weltfriedens und der internationalen Sicherheit betreffenden Angelegenheiten nicht aus, bei denen Maßnahmen regionaler Art angebracht sind. Vor der Vorlage einer örtlich begrenzten Streitigkeit an den SR soll versucht werden, diese im Rahmen einer zuständigen regionalen Einrichtung friedlich beizulegen (Artikel 52 Ziffer 2). Der SR kann diese Einrichtungen gegebenenfalls zur Durchführung von Zwangsmaßnahmen unter seiner Autorität in Anspruch nehmen oder diese dazu ermächtigen (Artikel 53). Regionale Einrichtungen unterliegen dabei einer umfassenden Berichtspflicht an den SR (Artikel 54).

1. Regionale Abmachungen oder Einrichtungen – Begriffsbestimmung

Es sind zahlreiche Versuche einer Definition des Begriffs "regionale Abmachungen oder Einrichtungen" unternommen worden.[5] Sehr weitgehend werden unter Kapitel VIII solche regionale Abmachungen oder Einrichtungen subsumiert, die zur Behandlung der Wahrung des Weltfriedens und der internationalen Sicherheit berufen sind und als Instrumente zur Stabilisierung der zwischenstaatlichen Beziehungen innerhalb einer Region gedacht sind.[6] Überwiegend wird die Ansicht vertreten, daß eine abschließende Definition unmöglich ist,[7] ja daß auf eine genaue Definition absichtlich verzichtet wurde, um genügend Flexibilität zu behalten.[8] Daher fand auf der Konferenz von San Francisco ein ägyptischer Vorschlag einer Definition für regionale Einrichtungen keine Mehrheit.[9]

Diese Flexibilität zeigt sich auch bei der Frage, ob eine regionale Einrichtung auf der Grundlage eines völkerrechtlichen Vertrages geschaffen und Völkerrechtspersönlichkeit besitzen muß. Während dies in der Vergangenheit überwiegend bejaht wurde,[10] wird heute davon ausgegangen, daß nicht nur völkervertragsrechtlich

---

5 Vgl. z.B. Boutros *Boutros-Ghali*, Contribution à l'étude des Ententes Regionales, Paris 1949, S. 101-108; *Wolf*, Regional Arrangements and the U.N. Charter, in: Encyclopedia of Public International Law (EPIL) (6), S. 289-295 (289); *Hummer/Schweitzer* zu Artikel 52, Rdnr. 64.

6 Ulrich *Beyerlin*, Regionalabkommen, in: Rüdiger *Wolfrum*, Handbuch Vereinte Nationen, München 1991, S. 673-679, Rdnr. 1.

7 Vgl. Erkki *Kourula*, Peace-Keeping and Regional Arrangements, in: A. *Casese* (Hrsg.), United Nations Peace-Keeping. Legal Essays, Alphen aan den Rijn 1978, S. 95-124 (101f), der statt dessen eine Reihe von Kriterien anführt.

8 Vgl. *Boutros-Ghali*, An Agenda for Peace, § 61.

9 Vgl. *Goodrich/Hambro/Simons*, Charter of the United Nations, S. 356. Da es in der aktuellen Diskussion vor allem um Staatenverbindungen mit einem gewissen Institutionalisierungsgrad geht, wird in der Folge nur von regionalen Einrichtungen gesprochen.

10 Vgl. z.B. Eberhard *Menzel*, Regionale Abkommen, in: Karl *Strupp*/Hans-Jürgen *Schlochauer*, Wörterbuch des Völkerrechts, Bd. 3, München 1961, S. 89-95; Rüdiger *Pernice*, Die Sicherung des Weltfriedens durch Regionale Organisationen und die Vereinten Nationen, Hamburg 1972, S. 20f und 41 mit weiteren Nachweisen; *Hummer/Schweitzer* zu Artikel 52, Rdnr. 39.

grundgelegte internationale Organisationen, sondern auch Einrichtungen, denen eine Völkerrechtspersönlichkeit fehlt, vom Kapitel VIII der Satzung der VN erfaßt werden.[11] Dieser Haltung folgt auch der Bericht des GS der VN "An Agenda for Peace": "Such associations or entities could include treaty-based organizations whether created before or after the founding of the UN, regional organizations for mutual security and defence, organizations for general regional development or for cooperation on a particular economic topic or function, and groups created to deal with a special political, economic or social issue of current concern".[12] Diese Haltung findet zum Beispiel in der allgemeinen Akzeptanz der Konferenz über Sicherheit und Zusammenarbeit in Europa (KSZE) als regionale Einrichtung gemäß Kapitel VIII eine Bestätigung. Aus der Sicht der VN können nicht nur regionale Einrichtungen mit einem ausschließlichen Mandat im Bereich der Friedenssicherung, sondern auch zum Beispiel Einrichtungen der wirtschaftlichen Integration im Rahmen des Kapitels VIII tätig werden.

Eine regionale Einrichtung muß weder alle Staaten einer geographischen Region umfassen, noch für alle Staaten der Region offen sein.[13] Auch muß sie nicht auf Staaten einer Region beschränkt sein. Verlangt werden lediglich gewisse gemeinsame geographische Anknüpfungspunkte bzw. gemeinsame kulturelle oder historische Beziehungen.[14] Damit erfüllt auch die KSZE genauso wie zum Beispiel die Organisation der Islamischen Konferenz den Regionsbegriff des Kapitels VIII.

Aus dem Regionsbegriff des Kapitels VIII sowie aus der Beschränkung auf eine Inanspruchnahme für "örtlich begrenzte Streitigkeiten" (Artikel 52 Ziffer 2) wird abgeleitet, daß regionale Einrichtungen gemäß Kapitel VIII nicht für Friedenssicherung in ihrer (geographischen) Region im allgemeinen, sondern nur zur Beilegung von Streitigkeiten zwischen Mitgliedern bzw. von internen Konflikten in Mitgliedstaaten zuständig sind.[15] Als Voraussetzung für die Fähigkeit zur Wahrneh-

---

11 Vgl. *Beyerlin*, Regionalabkommen, Rdnr. 1; *Wolf*, Regional Arrangements and the U.N. Charter, S. 289.

12 Vgl. An Agenda for Peace, § 61. Der unter dem GS der VN Boutros-Ghali erstellte Bericht "An Agenda for Peace" geht somit über die Definition hinaus, die Boutros-Ghali vor mehr als vier Jahrzehnten in Anlehnung an den oben zitierten ägyptischen Definitionsentwurf formulierte: "Sont considérés comme Ententes régionales les organismes de caractère permanent, groupant dans une région géographique déterminée plus de deux Etats, qui en raison de leur voisinage, de leur communautés d'intérêts ou de leur affinités, se solidarisent pour le maintien de la paix et de la sécurité dans leur région comme pour le développement de leur coopération économique, sociale et culturelle, dans le but final de former une entité politique distincte". *Boutros-Ghali*, Contribution à l'étude des Ententes Regionales, S. 101. Damit wird neben der Völkerrechtspersönlichkeit der permanente Charakter einer solchen Einrichtung betont. Der letzte Halbsatz der Definition der "Agenda for Peace" scheint hingegen auch Ad-hoc-Koalitionen zu umfassen.

13 *Pernice*, Die Sicherung des Weltfriedens, S. 22ff; *Hummer/Schweitzer* zu Artikel 52, Rdnr. 37.

14 *Wolf*, Regional Arrangements and the U.N. Charter, S. 289.

15 *Goodrich/Hambro/Simons*, Charter of the United Nations, S. 358; *Pernice*, Die Sicherung des Weltfriedens, S. 79, mit weiteren Nachweisen; *Hummer/Schweitzer* zu Artikel 52, Rdnr. 34, 49ff.

mung dieser Aufgabe und als Wesensmerkmal einer regionalen Einrichtung gemäß Kapitel VIII gilt das Vorhandensein eines Verfahrens der friedlichen Streitbeilegung. Nicht gefordert ist hingegen das Bestehen eines Systems kollektiver Sicherheit innnerhalb der regionalen Einrichtung.[16]

Wegen der Beschränkung auf "örtliche Streitigkeiten" können regionale Einrichtungen nicht tätig werden, wenn ein Drittstaat in der betreffenden Streitigkeit Partei ist bzw. eine besondere Rolle spielt, es sei denn, daß ein Drittstaat dazu seine Zustimmung erteilt.[17] Wird eine regionale Einrichtung in Drittstaaten tätig, so geschieht dies formell nicht im Rahmen des Kapitels VIII, sondern im Falle friedlicher Streitbeilegung gemäß Artikel 33 (Kap. VI) bzw. im Falle (militärischer) Zwangsmaßnahmen gemäß Kapitel VII der Satzung der VN.

Trotz zahlreicher diesbezüglicher Vorschläge[18] enthält die Satzung kein Verfahren zur Anerkennung einer regionalen Einrichtung.[19] Die Inanspruchnahme einer Einrichtung durch die VN unter direkten oder impliziten Verweis auf Kapitel VIII ist jedoch als indirekte Anerkennung als regionale Einrichtung gemäß Kapitel VIII zu werten.[20] Das Fehlen einer klaren Umschreibung des Begriffs "regionale Einrichtung" und das Fehlen eines Anerkennungsverfahrens haben zur Folge, daß unklar ist, welche Einrichtungen als regionale Einrichtungen gemäß Kapitel VIII angesehen werden können bzw. welches Vorgehen einer regionalen Einrichtung unter Kapitel VIII subsumiert werden kann.[21]

Als klassische regionale Einrichtungen werden zumeist die Organisation Amerikanischer Staaten (OAS), die Organisation für Afrikanische Einheit (OAE) und die Arabische Liga genannt.[22] Die OAS wird in Artikel 1 der Charta von Bogotà ausdrücklich als regionale Einrichtung gemäß Kapitel VIII bezeichnet und wurde von den Organen der VN auch immer wieder unter Berufung auf Kapitel VIII be-

---

16 *Pernice*, Die Sicherung des Weltfriedens, S. 38ff.

17 Um damit nicht jede an sich "örtliche" Streitigkeit durch Geltendmachung eines Interesses durch einen Drittstaat der Zuständigkeit einer regionalen Einrichtung zu entziehen, wird eine ernsthafte Einmischung eines Drittstaates, die mit eigenen Rechtsansprüchen oder der Unterstützung fremder Ansprüche im eigenen Interesse verbunden ist, verlangt; vgl. ebd., S. 79f.

18 So z.B. Prüfungsverfahren durch den SR, die GV oder den IGH; vgl. *Boutros-Ghali*, Contribution à l'étude des Ententes Regionales, S. 130-141.

19 Ein solcher Konformitätstest kann auch nicht in der Einräumung eines Beobachterstatus an OAS, Arabische Liga und OAE durch die GV erblickt werden. Vielmehr wurde in den zu diesen Anlässen geführten Debatten betont, daß damit keine Aussage darüber getroffen wird, ob die entsprechenden Organisationen regionale Einrichtungen sind oder nicht; vgl. *Goodrich/Hambro/Simons*, Charter of the United Nations, S. 357.

20 *Boutros-Ghali*, Contribution à l'étude des Ententes Regionales, S. 145; *Hummer/Schweitzer* zu Artikel 52, Rdnr. 57.

21 *Menzel*, Regionale Abkommen, S. 91.

22 Vgl. z.B. *Beyerlin*, Regionalabkommen, Rdnr. 12.

faßt.[23] Neben einem Verfahren der friedlichen Streitbeilegung (Artikel 23ff Charta von Bogotà) und einem System kollektiver Sicherheit (Artikel 7 Pakt von Rio) umfaßt das interamerikanische System aber auch ein kollektives Verteidigungsbündnis gemäß Artikel 51 der VN-Satzung (Artikel 27 Charta von Bogotà, der auch Angriffe zwischen Mitgliedstaaten regelt). Die Arabische Liga und die OAE bezeichnen sich zwar nicht ausdrücklich als regionale Einrichtungen gemäß Kapitel VIII, es wird aber aus den Zielen und Aufgaben der Organisationen geschlossen, daß sie unter Kapitel VIII fallen. Sowohl die Arabische Liga[24] als auch die OAE[25] verfügen über Verfahren der friedlichen Streitbeilegung und wurden wiederholt im Sinne des Artikels 52 tätig bzw. vom SR befaßt.

Bei zahlreichen anderen regionalen Einrichtungen ist die Zuordnung strittig. North Atlantic Treaty Organization (NATO) und Westeuropäische Union (WEU) wurden ausdrücklich als Systeme kollektiver Selbstverteidigung gemäß Artikel 51 der Satzung der VN konzipiert.[26] Die NATO falle auch deshalb nicht unter Kapitel VIII, da im Falle einer bündnisinternen Aggression kollektive Gegenmaßnahmen auf der Grundlage der Bündnisverträge nicht getroffen werden können.[27] Wie oben bereits ausgeführt, wird als Voraussetzung für eine regionale Einrichtung jedoch keineswegs das Bestehen eines Systems kollektiver Sicherheit, sondern lediglich eines Verfahrens der friedlichen Streitbeilegung verlangt. Artikel 1 Nordatlantikvertrag verpflichtet die Mitglieder allgemein, jeden internationalen Streitfall, an dem sie beteiligt sind, auf friedlichem Wege zu regeln, ohne dafür ein Verfahren einzurichten.[28] Artikel X WEU-Vertrag enthält detaillierte Verfahrensregeln für Streitigkeiten unter Mitgliedern (Unterwerfung unter den Internationalen Gerichtshof [IGH] bzw. Vergleichsverfahren). Es ist heute allgemein anerkannt, daß Einrichtungen gemäß Artikel 51 wie zum Beispiel NATO und WEU für die Beilegung von Streitigkeiten im Innenverhältnis im Sinne des Kapitels VIII herangezogen werden können.[29]

---

23 Vgl. Gerhard *Kutzner*, Die Organisation der Amerikanischen Staaten (OAS), Hamburg 1979, insbes. S. 189-199.

24 Vgl. *Pernice*, Die Sicherung des Weltfriedens, S. 45f; *Boutros-Ghali*, Contribution à l'étude des Ententes Regionales, S. 146-150; *ders.*, The Arab League (1945-1970), in: Revue egyptienne de droit international, 25 (1969), S. 67-118.

25 Vgl. z.B. SR-Res. 199 (1964) (Kongokonflikt); SR-Res. 216 (1965) (Südrhodesien) und die SR-Res. zur Lage in Somalia.

26 Die Bündnisverpflichtung ist in Artikel 5 Nordantlantikvertrag bzw. Artikel V WEU-Vertrag geregelt. Während Artikel 5 NATO-Vertrag primär auf einen bewaffneten Angriff gegen eine oder mehrere Parteien durch einen Drittstaat abstellt, schließt Artikel V WEU-Vertrag auch bewaffnete Angriffe zwischen Mitgliedern ein.

27 So Torsten *Stein*, Die regionale Durchsetzung völkerrechtlicher Verpflichtungen, S. 102f.

28 Weshalb Pernice eine Unterstellung der NATO unter Kapitel VIII ablehnt; *Pernice*, Die Sicherung des Weltfriedens, S. 49.

29 *Wolf*, Regional Arrangements and the U.N. Charter, S. 289; *Goodrich/Hambro/Simons*, Charter of the United Nations, S. 357.

Die Praxis der VN ist gekennzeichnet von einem flexiblen Zusammenwirken der VN mit (sub)regionalen Einrichtungen und Staatengrupen, die am ehesten einen Beitrag zur Beilegung einer den internationalen Frieden und die Sicherheit bedrohenden Streitigkeit bzw. Situation leisten können: Neben der Kooperation mit OAS, OAE und Arabische Liga arbeiteten die VN bei zahlreichen Konflikten mit verschiedenen Einrichtungen und Staatengruppen zusammen. Aus der jüngeren Vergangenheit können zum Beispiel die Beiträge der westlichen "Kontaktgruppe", der "Frontline States" und der OAE bei der Realisierung des in SR-Resolution 435 (1978) stipulierten Unabhängigkeitsplans für Namibia erwähnt werden. Bei der Bewältigung der Krise in Zentralamerika arbeitete der SR neben der OAS mit der Contadora-Gruppe[30] und den Zentralamerikanischen Präsidenten[31] zusammen. Betreffend El Salvador wurde und wird der GS von den Friends of the Secretary-General unterstützt.[32] Bei der Lösung der Kambodschakrise kam den Mitgliedstaaten der Association of South-East Asian Nations (ASEAN) und einigen anderen Staaten eine besondere Rolle zu.[33] Die Bewältigung der Krise in Liberia überläßt der SR vor allem der Economic Community of West African States (ECOWAS).[34] In Somalia arbeiten die VN mit der OAE, der Organisation der Islamischen Konferenz (OIC) und der Arabischen Liga zusammen.[35] Aufgaben der Staatengemeinschaft in Südafrika werden von den VN gemeinsam mit der OAE, der Europäischen Gemeinschaft (EG) und dem Commonwealth wahrgenommen.[36] In der Jugoslawienkrise bemühen sich die VN und europäische Einrichtungen um eine Arbeitsteilung.[37] In der Krise um Nagornij-Karabach überlassen die VN der KSZE die Federführung.[38]

---

30 Vgl. z.B. SR-Res. 530 (1983) betreffend die Lage in Nicaragua; SR-Res. 637 (1989) betreffend den zentralamerikanischen Friedensprozeß.

31 Vgl. z.B. SR-Res. 637 (1989), das Schreiben des SR-Präsidenten vom 20.9.1989 (U.N. Doc. S/20857) und SR-Res. 650 (1990) betreffend den zentralamerikanischen Friedensprozeß.

32 Vgl. *Boutros-Ghali*, An Agenda for Peace, § 62.

33 Vgl. z.B. SR-Res. 668 (1990) betreffend die Lage in Kambodscha.

34 Erklärung des Präsidenten des SR betreffend Liberia vom 22.1.1991 (U.N. Doc. S/22133) und vom 7.5.1992.

35 SR-Res. 733 (1992), 746 (1992), 751 (1992) und 767 (1992).

36 Vgl. den Bericht des GS der VN vom 7.8.1992 (U.N. Doc. S/24389).

37 Vgl. z.B. SR-Res. 713 (1991), 727 (1992), 743 (1992), 749 (1992), 752 (1992), 757 (1992), 762 (1992), 764 (1992), 779 (1992), 781 (1992), 786 (1992), 787 (1992), 795 (1992), 816 (1993) und 820 (1993).

38 Erklärung des Präsidenten des SR über die Situation betreffend Nagornij-Karabach vom 12.5.1992 (U.N. Doc. S/23904) und vom 26.8.1992 (U.N. Doc. S/24470). In der Jugoslawienkrise ist der KSZE eine unterstützende Rolle zugewiesen. Der SR begrüßt die Aktivitäten der EG "with the support of States participating in the CSCE" mit dem Ziel einer politischen Lösung "consistent with the principles of the CSCE". Darüber hinaus hat die KSZE Langzeitmissionen in gewisse Regionen des früheren Jugoslawiens entsandt und überwacht im Rahmen der Sanctions Assistance Missions (SAM) die Einhaltung der vom SR verhängten Sanktionen.

Bei der Erwähnung von regionalen Einrichtungen oder Staatengruppen verweist der SR nur ausnahmsweise ausdrücklich auf das Kapitel VIII der Satzung der VN. Damit bietet die Praxis des SR keine ausreichende Antwort auf die Frage, in welchen Fällen regionale Einrichtungen bzw. Staatengruppen gemäß Kapitel VIII tätig werden. Der IGH hatte diese Frage erst einmal zu erörtern. Im Fall Nicaragua wies er die von den USA vertretene Haltung, wonach die Contadora-Gruppe in der Nicaraguakrise als regionale Einrichtung gemäß Kapitel VIII tätig wurde, ohne Begründung zurück: "The Court does not consider that the Contadora process, whatever its merits, can properly be regarded as a 'regional arrangement' for the purposes of Chapter VIII of the Charter of the UN."[39] Eine Anwendung der bisherigen Ausführungen über allgemeine Kriterien für "regionale Einrichtungen" führt zum selben Ergebnis: Wegen der breiten Akzeptanz, die die aus Kolumbien, Mexiko, Panama und Venezuela bestehende Contadora-Gruppe unter den zentralamerikanischen Konfliktparteien genoß, wurde sie vom SR als geeignet angesehen, einen Beitrag zur Lösung der zentralamerikanischen Krise zu leisten. Der SR ersuchte daher in Resolution 530 (1983) die Contadora-Gruppe "to spare no effort to find solutions to the problems of the region and to keep the SC informed of the results of these efforts". Gleichzeitig wurden alle interessierten Staaten dringend ersucht, "to co-operate fully with the Contadora Group, through frank and constructive dialogue, so as to resolve their differences". Das Ersuchen an eine Staatengruppe, bei der Lösung eines Konfliktes in oder zwischen Drittstaaten einen Beitrag zu leisten, ist aber grundsätzlich zu unterscheiden von der Pflicht regionaler Einrichtungen, sich um die Beilegung eines Konflikts in bzw. zwischen Mitgliedstaaten vor einer Befassung des SR zu bemühen. Nur letztere Vorgangsweise stellt einen Anwendungsfall des Kapitels VIII dar, erstere hingegen ein "anderes friedliches Mittel eigener Wahl" im Sinne des Artikels 33, auf das sich die Streitparteien zur Streitbeilegung einigen. Während regionale Einrichtungen unter Umständen obligatorische Verfahren der friedlichen Streitbeilegung im Innenverhältnis besitzen, beruht das Tätigwerden einer Staatengruppe bei einem Konflikt in bzw. zwischen Drittstaaten auf dem besonderen politischen oder wirtschaftlichen Gewicht bzw. auf der besonderen Akzeptanz bei den betroffenen Parteien.

In diesem Sinne können die angeführten Fälle untergliedert werden. Das Tätigwerden von Staatengruppen wie zum Beispiel der Contadora-Gruppe, der westlichen Kontaktgruppe, der Frontline States, der ASEAN, oder der EG (betreffend Südafrika) in Konflikten in ihrem Interessengebiet, aber außerhalb ihrer Mitglieder wird unter Artikel 33 zu subsumieren sein. Von den angeführten Fällen wurden die zentralamerikanischen Präsidenten, die ECOWAS (Liberia), die OIC (So-

---

39 Vgl. *International Court of Justice (ICJ)*, Case Concerning Military and Paramilitary Activities in and against Nicaragua, Reports 1984, S. 440.

malia) und die KSZE (Jugoslawien, Nagornij-Karabach) bei Konflikten in bzw. zwischen Mitgliedstaaten und damit gemäß Kapitel VIII tätig.

Unter den Fällen, die als Tätigwerden "regionaler Einrichtungen" gemäß Kapitel VIII identifiziert werden können, erscheint eine weitere Differenzierung angezeigt. Einmal gibt es solche regionale Einrichtungen, die auf permanenter Basis für die Aufrechterhaltung von Frieden und Sicherheit in einer bestimmten Region oder einer bestimmten Staatengruppe berufen sind. Als solche sind vor allem die OAS, die OAE, die Arabische Liga und neuerdings auch die KSZE zu erwähnen, die somit permanente "Kapitel VIII-Einrichtungen" darstellen. So drückte der SR in Resolution 199 (1964) seine Überzeugung aus, "that the OAE should be able, in the context of Artikel 52 ..., to help find a peaceful solution to all the problems and disputes affecting peace and security in the continent of Africa".[40] Auf dem Helsinki-Folgetreffen der KSZE 1992 erklärten die Teilnehmerstaaten, daß sie sich darin einig sind, daß es sich bei der KSZE um einen umfassenden Zusammenschluß im Sinne des Kapitels VIII handelt, die als solche ein bedeutendes Bindeglied zwischen europäischer und globaler Sicherheit darstellt.[41] Daneben können regionale Einrichtungen bzw. Staatengruppen, deren Hauptaufgabe zum Beispiel im wirtschaftlichen oder sozialen Bereich liegt, oder die als kollektive Verteidigungsbündnisse geschaffen wurden, im Falle einer konkreten Konfliktlage in bzw. zwischen Mitgliedstaaten ad hoc funktional gemäß Kapitel VIII tätig werden. In diesem Sinne wurden ECOWAS in Liberia und die OIC in Somalia tätig. Hierzu zählt auch der formlose Zusammenschluß einer Staatengruppe zur Beilegung der zwischen ihnen bestehenden Konflikte, wie zum Beispiel der Verhandlungsprozeß der Zentralamerikanischen Präsidenten.

Die "Agenda for Peace" läßt bei der Behandlung des Kapitels VIII eine Berücksichtigung dieser Unterscheidungen und insbesondere der Einschränkung des Kapitels VIII auf das Tätigwerden regionaler Einrichtungen im Innenverhältnis nicht erkennen. Als Beispielfälle für die Zusammenarbeit der VN mit regionalen Einrichtungen im Sinne von Kapitel VIII werden sowohl Fälle der Zusammenarbeit der VN mit regionalen Einrichtungen zur Beilegung eines Konfliktes in bzw. zwischen deren Mitgliedstaaten (z.B. Kooperation der VN mit OAE, Arabische Liga

---

40 Die im Zuge der Krise in Südrhodesien ergangene Aufforderung des SR an die OAE, "to do all in its powers to assist in the implementation of the present resolution, in conformity with Chapter VIII of the Charter" (SR-Res. 217 [1965]) steht nur scheinbar in Widerspruch mit der Einschränkung des Tätigwerdens regionaler Einrichtungen auf Mitgliedstaaten. Gemäß Artikel IV der Charta der OAE ist jeder unabhängige, souveräne afrikanische Staat berechtigt, Mitglied der OAE zu werden. Eines der Hauptziele der OAE ist die Ausrottung aller Formen des Kolonialismus aus Afrika, um Völkern, denen das Selbstbestimmungsrecht noch vorenthalten wird, in die Lage zu versetzen, ihren gleichberechtigten Platz in der Organisation einzunehmen. Die OAE wurde somit im Auftrag des SR in einem potentiellen Mitgliedstaat tätig.

41 Bulletin des Presse- und Informationsamts der Bundesregierung, Helsinki-Dokument 1992, (23.7.1992) 82, Kap. IV, § 2.

und OIC betreffend Somalia) als auch Fälle der Einschaltung einer Staatengruppe bei der Lösung eines Konfliktes in bzw. zwischen Drittstaaten (z.B. ASEAN betreffend Kambodscha) angeführt.[42] Damit könnte sich im Zuge der Revitalisierung des Kapitels VIII eine Distanzierung vom Wortlaut und vom ursprünglichen Sinn des Kapitels VIII abzeichnen: Bei der Schaffung der Satzung der VN und des Kapitels VIII wurde von der Überlegung ausgegangen, daß im Sinne des Subsidiaritätsprinzips regionale Einrichtungen Streitigkeiten im Innenverhältnis zuerst durch örtliche Verfahren beizulegen versuchen sollen – wozu diese in der Regel auch über besondere Verfahren verfügen. Heute scheint der Rückgriff auf "regionale Einrichtungen" unter dem Blickwinkel der beschränkten Ressourcen der VN zu erfolgen. Da die VN sich außerstande sehen, auf die zahlreichen Ersuchen um Vermittlung und Involvierung positiv zu reagieren, versuchen die VN, Einrichtungen und Staatengruppen, die ein besonderes Interesse an der Lösung eines Konfliktes haben, bei der Konfliktbeilegung einzubinden. Von diesen Staatengruppen wird erwartet, daß sie aufgrund der Verfügbarkeit über Ressourcen bzw. aufgrund des besonderen wirtschaftlichen oder politischen Einflusses gegenüber den Konfliktparteien in besonderer Weise erfolgreich sind. Eine Unterscheidung in Tätigwerden von regionalen Einrichtungen im Innenverhältnis (Kapitel VIII) und Tätigwerden gegenüber Drittstaaten wird dabei zunehmend aufgegeben.

Der SR verwies in seinen Resolutionen bisher lediglich in der Kubakrise,[43] beim Tätigwerden der OAE in der Kongokrise, der OAE in der Krise betreffend Südrhodesien, bei der Zusammenarbeit mit OAE, OIC und Arabischer Liga in Somalia und hinsichtlich des Tätigwerdens europäischer regionaler Einrichtungen in der Jugoslawienkrise und im Zusammenhang mit Nagornij-Karabach ausdrücklich auf Kapitel VIII.[44] Während in den genannten Fällen die OAS, OAE, OIC und Arabische Liga jeweils bei Konflikten im Innenverhältnis tätig wurden, scheint der Verweis auf Kapitel VIII beim Tätigwerden der EG im ehemaligen Jugoslawien Aktivitäten in einem Drittstaat zu intendieren. Die Erwähnung der EG in der ersten Resolution des SR zu Jugoslawien (SR-Res. 713 [1991]) erfolgte jedoch mit dem Zusatz "with the support of States participating in the CSCE", womit argumentiert werden kann, daß die EG sozusagen unter dem Dach der KSZE, die die Bemühungen der EG in zahlreichen Erklärungen und Beschlüssen begrüßt und unterstützt hat, in einem Teilnehmerstaat und damit im Innenverhältnis der KSZE tätig wird. Außer in SR-Resolution 743 (1992) wird in den zahlreichen Nachfolgeresolutionen diese Formulierung allerdings nicht beibehalten. In mehreren Resolutionen wird das Kapitel VIII "and the continuing role that the European Com-

42 Vgl. *Boutros-Ghali*, An Agenda for Peace, § 62.

43 Vgl. SR-Res. 144 (1960), in der auf Artikel 52 verwiesen wird.

44 Vgl. SR-Res. 199 (1964) (Kongo); SR-Res. 217 (1965) (Südrhodesien); SR-Res. 733 (1992), 746 (1992), 751 (1992) und 767 (1992) (Somalia).

munity is playing in achieving a peaceful solution" betont.[45] In anderen Resolutionen verweist der SR auf die Bemühungen der EG "with the support of the States participating in the CSCE", ohne die Bestimmungen des Kapitels VIII in Erinnerung zu rufen.[46] Diese uneinheitliche Wortwahl könnte als Redaktionsversehen angesehen werden. Aus dem Umstand, daß in jeder dieser Resolutionen alle Vorresolutionen bekräftigt werden, kann auch geschlossen werden, daß ohne ausdrückliche Wiederholung des Verweises auf Kapitel VIII und die unterstützende Rolle der KSZE die EG weiterhin in der in Resolution 713 (1992) vorgesehenen Weise tätig wird. SR-Resolution 770, 787 (1992) und 816 (1993) stellen Sonderfälle dar. In diesen Resolutionen werden Staaten aufgefordert bzw. ermächtigt, individuell oder im Rahmen regionaler Einrichtungen alle notwendigen Maßnahmen zur Sicherung humanitärer Lieferungen bzw. zur Durchsetzung des See- und Luftembargos zu ergreifen. Hier wird nicht regionalen Einrichtungen als solchen eine bestimmte Rolle zugewiesen, sondern Staaten werden als Normadressaten zu bestimmten Maßnahmen aufgefordert. Dabei wird diesen freigestellt, individuell oder unter Rückgriff auf regionale Einrichtungen tätig zu werden. Eine solche Aufforderung an Staaten wird in Kapitel VIII der Satzung nicht ausdrücklich geregelt: Artikel 53 sieht nur die Inanspruchnahme einer regionalen Einrichtung durch den SR bei der Durchführung von Maßnahmen durch den SR selbst oder die Ermächtigung einer regionalen Einrichtung zur eigenständigen Durchführung von Zwangsmaßnahmen vor. Solche Maßnahmen könnten nur dann als Vorgehen gemäß Kapitel VIII angesehen werden, wenn sie von der KSZE oder von einer anderen regionalen Einrichtung "with the support of States participating in the CSCE" vorgenommen werden. Ansonsten ist das Ergreifen der "notwendigen Maßnahmen" zum Beispiel durch NATO oder WEU unter Kapitel VII zu subsumieren.[47] Während in SR-Resolution 770 (1992) ein Verweis auf Kapitel VIII unterblieb, wird in SR-Resolution 787 (1992) und SR-Resolution 816 (1993) sowohl auf Kapitel VII als auch auf Kapitel VIII verwiesen.

In Europa wurden somit bereits die EG und die KSZE gemäß Kapitel VIII tätig. Eine verschiedentlich vorgeschlagene Erklärung der KSZE zu einer regionalen Einrichtung gemäß Kapitel VIII erschien daher nicht erforderlich.[48] Folglich erklärten die Teilnehmerstaaten auf der Helsinki-Gipfelkonferenz lediglich ihr Einvernehmen, daß die KSZE eine regionale Einrichtung gemäß Kapitel VIII darstellt. Damit wurde einerseits berücksichtigt, daß einer solchen Feststellung keine

45 Vgl. SR-Res. 727 (1992), Res. 752 (1992) und Res. 757 (1992).

46 Vgl. SR-Res. 762 (1992) und Res. 764 (1992).

47 Vgl. zum Verhältnis zwischen Kapitel VII und Kapitel VIII unter III.3.

48 Auf dem Helsinki-Folgetreffen der KSZE schlug Malta vor, die KSZE zum "comprehensive regional arrangement for the peaceful development in Europe in compliance with Chapter VIII of the Charter of the U.N." zu erklären; vgl. CSCE/HM/WG1/7 vom 18.5.1992.

konstitutive Wirkung zukommt, andererseits aber auch andere europäische Institutionen wie EG, WEU, NATO, Europarat, aber auch die Gemeinschaft Unabhängiger Staaten (GUS) gemäß Kapitel VIII tätig werden können.

2. Friedliche Streitbeilegung durch regionale Einrichtungen

Im Bereich der friedlichen Streitbeilegung gilt ein doppeltes Subsidiaritätsprinzip: Gemäß Artikel 33 sollen sich die Parteien einer Streitigkeit, deren Fortdauer geeignet ist, die Wahrung des Weltfriedens und der internationalen Sicherheit zu gefährden, selbst um eine Beilegung durch die dort angegebenen Mittel bemühen. Daneben sollen sich die Mitglieder einer regionalen Einrichtung gemäß Artikel 52 Ziffer 2 bemühen, örtlich begrenzte Streitigkeiten durch Inanspruchnahme dieser Einrichtung friedlich beizulegen, bevor sie den SR anrufen. Der SR kann mit einer solchen örtlichen Streitigkeit befaßt werden und diese untersuchen, allerdings soll er die Inanspruchnahme regionaler Einrichtungen fördern, vor allem durch Überweisung der Angelegenheit an diese (Artikel 52 Ziffer 3).

Artikel 52 sieht demnach für die friedliche Streitbeilegung – bei Fortgeltung der in Artikel 24 verankerten Hauptverantwortung des SR – einen prinzipiellen Vorrang der Bemühungen regionaler Einrichtungen vor.[49] Aufgrund ihrer allgemeinen Zuständigkeit für die Behandlung derjenigen die Wahrung des Weltfriedens und der internationalen Sicherheit betreffenden örtlichen Angelegenheiten sind sie nicht nur für die friedliche Beilegung von "Streitigkeiten" (Artikel 52 Ziffer 2) sondern auch von "Situationen" (vgl. Artikel 34ff) zuständig. In der Folge wird daher allgemein von "Konflikten in bzw. zwischen Staaten" gesprochen.

Im Falle einer örtlichen Streitigkeit wird eine regionale Einrichtung entweder von sich aus tätig – also ohne den SR zu befassen –, oder der mit der Angelegenheit befaßte SR überweist die Sache an die regionale Einrichtung, es sei denn, ein Tätigwerden auf regionaler Ebene erscheint von vornherein nicht angebracht. Die regionale Einrichtung bemüht sich unter Inanspruchnahme vorhandener Verfahren der friedlichen Streitbeilegung oder durch andere Mittel wie Verhandlung, Vermittlung und Vergleich, also mit friedlichen Mitteln des "peacemaking" um eine Beilegung des örtlichen Konflikts. Der Vorrang der regionalen Einrichtung besteht, solange das Verfahren der friedlichen Streitbeilegung im Rahmen der regionalen Einrichtung effektiv ist. Dem SR kommt nur ein Untersuchungsrecht zu, er wird so lange nicht in der Sache tätig, als eine örtliche Streitbeilegung Erfolg verspricht. Der SR kann die Aktivitäten der regionalen Einrichtung unterstützen, zum Beispiel durch die Aufforderung an die Parteien, mit dieser zusammenzuarbeiten. Im Falle der Ineffektivität des regionalen Verfahrens – zum Beispiel we-

---

49 *Wolf*, Regional Arrangements and the U.N. Charter, S. 291f; *Goodrich/Hambro/Simons*, Charter of the United Nations, S. 363. Zur Berichtspflicht gemäß Artikel 54 s.u.

gen der Dimension des Konflikts, wegen fehlender Unparteilichkeit oder mangelnder Legitimität, aber auch wegen der besonderen Involvierung eines Drittstaates – ist ausschließlich der SR zur Streitschlichtung zuständig.[50] Eine diesbezügliche Entscheidung trifft der SR, der zu diesem Zweck von den regionalen Einrichtungen über ihre Aktivitäten auf dem laufenden gehalten wird (Berichtspflicht, Artikel 54 der Satzung der VN) bzw. eigene Untersuchungen anstellt. So räumte der SR in der Krise zwischen dem Libanon und der Vereinigten Arabischen Republik (1958) der Arabischen Liga eine Frist zur Beilegung der Krise ein. Als diese erfolglos verstrich, zog der SR die Angelegenheit an sich und wurde in der Sache selbst tätig.[51] Für diesen Fall wird auch vorgeschlagen, daß eine regionale Einrichtung im Falle ihres Scheiterns selbst den SR befassen kann und dies nicht, wie in Artikel 52 Ziffer 2 vorgesehen, durch einen Mitgliedstaat erfolgen muß.

Die Bestimmung des Artikels 52 Ziffer 2 wird zum Beispiel in Artikel 20 der Charta von Bogotà aufgegriffen. Nach diesem sogenannten "try OAS first"-Prinzip sollen alle Streitigkeiten zwischen amerikanischen Staaten den Verfahren der friedlichen Streitbeilegung der OAS unterworfen werden, bevor der SR befaßt wird. Unter Hinweis auf diese Bestimmung lehnten die USA und andere westliche Staaten in einigen Fällen ein Tätigwerden des SR ab, solange die OAS mit der Angelegenheit befaßt war. Im SR wurde dabei wiederholt die Behandlung einer Angelegenheit unter Verweis auf den Umstand, daß die Frage von der OAS behandelt wird, bis zur Vorlage eines Berichts der OAS an den SR vertagt.[52] Das "try OAS first"-Prinzip wurde in der Folge immer mehr aufgelöst und vom Prinzip der freien Wahl der Mittel ersetzt.[53] In diesem Zusammenhang stellte der IGH im Fall Nicaragua fest, daß die Erschöpfung eines regionalen Verhandlungsprozesses keine Voraussetzung für die Zulässigkeit der Vorlage einer Angelegenheit an den IGH darstellt.[54] Der Umstand, daß eine regionale Einrichtung sich um die Beilegung eines Konfliktes bemüht, hindert den SR nicht daran, die Angelegenheit zu untersuchen, bzw. einen Staat, den SR mit einer Angelegenheit zu befassen.

Das Verhältnis VN-OAS war in der Vergangenheit von machtpolitisch bedingter Rivalität geprägt. Hinter dem mit juristischen Argumenten geführten Streit über die Kompetenzen der OAS verbarg sich eine politische Auseinandersetzung

---

50 *Hummer/Schweitzer* zu Artikel 52, Rdnr. 89f.

51 Vgl. Security Council Official Records (XIII), S. 4ff.

52 Vgl. *Goodrich/Hambro/Simons*, Charter of the United Nations, S. 360ff; *Pernice*, Die Sicherung des Weltfriedens, S. 81ff und die dort angeführten Beispiele.

53 Vgl. GV-Res. 2625 (XXV), Declaration on Principles of International Law concerning Friendly Relations and Co-operation among States in accordance with the Charter of the United Nations; GV-Res. 37/10, "Erklärung von Manila über die friedliche Beilegung von internationalen Streitigkeiten".

54 Vgl. *International Court of Justice,* Case Concerning Military and Paramilitary Activities in and against Nicaragua, S. 440f.

zwischen den USA, die die OAS dem Zugriff des SR entziehen wollten, einerseits und dem Bemühen der sozialistischen und einiger lateinamerikanischer Staaten, den vermeintlichen Mißbrauch der OAS durch die Unterstellung unter den SR zu unterbinden, andererseits.[55] Allgemein wird in Fällen, in denen die Gefahr besteht, daß ein übermächtiges Mitglied eine regionale Einrichtung gegen ein schwächeres Mitglied mißbraucht, die "Angebrachtheit" regionaler Streitbeilegung anzweifelbar sein und einer Behandlung durch den SR Vorrang zukommen.[56]

Aufgrund der geänderten Rahmenbedingungen erscheint es möglich, daß solche politischen Konflikte durch eine neue Partnerschaft abgelöst werden, in der eine optimale Arbeitsteilung zur möglichst effektiven Friedenssicherung angestrebt werden kann. Eine Verteilung der Zuständigkeiten gemäß Artikel 52 besticht durch Klarheit, erscheint im täglichen Krisenmanagement jedoch unpraktikabel und unerwünscht. Übersteigt die Beilegung einer Krise die Fähigkeiten einer regionalen Einrichtung, so wird der SR in der Regel nicht anstelle, sondern in Ergänzung tätig werden. Beide werden somit in Wahrnehmung der Hauptverantwortung zur Wahrung des Weltfriedens und der internationalen Sicherheit bzw. gemäß Artikel 52 parallel tätig. Bei parallelem Tätigwerden der VN und einer regionalen Einrichtung muß gesichert werden, daß dadurch eine "gegenseitige Verstärkung" und nicht Doppelgleisigkeit und unkoordiniertes Vorgehen entsteht. Prinzipiell wird davon auszugehen sein, daß dabei der universellen Organisation Vorrang zukommt.[57] Regional ergriffene Maßnahmen dürfen denen der VN nicht widersprechen.[58] Um dies zu verwirklichen, schlägt der GS daher für alle Aktivitäten des Krisenmanagments eine verbesserte Kooperation und Koordination zwischen den VN und regionalen Einrichtungen vor. Es ist für ihn auch denkbar, daß der SR einer regionalen Einrichtung für eine spezifische Frage die Federführung überträgt: "Should the SC choose specifically to authorize a regional arrangement or organisation to take the lead in addressing a crisis within its region, it could serve to lend weight of the UN to the validity of the regional effort."[59]

---

55 Vgl. *Kutzner*, Die Organisation der Amerikanischen Staaten, S. 197f.

56 *Goodrich/Hambro/Simons*, Charter of the United Nations, S. 357.

57 Vgl. z.B. Report of the Secretary-General on the situation in Bosnia and Hercegovina, U.N. Doc. S/24333, 21 July 1992, § 8: "when the U.N. and a regional organization have both been involved in an international peace and security situation, care has been taken to ensure that the primacy of the World Organization has not been compromised".

58 Rechtsgutachten der OAS vom 8.4.1983, zitiert in: *Hummer/Schweitzer* zu Artikel 52, Rdnr. 117; An Agenda for Peace, § 63.

59 Vgl. *Boutros-Ghali*, An Agenda for Peace, § 65. Bisher faßte der SR noch keinen Beschluß dieser Artikel. Gegebenenfalls wäre zu prüfen, ob eine solche Ermächtigung auch die Ermächtigung zur Ergreifung von Zwangsmaßnahmen gemäß Artikel 53 umfaßt.

3. Zwangsmaßnahmen durch regionale Einrichtungen

Kann mit Mitteln der friedlichen Streitbeilegung die Beendigung eines Konflikts nicht erreicht werden, sieht die Satzung der VN für den Fall einer Friedensbedrohung, eines Friedensbruchs oder einer Angriffshandlung (Artikel 39) die Verhängung von wirtschaftlichen, diplomatischen und notfalls auch militärischen Zwangsmaßnahmen vor. Gemäß Artikel 53 kann auch eine regionale Einrichtung Zwangsmaßnahmen ergreifen – allerdings nur mit Ermächtigung und unter Kontrolle des SR: Der SR kann eine regionale Einrichtung zur Durchführung von Zwangsmaßnahmen unter seiner Autorität in Anspruch nehmen oder diese zur Ergreifung solcher Maßnahmen ermächtigen.[60] Im ersten Fall führt der SR – der gemäß Kapitel VII tätig wird – die Zwangsmaßnahmen durch und bedient sich dabei einer regionalen Einrichtung sozusagen als Hilfsorgan. Eine militärische VN-Operation unter Inanspruchnahme einer regionalen Einrichtung setzt allerdings den Abschluß von Sonderabkommen gemäß Artikel 43 Ziffer 2 voraus.[61] Solange diese ausstehen, kann nur auf die Möglichkeit der Ermächtigung zurückgegriffen werden.

Mit eindeutiger und vorheriger Ermächtigung des SR[62] kann eine regionale Einrichtung über den Fall eines "bewaffneten Angriffs" (Artikel 51)[63] hinaus bei Vorliegen eines der Tatbestände des Artikels 39 Zwangsmaßnahmen ergreifen. Eine solche Ermächtigung erfolgt für den Einzelfall (arg. "gegebenenfalls"), wodurch eine generelle Ermächtigung z.B eines künftigen europäischen Sicherheitsrates für alle Fälle einer Friedensbedrohung, oder eines Friedensbruches in Europa nicht gedeckt erscheint. Die Feststellung der Vorlage eines der Tatbestände des Artikels 39 trifft der SR.[64] Die Frage, ob und wie eine regionale Einrichtung eine Ermächtigung des SR in Anspruch nimmt sowie die konkrete Planung und Durchführung eines solchen Vorgehens fällt – in den Grenzen des Mandats des SR und unter Berücksichtigung der Berichtspflicht an den SR (Artikel 54) – in die autonome Gestaltungsfreiheit der regionalen Einrichtung. Der SR kann allerdings aus politischen Gründen, aber auch zum Beispiel wegen einer Überschreitung des Mandats durch die regionale Einrichtung, eine erteilte Ermächtigung widerrufen.[65]

---

60 Auf die Ausnahme betreffend "Feindstaaten" im Sinne von Artikel 53 Ziffer 2 wird nicht eingegangen, da jedenfalls seit Aufnahme dieser Staaten in die VN deren "Friedensliebe" (Artikel 4 Ziffer 1) anerkannt und die sogenannte "Feindstaatenklausel" als obsolet anzusehen ist; vgl. Georg *Ress* zu Artikel 53, Rdnr. 11ff, in: *Simma*, Charta der Vereinten Nationen.

61 *Boutros-Ghali*, Contribution à l'étude des Ententes Regionales, S. 213f.

62 *Ress* zu Artikel 53, Rdnr. 10, in: *Simma*, Charta der Vereinten Nationen; *Wolf*, Regional Arrangements and the U.N. Charter, S. 292; *Scheuner*, Kollektive Sicherheit, S. 250.

63 Zu diesem Begriff vgl. Albrecht *Randelzhofer* zu Artikel 51, Rdnr. 15-31, in: *Simma*, Charta der Vereinten Nationen.

64 *Wolf*, Regional Arrangements and the U.N. Charter, S. 293.

65 *Pernice*, Die Sicherung des Weltfriedens, S. 133.

In der bisherigen Praxis der VN erfolgte noch keine ausdrückliche Ermächtigung einer regionalen Einrichtung gemäß Artikel 53. In der Phase des Blockgegensatzes, in der ein Vorgehen gemäß Artikel 53 aufgrund des Vetorechts der Ständigen Mitglieder de facto blockiert war, wurde versucht, die Kompetenz des SR gemäß Artikel 53 der VN-Satzung einzuschränken. So umfaßt der Begriff "Zwangsmaßnahmen" grundsätzlich die in Artikel 41f vorgesehenen Maßnahmen, also nicht nur militärische, sondern auch wirtschaftliche und diplomatische Zwangsmaßnahmen. In der Praxis vor allem der OAS wurden aber wirtschaftliche und diplomatische Zwangsmaßnahmen von der Pflicht der vorherigen Ermächtigung ausgenommen.[66] Dem wird zuzustimmen sein, soweit die einseitige Ergreifung nichtmilitärischer Repressalien auch durch nicht unmittelbar betroffene Staaten als Reaktion auf schwere Völkerrechtsverletzungen erfolgt.[67] So wurde nach dem Militärputsch in Haiti im September 1991 erstmals von der OAS der kurz zuvor geschaffene Mechanismus zur Verteidigung der repräsentativen Demokratie[68] angewendet und umfassende Sanktionen gegen Haiti ohne vorherige Ermächtigung durch den SR beschlossen.[69] Diese Maßnahmen wurden auf der 46. Generalversammlung (GV) willkommen geheißen.[70] Bei Vorlage einer Friedensbedrohung, die nicht mit der Verletzung einer Völkerrechtsnorm einhergeht, können von einer regionalen Einrichtung wirtschaftliche und diplomatische Zwangsmaßnahmen nur mit Ermächtigung des SR ergriffen werden.

Versuche, das Erfordernis der vorherigen Ermächtigung zur Anwendung von Gewalt durch den SR abzuschwächen, führten im SR wiederholt zu heftigen Debatten, ohne daß der SR jedoch wegen des Blockgegensatzes in der Lage gewesen wäre, eine Feststellung über die Satzungskonformität zu treffen, und stießen in der Literatur auf eindeutige Ablehnung. Dies gilt zum Beispiel für die von den USA im Zuge der Kubakrise (1962) vorgebrachte Ansicht, wonach eine von der OAS angenommene Empfehlung zur Anwendung aller notwendigen Mittel keine Zwangsmaßnahme im Sinne des Artikels 53 der Satzung der VN darstelle und da-

---

66 Vgl. *Beyerlin*, Regionalabkommen, Rdnr. 16; ablehnend *Pernice*, Die Sicherung des Weltfriedens, S. 94ff (110-116), der in der Praxis der OAS einen Verstoß gegen Artikel 53 sieht. Der im Zusammenhang mit der Verhängung wirtschaftlicher und diplomatischer Zwangsmaßnahmen durch die OAS gestellte Antrag Kubas (1962), den IGH um ein Gutachten über die Auslegung des Begriffs "Zwangsmaßnahmen" des Artikels 53 zu ersuchen, fand im SR keine Mehrheit; vgl. *Goodrich/Hambro/Simons*, Charter of the United Nations, S. 366.

67 Vgl. A. *Verdross*/B. *Simma*, Universelles Völkerrecht, 3. Aufl., Berlin 1984, § 1342ff.

68 Angenommen auf der 21. GV der OAS (3.-8.6.1991) in Santiago de Chile.

69 Vgl. die von den Außenministern der OAS angenommenen Res. MRE/RES.1/91 vom 3.10.1991 und MRE/RES.2/91 vom 8.10.1991.

70 GV-Res. 46/7, The Situation of Democracy and Human Rights in Haiti. In OP 4 der Resolution werden alle Staaten ersucht, sich den Maßnahmen der OAS anzuschließen. Ursprünglich war die Verabschiedung einer Resolution des SR in Aussicht genommen worden, in der unter Verweis auf Kapitel VIII die Maßnahmen der OAS unterstützt werden. Die Gruppe lateinamerikanischer Staaten zog allerdings eine Behandlung durch die GV vor.

her keiner Ermächtigung bedürfe.[71] Denn bei der Beurteilung des Vorliegens einer Zwangsmaßnahme komme es nicht auf die Form der Beschlußfassung, sondern auf den Inhalt der angewendeten Mittel an.[72] Durch die Involvierung der Sowjetunion wird darüber hinaus davon auszugehen sein, daß keine "örtliche Streitigkeit" vorlag, bei der Maßnahmen regionaler Art angebracht wären. Auch ein Verweis auf Artikel 51 geht fehl, da dieser einen bewaffneten Angriff zur Voraussetzung hat. Abgelehnt wurde auch die Ansicht, daß anstelle der vorherigen Ermächtigung eine konkludente oder nachträgliche Kenntnisnahme des SR genüge.[73]

Das Erfordernis einer vorherigen Ermächtigung durch den SR für militärische Zwangsmaßnahmen ist folglich unbestritten.[74] Allgemein wird ein militärisches Eingreifen in einem Konflikt zur Wiederherstellung von Ruhe und Ordnung oder zur Erhaltung des Friedens als ermächtigungspflichtige Zwangsmaßnahme anzusehen sein, wenn eine Zustimmung der betroffenen Parteien nicht vorliegt.[75] Kann aufgrund einer abweichenden Einschätzung eines Konfliktes durch den SR, oder aufgrund der Ausübung des Vetorechts eine Ermächtigung des SR nicht erwirkt werden, ist einer regionalen Einrichtung der Gebrauch militärischer Zwangsmaßnahmen nur in den Grenzen des Artikels 51 gestattet. Im Falle eines "bewaffneten Angriffs" steht den Mitgliedern der VN gemäß Artikel 51 das "naturgegebene Recht zur individuellen oder kollektiven Selbstverteidigung" zu, bis der SR die zur Wahrung des Weltfriedens und der internationalen Sicherheit erforderlichen Maßnahmen getroffen hat. Das Recht auf kollektive Selbstverteidigung enthält dabei die Befugnis für einen nichtangegriffenen Staat, einem angegriffenen Staat zu Hilfe zu kommen, sei es aufgrund eines kollektiven Selbstverteidigungssystems, sei es mit Einverständnis des angegriffenen Staates zum Beispiel durch ein Hilfsersuchen. Solche Maßnahmen sind dem SR sofort anzuzeigen. Selbstverteidigungsmaßnahmen müssen sich auf die Abwehr des bewaffneten Angriffs beschränken, während Maßnahmen gemäß Artikel 53 auf die Wiederherstellung des Friedens und der internationalen Sicherheit abzielen.

---

71 Der Rat der OAS empfahl den Mitgliedern der OAS, einzeln und kollektiv alle Maßnahmen, einschließlich der Anwendung von Waffengewalt, zu ergreifen, welche sie für notwendig ansehen, um sicherzustellen, daß Kuba nicht weiterhin von den sino-sowjetischen Mächten militärisches Material erhalten kann, das den Frieden und die Sicherheit des Kontinents bedrohen könnte.

72 *Pernice*, Die Sicherung des Weltfriedens, S. 100f. Unklar ist jedoch, ob die Satzungswidrigkeit mit der Beschlußfassung oder erst mit deren Implementierung eintritt.

73 *Kutzner*, Die Organisation der Amerikanischen Staaten, S. 191.

74 Vgl. auch Pkt. 14 des russischen Arbeitspapiers für eine "Draft Declaration on the Improvement of Cooperation between the U.N. and Regional Organizations", U.N. Doc. A/AC.182/L.72, 30.1.1992: "The SC shall where appropriate make use of regional organizations for enforcement action under its guidance, but no enforcement action may be undertaken under regional arrangements or regional agencies without the authorization from the SC".

75 Zur Abgrenzung Friedenserhaltender Operationen von Zwangsmaßnahmen vgl. unten, IV.

Kritisch wird der bereits auf der Konferenz von San Francisco unterbreitete Vorschlag beurteilt, wonach eine regionale Einrichtung bei Entscheidungsunfähigkeit des SR volle Handlungsfreiheit erhalten soll.[76] Im Zuge der Diskussion über eine Änderung der Zusammensetzung des SR und des Vetorechts der Ständigen Mitglieder könnte der Vorschlag, das Vetorecht bei Ermächtigung einer regionalen Einrichtung gemäß Artikel 53 auf Ständige Mitglieder einzuschränken, die Mitglieder dieser Einrichtung sind, wieder aufgegriffen werden.[77]

Einem allfälligen europäischen Sicherheitsrat würden daher Kompetenzen analog zu jenen des SR gemäß Artikel 39ff nicht zustehen. Jedes militärische Vorgehen würde vielmehr einer Ausnahmeregelung vom "absoluten" Gewaltverbot der Satzung der VN bedürfen.

Da das Kapitel VIII nach herrschender Meinung nur für die Inter-se-Beziehungen einer regionalen Einrichtung Anwendung findet, gilt auch für Zwangsmaßnahmen, daß Artikel 53 nur die Ermächtigung von Zwangsmaßnahmen gegen Mitglieder und nicht gegen Drittstaaten – auch wenn sie in der geographischen Region liegen – zum Gegenstand hat.[78] Abweichend subsumiert Boutros-Ghali auch die Ermächtigung einer regionalen Einrichtung zur Ergreifung von Zwangsmaßnahmen gegen einen Drittstaat und selbst gegen eine andere regionale Einrichtung unter Artikel 53.[79] Gerade der letzte Fall könnte allerdings die Gefahr einer Konfrontation zwischen regionalen Einrichtungen und damit einer Unterminierung des in der Satzung der VN skizzierten Systems kollektiver Sicherheit in sich birgen.

Die Ergreifung von Zwangsmaßnahmen durch eine regionale Einrichtung gegen Drittstaaten unterliegt daher grundsätzlich nicht dem Kapitel VIII sondern dem Kapitel VII und dem allgemeinen Völkerrecht. Diese Einschränkung gilt jedoch nicht für Zwangsmaßnahmen einer regionalen Einrichtung gegen einen Staat, dessen Mitgliedschaft wegen der Verletzung von Mitgliedschaftspflichten gemäß dem entsprechenden Verfahren der regionalen Einrichtung suspendiert, oder der deshalb ausgeschlossen wurde.[80] Ohne Ermächtigung des SR sind wirtschaftliche und diplomatische Zwangsmaßnahmen einer Regionaleinrichtung gegen ein Nicht-

---

76 Ablehnend *Pernice*, Die Sicherung des Weltfriedens, S. 143ff.

77 Vgl. Remigiusz *Bierzanek*, European Security and the United Nations System of Collective Security, in: A. *Casese*, U.N. Law/Fundamental Law, Two Topics in International Law, Alphen aan den Rijn 1979, S. 69-84 (80f). Dieser in der Phase der Blockade des SR entstandende Vorschlag birgt allerdings die Gefahr in sich, daß die in Kapitel VIII vorgesehene ausgewogene Kontrolle durch das universelle Organ ausgehöhlt wird.

78 *Beyerlin*, Regionalabkommen, Rdnr. 9; *Pernice*, Die Sicherung des Weltfriedens, S. 118-133, unterscheidet in seiner Untersuchung dieser Frage Zwangsmaßnahmen einer regionalen Einrichtung gegen einen Drittstaat außerhalb der geographischen Region von solchen gegen einen Staat innerhalb der Region bzw. gegen einen Staat, der innerhalb der Region oder innerhalb der regionalen Einrichtung tätig wird und kommt in allen Fällen zu diesem Ergebnis.

79 *Boutros-Ghali*, Contribution à l'étude des Ententes Regionales, S. 209f.

80 *Pernice*, Die Sicherung des Weltfriedens, S. 130.

mitglied wie im Innenverhältnis nur aufgrund einer schweren Völkerrechtsverletzung durch diesen Staat zulässig.[81] So wurden auf dem außerordentlichen Ministertreffen der EPZ vom 8. November 1991 autonom eine Reihe von wirtschaftlichen Zwangsmaßnahmen gegen Jugoslawien beschlossen.

Stellt der SR das Vorliegen eines der Tatbestände des Artikels 39 fest, kann er gemäß Artikel 41 in Verbindung mit Artikel 48 die Mitglieder einer regionalen Einrichtung zur Ergreifung wirtschaftlicher und diplomatischer Zwangsmaßnahmen gegen einen Drittstaat auffordern bzw. ermächtigen.[82]

Im Falle eines bewaffneten Angriffs kann eine regionale Einrichtung in den Grenzen des Artikels 51 gegen einen Drittstaat vorgehen. Ansonsten sieht die Satzung vor, daß bei Vorliegen eines der Tatbestände des Artikels 39 militärische Maßnahmen vom SR "durchgeführt werden" (Artikel 42). Zu diesem Zweck sollen nicht nur mit Einzelstaaten, sondern auch mit Mitgliedsgruppen, worunter auch regionale Einrichtungen fallen, Sonderabkommen über die Zurverfügungstellung von Truppen und sonstigen Beistand abgeschlossen werden (Artikel 43 Ziffer 3). Zur Verbesserung der Zusammenarbeit zwischen dem SR und regionalen Einrichtungen bei der Durchführung von militärischen Zwangsmaßnahmen sieht Artikel 47 Ziffer 4 vor, daß der aus Vertretern der Ständigen Mitglieder des SR bestehende Generalstabsausschuß mit Ermächtigung des SR nach Konsultationen mit geeigneten regionalen Einrichtungen regionale Unterausschüsse einsetzen kann. Wie von den Bestimmungen über den Generalstabsausschuß allgemein wurde auch von dieser Bestimmung bisher kein Gebrauch gemacht.

Da Sonderabkommen gemäß Artikel 43 bis heute nicht bestehen, ist es dem SR nicht möglich, militärische Maßnahmen gemäß Artikel 42 durchzuführen.[83] Er kann lediglich die Anwendung von Waffengewalt bzw. die Gewährung militärischer Hilfe empfehlen,[84] oder Staaten bzw. Staatengruppen dazu ermächtigen[85]

---

81 Vgl. Torsten *Stein*, Die regionale Durchsetzung völkerrechtlicher Verpflichtungen, in: Zeitschrift für ausländisches und öffentliches Recht und Völkerrecht, 47 (1987), S. 95-112 (109). Stein hält es für denkbar, "in Anklang an die Ratio der 'Uniting for Peace'-Resolution", also offenbar für den Fall der Untätigkeit des SR, "Regionen mit handlungsfähigen Sanktionsmechanismen auch über die Region hinaus Maßnahmen treffen zu lassen und sie gegebenenfalls dort in die Pflicht zu nehmen, wo ihr Einfluß besonders spürbar wäre"; ebd., S. 110. Wird eine subsidiäre Zuständigkeit regionaler Einrichtungen zur allgemeinen Friedenssicherung bereits für das Innenverhältnis abgelehnt, muß dies um so mehr für Zwangsmaßnahmen gegen Drittstaaten innerhalb und außerhalb der geographischen Region gelten.

82 Zur Erhöhung der Effektivität von Sanktionsmaßnahmen wird aber in der Regel eine universelle Anwendung angestrebt.

83 Der in der "Agenda for Peace", §§ 42f, enthaltene Vorschlag, Verhandlungen gemäß Artikel 43 einzuleiten, stieß auf sehr zurückhaltende Reaktionen vor allem der Ständigen SR-Mitglieder.

84 Vgl. SR-Res. 83 (1950) (Korea).

85 Vgl. SR-Res. 678 (1990) (Irak-Kuwait) und SR-Res. 816 (1993) (Bosnien-Hercegovina). In SR-Res. 794 (1992) (Somalia) werden der GS und Mitgliedstaaten zum Einsatz aller erforderlichen Mittel ermächtigt.

bzw. auffordern.[86] Die rechtliche Beurteilung und Einordnung einer Ermächtigung zur Anwendung "aller notwendigen Mittel" wird heftig diskutiert.[87] Umstritten ist die Ansicht, daß der SR Maßnahmen nach Artikel 41f gemäß Artikel 39 nicht nur beschließen, sondern auch empfehlen kann.[88] Gegen die Einordnung unter Artikel 51 läßt sich einwenden, daß eine Ermächtigung zur Gewaltanwendung durch das für die Wahrung des Weltfriedens zuständige Organ mehr als die bloße Ausübung des ohnehin naturgegebenen Rechts zur individuellen und kollektiven Selbstverteidigung gemäß Artikel 51 ist. Dies insbesondere auch deshalb, weil eine solche Ermächtigung nicht nur in Fällen eines bewaffneten Angriffs, sondern bei Vorliegen eines der Tatbestände des Artikels 39, also bereits bei einer Friedensbedrohung, als zulässig anzusehen ist.[89] Die Ermächtigung durch den SR stellt eine pragmatische Weiterentwicklung von der naturrechtlichen autonomen Gewaltanwendung gemäß Artikel 51 in Richtung des Verfahrens der Artikel 42f der Satzung dar, das von den Staaten offensichtlich noch als politische und institutionelle Überforderung angesehen wird. Dies trifft um so mehr zu, wenn man die Ansicht teilt, daß die Logik des Konzepts kollektiver Sicherheit ohnehin auf Prämissen basiert, die in einer Welt souveräner Staaten unrealistisch sind.[90] Eine Gewaltermächtigung durch den SR kann daher nicht ausdrücklich auf eine Bestimmung des Kapitels VII gestützt werden, sondern ist nur als Zwischenschritt zur Verwirklichung des in Kapitel VII skizzierten Systems kollektiver Sicherheit anzusehen.[91]

Damit ist es möglich, daß der SR eine regionale Einrichtung zur Anwendung aller erforderlichen Mittel zum Beispiel zur Wiederherstellung von Ruhe und Ordnung bei einem Konflikt in bzw. zwischen Drittstaaten ermächtigt. Aus praktischen Gründen dürfte sich eine solche Ermächtigung vor allem auf Konflikte innerhalb

---

86 Vgl. SR-Res. 221 (1966), SR-Res. 253 (1968) (Südrhodesien); SR-Res. 770 und 787 (1992) (Bosnien-Hercegovina). Einen Sonderfall stellt das Vorgehen des SR in der Kongokrise dar: Res. 161 und 169 (1961) waren bisher der einzige Fall, in dem nicht Staaten sondern die VN bzw. der GS zu Maßnahmen einschließlich der Anwendung von Gewalt ermächtigt bzw. aufgefordert werden.

87 Vgl. z.B. Agora: The Gulf Crisis in International and Foreign Relations Law, in: The American Journal of International Law (AJIL), 85 (1991) 1, S. 63-109; Katia *Boustany*, La Guerre du Golfe et le système d'intervention armée de l'ONU, in: The Canadian Yearbook of International Law, 28 (1990), S. 379-401; International Law and Collective Security: Excerpts from the 1991 Friedman Conference, Panel I: The United Nations, the Gulf and Regional Collective Security, in: Columbia Journal of Transnational Law, 29 (1991), S. 487-524.

88 Vgl. Jochen A. *Frowein* zu Artikel 39, Rdnr. 29-35, mit weiteren Nachweisen.

89 So erstreckt sich die Gewaltermächtigung der SR-Res. 678 (1990) nicht nur auf die Abwehr des bewaffneten irakischen Angriffs auf Kuwait, sondern auf die Erfüllung der umfassenden Forderungen der einschlägigen SR-Res. durch den Irak und auf die Wiederherstellung von Frieden und Sicherheit im Gebiet.

90 Reinhard *Wolf*, Kollektive Sicherheit und das neue Europa, in: Europa-Archiv (EA), (1992) 19, S. 365-374 (371).

91 Burton H. *Weston*, Security Council, Resolution 678 and the Persian Gulf Decision Making: Precarious Legitimacy, in: AJIL, 85 (1991) 3, S. 516-535.

der geographischen Region der entsprechenden Einrichtung beziehen. Eine derartige Zusammenarbeit zwischen den VN und einer regionalen Einrichtung unterliegt aber nicht den Bestimmungen des Kapitels VIII, sondern des Kapitels VII.

Während das Konzept des Kapitels VII vorsieht, daß militärische Maßnahmen vom SR durchgeführt werden und seiner Kontrolle unterliegen, wird gemäß Artikel 53 einer regionalen Einrichtung bei Ermächtigung zur Ergreifung militärischer Zwangsmaßnahmen relativ großer Freiraum eingeräumt. Dieser Freiraum soll nur für das Innenverhältnis regionaler Einrichtungen zur Anwendung kommen, wofür diese in der Regel über Organe und besondere Verfahren verfügen. In der Praxis werden aber auch militärische Maßnahmen gemäß Kapitel VII in Form der Ermächtigung von Staaten bzw. Staatengruppen durchgeführt. Der SR nimmt dabei auf die Implementierung der erteilten Ermächtigung nur beschränkten Einfluß. Damit lösen sich die praktischen Unterschiede zwischen einer Ermächtigung einer regionalen Einrichtung zur Ergreifung militärischer Zwangsmaßnahmen gegen ein Mitglied gemäß Artikel 53 und einer Gewaltermächtigung einer Staatengruppe gegen einen Drittstaat gemäß Kapitel VII zunehmend auf. Anders als die in der Praxis der VN entwickelte Ermächtigung von Staaten zur Anwendung "aller notwendigen Mittel" gemäß Kapitel VII ist aber die Ermächtigung einer regionalen Einrichtung zur Ergreifung militärischer Maßnahmen gegen eines ihrer Mitglieder in Artikel 53 ausdrücklich vorgesehen.

4. Berichtspflicht

Artikel 54 legt für regionale Einrichtungen eine umfassende Berichtspflicht fest: Der SR ist jederzeit vollständig über die Maßnahmen auf dem laufenden zu halten, die zur Wahrung des Weltfriedens und der internationalen Sicherheit seitens regionaler Einrichtungen getroffen oder in Aussicht genommen werden. Der SR soll damit in die Lage versetzt werden, seine Hauptverantwortung für die Wahrung des Weltfriedens und der internationalen Sicherheit wahrnehmen und die in Kapitel VIII vorgesehene Kontrolle über Maßnahmen regionaler Einrichtungen einschließlich der Feststellung eines satzungswidrigen Vorgehens ausüben zu können.[92] Auf diese Weise soll auch konkurrierendes und widersprüchliches Vorgehen der VN und regionaler Einrichtungen verhindert werden.

Die weitgehende Berichtspflicht sowie die allgemeine Kontrolle gemäß Kapitel VIII werden als Hauptgründe angeführt, daß zahlreiche regionale Einrichtungen wie zum Beispiel die NATO ausdrücklich unter Artikel 51 konstituiert wurden, wo lediglich eine Berichtspflicht über getroffene Selbstverteidigungsmaßnahmen vorgesehen ist.[93] Nimmt eine regionale Einrichtung sowohl Funktionen gemäß Kapi-

---

92 *Goodrich/Hambro/Simons*, Charter of the United Nations, S. 368.

93 *Menzel*, Regionale Abkommen, S. 91.

tel VIII als auch nach Artikel 51 der Satzung der VN wahr, gilt für die jeweiligen Tätigkeiten ein unterschiedlicher Maßstab: Für Maßnahmen der Friedenserhaltung und -sicherung im Innenverhältnis gilt die Berichtspflicht des Artikels 54, für Maßnahmen bei einem bewaffneten Angriff die Berichtspflicht des Artikels 51. Wird eine Einrichtung unter Artikel 51 im Sinne des Kapitels VIII tätig, unterliegt sie diesbezüglich der weitergehenden Informationspflicht des Artikels 54.[94]

Von den klassischen regionalen Einrichtungen hat nur das Interamerikanische System die Berichtspflicht ausdrücklich geregelt: Artikel 5 des Rio-Paktes umfaßt sowohl die Berichtspflicht gemäß Artikel 54 als auch gemäß Artikel 51. In der Praxis kam nur die OAS der Berichtspflicht regelmäßig nach, die insofern als ungenügend anzusehen ist, da sie sich auf das Übersenden zum Beispiel der Texte angenommener Resolutionen beschränkte.[95] Die Berichte der OAS führten immer wieder zu Diskussionen, ob die regionale Einrichtung für das Vornehmen der einberichteten Maßnahmen zuständig sei. Aufgrund der Spaltung des SR wurde in dieser Frage jedoch niemals eine Feststellung getroffen.[96] In wenigen Fällen wurde die mangelhafte Berichterstattung durch regionale Einrichtungen vom SR eingemahnt. So forderte der SR in der Kongokrise die OAE unter Verweis auf Artikel 54 auf, "to keep the Security Council fully informed of any action it may take under the present resolution".[97]

Für eine Stärkung der Beziehungen zwischen der KSZE und den VN gemäß Kapitel VIII wurde als erster Schritt die volle Wahrnehmung der Berichtspflichten gemäß Artikel 54 durch die KSZE vorgeschlagen.[98] Auf dem KSZE-Gipfeltreffen von Helsinki wurde beschlossen, daß die VN vollständig über Friedenserhaltende Operationen der KSZE unterrichtet werden sollen.[99] Daneben enthalten die Beschlüsse des KSZE-Gipfeltreffens keine Regelungen betreffend Informationsaustausch mit den VN. Durch die Bekräftigung des Selbstverständnisses, daß die KSZE eine regionale Einrichtung gemäß Kapitel VIII darstellt, wird aber auch die Berichtspflicht anerkannt.

---

94 *Hummer/Schweitzer* zu Artikel 54, Rdnr. 7.

95 *Wolf*, Regional Arrangements and the U.N. Charter, S. 294. *Kutzner*, Die Organisation der Amerikanischen Staaten, S. 195, kommt dabei zu dem Schluß, daß diese Pflicht um so gewissenhafter erfüllt wurde, je fragwürdiger die beschlossene Maßnahme erschien.

96 Den Bericht der OAS über nichtmilitärische Zwangsmaßnahmen gegen die Dominikanische Republik (1960) nahm der SR nach langer Debatte mit Res. 156 (1960) lediglich zur Kenntnis.

97 SR-Res. 199 (1964), OP 6.

98 Malcom *Harper*, U.N. and CSCE – Competitors or Partners, in: *STETE, The Finish U.N. Association* (Hrsg.), The New Europe in a Wider World, Helsinki 1992, S. 13-23 (16f, 19).

99 Bulletin des Presse- und Informationsamts der Bundesregierung, Helsinki-Dokument 1992, (23.7.1992) 82, Kap. III, § 20.

Neben der vollen Wahrnehmung der Berichtspflicht gemäß Artikel 54 wird die Abhaltung regelmäßiger Konsultationen zwischen den VN und regionalen Einrichtungen angeregt.[100]

IV. Regionale Friedenserhaltende Operationen – allgemein

1. Friedenserhaltende Operationen – Begriffsbestimmung

In der Vergangenheit gab es für Friedenserhaltende Operationen keine genaue Definition, ja gehörte das Fehlen einer solchen zu ihren wesentlichen Merkmalen. In der Praxis entwickelte sich eine Reihe von Grundsätzen, wurde aber auch die Bandbreite möglicher Einsätze zunehmend ausgeweitet. Diese Erfahrungen zusammenfassend, kommt der VN-GS nunmehr zu folgender, sehr breiter Begriffsbestimmung: "Peace-keeping is the deployment of a UN presence in the field, hitherto [!] with the consent of all the parties concerned normally involving United Nations military and/or police personnel and frequently civilians as well."[101]

Klassische Friedenserhaltende Operationen bei zwischenstaatlichen Konflikten oder bei den nunmehr vorherrschenden innerstaatlichen Konflikten beruhen auf der vollen und dauernden Zustimmung und Zusammenarbeit aller Parteien.

In Fällen, in denen auf allen Seiten ein wahrer Friedenswille vorhanden ist und sich die Parteien auf eine unterstützende Rolle der Staatengemeinschaft bei der Erhaltung eines vereinbarten Waffenstillstandes und der endgültigen Konfliktbeilegung einigen, können klassische Friedenserhaltende Operationen große Erfolge vorweisen. Bei Konflikten hingegen, bei denen dieser Friedenswille fehlt und sich die Parteien lediglich auf einen prekären Waffenstillstand einigen, besteht die Gefahr, daß dieses traditionelle Konzept versagt. In jüngster Zeit setzt sich zunehmend die Ansicht durch, daß das Schicksal einer zumeist sehr aufwendigen Friedenserhaltenden Operation nicht vom Verhalten einer einzigen Partei abhängig gemacht werden darf. Vor diesem Hintergrund sind heute Anzeichen für die Entwicklung eines engeren Verhältnisses zwischen Friedenserhaltenden Operationen und "peace-enforcement" festzustellen. So wurde das Mandat für die U.N. Iraq-Kuwait Observation Mission (UNIKOM) unter ausdrücklichem Verweis auf Kapitel VII erteilt und dem Irak de jure das Recht auf Entzug der Zustimmung entzogen.[102] Der Waffengebrauch durch Blauhelme ist auf Selbstverteidigung eingeschränkt, welche aber zunehmend so verstanden wird, daß prinzipiell alle Maßnah-

---

100 *Boutros-Ghali*, An Agenda for Peace, § 65.

101 Ebd., § 20.

102 SR-Res. 689 (1991). Gemäß OP 2 der Resolution kann die Operation nur durch einen SR-Beschluß beendet werden.

men eingeschlossen sein sollen, die zur Durchsetzung des Mandats nötig sind.[103] Friedenserhaltende Operationen zur Sicherung humanitärer Hilfslieferungen erfolgen unter der Voraussetzung der Zustimmung und Kooperation aller Parteien. In Resolution 767 (1992) über die Ausweitung der U.N. Operation in Somalia (UNOSOM) fordert der SR die Parteien auf, mit den VN zu kooperieren, hält jedoch fest, daß "in the absence of such cooperation, the SC does not exclude other measures to deliver humanitarian assistance to Somalia".[104] Für Fälle, in denen zum Beispiel ein vereinbarter Waffenstillstand nicht eingehalten wird und anwesende "Blauhelme" nicht in der Lage sind, Ruhe und Ordnung wiederherzustellen, sollen in Zukunft mit Ermächtigung des SR und unter dem Kommando des GS der VN sogenannte "peace-enforcement units" entsandt werden.[105] Somit ist es denkbar, daß eine anfänglich traditionelle Friedenserhaltende Operation schrittweise Formen einer "enforcement operation" annimmt.[106]

Wegen der potentiellen Ausweitung einer Friedenserhaltenden Operation auf Gewaltanwendung wird vereinzelt die Ansicht vertreten, daß jede regionale Friedenserhaltende Operation einer Ermächtigung durch den SR gemäß Artikel 53 bedarf.[107] Dieser rigorosen Sichtweise wird nicht zuzustimmen sein. Als entscheidendes Kriterium für die Abgrenzung Friedenserhaltender Operationen von militärischen Zwangsmaßnahmen ist die Zustimmung der Parteien anzusehen.[108] Solange diese vorliegt, kann die regionale Einrichtung autonom vorgehen. Ein militärisches Vorgehen ohne Zustimmung der Parteien ist von vornherein gemäß Artikel 53 der VN-Satzung ermächtigungspflichtig. In Fällen mit fließenden Übergängen wird davon auszugehen sein, daß die regionale Einrichtung grundsätzlich zur Durchführung einer Friedenserhaltenden Operation kompetent ist, der SR aber – auf der Grundlage der Berichte der regionalen Einrichtung oder aufgrund eigener Untersuchungen – die Angelegenheit laufend beobachtet und gegebenenfalls an sich zieht bzw. von der regionalen Einrichtung befaßt wird. Es ist daher erforderlich, daß eine regionale Einrichung die Entsendung einer Friedenserhaltenden Opera-

---

103 Vgl. Untergeneralsekretär Goulding in einer Pressekonferenz am Rande der Londoner Konferenz, 27.8.1992, Transkript, Teil B, S. 3: "It is sometimes forgotten that there is a special U.N. definition of self-defence and a self-defence situation is considered to include situations in which armed persons are trying to prevent U.N. soldiers carrying out their mandate".

104 Solche Maßnahmen wurden vom SR mit Res. 794 (1992) und Res. 814 (1993) beschlossen.

105 *Boutros-Ghali*, An Agenda for Peace, § 44.

106 Gegen das potentielle Verlassen des traditionellen Konzeptes für Friedenserhaltende Operationen gibt es auch Widerstand. Unter potentiellen Truppenstellern scheint der politische Wille für eine solche Ausweitung zumeist zu fehlen.

107 Vgl. *Kourula*, Peace-Keeping and Regional Arrangements, S. 120.

108 Vgl. das Gutachten "Certain expenses of the U.N.", in dem der IGH unter Verweis auf das Vorliegen der Zustimmung der Parteien die vorgebrachte Ansicht zurückwies, die von der GV geschaffene United Nations Emergency Force I (UNEF) stelle eine Zwangsmaßnahme gemäß Kapitel VII dar. ICJ, Yearbook 1961-62, S. 83f; *Pernice*, Die Sicherung des Weltfriedens, S. 116f.

tion mit den VN abstimmt und wünschenswert, daß der SR einer solchen Entsendung positiv gegenübersteht. Eine Zustimmung des SR ist allerdings rechtlich nicht erforderlich.

Grundsätzlich gilt dies nur für Friedenserhaltende Operationen innerhalb bzw. zwischen Mitgliedern der tätigwerdenden regionalen Einrichtung. Da ohnehin die Zustimmung der Parteien erforderlich ist, wird jedoch auch eine Friedenserhaltende Operation durch eine regionale Einrichtung in einem Drittstaat bzw. zwischen Drittstaaten als zulässig zu erachten sein. Ein solches Vorgehen einer regionalen Einrichtung fällt allerdings formell nicht unter Kapitel VIII, sondern stellt einen Anwendungsfall des Kapitels VI (bzw. des sogenannten Kapitels VI 1/2, des in der Praxis entwickelten Regelungsstockes der VN über Friedenserhaltende Operationen) dar. Während hingegen eine regionale Einrichtung für die Schaffung einer Friedenserhaltenden Operation im Innenverhältnis unter Umständen ein besonderes Verfahren vorsieht, das von allen Mitgliedern in Anspruch genommen werden kann (vgl. zum Beispiel das Verfahren der KSZE unter Punkt V), hängt die Einladung zur Durchführung einer Friedenserhaltenden Operation an eine regionale Einrichtung durch Drittstaat(en) von deren besonderer politischer Akzeptanz unter den Konfliktparteien ab. Streitparteien lehnen es jedoch unter Umständen ab, Organisationen, in denen sie nicht Mitglied sind, für solche Aufgaben zu akzeptieren. Das Eingreifen von Staaten bzw. Staatengruppen zur Friedenserhaltung in Drittstaaten war bisher zumeist nicht erfolgreich.[109]

2. Regionale Friedenserhaltende Operationen – außereuropäische Erfahrungen

In der Praxis haben regionale Einrichtungen zahlreiche Friedenserhaltende Operationen – in der Regel ohne Befassung des SR – durchgeführt.

Die Arabische Liga entsandte bisher drei Friedenserhaltende Operationen nach Kuwait bzw. in den Libanon. Der Mißerfolg insbesondere der beiden Friedenserhaltenden Operationen im Libanon (Symbolic Arab Security Force, 1976; Arab Deterrent Force, 1976-1983) wird insbesondere darauf zurückgeführt, daß Israel als am Konflikt wesentlich beteiligte Partei nicht Mitglied der regionalen Einrichtung ist und daher die Angebrachtheit regionaler Streitbeilegung fraglich erschien.

Die Entsendung US-amerikanischer Truppen in die Dominikanische Republik (1965) erfolgte anfänglich ohne Vorlage eines diesbezüglichen Beschlusses der OAS bzw. der VN. Erst in der Folge beschloß die OAS die Aufstellung einer interamerikanischen Friedensstreitmacht. Da eine Zustimmung des Gastlandes nicht vorlag, wurde auch unter diesen Umständen die Entsendung der Friedenstruppe von zahlreichen Staaten als ermächtigungspflichtige Zwangsmaßnahme gemäß Ar-

---

109 Vgl. z.B. Multinational Force im Libanon (1982) und das militärische Eingreifen Indiens in den Bürgerkrieg in Sri Lanka.

tikel 53 qualifiziert.[110] Ein Verlassen des Artikels 52 und die Vornahme einer ermächtigungspflichtigen Zwangsmaßnahme stellt der Beschluß der Organisation der ostkaribischen Staaten (OECS) vom 21. Oktober 1983 dar, in dem diese vor allem die USA um Entsendung einer "Gemeinsamen Sicherheitstruppe" nach Grenada zur Beseitigung der gefährlichen Bedrohung des Friedens und der Sicherheit in der Region sowie zur Wiederherstellung von Ruhe und Ordnung ersucht. Da keine Zustimmung des Gaststaates vorlag und die Zwangsmaßnahme auch nicht vom SR autorisiert wurde, wurde die de facto amerikanische Invasion vom Rat der OAS und von der GV verurteilt.[111] Die amerikanische Invasion in Panama (1989) konnte sich weder auf einen Beschluß einer regionalen Einrichtung noch auf eine Zustimmung des Gaststaates stützen. Die Vorgangsweise wurde von der OAS und von der 44. GV als völkerrechtswidrig verurteilt.[112]

Im Rahmen der OAS kam es bisher noch nicht zu einer Institutionalisierung Friedenserhaltender Operationen. In der Region werden von sie den VN durchgeführt, die OAS beschränkt sich auf eine unterstützende Rolle.[113]

Die OAE errichtete 1981 eine Friedenstruppe im Tschad, die zwar vom SR zur Kenntnis genommen, aber ohne zu einer Konfliktlösung beitragen zu können, 1982 wieder abgezogen wurde. Ein Hauptproblem der Operation bestand in den mangelnden Ressourcen. Zu dem mit SR-Resolution 504 (1982) eingerichteten Fonds zur Unterstützung der Operation wurden kaum Beiträge geleistet.

Die von der ECOWAS im Mitgliedstaat Liberia errichtete ECOWAS Ceasefire Monitoring Group (ECOMOG) stellt als Friedenserhaltende Operation einer subregionalen Wirtschaftsgemeinschaft eine Innovation dar.[114] Die Entsendung beruhte auf der anfänglichen Zustimmung der liberianischen Konfliktparteien. Angesichts der Fortsetzung der Kämpfe zeigten sich in der Tätigkeit von ECOMOG bald deutliche Elemente eines "peace-enforcement" gegen nicht kooperationswillige Parteien. Mittlerweile befindet sich ECOMOG in offenen militärischen Auseinandersetzungen mit einer Konfliktpartei. Die Frage des

---

110 Der SR forderte zwar in Res. 203 (1965) die Einhaltung eines Waffenstillstands sowie "all concerned in the Dominican Republic to cooperate with the representative of the S-G" auf, unterließ jedoch eine Feststellung über die Rechtmäßigkeit der Vorgangsweise; vgl. *Pernice*, Die Sicherung des Weltfriedens, S. 97f; *Goodrich/Hambro/Simons*, Charter of the United Nations, S. 366.

111 *Hummer/Schweitzer* zu Artikel 52, Rdnr. 109. Eine Verurteilung der Invasion durch den SR als flagrante Verletzung des Völkerrechts scheiterte am Veto der USA; vgl. *U.N. Department of Public Information*, Everyone's United Nations, 10th ed., New York 1986, S. 42f.

112 Vgl. Ruth *Wedwood*, The Use of Armed Force in International Affairs: Self-Defence and the Panama Invasion, in: Columbia Journal of Transnational Law, 29 (1991), S. 609-628.

113 Vgl. den Beitrag von Wolf *Grabendorff*, Ansätze und Erfahrungen mit multilateralen Instrumenten der Konfliktlösung und Friedenssicherung in Lateinamerika, in diesem Band, und unten, Abschnitt IV.3.

114 Vgl. E. A. *Erskine*, The Case of Regional Peacekeeping in Liberia. Paper presented at the 21st Vienna Seminar on Collective Security and Peacekeeping, IPA, Vienna, 7-18 July 1991.

Ermächtigungserfordernisses für dieses Vorgehen gemäß Artikel 53 der Satzung der VN wurde bisher im SR allerdings nicht diskutiert. Der SR hat die Tätigkeit der ECOMOG in zwei Erklärungen des SR-Präsidenten unterstützt. Es erscheint allerdings fraglich, ob daraus eine Ermächtigung gemäß Artikel 53 abzuleiten ist. SR-Resolution 788 (1992), mit der auf Ersuchen der ECOWAS ein Waffenembargo gegen Liberia verhängt wird, geht davon aus, daß ECOMOG immer noch eine Friedenserhaltende Operation darstellt und daß die Gewaltanwendung durch ECOMOG als Akte der Selbstverteidigung anzusehen sind. Zahlreiche Staaten sehen jedoch den Zeitpunkt für ein stärkeres Engagement der VN – auch durch Entsendung von Beobachtern – gekommen.[115]

Unter dem Postulat, daß afrikanische Probleme zuallererst von Afrikanern gelöst werden sollen, legte der GS der OAE auf dem 28. Gipfeltreffen der Staats- und Regierungschefs der OAE in Dakar (29.6.-1.7.1992) umfangreiche Vorschläge für einen dauerhaften Mechanismus für Konfliktverhütung, -management und -lösung vor.[116] Dem Gipfelbüro der OAE, bestehend aus dem derzeitigen und letzten Präsidenten der OAE und acht weiteren Vertretern, soll dafür die Hauptverantwortung zukommen.[117] Im Bereich der Konfliktverhütung soll das Initiativrecht zur Vermittlung zwischen Streitparteien beim GS der OAE liegen. Zu diesem Zweck soll er anerkannte Persönlichkeiten zu Sonderbeauftragten für ein Land bzw. einen Konflikt ernennen und Untersuchungskommissionen entsenden können. Ihm soll auch die Planung und Durchführung Friedenserhaltender Operationen (Beobachtermissionen, Friedenstruppen) obliegen,[118] deren Entsendung jedoch der vorherigen Beschlußfassung durch das Gipfelbüro sowie der Zustimmung durch die Parteien bedarf. Die OAE soll dabei mit anderen afrikanischen regionalen Organisationen zusammenarbeiten. Dieser Mechanismus soll nicht nur bei zwischenstaatlichen, sondern vor allem bei innerstaatlichen Konflikten zur Anwendung kommen. Als Unterstützung zur dauerhaften Beilegung interner Konflikte soll auch die OAE-Kapazität für Wahlbeobachtung und -hilfe gestärkt werden.

Da für diese Ausweitung der Tätigkeit der Organisation eine Grundlage in der Satzung der OAE fehle, schlug der GS die Verabschiedung einer Erklärung der

---

115 Vgl. SR-Res. 813 (1993).

116 Vgl. Introduction to the Report of the Secretary-General, OAU Doc. CM/1706(LVI) Part I, §§ 34-38; Rapport du Secrétaire General sur les conflits en Afrique: Propositions en vue de la creation d'un mechanisme pour la prevention et le règlement des conflits, OAU Doc. CM 1710(LVI).

117 Als Hauptorgan stand auch die Schaffung eines afrikanischen Sicherheitsrates, oder die Belebung der 1964 geschaffenen, aber niemals aktiven "Vermittlungs-, Vergleichs, und Schiedskommission" zur Diskussion. Gegen letztere wurde der ausschließlich justitielle Charakter eingewendet, bei ersterer Option gab es Widerstand gegen die Idee einer Ständigen Mitgliedschaft gewisser afrikanischer Staaten.

118 Zur Wahrnehmung der Aufgaben des Generalsekretärs wurde im OAE-Sekretariat eine "Division of Conflict Managament" geschaffen.

Staats- und Regierungschefs der OAE über den Mechanismus, aber auch über eine Neudefinition des Prinzips der Nichteinmischung in innere Angelegenheiten als Zwischenschritt bis zu einer formellen Satzungsänderung vor. Aufgrund des Widerstands einiger Mitgliedstaaten – unter anderem gegen die Finanzierung[119] – wurde dessen Schaffung zwar im Prinzip beschlossen. Der GS wurde aber beauftragt, vor allem auf Grundlage von Vorschlägen der Mitglieder eine umfassende Studie zu erstellen, um den Ministerrat der OAE in die Lage zu versetzen, auf dem nächsten Gipfeltreffen der OAE konkrete Vorschläge vorzulegen.[120]

Die VN unterstützen die Schaffung eines Mechanismus für "peace-keeping" durch die OAE. Die GV forderte die VN auf, "to provide such technical assistance as may be appropriate to the OAU should the latter decide to launch a peace-keeping operation".[121]

3. Zusammenarbeit der VN mit regionalen Einrichtungen bei Friedenserhaltenden Operationen

In zahlreichen Fällen haben die VN bei der Durchführung von Friedenserhaltenden Operationen mit regionalen Einrichtungen kooperiert, wobei den VN in der Regel die Federführung zukommt und regionale Einrichtungen unterstützende Aufgaben vor allem im Bereich des "peacemaking" übernehmen.

Im zentralamerikanischen Friedensprozeß besteht sowohl bei den "peace-making"-Aktivitäten als auch bei "peace-keeping" eine besonders enge Zusammenarbeit zwischen den VN, der OAS, den zentralamerikanischen Staaten und der Contadora-Gruppe.[122] Bei der Abhaltung freier Wahlen in Nicaragua und Haiti kam es zu einer engen Zusammenarbeit zwischen den VN und der OAS.[123]

Die Mission für das Referendum in der Westsahara (MINURSO) wird gemeinsam mit der OAE durchgeführt.[124] Bei UNOSOM kooperieren die VN mit der

119 Vorgeschlagen wurde die Schaffung eines Sonderfonds, der aus dem regulären Budget und aus freiwilligen Beiträgen auch aus außereuropäischen Quellen finanziert werden sollte.

120 Vgl. Decision on a Mechanism for the Conflict Prevention, Management and Resolution, OAU Doc. CM/Plen/Draft/Res. 28/Rev. 1.

121 GV-Res. 46/20, "Cooperation between the U.N. and the OAU".

122 Vgl. den Beitrag von Wolf *Grabendorff*, Ansätze und Erfahrungen mit multilateralen Instrumenten der Konfliktlösung und Friedenssicherung in Lateinamerika, in diesem Band.

123 Die Schaffung von ONUVEN (Nicaragua) durch den GS wurde vom SR mit Genugtuung zur Kenntnis genommen. ONUVEH (Haiti) beruht auf GV-Res. 45/2. Beide Operationen stellen keine traditionellen Friedenserhaltende Operationen dar, fallen aber unter die breite Begriffsbestimmung von Friedenserhaltenden Operationen der "Agenda or Peace".

124 Die "Mission der VN für ein Referendum in der Westsahara" wurde mit SR-Res. 690 (1991) errichtet und beruht auf den Berichten des GS, U.N. Doc. S/21360 vom 18.6.1990 und S/22464 vom 19.4.1991. Ursprünglich war die Abhaltung des Referendums unter der Hauptverantwortung der OAE vorgesehen, die VN beschränkten sich auf eine unterstützende Rolle. Durch die Aufnahme der Polisario und den Austritt Marokkos aus der OAE erschien eine Streitbeilegung

OAE, der Arabischen Liga und der Organisation der Islamischen Konferenz. Vertreter dieser Organisationen nahmen zum Beispiel an den technischen Missionen der VN zur Ausweitung von UNOSOM zur militärischen Sicherung humanitärer Transporte teil.[125] Nach Ansicht des GS stellt UNOSOM ein Modell für eine intensivierte Zusammenarbeit der VN mit der OAE dar.[126] In seinem Bericht über die Südafrikafrage schlägt der GS die Entsendung von ca. 30 VN-Beobachtern nach Südafrika vor. "As necessary, their number could be supplemented by other appropriate international organizations, such as the Commonwealth, the European Community and the OAU".[127] Der SR indorsierte diese Empfehlung des GS mit SR-Resolution 772 (1992) und lud internationale Organisationen wie die im Bericht des GS genannten ein "to consider deploying their own observers in South Africa in coordination with the UN".[128]

V. Friedenserhaltende Operationen in Europa

Mit Ausnahme des Zypernkonfliktes schien "Peace-keeping" bis vor kurzem eine ausschließlich außereuropäische Angelegenheit zu sein. In der Vergangenheit war es eine traditionelle Politik vor allem der europäischen Neutralen, den VN Kontingente für Friedenserhaltende Operationen in außereuropäischen Regionen zur Verfügung zu stellen. Erst mit dem Aufbrechen zahlreicher inter-ethnischer, oder inter-kommunaler Konflikte wurde Europa mit der Notwendigkeit der Schaffung besserer bzw. neuer Instrumente und Kapazitäten zur Friedenserhaltung und -sicherung in der eigenen Region konfrontiert.

---

im Rahmen der OAE nicht mehr "angebracht", so daß die Initiative auf die VN überging; vgl. Malcolm N. *Shaw*, Title to Territory in Africa, Oxford 1986, S. 123-130.

125 Vgl. z.B. Report of the Secretary-General on the Situation in Somalia, U.N. Doc. S/24343, 22.7.1992, §§ 45-52 (Regional efforts). Die "peacemaking"-Aktivitäten des High-Level Horn of Africa Standing Committee on Somalia, das aus Vertretern des Sudan, Kenyas, Djiboutis und Eritreas (!) besteht, werden im Bericht des GS der VN gewürdigt, in SR-Res. 767 (1992) wird aber nur die Zusammenarbeit der VN mit OAE, Arabischer Liga und OIC wilkommengeheißen. Ähnlich wie die Contadora-Gruppe im Zentralamerikanischen Friedensprozeß bemüht sich das High-Level Horn of Africa Standing Committee on Somalia in besonderer Weise um eine Konfliktbeilegung im Nachbarstaat Somalia, es wird jedoch nicht im Sinne des Kapitels VIII tätig.

126 Vgl. Secretary-General's statement to the twenty-eighth Assembly of Heads of State or Government of the OAU, 29.6.1992, UNIS/SG/755, 2.7.1992, S. 2f. In der konkreten Durchführung von UNOSOM und insbesondere der "enforcement actions" (UNITAF, UNOSOM II) spielen diese Organisationen jedoch keine besondere Rolle.

127 Report of the Secretary-General on the Question of South Africa, U.N. Doc. S/24389, 7.8.1992, § 76.

128 Die VN kooperieren in der Südafrikafrage demnach mit "internationalen Organisationen", die losgelöst von ihrer Eigenschaft als regionale Einrichtungen tätig werden. Von den genannten internationalen Organisationen ist lediglich die OAE gemäß Kapitel VIII tätig (vgl. oben, III.1). In SR-Res. 772 (1992) fehlt daher ein Hinweis auf Kapitel VIII.

1. Der Mechanismus für Friedenserhaltende Operationen im Rahmen der KSZE

Das Scheitern Europas bei der Bewältigung der Jugoslawienkrise verdeutlichte die Notwendigkeit, Europa auf ähnliche Krisen in der Zukunft besser vorzubereiten. Ein zentrales Element dieser Vorbereitung stellt die Schaffung der Voraussetzungen für Friedenserhaltende Operationen durch europäische Institutionen dar.

Auf dem Treffen der Staats- und Regierungschefs der KSZE-Staaten in Helsinki (9.-10.7.1992) wurden umfassende Verbesserungen des Systems der Frühwarnung, der Konfliktverhütung und des Konfliktmanagements beschlossen. Insbesondere wurden die Voraussetzungen für Friedenserhaltende Operationen im Rahmen der KSZE geschaffen.[129]

Demnach können friedenserhaltende Aktivitäten der KSZE im Falle eines Konfliktes innerhalb eines Teilnehmerstaates oder zwischen Teilnehmerstaaten als Beitrag zu den laufenden Bemühungen um eine politische Lösung durchgeführt werden.[130] Das mögliche Mandat und die Ausgestaltung einer KSZE-Friedenserhaltenden Operation sind flexibel geregelt, so kann eine solche Operation etwa mit der Überwachung von Waffenstillständen, Truppenrückzügen, der Unterstützung der Aufrechterhaltung von Recht und Ordnung sowie der Leistung von humanitärer Hilfe betraut sein. Entsprechend wird der Umfang der Operationen ausfallen, die aus zivilem und/oder militärischem Personal, das von den teilnehmenden Staaten bereitzustellen ist, zusammengesetzt sein sollen.

Beschlüsse über die Entsendung einer Friedenserhaltenden Operation durch die KSZE sollen vom Rat oder dem als seinen Beauftragten handelnden Ausschuß Hoher Beamter (AHB) aufgrund eines Ersuchens eines oder mehrerer Teilnehmerstaaten durch Konsens gefaßt werden.[131] Voraussetzung für eine KSZE-Friedenserhaltende Operation ist die Zustimmung der Parteien. Der Rat bzw. der AHB werden einen solchen Beschluß darüber hinaus nur fassen, wenn alle betroffenen Parteien ihren Willen unter Beweis gestellt haben, günstige Bedingungen für die Durchführung der Operation unter anderem durch einen Prozeß friedlicher Beilegung und ihre Bereitschaft zur Zusammenarbeit zu schaffen. Als weitere Bedingungen werden die Herbeiführung einer wirksamen und dauerhaften Feuer-

---

129 Bulletin des Presse- und Informationsamtes der Bundesregierung, Helsinki-Dokument 1992, (23. Juli 1992) 82, Kap. III, insbes. §§ 17-56.

130 Im Einklang mit Kapitel VIII der VN-Satzung ist demnach eine KSZE-Friedenserhaltende Operation auf das Innenverhältnis beschränkt.

131 Das Erfordernis eines Konsensbeschlusses wird vielfach als großes Hindernis für die Realisierung einer KSZE-Friedenserhaltenden Operation angesehen. Das sogenannte "Konsens minus eins"-Verfahren ist dabei aber keine geeignete Abhilfe, da die Zustimung der Konfliktparteien ein Wesenselement von Friedenserhaltenden Operationen darstellt. Beseitigt werden sollte hingegen die Gefahr, daß ein unbeteiligter Teilnehmerstaat einen Beschluß über eine KSZE-Friedenserhaltende Operation aus prinzipiellen Gründen, z.B. weil er einen unerwünschten Präzedenzfall fürchtet, verhindert. Dafür werden die Einführung von Mehrheitsbeschlüssen oder die Schaffung eines Exekutivorgans vorgeschlagen.

einstellung, die Vereinbarung der notwendigen "Memoranda of Understanding" mit den betroffenen Parteien und Garantien für die Sicherheit des eingesetzten Personals genannt.

Die Planung einer KSZE-Friedenserhaltenden Operation soll dem Konfliktverhütungszentrum (KVZ) obliegen. Der AHB kann den Konsultativausschuß des KVZ ersuchen, Empfehlungen auszuarbeiten, welche friedenserhaltenden Aktivitäten für eine bestimmte Situation am geeignetsten sein könnten. Auch die vom AHB anzunehmenden "terms of reference" einer Operation sollen soweit geeignet von diesem Organ erarbeitet werden. Die politische Gesamtkontrolle und die Leitung der Friedenserhaltenden Operation liegen beim AHB. Dieser überträgt die operative Leitung einer Operation dem amtierenden Vorsitzenden, der von einer beim KVZ eingerichteten Ad-hoc-Gruppe unterstützt wird. Der Leiter der Mission soll vom amtierenden Vorsitzenden ernannt und vom AHB indorsiert werden. Er besitzt die operative Befehlsgewalt im Missionsgebiet und ist dem amtierenden Vorsitzenden gegenüber verantwortlich. Der Leiter der Mission wird von der Ad-hoc-Gruppe beraten, von der er auch Richtlinien erhält.

Die Kosten friedenserhaltender Aktivitäten der KSZE sollen von allen KSZE-Teilnehmerstaaten getragen werden. Zu Beginn jedes Kalenderjahres soll der AHB eine angemessene Obergrenze für die Kosten Friedenserhaltender Operationen festlegen, für die der KSZE-Kostenverteilungsschlüssel gilt. Über diese Grenze hinaus sind besondere Regelungen zu vereinbaren. Daneben können freiwillige Beiträge geleistet werden. Die Einrichtung eines Startkapital-Fonds zur Deckung der Anfangskosten einer Operation ist vorgesehen. Über die genauen finanziellen Modalitäten hat der KVZ-Konsultativausschuß Empfehlungen auszuarbeiten.

Basierend auf den Erfahrungen der VN regelt der Beschluß über KSZE-Friedenserhaltende Operationen alle wesentlichen Elemente für eine klassische Friedenserhaltende Operation. Gerade die für den KSZE-Raum typischen interethnischen und interkommunalen Konflikte zeigen jedoch die Grenzen dieses Konzepts auf. Während aus diesen Gründen im Rahmen der VN Schritte weg von klassischen Friedenserhaltenden Operationen hin zur verstärkten Aufnahme von "enforcement"-Elementen unternommen werden, schreibt der Beschluß des KSZE-Gipfeltreffens dieses Konzept detailliert fest. Für Konflikte, in denen mit diesem Instrumentarium nicht das Auslangen gefunden werden kann, wird daher weiterhin auf andere regionale Einrichtungen und die VN zurückzugreifen sein.

a. Kooperation der KSZE mit regionalen und transatlantischen Organisationen bei der Durchführung von Friedenserhaltenden Operationen

Grundsätzlich sind alle Teilnehmerstaaten berechtigt, an KSZE-Friedenserhaltenden Operationen teilzunehmen. Über die konkrete Teilnahme sollen Konsultationen mit den betroffenen Parteien stattfinden. Im Zuge der Verhandlungen auf dem Helsinki-Folgetreffen stand in diesem Zusammenhang die Frage der Einbindung anderer regionaler und transatlantischer Organisationen in KSZE-Friedenserhaltende Operationen im Mittelpunkt. Der Vorschlag einer Beauftragung einer solchen Organisation mit der Durchführung einer Friedenserhaltenden Operation durch die KSZE sozusagen als ihr Sub-Unternehmer wurde vor allem von Frankreich abgelehnt.[132] Das nunmehr beschlossene Verfahren sieht vor, daß die KSZE von Fall zu Fall nach vorherigen Konsultationen mit den Mitgliedern der entsprechenden Organisation beschließen kann, regionale bzw. transatlantische Organisationen wie die EG, die NATO und die WEU[133] zu ersuchen, zur Unterstützung der KSZE bei der Durchführung friedenserhaltender Aktivitäten ihre Ressourcen zur Verfügung zu stellen. Ein solches Ersuchen der KSZE kann auch an andere Institutionen und Mechanismen einschließlich den friedenserhaltenden Mechanismus der GUS gerichtet werden. Von diesen Organisationen würden festgelegte und untereinander abgestimmte Aufgaben in Verbindung mit der praktischen Durchführung eines KSZE-Mandats wahrgenommen werden. Ihre Beiträge sollen aber lediglich die Durchführung einer Friedenserhaltenden Operation durch die KSZE unterstützen. Das Verfahren und die Befehlskette für KSZE-Friedenserhaltende Operationen wie auch die Möglichkeit der Teilnahme aller KSZE-Staaten sollen unberührt bleiben. Bereits vor dem KSZE-Gipfeltreffen von Helsinki schufen die NATO und die WEU die Voraussetzungen für eine solche Zusammenarbeit.

Mit Verweis auf den Umstand, daß die NATO die einzige Organisation in Europa sei, die bereits über die erforderlichen operationellen Kapazitäten verfüge, beschlossen die NATO-Außenminister am 6. Juni 1992, daß die NATO bzw. deren Mitgliedstaaten auf Ersuchen der KSZE in Hinkunft bereit sind, von Fall zu Fall, in Übereinstimmung mit den eigenen Verfahren, friedenserhaltende Aktivitäten unter der Verantwortung der KSZE einschließlich der Bereitstellung von Ressourcen und Fachwissen des Bündnisses zu unterstützen.[134] Eine positive Antwort auf ein Ersuchen der KSZE müßte von der NATO einstimmig beschlossen werden. Der Ständige NATO-Rat soll untersuchen, in welcher Form diese Unterstützung gewährt werden kann. Andere KSZE-Teilnehmerstaaten sowie Organisationen sollen sich an einzelnen Aktionen beteiligen können.

In der sogenannten Petersberg-Erklärung vom 19. Juni 1992 gaben die Außen- und Verteidigungsminister der WEU bekannt, daß die WEU in Zukunft bereit sein werde, neben Einsätzen im Falle eines bewaffneten Angriffs militärische Ein-

132 Vgl. z.B. NATO as Peacekeeping Force: The Momentum Builds, in: International Herald Tribune (IHT), 24.5.1992.

133 Die Anführung erfolgte nach dem Alphabet, in: Neue Zürcher Zeitung (NZZ), 11.7.1992.

134 Ministerial Meeting of the North Atlantic Council in Oslo, 4.6.1992, Final Communiqué, Press Communiqué M-NAC 1(92181), 4.6.1992; vgl. NZZ, 6.6.1992 sowie European Peacekeepers, in: The Times, 26.5.1992 und NATO Offers Its Help in Trouble Spots, in: IHT, 5.6.1992.

heiten der WEU-Mitglieder für "humanitarian and rescue tasks, peace-keeping tasks, tasks of combat forces in crisis management, including peacemaking" einzusetzen.[135] Friedenserhaltende Aufgaben (peace-keeping) und "Kampfeinsätze bei der Krisenbewältigung, einschließlich Maßnahmen zur Herbeiführung des Friedens (peacemaking)" sollen im Auftrag der VN oder der KSZE durchgeführt werden. Neben dem Rat der WEU muß jedes WEU-Mitglied über die Teilnahme an einer bestimmten Operation als nach wie vor souveräner Staat entsprechend seiner Verfassung entscheiden. Die Teilnahme an WEU-Operationen steht auch assoziierten Mitgliedern offen. Um die WEU in die Lage zu setzen, solche Operationen durchzuführen, erklären die WEU-Mitglieder ihre Bereitschaft, militärische Einheiten der WEU zur Verfügung zu stellen. Bei Einheiten mit NATO-Auftrag soll dies nach Konsultationen mit der NATO erfolgen. Darunter könnten auch bestehende oder geplante multinationale Einheiten von WEU-Mitgliedern sein, etwa das Eurokorps. Zur Schaffung der organisatorischen Voraussetzungen wurde mit 1. Oktober 1992 ein militärischer Planungsstab eingerichtet. Mit dem Beschluß über den Aufbau eigener Streitkräfte und logistischer Strukturen stellt die Petersberg-Erklärung eine De-facto-Revision des Brüsseler Vertrages dar.[136]

Den Beschlüssen von Oslo und Petersberg liegt weniger der Gedanke zugrunde, daß NATO bzw. WEU der KSZE Ressourcen und Expertise für Friedenserhaltende Operationen, die diese im Einklang mit den Beschlüssen des Helsinki-Gipfeltreffens durchführt, zur Verfügung stellen, als daß NATO bzw. WEU eine Friedenserhaltende Operation eigenständig im Auftrag und unter allgemeiner politischer Kontrolle der KSZE durchführen. Dabei ist es für NATO und WEU vorstellbar, daß sich an einer solchen Friedenserhaltenden Operation andere KSZE-Teilnehmerstaaten beteiligen. In beiden Organisationen ist daher die Frage der Unterstellung unter den Oberbefehl der KSZE heftig umstritten.[137]

---

135 Vgl. *Western European Union, Council of Ministers*, Bonn, 19 June 1992, Petersberg Declaration, Teil II, Pkt. 4. Unter "peacemaking" verstehen WEU und NATO Maßnahmen zur Friedensschaffung, also (militärische) Zwangsmaßnahmen. Im Rahmen der VN versteht man darunter hingegen "action to bring hostile parties to agreement essentially through peaceful means as those foreseen in Chapter VI of the U.N. Charta (peaceful settlement of disputes)". An Agenda for Peace, § 20.

136 Artikel IV Absatz 2 Brüsseler Vertrag bestimmt, daß ein Aufbau einer Parallelorganisation zu den militärischen NATO-Stäben unerwünscht ist.

137 Die rechtlichen Aspekte sowie Fragen der Befehlsgewalt und der Kontrolle werden von der in der NATO mit der Umsetzung der Beschlüsse von Oslo betreffend Friedenserhaltende Operationen betrauten Arbeitsgruppe als die Schlüsselfragen angesehen. Die Petersberg-Erklärung sieht vor, daß Friedenserhaltende Operationen der WEU und andere Operationen "under the authority of WEU" durchgeführt werden.

b. Der friedenserhaltende Mechanismus der GUS[138]

Auf dem Treffen der Staats- und Regierungschefs der GUS von Moskau (6.7.1992) und auf dem Treffen der Außen- und Verteidigungsminister der GUS von Taschkent (16.7.1992) wurde die Aufstellung einer ständigen Friedenstruppe der GUS grundsätzlich beschlossen.[139] Vorgesehen ist die Schaffung einer ständigen Einheit, der Soldaten aus allen Staaten der GUS angehören sollen, deren Entsendung nur mit Zustimmung aller betroffenen Parteien aufgrund eines einstimmigen Beschlusses der Staats- und Regierungschefs der GUS erfolgen soll. Ähnlich wie Blauhelme sollen sie besonders uniformiert sein (Weißhelme) und nur zu Zwecken der Selbstverteidigung Gewalt anwenden.

Verschiedentlich werden Bedenken gegen die Erwähnung des friedenserhaltenden Mechanismus der GUS im Zusammenhang mit KSZE-Friedenserhaltenden Operationen geäußert. Die GUS sei von fragwürdiger Legitimität und von der Russischen Föderation dominiert, die sich auf diese Weise einen imperialistischen Einfluß erhalten will. Dabei ist jedoch zu berücksichtigen, daß im Gebiet der Teilnehmerstaaten der KSZE Konflikte neben dem Balkan vor allem in bzw. zwischen GUS-Staaten auftreten werden und die europäische Sicherheitsordnung daher gerade dort ihre Bewährungsprobe bestehen muß.[140] Im Sinne der Subsidiarität sollten solche Konflikte zuerst von den Parteien selbst oder unter Zuhilfenahme "örtlicher Einrichtungen" beigelegt werden. Zwar haben die Staaten und Militärs der GUS noch keine Erfahrung im Bereich Friedenserhaltende Operationen, prinzipiell bildet der Zusammenschluß der GUS aber einen auszubauenden und geeigneten Rahmen. Dabei darf auch nicht unberücksichtigt bleiben, daß westeuropäische Staaten bzw. Organisationen, aber auch die VN große Zurückhaltung gegenüber einer direkten Involvierung in solche Konflikte haben werden. Damit der Mechanismus der GUS bei allen potentiellen Konfliktparteien die notwendige Legitimität erlangen kann, bedarf es jedoch sowohl der Unterstützung wie auch der Kontrolle durch die KSZE und die VN. So könnten KSZE bzw. VN in Friedenserhaltenden Operationen der GUS zum Beispiel durch eine Präsenz vor Ort eingebunden werden. Deren Beobachtungen und Berichte der GUS könnten Gegenstand regelmäßiger Beratungen in den zuständigen Organen der VN bzw. der KSZE sein. Auf diese Weise könnten die VN bzw. KSZE auf die Durchführung von GUS-Friedenserhaltenden Operationen Einfluß nehmen und gegebenenfalls eine Streitigkeit an sich ziehen. Insbesondere die VN wären auch aufgerufen,

138 Vgl. den Beitrag von Suzanne *Crow*, Peace-keeping in the CIS – An Instrument of Russian Hegemonic Desires?, in diesem Band.

139 Vgl. NZZ, 18.7.1992 und 8.7.1992; IHT, 17.7.1992.

140 Bernard *von Plate*, Die Neuordnung in der ehemaligen Sowjetunion: Eine Herausforderung für die KSZE, in: EA, (1992) 10, S. 288-294 (293).

dabei dem Mechanismus der Friedenserhaltenden Operationen der GUS ihre Expertise zur Verfügung zu stellen.

c. Verhältnis von KSZE-Friedenserhaltenden Operationen zu den VN

Gemäß dem Beschluß der KSZE sollen KSZE-Friedenserhaltende Operationen unter gebührender Berücksichtigung der Verantwortung der VN in diesem Bereich und in ständiger Übereinstimmung mit den Zielen und Prinzipien der Satzung der VN durchgeführt werden. KSZE-Friedenserhaltung soll insbesondere im Rahmen des Kapitels VIII der Satzung der VN stattfinden. Zu diesem Zweck soll der amtierende Vorsitzende den SR vollständig über friedenserhaltende Aktivitäten der KSZE informieren. Ausdrücklich ist festgehalten, daß "CSCE peace-keeping operations will not entail enforcement action".[141] Für Fälle, in denen eine "enforcement action" notwendig oder zum Beispiel aufgrund der involvierten Streitparteien eine örtliche Streitbeilegung nicht "angebracht" erscheint, ist daher eine Befassung des SR vorgesehen: Der Rat oder der als sein Beauftragter handelnde AHB kann aufgrund der spezifischen Art der Operation und ihres geplanten Umfangs den Schluß ziehen, daß die Angelegenheit von den Teilnehmerstaaten dem SR übertragen werden sollte.[142] Nicht ausdrücklich geregelt ist die Vorgangsweise, wenn eine bereits bestehende KSZE-Friedenserhaltende Operation langsam in eine "enforcement operation" übergeht. Der SR wird eine solche Situation laufend beobachten und gegebenenfalls die Angelegenheit an sich ziehen. Bei eindeutigem Überschreiten des erlaubten Gewaltgebrauchs zur Selbstverteidigung erscheint eine Ermächtigung des SR gemäß Artikel 53 erforderlich.

Maßgeblich für den Erfolg einer ausgebauten Zusammenarbeit regionaler Einrichtungen mit den VN bei der Entsendung von Friedenserhaltenden Operationen ist die Abstimmung des Vorgehens. Zur Vermeidung von Doppelungen und Mängeln bei der Koordination wird daher betont, daß jede Entsendung einer Friedenserhaltenden Operation von einer Verstärkung der koordinierten politischen Bemühungen der betroffenen Parteien, der regionalen Einrichtungen und der VN um eine friedliche Lösung im Einklang mit Kapitel VI und VIII der VN-Satzung begleitet werden soll.[143] Dazu wird etwa der Abschluß von Kooperationsabkommen zwischen den VN und regionalen Einrichtungen über die Zusammenarbeit bei Friedenserhaltenden Operationen einschließlich der Zurverfügungstellung von

141 Bulletin des Presse- und Informationsamtes der Bundesregierung, Helsinki-Dokument 1992, (23. Juli 1992) 82, Kap. III, § 22. Die Feststellung erscheint überflüssig, da eine Friedenserhaltende Operation per definitionem niemals eine "enforcement action" sein kann.

142 Ebd., Kap. III, § 21.

143 Comprehensive Review of the Whole Question of Peace-keeping Operations in All Their Aspects, Report of the Special Committee on Peace-keeping Operations, U.N. Doc. A/47/253, 4.6.1992, § 113.

Truppen vorgeschlagen.[144] Ein wichtiger Schritt für eine Intensivierung der Zusammenarbeit der VN mit europäischen Organisationen und Einrichtungen im Konfliktmanagement würde die geplante Einrichtung eines Verbindungsbüros der VN bei der KSZE darstellen. Da mit Planung und Durchführung europäischer Friedenserhaltender Operationen das KVZ beauftragt ist, erscheint eine Ansiedlung eines solchen Büros an seinem Sitz angezeigt. Neben der Koordinierung konkreter Operationen könnte ein VN-Verbindungsbüro auch dringend benötigte Expertise und Training für europäische Staaten und Organisationen anbieten.

VI. Zusammenarbeit zwischen den VN und europäischen Regionaleinrichtungen in Nagornij-Karabach und auf dem Balkan

Als der SR erstmals mit der Krise um Nagornij-Karabach befaßt wurde, gab es eine breite Stimmung dafür, daß eine Konfliktbeilegung auf regionaler Ebene versucht werden sollte. Trotz der nicht unwesentlichen Rolle des Drittstaates Iran wurde die primäre Zuständigkeit daher der KSZE übertragen.

Die KSZE entsandte mehrere Missionen in die Region, richtete einen "peacemaking"-Mechanismus ein (Friedenskonferenz von Minsk) und faßte einen grundsätzlichen Beschluß über die Entsendung einer KSZE-Beobachtermission. Trotz dieser Aktivitäten kam es zu einer Eskalation der Kampfhandlungen, weshalb wiederholt der SR befaßt wurde, der jedoch die fortgesetzte Federführung der KSZE betonte und sich auf eine Unterstützung der KSZE beschränkte. Zu diesem Zweck entsandte der GS Missionen in die Region. Zwar kam eine VN-Mission in einem unveröffentlichten Bericht zum Schluß, daß ein stärkeres Engagement der VN, einschließlich der Entsendung von Beobachtern, notwendig sei. Der GS beschränkte sich jedoch weiterhin auf eine unterstützende Rolle der VN vor allem durch Errichtung von VN-Verbindungsbüros in Erevan und Baku und der Teilnahme eines VN-Vertreters an den Vorbereitungstreffen der Minsker Konferenz.

Angesichts der Eskalation der Krise wurde in den informellen Beratungen des SR die Frage aufgeworfen, ab welchem Zeitpunkt eine Konfliktbeilegung durch eine regionale Einrichtung nicht mehr zu bewältigen ist und ein verstärktes Tätigwerden der VN nötig wird. Wie auch bei der Behandlung einiger anderer aktueller Krisen, wurde diese Frage weniger auf der Basis der einschlägigen Bestimmungen der Satzung der VN ("Angebrachtheit" örtlicher Streitbeilegung), als unter Berücksichtigung vor allem der finanziellen Implikationen und der begrenzten Ressourcen der VN behandelt.

Eine nicht immer spannungsfreie, aber schließlich innovative Form der Zusammenarbeit zwischen den VN und regionalen Einrichtungen entwickelte sich im Zuge der Jugoslawienkrise. Anfänglich bestand Einvernehmen, daß die jugoslawi-

144 Vgl. die belgischen Vorschläge zu "An Agenda for Peace", Teil II, Pkt. 2.

sche Krise als europäisches Problem durch regionale Bemühungen beigelegt werden soll. Die Hauptverantwortung wurde von der EG übernommen, die intensive diplomatische Aktivitäten entwickelte, die von der KSZE in zahlreichen Erklärungen unterstützt wurden. Die EG verhandelte eine Reihe von Waffenstillständen und entsandte eine EG-Beobachtermission. Da es trotzdem zu einer Eskalation der Kämpfe kam, beschloß der SR am 25. September 1991 ein Waffenembargo gegen Jugoslawien.[145] Die Resolution indorsierte mit Verweis auf Kapitel VIII der Satzung der VN die Bemühungen der EG und lud den GS ein, diese zu unterstützen. Zu diesem Zweck führten Cyrus Vance als Persönlicher Beauftragter für Jugoslawien und Unter-Generalsekretär Goulding Verhandlungen über die Schaffung einer umfassenden Friedenserhaltenden Operation und – als Voraussetzung für deren Entsendung – über einen dauerhaften Waffenstillstand. Nach Vorlage der bedingungslosen Zustimmung der Konfliktparteien genehmigte der SR am 21. Februar 1992 die Errichtung der U.N. Protection Force (UNPROFOR).[146] SR-Resolution 743 (1992) skizzierte eine Arbeitsteilung zwischen den VN und den europäischen Regionaleinrichtungen: Die VN sollten demnach für die Friedenserhaltenden Operationen (und für die Koordination humanitärer Hilfe) zuständig sein, während eine politische Lösung vor allem im Rahmen der EG-Jugoslawienkonferenz gefunden werden sollte.

Eine genaue Abgrenzung von Aktivitäten des "peacemaking" von solchen des "peace-keeping" ist allerdings in der Praxis nur schwer möglich. Verhandlungen über die Errichtung einer Friedenserhaltenden Operation lassen sich nicht von Verhandlungen über allgemeine politische Fragen und insbesondere über einen Waffenstillstand trennen. Auch die Sanktionenpolitik gegen nicht kooperationswillige Parteien wurde und wird im SR betrieben.[147] Die Durchsetzung der Sanktionen erfolgt wiederum teilweise auf regionaler Ebene, vor allem durch Entsendung von Marineeinheiten in die Adria im Rahmen von NATO und WEU[148] und durch Entsendung von Sanktionsmonitoren.[149] Die Überwachung des Flugverbots über Bosnien und Hercegovina wird von UNPROFOR und der EG-Beobachtermission

145 SR-Res. 713 (1991).

146 SR-Res. 743 (1992). Die volle Entsendung erfolgte mit SR-Res. 749 (1992).

147 Vgl. insbesondere SR-Res. 752 und 757 (1992).

148 Dabei bestand Einvernehmen darüber, daß eine zwangsweise Implementierung des Embargos zur See einer Ermächtigung durch den SR bedarf. Diese erfolgte erst mit SR-Res. 787 (1992), in der unter Verweis auf Kapitel VII und VIII Staaten aufgefordert werden, individuell oder im Rahmen regionaler Einrichtungen alle notwendigen Maßnahmen zu dessen Durchsetzung zu ergreifen.

149 Die Entsendung von SAMs durch die KSZE wurde vom SR in Res. 820 (1993) willkommen geheißen. Darin wurden die SAMs eingeladen, mit dem zur Überwachung der Einhaltung der Sanktionen bestellten 724-Komitee des SR eng zusammenzuarbeiten.

wahrgenommen.[150] Die zwangsweise Durchsetzung des Flugverbots erfolgt mit Ermächtigung des SR durch die NATO.[151]

Der Abschluß des unter Lord Carrington ausgehandelten Londoner Abkommens vom Juli 1992, das die Unterstellung schwerer Waffen in Bosnien und Hercegovina unter VN-Überwachung vorsah,[152] und dessen umgehende Indorsierung durch den SR[153] führten zu einer Verfassungskrise innerhalb der VN. Nach Ansicht des GS stand die Vorgangsweise des SR im Widerspruch zu Artikel 52 der Satzung. Kapitel VIII betone die Hauptverantwortung des SR bei der Friedenssicherung und sehe die Möglichkeit vor, daß der SR gegebenenfalls regionale Einrichtungen heranzieht. In diesem Fall geschehe jedoch das Gegenteil. Auch sollten die VN an allen Verhandlungen beteiligt sein, die möglicherweise in einer Rolle der VN resultieren.[154]

Als Reaktion auf die ablehnende Haltung des GS gegenüber einer Ausweitung von UNPROFOR in Bosnien und Hercegovina wurde dieser vom SR eingeladen, sich vor allem an die europäischen Staaten um Unterstützung bei der Überwachung der schweren Waffen zu wenden.[155] Unter Verweis auf die Beschlüsse von Helsinki richtete der GS am 31. Juli 1992 ein Schreiben in diesem Sinne an die KSZE, das er in Kopie der EG, der NATO und der WEU zur Kenntnis brachte. Während NATO und WEU umfangreiche Planungsarbeiten für eine solche Operation anstellten, sprachen sich nur wenige Staaten für eine Friedenserhaltende Operation durch die KSZE aus. Im Antwortschreiben der KSZE an den GS der VN wurde daher lediglich die grundsätzliche Bereitschaft zur Unterstützung der VN bei dieser Aufgabe zum Ausdruck gebracht.

Die Bemühungen des SR konzentrierten sich in der Folge auf die Sicherung humanitärer Lieferungen nach Bosnien und Hercegovina, wozu am 13. August 1992 SR-Resolution 770 (1992) angenommen wurde, die unter Verweis auf Kapitel VII Staaten auffordert "to take nationally or through regional agencies or arrangements all measures necessary to facilitate in coordination with the UN the delivery by relevant UN humanitarian organizations and others of humanitarian assistance". Obwohl damit Einzelstaaten und regionale Einrichtungen ermächtigt waren, alle notwendigen Maßnahmen, einschließlich der Anwendung von Waffengewalt, zur Durchsetzung von SR-Resolution 770 (1992) autonom anzuwenden, erfolgte die militärische Sicherung humanitärer Lieferungen schließlich im Rahmen einer Ausweitung von UNPROFOR nach den traditionellen Regeln für Friedens-

150 SR-Res. 781 und 786 (1992).

151 Vgl. SR-Res. 816 (1993).

152 Vgl. U.N. Doc. S/24305, 17.7.1992.

153 Vgl. Note by the President of the Security Council, U.N. Doc. S/24307, 17.7.1992.

154 Vgl. Report of the Secretary-General on the Situation in Bosnia and Hercegovina, U.N. Doc. S/24333, 21.7.1992.

155 Vgl. Note by the President of the Security Council, U.N. Doc. S/24346, 24.7.1992.

erhaltende Operationen.[156] Die Truppen werden von europäischen Staaten kostenlos zur Verfügung gestellt: WEU und NATO sagten den VN zu diesem Zweck die Entsendung von bis zu 5 000 bzw. 6 000 Soldaten ihrer jeweiligen Mitgliedstaaten zu.[157]

Im Bereich des "peacemaking" sprach sich der SR unter Verweis auf Kapitel VIII für eine stärkere Einbindung des GS in die Verhandlungen der EG aus. Dem wurde durch die Übernahme des Ko-Vorsitzes der erweiterten Londoner Konferenz durch Premierminister Major und dem GS der VN entsprochen. Als institutionelles Follow-up wurde ein High-Level Steering Committee unter dem Ko-Vorsitz eines Vertreters der EG-Präsidentschaft (Lord Owen) und einem Vertreter des GS (Cyrus Vance/Stoltenberg) eingerichtet.[158] Bei den VN in Genf wurde ein Sekretariat für die Konferenz geschaffen. Die einzelnen Fragenbereiche werden in sechs Arbeitsgruppen behandelt.[159]

Mit der "Internationalen Konferenz über das frühere Jugoslawien" wurde ein neuer umfassender Rahmen zur Behandlung der Jugoslawienkrise geschaffen, der eine bessere Koordination zwischen den bisher separaten Bemühungen von VN, EG, WEU, NATO und KSZE ermöglichen soll. Trotz des ausgeprägten Willens des GS der VN, die ursprüngliche Arbeitsteilung beizubehalten und ein weitergehendes Engagement den Europäern zu überlassen, hat die Rolle der VN damit eine neue Qualität erfahren. Die VN treten im Bereich des "peacemaking" gleichberechtigt an die Seite der EG. Im Bereich des "peace-keeping" erfolgt eine umfangreiche Ausweitung der Präsenz der VN. Die dagegen geäußerten Bedenken des GS werden insofern berücksichtigt, als die notwendigen Ressourcen den VN vor allem von den europäischen Staaten kostenlos zur Verfügung gestellt werden. "Peaceenforcement" (Seeblockade, Flugverbot) wird von den europäischen Verteidigungsbündnissen mit Ermächtigung durch den SR durchgeführt. Herkömmlicherweise wird nur das Tätigwerden regionaler Einrichtungen im Innenverhältnis, im Falle des früheren Jugoslawien also unter dem Dach der KSZE, unter Kapitel VIII subsumiert. Der GS scheint diese Unterscheidung aufzulösen, wenn er allgemein die Zusammenarbeit der "regional arrangements and agencies in Europe, including the NATO, with the SC" in der Jugoslawienkrise als Anwendungsfall des

---

156 SR-Res. 776 (1992).

157 Die Zusagen von WEU und NATO bezogen sich teilweise auf dieselben Truppen ihrer Mitgliedstaaten.

158 "Work Programme of the Conference", LC/C4 (FINAL), 27.8.1992.

159 Bosnia-Hercegovina Working Group, Humanitarian Issues Working Group, Ethnic and National Communities and Minorities Working Group, Succession Issues Working Group, Economic Issues Working Group, Confidence and Security-building and Verification Measures Working Group.

Kapitels VIII betrachtet.[160] Ein besonderes Element der Zusammenarbeit zwischen den VN und der europäischen Sicherheitsordnung liegt im hohen Grad der Identität der Hauptakteure: Vier von fünf Ständigen Mitgliedern des SR sind Teilnehmerstaaten der KSZE; drei Ständige SR-Mitglieder gehören der NATO an, zwei der WEU sowie der EG. Anhand der Entwicklungen in der Jugoslawienkrise läßt sich aufzeigen, daß diese Staaten und nicht der SR als Kollektivorgan darüber entscheiden, ob und in welcher Weise europäische Organisationen oder der SR tätig werden, bzw. in welcher Weise die VN auf Aktivitäten der Regionaleinrichtungen Einfluß nehmen.

Für die europäischen Staaten und Organisationen scheint die Jugoslawienkrise eine übergroße Herausforderung darzustellen, so daß die Bereitschaft groß ist, den VN trotz Widerstands des GS die Hauptlast zu übertragen. In ungewohnter Deutlichkeit wird die ausschließliche Zuständigkeit des SR zur Beschlußfassung über militärische Zwangsmittel betont. Ebenso wird bei der konkreten Durchführung der verschiedenen Operationen die Verantwortung an die VN abgetreten.

Die EG hat sich in der Jugoslawienkrise als Hauptpartner der VN profiliert. Von den anderen europäischen Regionaleinrichtungen ist nur die KSZE in die Jugoslawienkonferenz formell eingebunden. NATO und WEU sind in den Gremien der Konferenz formell nicht vertreten. Diesen Organisationen kommt primär die Rolle eines Durchführungsorgans bei vom SR ermächtigten militärischen Maßnahmen zu. Die KSZE war bisher nicht in der Lage, die durch die Beschlüsse von Helsinki geweckten Erwartungen zu erfüllen und neben EG, WEU und NATO ein relevantes eigenes Profil zu entwickeln. Offen bleibt, ob zumindest die Erwartung erfüllt wird "that the war in Yugoslavia will do more for the shaping of a new security system in Europe than the existing security regime was able do for the maintenance of peace and security in Yugoslavia".[161]

VII. Schlußfolgerungen

In den letzten Jahren verlagerten sich die Konfliktlösungsstrategien von einzelstaatlichen Aktivitäten hin zu multilateralen Bemühungen. Es gibt heute kaum einen zwischen- oder innerstaatlichen Konflikt, um dessen Beilegung sich nicht die VN und/oder regionale Einrichtungen bemühen. Daher kam es nicht nur zu einer Wiederbelebung der Bestimmungen der VN-Satzung über das System kollektiver Sicherheit und zu einer Explosion Friedenserhaltender Operationen, sondern auch

160 Vgl. "Secretary-General Calls upon Regional Organizations to Help Resolve Yugoslav Crisis", SG/ SM/4798, 26.8.1992, S. 4.

161 Vgl. Adam D. *Rotfeld*, New Dimensions of Peace-Keeping in Europe: The Case of the CSCE and the Commonwealth of Independent States. Paper presented at the international conference on "Conflict in the States of Central Europe and the former USSR: In Search of Response", Baden, 27.-29.7.1992.

zu einer Neubetonung der Zusammenarbeit und Arbeitsteilung zwischen den VN und regionalen Einrichtungen im Bereich der Konfliktverhütung und -beilegung.

Im Kern geht es dabei um eine Revitalisierung des Kapitels VIII der Satzung der VN über "regionale Abmachungen". Darin wird regionalen Einrichtungen für die friedliche Beilegung "örtlicher" Streitigkeiten einschließlich der Durchführung Friedenserhaltender Operationen große Autonomie eingeräumt. Zwangsmaßnahmen dürfen von einer regionalen Einrichtung jedoch nur mit Ermächtigung des SR ergriffen werden. In der Praxis wurde diese Ermächtigungspflicht auf militärische Zwangsmaßnahmen beschränkt.

Aus der jüngsten Praxis und aus der "Agenda for Peace" scheinen sich gewisse Neuinterpretationen der Artikel 52ff abzuzeichnen. Kapitel VIII schuf Regeln über die Beilegung von "örtlichen" Streitigkeiten, worunter in der Regel Konflikte zwischen bzw. in Mitgliedstaaten der betreffenden regionalen Einrichtung verstanden werden. Da regionale Einrichtungen über Verfahren und Organe zur Konfliktbeilegung verfügen, sollen sie bei Konflikten in ihrem Innenverhältnis die VN entlasten. Für Konflikte, an denen Drittstaaten beteiligt sind, sei jedoch eine Konfliktbeilegung durch eine regionale Einrichtung nicht "angebracht", dem SR komme dafür prinzipiell die Zuständigkeit zu. Wird eine Staatengruppe bei Konflikten zwischen bzw. in Drittstaaten tätig, so handle es sich um Anwendungsfälle der Kapitel VI bzw. Kapitel VII. Wie vor allem anhand der Anwendungsfälle für militärische Zwangsmaßnahmen gemäß Kapitel VII ausgeführt wird, sind aufgrund der Praxis der Ermächtigung von Staaten bzw. Staatengruppen zur Anwendung aller notwendigen Mittel gemäß Kapitel VII die praktischen Auswirkungen der Unterscheidung von Zwangsmaßnahmen einer regionalen Einrichtung im Innenverhältnis (Kapitel VIII) von solchen gegenüber Drittstaaten (Kapitel VII) gering.

Während bei der Erarbeitung der Satzung der VN versucht wurde, einen Kompromiß bei der Kompetenzverteilung zwischen den VN und regionalen Einrichtungen zu erzielen, geht es heute um eine verbesserte Arbeitsteilung bei Aufgaben der "preventive diplomacy", des "peacemaking" und "peace-keeping". Mit der Revitalisierung des Kapitels VIII zielt der GS auf die Übernahme einer größeren Last durch wirtschaftlich oder politisch besonders bedeutsame Staatengruppen bei der Lösung von Konflikten vor allem innerhalb, aber auch außerhalb ihrer geographischen Region ab. Diese undifferenzierte Anwendung des Kapitels VIII läßt sich auch im Bericht des GS "An Agenda for Peace" feststellen: Als Beispiele für eine Aktivierung des Kapitels VIII werden sowohl Fälle eines Tätigwerdens einer regionalen Einrichtung im Innen- wie auch im Außenverhältnis angeführt. Als prinzipielles Tätigkeitsgebiet einer regionalen Einrichtung wird scheinbar ihre geographische Region angesehen.

Regionale Einrichtungen sind daran interessiert, einen möglichst weitgehenden Entscheidungs- und Handlungsfreiraum zu erhalten. Aus diesem Grund haben einige Regionalorganisationen eine Einordnung unter Kapitel VIII in der Vergangenheit bewußt vermieden (Artikel 51). Heute beanspruchen jedoch auch Verteidigungsbündnisse unter Berufung auf Kapitel VIII eine umfassende Zuständigkeit für Konfliktmanagement innerhalb ihrer geographischen Region. Es bleibt daher abzusehen, inwieweit in der Praxis die in Kapitel VIII niedergelegten Verfahren und Verpflichtungen eingehalten werden. Für eine strikte Einhaltung der Bestimmungen des Kapitels VIII hätte der SR zu sorgen. Im Verhältnis zu regionalen Einrichtungen, in denen (ständige) Mitglieder des SR mitwirken, dürften diese Kontrollrechte jedoch nur eingeschränkt zur Anwendung gebracht werden. Genauso dürfte der SR bei Konflikten, bei denen auf universeller Ebene die Bereitschaft zu einem verstärkten Engagement gering ist, die Frage der Verträglichkeit des Vorgehens einer regionalen Einrichtung mit Kapitel VIII großzügig prüfen. Wie anhand einiger Fälle aufgezeigt wird, gab es immer wieder Fälle der Diskrepanz zwischen den Bestimmungen des Kapitels VIII und der Praxis. Sollte der SR eines Tages seine Hauptverantwortung bei der Sicherung des Weltfriedens nicht mehr in der derzeitigen Form wahrnehmen können, ist wohl damit zu rechnen, daß die fast einhellige Akzeptanz des Ermächtigungserfordernisses für militärischen Zwangsmaßnahmen einer regionalen Einrichtung in Frage gestellt wird.

Das Kapitel VIII enthält Kompetenzabgrenzungsnormen, gibt aber kaum Antworten auf die heute im Vordergrund stehende Frage der Formen der Zusammenarbeit zwischen den VN und regionalen Einrichtungen. Heute geht es nicht darum, ob für einen spezifischen Konflikt entweder die VN oder regionale Einrichtungen zuständig sind, sondern um Mechanismen für eine effiziente Kooperation und Koordination bei parallelem Tätigwerden. Dabei wird abzuklären sein, wem die Federführung bei der Konfliktbeilegung zukommt. Dies werden grundsätzlich die VN sein, der SR kann diese Aufgabe in einer spezifischen Situation aber einer regionalen Einrichtung übertragen. Um ein geschlossenes und kohärentes Verhalten der Staatengemeinschaft sicherzustellen, bedarf es in allen Phasen eines Konfliktes der engen Kooperation und Abstimmung zwischen den tätigwerdenden Organisationen. Verschiedene Vorschläge zur Verbesserung der Zusammenarbeit wurden unterbreitet, zum Beispiel die Abhaltung regelmäßiger Konsultationen zwischen dem GS der VN und den Vorsitzenden regionaler Einrichtungen, die Einrichtung von Verbindungsbüros, sowie die Einräumung eines Beobachterstatus bei den VN an jene regionale Einrichtungen, die diesen bisher noch nicht einnehmen.[162]

Die europäische Sicherheitsarchitektur ist reichlich ausgestattet mit regionalen Einrichtungen, die zur Übernahme von Aufgaben der Friedenserhaltung und -si-

---

162 Vgl. *Boutros-Ghali*, An Agenda for Peace, § 65. Zur Übersicht über regionale Einrichtungen mit Beobachterstatus in der GV vgl. Konrad *Ginther* zu Artikel 4, Rdnr. 49, in: *Simma*, Charta der Vereinten Nationen. In Europa besitzen KSZE, NATO und WEU keinen Beobachterstatus in der GV.

cherung bereit sind. Wie vor allem die Jugoslawienkrise zeigt, ist man jedoch von einem System von "interlocking and mutually reenforcing institutions" noch weit entfernt. Neben der Abklärung der horizontalen Kooperation und Koordination bedarf es auch einer verbesserten Zusammenarbeit mit den VN, denen im Gefolge des Aufbrechens zahlreicher Konflikte in Mittel- und Osteuropa offensichtlich auch in Zukunft eine bedeutende Rolle in Europa zukommen dürfte.

Von allen europäischen Staaten, von den VN, aber insbesondere auch von NATO und WEU wurde begrüßt, daß die KSZE sich als regionale Einrichtung gemäß Kapitel VIII versteht und damit ein bedeutendes Bindeglied zwischen europäischer und globaler Sicherheit darstellt. Die Frage der Koordination zwischen VN und KSZE steht auf der Tagesordnung der GV.[163] Der Schwerpunkt der "peacemaking"- und "peace-keeping"-Bemühungen in Europa liegt bisher jedoch nicht im Rahmen der KSZE, sondern bei EG, WEU und NATO. Voraussetzung für eine verbesserte Koordination zwischen den VN und den europäischen Regionaleinrichtungen ist daher eine Klärung der Aufgaben und Zuständigkeiten der verschiedenen europäischen Organisationen.

Gemäß der herkömmlichen Interpretation der Bestimmungen des Kapitels VIII kommt man im Zusammenhang mit der Zusammenarbeit der VN mit europäischen Regionaleinrichtungen zu unterschiedlichen Ergebnissen, je nachdem, ob eine Organisationen in einem Mitgliedstaat tätig wird, oder nicht. Demnach fallen Tätigkeiten der KSZE im früheren Jugoslawien unter Kapitel VIII, Aktivitäten von EG, WEU und NATO hingegen nur, wenn sie "with the support of the States participating in the CSCE" durchgeführt werden. Das Ziel der laufenden Reformbemühungen in Europa ist die Umwandlung der verschiedenen europäischen regionalen Einrichtungen in ein einheitliches, komplementäres, sich gegenseitig verstärkendes System kooperativer Sicherheit. Dann würden alle Angelegenheiten unter diesem gemeinsamen Dach des europäischen Sicherheitssystems von Kapitel VIII geregelt werden. Während sich für das (geographische) Anwendungsgebiet des Kapitels VIII eine Aufweichung der Bestimmungen des Kapitels VIII abzeichnet, betont der GS andererseits die umfassende Zuständigkeit des SR und dessen Kontrolle der Tätigkeiten regionaler Einrichtungen:

> "In this new era of opportunity, regional arrangements or agencies can render great service if their activities are undertaken in a manner consistent with the Purposes and Principles of the Charter, and if their relationship with the UN, and particularly the SC is governed by Chapter VIII ... Under the Charter, the SC has and will continue to have primary responsibility for maintaining international peace and security".[164]

163 Vgl. GV-Res. 47/10 vom 28.10.1992.

164 Vgl. *Boutros-Ghali*, An Agenda for Peace, § 63f.

9. The Role of Regional Organizations in International Peacemaking and Peace-keeping: Legal, Political and Military Problems*

Tom J. Farer

This paper is part of a larger study "on the changing role of the U.N. and international law." My focus is "the role of regional organizations in international peacemaking and peace-keeping."

I take it that the term "regional organization" is intended to refer to any arrangement among a geographically concentrated group of states for cooperative action to promote peace. In terms of the degree of institutionalization, it could vary from one with a permanent bureaucracy led by an executive official with wide powers to structure the group's agenda, activate its policy-making organs and mediate disputes (that is a kind of U.N. in miniature) to one that provided little more than a normative framework for bilateral cooperation plus the possibility of ad hoc initiatives launched by occasional meetings of foreign ministers or heads of state (e.g., the Organization of African Unity). Participants may enter the arrangement solely in order to deal with threats to peace and security or primarily in order to advance their interests in other issues – for instance, free trade.

In short, I will look at a much more extensive set of arrangements than those traditionally listed in discussions of the applicable U.N. Charter provisions, a list that often stopped after the names Organization of American States (OAS), Arab League, and Organization of African Unity (OAU). For my purposes, NATO is a regional arrangement even though its founders consciously abjured such self-characterization on the assumption that as a mere self-defense arrangement it would be less subject to regulation by the Security Council. Under my definition, groups occupying an area generally deemed a "sub-region" also qualify. They qualify, that is, for evaluation of their possible contribution to the maintenance or restoration of peace. Whether they also qualify as regional arrangements under the Charter, with the special rights and obligations the Charter arguably imputes to such arrangements, is a separate matter.

As flexible as I am determined to make it, the phrase "regional organizations" may not be elastic enough to include all sub-global arrangements driven by the desire to restrain violence with a potentially transnational resonance. Geographical proximity is a natural and common basis for negotiating such arrangements. But it is not the only conceivable one. States also may bond for historical, cultural and

---

* A paper prepared for the analysis group concerning "Future Development of the U.N. and Public International Law" and in turn for the overall project on future German security and defense policy of the Stiftung Wissenschaft und Politik.

ideological reasons. The resulting institutional arrangements may or may not contribute to peace maintenance. That is a matter to be examined, not presumed.

Let me then summarize what I propose to do by enumerating the questions my mandate implies:

1. What are the peace-and-security tasks available for regional and other sorts of multi-state arrangements?
2. What are and what should be the prevailing normative expectations concerning the relationship between multi-state arrangements and the United Nations?
   - Can groups of states engage in peace-keeping without U.N. authorization?
   - Can they, pursuant to prior agreement, intervene collectively to assist in maintaining order or preserving constitutional continuity or for any other reason?
   - Can they intervene, without explicit prior agreement, to prevent gross violations of human rights, restore order, or to terminate a potential (but not imminent) threat to the peace?
   - Do arrangements based on the geographical concentration of their members enjoy a broader discretion to act on behalf of peace and security then other kinds of multi-state arrangements?
3. In light of their characteristics and accomplishments, which of the existing sub-global arrangements show real potential for contributing to peace-keeping and peacemaking and are there areas where new arrangements would be desirable?

I. The Legal Authority of Regional Arrangements

The United Nations Charter identifies three sets of actors available to assist in deflecting, deterring or terminating threats to the peace: The Security Council and General Assembly, regional organizations, and individual states acting alone or in groups. Pursuant to Chapter VIII of the Charter, the Security Council may use regional arrangements of one sort or another to facilitate the peaceful settlement of disputes or to carry out enforcement measures. And regional organizations acting independently (but "consistently with the Purposes and Principles of the United Nations") may deal "with such matters relating to the maintenance of international peace and security as are appropriate for regional action."[1] While the Charter does not define the terms "regional arrangements or agencies," its language certainly implies that their defining characteristic is the geographic concentration of members. What the Charter does not seem to anticipate is a peace-and-security-oriented association of states from different parts of the globe, an association like the British

1 U.N. Charter, Article 52(1).

Commonwealth in the first half of the Century before it became little more than a peripatetic celebration of sentiment.

Still unsettled is the question whether regional "arrangements or agencies" can, without prior Security Council authorization, legitimate the use of force by some member states against a deviant member or even non-members for purposes beyond self-defense against an armed attack. In other words, do such organizations have an independent authority to authorize military action whenever they conclude that force is necessary to avert or terminate a threat to the peace or to advance other collective interests?[2] I use the word "authorize" because no existing regional or sub-regional organization is structured to exercise command and control of fighting units. Thus, in order to enforce their decisions, they must rely on the willingness of member-states to employ their own forces within the guidelines established by the organization's policy-making institutions.

During the Cold War, the United States had a distinctive set of views about the authority of regional organizations and the proper scope of self-help. Collectively they constitute what we might call its Cold War paradigm of authorized coercion. With respect to the relationship between regional organizations and the United Nations Security Council, the United States position evolved in the context of its early post-war dominance of the Organization of American States and its desire to insulate the Western Hemisphere from Soviet influence. It achieved full elaboration in the course of the Cuban Missile Crisis of 1962.

Before then the U.S. had simply insisted that regional organizations had exclusive primary jurisdiction over alleged threats to the peace within the region; in other words, it was only after the exhaustion of regional remedies that the Security Council could properly take up an issue with peace-threatening potential. Moscow's incipient emplacement of nuclear-armed missiles in Cuba raised an additional issue about the OAS-Security Council relationship. Regardless of the number of missiles it might deploy in Cuba, the Kremlin could not threaten the capacity of the United States to deliver a devastating nuclear response against Cuba and the Soviet Union.[3] Therefore President Kennedy and his colleagues did not believe that the missiles augured an armed attack. While determined for a variety of reasons to compel removal of the missiles, they were reluctant to invoke the right of

2 See Tom J. Farer, "Law and War," in Cyril E. Black and Richard A. Falk, eds., *The Future of the International Legal Order III* (Princeton: Princeton University Press, 1971), pp. 56-62.

3 See Abram Chayes, "Law and the Quarantine of Cuba," in *Foreign Affairs*, April 1963, and his *The Cuban Missile Crisis* (New York: Oxford University Press, 1974). Also, James G. Blight and David Welch, *On the Brink: Americans and Soviets Re-examine the Cuban Missile Crisis* (New York: Hill and Wang, 1989); Raymond Garthoff, *Reflections on the Cuban Missile Crisis*, rev. ed. (Washington, D.C.: Brookings Institution, 1989).

self-defense under circumstances that might encourage other states to adopt a flexible view of limits on the use of force. So they relied on authorization by the OAS.[4]

While the Charter contemplates regional arrangements or agencies organizing or authorizing coercion to maintain and restore peace, Article 53 states that "no enforcement action shall be taken under regional arrangements or by regional agencies without the authorization of the Security Council." Officials and scholars have since proposed two reasons for concluding that the OAS acting on its own could authorize the coercive measures employed by the United States to compel removal of the missiles. One was that Article 53 can fairly be read to allow authorization before or *after* the fact, and if after it could be implicit.[5] The other is that the term "enforcement measures" refers only to coercive action that is ordered rather than merely recommended.[6] For this latter claim they rely on the World Court's Advisory Opinion in the case involving Certain Expenses of the United Nations.[7] There the Court drew a distinction between peace-keeping operations and coercive acts which the Security Council alone was entitled under the Charter to direct. Only the latter, it declared, were "enforcement measures."

It follows from the consensual character of peace-keeping operations that the Court was dealing with a simple dichotomy between measures which force the will of a sovereign state and those which do not. If consent is the crucial distinction, and if there are only two alternatives, then the limited blockade imposed by the United States around Cuba was enforcement action. In effect the United States insists that there is a third alternative, to be sure one not before the World Court in the *Expenses Case*, an alternative in which the U.N. or a regional organization merely recommends – and by recommending legitimates – coercive measures including the threatened use of force. Being something other than "enforcement action," the resulting military operations escape Article 53's requirement of Security Council authorization. How the proposed distinction between recommended and required measures advances the purposes and principles of the United Nations has always been unclear to me. One might suppose that Security Council review is peculiarly desirable when a regional organization, rather than assuming direct responsibility for military operations against one or more U.N. members, in effect delegates to individual states a broad discretion to use force presumptively on behalf of peace and security.

As the Cold War has drawn to a close, the United States seems to have revised its regional-organization paradigm to allow United Nations assistance in cleaning

---

4 See Theodore C. Sorensen, *Kennedy* (New York: Harper and Row, 1965), pp. 667-718.

5 See Chayes, "Law and the Quarantine of Cuba," supra note 3.

6 Leonard Meeker, "The Dominican Situation in the Perspective of International Law," in *Department of State Bulletin*, LIII (12.7.1965), pp. 60, 62.

7 See "Certain Expenses of the United Nations" (1962), I.C.J. 151.

up the residue of East-West conflict in the Americas. With the OAS as a junior partner, the U.N. monitored the 1988 Nicaraguan election and the transition to a post-Sandinista regime, while coincidentally handling the disarmament of the Contras.[8] Then, at the request of the Central American heads of state, the Secretary-General set about mediating the civil conflicts in El Salvador and Guatemala. Having, with the full support of the United States, catalyzed an agreement in the former case, the U.N., still with Washington's support, will assume for an indefinite time the role of benevolent third party in Salvador's postwar political system.

The other intergovernmental arrangements generally recognized as regional organizations within the meaning of the U.N. Charter – The Arab League and the Organization of African Unity (OAU) – have not been active in the security field: The former authorized a single peace-keeping operation (Syria in Lebanon).[9] While inactivity by regional organizations over the past twenty-five years has inhibited articulation of a well-defined alternative to the Cold-War paradigm, implicit in criticism of OAS action and inaction in the 1950s and 1960s is one in which such arrangements function very much as arms of the Security Council, dutifully reporting all proposed initiatives in the security field and seeking prior authorization for coercive measures against recognized governments.

Organizations generally referred to as sub-regional have occasionally asserted competence to take or authorize action in the security field for purposes other than collective self-defense against armed attack. The Economic Community of West African States (ECOWAS), led by Nigeria, dispatched an expedition to Liberia to restore order after organized government, such as it was, had collapsed into the maelstrom of a three-sided and murderous civil conflict.[10] And the Organization of Eastern Caribbean States (OECS) issued the call for intervention invoked by the United States as one of the justifications for its occupation of Grenada.[11] The ECOWAS intervention escaped formal censure and, to the extent it was publicly noted in the West, seems to have been welcomed. The OECS bid for competence fared less well. In censuring the United States,[12] the General Assembly, including a substantial number of NATO states, implicitly rejected the OECS claim of entitlement to intervene through an external proxy in one of its members when confronted with a violent displacement of the widely-recognized head of state.

---

8 See Robert A. Pastor, "Nicaragua's Choice: The Making of a Free Election," in *Journal of Democracy*, Vol. 1, No. 3, Summer 1990.

9 See Istvan Pogany, *The Arab League and Peace Keeping in the Lebanon* (London: Avebury Gower Publishing Company Ltd., 1987), pp. 82-87.

10 *The New York Times*, 11.8.1990, p. A3 and *The New York Times*, 29.8.1990, p. A1.

11 See Christopher Joyner, *The United States Action in Grenada: A Study in Politics and the Limits of International Law* (Brookfield, VT: Gower, 1986), and William C. Gilmore, *The Grenada Intervention: Analysis and Documentation* (New York: Mansell, 1984).

12 U.N. Doc. A/Res/44/240, December 29, 1989.

Insofar as associations of states, whatever the basis for their decision to contract among themselves, decide to lower the barrier of sovereignty in their mutual relations, is there any basis in international law and policy to conclude that they cannot? Suppose, for instance, that the Anglophonic states of the Caribbean, virtually all of them indisputably democratic, enter into a pact with the United States, Canada, the United Kingdom, France, and The Netherlands, pursuant to which the latter agree to intervene and restore democratic government in the event of an unconstitutional seizure of power in any of the former. Any state can withdraw from the arrangement on one year's notice. In a literal sense the pact would create a multilateral Protectorate. But unlike the Nineteenth Century variety, it would not result from coercion or the bribery of a tiny elite.[13]

One might object that the single most important incident of sovereignty is the authority to exclude foreign forces from the national territory and that no government can mortgage the nation's sovereignty. But in fact there seems little doubt that it can if in doing so it does not violate the right of self-determination enjoyed by the ultimate source of sovereignty, the people. In the context of decolonization, the United Nations has maintained the principle that an act of self-determination that alters sovereignty is decisive.[14] Once the Eritreans, for example, were held to have accepted local autonomy under the umbrella of Ethiopian sovereignty, the United Nations would not hear claims of a right to sever the tie.[15] If a people, acting through democratically chosen representatives, can dissolve its sovereignty by merging into another sovereign, surely any mere dilution of sovereignty is compatible with the basic expectations of the international community.

Thus I see no normative objection to groups of states contracting to authorize mutual intervention pursuant to some collective mechanism operating on behalf of shared interests. Such arrangements would remain, however, subject to the jurisdiction of the Security Council which could intervene in the event that the pact became in the hands of its more powerful members an instrument of oppression or functioned in any other way inconsistent with the principles and purposes of the Charter. Nor do I see any reason why such contractual arrangements may not be employed by the political organs of the United Nations to carry out peace-keeping tasks in or to implement enforcement measures against countries not members of the pact. If the individual pact members are subject to the Council's call, so is the instrument they have created to facilitate collective action.

---

13 See Tom J. Farer, "The United States as Guarantor of Democracy in the Caribbean Basin: Is There a Legal Way?," in *Human Rights Quarterly*, Vol. 10, Spring 1988.

14 See Hurst Hannum, *Autonomy, Sovereignty and Self-Determination* (Philadelphia: University of Pennsylvania Press, 1990), pp. 27-49.

15 See Tom J. Farer, *War Clouds on the Horn of Africa*, 2nd revised edition (New York: Carnegie Endowment for International Peace, 1979), pp. 25-40.

II. Regional and Sub-Regional Organizations: The Contemporary Scene

1. The Western Hemisphere

Of the three generally recognized regional organizations – the Organization of American States (OAS),[16] the Arab League,[17] and the Organization of African Unity (OAU)[18] – only the OAS has performed most of the roles required of an ideal arrangement for the maintenance or restoration of international peace and security. And only the OAS seems positioned to make much of a contribution in the next decade.

It enjoys the leadership of a hegemonic state comfortable with the territorial status quo and committed by ideology and interest to barring the use of force among members, a commitment which, with the passing of the Cold War, the United States is more likely to impose on itself. It enjoys ideological coherence, liberal capitalism having become privileged in the discourse of national elites. The growing hispanicization of the United States[19] increases the cultural coherence of the member states and the shared sense of common destiny. Economic complementarity seems likely to overcome mercantilist opposition to the free trade initiatives championed by Republican and Democratic leaders alike. So the security regime may soon coincide with an economic one.[20] That being said, its prospects still are not very favorable. Until recently, the Organization was indisputably in a state of advanced decrepitude. Outside the issue area of human rights, the United States, the Latin and the Anglophonic members of the OAS had largely ignored it for about two decades beginning in the late 1960s. Faced with the threat of direct U.S. intervention in Central America in the 1980s, concerned Latin States responded through ad hoc arrangements to promote peaceful settlement – first the Contadora Group and its Southern Cone supporters; then the Central American Heads of State led by Oscar Arias of Costa Rica.

However, as the Cold War began to wind down, the U.S. and other member-states suddenly seemed more disposed to see the Organization as a potential con-

---

16 See, e.g., Tom J. Farer, ed., *The Future of the Inter-American System* (New York: Praeger, 1989).

17 See, e.g., Fawfig Y. Hasou, *The Struggle for the Arab World* (Boston: KPI, 1985); Muhammed Khalil, *The Arab State and The Arab League* (Beirut: Khayats, 1962); Boutros Boutros-Ghali, *The Arab League, 1945-1955* (New York: Carnegie Endowment for International Peace, 1954).

18 See, e.g., R. I. Onwuka and A. Sesay, eds., *The Future of Regionalism in Africa* (London: Macmillan, 1985), and Dominic Mazzeo, *African Regional Organizations* (New York: Cambridge University Press, 1984).

19 See *The New York Times*, 11.4.1991, p. A14.

20 Compare Andrew Hurrell, "Latin America in the New World Order: A Regional Bloc of the Americas?," in *International Affairs*, Vol. 68, No. 1, January 1992, and Robert Pastor and Richard Fletcher, "The Caribbean in the 21st Century," in *Foreign Affairs*, Vol. 70, No. 3, Summer 1991, with M. Delal Baer, "North American Free Trade," in *Foreign Affairs*, Vol. 70, Fall 1991, and Sidney Weintraub and M. Delal Baer, "The Interplay between Economic and Political Opening: The Sequence in Mexico," in *The Washington Quarterly*, Spring 1992.

tributor to the settlement of conflicts. And so the OAS was given a place alongside the U.N. in the various activities that brought the conflict in Nicaragua at least to a temporary close. Thereafter, when relations between Washington and the Noriega-dominated Government of Panama began to unravel, the U.S. did initially seek a solution through the organs of the OAS. Still, when it became apparent that Noriega would not yield to mere diplomatic pressure for his retirement and equally apparent that the Latin States would not support the use of force, the US acted on its own. The renewed emphasis on democratic government that stemmed both from the end of the Cold War and the earlier restoration of elected governments in almost all of Latin America seemed briefly to reanimate the OAS. Both its senior officials and member states began to act as if the institution could become a useful agency for defending the democratic renaissance, a renaissance which is immensely appealing in itself and which enhances the durability of Hemispheric peace. Democracies contribute to inter-state peace simply by being; democratic governments rarely (some argue never) fight with each other. They contribute to intra-state peace because such regimes generally are much better than all possible alternatives at accommodating conflicts of group interest.

With the support of the member-states, the Secretary-General established a democracy promotion unit. Then, in 1991, the Hemisphere's foreign ministers, after recognizing need for the Organization's renewal in the light of new international challenges and demands, announced their "decision to adopt efficacious, timely and expeditious procedures to ensure the promotion and defense of representative democracy."[21] But when challenged by the military coup against President Jean-Bertrand Aristide of Haiti, the Organization flinched. True, it did recommend economic sanctions.[22] But their evident failure has not moved the member states to propose sterner measures.

Meanwhile the OAS stumbles along in the throes of a permanent financial crisis. The fact that it embodies the norm of non-intervention and that its life coincides with a long era of peaceful relations among member-states has not moved them to increase their contributions. Unlike the United Nations, its personnel have no experience in managing substantial peace-keeping operations. It lacks fact-finding or crisis anticipating units. In short, it is available largely as a framework for ad hoc solutions and as a symbolic companion to United Nations peace-keeping operations in the Hemisphere.

---

21 Resolution on Representative Democracy adopted June 5, 1991, OAS AG/RES.1080 (XXI-0/91).

22 OAS, Ad Hoc Meeting of Ministers of Foreign Affairs, "Support to the Democratic Government of Haiti," OEA/Ser.F/V.1 – MRE/RES, 1/91 corr. 1 (October 3, 1991).

2. The Middle East

The Arab League is an even less promising vehicle for the regional defense of peace. Unlike the OAS, which has among its members one state able by itself to enforce peace, the League encloses several states with the means and incentives to fracture it. Whereas the OAS brings together virtually all of the states that tend to regard each other as an actual or potential security problem (for example: Colombia and Venezuela; Ecuador and Peru; Argentina and Chile), the League incorporates only some of the more relevant actors and omits three of the most consequential: Iran, Israel, and Turkey. While OAS members other than Argentina have no bone of consequential size to pick with non-members, perhaps because they are so far away, and, moreover, welcome a thickening of ties with states outside the region, important League members and three of the states adjacent to the League's perimeter view each other with cankerous hostility.

Despite a nominal commonality of faith and ethnicity among its members, in fact the League encloses heterogeneous elements, heterogeneous in collective self-image, in material interest, in ideology, and in social and political organization. It calls to mind Karl Deutsch's definition of a nation as "a group of people united by a common dislike of their neighbors and a common misperception about their ethnic origins."[23] Important differences among Arab League States – for example, along the fault line between the secular and the religious fundamentalist – are replicated within states, thus inviting mutual intervention and promoting mutual mistrust. Since the principal markets for League member exports and the sources of key imports lie outside the region, economic interdependence is not available to offset the repulsive effects of political and philosophical differences.

The only consequential sub-regional arrangement in the Middle East is the Gulf Cooperation Council (GCC).[24] It was formed in 1981 by the ruling families of Bahrain, Kuwait, Oman, Qatar, Saudi Arabia, and the United Arab Emirates (UAE) as a defensive mechanism to deal with internal challenges and external threats felt to be escalating in the wake of the Iranian revolution. As the Iraquis almost effortlessly demonstrated, the GCC cannot yet mount an effective defense against the larger regional states. But it probably has the means to thwart coups or insurgencies in the smaller members. And it has served as a framework for efforts to foster the settlement of differences among its often prickly components. In 1987, for instance, the Saudis persuaded Qatar and Bahrain to refer a smouldering boundary dispute to the International Court of Justice.[25]

---

23 Karl W. Deutsch, *Nationalism and Social Communication* (Cambridge, MA: MIT Press, 1966).

24 See William T. Tow, *Subregional Security Cooperation in the Third World* (Boulder: Lynne Rienner Publishers, Inc., 1990), pp. 45-57.

25 Ibid., p. 50.

As a club of the rich and militarily weak, the GCC is a doubtful contributor to amicable relations among Arab States generally. Necessarily dominated by the Saudis, it may act as a drag on political change among its members, change that might ease the political pressures gradually building up against a form of rule that seems increasingly anomalous in the post-modern age.

Given prevailing conditions, every plausible scheme for reducing the risk of war within the Middle East requires the deep involvement of leading actors outside it, particularly the United States. Mirror-image perceptions among many indigenous states of relentless enmity and irreconcilable conflicts of interest discourage efforts to imagine much less pursue regional collective-security strategies for peace. But neither the interests of the West nor those of the Third World in the area's petroleum resources are effectively protected by a peace consisting of armies on hair-trigger alert glaring across contested frontiers. Such a peace guarantees a huge continuing diversion of global capital into weapons systems, the further proliferation of weapons of mass destruction and their deployment under problematic safeguards against unauthorized and inadvertent use.

Until expectations of violence are lowered, regional actors will remain bound to a security dilemma of classical proportions. The region-wide interlock of threats, rivalries and material interests will plague efforts to build confidence and mediate disputes on a very limited front. Hence the case for a truly inclusive regional framework.

The conflicts of identity and interest that rend the Middle East encourage one to dismiss the idea of comprehensive regional arrangements, while the potential costs of a major conflict in the area do the reverse. The very effort to construct an inclusive regional organization would compel structured and sustained discourse about norms of peaceful coexistence. Once constructed it would perforce induce regular communication and some measure of cooperative activity among its members with respect to water and other matters beyond the effective reach of uncoordinated unilateral measures. And its bureaucracy could generate a steady flow of credible information. In these ways even a rudimentary organization could contribute to a gradual change in the members' perceptions of their interests and of each other.

3. Africa

While the life of the OAU has coincided with peace among its member states (with one exception), the coincidence can easily be explained in terms of the symmetry between power and wealth, the marginal capacity of African security forces to police their own populations much less to project force across frontiers and the presence of powerful extraregional actors.

As is still true of the Arab League, a central strand of the rope binding together the OAU's disparate parts in an association of symbols and rhetoric was a *bete noir* (South Africa) associated with a collectively recalled experience of humiliating domination by Europe's imperial states. Poverty and military weakness were other elements of African commonality. They bound in the sense that they encouraged a common position at global fora in favor of non-intervention and transfers of wealth from the developed to the developing states. But they divided in that they encouraged dependence on external actors rather than each other.

To the end of promoting order, the OAU has acted primarily by declaring norms – essentially the one compound norm of non-intervention, respect for the old colonial boundaries, and no right of secession – and promoting peaceful settlement through ad hoc mediation and good offices. Within the narrow limits of its collective goals of preserving the existing state structure and promoting each member's cohesion, the Somali-Ethiopian war of 1978 represents institutional failure. The institution also failed to prevent and then to terminate Libya's multi-year intervention in Chad.

It is hard to identify strictly comparable successes, although good-offices initiatives arguably have contributed over the years to easing a flare-up between Morocco and Algeria, endemic tension on the Somali-Kenyan border, and possibly to one or two other cases.[26] With respect to internal conflicts, the OAU's intransigent attitude toward secessionist claims and its indifference to minority rights, in conjunction with institutional weakness, have made it a mere bystander to bitter struggles in places like Ethiopia, Nigeria, and the Sudan.

Now its abject passivity in the face of the vast human disaster in Somalia confirms the Organization's multiple limitations. It is too big; its diverse members are poor and preoccupied with stunning political and economic problems. And they do not appear to see the OAU as a potentially valuable avenue for addressing those problems. With perfunctory political support from its members and exiguous resources, the Organization is little more now than an annual conference where beleaguered elites can celebrate their survival.

The one inter-governmental arrangement in Africa that has demonstrated the will and a measure of capacity for peace-enforcement in domestic conflicts is the ECOWAS. Founded in 1975 under the Treaty of Lagos, it has sixteen members that were at one time variously under British, French, Portuguese and U.S. colonial domination. This diversity in colonial heritage, coupled with their sharply different levels of political and economic development, has posed serious obstacles to full cooperation. As Professor David Wippman notes, the "principal fault line lies between the francophone states, traditionally led by the Ivory Coast, and the

26 See generally, Amare Tekle, "The Organization of African Unity at Twenty Five Years: Retrospect and Prospect," in *Africa Today*, 3rd/4th Quarter 1988, pp. 7-20.

Anglophonic states, led by Nigeria. Given Nigeria's size (by itself, Nigeria has a gross national product and a population roughly equal to those of the other fifteen members combined), the francophone states have always been suspicious of any Community initiatives that might unduly extend Nigerian influence."[27]

Despite these differences, after both the United States and the Security Council ignored appeals from Liberians and others to intervene in Liberia's murderous civil war and with hundreds of ECOWAS nationals trapped in Liberia's Capital, Monrovia, without food, water, medicine or shelter, the organization's Standing Mediation Committee, joined by the Presidents of Guinea and Sierra Leone and acting on behalf of the Organization's Heads of State and Government, authorized establishment of an ECOWAS Cease-fire Monitoring Group (ECOMOG) in Liberia "for the purpose of keeping the peace, restoring law and order and ensuring that the cease fire is respected."[28] The Committee also called for the establishment of a broad-based interim government to govern Liberia until an internationally supervised election could be held.

Charles Taylor, leader of what appeared to be the most powerful of the three Liberian factions, rejected the proposed initiative and threatened to attack any ECOWAS personnel who sought to carry it out. So it was clear from the outset that force would have to be employed. Under Nigeria's active leadership, supporters of intervention overcame the reluctance bordering on resistance of most francophone members of ECOWAS. ECOMOG intervened with about 3,500 troops on 23 August 1990.[29] Today, after more than two years of fighting and negotiating with Taylor, an interim government administers Monrovia under assault from Taylor's troops who are also battling a force descended from the army of one of his original opponents. Peace and elections remain a goal waiting forlornly in the anteroom of the future. And within the ECOWAS states resistance to the costs of intervention raises doubts about its longevity.

What are the lessons of this remarkable peace-enforcement and humanitarian initiative? I think they are nicely summarized in Professor Wippman's recent study:

> "It appears that the international community is willing not only to tolerate but to support a considerable degree of intervention in internal conflicts when necessary to restore order and save lives ... (at least in the case of conflicts) that do not sufficiently engage the interests or attention of the great powers to result in an effective response by the United Nations.

---

27 See David Wippman, "Enforcing the Peace: ECOWAS and the Liberian Civil War," background paper, The Study Group on "Collective Involvement in Internal Conflicts," Council on Foreign Relations (New York, 20.10.1992), p. 15.

28 Economic Community of West African States, First Session of the Community Standing Mediation Committee, Final Communique, 7.8.1990.

29 Supra, note 31, p. 19.

> It now seems apparent that many African countries are willing to reconsider, at least to some degree, their traditional hostility to intervention in any form, and to recognize internal human rights violations as a threat to international peace and security ...
> (And finally) ... it is easier to get in than to get out."[30]

I should note, in closing this section that if South Africa manages the transition to some form of majority rule without tearing itself apart, then it will inevitably become the fulcrum of a southern African security regime. With military and organized economic power incomparably superior to its neighbors and with interests that it cannot insulate from developments in and among its neighbors, it has the means, the magnetic power, and the incentives to lead the region.

4. Europe

For Europe both the risks and opportunities, on the one hand, and the institutional alternatives on the other, are fairly clear. In Western Europe the gravest albeit remote risk is disintegration of the security community constructed in the shadow of the Cold War. At the moment it is hard to imagine a plausible scenario. There are no states with discernible impulses to territorial expansion. All have democratic political systems. The generation on the threshold of political power may lack a personal memory of World War II, but it has been educated to imagine cooperation among West European states as the norm and exposed to none of the jingoistic bombast that, during the half century or more before the last World War, was passed off as history in Europe's schools.[31] Corporate ownership and management are incomparably more integrated transnationally than at any time during the balance-of-power era. The rigors of global competition demand close economic cooperation as never before. The full list of integrative forces is long.

Nevertheless, the recent flaring of insular nationalist sentiment and the discernible increase in electoral support for right-wing movements in several countries provides grounds for caution. In the longer term, the combination of high unemployment rates (particularly for the young), slow growth, increased loss of industrial jobs to low-wage countries outside Europe and high rates of legal and illegal immigration could create a dangerous pile of combustible political materials, materials available for exploitation by Right-Wing demagogues.

This is only a small shadow brooding over the horizon. Nevertheless, given the tendency of Right-Wing movements to attribute national problems to the unjust policies of other states, it would be wise not simply to assume that the present level of political integration and psychological intimacy is irreversible. A security com-

---

30 Ibid., p. 4.

31 Stephen Van Evera, "Primed For Peace: Europe After the Cold War," in *International Security*, Vol. 15, No. 3, Winter 1990/91, esp. pp. 23-25.

munity maintains itself by acting like one, that is by acting collectively to protect the interests of its members in relation to the rest of the world. Serbian aggression in the Balkans has had particularly adverse consequences for Germany which has taken by far the largest number of Bosnian and Croatian refugees. Hence, the determination of other leading community members, particularly the United Kingdom, and to evade calls for punitive measures has meant a lost opportunity to strengthen the psychological underpinnings of community cohesion.

It is possible to conclude from the inertness of Western Europe in the face of the Balkan holocaust that the United States remains the necessary animator of Western peace enforcement. And that for that reason, if no other (although there surely are others), the U.S. must be deemed a perpetually necessary component of European peace-keeping and peace-enforcement arrangements. One might, of course, draw the contrary conclusion, namely that as long as the leading states of Western Europe rely on the U.S. for leadership in enforcing peace, they will be able to act only when the U.S. is interested. But the Balkans demonstrate that the U.S. may be insufficiently interested in cases of consequence for Europeans. Hence, it is important that the West Europeans develop a serious capacity to act without U.S. support.

These views can be institutionally reconciled. And, indeed, the institutions are in place, although in need of refinement. I refer to NATO, the Western European Union, and CSCE. NATO's membership should be enlarged to include at least all the European states (including the states of the CIS) willing to contribute troops or infrastructure to a joint command and to accept their deployment in accordance with the decision of some weighted majority. Its mandate in the new order now experiencing a painful birth should be three-fold: To act defensively against attacks on the member-states and also their citizens and armed forces when located abroad or in the global commons; to carry out recommendations or enforcement decisions of the U.N. Security Council; to carry out peace-keeping, peace-enforcement or humanitarian intervention at the request or on the recommendation of a weighted majority of the CSCE and. arguably, on its own initiative in extreme cases when the CSCE is paralyzed by a determined minority. In the years ahead, the eastern part of Europe and the successor states of the Soviet Union are likely to be plagued not by gross violations of fundamental norms capable of activating a grand collective response, but rather by less dramatic and more numerous delinquencies: persecution of minorities; creeping coups against democratic government; jousts over borders; violations of arms control agreements, and so on. Through many small delinquencies the historic opportunity to build democratic polities in all of these new or newly autonomous states and to make all Europe into a security community could be lost. What is needed, therefore, is the further development of the CSCE mechanism.

In its operations, it must emphasize peaceful settlement of disputes between and within Member States and the promotion of transnational ties among both governmental and non-governmental institutions. To promote peaceful settlement, it would build up superior early-warning and fact-finding capabilities and institutions for conciliation and arbitration. Private groups as well as governments could appeal for fact-finding and conciliation and, conciliation failing, to compulsory arbitration. In the event a government rejects peaceful settlement or otherwise acts in ways which threaten international peace and security or the fundamental rights of all or a part of its citizens, the CSCE should be able to decide by a weighted majority to invoke the assistance of NATO or the WEU or some successor to the WEU that would, like it, rest primarily on Franco-German military capabilities.

CSCE, being already a de facto Euro-Asian organization, could be expanded to include additional states from the Asian land mass that adopt democratic governments and accept the institution's peaceful settlement and human rights norms and institutions. I favor the inclusion of Japan now.

5. Asia

Unlike Europe, it does not present itself as a candidate for a single overarching security regime. It appears, rather, as a conceptual envelope loosely enclosing several geographically distinct clusters of states that form security systems in the sense that the actions of any one of them tend to affect all of the others and do so to a greater degree than they generally affect states outside the cluster. One consists of the present members of ASEAN[32] plus Burma, Cambodia and Vietnam. While Japan and China no doubt fall within this system, they are sufficiently implicated in other systems that it seems more useful analytically to see them as transcending all of them, like another great Asian power, the United States and, arguably, Russia. Moreover, for all their interest in southeast Asia, China and Japan are so involved with each other and with North and South Korea and Taiwan, that they may also be seen usefully as forming with those three countries a second Asian system. Pakistan, India, Bangladesh, and Sri Lanka are the main components of a third system.

None of the three has a security regime, although as an organ of regular consultation among governing elites, ASEAN could be a point of departure for creating one.[33] All three contain two or more states that regard each other as serious threats to fundamental security interests. The first goal of a security arrangement in each case, then, would be to build confidence in mutual respect for political independence and territorial integrity. That goal translates into arms control and

32 ASEAN member states: Brunei, Indonesia, Malaysia, the Philippines, Singapore and Thailand.

33 See Karl D. Jackson et al., eds., *ASEAN in Regional and Global Context* (Berkeley: Institute of East Asia Studies, University of California, 1989).

various measures – open skies, short-notice challenge inspections, mutual secondment of officers, limits on troop and aircraft movements, weapons reduction and weapons free zones – that increase the transparency of security policy and minimize the opportunity for a decisive first strike.

Since key subsystem actors have security problems with states outside the system – India with China, China with Russia, Vietnam with China, perhaps in the Indonesian elite's mind their country with both Japan and China – arms limitations in particular may be difficult to negotiate without the participation of states outside the system. That is one problem. A second is uncertainty about the commitment of all parties to the territorial status quo. Pakistan has never accepted the proposition that Kashmir is Indian. China regards Taiwan as a part of the national body. Brunei's oil and its fragile, ideologically obsolete, and ostentatiously self-indulgent ruler are a standing temptation to neighbors.

Both the depth of distrust within each region and the implication of extra-regional states in the security concerns of members argues for a larger framework, one including all consequential Asian states plus Russia and the United States, within which more localized arrangements might gradually be organized. Despite their diversity, its members would probably endorse and agree to act collectively to restrain the use of force for purposes other than self-defense. With that broad principle as their bedrock, they might well be able to agree on mechanisms for appraising claimed rights to self-help, for fact-finding, and for third-party assistance in seeking the peaceful settlement of disputes.

It is in Asia, not Europe, that traditional balance-of-power politics is programmed to operate in the coming decades. That politics compounded with historic antagonisms and relatively high levels of technology encourages the further proliferation and deployment of weapons of mass destruction. As in the case of the Middle East, that is sufficient reason for the United States to lead the search in this unpromising territory for collective security arrangements, however initially rudimentary.

When the Soviet Union still existed, President Gorbachov proposed establishment of an Asia-wide security organization.[34] Washington was unsympathetic.[35] Now, its assumptions presumably shaken by the disappearance of so many familiar landmarks of the past half century, Washington may reconsider the virtues of unilateral or largely extemporized peace-keeping. For those, after all, are the only alternatives to some sort of collective security regime. And improvisation will be far more difficult in an area where European allies will have few incentives to participate in any substantial way. The sole surviving superpower should begin consulting with the leading Asian powers on the rules of the game and alternative arrange-

34 *The Los Angeles Times*, 18.4.1991, p. A9.

35 *The New York Times*, 7.5.1991, p. A3.

ments for enforcing them. Even before then, however, it should place collective security cooperation at the forefront of its discourse with Japan. A refined, stable and unambiguous partnership between Washington and Tokyo is the root from which an effective Asian security system, interfacing comfortably with Europe, might grow.

III. Conclusion

In his *Agenda for Peace*, the Secretary-General's Response to a Security Council request for proposals to enhance the U.N.'s capacity for preventive diplomacy, peacemaking and peace-keeping, he declared "that regional arrangements or agencies in many cases possess a potential that should be utilized in serving the functions covered in this report." While, he continued, "the Security Council has and will continue to have primary responsibility for maintaining international peace and security ... as a matter of decentralization, delegation and cooperation with United Nations efforts (regional arrangements) could not only lighten the burden of the Council but also contribute to a deeper sense of participation, consensus and democratization in international affairs." It was, however, he added, not the purpose of the report "to set forth any formal pattern of relationship between regional organizations and the United Nations."

With certain qualifications I agree with the generality of his observations. Not all the existing arrangements show much potential; in this respect I have singled out the OAU and the Arab League, while noting the delapidation of the OAS as well. It is far from clear that these institutions can attract material support for peace maintenance and enforcement additional to that which would go to the United Nations in any event. In terms of experience and technical competence, they are vastly inferior to the U.N. Hence, if the choice is between directing a fixed quantity of resources to the U.N. or diverting a part to these institutions, the former alternative would seem preferable.

Of course, some peace-supporting activities – good offices, ad hoc mediation, for example – require little material support. A U.N. conflict-anticipation and fact-finding unit could alert the Security Council and the Secretary-General. He or She might then decide to encourage the relevant regional agency to pursue peaceful settlement.

Some existing regional arrangements – those in the Euro-North Atlantic area, ASEAN, the GCC, ECOWAS – probably do evoke material support that would not otherwise be available to the U.N. Most, perhaps all of the arrangements that satisfy that test presumably are regarded by their members as the proper means of first resort for dealing with peace-challenging issues that arise in their respective domains. In those cases, the Secretary-General and the Security Council may indeed contribute to a deeper sense of participation, consensus and democratization in international affairs by relying on the regional mechanism. Still, the same results might be achieved in large measure by expanding the permanent membership of the Council.

One issue the Secretary-General does not illuminate is the extent of the autonomous power of regional institutions. Experience to date forces the conclusion that the Council will sometimes be indifferent to localized threats to peace, to order, and to innocent life. And even without benefit of a clear recent precedent one can envision the Council seeking, probably through inaction willed by certain members, to discourage regional initiatives.

As I indicated earlier, states remain free to negotiate a system of collective intervention under stipulated circumstances. As long as such agreements are not coerced, and as long as coercive measures are employed in a manner consistent with the general principles and purposes of the United Nations, Security Council authorization is unnecessary.

10. Ansätze und Erfahrungen mit multilateralen Instrumenten der Konfliktlösung und Friedenssicherung in Lateinamerika

Wolf Grabendorff

Vorbemerkung

Die jüngste Geschichte Lateinamerikas ist durch geringe zwischenstaatliche, aber zahlreiche innerstaatliche Konflikte gekennzeichnet. Seit den Unabhängigkeitskriegen zu Beginn des 19. Jahrhunderts kam das Gewaltpotential der Region erheblich stärker in Bürgerkriegen oder zumindest bürgerkriegsähnlichen Auseinandersetzungen zum Ausdruck als in Auseinandersetzungen mit den Nachbarstaaten. Seit dem Ende des Zweiten Weltkrieges haben in Lateinamerika nur drei zwischenstaatliche Kriege stattgefunden und davon nur einer, der Falkland-Malwinen-Krieg 1982, mit extra-regionaler Beteiligung. Die anderen beiden bewaffneten Auseinandersetzungen waren der sogenannte Fußballkrieg zwischen El Salvador und Honduras 1969, der eigentlich auf einem Migrationskonflikt beruhte, und der kurze Grenzkrieg zwischen Peru und Ekuador 1981, der durch einen Territorial- und Ressourcenkonflikt ausgelöst wurde.[1]

Die meisten innerstaatlichen Auseinandersetzungen, größtenteils langwierig und mit zahllosen Toten und materiellen Verlusten verbunden, konzentrierten sich – vor allem während der 80er Jahre – auf Zentralamerika. Diese bürgerkriegsähnlichen Auseinandersetzungen, gekennzeichnet durch häufig repressive Militärregime und zum Teil von außen unterstützte Guerillaverbände, waren teilweise, aber keineswegs immer, durch die ideologischen Auseinandersetzungen des Ost-West-Konflikts geprägt. Als dieser Konflikt an Bedeutung verlor, wuchs die Bereitschaft in der Region, multilaterale Instrumente der Friedenssicherung und Konfliktlösung in Anspruch zu nehmen, die – vornehmlich koordiniert von den Vereinten Nationen (VN) und der Organisation Amerikanischer Staaten (OAS) – in den letzten fünf Jahren erhebliche Erfolge bei der Friedenssicherung, der friedlichen Konfliktbeilegung und der Überwachung der Menschenrechte aufweisen konnten.

I. Von der Abwehr zur Akzeptanz multilateraler Friedenssicherung in Lateinamerika

Die Vorbehalte der meisten lateinamerikanischen Staaten gegenüber Instrumenten multilateraler Friedenssicherung beruhen auf den aus ihrer Sicht negativen Erfahrungen im Rahmen des Rio-Paktes von 1947, der als interamerikanischer Bei-

1 Zur Typologie regionaler Konflikte in Lateinamerika siehe Wolf *Grabendorff*, Interstate Conflict Behaviour and Regional Potential for Conflict in Latin America, in: Journal of Interamerican Studies and World Affairs, 24 (August 1982) 3, S. 267-294.

standspakt die militärische und politische Vorherrschaft der USA absicherte. Die von der OAS beschlossenen Maßnahmen wurden von vielen lateinamerikanischen Staaten als eine nach US-Interessen ausgerichtete Politik zur Abwehr kommunistischer Einflüsse in der westlichen Hemisphäre interpretiert.[2] Die mit OAS-Hilfe durchgeführten friedensichernden Maßnahmen in Guatemala 1954, der Ausschluß Kubas 1962 und die mit multilateralem Truppenaufgebot sanktionierte US-Intervention in der Dominikanischen Republik 1965 sind die deutlichsten Beispiele dafür. Guatemala und Mexiko hatten 1954 versucht, die VN als Friedensstifter in den Konflikt zu involvieren, waren aber daran gescheitert, daß die Mehrheit der OAS-Mitglieder, allen voran die USA, allein in der OAS das angemessene Forum für regionale Konfliktlösung sahen. Das beruhte nicht zuletzt darauf, daß die Lateinamerikaner in der Gründungsphase der VN auf eine weitgehende Autonomie "ihrer" regionalen Organisation gegenüber der internationalen Organisation bestanden hatten.[3]

Obwohl die regionale Hegemonie der USA und die Möglichkeit, über die OAS nationale – vor allem sicherheitspolitische – Interessen in Lateinamerika durchzusetzen, die dominante Position der OAS in der Region gestärkt hat, war gerade die Periode der Pax Americana von 1947 bis 1982 eine im Hinblick auf die Konfliktlösungsmechanismen der OAS sehr erfolgreiche Zeit, weil die Einflußmöglichkeiten der USA innerhalb und außerhalb der Regionalorganisation breit genug waren, um Ansätze zwischenstaatlicher Auseinandersetzungen relativ rasch im Rahmen der von der OAS vorgesehenen Mechanismen beizulegen.

Mit dem Eintritt des Verteidigungsfalls durch den Angriff einer extra-regionalen Macht, nämlich Großbritanniens im Falkland-Malwinen-Konflikt 1982, verlor der Rio-Pakt und damit auch die OAS mit der zeitlich zunächst verzögerten Unterstützung Großbritanniens durch die USA in der Region einen Großteil ihrer Legitimität. Die US-Intervention in Grenada 1983 war der erste Fall, in dem die Lateinamerikaner den USA ihre Unterstützung für friedenstiftende Maßnahmen innerhalb der OAS versagten und sie ebenso wie während des Falkland-Malwinen-Konflikts versuchten, die VN über den Sicherheitsrat in die Konfliktlösung einzubeziehen.[4]

Als die Konfrontation unter ihren Mitgliedsstaaten sie ihrer Handlungsfähigkeit beraubte, fiel die OAS von 1983 an in einen Zustand der Agonie, während die VN seit 1984 aufgrund des sich ausweitenden Konflikts in Zentralamerika, zunächst im wesentlichen auf die Auseinandersetzungen zwischen Nikaragua und Honduras,

2 Vgl. Luis *Maira*, Intereses político-estratégicos de Estados Unidos en América del Sur, in: Juan *Somavía*/José Miguel *Insulza* (Hrsg.), Seguridad democrática regional: Una concepción alternativa, Caracas 1990, S. 41-77 (48).

3 Vgl. Gustavo *Palomares Lerma*, La OAS en la solución de conflictos y en la defensa de la democracia, in: Tiempo de Paz, (Sommer/Herbst 1992) 24, S. 56-64 (58).

4 Siehe hierzu Harold *Molineu*, U.S. Policy Toward Latin America, Boulder/London 1986, S. 206.

bzw. Nikaragua und den USA beschränkt, eine immer entscheidendere Rolle in der multilateralen Friedenssicherung übernahmen.[5]

Diese Entwicklung stand durchaus im Zusammenhang mit der Internationalisierung des Konflikts um Nikaragua, der 1984 auch zum San-José-Prozeß, dem Dialog zwischen der EG und den zentralamerikanischen Staaten, geführt hat und der schon seit 1983 einen sehr effizienten regionalen Koordinationsmechanismus in der sogenannten Contadora-Gruppe (Kolumbien, Mexiko, Panama und Venezuela) gefunden hatte. Die Herausbildung eines solchen außenpolitischen Subsystems in Lateinamerika war nicht nur auf die weitgehende Ablehnung der derzeitigen US-Politik in Zentralamerika zurückzuführen, sondern auch auf die Aussichtslosigkeit, die Mechanismen der OAS, die ja gerade für diese Art von Konfliktbeilegung geschaffen worden waren, einsetzen zu können.

Demgegenüber konnten die VN auf eine erfolgreiche friedensfördende Tätigkeit in anderen Konfliktsituationen in der Dritten Welt zurückblicken, so daß sie jetzt im Gegensatz zur Situation von 1954 als ein sehr willkommener Partner für die regionale Friedenssicherung angesehen wurden. Ihre direkte Einschaltung erreichte die Regierung von Nikaragua aufgrund der Verminung der nikaraguanischen Häfen durch US-Kommandos. Eine Verurteilung der USA im Sicherheitsrat der VN konnte nur durch das Veto der USA selbst verhindert werden. Die Grenzen der Konfliktregelung durch VN-Organisationen wurden deutlich, als der Internationale Gerichtshof in Den Haag (IGH) nach seiner Anrufung durch die Regierung Nikaraguas die US-Politik verurteilte, und die USA 1985 daraufhin ihre Unterwerfung unter die Rechtsprechung des IGH zurücknahmen.[6] Dennoch ist das zunehmende Engagement der VN in Zentralamerika ohne dieses juristische Vorspiel kaum vorstellbar. Die Unmöglichkeit, den Nikaragua-Konflikt direkt mit den USA zu regeln und das Ausbleiben jeglicher OAS-Initiativen bei der gleichzeitigen Internationalisierung des Bemühens um friedliche Konfliktlösungen in Zentralamerika durch die Contadora-Gruppe und die EG, führte zur Suche nach einem allseitig akzeptablen Instrument multilateraler Friedenssicherung.

II. Regionale Friedenssicherung als Voraussetzung der Demokratisierung

Während der 80er Jahre haben die Staaten Lateinamerikas nach in einigen Ländern jahrzehntelanger Militärherrschaft in unterschiedlicher Form, aber mit vergleichbaren Ergebnissen, fast ausnahmslos zur Demokratie zurückgefunden. Die neuen, demokratisch legitimierten Regierungen befürchteten, daß regionale Konfliktkonstellationen zur Destabilisierung der demokratischen Prozesse führen

5 Vgl. Wolf *Grabendorff*, Die Rolle der Vereinten Nationen in Zentralamerika, in: Vereinte Nationen, 38 (August 1990) 4, S. 121-126.

6 Vgl. ebd., S. 121.

könnten und damit die militärische Dimension der Politik gegenüber der zivilen fördern würden. Themen der Konfliktreduzierung, der vertrauensbildenden Maßnahmen, der Rüstungskontrolle und der Einstellung der Unterstützung von Guerillaeinheiten brachten diese Besorgnis demokratischer Regierungen in der Region deutlich zum Ausdruck.[7]

In Zentralamerika fanden sie ihren Niederschlag im Esquipulas-Abkommen von 1987, das die Bildung einer internationalen Kommission zur Verifizierung des Friedensprozesses (Comisión Internacional de Verificación y Seguimiento, CIVS) vorsah. Diese Kommission setzte sich auf Außenministerebene aus den Vertretern der Länder Zentralamerikas und der Contadora-Gruppe, der Contadora-Unterstützungsgruppe (Argentinen, Brasilien, Uruguay und Peru) sowie aus den persönlichen Vertretern der Generalsekretäre der VN und der OAS zusammen. Obwohl der CIVS aufgrund der innerzentralamerikanischen Zwistigkeiten und der Ablehnung der USA kein großer Erfolg beschieden war, muß sie als die erste multilaterale Initiative zur Friedenssicherung und Demokratisierung in Lateinamerika bezeichnet werden.

Sie wurde 1989 abgelöst von einer internationalen Kommission für Unterstützung und Verifikation (Comisión Internacional de Apoyo y Verificación, CIAV), deren Einrichtung die zentralamerikanischen Präsidenten den Generalsekretären von VN und OAS anvertrauten. Seither war die CIAV für die zivilen und politischen Aspekte des Friedensprozesses zwischen Nikaragua und Honduras zuständig. Im gleichen Jahr beschloß der VN-Sicherheitsrat einstimmig die Entsendung einer Friedensmission in die Region. Diese Beobachtergruppe der VN in Zentralamerika (Observadores de las Naciones Unidas en Centroamérica, ONUCA) setzte sich zunächst aus 260 Experten aus verschiedenen Ländern (Argentinien, Brasilien, BRD, Ekuador, Indien, Irland, Kanada, Kolumbien, Schweden, Spanien und Venezuela) zusammen. Sie war die erste Mission der VN in Lateinamerika und hat durch die erfolgreiche Demobilisierung der Contra-Streitkräfte und die Beobachtung und Überwachung der verschiedenen zentralamerikanischen Friedensabkommen eine von allen Beteiligten anerkannte, außerordentlich effektive Wirkung erzielt.[8] 1990 wurde die Gruppe der zivilen Beobachter um eine militärische Einheit verstärkt, die die Abgabe und Vernichtung der Contra-Waffen überwachte. Das Mandat der ONUCA in Nikaragua wurde zweimal verlängert und ist schließlich auf die Rückführung der ehemaligen Contra-Mitglieder nach Nikaragua ausgedehnt worden.

---

7 Einen wichtigen Beitrag zur Diskussion über regionale Konfliktlösung und Stabilisierung der Demokratie hat die 1987 gegründete Südamerikanische Friedenskommission (*Comisión Sudamericana de Paz*) geleistet.

8 Vgl. Francisco *Orrego Vicuña*, Nuevas modalidades para el restablecimiento de la paz y seguridad en el derecho internacional: El Grupo de Observadores de las Naciones Unidas en Centroamérica, in: Estudios Internacionales, 23 (Januar-März 1991) 93, S. 3-18.

Ebenfalls 1989 haben die VN auf Wunsch Nikaraguas eine Beobachtermission für die Überwachung der Wahlen in Nikaragua (Misión de Observadores de las Naciones Unidas, ONUVEN) eingerichtet, die in der Endphase des Wahlprozesses 237 Personen umfaßte und in drei verschiedenen Etappen die Vorbereitung der Wahlen, die Wahlkampagne, die Wahlen selbst und die Stimmenauszählung überwachte. Da die Präsidentschaftswahlen in Nikaragua nicht nur innerhalb des Landes als Testfall für die friedliche Beilegung gravierender ideologischer Konflikte gesehen wurden, war die Arbeit von ONUVEN als anerkannt unabhängige Beobachtergruppe von besonderem Gewicht. Bereits bevor ONUVEN ihre Tätigkeit aufnahm, hatte die OAS ihrerseits 418 Beobachter gestellt, und es kam zu einem hohen Grad an Zusammenarbeit zwischen OAS und VN-Vertretern, die sonst so unterschiedliche Einschätzungen über friedenstiftende Maßnahmen beider Organisationen völlig vergessen ließen.[9] Vielmehr wurden während dieser mit insgesamt 2 578 internationalen Wahlbeobachtern wohl bestüberwachten Wahl der Welt die Grundlagen für eine immer engere Zusammenarbeit beider Organisationen bei Maßnahmen der regionalen Friedenssicherung, der Überwachung der Menschenrechte und der Unterstützung von Demokratisierungsmaßnahmen gelegt.[10] Beide Organisationen haben in Nikaragua eine Art Feuerprobe bestanden, die ihnen zu einer verstärkten Anerkennung nicht nur in Zentralamerika, sondern in ganz Lateinamerika verholfen hat.

Die weitaus größte Operation der VN in Lateinamerika begann erst 1991 mit der Einrichtung von ONUSAL, einer Beobachtermission in El Salvador, die als integrierte Friedenssicherungsmaßnahme angelegt ist, um alle Vereinbarungen zwischen der Regierung von El Salvador und der Guerillaorganisation FMLN zu überwachen.[11] Diese auf den "inneren Frieden" ausgerichtete Mission stand und steht nicht nur vor völlig neuartigen Aufgaben, sondern ist auch hinsichtlich ihres Umfangs (1 003 Militär- und Polizeipersonal und 146 Zivilisten) für ein so kleines Land wie El Salvador durchaus ungewöhnlich. Die VN hatten bereits 1989 die Schirmherrschaft über die sehr komplexen Verhandlungen zwischen der FMLN und der salvadoranischen Regierung übernommen.[12] Das Ergebnis dieser Ver-

---

9 Zur Rolle der VN und der OAS als internationale Wahlbeobachter siehe Jennifer *McCoy*/Larry *Garber*/Robert A. *Pastor*, Pollwatching and Peacemaking, in: Journal of Democracy, 2 (Herbst 1991) 4, S. 103-114.

10 Vgl. Peter *Hakim*, The OAS Feels Its Oats, in: Hemisfile, 3 (November/Dezember 1992) 6, S. 4-5.

11 Für genauere Angaben zu ONUSAL siehe *Communications and Project Management Division/ Department of Public Information*, United Nations Peace-Keeping Operations: Information Notes, Genf 1992; und Comentarios: Los dos últimos informes de ONUSAL, in: Estudios Centroamericanos, 47 (März 1992) 521, S. 263-273.

12 Zu einer detaillierten Analyse der Rolle der VN im salvadoranischen Friedensprozeß siehe Raúl *Benítez Manaut*, La ONU y el proceso de paz en El Salvador: 1990-1992, in: Análisis Político, (September/Dezember 1992) 17, S. 83-93.

handlungen war ein ausgeklügelter Fahrplan zur Überwachung der Menschenrechte, der Waffenstillstandsvereinbarungen, der Entwaffnung und Wiedereingliederung der Guerilla in die Gesellschaft, der Reduzierung der Streitkräfte und des Aufbaus einer zivilen Polizei. Die Durchführung eines solchen, die gesamte Gesellschaftsstruktur des Landes verändernden Maßnahmenkatalogs in einem Land, dessen Bürgerkrieg in den letzten 15 Jahren über 70 000 Todesopfer gefordert hatte, stellt die VN vor ein neues Aufgabenspektrum. Die bisherige Abwicklung des Fahrplans – samt der unvermeidlichen Verschiebung der Zeitpläne – scheint jedoch der Hoffnung Recht zu geben, daß die VN es fertig bringen könnten, ein vom Bürgerkrieg erschöpftes Land in ein System demokratischer Spielregeln zu überführen. Vom Erfolg der VN-Mission in El Salvador wird es auch abhängen, ob eine ähnliche Initiative in Guatemala, in dem bisher alle Friedensverhandlungen zwischen Regierung und Guerilla gescheitert sind, versucht werden könnte.

Die von VN und OAS in Nikaragua und El Salvador gesammelten Erfahrungen sind seit Ende 1991 bei der Vorbereitung und Durchführung von zwei ganz anders gearteten Missionen in Haiti und Peru einer neuen Prüfung ausgesetzt, die sich inzwischen zum Testfall der veränderten Aufgabenstellung der OAS nach dem Kalten Krieg entwickelt haben. In beiden Fällen scheinen die in Zentralamerika erfolgreichen Instrumente nicht in vergleichbarem Maße zu greifen. Das liegt zum Teil an den grundsätzlich unterschiedlichen Situationen vor Ort, aber auch an einer geringeren Unterstützung innerhalb der beiden Organisationen für diese neuen Aufgaben.

Im Falle Haitis hat die OAS 1991 eine zivile Mission zur Wiedererrichtung und Stärkung der Demokratie nach Haiti geschickt, deren langwierige Verhandlungen um die Rückkehr des 1991 gestürzten Präsidenten Jean-Bertrand Aristide bisher keinerlei Erfolg gezeigt haben. Der Antrag Aristides, im Falle eines Scheiterns der Mission eine multinationale Streitkraft im Rahmen der OAS einzusetzen, fand jedoch keine Mehrheit innerhalb der Organisation, die stattdessen eine Handelsblockade gegen den Inselstaat verhängte.[13] Auch die Verhandlungserfolge des im Januar 1993 ernannten gemeinsamen Sonderbeauftragten der OAS und der VN für Haiti, Dante Caputo, der sich als ehemaliger argentinischer Außenminister einen guten Ruf in der Region erworben hat, mit den Militärs und der *De-facto*-Regierung des Landes haben nur geringe Fortschritte erbracht. Inwieweit die gemeinsame Menschenrechtsmission von VN und OAS, die am 1. Februar 1993 ihre Arbeit aufnahm, zur Verbesserung der Situation beitragen wird, läßt sich aufgrund der außerordentlich instabilen Situation in Haiti noch nicht absehen.

Im Falle Perus, wo die Demokratie von einem demokratisch gewählten Präsidenten zu ihrer "Rettung" außer Kraft gesetzt worden ist, hat bisher nur die OAS

---

13 Zur Rolle der OAS im Haiti-Konflikt siehe *Palomares Lerma*, La OAS en la solución de conflictos, S. 59.

mit insgesamt drei Missionen den Versuch gewagt, zum inneren Frieden in diesem Land beizutragen. Die Wahlen zu einer Verfassungsgebenden Versammlung vom 22. November 1992, zu der 200 Wahlbeobachter der OAS entsandt wurden, sind sicherlich nicht zuletzt aufgrund des Drucks der OAS und ihrer Mitgliedsstaaten zustande gekommen. Inwieweit allerdings die Ausnahmesituation des Landes, das als einziges Lateinamerikas von einer ebenso starken wie gewalttätigen Guerilla, dem "Leuchtenden Pfad", heimgesucht wird, eine multilaterale Konfliktlösung erlaubt, muß vorläufig dahingestellt bleiben. Da aber alle peruanischen Nachbarstaaten die dortige Entwicklung mit Sorge verfolgen, läßt sich ein stärkeres Engagement der OAS bei einer Verschärfung der Situation, nicht nur im Hinblick auf die demokratischen Freiheiten, sondern auch in bezug auf die Respektierung der Menschenrechte durchaus vorstellen. Die Tatsache, daß unter den Mitgliedsstaaten bisher kein Konsens über weitreichendere Maßnahmen gegenüber Peru erzielt werden konnte, macht allerdings auch die Grenzen der OAS als effektives Instrument der Verteidigung der Demokratie deutlich.

Die OAS hat sich selbst häufig als Bewahrer der demokratischen Freiheiten, der Menschenrechte und der regionalen Stabilität definiert. Seit ihrem deutlichen Bekenntnis zur Demokratie und zur Wiederherstellung des Interamerikanischen Systems auf der 21. Generalversammlung der Organisation in Santiago de Chile im Juni 1991, hat die älteste Regionalorganisation der Welt immer wieder versucht, eine Art Aufgabenkatalog zur Bewahrung des inneren und äußeren Friedens in der Region zu formulieren.[14] Dazu gehört nicht nur die postulierte Förderung von Frieden, Entwicklung und Sicherheit, sondern auch die klare Aufgabenstellung der Beobachtung von Wahlen, Waffenstillständen, militärischer Demobilisierung und der Flüchtlingsrückführung. Die Organisation bemüht sich deutlich, einen Sanktionskatalog zu entwickeln, der im Falle einer Nichteinhaltung der von ihren 34 Mitgliedern verabschiedeten Demokratieerklärung "automatisch" angewandt werden sollte. Dabei ist bewußt eine abgestufte Form mit entsprechenden zeitlichen Abständen vorgesehen, die Raum für Verhandlungslösungen bieten sollen. Demnach könnte ein Migliedsstaat, der in Menschenrechts- und Demokratiefragen von der gemeinsamen Norm abweicht, wie folgt behandelt werden:

- diplomatische Isolierung;
- Einstellung der Entwicklungszusammenarbeit;
- Einfrierung der externen Guthaben;
- Handelsembargo;
- Entsendung einer Friedensstreitmacht.

Die Frage eines stärkeren Engagements der OAS im regionalen Demokratisierungsprozeß wurde auf der letzten Jahresversammlung der Organisation im Mai

14 Vgl. *OAS*, The Santiago Committment to Democracy and the Renewal of the Inter-American System, adopted at the Third Plenary Session hold on June 4, 1991.

1992 wiederaufgenommen, die im Zeichen der veränderten politischen Situation in Peru und Haiti stand. In der "Erklärung von Nassau" verpflichten sich die Mitgliedsstaaten, jede Form von demokratischer Unterbrechung zu verurteilen und den in Santiago de Chile verabschiedeten Maßnahmenkatalog anzuwenden.[15]

Inwieweit sich in jedem Einzelfall entsprechende Mehrheiten innerhalb der Organisation für die Einhaltung eines solchen Fahrplans finden lassen, hängt ganz sicher nicht nur von den Entwicklungen in dem betroffenen Lande selbst, sondern auch von den jeweiligen wirtschaftlichen und strategischen Interessen der übrigen OAS-Mitgliedsländer, darunter nicht zuletzt den USA, ab.[16] Dennoch ist die intensive Diskussion innerhalb Lateinamerikas um eine mehrheitsfähige Form der Bewahrung bzw. Wiederherstellung demokratischer Spielregeln als neue Aufgabenstellung der OAS nach dem Kalten Krieg ein klarer Ausdruck des wachsenden Konsenses über die Notwendigkeit multilateraler Maßnahmen zur regionalen Friedenssicherung. Die Position der OAS gegenüber Haiti und Peru hat dabei gezeigt, daß das bisher vorherrschende Konzept der militärischen Sicherheit allmählich von der Demokratiesicherung als gemeinsamer Zielsetzung aller Mitgliedsstaaten verdrängt wird.[17] Zu diesem Zweck hat man im Rahmen der OAS sogar ein Sonderorgan (die Unit for the Promotion of Democracy) geschaffen, das für Wahlbeobachtung und demokratiefördernde Maßnahmen verantwortlich ist.

III. Ansätze zur Institutionalisierung regionaler Friedenssicherung in Lateinamerika

Die Erfahrungen der letzten fünf Jahre mit den friedensichernden Maßnahmen von VN und OAS müssen auch im Zusammenhang mit einer gewandelten Weltsicht der Lateinamerikaner gesehen werden. Seit dem Ende des Kalten Krieges ist es zwischen Lateinamerika und den USA zu einem Wiederannäherungsprozeß gekommen, der nicht nur in den Wirtschaftsreformen vieler lateinamerikanischer Länder seinen Niederschlag gefunden hat, sondern sich auch in den Bemühungen um wirtschaftliche Integration widerspiegelt. Mexiko, Argentinien und Chile sehen sich in unterschiedlicher Form als zukünftige OECD-Mitglieder und Staaten auf dem Weg "in die erste Welt". Man sieht in den Vereinigten Staaten nicht mehr die Hegemonialmacht, sondern eher den großen Partner, dessen Strukturprobleme, Verschuldungszahlen und Wirtschaftskrisen vielen lateinamerikanischen Ländern durchaus familiär vorkommen.

---

15 Zu den Ergebnissen der 22. Generalversammlung der OAS siehe Reed *Brody*/Felipe *González*, Desarrollo de derechos humanos en la Asamblea General de la OEA, in: La Revista de la Comisión Internacional de Juristas, 48 (Juni 1992), S. 68-72.

16 Vgl. Francisco *Villagran de León*, The OAS and Democratic Development, Washington D.C.: United States Institute of Peace, September 1992, S. 21.

17 Maurice *Alice*, Interdependencia y seguridad colectiva, in: América Latina/Internacional, 9 (April-Juni 1992) 32, S. 507-511 (507).

Auf der Suche nach einer neuen Rolle für die eigenen Militärs, deren interne und externe Funktion in vielen lateinamerikanischen Gesellschaften immer weniger klar erkennbar ist, beteiligen sich die Lateinamerikaner selbst gern an VN-Friedensmissionen, nicht nur in der eigenen Region, sondern auch außerhalb der Region, wie im Falle Kroatiens oder Somalias. Die Vorreiterrolle spielt dabei Argentinien, das sich auch in die Golf-Allianz eingereiht hatte und über 1 000 Militärs in 7 verschiedenen VN-Missionen weltweit im Einsatz hat.[18] Länder wie Chile dagegen sind, aufgrund ihres gespannten Verhältnisses zu eigenen Militärs, bei solchen Aktivitäten noch eher zurückhaltend.

Auf der letzten Generalversammlung der OAS im Mai 1992 ist daher durchaus von einer "Militarisierung" der Organisation die Rede gewesen. Nachdem der Rio-Pakt durch das Ende des Kalten Krieges hinfällig geworden ist, sind jetzt Diskussionen über die Aufstellung einer Interamerikanischen Friedensstreitmacht – wenngleich mit Rücksicht auf die Interventionstruppe gleichen Namens in Santo Domingo unter anderem Vorzeichen – in den Vordergrund getreten. Zu den Fürsprechern gehört wiederum Argentinien, aber auch Costa Rica, das selbst als einziges Land Lateinamerikas neben Panama über kein Militär verfügt. Hinsichtlich der Aufgabenstellung einer solchen OAS-Truppe gibt es sehr unterschiedliche Ansichten. Einige Staaten möchten sie auch im Kampf gegen die Drogenmafia einsetzen, andere sehen neben den Friedensmissionen im Falle der Nichteinhaltung der demokratischen Spielregeln auch eine Aufgabenstellung in der möglichen Verteidigung des Panamakanals, nachdem dort im Jahr 1999 die US-Verteidigungsgarantie erlischt.[19]

Der Wunsch der demokratischen Regierungen Lateinamerikas, nicht nur ihre mühsam wiedergewonnenen rechtsstaatlichen Systeme zu bewahren, sondern auch neue Aufgabenfelder für die weiterhin als gefährlich angesehenen Militärs zu schaffen und darüber hinaus den wirtschaftlichen Integrationsbestrebungen eine politische und sicherheitspolitische Dimension hinzuzufügen, ist unverkennbar. Nach den positiven Erfahrungen der letzten Jahre mit der schon häufig totgesagten OAS scheint diese auch den bevorzugten Rahmen für eine Institutionalisierung regionaler Friedenssicherung abzugeben. Der Erfahrungshintergrund der OAS ist bisher allerdings auf die interne Friedenssicherung oder friedliche Streitbeilegung begrenzt geblieben, während die VN, vor allem im Falle Nikaraguas, auch in der externen Konfliktlösung erfolgreich tätig geworden sind. Es ist durchaus damit zu

18 Zur Beteiligung Argentiniens an internationalen Friedensmissionen außerhalb der Region vgl. Ricardo E. *Lagorio*, Las Naciones Unidas y las operaciones de mantenimiento de la paz en el nuevo escenario internacional, in: Revista del Ministerio de Relaciones Exteriores y Culto, 1 (1992) 1, S. 30-42 (39).

19 Zur Debatte über die Aufgabenstellung der OAS nach dem Kalten Krieg und eine mögliche Militarisierung der Organisation siehe Robert A. *Pastor*, The Latin American Option, in: Foreign Policy, (Herbst 1992) 88, S. 107-125.

rechnen, daß schon auf der nächsten Generalversammlung der OAS 1993 in Managua zum Thema der "Friedensstreitmacht" konkretere Aussagen gemacht werden, wobei die USA sicher den lateinamerikanischen Staaten die Vorreiterrolle bei der Institutionalisierung eines solchen Mechanismus überlassen werden.

IV. Zukunftsperspektiven

Die zunehmende Heterogenisierung Lateinamerikas in seinen wirtschaftlichen und politischen Entwicklungsperspektiven, bei gleichzeitiger Zunahme intra-regionaler und extra-regionaler Kooperation, konditioniert jede Aussage über die sicherheitspolitische Zusammenarbeit in der Region. Die Vorrangstellung interner Entwicklungen, insbesondere was die Stabilisierung der Demokratie und der wirtschaftlichen Entwicklung betrifft, macht die Beteiligung der Lateinamerikaner an friedensichernden Operationen und Organisationen nur wenig kalkulierbar. Die Erfolge in Zentralamerika und die bisher zweifelhaften Ergebnisse in Peru und Haiti deuten auf eine sehr heterogene Interessenlage der meisten lateinamerikanischen Staaten in bezug auf regionale Friedenssicherungsaktivitäten hin. Der große Testfall für die Funktionsfähigkeit von OAS und VN in der Region dürfte spätestens angesichts einer politischen Transition in Kuba eintreten. Ohne eine lateinamerikanische Einbindung dürfte eine Lösung des "kubanischen Problems" ausgeschlossen sein, gerade weil in dieser Frage die USA eher zu einer Perzeption aus den Zeiten des Kalten Krieges neigen, von der allem Anschein nach auch die Demokraten nicht abrücken werden. Die Ernsthaftigkeit des Eintretens der Lateinamerikaner für Menschenrechte und Demokratie bei einem gleichzeitig stark verwurzelten Bewußtsein von und Respekt für Souveränität wird am Beispiel Kuba stärker als an jedem anderen Fall gemessen werden. Manche lateinamerikanischen Länder wollen gerade deswegen die OAS-Friedensstreitmacht möglichst rasch etabliert wissen, während andere, etwa Mexiko, mit dem Blick auf Kuba jede "Militarisierung" der OAS verhindern möchten. Bei aller Annäherung vieler lateinamerikanischer Staaten an die USA bleibt Kuba der zentrale Prüfstein für den Einsatz multilateraler Instrumente und für die Effektivität jeder regionalen Friedenssicherung in der Region.

11. ECOMOG: A Successful Example of Peacemaking and Peace-keeping by a Regional Organization in the Third World*

James O. C. Jonah

The success of ECOWAS in limiting, if not totally resolving, the horrors of the Liberian civil war has raised many interesting questions in the minds of both academics and diplomatic practitioners. This paper will attempt to present as clearly as possible the reasons, conditions and factors that influenced the involvement of ECOWAS in the Liberian civil war. One should hasten to add that now acknowledged success of ECOWAS was not reached without much difficulty. At the outset, there was considerable criticism around the world based on two major grounds:

(1) why was a sub-regional economic organization, ECOWAS, involved in an ostensibly political exercise – peace-keeping?, and
(2) ECOWAS intervention, so it was claimed, was a blatant violation of the principle of non-intervention.

What was not taken sufficiently into account was the fact that ECOWAS also has a political dimension that is represented by the Protocol on non-aggression adopted in Dakar on 22 April 1978 which required the Member States of ECOWAS to come to one another's assistance in the event of aggression. This Protocol had remained dormant until it was given new life by the current Executive-Secretary of ECOWAS, Dr. Abass Bundu. There is no doubt that the forceful personality, political acumen and wide ranging experience of Dr. Bundu helped to galvanize action by ECOWAS in dealing with the Liberian situation. Of some significance was his long experience as a member of the Commonwealth Secretariat, where he was involved with crucial peacemaking and peace-keeping exercises, such as those in Rhodesia/Zimbabwe. A political rather than economic expert, it was inevitable that he would give a political thrust to ECOWAS. Moreover, the location of the ECOWAS headquarters in Lagos, Nigeria, was a further contributing factor explaining ECOWAS involvement in the Liberian situation. As the dominant power in ECOWAS, and with its forward-looking foreign policy stance, Nigeria could hardly stand idly by when atrocities were being perpetuated against innocent civilians and foreigners in Liberia.

In order to better understand ECOWAS involvement in the Liberian situation, a look at the organization itself may be appropriate.

---

* The views expressed in this paper are those of the author and do not necessarily represent the position of the United Nations.

I. ECOWAS

The Treaty of Lagos, establishing ECOWAS, was signed in May 1975. The members of ECOWAS are: Benin, Burkina Faso, Cape Verde, Côte d'Ivoire, The Gambia, Ghana, Guinea, Guinea-Bissau, Liberia, Malia, Mauritania, Niger, Nigeria, Senegal, Sierra Leone and Togo.

ECOWAS aims to promote co-operation and development in the economic, social and cultural domains to raise the standard of living of the people of the member countries, to increase and maintain economic stability, to improve relations among member countries and to contribute to the progress and development of Africa. The organs of ECOWAS are:

(a) Conference of Heads of State and Government

The Conference, the highest authority of ECOWAS meets once a year. The Chairman is drawn from the member states in turn.

(b) Council of Ministers

The Council consists of two representatives from each country; a chairman is drawn each country in turn. It meets twice a year, and is responsible for the running of the Community.

(c) Tribunal

The treaty provides for a Community Tribunal, whose composition and competence are determined by the Authority of Heads of State and Government; it interprets the provisions of the treaty and settles disputes between member states that are referred to it.

(d) Executive Secretariat

The Headquarters of the Executive Secretariat is in Lagos. The Executive Secretary is elected for a four-year term, which may be renewed once only.

(e) Specialized Commissions

There are five commissions:
(1) Trade, Customs, Immigration, Monetary and Payments;
(2) Industry, Agriculture and Natural Resources;
(3) Transport, Communications and Energy;
(4) Social and Cultural Affairs;
(5) Administration und Finance.

At the third Conference of Heads of State and Government, held in Dakar in 1978, the Protocol of non-aggression mentioned above was signed. Thirteen members signed a protocol on mutual defence assistance at the 1981 Conference.

II. The Nature of the Liberian Civil War

Most West Africans who followed the reign of Liberian President Samuel Doe had no quarrel with those who took up arms to drive him from power. His abuse of basic human rights was egregious and corruption had become rampant in Liberia. His sabotage of free and fair elections, and the prolonged suppression of all opposition groups, resulted in general agreement in the region that his departure from power would be in the best interest of Liberia. The civil war which erupted in an attempt to overthrow Doe deteriorated into an internecine struggle between tribes and unprecedented mayhem resulted. But most ECOWAS members were concerned about yet another aspect of the armed struggle against President Doe.

From intelligence and other sources, it emerged that the rebel leader Charles Taylor, with the assistance of Libya, had been able to put together an armed group drawn not only from Liberia but from a number of other West African states, including Guinea, Ghana, Nigeria and Sierra Leone. Most of the non-Liberians were dissidents in their own countries. An alarming prospect became all too clear to the member states of ECOWAS: if Charles Taylor was allowed to succeed with such an "international" armed struggle, Liberia could be the beginning of a wider problem. It was at this juncture that Charles Taylor was seen as the harbinger of a wider struggle in the sub-region.

Another relevant consideration was that the war against Doe became increasingly brutal and Charles Taylor, as well as Prince Johnson, to some extent, began taking hostages who were nationals of ECOWAS member States. The Nigerians were the most prominent among the hostages taken. Some ECOWAS member States concluded that they could not ignore a situation in which their nationals were being seized and mistreated. They therefore claimed the right to protect their nationals in Liberia. This was an argument used to override concerns regarding the principle of non-intervention. It was pointed out that events in Liberia had led to an outflow of refugees to a number of neighbouring States such as Ivory Coast, Guinea and Sierra Leone. These large outflows were beginning to have economic and social repercussions in those countries. Consequently, a majority of the member States of ECOWAS soon reached the conclusion that Liberia should not be seen as a domestic problem and that ECOWAS should take appropriate measures to deal with the situation. This was the reasoning which led ECOWAS to convene an extraordinary summit meeting to tackle the situation in Liberia.

III. The ECOWAS Summit of 30 May 1990, the Standing Mediation Committee and the Establishment of ECOMOG

At their Banjul Summit Meeting on 30 May 1990, the ECOWAS Heads of State and Government called on the warring parties to observe an immediate cessation of hostilities, to put an end to the wanton destruction of life and property and to accept the holding of free and fair elections as a means of returning peace and security to Liberia.

Subsequent to the Banjul Summit, consultations were held among the member States of ECOWAS and with the warring parties and other interested groups of Liberians. These consultations culminated in the convening, at Ministerial level, of a meeting of the ECOWAS Standing Mediation Committee in Freetown from 5 to 20 July 1990. Despite the great effort made by that meeting, it did not produce the result desired by the people of Liberia and the entire international community who had been appealing over a considerable period of time for an immediate cease-fire.

The ECOWAS Standing Mediation Committee discussed the problem again from 6 to 7 August 1990. Convinced that the tragic situation in Liberia posed a threat to international peace and security, the Heads of State and Government of the ECOWAS Standing Mediation Committee, acting on behalf of the ECOWAS Authority, therefore, decided to take the following immediate actions aimed at restoring peace and stability in Liberia:

(a) They called on the warring parties to observe an immediate cease-fire.

(b) They established an ECOWAS Cease-fire Monitoring Group (ECOMOG) for the purpose of keeping the peace, restoring law and order and ensuring that the cease-fire was respected. ECOMOG was placed under a Commander provided by the Republic of Ghana to be assisted by a Deputy Commander provided by the Republic of Guinea. National contingents were to be drawn from the members of the ECOWAS Standing Mediation Committee as well as from Guinea and Sierra Leone.

(c) They called upon the entire population of Liberia to cooperate fully with the ECOWAS Cease-fire Monitoring Group and to provide it with every support and assistance. They assured the people of Liberia that the sole purpose of the ECOWAS peace-keeping force was to create the necessary conditions for normal life to resume for the benefit of all Liberians.

(d) They also called upon the entire international community, and in particular, the permanent members of the United Nations (U.N.) Security Council, to support this humanitarian and political action by ECOWAS in the interest of the African people as a whole, and for the maintenance of international peace and security.

The Committee finally re-affirmed its belief that in the interest of restoring peace and stability in Liberia, an Interim Government should be established to which power should be transferred in a proper manner. To this end, it called for a national conference of all Liberian political parties and other interest groups to be held as soon as possible.

The three factions in the internal conflict in Liberia held different views on the ECOWAS involvement.

President Samuel Doe and rebel leader Prince Johnson welcomed the role of ECOMOG. It is to be noted, however, that Doe's forces amounted to only several hundred and they were in a strictly defensive position with no control over the country, except for a few square miles around his executive mansion. Johnson's troops, albeit well-trained and effective in their assault on Monrovia, did not control the countryside and were significantly outnumbered by the other rebel faction.

Charles Taylor, the main rebel leader, with an estimated force of about 17,000, flatly opposed any outside involvement in Liberia's affairs, including ECOWAS, and vowed, should ECOMOG proceed with its plans, to fight it. Taylor contended that an ECOMOG role, with the participation of contingents from Nigeria and Guinea, would buttress Doe's position.

Charles Taylor had initially accepted the ECOWAS peace plan described above but he opposed it afterwards. He did not like the idea in the ECOWAS peace plan that the future leader of Liberia could emerge only through elections. He felt that he had borne the brunt of the struggle to get rid of President Doe. Furthermore, the idea of imposing an interim president angered him. The ECOWAS plan on elections had also stipulated that the interim president should not be one of the contestants in the armed struggle and Charles Taylor was opposed to this.

Charles Taylor argued that the ECOWAS actions amounted to intervention in Liberia's civil war. With the stronger military force in Liberia, he was opposed to the establishment of an ECOWAS peace-keeping force (as always in the history of peace-keeping, the stronger force in an armed struggle is opposed to peace-keeping). In contrast, President Doe and Price Johnson, with limited military forces and with their backs to the wall, tended to welcome the plan.

IV. The Banjul Meeting of Political Parties

The Standing Committee convened in Banjul on 21 November 1990, a meeting of all Liberian warring parties pursuant to the ECOWAS Summit communique. An earlier meeting at Ministerial level had been convened on 21 to 27 August 1990 with the aim of promoting a cease-fire. However, it was not successful because Charles Taylor was not prepared to accept a cease-fire. He was also opposed to the holding of elections. His position was that the best course of action for ECOWAS would be to send a team of civilians to assess the situation in Liberia once a cease-fire was in place. This was not acceptable to the Ministerial Committee. In order to meet this objection, it was decided to send a civilian component also to Liberia. This attempt failed when it became clear that Charles Taylor wanted to dictate the terms of the involvement of an ECOWAS peace-keeping force.

Notwithstanding the difficulties at the Ministerial meeting it was decided to proceed with the National Conference on the future of Liberia, which was held in Banjul, from August 27 to September 1, 1990. The Conference brought together a wide spectrum of Liberian opinion to deliberate on the crisis in Liberia and to establish an Interim Government. Following six days of extenisve discussions and negotiations, the Conference agreed on the following:

(1) It established an Interim Government of National Unity.
(2) It provided for the participation of all Liberian political groups, interest groups as well as the National Patriotic Front of Liberia (NPFL) of Mr. Charles Taylor, which was not represented at the Conference, to participate in the Interim Government.
(3) It decided on a mandate for the Interim Government and appointed a Special Delegation to inform the NPFL of the decisions of the Conference including positions reserved for the NPFL. The Special Delegation was also dispatched to consult with ECOWAS Governments and members of the international community to further promote the objective of restoring normal life to Liberia within the shortest possible time.
(4) It called upon the Authority of ECOWAS, in the light of what was achieved during the Conference, to take actions as soon as possible for the withdrawal of Samuel K. Doe from Liberia and the seating of the Interim Government.

Many prominent Liberian politicians such as Mrs. Ellen Johnson Sirleaf, Counsellor Winston Tubman, Dr. Amos Sawyer, Dr. Edward Kesselly and Mr. G. Baccus Matthews, agreed to participate in the Interim Government and help to stabilize the country.

Charles Taylor did not attend, saying that this was a conference called by the enemies of Liberia and complaining of manipulation by Nigeria. He also claimed that those represented at the conference were "nobodies." Those who did attend the conference had a different point of view. They considered themselves the political leadership as well as the leadership of church and civic groups, who welcomed the ECOWAS call for a new election.

The All-Party Conference accepted the ECOWAS peace plan which included among other things the stipulation that the Interim President and Vice-President should not be one of the contestants in the armed conflict. This influenced a number of persons not to put their names forward. Amos Sawyer was chosen as Interim President. Seats were allocated with some reserved for Taylor's forces. It was agreed that renewed efforts should be made to bring Taylor on board. It was also agreed that it would not be announced that Amos Sawyer had been chosen as Interim President. Charles Taylor rejected these arrangements thus casting doubt on the efficacy of the results of the All-Party Conference in Banjul.

V. Anglophone-Francophone Split in ECOWAS

As the result of the conference leaked out, Charles Taylor used every device to bring about dissension in ECOWAS. Côte d'Ivoire under its president, Felix Houphouet-Boigny, the Dean of African Heads of State, had strongly supported Charles Taylor at the outset of the rebellion against President Doe. This was not surprising since Doe had executed some ministers of the previous government, including the husband of Houphouet-Boigny's adopted daughter. Libya, the main financial and military supporter of Taylor, was using Burkina Faso as a transit point for the delivery of arms to Charles Taylor. Burkina Faso was thus a supporter of Taylor, as was President Eyadema of Togo.

By a quirk of fate, the initial composition of ECOMOG was, save for a contingent from Guinea, all Anglophone. There were also suspicions among ECOWAS member States that France had not been happy with ECOWAS becoming involved with political/security issues, which was viewed as potentially inimical to French security interests in the area. In short, it was apparent that the Francophone members of ECOWAS were behind Taylor.

VI. The Bamako Summit

After the All-Party Conference, there was determination in ECOWAS to heal the linguistic rift and to reduce Taylor's capacity to cause division. In order to attain this objective, ECOWAS convened its first extraordinary session of Heads of State or Government at Bamako in November 1990.

In reviewing the situation in Liberia, the Authority noted that the ECOWAS Cease-fire Monitoring Group had succeeded in establishing calm in Monrovia and its immediate environs. This measure of success had made it possible for both ECOMOG and international relief agencies to carry out humanitarian relief work, and for tens of thousands of foreign nationals, including ECOWAS citizens, who had been trapped in Liberia without any means of escape or protection, to be evacuated. The Authority expressed the hope that permanent peace and harmony would soon be restored throughout the territory of Liberia.

The Authority endorsed the ECOWAS peace plan for Liberia as embodied in the Banjul Communique and decisions of the Standing Mediation Committee adopted on 7 August 1990. It underlined that the ECOWAS peace plan, among other things, called for:

- a complete cease-fire and cessation of destruction of life and property;
- ECOWAS monitoring of the cease-fire;
- the establishment of a broad-based Interim Government acceptable to the people of Liberia;
- the holding of general and presidential elections within twelve months, and
- observation of the elections by ECOWAS and other international bodies to ensure that they are free and fair.

The Authority stressed the urgent need for a comprehensive cease-fire to be observed by all the warring parties as a necessary condition for the return of peace and normalcy throughout the territory of Liberia. The Authority therefore warmly commended the two warring parties, the Armed Forces of Liberia (AFL) and the Independent National Patriotic Front of Liberia (INPFL), who had agreed to observe a cease-fire and had signed a cease-fire agreement in Banjul on 24 October 1990.

It was recalled that at the extraordinary session of the ECOWAS Authority in Bamako, the National Patriotic Front of Liberia (NPLF) – the third party to the conflict in Liberia – had expressed its readiness to join in the search for a peaceful solution to the conflict. The Authority noted with pleasure the acceptance by the NPLF and the other warring parties not only of the ECOWAS peace plan for Liberia as embodied in the Communique and decisions of 7 August 1990 of the Community Standing Mediation Committee but also their declaration of cease-fire which would come into effect immediately. The Authority urged that the details for the implementation of the cease-fire should be worked out as soon as possible. It expressed the hope that this declaration of cease-fire would mark the complete cessation of all hostilities as the necessary foundation for the return of lasting peace, stability and political accomodation and reconciliation of Liberia.

The Authority urgently invited the parties to the conflict in Liberia to enter into dialogue with a view to reaching a political accommodation for the governance of Liberia within the framework of the ECOWAS peace plan. The Authority requested the Standing Mediation Committee to continue its efforts in encouraging such an accommodation between the Liberian groups.

The Authority expressed satisfaction at the progress so far made towards the restoration of peace and security in Monrovia. Considering that the declaration of the cease-fire by the parties to the conflict enlarges the prospect for the restoration of peace and security throughout Liberia, the Authority called on all Liberian refugees to plan an early return to Liberia, in order to join their compatriots in assisting the Interim Government in the implementation of its programme to return Liberia to democratic rule.

The Authority made an urgent appeal to the international community, particularly its humanitarian relief organizations, to step up without further delay, humanitarian relief work in Liberia with special emphasis on the provision of food, medical supplies and clothing. It also appealed to the international donor community to contribute generously to the efforts of the Interim Government on the rehabilitation and reconstruction of the damaged economy of Liberia.

Prior to the convening of the first extraordinary session of the Authority, there were doubts among many of the Francophone countries about the dispatch of ECOMOG to Liberia because it was the Standing Committee, not the Summit, that had established ECOMOG. Taylor was invited to the extraordinary session. Interim President Sawyer was brought in unannounced.

There was a fear among some states of ECOWAS, particularly the Anglophone states (which even led to a delay in the meeting), that the meeting would be staged to result in a failure which would then expose the lack of a legal basis for ECOMOG. A good deal of pre-negotiations took place, including a meeting with Qaddafi to find out whether he was supporting Charles Taylor. Charles Taylor miscalculated immensely. He was certain of victory and received such bad advice from Burkina Faso that he landed in Mali with a large contingent of Burkina Faso nationals. This caused annoyance.

The meeting was well attended. The first thing to be resolved was the question of the authority under which ECOMOG had been established. This matter was tackled by President Jawara, seizing the occasion to report to the Summit about the mandate given to the Standing Committee. In response to a question put by President Diouf, President Jawara replied that he was making his first report to the Summit on the activities of the Standing Committee which had been mandated by the Summit in the first place. President Jawara reported that the Standing Committee had met at ministerial level and had taken decisions on the establishment of ECOMOG. It was, he continued, for the Summit to decide in the final analysis. The Summit endorsed the establishment of ECOMOG. This was a major step in healing the rift in ECOWAS.

Charles Taylor thus found himself with his back to the wall on two fronts: first, just before the Summit, the ECOMOG field commmander had launched a massive offensive against his forces and was about to defeat them when the conferees appealed for a halt. Charles Taylor was in a weak military position at the conference. Second, once the Francophone members of ECOWAS had accepted ECOMOG, Charles Taylor became politically weak and endorsed ECOMOG for the first time.

In the light of these two developments, efforts were made to allow Charles Taylor to leave with some achievements of his own. This took the form of an agreement that ECOWAS should not go ahead with the recognition of Amos Sawyer as Interim President, as had been agreed upon in Banjul, but to recognize instead two administrations in Liberia (prior to the meeting the supporters of the Interim Government of Sawyer had urged it to install itself in Monrovia).

The Summit thus ended with the recognition of two governments in Liberia and called for a second All-Party Conference – this time to be held in Liberia. Incidentally, this compromise was misunderstood outside as a rejection of Interim President Sawyer which was not true.

VII. The Monrovia All-Party Conference March-April (1991)

An All-Liberian Peace Conference which began on 15 March 1991, in Monrovia, to try to obtain agreement on the structure for a future interim administration in Liberia until elections could be held in October. The conference adjourned indefinitely on 4 April after failing to reach a compromise on its own proposals and those put forward by Charles Taylor of the NPFL concerning the interim presidency.

At the time that the conference was reaching its stalemate, towards the end of March, attacks by the Taylor forces were reported to have occurred along the Liberian-Sierra Leonean border, resulting in major incursions inside Sierra Leone. By the middle of April, the situation had become so serious that the Sierra Leonean authorities had sought military assistance from Guinea and Nigeria to help to repel the incursions. The NPFL forces took over two towns, Koindu and Zimi, and heavy losses of life were reported. Fighting alongside the Taylor forces was said to be a rebel group known as the United Revolutionary Front of Sierra Leone (URF), whose aims are said to be the overthrow of the Government of President Joseph Momoh of Sierra Leone and the establishment of a multi-party democracy.

Observers believed that by this show of military strength Taylor meant to force the other Liberian parties to accept the proposals he had made at the conference. Further, his efforts at the destabilization of the Momoh Government were regarded as stemming from its role in ECOMOG, which had prevented Taylor from being able to advance to Monrovia after already controlling the countryside. While Taylor denied that he was involved in these attacks, the soldiers of the URF were reported to have trained with the NPFL in Libya, according to Taylor's former second-in-command and present rival, Price Johnson. For his part, Taylor had made accusations that Sierra Leone was permitting the leader of the interim administration, Amos Sawyer, to train Liberian troops in Sierra Leone in order to attack the NPFL. He had also accused the Government of President Momoh of taking reprisals against the Liberians taking refuge in Sierra Leone.

Charles Taylor's group was represented at the conference although he himself was absent. The ECOWAS peace plan was still the basis of discussion although it was still being challenged by Charles Taylor. The absence of Charles Taylor was a disappointment. Without him, his delegation could not take any decisions. The conference eventually endorsed the Interim Government. This gave new strength to Interim President Sawyer and weakened those who were against the Interim Government. Charles Taylor still continued to oppose, but recognized that there were two administrations in Liberia.

VIII. OAU Summit 1991

The OAU Summit held in Abuja from 3 to 5 June 1991, formally granted recognition to the Interim Government of President Sawyer. He was greeted in Nigeria with a 21-gun salute and he signed the ECOWAS Free Trade Treaty while at the Summit. This was a major boost for the Interim Government of Sawyer. The next enhancement of the status of the Interim Government came at the U.N. General Assembly later that year. Notwithstanding the efforts of Charles Taylor to get Francophone African states to block it, the General Assembly endorsed the Interim Government.

President Sawyer made a major address to the General Assembly in which he reaffirmed his Government's commitment to the holding of free and fair general and presidential elections under international supervision. He saluted the Governments and peoples of The Gambia, Ghana, Guinea, Nigeria and Sierra Leone for responding with dispatch to the call for the establishment of the peace-monitoring force ECOMOG. He also saluted the Governments and peoples of Mali and now Senegal for further strengthening ECOMOG. He furthermore stated:

> "We must say without equivocation that our nation would have perished were it not for the wise and timely decisions of the ECOWAS Standing Mediation Committee. It is gratifying to note that this particular arrangement of regional assistance is 'home grown' and is now increasingly being emulated and adapted by others. It is for this reason, among others, that the Republic of Liberia supports the call for the establishment of regional defence organs: ECOMOG is a good start."

He informed the General Assembly that Liberians had at long last reached a consensus on a strategy for settling the Liberian conflict. That strategy was one of holding free and fair elections under international supervision. A necessary precondition for the holding of these elections was the creation of adequate security arrangements throughout the country.

IX. The Ymoussoukro Agreement

In this regard the agreement reached in Yamoussoukro, Côte d'Ivoire, on 17 September 1991 was most encouraging. At that meeting Liberians manifested both the will and the resolve to succeed in the election enterprise by agreeing to encamp and disarm all forces under the supervision of an expanded ECOMOG.

As a follow-up to the conclusions reached at that meeting, Liberians held consultative meetings among themselves and had announced the members of both an elections commission, and an *ad hoc* supreme court for the country. The establishment of an elections commission was a significant milestone on the road to peace. It was intended to be an independent body free from government policies and influence. As a country with limited experience in the conduct of free and fair elections, the international community was requested to provide adequate technical and financial assistance for the electoral process. The International Negotiation Network (INN), headed by former United States President Jimmy Carter, the Organization of African Unity (OAU), the Economic Community of West African States, the U.N., the Republican Institute for International Affairs and the National Democratic Institute, both of the United States of America, and other relevant organizations were invited to supervise and monitor the forthcoming elections.

The question remained of how to get elections organized and how to get Charles Taylor to accept the elections. Taylor had made several miscalculations. First, he had targeted Nigeria and Sierra Leone for criticisms. Further, he attacked President Momoh of Sierra Leone. He inferred that with the advent of elections in Nigeria, any civilian government that came into power would pull out of ECOMOG. He therefore tried to buy time. In the case of Sierra Leone, he was bitter with the government. It had provided the staging point for ECOMOG, whose initial entry into Liberia had been, in his eyes, an enforcement force that sought to push him back. Taylor never forgave Sierra Leone for this. This explains the invasion of Sierra Leone that took place before the Summit. Taylor's strategy was to get Sierra Leone to pull out of ECOMOG. He wanted to weaken ECOMOG but his strategy did not work.

The one clear achievement of ECOMOG's entry was that life in Monrovia changed dramatically. It secured the capital city and assured that law and order was maintained. The city's infrastructure was re-established and normalcy re-introduced. People started coming back into Monrovia and one million people now live there as opposed to half a million earlier. For this reason, many people believe that the removal of ECOMOG would be disastrous.

X. The Death of Doe

One sad element about the performance of ECOMOG is its perceived role in the death of President Doe on 10 September 1990. There remains doubt whether Doe was lured into a trap by the first commander of ECOMOG and there has to date been no definitive statement about this affair. This factor may have played some role in the removal of the commander.

XI. The Yamoussoukro Accord

Notwithstanding the achievements of the Bamako meeting, the feeling persisted that Côte d'Ivoire was still involved with Charles Taylor. It was therefore felt important to engage the prestige of President Houphouet-Boigny behind the ECOWAS peace plan. Accordingly, the ECOWAS Committee of Five on Liberia held a meeting in Yamoussoukro, Côte d'Ivoire from 29 to 30 October 1991 under the Chairmanship of President Felix Houphouet-Boigny. At the invitation of the Committee the other members of the ECOWAS Standing Mediation Committee participated in its deliberations together with Guinea and Sierra Leone.

The Committee reviewed developments relating to the Liberian crisis since its last meeting in Yamoussoukro on 16 and 17 September 1991. Emphasizing that trust and confidence from all the parties to the conflict had to underpin the operations of ECOMOG, it therefore recommended that the next phase in the operations of ECOMOG commence on 15 November 1991. It envisaged that the ECOMOG military programme could be completed within 60 days.

Recalling the earlier Yamoussoukro Agreement of the parties to implement, under ECOMOG supervision, the encampment of their troops in designated locations and their disarmament, and the mandate given to ECOMOG, in liaison with the parties concerned, to work out the practical modalities for the implementation of that agreement, the Meeting considered and agreed to a Programme of Implementation of these important elements of the cease-fire. This Programme envisaged the implementation within 60 days of all the modalities for the establishment of the necessary conditions of peace and security on the ground that in order to reinforce the confidence of the parties, as well as create a proper atmosphere conducive to the holding of free, fair and democratic elections in Liberia not later than six months from the date of the meeting. The Committee renewed its mandate to ECOMOG to ensure that the Programme was smoothly and speedily implemented. To this end, it appealed to all the parties concerned to continue to repose trust and confidence in ECOMOG and to cooperate fully with ECOMOG, the Interim Elections Commission, the INN and all other international observers in the electoral process.

At this meeting, Charles Taylor's position became more obvious. He had had a previous record of signing summit documents and then denouncing them. This was again the case with regard to the Yamoussoukro Accord. Charles Taylor had always rejected freedom of movement in Liberia and desired at Yamoussoukro to project the position of two independent governments existing in Liberia. This is in fact what the Yamoussoukro Accord acknowledged and it was agreed that ECOMOG would also be deployed in Charles Taylor's area. He continued to try to escape from these commitments.

XII. The Geneva Meeting

The Geneva Meeting held in April of 1992 had, as one of its objectives, to continue to engage the prestige of President Houphouet-Boigny. Charles Taylor continued to pursue an elusive strategy. He signed the Final Communique of the meeting committing himself to observe the ECOWAS peace plan, but in practice did not live up to these commitments.

XIII. The ECOWAS Summit, July 1992

The fifteenth session of the Heads of State and Government of ECOWAS was held in Dakar from 27 to 29 July 1992. There was a pervasive sense of disappointment and frustration with respect to what many referred to as the "intransigence" of Mr. Charles Taylor. There was a clear sense of determination on the part of ECOWAS members to confront Mr. Taylor at this time.

At the conclusion of the debate on Liberia, President Diouf of Senegal asserted that from the reports presented and statements made it was clear that ECOMOG should take decisive action. He summarized the discussion which involved the setting of deadlines for Mr. Taylor and his NPFL to comply with all provisions of the Yamoussoukro Accord. Stress was put on the desirability of establishing a buffer zone between Liberia and Sierra Leone. The Field Commander of ECOMOG had reported that the efforts to establish a buffer zone had been frustrated by the NPFL.

The ECOWAS leaders decided to impose comprehensive sanctions against the territory held by the NPFL, if Mr. Taylor failed to comply with the programme of implementation worked out by the Foreign Ministers of ECOMOG within 30 days. In undertaking such measures, the Summit agreed that ECOMOG should be strengthened by additional contingents from Burkina Faso, Benin and any other ECOWAS member wishing to do so.

Following the summing up of these key positions, President Blaise Compaoré of Burkina Faso sought to soften the imposition of sanctions by requesting time for consultations with Mr. Taylor and by attempting to identify the United Liberation Movement for Democracy of Liberia (ULIMO) as one of the causes for Mr. Taylor's "intransigence." President Diouf was forceful in rejecting this line of argument. He asserted that during his 12 month stewardship of ECOWAS, it had become clear to him that Mr. Taylor alone was the main obstacle to the achievement of peace in Liberia. He emphasized that he had no doubt that ECOWAS had to confront Mr. Taylor. President Soglo of Benin made strenuous efforts to find a compromise between the positions of President Compaoré and that of President Diouf which enjoyed overwhelming support. He too was unsuccessful. The clear mood at the meeting was for decisive action against Mr. Taylor and his NPFL.

The Summit sought the assistance of the Security Council to make sanctions imposed effective and binding on all members of the international community in accordance with the U.N. Charter. The Summit also decided to invite the Secretary-General of the U.N. to take all measures to facilitate the electoral process in Liberia.

This Summit of ECOWAS proved to be decisive in dealing with the situation in Liberia. The Heads of State felt that matters had dragged on for too long in Liberia and the situation in that country was causing havoc in neighbouring countries such as Sierra Leone. At one point, Chairman Strasser of Sierra Leone, who had replaced President Momoh in a coup d'état in April of 1992 made a veiled threat that his government would take its dispute to the Security Council, accusing Mr. Taylor and his NPLF of aggression against Sierra Leone. Interim President Sawyer also made a threat that his Government might be forced to take up arms against the "intransigence" of Mr. Taylor.

As must have been expected, the decisions taken at the Dakar Summit were strongly criticized by Charles Taylor and the NPLF supporters. In view of the positions taken at the Summit by President Compaoré of Burkina Faso, there remained some ambivalence as to the determination of ECOWAS to pursue the sanctions decision. There was some consternation when just before the end of the time limit agreed upon, President Soglo of Benin, the new Chairman of ECOWAS, announced that the imposition of sanctions would be postponed. This action was based on the argument that the meeting convened in Cotonou, to which the warring factions had been invited, had not borne fruit due to the absence of ULIMO representatives. While other members of ECOWAS quietly expressed concern about the position of President Soglo, the President of Sierra Leone and the Interim President of Liberia were quite vocal in expressing their displeasure.

XIV. Cotonou Summit

Nevertheless, another meeting in which it could be determined whether or not any warring faction refused to comply with the Yamoussoukro Accords was envisaged. Depending upon the outcome of that meeting, a determination could be made as to whom sanctions would be applied. This was the basis of the convening by the Chairman of ECOWAS of the series of meetings in Cotonou. On 17 October the warring factions were to be consulted. On the following day the Council of Ministers would meet and finally on 20 October there would be a Summit meeting.

The meeting with the warring factions on the 17th of October, to which both the NPLF and ULIMO sent representatives, was inconclusive. This meeting and the two others which followed were convened under the shadow of the offensive launched against Monrovia by the NPLF forces of Charles Taylor. ECOMOG has come to the conclusion that the goal of this offensive was to take Monrovia within two days, thus presenting the Summit meeting with a *fait accompli*. The attack against the civilian population in Monrovia only strengthened the resolve and determination of the Council of Ministers to adopt an uncompromising position.

The Summit meeting decided to try again to arrange for a cease-fire. Charles Taylor and his forces were given a further warning that failure to proceed with encampment and disarmament would result in the imposition of sanctions. The Taylor force were given a period of fifteen days in which to comply, beginning on the 21st of October. The Summit meeting also mandated a number of Foreign Ministers to come to the U.N. in New York to seek the assistance of the Security Council to endorse the sanctions decision and make it mandatory for the entire international community in accordance with the relevant provisions of the Charter.

XV. Abuja Summit

With the expectation of non-compliance with the agreement, particularly the provisions regarding encampment and disarmament, a second Summit meeting was held in Abuja. The main purpose was to formulate a concerted position. There was speculation that some countries were planning to withdraw from ECOMOG. Indeed it became clear that Senegal was very seriously considering a withdrawal. It was also felt that ECOWAS had to reach a clear decision as to whether or not to confront Charles Taylor and resolve the question once and for all.

After a very frank discussion of issues, the role of ECOMOG was reaffirmed. Some countries, which had previously been regarded as less than enthusiastic supporters of ECOMOG, agreed to support the ECOWAS peace-keeping force. ECOMOG was furthermore given a clear mandate to defend itself against further attacks and the door was opened for an ECOMOG offensive against the NPFL forces. The decision to dispatch a mission to New York, to obtain Security Council endorsement of the ECOWAS, was reaffirmed.

XVI. Links with the United Nations

For the U.N., dealing with the situation in Liberia presented the same problems as were encountered by ECOWAS and the OAU. On 3 August 1990 the Security

Council held informal consultations on Liberia and on 10 August 1990 the Secretary-General received the Foreign Minister of The Gambia, Alhaji Omar Sey, who had brought with him a message from the President of The Gambia, then the Chairman of ECOWAS. Attached to the letter containing the message was the official Final Communique of the Mediation Committee Summit meeting in Banjul.

In a letter dated 13 August 1990, the Secretary-General informed the Security Council that Foreign Minister Sey had emphasized that the functions of the ECOWAS peace-keeping force, ECOMOG, would be fully in accordance with the U.N. Charter. He added that the sole objective of ECOMOG would be to stop the senseless slaughter now taking place in Liberia, to arrange for a firm cease-fire and to preserve human lives. The decision to establish an Interim Government, he continued, was mainly to ensure the holding of free and fair elections.

The Foreign Minister of The Gambia had requested the support of the members of the Security Council for the role of ECOMOG in Liberia. He had indicated that ECOWAS would welcome any financial and material support from the international community. In his letter to the Security Council, the Secretary-General had stated:

> "For my part, I wish to underline my support for the decision taken by ECOWAS. I have already appealed to all sides to co-operate fully with ECOMOG. It is my hope that the ECOWAS peace-keeping force will not only stabilize the situation but also save lives. Such a force is vital to United Nations relief efforts. It would permit us to reactivate our humanitarian assistance programme in Liberia. That programme had been suspended because of the intensification of the conflict and the impossibility of continuing relief work under such insecure conditions. It may be borne in mind that, at the present time, the U.N. is nevertheless rendering humanitarian assistance to more than 300 000 Liberians in neighbouring countries.
>
> In response to a specific request of Foreign Minister Sey, I indicated that we in the Secretariat would do our utmost to provide advice and technical assistance to ECOWAS on the modalities for the establishment and functioning of its peace-keeping force. We have in the past provided such assistance to the OAU in similar situations as in Chad and the Western Sahara.
>
> Foreign Minister Sey and I have agreed to remain in close contact and I will keep you and the members of the Council informed of any new developments on the matter.
>
> I felt, Mr. President, that I should bring these developments to your attention so that the members of the Council could be informed of this important regional effort to deal with a critical situation and, as requested by ECOWAS, may consider how best international assistance can be provided to ECOMOG."

The reason why the Security Council did not take action as proposed by Secretary-General Pérez de Cuéllar was that the three African members (Ethiopia,

Zaire and Ivory Coast) were not in favour of the Security Council dealing with the Liberian situation.

After the Bamako meeting of 27-28 November 1990, the situation changed and the African members then turned around and decided to bring the issue to the Security Council.

On 15 January 1991, the representative of the Permanent Mission of Côte d'Ivoire to the U.N. wrote to the President of the Security Council drawing attention to the final communique of the extraordinary session of the Authority of Heads of State and Government of ECOWAS concerning the situation in Liberia and requested a meeting of the Security Council.

On 22 January 1991, the Security Council met to consider the request of the Permanent Mission of Côte d'Ivoire. The representative of Liberia opened the debate and expressed his relief that the Security Council was responding, for the first time, to the tragic consequences of a civil war that had devastated Liberia for over a year. The President of the Council then made a statement on behalf of the Council in which it was stated:

> "The members of the Security Council commended the efforts made by the ECOWAS Heads of State and Government to promote peace and normalcy in Liberia. The members of the Security Council call upon the parties to the conflict in Liberia to continue to respect the cease-fire agreement which they have signed and to co-operate fully with ECOWAS to restore peace and normalcy in Liberia."

In view of the deteriorating situation in Liberia, the Security Council again took up the issue in May of 1992. In another statement made by the President on behalf of the Council, it was stated:

> "The members of the Security Council commend ECOWAS and its various organs, in particular the Committee of Five, for their unstinting efforts to bring the Liberian conflict to a speedy conclusion.
> In this connection the members of the Security Council believe that the Yamoussoukro Accord of 30 October 1991 offers the best possible framework for a peaceful resolution of the Liberian conflict by creating the necessary conditions for free and fair elections in Liberia.
> The members of the Security Council renew their call to all parties to the conflict in Liberia to respect and implement the various accords of the peace process in the framework of the ECOWAS Committee of Five, including refraining from actions which endanger the security of neighbouring States."

The difficulties encountered by ECOMOG, particularly in the aftermath of the attack launched against Monrovia by the NPFL on 15 October 1992, intensified pressure for an expanded role for the U.N. in the Liberian conflict. As noted above, both the Cotonou and Abuja Summits had decided that a delegation of ECOWAS Foreign Ministers should come to New York to seek the endorsement of the Security Council for the path being followed by ECOWAS. It was in pursuance of that decision that the Foreign Minister of Benin, as Chairman of ECOWAS, requested an urgent meeting of the Security Council.

The Security Council convened in its 3 138th meeting on the afternoon of 19 November 1992 to review the situation in Liberia in response to the appeal made by the ECOWAS Committee of Nine at its Summit meeting held some days earlier in Abuja. The Council unanimously adopted resolution 788 (1992) which, *inter alia*, called for an arms embargo against the warring factions in Liberia but which also stipulated the ECOWAS peace-keeping force, ECOMOG, should be exempted from the embargo.

The general thrust of the resolution, as well as the statements made during the debate in the Security Council, show strong support for the peace-keeping efforts of ECOWAS in Liberia and strong criticism of the actions of Charles Taylor and the NPFL forces. By and large the resolution followed closely the contents of the Final Communique adopted by the ECOWAS Committee of Nine at its Summit held in Abuja. This communique had likewise criticized the NPFL for its attacks on ECOMOG. What surprised many observers, and the African delegations which included seven Foreign Ministers, was the statement made by Ambassador Perkins of the United States. It was the strongest statement ever made by an official of the United States Government against Charles Taylor and the NPFL.

Significantly many members of the Security Council, and the delegations invited to take part in the debate on Liberia, paid homage to ECOWAS for undertaking a task that the Security Council should have undertaken itself. The ECOWAS initiative was seem as a clear example of the use of the provisions of Chapter VIII of the Charter which foresaw a close relationship between the Security Council and regional organizations and arrangements. Many delegations expressed the view that ECOWAS should not be allowed to fail. This would result not only in destabilization in the subregion but would also confront the Security Council with the necessity of undertaking action itself. Many members of the Council would be reluctant to take such action.

Resolution 788 also called upon the Secretary-General to appoint a Special Representative for Liberia who would proceed to Liberia to review the situation on the ground and report back to the Council as soon as possible. It was clearly understood that the Special Representative should make recommendations to the Council on any additional measures that may be required. It was also expected that the Special Representative would make recommendations on reconstruction in Liberia once peace prevails.

It should not be forgotten that the Liberian conflict has produced devastating humanitarian problems. At the outset it became clear that ECOMOG would not be able to deal with this aspect of the Liberian situation. ECOWAS appealed to the U.N. to render humanitarian assistance. The Secretary-General has established the Office of the United Nations Special Coordinator in Liberia (UNSCOL) which is based in Monrovia and which is responsible for coordinating all institutional and operational arrangements or relief programmes and other humanitarian activities in Liberia. A consolidated appeal for assistance to Liberia was issued by the Secretary-General in July of 1991. Until the recent outbreak of fighting in Liberia, the organizations of the U.N. system had been able to considerably expand the scope and intensity of their relief operations.

Even though it is well recognized that in the domain of peace-keeping ECOMOG has tremendous achievements to its credit, there are certain difficulties that ECOMOG has experienced which should be mentioned.

ECOMOG has no well defined command and control arrangements. The first Field Commander of ECOMOG was a Ghanaian General but following the ambiguity of the circumstances under which former President Doe died at ECOMOG headquarters, he was replaced by a Nigerian General. There have now been three Nigerian Generals who have served as Force Commander in succession. This factor and the preponderance of Nigerian soldiers in ECOMOG has been exploited by Charles Taylor. He has argued that ECOMOG is a disguise for Nigerian hegemony in the region. The absence of clearly defined command and control procedures may in some quarters have lent credence to the Taylor charges, although a majority of ECOWAS members would disagree.

Under present arrangements, the Force Commander of ECOMOG reports to the Executive Secretary of ECOWAS who in turns keeps the Chairman of ECOWAS informed of all relevant developments. This has not proven to be an adequate arrangement, particularly when compared to the by now well defined procedures utilized by the U.N., where the Security Council remains in command of peace-keeping operations with the Secretary-General running these operations on a day-to-day basis. For the future, ECOWAS needs to reevaluate its procedures for command and control. As noted above the failure of the OAU operation in Chad can also be related to the lack of clearly defined command and control procedures.

Another problem relates to the financing of ECOMOG. Here again Nigeria bears the major proportion. Without the support of Nigeria most observers agree ECOMOG would have had to cease operations after a few months time. At the outset of the ECOMOG operation, a fund was established by ECOWAS to finance this peace-keeping operation. Contributions however have been nonexistent. An appeal was also made to the U.N. for financial support but none has been forthcoming. The United States Government has provided some financial support. When Senegal decided to send a contingent of its troops to ECOMOG, the United States contributed to the logistical costs related to the deployment of Senegalese troops. To ensure the future viability of ECOMOG, it is vital that proper arrangements be made for its financing. Needless to say the U.N. itself has been plagued with financial difficulties in regard to its peace-keeping operations. The Secretary-General, in his *Agenda for Peace* report to the Security Council, discusses at some length the price of peace.

XVII. Conclusion

History will recall that the Security Council debate on Liberia, and the adoption of what was seen by ECOWAS members as a forward-looking resolution, may represent a watershed for ECOMOG. This was the first time the Security Council adopted a resolution on Liberia. Previous Security Council consideration had led to two Presidential Statements in support of the efforts of ECOWAS. With the adoption of resolution 788 the Security Council was for the first time acting under Chapter VII of the Charter having determined "that the deterioration of the situation in Liberia constitutes a threat to international peace and security, particularly in West Africa as a whole." The Liberian civil war was no longer regarded as solely an internal affair.

Charles Taylor and the NPFL will now have to seriously consider the consequences of failure to comply with the Yamoussoukro IV Accord which the Security Council reaffirmed as offering "the best possible framework for a peaceful resolution of the Liberian conflict by creating the necessary conditions for free and fair elections in Liberia." The resolution furthermore called upon all warring factions to uphold the Yamoussoukro IV Accord. To continue to resist will be judged as a rejection of the Security Council resolution. Should all warring factions accept the resolution and begin the process of disarmament and encampment, as preconditions for the holding of free and fair elections, a solid foundation will have been established for handling similar situations in the future. The international community will have been seen to have devised a system whereby global security can be maintained not only through the Security Council but also through viable and strengthened regional organizations and arrangements.

XVIII. Postscript

Significant developments regarding Liberia have occurred since this article was prepared in the Spring of 1993. Following the adoption of Security Council resolution 788 (1992), the Secretary-General appointed Mr. Trevor Gordon-Somers as his Special Representative for Liberia. The Special Representative visited and held extensive discussions in Liberia as well as in the Member States of ECOWAS.

On 12 March 1993, the Secretary-General submitted a report (S/25402) to Security Council which highlighted the findings and discussions of the Special Representative. The Security Council then adopted resolution 813 of 26 March 1992 which reaffirmed its belief that the Yamoussoukro IV Accord offered the best possible framework for a peaceful resolution of the conflict in Liberia. The Secretary-General was requested to consider, in consultation with ECOWAS, the possibility of convening a meeting of the President of the Interim Government of National Unity and the warring factions to restate their commitment to the implementation of the Yamoussoukro IV Accord within an agreed timetable.

Mr. Gordon-Somers returned to the subregion and after extensive consultations arranged, in cooperation with ECOWAS and the OAU, for direct discussions between the Liberian factions. These discussions took place in Geneva from 10 to 17 July 1993 and resulted in a framework agreement, which after further negotiation was signed by all the three Liberian factions (IGNU, NPFL and ULIMO) at the ECOWAS Summit in Cotonou on 25 July 1993.

The Cotonou Agreement, which reaffirmed that the Yamoussoukro Accords provide the best framework for peace in Liberia, contains two parts, one concerning military issues and the second, political aspects.

On the military issues, it was agreed that a cease-fire and the cessation of hostilities would take effect seven days from the date on which the Agreement was signed, that is 1 August 1993. The parties furthermore agreed that ECOMOG and a U.N. Observer Mission would supervise and monitor the implementation of this Agreement. To ensure against any violation of the cease-fire between 1 August and the arrival of the additional ECOMOG troops and U.N. observers, the parties agreed to establish a Joint Cease-fire Monitoring Committee, comprising representatives of the three Liberian parties, ECOMOG and the U.N. Other provisions of the Agreement relate to encampment, disarmament and demobilization, consistent with the terms and conditions of the ECOWAS peace plan and the Yamoussoukro Accords.

On the political side, the parties agreed that there should be a single Liberian National Transitional Government which would have three branches (legislative, executive and judicial). General and Presidential elections are to take place seven months from the signing of this Agreement and holders of positions of leadership within the Transitional Government will not be eligible to contest the elections.

Regarding humanitarian assistance, it was agreed that all efforts should be made to deliver humanitarian assistance throughout Liberia, using the most direct routes and with inspection to ensure compliance with the sanctions and embargo provisions of the Agreement. The U.N., in particular UNHCR, was requested to carry out all necessary planning and mobilization to facilitate the speedy return of refugees and their reintegration into their communities.

The implementation of the military aspects of the Cotonou Agreement calls for an expansion of ECOMOG, through the inclusion of additional contingents from within and outside of the subregion. These contingents will not be provided through the United Nations. However, that Agreement envisages an important role for the U.N. through the dispatch of 250 to 300 military observers, who together with ECOMOG would monitor and supervise the Agreement. The parties stressed that without the presence of the U.N. observers the Agreement cannot be successfully implemented.

In fact the Agreement would not have been signed had not this role for the U.N. been accepted. The parties were made aware that the deployment of U.N. observers would be subject to further discussions and a decision by the Security Council on the recommendation of the Secretary-General. To assist in arriving at the precise number of U.N. observers, the ECOWAS decided to immediately send General Olurin, Force Commander of ECOMOG, to headquarters to brief members of the Security Council and to consult with the Secretariat officials concerned.

The disarming of the parties is a crucial element in the implementation of the Agreement as this represents the trigger point for the formation of the Liberian National Transitional Government and therefore the dissolution of the IGNU.

The issue of lifting of the sanctions and embargo was raised but it was recognized by the parties that decisions in this regard could not be made by them but rather by the ECOWAS Summit and that any decision would be based on the performance of the parties themselves.

Another area where the U.N. will play a central role is the electoral process, the timing of which was set to enable the Organization to have adequate lead time to carry out its mandate. The role of the U.N. in this regard had already been discussed at previous ECOWAS Summits in Cotonou and Abuja.

12. Kollektive Sicherheit und Peace-keeping in Südostasien

Kay Möller

Vorbemerkung

Mit Unterzeichnung des Pariser Friedensabkommens für Kambodscha am 23. Oktober 1991 wurden Sicherheitsrat und Vollversammlung der Vereinten Nationen (VN) nicht nur mit der größten Peace-keeping-Mission in der Geschichte der Weltorganisation betraut, sondern gleichzeitig mit der Verwaltung des vom Bürgerkrieg zerrissenen Landes bis zur Durchführung freier Wahlen Anfang 1993. Hiermit soll ein zwölfjähriger Regionalkonflikt zwischen China und Vietnam um die Vorherrschaft auf der indochinesischen Halbinsel als letzter von drei internationalen Kriegen um Indochina zum Abschluß gebracht werden. Die Regelung zieht ferner Konsequenzen aus drei gescheiterten internationalen Versuchen zur Beilegung dieser Kriege.

Die durch das sowjetische Disengagement, dann den Untergang der Sowjetunion, ermöglichte konzertierte Aktion zur Beilegung latenter südostasiatischer Konflikte wirft nach dem Ende des Kalten Krieges im Westpazifik auch die Frage nach neuen regionalen Sicherheitsstrukturen, etwa im Rahmen der Gemeinschaft Südostasiatischer Nationen (ASEAN) auf. Auch dieses Motiv der Suche nach Alternativen zu hegemonialen – hier verstanden als von außen diktierte – Konfliktlösungsmodellen läßt sich insbesondere in den Staaten des malaiischen Archipels seit Abschluß der Entkolonisierung verfolgen.

Die vorliegende Untersuchung analysiert sowohl die Internationalisierung von Konflikt und Konfliktregelung in Südostasien seit 1954 als auch regionale Deeskalationsmodelle, um dann anhand des Pariser Kambodschaabkommens und seiner bisherigen Implementierung die Effizienz beider Ansätze zu vergleichen. Hierbei spielen die unterschiedlichen Globalkonstellationen eine besondere Rolle. Die Untersuchung kommt zu dem Ergebnis, daß

- die Internationalisierung südostasiatischer Konflikte und der Versuche zu ihrer Beilegung diese bis Ende der 80er Jahre angesichts der Unvereinbarkeit der Interessen der Großmächte und der regionalen Akteure perpetuiert hat;
- autonome Alternativen regionaler Sicherheit bis Ende des Kalten Krieges allenfalls bei der internen Konfliktbewältigung erfolgreich sein konnten und
- künftige Strategien, wie das Beispiel Kambodscha belegt, nur erfolgreich sein werden, wenn sie den hegemonialen Ansatz schrittweise und unter Einbindung der Staatengemeinschaft durch ein autonomes Modell ersetzen und dabei neue Ambitionen benachbarter Mächte effektiv eindämmen.

Der Entkolonisierungsprozeß in Südostasien überschnitt sich aufgrund des kommunistischen Sieges in China am 1. Oktober 1949, des sino-sowjetischen Freundschaftsvertrages vom Februar 1950 und daraus folgernder amerikanischer Versuche, China "einzudämmen", mit dem Beginn des Kalten Krieges. In Indochina begannen die USA, Frankreich in seinem Krieg gegen den Vietminh zu unterstützen. Zum Zeitpunkt des Falls von Dien Bien Phu finanzierte Washington den französischen Kriegsaufwand bereits zu 60%.

Das erste Beispiel für Auswirkungen neuer Globalkonstellationen auf den Entkolonisierungsprozeß lag außerhalb der Region: auf der koreanischen Halbinsel schlug die mißtrauische Koexistenz von Amerikanern, Sowjets und Chinesen im Juni 1950 in offenen Krieg um. In Abwesenheit des sowjetischen Vertreters verurteilte der Weltsicherheitsrat Nordkorea für seine Invasion des südlichen Landesteils und autorisierte die USA und etwa zwanzig Verbündete zum militärischen Eingreifen. Nach Intervention einer chinesischen "Freiwilligenarmee" stabilisierte sich die Front Anfang 1953 in der Nähe des 38. Breitengrades, wo mit dem Waffenstillstand vom 27. Juni 1953 eine entmilitarisierte Zone errichtet wurde, die bis heute Nord- und Südkorea voneinander trennt. Die ebenfalls vorgesehene politische Konferenz zur Wiederherstellung der koreanischen Einheit scheiterte im Frühjahr 1954 an der Ablehnung der Vereinten Nationen als Kontrollinstanz durch die kommunistische Seite.[1]

Das Resultat nahm die Situation in Vietnam in den 60er Jahren vorweg: beide koreanischen Staaten gingen wechselseitig konfrontative Allianzen ein, die die Teilung des Landes irreversibel machten; gleichzeitig wurde die amerikanische "containment"-Politik durch Beistandsabkommen mit Südkorea, Taiwan und Japan auf ganz Nordostasien ausgeweitet und das amerikanische Engagement in Vietnam als Teil einer gegen China konzipierten Einkreisungsstrategie verstärkt. Anders als in Vietnam konnten die Vereinten Nationen aufgrund kurzfristiger amerikanischer Dominanz im Weltsicherheitsrat instrumentalisiert werden, und anders als in Indochina hielt der in Korea erzielte Status quo bis zum Ende des Kalten Krieges, da eine Lösung der durch die Internationalisierung aufgeworfenen politischen Fragen gar nicht erst versucht wurde.

1. Die Genfer Indochinakonferenz 1954

Die Genfer Konferenz über Korea und Indochina (die Koreafrage wurde ergebnislos vertagt) brachte im April 1954 unter britischem und sowjetischem Vorsitz überraschend die Hauptakteure des Kalten Krieges an einen Tisch, darunter die kurz

1 Vgl. Soon Sung *Cho*, American Policy toward Korean Unification, 1945-1980, in: Taeh-hwan *Kwak* (Hrsg.), U.S. Korean Relations 1882-1982, Seoul 1982, S. 65-96.

zuvor von den Vereinten Nationen für ihre Rolle in Korea geächtete Volksrepublik China. Sie war somit eine der Nachkriegskonferenzen mit Vorgriff auf eine künftige Kräfteverteilung im Weltsicherheitsrat. Die Initiative ging von der UdSSR aus, deren Interesse nicht in Indochina, sondern in Europa lag (bis 1954 war Peking, nicht Moskau, der wichtigere Verbündete des Vietminh). Der Sowjetunion ging es vornehmlich darum, mittels des Indochinakrieges in den Fragen der Europäischen Verteidigungsgemeinschaft, des Berlin-Statuts und der Neutralität Österreichs Druck auf Paris auszuüben. Die USA wollten mehr Einfluß auf einen Konflikt gewinnen, den sie bereits zum Großteil finanzierten. Großbritannien lag daran, ein Übergreifen des Krieges auf Malaya zu verhindern, wo seit Juni 1948 ein kommunistischer Aufstand schwelte. Frankreich brauchte eine Atempause; am 7. Mai 1954, das heißt während der Genfer Verhandlungen, fiel Dien Bien Phu. Die Volksrepublik China wollte eine amerikanische Intervention nahe ihrer Grenze nach dem Korea-Vorbild verhindern. All das hatte nur begrenzt mit den Interessen der direkt Betroffenen – Demokratische Republik (Nord-)Vietnam und die drei assoziierten Staaten Laos, Kambodscha und (Süd-)Vietnam – zu tun.

Mit Ausnahme der USA, denen die diplomatische Aufwertung Pekings in Genf widerstrebte und die die Abschlußerklärung (wie auch Saigon) nicht unterzeichneten, waren die beteiligten Mächte folglich auf Kompromisse eingestellt und erwies sich insbesondere die Flexibilität der Volksrepublik China als frappierend: nicht nur trug die chinesische Delegation zur Stabilisierung der nichtkommunistischen Regierungen in Phnom Penh und Vientiane bei, sie sanktionierte mit ihrer Zustimmung zur Teilung Vietnams entlang des 17. Breitengrades auch die Konsolidierung eines antikommunistischen Staates in Südvietnam. Das Waffenstillstandsabkommen vom 20. Juli 1954 verfügte:

- den sofortigen Waffenstillstand;
- den Rückzug beider Seiten hinter eine Demarkationslinie entlang des 17. Breitengrades binnen dreihundert Tagen;
- die Überwachung des Waffenstillstandes durch eine Internationale Kontrollkommission mit den Mitgliedern Indien, Polen und Kanada.

Im Juli 1956 sollten allgemeine Wahlen unter Aufsicht der Kontrollkommission in ganz Vietnam zur Errichtung einer Regierung der nationalen Einheit führen. Die vietnamesischen "Regruppierungszonen" sollten keinen Militärbündnissen angehören und auf ihrem Territorium keine ausländischen Stützpunkte zulassen. Entsprechendes war für Laos und Kambodscha vorgesehen. Die von China angestrebte Neutralisierung beider Staaten scheiterte allerdings an amerikanischem Widerstand, so daß sich Vientiane und Phnom Penh 1957 mit nationalen Neutralitätserklärungen begnügen mußten.[2]

---

2 Zur Genfer Indochinakonferenz 1954 vgl. François *Joyaux*, La Chine et le règlement du premier conflit d'Indochine, Genève 1954, Paris 1979.

Der vereinbarte Waffenstillstand scheiterte technisch an dem der Internationalen Kontrollkommission auferlegten Einstimmigkeitsprinzip, das die Ahndung von Verstößen letztlich unmöglich machte. Während der Vietminh-Nachschub ins benachbarte Laos auswich (Entstehung des sogenannten "Ho Chi Minh-Pfades") lehnte die Regierung in Saigon Mitte 1955 mit amerikanischer Rückendeckung Verhandlungen mit Hanoi über die Abhaltung gesamtvietnamesischer Wahlen ab.

Latent scheiterte das Genfer Abkommen allerdings durch die weitere Konkretisierung der amerikanischen "containment"-Politik: im August 1954 gab Washington Chiang Kai Shek grünes Licht für die Rückeroberung des chinesischen Festlandes. Im September wurde die Südostasiatische Vertragsorganisation (SEATO) zur weiteren Eindämmung Chinas gegründet. Ein Zusatzprotokoll zum SEATO-Vertrag beinhaltete eine Schutzgarantie für die indochinesischen Staaten, die keine Vertragspartner waren. Die amerikanische Militärhilfe an Südvietnam, Laos und Kambodscha wurde nach dem französischen Abzug erheblich ausgeweitet.

2. Die Genfer Laoskonferenz 1961/62

Die in Laos Ende 1957 verspätet zustandegekommene Regierung der nationalen Einheit zwischen dem "neutralen" Premier Prinz Souvanna Phouma und dem kommunistischen Pathet Lao unter seinem Halbbruder Prinz Souphanouvong stürzte schon im Folgejahr durch einen (von der CIA unterstützten) Putsch der militärischen Rechten unter Prinz Boun Oum. Fortan betrachtete der Pathet Lao das Genfer Abkommen nicht mehr als bindend, der Bürgerkrieg brach erneut aus. Gleichzeitig lancierte Hanoi 1959 über den "Ho Chi Minh-Pfad" eine neue Offensive gegen Saigon.

Die von Boun Oum angeforderte SEATO-Unterstützung scheiterte an britischem und französischem Einspruch, und in Phnom Penh verlangte Prinz Sihanouk die Wiedereinberufung der Genfer Konferenz zum Zwecke der Neutralisierung von Laos und Kambodscha. Die neue Kennedy-Administration machte sich diesen Vorschlag in bezug auf Laos zu eigen.

Die Genfer Laoskonferenz von Mai 1961 bis Juli 1962 vereinte unter britisch-sowjetischem Vorsitz die fünf Großmächte, die Mitglieder der Internationalen Kontrollkommission für Indochina, die vier indochinesischen Staaten, Thailand und Birma. Trotz solcher Ähnlichkeiten mit 1954 war die Ausgangssituation aufgrund neuer globaler Konstellationen eine grundlegend andere:

Die UdSSR scheute insbesondere vor dem Hintergrund des sino-sowjetischen Konflikts vor einer Ausweitung des Indochinakrieges zum Weltkrieg zurück und favorisierte in Laos die "neutralen" Kräfte um Souvanna Phouma zwecks Abbau der Polarisierung.

Die USA mußten sich angesichts der Lähmung der SEATO mit moralischer Unterstützung der antikommunistischen Rechten begnügen. Sie akzeptierten letztlich das Neutralisierungsmodell, um die Sicherheit Südvietnams nicht durch anhaltende Instabilität in Laos zu gefährden.

Der Volksrepublik China blieb – anders als 1954 – als Verbündeter nur noch der Pathet Lao, da Souvanna Phouma bereits vom sowjetischen Gegner unterstützt wurde. Peking sah den Genfer Frieden nun grundsätzlich als gescheitert an und neigte zum Krieg, wollte aber gleichzeitig die Zukunft der Region nicht allein amerikanisch-sowjetischen Absprachen überlassen.

Nordvietnam widerstrebte eine neue Verhandlungsrunde in Erinnerung an die 1954 durch Moskau und Peking erzwungenen Konzessionen, schließlich überwog aber die Sorge, Washington würde anhaltenden Bürgerkrieg in Laos als Vorwand für eine großangelegte Intervention nutzen.

Im Juni 1961 kamen die drei Prinzen in Zürich über die Grundsätze einer Dreierkoalition und Regierung der nationalen Einheit überein, unter dem Druck der Großmächte wurde im Folgejahr ein entsprechendes Abkommen unterzeichnet. Am 23. Juli 1962 verabschiedete die Genfer Konferenz eine Erklärung über die Neutralität von Laos, mit der Vientiane ausdrücklich die Annahme des SEATO-Schutzes untersagt wurde. Ein Zusatzprotokoll regelte die Kontrolle des Waffenstillstands und des Abzugs fremder Truppen durch die 1954 eingesetzte Kommission, die Kontrolle der Neutralität durch die Kovorsitzenden der Konferenz.[3]

Als letzter Versuch, den Genfer Frieden von 1954 neu zu beleben, war die laotische Regelung von 1962 mit denselben Mängeln behaftet: Die Kontrolleure des Waffenstillstandes verfügten über keine Sanktionsinstrumente. Das Land und die Streitkräfte blieben de facto dreigeteilt. Nach Spannungen in der Koalitionsregierung zog sich der Pathet Lao 1963 in die Nordostprovinzen zurück, es kam zu Zusammenstößen mit der königlichen Armee, verschärft durch nordvietnamesisches Eingreifen. Im Sommer 1964 verlangte der Pathet Lao die Wiedereinberufung der Genfer Konferenz. Frankreich und Kambodscha stimmten dem zu, Washington und London, mittlerweile von der Wirkungslosigkeit des Neutralisierungsmodells überzeugt, lehnten dies kategorisch ab. Ab Oktober 1964 bombardierten die USA Ziele entlang des "Ho Chi Minh-Pfades", und der laotische Bürgerkrieg wurde zum Nebenschauplatz des Vietnamkrieges.

3. Das Pariser Vietnamabkommen 1973

1960 wurde in Südvietnam die Nationale Befreiungsfront (Vietcong) gegründet. Im November 1962 trafen die ersten Einheiten der US-Luftwaffe ein. Im August 1964

3 Zur Genfer Laos-Konferenz vgl. Arthur *Lall*, How Communist China Negotiates, New York/London 1968.

griffen nordvietnamesische Patrouillenboote ein amerikanisches Kriegsschiff im Golf von Tonking an, und Präsident Johnson befahl eine Politik der Eskalation, die Hanoi im Rahmen der neuen Globaldoktrin der "flexiblen Antwort" in die Knie zwingen sollte. Die Bombardierung des Nordens und Verminung der Grenzgebiete und Häfen brachte allerdings keine Entscheidung, statt dessen wuchs in Amerika der innenpolitische Druck zur Beendigung des Krieges.

Sihanouk erhielt bei seinem Versuch, Kambodscha aus dem Vietnamkrieg herauszuhalten, mit Ausnahme Frankreichs im Westen keine Unterstützung. Seine Anerkennung Nordvietnams und des Vietcong im Austausch gegen die kommunistische Anerkennung der kambodschanischen Neutralität wirkte 1967 eher kontraproduktiv: in den Augen der USA und ihrer südvietnamesischen und thailändischen Alliierten war Kambodscha ins gegnerische Lager übergewechselt.

Im September 1967 hatte Johnson erklärt, er werde die Bombardierung Nordvietnams einstellen, sobald Hanoi ein Verhandlungsangebot mache. Dieses Angebot erfolgte nach dem militärisch unentschiedenen Ausgang der nordvietnamesischen Têt-Offensive im Februar 1968. Am 13. Mai 1968 begannen in Paris auf Vermittlung der Kovorsitzenden der Genfer Konferenzen von 1954 und 1961 amerikanisch-nordvietnamesische Verhandlungen. Zu diesem Zeitpunkt hatten Moskau und Washington in ihren bilateralen Beziehungen für Entspannung optiert, ohne daß eine der beiden Seiten ihre Beziehungen zur Volksrepublik China verbessert hätte. Für Peking war mit den Pariser Gesprächen einmal mehr der Beweis einer "Verschwörung" der Supermächte erbracht. Auf dem Höhepunkt der Kulturrevolution ließ es kein Interesse erkennen, den von den USA seit Anfang der 60er Jahre "sabotierten" indochinesischen Friedensprozeß wieder in Gang zu bringen.

Nach langwierigen Kontroversen um Verfahrensfragen und die Form des Verhandlungstisches ermöglichte die Einstellung der amerikanischen Bombardements ab Oktober 1968 ernsthafte Gespräche unter Einbeziehung des Vietcong und der Saigoner Regierung.

Im Juni 1969 formulierte der kurz zuvor zum amerikanischen Präsidenten gewählte Richard Nixon seine sogenannte "Guam-Doktrin", die als zentrales Postulat den Rückzug der USA aus Indochina, das heißt die "Vietnamisierung" des Krieges, beinhaltete. Nahezu zeitgleich skizzierte Leonid Breschnew die Vision eines "Systems der kollektiven Sicherheit in Asien", mittels dessen das in der Guam-Doktrin angelegte militärische Vakuum in Festland-Südostasien ausgefüllt und die Volksrepublik China mit einem "cordon sanitaire" moskaufreundlicher Staaten umgeben werden sollte. Die hieraus resultierende Normalisierung der amerikanisch-chinesischen Beziehungen ermöglichte letztlich – und erneut auf Kosten Hanois – eine Übereinkunft in Paris.

Zunächst aber kamen die Verhandlungen über die Situation in Kambodscha zum Stillstand. Die Übernahme der Kontrolle über den kambodschanischen Abschnitt des "Ho Chi Minh-Pfades" durch den Vietcong lieferte der Rechten in Phnom Penh im März 1970 den Vorwand für einen Staatsstreich und die folgende Wiederannäherung an die USA. Im Oktober proklamierte das Militärregime die Republik, und Kambodscha wurde offiziell Kriegspartei.

Insbesondere die Volksrepublik China sah ihre Interessen durch diese weitere Ausweitung des Vietnamkrieges gefährdet und berief im April 1970 eine Art Alternativkonferenz der vietnamesischen Kommunisten, des Pathet Lao und der Pekinger Exilregierung Sihanouks ein. Hier wurde zum einen der Versuch deutlich, asiatische Fragen durch Asiaten zu regeln, zum anderen aber auch Pekings anhaltendes Engagement für ein multipolares Indochina, in dem vier unabhängige Staaten ihre Beziehungen auf Grundlage der friedlichen Koexistenz organisieren.

Nach Abschluß der amerikanisch-chinesischen Normalisierung und einer gescheiterten nordvietnamesischen Offensive im Frühjahr 1972 einigten sich Washington und Hanoi im Oktober des Jahres auf einen gemeinsamen Text für ein Friedensabkommen. Das Pariser Abkommen vom 27. Januar 1973 enthielt Vorkehrungen für

- den sofortigen Waffenstillstand entlang des Frontverlaufs;
- den Rückzug der Amerikaner und ihrer Verbündeten aus Südvietnam binnen sechzig Tagen;
- Freisetzung aller Gefangenen;
- sofortige Konsultationen beider vietnamesischer Seiten über die Gründung eines Nationalen Versöhnungsrates bestehend aus Vertretern Saigons, Hanois und des Vietcong;
- Aushandlung der Modalitäten der Wiedervereinigung durch diesen Versöhnungsrat;
- Überwachung von Waffenstillstand und Truppenrückzug durch eine Internationale Kontrollkommission mit den Mitgliedern Kanada, Polen, Ungarn und Indonesien;
- Einberufung einer internationalen Konferenz zur Garantie des Abkommens;
- Einstellung der militärischen Aktivitäten aller Drittstaaten in Kambodscha und Laos.

Ein separater Waffenstillstand für Laos wurde am 21. Februar 1973 unterzeichnet.[4]

Das Pariser Abkommen war von dem dringenden Wunsch der USA nach einem Rückzug aus Indochina diktiert und deshalb unausgewogen. So zählte etwa die UdSSR, mittlerweile Hauptwaffenlieferant Hanois, nicht zu den Unterzeichnern und saßen sich im Nationalen Versöhnungsrat eine prowestliche und zwei kommunistische Parteien gegenüber. Wenn der Pariser Friede über die Abkoppelung der

4 Zum Zweiten Indochinakrieg vgl. Gérard *Le Quang*, La guerre américaine d'Indochine, Paris 1973.

politischen von den militärischen Fragen gelungen war, so lagen eben hierin auch seine Schwächen: während die Gespräche zwischen Saigon, Hanoi und dem Vietcong in La Celle St. Cloud (März 1973 bis April 1974) ergebnislos blieben, begann ein Wettlauf um militärischen Bodengewinn unter Ausnutzung von Ungenauigkeiten in den Details des Waffenstillstandes und der bekannten Selbstlähmung der Kontrollkommission. Weder konnte ein sofortiger Nachschub- und Verstärkungsstop durchgesetzt werden, noch der Polarisierung in Laos Einhalt geboten werden. Saigon nahm solche Defizite schließlich zum Vorwand, das Abkommen einseitig zu kündigen.

Mitte 1974 begann der Krieg erneut, im April 1975 fiel Saigon, zur Jahreswende kapitulierten Phnom Penh und Vientiane.

4. Hegemoniale Lösung regionaler Konflikte?

Die Analyse der beschriebenen Indochinakonflikte und ihrer Lösungsansätze führt zu folgenden Gemeinsamkeiten:

- Das Zusammenwirken von Entkolonisierung und Kaltem Krieg und die resultierende Bindung regionaler Parteien an auswärtige Hegemonialmächte hat die Konflikte in Indochina zwischen 1945 und 1973 räumlich und zeitlich weiter ausgedehnt, als es interne Widersprüche vermocht hätten.
- Die Aufnahme von Friedensverhandlungen war ausschließlich von diesbezüglichen Interessen der Hegemonialmächte abhängig, die zumeist außerhalb der Region begründet waren und nur in sehr begrenzten historischen Konstellationen zusammentrafen.
- Das Interesse der regionalen Parteien an Eskalation bzw. Entspannung war in der Regel mit dem der Hegemonialmächte nicht identisch. Dabei gelang es ersteren allenfalls zeitweise, eine Vormacht gegen die andere auszuspielen.
- Regionale Parteien waren immer in der Lage, die Umsetzung der ihnen aufoktroyierten Kompromisse zu sabotieren, insbesondere dort, wo ihnen vertraglich eine aktive Rolle zugeschrieben wurde.
- Die technische Überwachung erzielter Kompromisse scheiterte immer, wo sie auswärtigen "Statthaltern" hegemonialer Interessen überlassen wurde.

In Anlehnung an Liskas Theorie über "Great Power Orbits"[5] haben wir es bei diesen Konflikten mit "regionalen Gruppierungen kleiner Staaten" zu tun, die sich "um die lokale Großmacht scharen und militärische, ökonomische und andere Ressourcen in Krieg und Frieden" mit dem Ziel bündeln, "... die Hauptverantwortlichkeit für die Organisation regionaler Sicherheit in starke Hände abzugeben,

5 George *Liska*, Alliances and the Third World, Baltimore 1968; *ders.*, Geographic Scope, Pattern and Integration, in: Richard A. *Falk*/Saul H. *Mendlovitz* (Hrsg.), Regional Politics and World Order, San Francisco 1973, S. 232-246.

während die Großmächte ebenfalls profitieren, indem sie in ihrem strategischen Gebiet über verläßliche Alliierte verfügen".[6] Von diesem "hegemonialen" Modell kollektiver Sicherheit wären ein "autonomes" Modell und ein Zwischenstatus zu unterscheiden. Ersteres würde im Idealfall die Intervention einer auswärtigen Macht am Widerstand der übrigen auswärtigen Mächte scheitern lassen. Letzterer bezeichnet die unentschiedene Phase des Ringens zweier oder mehrerer auswärtiger Mächte um einen Staat oder eine Region.[7] Dabei war es eine Besonderheit des indochinesischen Kontexts, daß hier ein Teil der Regionalstaaten gegen seinen Willen zur Parteinahme gezwungen wurde (Laos, Kambodscha) bzw. seine staatliche Existenz erst diesem Konflikt verdankte (Nord-, Südvietnam). Andererseits hat Acharya festgestellt, daß die hegemoniale Organisation regionaler Sicherheit in der Dritten Welt oft an mangelnder Kongruenz in der strategischen Perzeption der Großmächte und ihrer regionalen Verbündeten scheitert, weil innere Bedrohungsfaktoren für letztere eine wichtigere Rolle spielen, als etwa sowjetischer oder chinesischer Globalexpansionismus.[8] Acharya kontrastiert dieses hegemoniale Modell regionaler Sicherheit mit einer aus Antikolonialismus und Blockfreiheit hervorgehenden autonomen Alternative und zitiert als Beispiel die ASEAN.[9] Im folgenden soll anhand des Kambodscha-Konflikts 1978-1991 untersucht werden, welche Relevanz diese Variante für die Bewältigung des vorerst letzten indochinesischen Konflikts in Theorie und Praxis hat.

II. ASEAN und Kambodscha: Versuch einer Re-Regionalisierung

Zu Beginn der amerikanischen "containment"-Politik in Südostasien standen die späteren ASEAN-Mitglieder mit Ausnahme des neutralistischen Indonesien im westlichen Lager: Singapur, Malaya und die Nordborneo-Staaten waren britische Kolonien und blieben Großbritannien auch nach Erlangung der Unabhängigkeit sicherheitspolitisch eng verbunden. Thailand und die Philippinen gehörten 1954 zu den Gründungsmitgliedern der SEATO und ab 1966 zu den sogenannten "Sieben von Manila", die an der Seite der USA am Vietnamkrieg teilnahmen.

Die Bangkoker Gründungserklärung der ASEAN vom August 1967 nennt wirtschaftliche, soziale und kulturelle Zusammenarbeit als wesentliche Inhalte der angestrebten Kooperation; bis heute kennt die Gemeinschaft nur geringfügige Ansätze für eine gemeinsame Sicherheitspolitik. Zweifelsohne waren aber die Gründungsmotive sicherheitspolitischer und regionalstrategischer Natur: Während sich

6 Ebd., S. 236.

7 Vgl. *Liska*, Alliances, S. 44.

8 Vgl. Amitav *Acharya*, Regional Military-Security Cooperation in the Third World: A Conceptual Analysis of the Relevance and Limitations of ASEAN, in: Journal of Peace Research, 29 (1992) 1, S. 7-21 (8).

9 Ebd., S. 9.

der Vietnamkrieg auf Kambodscha und Laos ausweitete und Washingtons Alliierter Thailand eine Gefährdung seiner Grenze nicht mehr ausschließen konnte, kündigte London im Juli 1967 den militärischen Rückzug "östlich von Suez" an, das heißt unter anderem aus den britischen Stützpunkten in Malaysia und Singapur.

1. Ansätze für ein autonomes Modell regionaler Sicherheit

Auslösendes Moment für die Gründung der ASEAN war mit der Krise im malaiischen Archipel 1963-1965 ein interner Konflikt gewesen. Indonesiens Präsident Sukarno hatte versucht, den Zusammenschluß der vormaligen britischen Kolonien auf der malaiischen Halbinsel und in Nordborneo zu einer Föderation zu verhindern. Die resultierenden Spannungen wurden durch weitere Differenzen zwischen den regionalen Akteuren, etwa einen philippinischen Territorialanspruch auf Britisch Nordborneo (später der malaysische Bundesstaat Sabah) weiter kompliziert.[10] ASEAN-Vorläufer wie die Südostasiatische Gemeinschaft (ASA) oder das panmalaiische "Maphilindo"-Projekt waren an diesen Konflikten gescheitert.

1965 endete die Malaysia-Krise mit der Entmachtung Sukarnos durch die indonesische Armee, dem Ausscheiden Singapurs aus der Föderation und erfolgreicher Vermittlung Thailands zwischen Kuala Lumpur und Manila in der Sabah-Frage. 1967 kündigte Präsident Johnson in San Antonio einen Milliardenkredit für nichtkommunistische Staaten Südostasiens unter der Voraussetzung an, daß Dritte (Japan) ihrerseits Beiträge leisteten und die Mittel im Rahmen multilateraler Zusammenschlüsse verteilt würden. Die Gründung der ASEAN war auch als Reaktion auf dieses Angebot zu verstehen.

Mit Etablierung der Gemeinschaft waren Differenzen zwischen den – zunächst fünf[11] – Mitgliedstaaten (z.B. über den grundsätzlich fortbestehenden philippinischen Anspruch auf Sabah, die Moslems im Süden von Thailand und der Philippinen oder die Nationalisierung der Straße von Malakka) keineswegs ausgeräumt, und der Gründungsvertrag blieb zu den Einzelheiten der angestrebten Zusammenarbeit ausgesprochen vage (erst auf dem ASEAN-Gipfel im Januar 1992 wurde die Errichtung einer Freihandelszone binnen 15 Jahren beschlossen). Es gab aber auch gemeinsame Interessen, etwa die Ablehnung des "neutralistischen" Modells und die Suche nach einem modus vivendi für Südostasien in der Zeit nach dem Vietnamkrieg. So bezeichnete das Bangkoker Kommuniqué die Existenz ausländischer Stützpunkte in der Region als temporär und versicherte, diese würden nicht als Ausgangspunkt für Aktionen gegen Dritte genutzt werden. Kambodscha, Laos

10 Zur Krise im malaiischen Archipel vgl. J. A. C. *Mackie*, Konfrontasi: The Indonesia-Malaysia Dispute 1963-1966, Kuala Lumpur 1974.

11 Singapur, Malaysia, Indonesien, Thailand, Philippinen, ab 1984 auch Brunei.

und Südvietnam entsandten zunächst Beobachter zu den Ministerratssitzungen, Birma und Nordvietnam waren hierzu zumindest aufgefordert.

Das langsame Obsoletwerden der SEATO, der britische Rückzug von der malaiischen Halbinsel[12] und der einsetzende amerikanische Rückzug aus Vietnam veranlaßten einzelne ASEAN-Staaten auch zu Überlegungen hinsichtlich einer Verteidigungsgemeinschaft, die bis heute vor allem an indonesischem Einspruch gescheitert sind. Dennoch kam es zu einer Reihe bilateraler Abkommen, die sich gegen innere Risiken richteten. Seit Beginn der Kambodschakrise Ende 1978 und gleichzeitiger Zunahme der Spannungen im Südchinesischen Meer wurden bi- und trilaterale Manöver durchgeführt, auf dem Gebiet der Nachrichtendienste wurde eine institutionalisierte Zusammenarbeit aller Mitgliedstaaten ins Leben gerufen.[13] Als aber auf den amerikanischen Rückzug aus Indochina ab 1969 weder die Gründung eines eigenständigen Verteidigungspaktes noch Absicherung durch eine neue hegemoniale Allianz folgte, machte Malaysia im September 1970 den Vorschlag, ganz Südostasien unter Großmachtgarantien zu neutralisieren.

Das Konzept scheiterte zunächst an der unveränderten regionalen Polarisierung: zwar stimmten Laos und Kambodscha zu, aber bereits Birma reagierte angesichts der prowestlichen Orientierung der ASEAN mit äußerster Zurückhaltung; für Nordvietnam war der Plan vollkommen indiskutabel. Da die ASEAN-Staaten selbst insbesondere in der Garantiefrage keine Einigung erreichten (Indonesien lehnte es ab, auswärtigen Mächten eine dauernde Zuständigkeit für die Region zuzugestehen), wurde von den Außenministern im November 1971 nur ein stark abgeschwächtes Konzept verabschiedet: anstelle des malaysischen Neutralisierungsplans trat eine Absichtserklärung über die spätere Schaffung einer "Zone des Friedens, der Freiheit und der Neutralität" (ZOPFAN), deren konstitutive Elemente abgesehen von der Forderung nach einem Stützpunktverbot und Verzicht auf Einmischung von außen nicht weiter präzisiert wurden. Von Großmachtgarantien war nun keine Rede mehr, dafür enthielt die Erklärung jetzt einen Hinweis auf die Errichtung einer nuklearwaffenfreien Zone, die allerdings erst in der zweiten Hälfte der 80er Jahre integraler ZOPFAN-Bestandteil werden sollte.[14]

Auch wenn das ZOPFAN-Projekt im weiteren Verlauf des Indochinakrieges zurückgestellt und nach dem vietnamesischen Einmarsch in Kambodscha Ende 1978 vorerst zu den Akten gelegt wurde, verhalf es der ASEAN als Gemeinschaftsreak-

---

12 Großbritannien erneuerte 1971 sein Bekenntnis zur sicherheitspolitischen Verantwortung in der Region durch Unterzeichnung eines "Fünfmächte-Verteidigungsabkommens" (sog. ANZUK-Vertrag) mit Australien, Malaysia und Singapur, ist aber seit 1976 nicht mehr mit eigenen Truppen präsent.

13 Zur Geschichte der ASEAN vgl. Bernhard *Dahm*/Werner *Dahm* (Hrsg.), Politics, Society and Economy in the ASEAN States, Wiesbaden 1975.

14 Vgl. Heiner *Hänggi*, Neutralität in Südostasien: Das Projekt einer Zone des Friedens, der Freiheit und der Neutralität, Bern 1992.

tion auf neue regionale Konstellationen zu außenpolitischem Prestige und war unter anderem für die Normalisierung der Beziehungen zu China oder die Wahl Indonesiens in die Kontrollkommission für die Überwachung des Pariser Abkommens von 1973 mitverantwortlich.

Im Kontext des Kambodschakonflikts und der gleichzeitig einsetzenden Spannungen im Südchinesischen Meer haben sich die ASEAN-Staaten dennoch für die Beibehaltung der militärischen Präsenz der USA in der Region ausgesprochen und Neutralisierungspläne in eine unbestimmte Zukunft verwiesen, wobei die ursprüngliche sowjetische Bedrohung schrittweise durch unterschiedlich perzeptierte expansionistische Tendenzen Chinas, Japans und Indiens abgelöst wurde: Thailand und Singapur verstärkten Anfang der 80er Jahre ihre sicherheitspolitische Zusammenarbeit mit Washington; Malaysia und Singapur bemühten sich um eine Reaktivierung der "Fünfmächte"-Zusammenarbeit mit Großbritannien, Australien und Neuseeland; die Sicherheit Bruneis ist weiterhin auf ein Verteidigungsabkommen mit London gegründet. Als der philippinische Senat 1992 eine Verlängerung des Stützpunktvertrages mit den USA ablehnte, boten Singapur, Brunei und Thailand Ersatz an und erklärten sich selbst Malaysia und Indonesien bereit, der Siebten Flotte Werftkapazität auf kommerzieller Basis zur Verfügung zu stellen.

Paradoxerweise waren also Entstehen und Erfolg der ASEAN bis 1969 unter anderem erst durch das amerikanische Engagement in Indochina ermöglicht worden und die anschließenden Bemühungen um autonome Alternativen sozusagen als zweitbester und erst unter dem Druck der Ereignisse eingeschlagener Weg zu verstehen. Auf diesem Weg sind bisher nur Teilerfolge vorzuweisen: Acharya konstatiert einen gelungenen autonomen Ansatz der ASEAN-Sicherheitskooperation, wo es um Konflikte zwischen einzelnen Mitgliedern geht und Effizienzdefizite im Management auswärtiger Krisen, die die Aufrechterhaltung der sicherheitspolitischen Beziehungen insbesondere zu den USA motiviert haben. Diese einander widersprechenden Tendenzen hätten einen "eher pragmatischen Begriff regionaler Autonomie" geprägt, der nicht mehr "mit vollständigem Verlassen auf eigene Kraft gleichgesetzt wird, sondern mit der Fähigkeit, auswärtigem Druck durch kollektives Verhandeln ... zu begegnen und den Zwang zum Rückfall auf Intervention von außen in der Region möglichst klein zu halten".[15]

Die Praktikabilität dieses Ansatzes soll anhand der Kambodschakrise 1978-1991 und ihres Lösungsversuchs überprüft werden.

2. ASEAN und der Dritte Indochinakonflikt

Wie seine beiden Vorgänger begann auch der Dritte Indochinakonflikt 1978-1991 als Regionalkrise, die durch das Eingreifen auswärtiger Mächte perpetuiert wurde.

15 *Acharya*, Regional Military-Security Cooperation in the Third World, S. 17.

Noch im Frühjahr 1975 kam es zwischen Kambodscha und dem wiedervereinten Vietnam zu Zwischenfällen an der gemeinsamen Landgrenze, die schon in einem frühen Stadium mit Luftwaffe und schwerer Artillerie ausgetragen und in Phnom Penh mit historisch-rassistischer Propaganda orchestriert wurden. Der Versuch einer friedlichen Lösung scheiterte im März 1977 am totalen Desinteresse der Roten Khmer-Regierung. Und während Vietnam seine Sonderbeziehungen zu Laos im Juli 1977 vertraglich untermauerte und einen Anspruch auf regionale Führung formulierte, beschloß die Regierung in Peking im Dezember des Jahres, Kambodscha in diesem neuen Konflikt militärisch beizustehen.

Am 3. Dezember 1978 wurde in Hanoi die Gründung einer provietnamesischen kambodschanischen "Einheitsfront für die nationale Rettung" verkündet. Drei Wochen später lancierte Vietnam auf einen "Hilferuf" dieser Organisation hin die Endoffensive, am 7. Januar 1979 fiel Phnom Penh, einen Tag darauf wurde die "Volksrepublik Kampuchea" unter ihrem Präsidenten Heng Samrin proklamiert. Außenminister, später Regierungschef, war Hun Sen. Die Roten Khmer zogen sich in Basen entlang der thailändischen Grenze zurück, wo sie mit Unterstützung der thailändischen Regierung chinesische Waffen und Ausrüstung bezogen. Ein zwölfjähriger Bürgerkrieg begann.

Auch dieser Krieg wurde zum internationalen Konflikt, wenngleich das Eskalationsrisiko geringer war als zehn Jahre zuvor in Vietnam. Peking suchte mit seiner Parteinahme für die Roten Khmer zum einen die mit Scheitern des Pariser Abkommens verlorengegangene Balance aus divergierenden Kräften in Indochina – und damit den eigenen Einfluß – zu sichern, war aber gleichzeitig bemüht, dem Westen, Japan und den ASEAN-Staaten ein koordiniertes Vorgehen gegen die Sowjetunion und ihre "Marionetten" mit dem Ziel der Gründung einer "internationalen antihegemonistischen Front" anzutragen. Die chinesische Wirtschaftshilfe für Hanoi wurde eingestellt, und im Februar/März 1979 unternahm China einen militärischen Schlag gegen das nördliche Vietnam.

Moskau war an einer Wiederaufnahme des Konflikts mit den USA vor dem Hintergrund des SALT-II-Prozesses nicht interessiert und lehnte trotz des im November 1978 mit Vietnam geschlossenen "Vertrags über Freundschaft und Zusammenarbeit" eine direkte militärische Intervention auf der Seite Hanois ab. Dennoch wurde die jahrelange Besetzung Kambodschas durch Vietnam erst durch sowjetische Zivil- und Militärhilfe, Öl- und Getreidelieferungen ermöglicht. Das Gesamtvolumen dieser Hilfe belief sich 1980 auf drei Mio. US-Dollar am Tag, etwa doppelt soviel, wie Cuba 1973 bezogen hatte.

Washington hatte eine Rückkehr seiner Truppen nach Indochina ausgeschlossen, nutzte aber die Gelegenheit, sowjetische Ressourcen in einem weiteren langwierigen Konflikt zu binden und die in der amerikanischen Öffentlichkeit wenig populäre Normalisierung der Beziehungen zu Vietnam auf die lange Bank zu schieben. Das Handelsembargo wurde aufrechterhalten.

Japan – 1978 bereits wieder Hanois wichtigster westlicher Handelspartner – sah sich nach der Besetzung Kambodschas veranlaßt, Vietnam bereits zugesagte Wirtschaftshilfe einzufrieren.

Angesichts dieser Voraussetzungen brach in der ASEAN ein latenter Konflikt zwischen den Befürwortern prowestlicher Allianzen und den eher zu autonomen Lösungen neigenden Mitgliedern Indonesien und Malaysia auf, die insbesondere ein Zusammengehen mit China seit jeher zurückhaltend bewerteten: während Thailand in direkter Kooperation mit Peking zur Unterstützung der Roten Khmer überging und Singapur Hanoi die Alleinschuld an der neuen Krise zuwies, formulierten Präsident Suharto und der malaysische Premier Hussein Onn im März 1980 den Grundsatz, Vietnam dürfe weder unter sowjetischen noch unter chinesischen Einfluß fallen.

Dieser Vermittlungsversuch wurde mit dem ersten ernstzunehmenden Übergriff vietnamesischer Truppen auf thailändisches Gebiet am 23. Juni 1980 zunächst obsolet. Die ASEAN-Außenminister vereinbarten, das "Demokratische Kampuchea" so lange moralisch und logistisch zu unterstützen, bis sich Hanoi zur Teilnahme an einer neuen Indochinakonferenz bereitfände. Japan, die USA, Kanada, Australien und Neuseeland machten sich diese Position offiziell zu eigen. Im November 1980 erklärte der stellvertretende thailändische Außenminister, ASEAN könne sich nunmehr veranlaßt sehen, Vorkehrungen für kollektive Sicherheit zu treffen. China zollte diesen Initiativen Beifall und bemühte sich, zur Verbesserung der Akzeptanz des kambodschanischen Widerstandes Rote Khmer, Sihanoukisten und die Rechtsfraktion um den vormaligen Regierungschef Son Sann an einen Tisch zu bringen. Im Oktober 1980 bestätigte die Vollversammlung der Vereinten Nationen den Vertretungsanspruch des "Demokratischen Kampuchea" mit großer Mehrheit und forcierte den sofortigen vietnamesischen Rückzug und die Abhaltung einer internationalen Indochinakonferenz entsprechend dem ASEAN-Plan.

Im Juli 1981 trat diese Konferenz ohne Beteiligung der indochinesischen Staaten, aber auch ohne die Ostblockstaaten und sogar in Abwesenheit führender Blockfreier wie Indien in New York zusammen. Das Ergebnis – Forderung nach Waffenstillstand und freien Wahlen unter VN-Aufsicht sowie der Neutralisierung Kambodschas unter internationalen Garantien – nahm zwar Kernpunkte der zehn Jahre später vereinbarten Lösung vorweg, blieb aber angesichts der Zusammensetzung der Konferenz völlig irrelevant.

Im September 1981 vereinbarten Rote Khmer, Sihanoukisten und kambodschanische Rechte in Singapur die Gründung einer antivietnamesischen Regierungskoalition, die es der ASEAN wie dem Westen erleichterte, diplomatische und materielle Hilfen gezielt wirksam zu machen. Um diese Koalition herum nahm die von

China avisierte "antihegemonistische Front" vorübergehend Konturen an, wenngleich solche Kooperation nie zu der von Peking erhofften Globalallianz mit den USA und Japan führte.[16]

ASEAN war somit Partei, nicht mehr Vermittler, wie von Indonesien und Malaysia seinerzeit angestrebt. Wenn die Gemeinschaft diese eindeutige Position in den folgenden Jahren wieder zu relativieren suchte, so zum einen, weil die Unterstützung für die Khmer-Koalition mit dem Makel der Hilfe für den Massenmörder Pol Pot behaftet war (in diesem Zusammenhang wurde insbesondere Thailands zusehende Abhängigkeit von China von den übrigen Mitgliedstaaten mit Unbehagen verfolgt) und zum anderen, weil die Re-Regionalisierung des Konflikts mit Gorbatschows Machtübernahme in der UdSSR im März 1985 eine realistische Alternative geworden war: der sowjetische Führer hatte die schrittweise Normalisierung der Beziehungen zu China eingeleitet und seine Bereitschaft zum Rückzug aus Afghanistan und Indochina signalisiert. Im August 1985 erklärte Vietnam einseitig den Beginn eines etappenweisen Truppenabzugs aus Kambodscha. Unter diesen Vorzeichen erhielt auch die autonome Variante der ASEAN-Regionalpolitik neue Aktualität: im Juli 1987 einigte sich Indonesien mit Vietnam auf "informelle Gespräche" zwischen den kambodschanischen Bürgerkriegsparteien, Hanoi, Vientiane und ASEAN. Ein Jahr darauf erbrachte das erste Treffen dieser Art in Jakarta Übereinstimmung über die grundsätzliche Wünschbarkeit von Waffenstillstand und allgemeinen Wahlen, nicht jedoch über die internationale bzw. regionale Kontrolle beider Prozesse. Insbesondere Vietnam sperrte sich in der Folgezeit gegen die Übernahme der Regierungsgewalt durch eine Koalition der vier Bürgerkriegsparteien noch vor Durchführung der kambodschanischen Wahlen.

Zwischenzeitlich war es zwischen Peking und Moskau, Peking und Hanoi sowie Bangkok und Hanoi zu einem dreifachen Entspannungsprozeß gekommen: Anfang 1989 verhandelten diese Gesprächspartner erstmals separat und vertraulich über Kambodscha. Zum anderen hatten sich Sihanouk und Hun Sen während mehrerer Treffen in Paris über das Mandat für eine internationale Kambodschakonferenz verständigt, die dort am 30. Juli 1989 unter französischem und indonesischem Vorsitz für zunächst einen Monat zusammentrat. Teilnehmer waren die vier Bürgerkriegsparteien, die (mittlerweile) sechs ASEAN-Staaten, die fünf ständigen Mitglieder des Weltsicherheitsrates, Vietnam und Laos sowie Australien, Kanada, Indien, Zimbabwe als Vertreter der Blockfreien und ein Beauftragter des Generalsekretärs der Vereinten Nationen.

Die Konferenz verabschiedete am 1. August 1989 Grundzüge eines Friedensplans inklusive überwachter Rückzug der vietnamesischen Truppen, Waffenstillstand, Einstellung auswärtiger Unterstützung, Übergangsregierung, freie Wahlen

16 Zu Genese und Entwicklung des Kambodschakonflikts vgl. Werner *Draguhn*/Peter *Schier* (Hrsg.), Indochina: Der permanente Konflikt?, Hamburg 1987.

unter internationaler Kontrolle, Neutralisierung Kambodschas, Rückführung der Flüchtlinge und Wiederaufbau. Offen blieben die Streitfragen der Zusammensetzung der Kontrollinstanzen und der Interimsregierung, das heißt der Beteiligung der Roten Khmer. Aus der Sackgasse heraus führte schließlich ein Vorschlag des australischen Außenministers, die Vereinten Nationen unmittelbar an Übergangsregierung, Überwachung des Waffenstillstandes, Vorbereitung und Durchführung der Wahlen zu beteiligen. Der Weltsicherheitsrat verabschiedete am 26. August 1990 einen entsprechenden Rahmenplan, der von den vier Parteien auf einem weiteren Treffen in Jakarta akzeptiert wurde und schließlich die Grundlage für das Pariser Abkommen vom 23. Oktober 1991 bildete.[17]

Einmal internationalisiert, war auch der Dritte Indochinakonflikt nur auf internationaler Ebene zu beenden; mehr noch als bei den Vorläufern kam diesmal der Volksrepublik China die entscheidende Rolle zu. Mit dem Wegfall des sino-sowjetischen Konflikts und der Unterstützung Moskaus für Hanoi sowie dem Ende der Illusionen über einen dauerhaften Pakt mit den USA waren die globalen und regionalen Motive für ein weiteres "Ausbluten" Vietnams entfallen. Eine gewisse Dringlichkeit, zu diplomatischen Lösungen zu kommen, ergab sich für Peking im Juli 1990, als Washington drohte, die Unterstützung für die Roten Khmer einzustellen und die – nach dem Massaker vom Juni 1989 ohnehin isolierte – Volksrepublik China somit auch von einer Regelung für Kambodscha auszuschließen.

ASEAN war dem Kambodscha-Konflikt als Partei beigetreten, nicht als Vermittler. Überlegungen hinsichtlich autonomer und neutralistischer Modelle regionaler Sicherheit waren anläßlich der Krise hintangestellt worden. Schon ab Mitte der 80er Jahre aber war sich die Mehrheit der Mitgliedstaaten bewußt, daß die erneute Internationalisierung eines Indochinakrieges durch die Volksrepublik China nach dem effektiven Rückzug Washingtons und kurz vor dem Beginn des sowjetischen Rückzugs seinerseits keinen dauerhaften Frieden, sondern zunehmende äußere Bedrohung bei wachsender Gefahr eines Interessenkonflikts unter den Sechs versprach. Aus dieser Überlegung heraus bot sich mit Indonesien schließlich doch noch derjenige ASEAN-Staat als Vermittler an, der seit seiner Unabhängkeit die größte Distanz zu den Westmächten gehalten hatte. Jakartas Initiative im Namen der Sechs weist den Weg zu einem alternativen regionalen Sicherheitssystem, dessen Verwirklichungschancen allerdings wesentlich von der Umsetzbarkeit des kambodschanischen Friedensschlusses abhängen.

17 Zum Verhandlungsprozeß vgl. Robert S. *Ross*, China and the Cambodian Peace Process: The Value of Coercive Diplomacy, in: Asian Survey, 21 (Dezember 1991) 12, S. 1170-1185.

3. Das Pariser Kambodscha-Abkommen und seine Implementierung

Das Pariser Friedensabkommen für Kambodscha vom 23. Oktober 1991 besteht aus einer Schlußakte, einem Abkommen über die umfassende politische Regelung des Konflikts, einem Abkommen über die Souveränität, Unabhängigkeit, territoriale Integrität, Neutralität und nationale Einheit Kambodschas sowie einer Erklärung über den Wiederaufbau des Landes. Zentralpunkt ist die Aufforderung an den Weltsicherheitsrat und die Vollversammlung der Vereinten Nationen, eine Übergangsbehörde (U.N. Transitional Authority in Cambodia [UNTAC]) einzusetzen und mit folgenden Aufgaben zu betrauen:

- Entwaffnung von 70% jeder der vier Bürgerkriegsarmeen, Kasernierung der restlichen 30%, Magazinierung ihrer Waffen;
- Durchsetzung des Waffenstillstandes, Unterbindung militärischen Nachschubs von außen;
- Repatriierung der mehr als 370 000 Flüchtlinge aus thailändischen Lagern;
- Übernahme der Verantwortung für Verteidigung, Auswärtiges, Öffentliche Sicherheit, Finanzen und Information bis zur Durchführung freier Wahlen;
- Gewährleistung der Menschenrechte;
- Vorbereitung, Durchführung und Kontrolle allgemeiner Wahlen zu einer verfassunggebenden Versammlung, die anschließend die Aufgaben eines Parlaments übernimmt.[18]

Diese bisher ambitionierteste Peace-keeping-Mission in der Geschichte der Weltorganisation erforderte die Präsenz von ca. 16 000 Soldaten und 6 000 Zivilisten und kostete zwei Mrd. US-Dollar. In dieser Summe nicht inbegriffen ist die auf eine Mrd. Dollar bezifferte Soforthilfe für den Wiederaufbau des Landes.

Die Souveränität Kambdschas manifestiert sich nach dem Wortlaut des Abkommens durch einen im Juni 1991 begründeten "Obersten Nationalen Rat" (ONR), eine zwölfköpfigen Koalition der vier Bürgerkriegsparteien unter dem Vorsitz von Sihanouk, der unter anderem zwei Vertreter der Roten Khmer angehören. Erzielt der ONR in Einzelfragen keinen Konsensus, entscheidet das Votum des Prinzen.

Mit diesen Regelungen wurden nicht zuletzt Lehren aus den gescheiterten Abkommen von Genf und Paris gezogen:

- Die Überwachung des Friedensprozesses vor Ort liegt nicht mehr bei Vertrauensleuten verfeindeter Großmächte, sondern bei den VN als Sachwalter der Pariser Signatarstaaten und damit der Staatengemeinschaft insgesamt.[19]

---

18 Vollständiger Text in: Südostasien aktuell, Januar 1992, S. 100-116.

19 Zu einer Teilnahme an UNTAC wurden aufgefordert: Argentinien, Finnland, Frankreich, Ghana, Indien, Indonesien, Malaysia, die Niederlande, die Philippinen, Polen, Singapur und Zimbabwe. 1993 waren Soldaten aus Malaysia, Indonesien, Frankreich, Indien, Bulgarien, Uruguay, Niederlande, Bangladesh, Pakistan, Tunesien, Ghana, China, Japan und Deutschland unter australischem Oberbefehl vor Ort.

- Die Bürgerkriegsarmeen werden nicht nur auseinandergezogen, sondern neutralisiert.
- Mit UNTAC-Kontrolle der kambodschanischen Schlüsselressorts wird der kambodschanischen Regierung oder einzelnen Parteien in der Regierung die Unterlaufung des Friedensprozesses unmöglich gemacht. Insbesondere im Vorfeld der Wahlen soll UNTAC für ein neutrales politisches Umfeld sorgen.
- Mit der international garantierten Neutralität Kamobschas entfällt die Versuchung, das Land in künftigen Regionalkonflikten in das eine oder andere Lager zu ziehen.

Voraussetzung für die Umsetzung dieses anspruchsvollen Programms vor Ort waren allerdings rasche Stationierung der UNTAC und aktive Kooperation aller Bürgerkriegsparteien. In beider Hinsicht kam der Friedensprozeß schon im ersten Jahr ins Stocken:

Die Vereinten Nationen benötigten über zwei Monate, um ihren Sonderbeauftragten für Kambodscha, den Japaner Yasushi Akashi, zu nominieren. Verzögerungen bei der Verabschiedung des UNTAC-Budgets führten dazu, daß bis Juni 1992 nur zwei von neun vorgesehenen Bataillonen vor Ort waren. Bis zu diesem Zeitpunkt scheiterte auch die Übernahme der Schlüsselressorts an Personalmangel, und um ein Mindestmaß an funktionierender Verwaltung aufrechtzuerhalten, sah man sich gezwungen, die seit dem Pariser Abkommen nicht mehr legitimierte Regierung Hun Sen im Amt zu belassen.

Dies und die anfänglich enge Zusammenarbeit zwischen Sihanouk und Hun Sen nahmen die Roten Khmer zum Anlaß, die VN einer gezielten Begünstigung ihrer Gegner zu bezichtigen und ihren Einflußbereich auszuweiten. Im Januar 1992 begann in der nordöstlichen Provinz Kompong Thom eine Serie schwerwiegender Waffenstillstandsverletzungen, und das Eingreifen von Regierungstruppen führte zu neuem Aufflackern des Bürgerkrieges, den UNTAC nur unzureichend eindämmen konnte. UNTAC-Aktivitäten im Bereich der Roten Khmer wurden mit Hinweis auf die angebliche Anwesenheit "tausender versteckter vietnamesischer Soldaten" behindert, ohne daß Beweise vorgelegt werden konnten.[20] Als im Juni 1992 die Entwaffnung der Bürgerkriegsarmeen beginnen sollte, reagierten die Roten Khmer mit Verweigerung und kündigten einen Boykott der für 1993 vorgesehenen Wahlen an. Insbesondere erklärten sie es für unakzeptabel, daß ein Teil der zugesagten Soforthilfe zur Aufrechterhaltung der Verwaltung in Phnom Penh Verwendung finden sollte.

Diese Soforthilfe wurde von einer Ministerkonferenz unter Beteiligung von 33 Geberstaaten Ende Juni 1992 in Tokyo auf 880 Mio. US-Dollar festgesetzt. Die Delegationen äußerten bei dieser Gelegenheit "ernste Besorgnis" über "die Weige-

---

20 Vgl. Far Eastern Economic Review (FEER), 23.4.1992, S. 12/13.

rung einer Partei", das Pariser Abkommen zu erfüllen. Die Erklärung wurde unter anderem von China unterzeichnet, das schon in den Tagen zuvor eine schrittweise Abkehr von seinem einstigen kambodschanischen Verbündeten signalisiert hatte.

Es darf heute bezweifelt werden, ob die Roten Khmer jemals die Absicht hatten, mit Umsetzung des Pariser Abkommens die Durchführung allgemeiner Wahlen im Mai 1993 zu ermöglichen. Wahrscheinlicher ist, daß sie von Anfang an mit einer Mischung aus Sabotage und Konzessionen, militärischer Offensive und Verhandlungen Zeit zur Ausweitung ihres Einflußgebietes zu gewinnen suchten, um sich so mit oder ohne Wahlen die dominierende Position im Lande zu sichern.[21] Hierbei gelang es ihnen, traditionelle antivietnamesische Gefühle und wachsende Kritik der städtischen Bevölkerung an der UNTAC-Verwaltung zu instrumentalisieren. Diplomatische Bemühungen Chinas, Japans und Thailands um eine Rückkehr der Roten Khmer zum Pariser Konsensus scheiterten im August und November 1992.

Am 30. November 1992 beschloß der Weltsicherheitsrat bei Enthaltung Chinas ein Verbot des Holzexports aus dem Einflußbereich der Roten Khmer und verhängte ein Embargo für Erdölprodukte über diese Gebiete. Ziel war, einem auf den 31. Januar datierten Ultimatum größeres Gewicht zu geben. Sollten die Roten Khmer bis zu diesem Termin nicht mit Niederlegung ihrer Waffen und Kasernierung ihrer Truppen begonnen haben, würden sie von den allgemeinen Wahlen ausgeschlossen werden.

Die Roten Khmer ließen sich hiervon nicht beeindrucken. Nicht nur waren die verhängten Sanktionen schwer zu kontrollieren, sie ließen auch mit dem Edelsteinhandel nach Thailand die wichtigste Einnahmequelle der Fraktion zunächst unberücksichtigt. Siebenundfünfzig zumeist vom Militär kontrollierte thailändische Firmen haben im grenznahen Gebiet Schürfkonzessionen erworben und beschäftigen dort mehrere Zehntausende thailändische Bergleute. Gewinne der Roten Khmer aus diesen Konzessionen sollen sich monatlich auf mehr als eine Million US-Dollar belaufen.[22] Gegen diese Lobby erwies sich die neue demokratische Regierung in Bangkok bisher als machtlos. Noch die Vorgängerregierung hatte die Zollabfertigung an siebzehn Grenzübergängen nach Kambodscha an Privatfirmen mit Beziehungen zu Geheimdienstkreisen verpachtet.[23] Die einzige von UNTAC bisher festgestellte substantielle Präsenz fremder Truppen im Lande ist die der thailändischen Armee, die Edelstein- und Holzabbau kontrolliert.[24]

---

21 Diese Strategie ist in einer Geheimrede Pol Pots aus dem Jahre 1988 und einer Aufzeichnung Pol Pots vom 6.2.1991 niedergelegt. Vgl. FEER, 23.7.1992, S. 8/9 und ebd., 17.12.1992, S. 26-28.

22 Vgl. FEER, 12.11.1992, S. 12/13.

23 Vgl. ebd., 26.11.1992, S. 12/13.

24 Ebd., 12.11.1992, S. 12/13.

Berücksichtigte man weiter die von den Roten Khmer schon 1978 eingerichteten Waffendepots, die sie nach Einschätzung des thailändischen Außenministers für die nächsten zehn Jahre autark machen dürften,[25] so mußte die der Staatengemeinschaft gegenüber an den Tag gelegte Arroganz nicht weiter verwundern.

Die Wahlen zur verfassungsgebenden Versammlung vom 23. bis 27. Mai 1993 standen lange im Schatten von Sabotagedrohungen und Mordanschlägen der Roten Khmer, denen die Regierung Hun Sen im Februar mit einer weiteren ergebnislosen Offensive zu begegnen suchte. Hun Sens Volkspartei nutzte allerdings die allgemeine Verunsicherung, um der nichtkommunistischen Opposition, insbesondere die royalistische FUNCINPEC,[26] durch Mord und Terror Spielraum zu nehmen. Um so eindrucksvoller war unter solchen Umständen das Wahlergebnis: Mit einer Wahlbeteiligung von 90% erteilte das kambodschanische Volk den Roten Khmer eine eindeutige politische Abfuhr. FUNCINPEC ging mit 45% der Stimmen in Führung, gefolgt von der Volkspartei mit 38%.

Das ist keine solide Grundlage für eine neue kambodschanische Regierung, berechtigt aber zu verhaltenem Optimismus: Während die Regierung Hun Sen anfänglich von einem manipulierten Wahlergebnis sprach und vorübergehend versuchte, dieses in ihren östlichen Hochburgen zu ignorieren,[27] anerkannten nun überraschenderweise die Roten Khmer die Wahlen als fair und frei und diskutierten Kooperationsmöglichkeiten mit den Royalisten.[28] Die Gefahr völliger Isolierung wird die Volkspartei motivieren, sich an einer neuen Koalition unter dem Vorsitz Sihanouks, möglicherweise sogar Gesprächen mit den Roten Khmer zu beteiligen. Vor allem aber ist mit FUNCINPEC diejenige politische Kraft im Lande identifiziert und legitimiert, die dem Ausland im Falle eines neu aufbrechenden Bürgerkrieges als Ansprechpartner dienen kann.

Wenn die Implementierung der Pariser Abkommen bis Anfang 1993 in essentiellen Aspekten gescheitert war, so muß der Friedensprozeß mit Abschluß der Wahlen letztlich doch als erfolgreich beurteilt werden. Dieses ist vor allem darauf zurückzuführen, daß das Vertragswerk in einem entscheidenden Punkt weitaus bessere Realisierungschancen hatte als alle seine Vorgänger: Mit Wegfallen der Globalkonfrontation waren diesmal die Interessen sämtlicher Großmächte gewahrt, und diejenige Bürgerkriegspartei, die die Bestimmungen unterläuft, sieht sich künftig mit der Gesamtheit der Staaten konfrontiert, ohne auf auswärtigen Rückhalt zurückgreifen zu können.

---

25 Ebd.

26 Front Uni National pour un Cambodge Indépendant, Neutre, Pacifique et Cooperatif.

27 Im Juni 1993 erklärte Hun Sens Vizepremier, der Sihanouk-Sohn Norodom Chakrapong, vorübergehend die "Autonomie" der kambodschanischen Ostprovinzen.

28 Vgl. FEER, 24.6.1993, S. 10/11.

4. Ausblick

> "Der kambodschanische Konflikt kann als abschließende Phase der Entkolonisierung Indochinas verstanden werden, die nach dem Zweiten Weltkrieg begann".[29]

Sein Ende bezeichnet vorerst auch das Ende des hegemonialen Modells kollektiver Sicherheit in Südostasien: die ehemalige Sowjetunion spielt im Westpazifik keine militärische Rolle mehr, die amerikanische Präsenz ist vermindert und uni- bzw. bilateralisiert, Japan wird sie militärisch nicht ersetzen, solange dafür in der Region die politischen Voraussetzungen fehlen, China und Indien verfügen noch nicht über alle Mittel, um eine über ihre unmittelbare Nachbarschaft hinausgehende dominante Rolle spielen zu können.

Bedeutet das, daß die Bedingungen für autonome Modelle in der Region mittlerweile vorliegen? Nach Liska genießen Subsysteme kleiner Staaten

> "ein Maximum praktisch erreichbarer Autonomie in einem multipolaren System, in dem es sowohl Wettbewerb als auch Zusammenarbeit gibt. In einem solchen System würden die Großmächte sich gegenseitig daran hindern, in regional oder global störenden Konflikten anders als kollektiv oder mandatorisch zu intervenieren. Die Autonomie der kleineren Staaten wäre eingeschränkt, aber nicht vollständig beseitigt, wenn einer von ihnen innerhalb gewisser, von auswärtigen Mächten kontrollierter, Grenzen regionale Vorherrschaft ausüben würde oder besser noch, wenn eine Region mehrere stärkere Staaten umfaßte, die sich in einem Wettbewerb um die Vorherrschaft befänden. Ein polarisierter Ost-West-Konflikt zwischen zwei oder drei Großmächten wäre hingegen nur vorübergehend mit regionaler Autonomie kompatibel; solange nämlich, bis der Konflikt auf das fragliche Gebiet übergreift und es in eine hegemoniale- oder Zwischenzone verwandelt. Die etablierte Dominanz einer einzigen Weltmacht schließlich würde jede regionale Autonomie von der anhaltenden Zustimmung des globalen Hegemons abhängig machen, obschon sie beträchtlich sein könnte, wo sie als selbst-balancierend toleriert würde."[30]

Die gegenwärtige Globalkonstellation ist zweifellos mit der letztgenannten Variante treffend beschrieben; weder die Europäische Gemeinschaft, noch Japan, China oder Rußland sind willens oder fähig, den Vereinigten Staaten ihren Weltmachtrang strittig zu machen. Zwar ist regionale Multipolarität zwischen Peking, Tokyo und Delhi in Ostasien denkbar, sie wäre aber insbesondere aufgrund expansiver Tendenzen Chinas nicht stabil und könnte amerikanische Vorherrschaft nicht ersetzen. Die USA wiederum scheinen wenig geneigt, daraus die Notwendigkeit neuer autonomer Strukturen – etwa einer ASEAN-Verteidigungsgemeinschaft unter Einbeziehung Australiens oder Japans – herzuleiten, sondern nutzen das

---

29 Michael *Leifer*, Power-Sharing and Peacemaking in Cambodia, in: SAIS-Review, 12 (1992) 1, S. 139-153 (152).

30 *Liska*, Alliances, S. 45f.

gegenseitige Mißtrauen der regionalen Akteure, um diese über bilaterale Absprachen noch stärker an sich selbst zu binden. Die ASEAN-Staaten schließlich haben bisher wenig Neigung gezeigt, sich über eine aktive Sicherheitspolitik nach außen in neue Konflikte verwickeln zu lassen.

Dennoch ist die Suche nach alternativen Strukturen dringlicher geworden: Pekings militärische Intervention im Spratly-Archipel im März 1988 und Chinas reaktivierte Beziehungen zu ähnlich autoritären Regimen in Birma, Vietnam und Laos stellen vor dem Hintergrund eines fortbestehenden historischen Führungsanspruchs in ASEAN-Sicht derzeit die größte Gefährdung regionaler Stabilität dar. Pekings Bemühungen um den Aufbau einer Hochseeflotte und Chinas Ankauf von Langstreckenbombern in Rußland haben diesem einst theoretischen Anspruch heute unerwartete Aktualität verliehen.[31] Jenseits der Malakka-Straße hat Indien seine Flotte ohne erkennbaren Bezug zu seinem Dauerkonflikt mit Pakistan ausgebaut und sich seinen Anspruch als regionale Ordnungsmacht durch die USA bestätigen lassen.[32]

Da Washington gleichzeitig keine Bereitschaft erkennen läßt, solchen diffusen Bedrohungen neue Mechanismen kollektiver Sicherheit entgegenzustellen, könnten sich ASEAN-Erwartungen zusehends auf Japan richten. Die Miyazawa-Initiative für einen sicherheitspolitischen Dialog zwischen Tokyo und Südostasien vom Januar 1993 hat heute bessere Realisierungschancen als noch vor zwei Jahren.[33]

Japan ist allerdings gerade in Kambodscha bei dem Versuch auf Widerstand gestoßen, sein politisches Gewicht in der Region zu verstärken. Im Juni 1990 arrangierte Tokyo auf Drängen des thailändischen Ministerpräsidenten ein Treffen zwischen Hun Sen und Prinz Sihanouk. Die Initiative blieb weitgehend wirkungslos, da sich die Roten Khmer die erzielten Resultate nicht zu eigen machen. Dies wiederum beleuchtete Japans Probleme mit dem Versuch, eine konstruktive Mittlerrolle zu spielen, wie sie etwa Indien im indochinesischen Kontext bis 1975 wahrgenommen hat.

Im Juni 1992 verabschiedete das japanische Parlament nach über einjähriger Debatte ein Gesetz über die Mitwirkung der japanischen "Selbstverteidigungskräfte" an VN-Peace-keeping-Aktionen und machte so den Weg für die Entsendung

---

31 Vgl. Ji *You*/Xu *You*, In Search of Blue Water Power: The PLA Navy's Maritime Strategies in the 1990s, in: Pacific Review, 4 (1991) 2, S. 137-149.

32 Vgl. G. V. C. *Naidu*, The Indian Navy and Southeast Asia, in: Contemporary Southeast Asia, 13 (Juni 1991) 1, S. 72-85; Times of India, 20.11.1991.

33 Miyazawa skizzierte am 16.1.1993 in Bangkok eine Sicherheitspartnerschaft ausgehend von den Konsultationen der Postministeriellen Konferenzen mit ASEAN-"Dialogpartnern". Er befürwortete in diesem Zusammenhang eine schnelle Integration der indochinesischen Staaten in die Gemeinschaft. Vgl. FEER, 28.1.1993, S. 10/11. Die USA haben sich in der Vergangenheit intern gegen eine aktivere Rolle Japans in diesem Bereich ausgesprochen. Vgl. Ernst-Otto *Czempiel*, Die USA und Asien, in: Aus Politik und Zeitgeschichte. Beilage zur Wochenzeitung Das Parlament, 26.6.1992, S. 3-11 (7).

eines Pionierkorps' und einiger Polizisten nach Kambodscha frei. Regionale Reaktionen auf diese erste Intervention japanischer Soldaten im Ausland seit 1945 reichten von der Aufforderung, Tokyo möge sich auf Wirtschaftshilfe beschränken (Malaysia, Singapur) über die Feststellung eines "Widerspruchs zum Geist der japanischen Verfassung" (China) bis zur Unterstellung "wilder Ambitionen mit dem Ziel, Militärmacht zu werden" (Nordkorea).[34] Angesichts solchen Mißtrauens der Regionalstaaten gegenüber benachbarten Mächten und augenscheinlichem Desinteresse der USA an einer neuen hegemonialen Allianz drängt sich eine um die ASEAN konzipierte autonome Variante geradezu auf. Wenn die tatsächlichen Ansätze aber bis heute auf Verstärkung des sicherheitspolitischen Informationsaustausches der Sechs und grundsätzliche Bereitschaft zur Aufnahme der indochinesischen Staaten beschränkt sind,[35] so weil ASEAN bis zum Ende des Kambodschakonflikts nur ein vom "globalen Hegemon" geduldetes teilautonomes Modell verkörperte, das Erfolge bei Abschwächung und schrittweiser Bewältigung innerer Konflikte verzeichnete, sich aber im weiteren Umfeld auf eine verbale, im Einzelfall auch logistische, Unterstützung amerikanischer Politik beschränkte. Einzelne ASEAN-Staaten, insbesondere Indonesien, haben seit Nixons Guam-Doktrin auf eine aktivere und unabhängigere Rolle gedrängt. Realistisch wurde diese Option aber erst mit dem Ende des Ost-West-Konflikts in der letzten Phase der Kambodscha-Verhandlungen. Wenn die kambodschanischen Parteien die Serie "informeller Treffen" in Jakarta ab Juli 1988 als neutrales Umfeld akzeptierten und sich dort 1990 mit den Vorgaben für das spätere Friedensabkommen abfanden, so auch gerade, weil Re-Regionalisierung zu diesem Zeitpunkt den Ausweg aus unbefriedigender Abhängigkeit von interventionsmüden Verbündeten wies.

Die regionalen Parteien wären jedoch allein auf diesem Wege gescheitert. Für das Pariser Abkommen bedurfte es zunächst einer Übereinkunft der Großmächte. Wie deren bisherige Implementierung zeigt, könnte sie einmal mehr von den Parteien vor Ort sabotiert werden. Zumindest ist aber heute das Eskalationsrisiko geringer, denn mit Delegation der Umsetzung des Abkommens an die Vereinten Nationen ist im Gegensatz zu vorangegangenen Indochinaverträgen eine Basisverbreiterung für das Peace-keeping gelungen, die einer Unterlaufung von außen beträchtliche Hindernisse in den Weg legt. Dieses massive – wenn auch temporäre – Eingreifen der Weltorganisation in Südostasien ist neu und setzt, wie die Geschichte seit 1945 belegt, die regionale Eingrenzbarkeit von Konflikten und ihre Loslösung aus globalen Zusammenhängen voraus.[36]

34 Vgl. FEER, 25.6.1992, S. 18.

35 So beschlossen von den ASEAN-Staats- und Regierungschefs auf ihrem Gipfel in Singapur im Januar 1992; vgl. FEER, 6.2.1992, S. 10f.

36 Die Vereinten Nationen haben in der Vergangenheit in Südostasien nur dort eine kurzfristige Rolle spielen können, wo keine "vitalen" Interessen auswärtiger Mächte berührt waren: Übergangsverwaltung in Westneuguinea, 1962/63; Durchführung eines Referendums in Nordborneo,

Hiermit ist aber die Frage nach einem künftigen System regionaler Sicherheit nicht beantwortet. Sie wird sich spätestens wieder stellen, wenn Japan und Europa weltpolitische Verantwortung übernehmen. Aber schon heute könnten budgetaire Zwänge Washington veranlassen, sicherheitspolitische Aufgaben an geduldete autonome Systeme zu delegieren. In diesem Zusammenhang erhält das bisher nicht realisierte und unter den ASEAN-Staaten selbst unterschiedlich interpretierte Konzept einer ZOPFAN in Verbindung mit dem Vorschlag über die Errichtung einer atomwaffenfreien Zone in Südostasien neue Aktualität. "ZOPFAN ist durch die Kambodscha-Lösung einerseits möglich, andererseits hinfällig geworden".[37] Zum einen vereint ASEAN und die indochinesischen Staaten das Interesse an der Loslösung der Region aus globalen Konflikten und Abhängigkeiten und ist der ASEAN-Beitritt Vietnams, Laos' und Kambodschas nur auf Grundlage eines neuen Sicherheitskonzepts vorstellbar. Zum anderen sind für die USA bisher weder Neutralisierung noch nuklearwaffenfreie Zone akzeptabel und ein wenig geeignetes Mittel zur Abwehr chinesischer und anderer Vormachtambitionen. Solange solche künftigen Konfliktrisiken nicht etwa im Rahmen einer – von Australien und Neuseeland in die Debatte gebrachten – "asiatischen KSZE" ausgeschlossen werden können, oder Tokyo Washington als allseits akzeptabler Hegemon ersetzt, bleibt nur die Fortschreibung des existentierenden teilautonomen Modells, das heißt internes Konfliktmanagement einer erweiterten ASEAN in Eigenregie, externe Krisenbewältigung in Zusammenarbeit mit den USA als Garant gegen die Dominanz mächtiger Nachbarn.

Washington hat allerdings bis heute kein schlüssiges Konzept für eine neue Ostasienpolitik vorgelegt und seine militärische Rolle in der Region uni- und bilateralisiert. Ob es dabei bleibt, hängt nicht zuletzt von der Entwicklung in China und Korea ab. Wünschenswert im Sinne von Konfliktminderung erscheinen neue kooperative Sicherheitsstrukturen, die eines Tages in die Verwirklichung einer Friedens- und Neutralitätszone unter internationalen Garantien einmünden könnten.

1963; Konsultationen über Osttimor, 1982-1984. 1962 unterwarfen sich Thailand und Kambodscha in ihrem Territorialdisput um den Tempel von Pra Viharn einem Spruch des Internationalen Gerichtshofes.

37 *Czempiel*, Die USA und Asien, S. 7.

13. Peace-keeping in the CIS: An Instrument of Russian Hegemonic Desires?

Suzanne Crow

ABSTRACT: *The practice of peace-keeping in the former Soviet Union thus far raises serious questions about the ability of these forces to stabilize or bring peace to an area of conflict. The fact that agreements to deploy such forces have been taken with little regard for generally agreed upon principles or consultation with international organizations (such as the United Nations [U.N.] or Conference on Security and Cooperation in Europe [CSCE]) raises particular concern. This neglect of procedure is particularly alarming in light of the growing influence of national-patriots in the making of Moscow's foreign policy – especially policy for the former republics of the Soviet Union where 25 million ethnic Russians reside. Questions regarding the long-term impact of the use of Russian-dominated peace-keeping forces can also be raised. Considering the difficulties many new states of the former Soviet Union – including Moldova and Georgia – are experiencing in securing the withdrawal of ex-Soviet (now Russian) troops, inviting additional Russian troops seems a step fraught with risk.*

Introduction

Armed conflict is becoming a dominant feature of the landscape in the former Soviet Union. In an attempt to regulate disputes along its periphery, Russia has used methods ranging from participating in negotiations to deploying military forces to quell hostilities. Moscow has placed particular emphasis on the idea of sending peace-keeping troops to conflict areas, and Russia currently has two operations on the ground – one in the separatist South Ossetia region in Georgia and the other in the secessionist "Dniester republic" in Moldova. The deployment of additional peace-keeping operations is being discussed in Moscow to deal with the violence in Tajikistan, in the Abkhazian region of Georgia, and in the disputed enclave of Nagorno-Karabakh.

In light of the rate at which conflicts are erupting in the ex-USSR, these missions should be carefully appraised. Considering strong indications that Russia's military may be playing the role of co-belligerent in some areas, Russia's *bona fides* as a potential peace-keeper should be questioned. In Tajikistan, there is evidence that Russian troops have taken sides in the conflict and aid supporters of ousted, ex-communist President Rakhmon Nabiyev. In Georgia, where authorities have accused Russia of downing a helicopter belonging to the Georgian military in early October, Russian military forces are playing an increasingly ambiguous role.

The countries in which Russian-led peace-keeping operations are being deployed (or considered for deployment) have only recently gained their independence from the Russia-dominated USSR. Political and economic conditions of these states are unsteady at best, and these countries are making the first attempts to re-discover sovereignty. Illustrative of these states' frustration and vulnerability is the statement by Tajik Foreign Minister Khudoberdy Kholiknazarov: "the people of Tajikistan no longer want any sovereignty, because their sovereignty proved to be counterproductive."[1] Such a situation highlights the danger that peace-keeping efforts initiated and directed by Moscow (and manned overwhelmingly by Russian servicemen) could mean the re-imposition of Russian control in these areas.

Taken together with the growing influence in Moscow of right-wing forces who prefer forceful and intrusive methods, introducing Russian peace-keeping forces seems a venture fraught with risk.

I. The CIS Discusses Peace-keeping

The first explicit discussion of peace-keeping forces occurred at the fourth CIS summit meeting held on 20 March 1992 in Kiev.[2] At this meeting, an agreement was signed by ten of the eleven CIS member states on "Groups of Military Observers and Collective Peace-keeping forces in the CIS." This agreement, which covered the issue of peace-keeping forces in great detail, stated that:

> "groups of military observers and of collective peace-keeping forces of the CIS member-states ... are being created for the purpose of providing each other assistance, on the basis of mutual agreement, in settling and preventing conflicts on the territory of any member of the Commonwealth that may arise on interethnic, religious, and political grounds and that entail the violation of human rights."[3]

On the question of deciding how and when such forces should be deployed, it said:

> "The peace-keeping group carries out the functions and tasks which are placed upon it by a decision of the CIS Council of Heads of State adopted by common consent. Such a decision is adopted only in the event of a request being made by all the conflicting sides and also on condition that agreement is reached between them on a cessation of fire and of other hostile actions before the peace-keeping group is sent."

The agreement said that the forces would be used in instances such as:

> "separating of the ethnic parties to the conflict; observing of the fulfillment of accords on ceasefires or truces; monitoring compliance with accords on disarmament between opposing sides; creating conditions for

1 Interfax, 12.11.1992.

2 Declarations regarding human rights, rights of national minorities, and non-use of force were features of agreements signed during the first few CIS summits and were cited as bearing relevance for the discussion of peace-keeping during the summit in Kiev.

3 TASS, 4.3.1992.

> the peaceful settlement of disputes and conflicts that arise; assisting in guaranteeing human rights and freedoms; and providing humanitarian aid, including aid in the event of ecological catastrophes or natural disasters."

It explicitly stated that "the peace-keeping group may not be used for participation in combat actions."

Regarding eligibility for participating in the peace-keeping force, the agreement said: "the peace-keeping group is formed on a voluntary basis by the states that are party to this agreement, with the exception of the conflicting parties, through the provision of contingents of servicemen, of military or civilian observers or other civilian personnel."

The agreement was signed by Armenia, Belarus, Kazakhstan, Kyrgyzstan, Moldova, Russia, Tajikistan, and Uzbekistan. Azerbaijan signed provisionally, stating that it would be bound by the agreement only if the Azerbaijani parliament ratified the accord. Likewise, Ukraine also signed conditionally stating that its Supreme Soviet would determine Ukrainian participation on a case by case basis.

II. The Agreement on Collective Security

As was the case with many agreements reached during CIS summits, inertia followed the signing of peace-keeping agreement, and little was done to set in motion the creation of peace-keeping forces. At the CIS summit meeting held in Tashkent on 15 May, the question of setting up a peace-keeping force remained in the background of the broader debate about an agreement on collective security. According to the terms of the treaty on collective security as signed in Tashkent, signatories will not take part in alliances which threaten another signatory; will render military aid or other forms of aid should one signatory be attacked; and will hold regular consultations on security questions.[4]

One casualty of the discussion of the agreement on collective security was consensus. Only six (Armenia, Kazakhstan, Kyrgyzstan, Russia, Tajikistan, and Uzbekistan) of the ten states which signed the Kiev agreements in March on peace-keeping forces initialed the Collective Security Agreement in Tashkent. Ukraine refused to participate in the collective security accord because Kiev considered its terms too vague. Belarus expressed similar concerns and demurred on the grounds that the accord might run counter to domestic legislation. Azerbaijan did not sign, among other reasons, because a domestic political crisis left that country without the means to consider the collective security question. Moldova failed to sign owing to an explicit preference to limit its participation in CIS structures to economic matters.

4 *Rossiskaya gazeta*, 23.5.1992.

III. The CIS Peace-keeping Protocol

Two months later, at the CIS summit in Moscow on 6 July, CIS leaders again discussed peace-keeping forces and agreed that such forces should be formed as quickly as possible. They set a ten-day time limit for defense and foreign ministers to come up with a draft agreement on the practical aspects of establishing the force.[5] Owing to the continuing violence in the "Dniester republic," discussion at the Moscow meeting focused on deploying such a force in Moldova, and the leaders went so far as to agree on deployment if Chisinau formally requested such a force.[6]

By the time of the CIS meeting in Tashkent on 15 July, a "protocol on temporary procedures for the formation and functioning of military observers and collective peace-keeping forces" had been prepared for signature.[7] Russian Foreign Minister Andrei Kozyrev indicated that consensus had been achieved, remarking: "if, at the beginning we had only a decision in principle by heads of state for the creation of a collective force to keep the peace, now all necessary preparations have been completed."[8] But, there was evidence to suggest that full agreement was lacking. The fact that the agreement was termed a "temporary protocol" suggested that work had not been finalized. Contributing further to this impression of discord was the fact that the full text of the protocol was not published in the Russian media.

Scattered news reports offered some indication of the contents of the peace-keeping accord. First, political decisions on involving peace-keeping forces are to be taken by the Council of the CIS Heads of State on the basis of consensus and upon the receipt of an application from one or several member states for the aid of peace-keeping forces.[9] Second, the U.N. Security Council and chairman of the Conference on Security and Cooperation in Europe (CSCE) are to be notified immediately of decisions regarding deployment of peace-keeping forces. Third, each of the protocol's signatories will be responsible for shaping and training a military contingent to be involved in peace-keeping operations as well as groups of military and political observers.[10] In general terms it was decided that peace-keeping forces

---

5 Mayak Radio, 6.7.1992.

6 Ibid.

7 ITAR-TASS, 16.7.1992.

8 Reuter, 16.7.1992.

9 Interfax, 4.8.1992, states that the application can be made *without* the consent of all conflicting parties. No other press reports confirm this provision, however. A Bucharest radio report of the same day, and apparently based on a common press release concerning the establishment of peace-keeping forces, said that consent of conflicting parties would indeed be required.

10 Interfax, 4.8.1992.

would be permitted to return fire in self-defense and to use force to separate hostile parties.[11]

On 21 July, Russian President Boris Yeltsin signed the protocol. Heralding the accord as a means to strengthen CIS collective security, the Russian president urged other CIS leaders to follow suit.[12] Apparently Moscow feared that the peace-keeping protocol, like so many other agreements signed at CIS meetings, would be allowed to lapse without ever being brought into force. Russia therefore pushed to have the protocol signed by CIS member-states on short order. Over a period of a few weeks following the Tashkent meeting, Colonel Vasilii Volkov, the permanent representative of the CIS Joint Armed Forces' General Command in the working group of the Council of the CIS Heads of State, went from capital to capital collecting signatures to the peace-keeping protocol from CIS leaders. By 12 August, Kazakhstan, Uzbekistan, Kyrgyzstan, Tajikistan, Armenia and Moldova had joined Russia in pledging their pledge to support and participate in peace-keeping forces.[13] Those four CIS states which did not sign the protocol (Ukraine, Belarus, Azerbaijan and Turkmenistan) are permitted join the agreement at least up until the next scheduled CIS meeting in Bishkek in September.[14]

IV. Obstacles to Standing Peace-keeping Structures

Asked recently why the decision to set up a permanent peace-keeping force remains only on paper, Deputy Commander-in-Chief of the CIS Joint Armed Forces Boris Pyankov listed a number of reasons. First, Ukraine is fundamentally opposed to the concept of a standing force of peace-keepers because it could serve to strengthen the authority of CIS military structures. Second, no funding exists for such a force, and no agreement has been reached in principle on which parties should pay for the deployment and when. Third, documents already drafted on peace-keeping have been too vague and do not make enough specific statements on how to set up a force.[15]

Despite obstacles to the creation of a formal peace-keeping structure, CIS military officials still hope that the forces will come into existence. As Pyankov indicated in the same interview, the accumulation of peace-keeping experience in regional conflicts will ultimately create a cohort of military forces in the CIS (overwhelmingly from Russia) which will form the basis for a permanent structure of peace-keeping forces.

---

11 Reuter, 16.7.1992.

12 ITAR-TASS, 21.7.1992.

13 Interfax, 12.8.1992.

14 ITAR-TASS, 14.8.1992.

15 Interfax, 12.11.1992.

V. *The First Peace-keeping Deployment: South Ossetia*

South Ossetia was the first conflict zone to receive a peace-keeping force. Here, peace-keepers were deployed on 14 July in an effort to put an end to hostilities raging since the Spring of 1989 between Ossetians, who seek to unify their autonomous area with the North Ossetian Soviet Socialist Republic of the Russian Federation,[16] and Georgian republican authorities.[17] A contingent of forces from Russia, Georgia, and both North and South Ossetia started taking up positions in mid-July in the Tskhinvali region.

The decision to send forces to the area grew out of an agreement on settling the conflict signed in late June 1992 by Georgian State Council Chairman Eduard Shevardnadze and Boris Yeltsin. In this agreement, Russia and Georgia pledged to strive for the speediest possible end to the bloodshed between Ossetians and Georgians and a comprehensive settlement. It also called for a ceasefire to start a few days after the signing of the agreement, the withdrawal of armed forces from the area of conflict, and the withdrawal (after 20 days) of the Russian military forces stationed near Tskhinvali, the administrative capital of South Ossetia. Paving the way for a peace-keeping force to be sent to the region, the agreement signed by Yeltsin and Shevardnadze also called for the establishment of a joint monitoring commission comprised of the parties involved in the conflict. This commission was to work with a group of military observers, and it was authorized to "take urgent measures to restore peace, law, and order, and to prevent further breaches" of the agreement should they occur.[18]

Agreement in principle on the establishment of a peace-keeping force was stated in a separate document, a joint communiqué signed by Yeltsin and Shevardnadze following the same talks. The communiqué stated: "Russia and Georgia support the sending to the conflict zone of a multinational peace-keeping forces provided by interested parties, which would secure a ceasefire and the disengagement of the warring factions."[19] The final agreement on the dispatch of peace-keeping forces to South Ossetia came during a meeting between Yeltsin and Shevardnadze in Helsinki on 9 July during the CSCE summit. Here Russia and Georgia agreed to deploy a peace-keeping force "very soon." They also agreed that the force would be made up of three roughly equally-sized battalions of Russian, Georgian, and North and South Ossetian servicemen.

---

16 While the North Ossetian SSR was expected to drop the term "Soviet Socialist" from its name at the time the republic gain the status of a federal Russian republic, an ITAR-TASS report of 24.10.1992 indicated that the name hs remained unchanged.

17 For background on this conflict, see Elizabeth Fuller, "South Ossetia: Analysis of a Permanent Crisis," in *Report on the USSR*, No. 7, 15.2.1991.

18 *Rossiskaya gazeta*, 27.6.1992.

19 Op. cit.

Following the conclusion of the agreements, controversy arose over details associated with its implementation. The composition of the peace-keeping force became a matter of dispute. There are indications that the Georgian side expected the Russian contingent to be manned by forces already in the area[20] and scheduled for withdrawal.[21] On the eve of the planned deployment, Georgian Defense Minister Tengiz Kitovani announced, apparently in an effort to scuttle the agreement, that Georgia would probably reduce the size of its contingent substantially. Indicating his own dismay with the setup, Eduard Shevardnadze said, "it would be good to rely in this case on the U.N. peace-keeping forces, but that's impossible now."[22]

Discord over the composition of peace-keeping contingents continued even after the forces' deployment. Contrary to the agreement that each contingent would number 500, Russia's battalion weighed in with 700, the Ossetians numbered 469, and the Georgians put up only 320 soldiers. It was also remarked by the Georgian side that the Russian contingent was far superior both in terms of training and equipment.[23] The administrative committee of the Georgian Population's Council in Tskhinvali (the administrative capital of South Ossetia) protested that agreements signed by Yeltsin and Shevardnadze had been broken because the Russian contingent "many times exceeded" the agreed upon size of the peace-keeping force. The Council also charged that the Ossetian contingent was populated by local criminals.[24]

In addition to the conflicts surrounding the composition of peace-keeping forces, the mission of the forces had become blurred by the time of their deployment. While it seemed initially that the forces were expected to enforce a ceasefire which had already been achieved and keep apart forces which had already been separated, as it turned out, the peace-keepers entered a situation in which they were called upon to make the peace. As Russian Acting Prime Minister Egor Gaidar acknowledged on the eve of its deployment: "the forces ... must begin deployment to disengage the warring factions and taken control over a strip dividing the warring factions."[25]

The difficulty of the peace-keeping mission was apparent when Russian peacekeepers were attacked upon their arrival in Tskhinvali on 14 July.[26] Subsequent attacks on peace-keeping forces either through sniper fire or land mines have left

---

20 Soviet interior ministry troops were sent there under Gorbachev. ITAR-TASS, 20.8.1992.

21 A report by ITAR-TASS (13.8.1992) said that a Russian Supreme Soviet delegation visiting Georgia had discovered "a controversial attitude in Georgia" to the fact that Russia had sent paratrooper units to South Ossetia.

22 Interfax, 15.7.1992.

23 Reuter, 22.7.1992.

24 *Svobodnaya Gruziya*, 28.7.1992.

25 ITAR-TASS, 13.7.1992.

26 Interfax, 15.7.1992.

several Russian servicemen on peace-keeping duty in South Ossetia dead and many others wounded.[27] Despite a period of apparent calm, emotions were whipped up again in the region following the torture and murder of several Georgian peace-keepers in early August.[28] The commander of the Georgian contingent was murdered in his home in late September.

The prospects for the success of the peace-keeping force in South Ossetia are not good. Relations between Russia and Georgia have been strained over Russia's reaction of violence the eruption of violence in Abkhazia.[29] Eduard Shevardnadze said in early September that he was worried by the situation in South Ossetia, adding: "although the ceasefire agreement is observed in the zone of Georgian-Ossetian conflict, and the peace-keeping forces cope with their duties, attempts to foil the peace settlement are becoming more frequent and evident."[30] Notwithstanding the strain in relations and pessimism regarding settling the South Ossetian question with the aid of this peace-keeping force, Russian forces appear to be digging in. Russian General Stanislav Suanov has stated that at present it is impossible to withdraw the peace-keeping forces from South Ossetia owing to the explosive situation there and elsewhere in the Caucasus.[31] Indeed, new peace-keeping forces were deployed on 5 September including the replenishment of Georgian and Ossetian battalions and plans to exchange of the Russia's 104th paratroop regiment for a motorized rifle battalion.[32]

Russia's presence is supported by South Ossetian forces bent on uniting with the North Ossetian republic in the Russian Federation. The head of the South Ossetian government, Oleg Teziev, has called for the peace-keeping troops in the region to remain until the issue of South Ossetia's status has been resolved. In this context, Teziev referred to the need for South Ossetia to become an independent administrative entity and potentially unite with North Ossetia.[33]

The recent eruption of violence in the North Caucasus region of the Russian Federation and Russia's declaration of a state of emergency there have probably reinforced the notion in Moscow that a troop presence in Georgia is necessary and desirable. Moreover, Russia's deployment of troops in the North Caucasus in early November, was designed to prevent the continued spillover from one conflict re-

---

27 Interfax, 7.8.1992 and 15.7.1992.

28 Russian Radio Odin, 14.8.1992, 1,500 GMT.

29 See Elizabeth Fuller, "Abkhazia on the Brink of Civil War?," in *RFE/RL Research Report*, No. 35, 4.9.1992.

30 Interfax, 2.9.1992.

31 ITAR-TASS, 27.8.1992.

32 ITAR-TASS, 5.9.1992. Russian Defense Minister Pavel Grachev said that troops from the Volga Military District trained especially for peace-keeping operations would be deployed in South Ossetia in the "very near future." *Rossiskaya gazeta* [First edition], 20.10.1992, p. 2.

33 ITAR-TASS, 25.10.1992.

gion to the other. In such a situation, chances that Russia will withdraw from the peace-keeping mission in South Ossetia – no matter how ineffective it is proving to be – are remote.

VI. Peace-keeping in Moldova

As compared to the South Ossetia conflict, Moldova's "Dniester republic" represents a politically and militarily more complicated environment in which to introduce a peace-keeping force, especially one which is dominated by Russian troops. There, ethnic Russians (as well as much smaller numbers of russified Ukrainians and non-Slavs) are responsible for the insurgency, and Russia's 14th Army is openly taking up arms in support of the "Dniester republic."[34]

Owing to the complexity of the situation, a considerable number of problems emerged in connection with launching a peace-keeping force in eastern Moldova.[35] Much of the controversy surrounded the presence and role of the 14th Army. Russia initially proposed using that force as a peace-keeping or "separation" force.[36] But, Moldova, Ukraine, and Romania rejected this proposal arguing that the 14th Army was "excessively politicized" and not suitable for a peace-keeping role. As the conflict raged on and Russia's 14th Army's role changed from open support of the "Dniester" Russian forces to that of co-belligerent, it became obvious that it could not be become formally responsible for representing Russia in a peace-keeping operation.

Following a stalemate in negotiations and continuation of fighting, the conflict in eastern Moldova became the focal point of CIS leaders' attention with regard to the possible creation of a peace-keeping force. During two meetings which focused on CIS peace-keeping forces (Moscow on 6 July and Tashkent on 15 July), the relevance of such a force in Moldova was discussed. The preliminary agreement to send peace-keeping forces to Moldova, taken at the Moscow meeting, resulted in the agreement of Ukraine, Belarus, Bulgaria, Romania, Russia, and Moldova to send a joint "peacemaking" mission to Moldova. According to the agreement, the 14th Army would play no role in the action. Moldova followed through on the formalities of inviting such a force after the Moldovan parliament voted (225-3-9) to request assistance. Within a week, however, the agreement had collapsed: Moldova appealed for outside intervention under the auspices of the CSCE instead, and Belarus, Bulgaria, and Romania opted out of participating in such a force.[37]

34 For analyses of the situation, see Vladimir Socor, "Russian Foreces in Moldova," in *RFE/RL Research Report*, No. 34, 4.9.1992; and Vladimir Socor, op. cit., forthcoming.

35 The conflict area extends beyond the Dniester region as well as beyond the left bank since the battle of Bendery when pro-Russian forces claimed an area on the right bank.

36 ITAR-TASS, 14.4.1992.

37 *Neue Zürcher Zeitung*, 14.7.1992; Reuter, 29.7.1992.

Moldova's change of heart was apparently the result of increasingly vitriolic statements from the commander of the 14th Army, Gen. Aleksandr Lebed;[38] and the discussion in the Russian Supreme Soviet of using the 14th Army (contrary to plan) as part of Russia's contribution to the peace-keeping forces in the Russian parliament.[39]

On 21 July, seeing no other choice for intervention forces, Moldova again consented to permit the introduction of peace-keeping forces. Moldova's choice apparently resulted from the realization that there were few other options. A U.N. fact-finding mission which arrived in Moldova in late June had been prevented from inspecting the situation in the "Dniester republic" owing to sniper fire and threat of attack, and Moldova's request for CSCE assistance during the Helsinki summit failed to yield a positive response apparently owing to the continuation of fighting.[40] As Moldovan Foreign Minister Nicolai Tiu stated forthrightly, "We had no other choice."[41] In addition to accepting the fact that no other peace-keeping forces were on the way, Moldova might also have felt pressured from the Russian side to accept a peace-keeping contingent. The dispatch of Russian Vice President Aleksandr Rutskoi and Security Minister Viktor Barannikov on 13 and 14 July to Moldova for talks with President Mircea Snegur probably sent a message to the Moldovan leadership. Rutskoi had harshly criticized the Moldovan treatment of the "Dniester republic" and wholeheartedly supported Russian speakers seeking independence there.[42] Rutskoi was rumored to have seriously considered landing troops in Moldova to put a halt to fighting while in charge during Yeltsin's visit to the United States and Canada in June.[43] Considering Rutskoi's stance on Moldova, it is likely that his approach to negotiations with Snegur leaned more toward pressure than toward conciliation.

The agreement, signed by Moldovan President Mircea Snegur and Boris Yeltsin, provided for the introduction of a peace-keeping force, Russian recognition of the "Dniester republic" as part of Moldova, and the Moldovan pledge that in case of a change in Moldova's frontiers (read: unification with Romania), the "Dniester republic" would be permitted to determine its own future. The agreement also called for the removal of heavy technical equipment and arms from specially-created security zones (yet to be established by the conflicting parties in the

---

38 See, for example, *Izvestiya*, 7.7.1992.

39 *Izvestiya*, 10.7.1992.

40 Snegur's 10. July appeal at the CSCE summit said that despite the efforts of Russia, Romania and Urkaine to help settle the conflict, "in order to find a final solution ..., we would like to ask to consider the question of using the CSCE mechanism for peace-keeping operations in relation to our situation." (ITAR-TASS, 10.7.1992.)

41 *Frankfurter Allgemeine Zeitung*, 28.8.1992.

42 *Izvestiya*, 6.4.1992.

43 *Nezavisimaya gazeta*, 1.7.1992.

"Dniester republic"), and for personnel from opposing sides to be withdrawn from these zones.[44] Shortly thereafter, Russia and Moldova took steps toward establishing a monitoring commission tasked to guarantee that military aspects of the agreement were fulfilled.

On the evening of 29 July, apparently on short notice, the first peace-keeping troops landed in the "Dniester republic" region.[45] Five battalions of Russian forces were the first contingent to arrive. They were scheduled to be followed by three Moldovan battalions and two from the Dniester region.[46]

Thus far it is difficult to determine the effectiveness of the peace-keeping force in Moldova. There have been casualties among the peace-keeping forces during the first month of service, but hostilities among the conflicting parties have been replaced by relative calm.[47]

Fighting in Moldova has abated, but unfortunately (from Moldova's point of view), the peace-keeping effort is working contrary to purpose. The secessionist "Dniester republic" authorities are using the calm in fighting and the cover provided by peace-keeping forces to set about creating governmental institutions for their illegitimate republic, including an air force. Furthermore, there has been no movement toward the settlement of disputes. Russian conservatives, or "national-patriots" as they have come to be known in Russia, are accused of fanning the tension in eastern Moldova. Moldovan Deputy Foreign Minister Ion Chebuk contends that this is being achieved under the pretext of defending the rights of ethnic Russians there, a theme for which even the most moderate politicians in Moscow have begun to show support since late summer.[48]

The nagging issue of negotiating a withdrawal of Russia's 14th Army, a force which is abetting and arming the secessionists, also remains unresolved. Moldovan Foreign Minister Nicolae Tiu told the U.N. General Assembly on 1 October that Russian troops must be immediately and unconditionally withdrawn from

---

44 *The Times*, 23.7.1992; Interfax, 24.7.1992.

45 There were no public annoucements indicating that the deployment was to be expected. Furthermore, discussions between Snegur and the Russian Deputy Commander-in-Chief of the CIS Joint Armed Forces, Colonel-General Boris Pyankov, were held on 4 August regarding the temporary protocol on collective peace-keeping forces. (Interfax, 4.8.1992.) The fact that the deployment of the peace-keeping forces took place a week prior prior to these talks suggests that the dispatch of forces was taken in haste.

46 AFP reported on 30.7.1992 that the forces consisted of 3,800 Russians, 1,200 Moldovans, and 1,200 members of the Dniester national guard.

47 Eight Russian peace-keepers were injured after being fired upon by unidentifed gunmen, Interfax reported on 21.8.1992.

48 Russian Foreign Minister Andrei Kozyrev, for example, was obviously paying only lip service to this issue through the spring of 1992. The crux of his argument was that ethnic Russians in Moldova and elsewhere could best be protected if Moscow stayed out of the affairs of other states. As his conservative opponents gained ground, however, Kozyrev started lending his voice to the cries for protecting the rights of Russians in the former Soviet Union.

Moldova. The 14th Army, Tiu said, is destabilizing the region and committing "open aggression" against Moldova, while Russian negotiators are procrastinating in talks on the planned withdrawal. He urged the U.N. to send military observers to examine the conflict in eastern Moldova and asked that the U.N. include in its discussion of the Russian troops withdrawals from the Baltic, the problem of troop withdrawals from Moldova as well.[49]

VII. Prospects for Peace-keeping in Nagorno-Karabakh

In addition to the "Dniester republic" and South Ossetia, there has been discussion of introducing Russian-dominated peace-keeping forces in three other conflict areas of the former Soviet Union.

The conflict between Armenia and Azerbaijan over Nagorno-Karabakh has prompted Armenia to call for both assistance from other signatories of the Collective Security Agreement and for peace-keeping forces. There is little indication that the Collective Security Agreement will be invoked, however. According to Lieutenant General Valerii Manilov, Press Secretary of the Commander-in-Chief of the CIS Joint Armed Forces, assistance will not likely be rendered in the near future because the instruments of ratification of the Collective Security Agreement have not been exchanged. As for prospects of using peace-keeping forces at a later date, Manilov stated emphatically that such a step would be taken only as a last resort and only after some political settlement had been achieved.[50] Azerbaijan has voiced its objection on numerous occasions to the introduction of a CIS peace-keeping force.

Russia quickened its efforts to play the role of broker in the settlement of the Nagorno-Karabakh dispute in late September. Apparently concerned that Moscow was being left out of the peace process in which Italy and Kazakhstan had lately enjoyed some moderate progress, Russian President Yeltsin dispatched his defense minister, Pavel Grachev, to hold talks with the defense ministers of Armenia and Azerbaijan during the weekend of September 19-20. The meeting resulted the scheduling of a ceasefire and the planning of subsequent deployments of observers from Russia, Georgia, Belarus, Ukraine and Kazakhstan to monitor the ceasefire. The ceasefire, like many others before it, failed, thus leaving no chance to move to stage two of the plan. Along with the break-down of the ceasefire, there was also a breakdown in consensus about the acceptability of sending in Russian peace-keepers: Azerbaijan's Interior Minister Iskander Gamidov said a week after the meeting with Grachev that "no one has the right to send foreign troops to Azerbaijan." Gamidov charged that the troops of the CIS are actually Russian troops

---

49 Report of RFE/RL United Nations correspondent, 1.10.1992.

50 *Izvestiya*, 11.8.1992.

and that sending these troops to Karabakh would mean the annexation of Azerbaijan.[51]

VIII. Peace-keeping and the Abkhazia Rebellion

The eruption of conflict in Abkhazia, a region of Georgia, has also promoted some in Moscow to propose the introduction of peace-keeping forces. And Abkhazian separatists, who are battling Georgian authorities and troops with the ultimate aim of uniting with Russia, have called for direct Russian military intervention to protect Abkhazians from the Georgian army.[52] Russia's initial military responses were to evacuate Russian vacationers nearby, to strengthen the protection of its army units on Georgian territory by dispatching a parachute regiment to Abkhazia, and to fortify Russia's border with Georgia.[53] As the crisis has worn on, there have been numerous accusations from the Georgian side that Russian military forces have been involved in the fighting – including an attempt to shoot down a helicopter carrying Eduard Shevardnadze.[54] Moscow has denied all accusations that the Russian military is involved in the conflict and has emphasized that movements or mercenaries and arms from the North Caucasian will not be tolerated.[55]

Russia's stance on the Abkhazia conflict has been that Georgia must withdraw its troops from the region and allow the introduction of a peace-keeping force which would include Russian troops.[56] Discussion of how to execute a peace-keeping operation in Abkhazia was also the subject of talks between Georgian Defense Minister Kitovani and his Russian counterpart, Pavel Grachev, held in Sochi on 26 and 29 August.[57] Not all members of the Georgian leadership were sympathetic to the notion of a Russian-Georgian peace-keeping force for Abkhazia. The Georgian State Council (then headed by Shevardnadze) expressed shock that Kitovani had not notified that body that meetings with Grachev had taken place or provided information about their content. Acting Georgian Vice-Premier Aleksandr Kavsadze said following discussions with Russian officials in Moscow that Georgia did not favor the introduction of Russian peace-keeping troops, explained: "there is no need for it whatsoever."[58] Notwithstanding Georgia's rejection

51 Interfax, 28.9.1992.

52 Ostankino Television, 14.8.1992; Reuter 17.8.1992; Interfax, 14.8.1992.

53 ITAR-TASS, 14 and 15.8.1992.

54 By way of denial, Russian Defense Minister Pavel Grachev said that this charge was certainly not correct: had Russian forces been involved in such an attempt, it would have succeeded. *Izvestiya*, 15.10.1992, p. 1.

55 ITAR-TASS, 30.8.1992 and Radio Mayak, 1.9.1992.

56 See Boris Yeltsin's statements at a new conference, Russian Television, 21.8.1992; and statements of Russian Deputy Prime Minister Georgii Khizha, ITAR-TASS, 31.8.1992.

57 Interfax, 31.8.1992.

58 ITAR-TASS, 2.9.1992.

of the peace-keeping proposal, Russian Deputy Prime Minister Georgii Khizha insisted that the question was not settled and would be discussed the following day (3 September) by Yeltsin and Shevardnadze. Khizha added somewhat cryptically: "Certain agreements have already been reached,"[59] perhaps indicating that the two countries' military leaders has already reached agreement and were trying to deliver a *fait accompli*. This did not happen, however. Yeltsin and Shevardnadze decided to set up a multilateral commission to oversee the security situation in Abkhazia. Shortly after this meeting, however, relations between Georgia and Russia began to deteriorate swiftly. The Russian parliament issued demands of Tbilisi which smacked of interference in Georgia's international affairs, Yeltsin threatened Georgia with a cutoff to energy supplies, and the Russian military took control over all railway lines in Abkhazia, much to the chagrin of the Georgian authorities.

Georgian officials charged Russia repeatedly with providing military aid to the Abkhaz rebels. In a statement issued on 27 September, Georgian Prime Minister Tengiz Sigua said: "Numerous witnesses report that Russia's troops often assist Abkhazians in shipping military hardware to their republic, and help groups of armed bandits infiltrate Abkhazia's border." Sigua also complained that Russia does not notify or request permission of Georgia in advance of the movement of its troops in the region.[60]

As a result of its dissatisfaction with Russia's actions, Georgia requested the intervention of international organizations such as the U.N., the CSCE, and NATO. A CSCE mission traveled to Abkhazia in mid-October and concluded that Russia could not be considered a neutral party in the conflict. The head of the CSCE delegation, Hungarian national Istvan Gyarmati, said that Russia's participation in any peace-keeping role should be contingent on CSCE approval of this move and only if it could be determined that Russia was not involved in the conflict.[61]

Indicative of the pessimism surrounding the situation, Eduard Shevardnadze delivered to the U.N. Secretary-General an "I told you so" missive on 12 November in which he pointed out that the Russian and Abkhazian sides' failure to live up to their pledges early on in the conflict have led to the expansion of unrest throughout the Caucasus, including the North Caucasus region of the Russian Federation.[62] He pointed out that delay can yield destructive consequences, apparently indicating that the U.N. should have done more and sooner.

---

59 Reuter, 2.9.1992 quoting ITAR-TASS.

60 Interfax, 28.9.1992.

61 Interfax, 19.10.1992.

62 Interfax, 12.11.1992.

IX. The Discussion of Peace-keeping in Tajikistan

Another prospective recipient of a peace-keeping mission is Tajikistan. At issue in Tajikistan is not only fighting between rival political and religious factions, but also the heating up of the situation on the Tajik border with Afghanistan including alleged arms and drug smuggling and illegal border crossings.[63] On 28 August, CIS Joint Armed Forces Commander-in-Chief, Marshal Evgenii Shaposhnikov, stated that he and then-Tajik President Rakhmon Nabiyev had reached preliminary agreement on deployment of CIS peace-keeping forces in that state. But during the crisis situation in Tajikistan in early September, which saw Nabiyev's ouster, Russia military officials stated that the deployment of a peace-keeping mission could not be undertaken until the situation had stabilized.

On 3 September the presidents of Uzbekistan, Kyrgyzstan, Kazakhstan, and Russia issued a high-profile statement which suggested that military intervention, under the terms of the CIS Collective Security Agreement, was imminent.[64] The statement said in pertinent part:

> "The extraordinary situation which has arisen in the Republic of Tajikistan requires that the CIS states, above all Russia, Kazakhstan, and the Central Asian states, take emergency measures. Guided by the norms of morality and international law, principles of humaneness, and the provisions of the treaty on collective security signed by six states, including the Republic of Tajikistan, in Tashkent on 15 May of this year, we wish to state that the fraternal ties between our peoples are undissolvable [sic !], the southern borders of the Commonwealth are sacred, and that the escalation of the civil war is impermissible in the Republic of Tajikistan, which to various degrees threatens the interests of our peoples and which is damaging political stability in the region."[65]

The statement also predicted that without military intervention, Tajikistan could be "torn from the CIS." It also went on to invoke the principles of the Helsinki final act, the Paris Charter, and the principles of the U.N. and CSCE as support for military intervention in Tajikistan.

The plan was derailed when Tajik Deputy Prime Minister Dzhamshed Karimov' sent a letter to Yeltsin the same day saying that

> "the Presidium of the Supreme Soviet and the government of Tajikistan are being forced to shoulder the burden for finding solutions to the myriad problems concerning the economic and political situation in the republic. *We demand that the Russian Armed Forces do not intervene in the internal affairs of sovereign Tajikistan, and that they do not evaluate*

63 ITAR-TASS, 28.8.1992.

64 ITAR-TASS, 3.9.1992.

65 Interfax, 4.9.1992.

the events taking place in Tajikistan with self-interest. The fate of President Nabiyev will be solved by constitutional means."[66]

Within this statement, Dzhamshed Karimov assured Moscow that non-Tajiks (read: ethnic Russians and Uzbeks) had not been injured by the fighting and were not at risk, thus trying to disarm Russia of the argument that intervention would be justified on the grounds of protecting Russians there.

Dzhamshed Karimov also sought to alert U.N. authorities to the situation in Tajikistan, attempting to stave off any unwanted assistance under the terms of the CIS Collective Security Agreement. At a news conference on 7 September, Karimov announced that he had sent an official statement to U.N. Secretary-General Boutros-Ghali which requested the prompt dispatch of a U.N. special commission to Tajikistan and the start of U.N.-sponsored measures to stabilize the situation in Afghanistan.[67]

Notwithstanding the decision of the Tajik leadership against the use CIS forces to quell the unrest in the republic, Russia's 201st Motorized Rifle Division (MRD) stationed near Dushanbe was on hand to provide any assistance the Tajik or Russian authorities deemed necessary. By late September, the arrival of reinforcements brought the 201st MRD up to strength to guarantee the defense of major civilian and military objects in the country. These included the 201st MRD garrisons, the Dushanbe airport, the railway center, the television station, a nitrate fertilizer plant and the Nurek and Vaksh electric power plants. In addition, troops from Russia, Kazakhstan, Uzbekistan, and Kyrgyzstan were deployed to fortify the Afghan-Tajik border.

In early October, Kyrgyzstan offered to send a peace-keeping force of 400-men to Tajikistan, and some in Dushanbe expressed interest in this offer. This plan ultimately failed when the Kyrgyz parliament voted (228 against, 7 for) against the peace-keeping plan. According to Feliks Kulov, the vice president of Kyrgyzstan, "the main obstacle to sending troops is that we have not managed to obtain from the belligerent groups any guarantees about the safety of our soldiers." He said that parliamentarians had also been influenced by the pickets of women outside Government House, "demanding that their sons not be sent to a war that may become a second Afghanistan."[68]

Tajikistan is an extremely complex environment for peace-keeping. As statements of various Tajik leaders have demonstrated, there is a wide variance of opinion on whether a peace-keeping force is desirable. The head of Tajikistan's parliament (and since Nabiyev's ouster, Acting President) Akbarsho Iskandarov, has repeatedly called for the introduction of Russian, CIS, or other military forces.

66 Dushanbe Radio, 3.9.1992, 1700 GMT. Emphasis added.

67 Russian Television, 7.9.1992, 1700 GMT.

68 ITAR-TASS, 14.10.1992.

He has also warned that if the CIS states do not help Tajikistan settle the armed conflict in the southern regions, Afghanistan and neighboring Islamic countries may get entangled in it.[69] Tajik Deputy Prime Minister Dzhamshed Karimov, on the other hand, has rejected the introduction of Russian troops, and regards the mere presence Russian forces in Tajikistan as a "destabilizing factor."[70] Similarly, Tajik Minister of Foreign Affairs Khudoberdy Kholiknazarov has noted that there is information indicating that Russian troops deployed on Tajikistan's territory are supporting mainly the opposition to the current government. He said that peace-keeping forces not from the CIS, from the U.N. should be sent into Tajikistan.[71] Another view is held by Tajik Muslim leader Qazi Akbar Turadzhon-zoda. According to him, Kyrgyzstan's proposal to send in peace-keeping forces was acceptable because Kyrgyzstan is "a neutral state." He rejected outright the deployment of peace-keeping forces from Uzbekistan or Russia, a country which the Qazi believes is interested in destabilizing the republic. Moscow's motive for this, according to the Qazi's logic, is to have a pretext to take control of Tajikistan in order to suppress the alleged threat of Islamic fundamentalist resurgence there.[72]

While the Tajik authorities continued to disagree among themselves about what should be done, Russian troops increased their numbers and the scope of their activities to include patrolling functions, delivering humanitarian aid, arranging ceasefire zones, and creating a buffer area separating warring parties at the border of the Kulyab oblast and the Kochirnikhonskiy Rayon. Then, on 4 November, Russia, Kazakhstan, Uzbekistan, and Kyrgyzstan issued another plea for Tajikistan to accept their assistance. The four states said in a joint statement that they:

> "cannot remain indifferent to the fate of Tajikistan, with which our nations are linked by unbreakable historical bonds of friendship, cooperation, and mutual assistance. They reaffirm their readiness to render the Tajik people all the assistance they need to restore peace and order on their land. Peacemaking and mediation efforts will be continued and humanitarian, economic and other aid will be increased."[73]

Two days later, Russia sent Foreign Minister Kozyrev to Dushanbe to re-emphasize the offer and promote the use of Russia's 201st MRD and other Russian troops deployed there as the nucleus of a peace-keeping force for Tajikistan.[74] Kozyrev characterized the Russian forces in Tajikistan as "the only force playing a

69 Interfax, 3.10.1992.
70 Interfax, 29.10.1992.
71 Interfax, 5.10.1992.
72 Interfax, 5.10.1992.
73 ITAR-TASS, 5.11.1992.
74 ITAR-TASS, 6.11.1992.

stabilizing" role amidst a chaotic fragmentation of authority among various warring factions.[75]

X. *Theory versus Practice*

As can be observed from a comparison of the discussion of peace-keeping versus the actual use of such forces, there is a gap between theory and practice. Two basic guidelines established in the March 20 agreement on peace-keeping have been forgotten. First, peace-keeping forces have been introduced into zones where conflict is still active; and second, the peace-keeping forces do not represent neutral forces, rather, they are parties to the conflict. By turning away from such fundamental principles, the peace-keeping missions turn the logic of such a mission on its head. Furthermore, these discrepancies, striking at the heart of the basic peace-keeping formula, blur the question of the mission's purpose.

Similarly, there seems to be little emphasis on using precise terms with regard to peace-keeping. The deployment in Moldova was described by Russian officials as falling under the auspices of the CIS peace-keeping force, despite the fact that no such force yet existed and the terms of its creation had not been finalized or agreed to. Similarly, Russian military commanders and politicians regularly refer to the contingent operating in South Ossetia as a "CIS peace-keeping mission," yet this appellation is incorrect: Georgia is not a member of the CIS and is therefore not a signatory to any of the peace-keeping agreements. Another dangerous imprecision which appears to be attracting little attention, despite its frequent use in the Russian media, is the appellation of the peace-keeping forces as "Russian blue berets." (Apparently these forces are also wearing blue armbands.)[76] Yeltsin himself proudly told U.N. Secretary-General Boutros-Ghali that Russia had already done the training of its own "Blue berets."[77] Such terminology reinforces the misconception that these forces are simply the local version of the U.N. blue berets, that is, internationally sanctioned and neutral. Neither of these attributes is correct.[78]

XI. *Philosophies of Peace-keeping in Russia*

Some in Russia argue that peace-keeping should be undertaken when Russia's security is or could be threatened. Others focus on the diplomatic value of such mis-

75 Russian Television, 8.11.1992, 1990 GMT.

76 *Frankfurter Allgemeine Zeitung*, 28.8.1992.

77 Radio Moscow World Service in German, 5.9.1992.

78 The CSCE refused to authorize the deployment of peace-keeping forces in Moldova. (Moldovapres, 11.7.1992.) There is no indication that the U.N. was asked to grant its approval for such a force.

sions. Another view, which may be gaining influence, holds that it is Russia's natural and justified role to quell conflicts in Soviet successor states, that Western countries do not wish to become involved in such conflicts, and that the West should be willing to compensate Russia for handling these disputes. The discussion surrounding these deployments offers some insight into a more basic question: Are such deployments designed for defense, diplomacy, or imperialism?

XII. Peace-keeping as a Defensive Measure

Marshal Shaposhnikov, who is charged, among other things, with "the task of carrying out timely and coordinated measures to maintain peace in the Commonwealth"[79] has himself placed priority on preventing and responding to threats along the external frontier of the CIS. Shaposhnikov's concern about the security of the Tajik-Afghan border came through during an interview on Russian television in mid-July when he pointed to the need to create a military force which would police the external frontiers of the CIS and prevent the eruption of hostilities, for instance, between Afghanistan and Tajikistan or between Turkey and Armenia. Shaposhnikov said it was necessary to create a force that would be capable of "reacting to particular conflicts with the aim of averting and forestalling these conflicts."[80] He has also gone on record that such a force would not be called upon to settle interethnic conflicts.[81]

It is in this context that Russia's rebuff of Armenia's request for assistance under the Collective Security Agreement should be viewed. As Lieutenant General Valerii Manilov, Press Secretary of the Commander-in-Chief of the CIS Joint Armed Forces, explained it, Armenia is within its rights to request military assistance under the terms of the Collective Security Agreement, but such assistance could not be expected because, among other things, the instruments of ratification of that agreement had not been deposited yet and the agreement was not yet in force. He further explained that political, diplomatic, and economic levers be used to create a basis for talks. Only after these measures were fully implemented and failed to produce any positive results could the heads of state representing parties to the security agreement consider the issue of providing Armenia with military aid, Manilov said.[82] While the terms of the Collective Security Agreement and the peace-keeping protocol are different, Manilov's explanation is nevertheless illustrative of the distaste within the Russian armed forces for such involvement.

---

79 According to a spokesman of the CIS Armed Forces Unified General Headquarters (CISAFUGH), this body is charged with "the task of carrying out timely and coordinated measures to maintain peace in the Commonwealth." (ITAR-TASS, 31.8.1992.)

80 Moscow Television, 11.7.1992.

81 AFP, 14.4.1992.

82 ITAR-TASS, 13.8.1992.

Similar views were expressed in a commentary on the Armenia-Azerbaijan conflict published in the military daily *Krasnaya zvezda*. Appearing under the headline, "Will Russian Soldiers Again Get Caught in the Middle," the article urged against the deployment of Russian peace-keepers in the region because political settlement is distant, the conflict has "gone too far," and the warring parties are well-equipped armies, not simply bandit formations. The piece also made the argument that Russia's armed forces have only a limited capacity to participate in such peace-keeping missions. Having already sent forces to Georgia, Moldova, and Yugoslavia, "reserves are dwindling and supplying the peace-keeping forces in material and technical terms is becoming increasingly difficult."[83]

XIII. The Question of Outside Intervention

While shrinking from the prospect of "getting caught in the middle" of interethnic conflict, the same voices can be heard warning against interference from the U.N., Conference on Security and Cooperation in Europe, NATO, or other organizations. Commander-in-Chief Shaposhnikov has explicitly opposed the introduction of military forces or observers from these organizations. Asked if the U.N. could enter the conflict in the Dniester region or Karabakh, Shaposhnikov said:

> "I am categorically opposed ... to this kind of solution to this issue. I think the CIS is quite capable of dealing with all the issues that arise within the CIS, and that includes these military conflicts and so on ... I am not, of course, against some commissions being set up with peace-keeping purposes, or the United Nations taking part in the work of those commissions; I say yes to this, but no to the troops."[84]

Shaposhnikov has also rejected the introduction of outside forces to deal with conflicts along the external borders of the CIS, that is, between a USSR successor state and a neighboring country. Shaposhnikov said: "we cannot rule out that local conflicts could occur on the external borders of the CIS because of territorial claims on the states which formed in place of the former USSR ... But I am opposed to NATO's obtaining the right within the CSCE framework to use its armed forces to settle them."[85]

More pronounced concern about NATO or other outside intervention was expressed by Colonel General Mikhail Kolesnikov, first deputy chief of the Russian General Staff. While addressing a session of the non-governmental Council For Foreign And Defense Policy, Kolesnikov argued that "there exists the real danger that the process of creating sovereign states will develop according to the 'Yugoslav variant,'" and warned that the intensification of military conflicts between

---

83 *Krasnaya zvezda*, 12.8.1992.

84 Russian Television, 11.7.1992.

85 *Krasnaya zvezda*, 23.6.1992.

former Soviet republics could lead to the direct interference from NATO forces, including "under the pretext of guaranteeing 'international control' over the nuclear potential" [of the former Soviet arsenal].[86]

While Kolesnikov stopped short of charging that precedents for intervention in Russia were being set by U.N.-sponsored intervention in Yugoslavia, others have pointed to this danger. The Russian National Assembly (Sobor),[87] an influential group within the pro-communist, Russian nationalist opposition led by former KGB General Aleksandr Sterligov, circulated a statement on 13 August arguing that Yugoslavia is being used as "a testing ground for rehearsing an invasion of Russia," and warned: "we would consider invasion of Yugoslavia by NATO troops and genocide against our Serbian brothers an encroachment upon Russia."[88] Similar charges have been leveled in Pravda.[89]

XIV. Russian Policing, Western Money

Taking off from the assumption that the West has no role in helping to solve conflicts on the territory of the former Soviet Union, the Russian Supreme Soviet Committee on International Affairs and Foreign Economic Ties mapped out Russia's role as a "Eurasian Gendarme" in a recommendation to the Russian Foreign Ministry. According to the report, penned by Evgenii Ambartsumov, chairman of the committee,

> "As the internationally recognized legal successor to the USSR, the Russian Federation's foreign policy must be based on the doctrine which proclaims the entire geopolitical space of the former [Soviet] Union a sphere of vital interests (following the example of the United States' 'Monroe Doctrine' in Latin America). Further, it is necessary to obtain from the world community its understanding and recognition of Russia's special interests in this space. Likewise, Russia must obtain from the international community the role of political and military guarantor of stability on all of the territory of the USSR. It is therefore necessary to obtain the support of the G-7 countries for those functions of Russia up to hard currency subsidies for rapid response forces (Russian 'blue helmets')."[90]

Ambartsumov apparently reasons that Russia can make the argument to the West that Russia is ready and willing to "do the dirty work" which the West would prefer to avoid doing itself. He is not alone. The then-First Deputy Foreign Minis-

---

86 *Nezavisimaya gazeta*, 1.8.1992.

87 For more information on the Russian National Assembly, see Elizabeth Teague and Vera Tolz, "The Civic Union: The Birth of a New Opposition in Russia?," in *RFE/RL Research Report*, No. 30, 24.7.1992.

88 Interfax, 13.8.1992.

89 *Pravda*, 2.6.1992.

90 *Izvestiya*, 7.8.1992.

ter Fedor Shelov-Kovedyaev, the senior Russian official in charge of relations with the former Soviet states, has said: "the fact is – and this is no secret – following the disintegration of the Soviet Union many countries of the world feared that this would destabilize the situation on its territory ... In some measure, this is what actually happened, especially if we talk about our immediate neighbors. In order to prevent this destabilizing situation from escalating into a catastrophe, we [in Russia] must face this responsibility" of leading mediation and, if necessary, military efforts."[91] Russian Deputy Foreign Ministry Sergei Lavrov has made similar remarks: "Europe is interested in the former Soviet republics settling their conflicts on their own."[92]

This thinking may find resonance in the West. As the West's response to the crisis in former Yugoslavia demonstrates, leaders have found the strength to condemn the fighting there and have even managed to pave the way for internationally-sanctioned military actions, but they have failed to put troops into action.

XV. Peace-keeping as Diplomacy

Russian moderates tend to view peace-keeping forces within the former Soviet Union as instruments of diplomacy and as a means to increase Russian influence. According to this logic, participation in such missions, if done responsibly and effectively, stands to raise Russia's prestige both locally and internationally. Russian Foreign Minister Andrei Kozyrev, a leading Russian moderate, promoted the idea of Russian participation in peace-keeping missions as a part of Russia's overall diplomatic effort to improve relations with the successor states to the Soviet Union and to raise Russia's prestige. "I must say that our peace-keeping efforts have fairly high authority and are a reserve of stability in the world ... and of course it is very important that our prestige in the world and in the U.N. Security Council gives a certain reserve of stability so as to be able to carry out this policy."[93]

On the question of U.N., NATO, or CSCE participation in the settlement of conflicts of Russia's neighbors, Kozyrev has expressed limited supported of such intercession. While stopping short of mentioning the use of outside military forces, Kozyrev has nonetheless welcomed the possibility of introducing U.N.- or CSCE-sponsored observers or forces into hot spots in the CIS. Kozyrev has proposed using CSCE mechanisms and observers in Moldova[94] and has suggested obtaining U.N. authorization for a Russian peace-keeping mission to Nagorno-Karabakh and

---

91 *Christian Science Monitor*, 14.9.1992.

92 ITAR-TASS, 24.6.1992.

93 Russian Television, 22.10.1992, 2040 GMT.

94 ITAR-TASS, 14.4.1992.

maintaining such a mission under U.N. auspices.[95] Kozyrev has also defended the progress made toward involving international organizations in the settlement of conflicts within the CIS and heralded this progress as evidence of the success of Russian diplomacy, not, like some others, as an indication that Russia has failed to develop good relations with its neighbors. Moreover, Kozyrev has explicitly praised the possibility of using the prospective CSCE rapid response mechanism in flash points around the former Soviet Union.[96]

Kozyrev's interest in seeing limited intervention from internationally-sponsored organizations such as the U.N. or CSCE probably emerges from two considerations. Participation of such organizations as well as their sponsorship of Russian-led peace-keeping operations would enhance the perceived legitimacy of these operations. A second factor may be that Kozyrev views the introduction of input from these international organizations as a positive factor. Kozyrev, who has consistently advocated negotiations and rejected the use of force in disputes with the other Soviet successor states, has been sharply criticized over for the last several months for taking too soft a line in relations with these states and for failing to defend Russia's interests.[97] As such, the foreign minister may well find more sympathy for his views in New York than in Moscow.

XVI. Peace-keeping outside of the Ex-USSR

Russia's stance on participating in international peace-keeping missions outside the territory of the former Soviet Union is only indirectly related to the discussion of peace-keeping in ex-USSR. Nonetheless, actions and statements on this subject do shed some light on how the peace-keeping question is viewed in Russia as a whole. Currently Moscow has two contingents in the former Yugoslavia. Furthermore, there have been several rumors that Russia will participate in U.N.-sponsored military actions against Iraq, should such a mission begin.[98]

Russia's interest in participating in these missions derives from a number of considerations not directly related to the military action. First, Moscow stands to hold some influence over the development of international policy toward Yugoslavia and Iraq by taking part in multilateral peace-keeping efforts. Second, a cer-

---

95 Radio Rossii, 5.8.1992.

96 Kozyrev interview in *Rossiskaya gazeta*, 25.7.1992. Similar sentiments were expressed by Russian President Boris Yeltsin at the recent CSCE summit in Helsinki. (ITAR-TASS, 10.7.1992.)

97 For a discussion of Kozyrev's and his opponents' views, see Suzanne Crow, "Russia Prepares to Take a Hard Line on 'Near Abroad'," in *RFE/RL Research Report*, No. 32, 14.8.1992.

98 On 22 August, the Russian Foreign Ministry stated: "In accordance with Security Council Resolution 678, Russia will support all necessary measures regarding Iraq that are meant to ensure compliance with the U.N. decisions on post-crisis settlement in the Persian Gulf." (ITAR-TASS, 22.8.1992.)

tain amount of prestige is to be accrued by participating in such efforts.[99] Boris Yeltsin placed considerable emphasis on how such participation could "strengthen Russia's international prestige" when he appealed to the Russian Supreme Soviet to approve the dispatch of a contingent to Yugoslavia. He also highlighted another reason for Russia's agreement to take part in the mission: "experience in direct participation in the U.N.'s peace-keeping activities is also valuable from the point of view of the domestic problems of the Russian federation," and he added, "it will not require additional expenditure on Russia's part."[100]

One Russian commentator raised the prospect that Yeltsin's eagerness to send a peace-keeping mission to Yugoslavia derived from various political necessities. For instance, by participating in a "small victorious war" against the rump Yugoslavia, Yeltsin could boost Russia's international prestige and at the same time distract his political opponents at home. The commentary also noted that the deployment to Yugoslavia served a useful purpose in giving the military something to do, as well as offering them a means of raising their social prestige and career prospects.[101]

Perhaps most important, Russian participation in these peace-keeping missions puts flesh on Moscow's declarations that it wishes to join the mainstream of international community. While Russian officials – especially the foreign minister – have taken pains to deny that Russia is attempting to cozy up to the West by siding with Europe and the United States against Serbia and Iraq, there are also indications that Russia felt it could not afford to be isolated on these issues indefinitely.[102]

XVII. Prospects

On the fringe of the discussion about peace-keeping, voices can be heard calling for a halt to Russia's peace-keeping efforts in Yugoslavia and warning against participation in possible operations against Iraq. Focusing on the potential for casualties among Russian peace-keepers in Yugoslavia, the ultra-nationalist Russian National Assembly has demanded that the Russian battalion deployed in the former Yugoslavia be removed immediately "to avoid provocations and loss of

---

99 Another potential side benefit of joining these peace-keeping missions may be to lighten the burden of finding housing and jobs for troops scheduled to be withdrawn from Eastern Europe and the other Soviet successor states. According to a report in *Die Presse* (11.4.), 214 train cars carrying military equipment and soldiers stationed in eastern Germany were scheduled to transit through Austria on 14 April. Transport costs were to be covered by Germany, the report said.

100 Russian Television, 6.3.1992.

101 *New Times*, No. 30, 1992.

102 For a discussion of the making of Russia's Yugoslav policy, see Suzanne Crow, "Russia's Response to the Yugoslav Crisis," in *RFE/RL Research Report*, No. 30, 24.7.1992.

Russian soldiers and diplomatic staff."[103] Russian President Yeltsin also received some flack from parliament for failing to gain its approval for the dispatch of warships to the Persian Gulf.[104] Furthermore, a group of ultra-right parliamentarians known as a sort of "Saddam Hussein lobby" traveled privately to Iraq in mid-November, apparently to convey some parliamentarians' disapproval of Russia's participation in military actions and sanctions targeted at Iraq.[105]

More extreme ideas about peace-keeping in the former Soviet Union have been registered. According to a commentary aired on Russian television just prior to the deployments of peace-keepers in South Ossetia and the Trans-Dniester, some in Russia would rather not see these deployments take place. Without such deployments, the commentator said, some people believe a great convulsion of inter-ethnic violence would erupt so that "great Russia would be recreated in the borders of the former USSR."[106]

Such an extreme view would seem to be so far-fetched as to belong only outside the responsible discussion about peace-keeping in Russia. Nevertheless, the basic assumption of this thinking – that Russia would be within its rights to take military action in the ex-USSR in the case of extreme destabilization – appears to exist not far below the surface of the more responsible views of some Russian officials. It is with this in mind that Russian-sponsored, directed, and dominated peace-keeping in the former Soviet Union raise particular concern.

---

103 Interfax, 13.8.1992.

104 ITAR-TASS, 23.10.1992.

105 Interfax, 13.11.1992.

106 Russian Television "Itogi" program, 19.7.1992.

14. How Can States be Enticed to Settle Disputes Peacefully?

*Roy S. Lee**

Introduction

International disputes of all kinds are on the rise in various parts of the world. A whole new set of threats to peace and security will be upon us if those disputes are allowed to escalate. This situation presents a serious challenge to the basic goal of the United Nations (U.N.) – peaceful settlement of international disputes.

The Security Council has declared that the U.N.'s capacity for preventive diplomacy, for peacemaking and for peace-keeping are to be strengthened and made more efficient.[1] The Secretary-General has thus recommended a series of measures, *inter alia*, aimed at preventing disputes from arising, escalating and spreading, and at bringing hostile parties to agreement through peaceful means.[2] How to make our methods of dispute settlement more effective is therefore central to the implementation of the Security Council's decision and of the measures proposed by the Secretary-General.

One of the main objectives of the U.N. Decade of International Law (1989-1999) is the promotion of the means and methods for the peaceful settlement of disputes between States.[3] The General Assembly has adopted a set of measures to

---

* The views expressed herein are solely those of the author and do not necessarily represent those of the organization.

1 On 31 January 1992, the Security Council met for the first time at the level of Heads of State and Government. The Council's action was in the form of a joint statement read out by the Council's President, Prime Minister John Major of the United Kingdom (U.N. Document S/23500, *Statement by the President of the Security Council*). They invite the Secretary-General to prepare an analysis and recommendations on ways of strengthening and making more efficient within the framework and powers of the Charter the capacity of the United Nations for preventive diplomacy, for peacemaking and for peace-keeping. The Secretary-General's analysis and recommendations were to cover the role of the United Nations in identifying potential crises and areas of instability as well as the contribution to be made by regional organizations in accordance with Chapter VIII of the United Nations Charter. In response to that, the Secretary-General prepared his Report, *An Agenda for Peace* (A/47/277 and S/24111 dated 17.6.1992.) The Secretary-General has, in addition, addressed the concept of post-conflict peace-building, action to identify and support structures which will tend to strengthen and solidify peace in order to avoid a relapse into conflict.

2 Ibid., para. 20. The Report contains an introduction and ten sections (The Changing Context, Definitions, Preventive Diplomacy, Peacemaking, Peace-keeping, Post-conflict Peace-building, Cooperation with Regional Arrangements and Organizations, Safety of Personnel, Financing, An Agenda for Peace). The Secretary-General pointed out that preventive diplomacy requires measures to create confidence, needs early warning based on information-gathering and fact-finding, and may also invoke preventive deployment and, in some situations, demilitarized zones (ibid., para. 23).

3 See General Assembly resolution 44/23 entitled "United Nations Decade of International Law." The main objectives of the Decade are: (1) to promote acceptance of and respect for the princi-

be taken by States, international organizations and non-governmental organizations. Special reference was made to the need for encouraging States to make more use of means of settlement.

Dispute settlement is one of the oldest subjects in international law and relations. Great efforts have been made in the past century to devise means and to establish courts and tribunals for States to utilize. But, in spite of all these endeavours, the result has not been encouraging. States have, on the whole, been reluctant to resort to dispute settlement procedures. Only a small percentage of our disputes was managed; very many remained outside our reach.[4] We must therefore find ways to improve this situation. To do this, four problem areas should be considered:

- Our dispute settlement mechanism merely sets out the procedures and invites States to make use of them but provides no intermediary or assistance programme to help the parties to initiate those procedures. The approach has therefore been a passive one. The question is how to make the approach more active and dynamic and at the same time still be acceptable to the parties.
- Procedural, technical or substantive difficulties may be encountered by the parties in dispute after the process has begun; such difficulties may lead to delay or paralysis. It would be useful to find ways to help States to resolve those difficulties.
- Until recently, little attention has been given to early detection of disputes and to disputes not constituting a threat to international peace and security. This is a large gap in the system and it is critical to prevent these disputes from escalating into crisis situations.
- States' unwillingness to resort to settlement procedures is sometimes related to the inability of the process to address the needs, wants, concerns and fears of the parties which often lie underneath a dispute. In order to attract States to

---

ples of international law; (2) to promote means and methods for the peaceful settlement of disputes between States including resort to and full respect for the International Court of Justice; (3) to encourage the progressive development of international law and its codification; and (4) to encourage the teaching, study, dissemination and wider appreciation of international law. A program was adopted for the period 1990-1992 and a new program for 1992-1994 is under preparation (see Report of the Working Group to the Sixth Committee on the Decade A/C.6/47/L.12).

4 A UNITAR study published in 1986 concluded that a total of 319 disputes were identified between 1945 and 1984, of which 96 were not referred to any international organization: 137 made the agenda of the United Nations, 30 went to the Organization of American States; 27 to the Organization of African Unity, 24 to the Arab League, and 5 went to the Council of Europe. Double counting existed in that some disputes were referred to more than one organization. A dispute is defined in the Study "as a specific grievance between two or more States about a specific subject involving an allegation that a provision of the Charter or a major resolution of an authoritative United Nations organ has been violated." Ernst B. Haas, *The United States and Collective Management of International Conflicts* (UNITAR Publication, 1986), 73 pp. at p. xii (hereinafter referred to as *UNITAR Study).*

make use of settlement procedures, we must find appropriate methods to accommodate these basic interests of States.

The intent of this paper is to identify possible remedies for dealing with these problem areas. It is hoped that the discussion will stimulate, in response, more and better ideas to help States to become more willing to resort to means of settlement for resolving their differences.

I. Intermediaries Can Help to Initiate the Process and to Resolve Difficulties Encountered by the Parties

States' reluctance to resort to settlement procedures is inseparable from the nature of the system, which is based on voluntary submission of disputes and freedom of choice of means: there is no compulsory adjudication or settlement; States are free to choose any means for resolving their disputes. Consent is the basic requirement in all cases.

States also want control over matters of serious concern: they want to take part in the process and influence the outcome of a dispute. Thus, States would not agree to a procedure if the acceptance entails their relinquishing control of the matter or letting someone else decide for them. They are also very cautious. If there is any doubt that the acceptance of a specific means might affect their achievement of a desired outcome, they will refrain from making a commitment. Since the submission is purely voluntary, States tend to avoid accepting, whenever they can, any means which does not give them control or meet their objectives. This being the case, if significant improvement is to be made, ways have to be found to deal with these basic concerns of States.

In the past century, major attention has been given to making available as many means as possible to States to choose. The parties themselves are however deemed to be fully responsible for taking the necessary steps: to make the choice, to activate the process, to deal with difficulties that may be encountered, and finally to resolve the dispute. Chapter VI of the U.N. Charter is used here to illustrate this general approach. Article 33, paragraph 1 of the U.N. Charter states that:

> "The parties to any dispute ... shall, first of all, seek a solution by negotiation, enquiry, mediation, conciliation, arbitration, judicial settlement, resort to regional agencies or arrangements, or other peaceful means of their own choice."

A range of methods is therefore placed at the disposal of the parties in order to give them the maximum choice. They are to decide if they wish to choose, and if so, what to choose.

This approach presupposes that States have already, in some other way, agreed to accept one or more of such methods for settling their dispute. The Charter itself does not however provide any further measure to enable the parties to do so. Thus, unless the presumption is correct, this provision is difficult to put into operation in reality.

Even when the parties have already agreed to accept one of the means, the process does not begin until the procedure is activated by the parties (i.e., to begin negotiation, to set up an arbitration, etc.). Even when the agreed procedure is to refer to an existing institution (e.g., International Court of Justice [ICJ]), the parties still have to institute the proceedings or to agree to a *compromis*. In other words, the process must be triggered by the parties themselves.

According to Chapter VI of the Charter, the Council must first make a general call to the parties to settle their disputes. Only when the general call does not lead to a settlement may the Council recommend, in a more specific manner, appropriate procedures of adjudication.[5] Should the parties fail to settle the dispute by the means thus recommended, the dispute must again be referred to the Security Council.

At this point, the Security Council has a choice of recommending another method of settlement to be applied by the parties, or of proceeding to the merits of the dispute and recommending "such terms of settlement as it may consider appropriate" (Article 37, paragraph 2).

Only when "all the parties" to a dispute so request is the Security Council able to proceed directly with the "recommendations to the parties with a view to a specific settlement of the dispute" (Article 38). But the condition in this case is that all the parties to the dispute must so request. The Council cannot recommend if there is no common consent.

In the early days of the U.N., more attempts had been made of recommending specific means to the parties, though few cases had succeeded.[6] Since the 1950s, fewer and fewer references have been made to Articles 33 to 38. As a result, Chapter VI of the U.N. Charter has seldom been utilized in the manner originally envisaged.

In short, our basic approach is to invite States to resort to settlement procedures and wait for them to do it. Perhaps, we should consider a more active approach through the use of intermediaries. Instead of waiting for States to take the steps, an intermediary may approach, entice and persuade States to engage in activities for resolving their differences.

In the fields of economic development, trade or human rights, appropriate institutional framework and mechanisms have been established to take an active role

---

5 Article 36, paras. 1 and 2. For practice of the United Nations in this respect, see *Handbook on the Peaceful Settlement of Disputes between States*, op. cit., paras. 316, 321-324 and 332-347.

6 See *Repertoire of the Practice of the Security Council*, 1946-1952, Chapter X, Consideration of the provisions of Chapter VI of the Charter, and S. D. Bailey, *The Procedure of the U.N. Security Council* (Oxford, 1988), pp. 46, 237, 284, 360, 373.

in promoting the objectives. We have also instituted technical assistance to help States to implement their programmes in the field. But in the area of dispute settlement, no such arrangement exists; the parties are not helped to choose the means and to implement their choice. They are left on their own most of the time.

A new approach, however, seems to be emerging. According to the Secretary-General, both "preventive diplomacy" and "peacemaking" are to be action-oriented and spontaneous responses to disputes.[7] This, as a matter of consequence, presupposes the involvement from the beginning an intermediary or "peacemaker." The important role of a peacemaker is inherent in this statement of the Secretary-General:

> "Mediation and negotiation can be undertaken by an individual designated by the Security Council, by the General Assembly or by the Secretary-General. There is a long history of the utilization by the United Nations of distinguished statesmen to facilitate the processes of peace. They can bring a personal prestige that, in addition to their experience, can encourage the parties to enter serious negotiations. There is a wide willingness to serve in this capacity, from which I shall continue to benefit as the need arises. Frequently, it is the Secretary-General himself who undertakes the task. While the mediator's effectiveness is enhanced by strong and evident support from the Council, the General Assembly and the relevant Member States, acting in their national capacity, the good offices of the Secretary-General may at times be employed most effectively when conducted independently of the deliberative bodies. Close and continuous consultation between the Secretary-General and the Security Council is, however, essential to ensure full awareness of how the Council's influence can best be applied and to develop a common strategy for the peaceful settlement of specific disputes."[8]

One of the most useful functions that may be performed by an intermediary/ peacemaker is to help the parties to initiate the process. Why?

The parties sometimes are unable and often reluctant to initiate by themselves a process or to ask for assistance. Each party may fear that taking a first step may be seen as a sign of weakness or concession by the other side; each thus adopts a waiting attitude. Time is wasted or the dispute may escalate. Sometimes, there are no adequate channels of communication between the parties (e.g., no diplomatic relations). Government bureaucracies sometimes also make it difficult to ask for help, since often a formal decision is required. Also, States may feel that to ask for assistance is to restrict their freedom of action: they might feel that they would be

7 According to the Secretary-General, preventive diplomacy is *action* to prevent disputes arising between parties, to prevent existing disputes from escalating into conflicts and to limit the spread of conflicts when they occur. Peacemaking is also *action* to bring hostile parties to agreement, essentially through such peaceful means as those referred to in Chapter VI of the U.N. Charter. In both cases, the operative word is "action." *An Agenda for Peace*, ibid., para. 23.

8 Ibid., para. 37.

inhibited from rejecting a proposal from a third party from whom they had asked for help. The parties may also fear that by involving a third party (e.g., the Security Council), the dispute might be taken out of their control or that it may lead to "internationalizing" the dispute. (But, in other times, they may want that.) Moreover, when one party asks for assistance, it may create a perceived imbalance which causes the other to be reluctant to accept the third party. Consequently, it is more effective and also to the advantage of the parties if services are spontaneously and voluntarily offered to the parties by a peacemaker/intermediary.

The Secretary-General now has a right of initiative. He is authorized to approach spontaneously the parties to a dispute and to offer his good offices, with a view to preventing a dispute from becoming a threat to peace.[9] This means that he may, on his own, initiate actions which he deems appropriate without waiting for the parties to ask for help. Armed with this right of initiative, he may make full use of his good offices (including the sending of a representative or a fact-finding mission) to an area where a dispute is emerging.

In this context, it may be useful to refer to the practice of the International Committee of the Red Cross (ICRC) as an instructive example. As soon as an armed conflict occurs, whether it is international or otherwise, ICRC discreetly and quietly approaches the parties in conflict and offers them humanitarian assistance, including representation, sending medical staff and distribution of relief (food, clothing and medicine). ICRC initiates those activities and does not wait to be asked. States may be hesitant to request assistance, but since it is offered to them, they are more likely to consider it and accept it when it suits them. It is perhaps partly because of this ability to initiate humanitarian activities on its own that has contributed to ICRC's success.[10]

Apart from helping the parties to initiate the process, an intermediary/peacemaker can also be very useful after the process has begun. A peacemaker can help the parties to understand each other, and to be supportive to them by supplying them with professional knowledge and expertise as needed. As will be seen, the

---

9 This is based on para. 21 of the 1988 Declaration on the Prevention and Removal of Disputes and Situations which may Threaten International Peace and Security and on the Role of the United Nations in the Field which provides that the Secretary-General "should consider approaching the States directly concerned with a dispute or situation in an effort to prevent it from becoming a threat to the maintenance of international peace and security." While different views may be expressed about the legal effects of General Assembly resolutions, their being binding on the Secretariat is beyond question. For an authoritative treatment on the question of the effects of General Assembly resolutions, see B. Sloan, *United Nations General Assembly Resolutions in our Changing World* (Transnational Publishers 1991), 580 pp.

10 On 16 October 1990, the General Assembly of the United Nations granted ICRC an observer-status in consideration of the special role and mandate conferred upon it by the Geneva Conventions of 12 August 1949. ICRC is the only non-governmental organizations that has been granted such a status. ICRC enjoys the right to participate in the sessions and work of the General Assembly.

processes of dispute settlement may be stalled due to procedural, technical, or substantive difficulties, which may be difficult for the parties themselves to resolve. The assistance of an intermediary can help to resolve those difficulties.[11]

The parties in dispute may need help to identify the issues involved, to break down such issues into manageable components, to identify for them their common interests and to develop a series of acceptable options. A peacemaker can also assist the parties to form a new relationship and to be innovative in translating the parties' common interests into activities that accommodate and promote such interests.[12]

The most important task of an intermediary is to persuade and convince the parties why and by what means they should resolve their dispute.

II. Making the Best Use of the Means of Settlement

Each of the means listed under Article 33 of the U.N. Charter has its strengths and limitations. They are not meant to suit all different needs and situations. States might be better prepared to use them if they have a full appreciation of what these means are capable of and what their limitations are.

Whether or not a State may choose to engage in dispute settlement is usually influenced by such general considerations as the nature of the dispute (boundary questions, trade, refugees), importance of the issue (political, economic or military), relationship between the parties, internal politics, and objectives of the parties (e.g., to buy time, to reach a compromise, to maintain principles).

But when it comes to the choice of a means, a party's decision is influenced mainly by two specific considerations: the degree of control given to it and the extent of its involvement in the process. A party is more likely to choose one means over another if the former gives it more control and allows it greater involvement. It is not always possible to separate control from involvement since they are interrelated. Generally speaking, the degree of control and the extent of involvement are reflected *inter alia* on the parties' influence over the "mechanism" to be established or over the decision-making process. Thus, a party may choose a means which allows it to select members of the tribunal over another means in which the procedure is already fixed. But in another cases, stability, established jurisprudence, recognized reputation, low costs, and shorter duration are also important considerations.

To promote a better understanding of the strengths and limits of the means of settlement, it might be helpful to rank in a descending order (>) the following

11 See below, Section II.

12 See below, Section IV.

means according to the degree of control and the extent of involvement in the process that each of the means provides:

(1) negotiation > (2) good offices > (3) enquiry and fact-finding > (4) mediation > (5) conciliation > (6) arbitration > (7) judicial settlement.

Thus, (1) has the highest score for control and involvement; (7) has the lowest score for that. (1) to (5) are means leading to no binding decision on the parties, whereas (6) and (7) provide for binding decisions. Details on the strengths and limitations of each of these means are given below.[13]

Generally speaking, some States prefer *negotiation* because it means direct discussions and gives full participation and control to the parties. Virtually all other means are preceded or accompanied by some form of negotiation. Negotiation is also frequently a prerequisite to resorting to other means, for example, mediation or arbitration. Since negotiation is between the parties, each step (e.g., making contact, determining the venue, drawing up the agenda, etc.) has to be initiated by the parties themselves. When the parties experience difficulties, they may entangle themselves in arguments or procedures, or face an impasse. Negotiation is stalled and no one is there to offer a way out. Moreover, the process of negotiation can easily be terminated by a party unilaterally – there is therefore no guarantee of continuity.

Although negotiation is a power game as each side tries to impose its will on the other, the outcome is not always determined by the respective power of the parties concerned.[14] While wealth, size of territory or military power may be regarded as the strength of a party, the other party, irrespective of its own strength can always terminate a negotiation when it feels that it is losing.

Good offices refers to the active involvement from the beginning of a neutral third party in the process (e.g., an individual, an organization, a non-governmental

13 For a detailed study on each of these means of settlement, see *Handbook on the Peaceful Settlement of Disputes between States* (U.N. Publication, 1992). It covers (i) principles of the peaceful settlement of disputes between States; (ii) means of settlement; (iii) procedures envisaged in the U.N. Charter; (iv) procedures envisaged in other international instruments. This report was prepared in response to General Assembly resolutions 39/79 and 39/88 of 13 December 1984. Reference is also made to the two studies of the David Davies Memorial Institute of International Studies in the 1960s: the *International Disputes: The Legal Aspects* (published in 1972) and *International Disputes: the Political Aspects* (published in 1971) (both by Europa Publications: London 325 pp. and 349 pp., respectively). The former contained a report of a study group of the Institute under the chairmanship of the late Judge Sir Humphrey Waldock; foreword by Sir Francis Vallat. The latter was written by Professors F. S. Northedge and M. D. Donelen. See also, J. G. Merrills, *International Dispute Settlement* (London 1984); D. Bowett, *Contemporary Developments in Legal Techniques in the Settlement of Disputes* (Recueil des Cours: Hague, 1983), pp. 169-235; E. Luard, *Conflict and Peace in the Modern International System*, 1988. See also the author's article, "A Case for Facilitation in the Settlement of Disputes," in *German Yearbook of International Law*, Vol. 34, 1991, pp. 138-174.

14 See in general, F. Mautner-Markhof, ed., *Processes of International Negotiations*, 1989, 541 pp.; F. C. Iklé, *How Nations Negotiate* (New York, 1985), 274 pp.

organization, a State or a group of States). Usually, good offices are provided upon the request of one or both parties, and in some cases, initiated by a third party itself. It is a very flexible arrangement and its content may vary from case to case. The services that may be provided are not fixed; they are to be provided in response to the wishes of the parties and the relationship between the principals and the intermediary. Sometimes, the services are specific or limited (e.g. mediation or go-between); in other cases, the full range of dispute management and resolution is provided.[15] Being a flexible arrangement, the good offices allows creative input from the third party.

Enquiry and fact-finding are neutral, technical means for ascertaining and clarifying facts, and are usually carried out by a third body at its own initiative or at the request of one or both parties concerned.[16] The findings of those bodies may often

---

15 As in the case of Central America, the good offices of the Secretary-General of the United Nations covered a full range of activities from cease-fire to peace-keeping, peacemaking and post-war reconstruction. See, for example, Caminos and Levalle, "New Departures in the Exercise of Inherent Powers by the U.N. and OAS Secretaries-General in the Central American Situation," in *American Journal of International Law* (AJIL), Vol. 83, 1989, pp. 395-402; B. G. Ramcharan, "The Good Offices of the United Nations Secretary-General in the Field of Human Rights," in *AJIL*, Vol. 76, 1982, pp. 130-141. In more recent years, the good offices of the Secretary-General have been more widely used; some of the best known missions in the last few years include the situation relating to Afghanistan, the decolonization of Namibia, the situation of armed conflicts in Central America, and the settlement of the question of Western Sahara. A detailed list of the use of the good offices of the Secretary-General may be found in the *Handbook on the Peaceful Settlement of Disputes between States*, op. cit., pp. 45-54. See also *The Blue Helmets: A Review of United Nations Peacekeeping* (U.N. Publication, 1990), 449 pp. at Part VIII operations established in 1988 and 1989. Although good offices is not mentioned in Article 33 of the U.N. Charter as a means for the settlement of disputes, it is nevertheless an important tool for dealing with crisis situations. In the early days of the United Nations, the Security Council made available its good offices in 1947 to the Netherlands and Indonesia in order to assist them in resolving their hostilities; in 1956 with respect to the Palestine question for securing compliance with the armistice agreement; in 1958 towards the settlement of several incidents between France and Tunisia. See *Repertoire of Practice of the Security Council*, Supplement 1956-1958, Chapter I, Part IV and Chapter VIII, Part II and Chapter X.

16 Fact-finding by the United Nations in the field of the maintenance of international peace and security has been the focus of the U.N. Special Committee on the Charter of the United Nations and on the Strengthening of the Role of the Organization (hereinafter referred to as the Charter Committee). In 1992, the General Assembly, on the basis of the work of the Charter Committee, adopted resolution 46/59, entitled *Declaration on Fact-Finding by the United Nations in the Field of the Maintenance of International Peace and Security*. See *Report of the Charter Committee, General Assembly Official Records*: Forty-sixth session, Supplement No. 33 (A/46/33). For a recent study on this topic, see Christiane Bourloyannis, "Fact-Finding by the Secretary-General of the United Nations," in *New York University Journal of International Law and Politics*, Vol. 22, Summer 1990, pp. 641-669. The Declaration's purpose is to enhance the fact-finding capabilities of the Secretary-General, the Security Council and the General Assembly, to enable these organs to exercise their functions under the Charter effectively. It is provided *inter alia* that the Secretary-General, on his own initiative or at the request of States concerned, should consider undertaking fact-finding missions in areas where a situation exists which might threaten the maintenance of international peace and security. He may, when appropriate, bring the information obtained to the attention of the Security Council.

be utilized for reducing tension and preventing a conflict. While the parties do not have control over the outcome, they usually have a say in the composition and the conduct of the mission. The work of the mission depends however on the cooperation of the parties and this is particularly true when access to territory and information which is only at the disposal of the parties are required.

Fact-Finding or enquiry is useful when the disputed issue is largely one of fact and the parties are willing to use such a neutral mechanism to discover the fact. Difficult questions may be encountered in relation to composition, appointment of members, filling vacancies, methods of work, etc. Unless they are resolved in time, the whole process may be delayed or paralysed, particularly in cases where the enquiry or fact-finding mission is to be organized by the parties themselves; when a disagreement between them or a non-action by one party occurs, there is no outside help available.

Mediation means the participation of an intermediary (e.g., third States or neutral individuals) in negotiations between the parties to the dispute. The role of a mediator is to reconcile the claims of the parties and to make a suggestion which the parties are not committed to accept.[17] Mediation is best when both parties are willing to settle their dispute. But unless a mediation is initiated by a third party, no mediation can take place unless the mediator or mediators have already been accepted or appointed, and the procedures have been agreed upon by the parties. Hence, difficulties often occur during the pre-mediation stages. If mediation is to be promoted, outside assistance is desirable during the pre-mediation stages.

Conciliation is the process of settling a dispute by referring it to the conciliators who conduct dialogue with and between the parties, and undertake to ascertain the facts in dispute and put forward a suggested solution for settlement. This method allows the parties to receive a third party opinion without committing themselves to the result. By ascertaining the facts, the conciliators offer the parties to the dispute information and knowledge of each party which they may not possess otherwise and help them to understand the issues better. Conciliation therefore combines the elements of mediation and enquiry. Both mediation and conciliation, which are basically negotiations between the parties with the participation of a third party, permit to a certain degree the participation of the parties. The parties have, however, no direct influence over the "solution" proposed by a mediator or conciliator.

A solution from a conciliator is easier for the parties to accept, if they wish to, since it comes from a third party rather than from an opponent. While the solution

17 See in particular, M. Lachs, "International Law, Mediation and Negotiation," in A. S. Lall, ed., *Multilateral Negotiation and Mediation: Instruments and Methods* (1985), 206 pp.; Mitchell and Webb, eds., *New Approaches to International Mediation* (New York, 1988), 255 pp.

offered by a conciliator is not binding on the parties, it is more formal than the suggestion offered by a mediator.

As fewer States are truly neutral or are available, the trend seems to be that individuals rather than States are normally chosen as the mediator/conciliator, or as members of the mediation/conciliation commission. There is therefore a need to compile lists of qualified individuals from a wide field from which the members may be chosen to suit different needs.

We now turn to arbitration and judicial settlement which are employed by the parties when binding decisions are desired. While arbitration requires the parties themselves to set up the machinery to handle disputes, judicial settlement normally involves the World Court or some other standing tribunals. But even in the latter case, the parties themselves must institute the proceedings or prepare a *compromis*. The court or tribunal cannot itself invoke jurisdiction.

Arbitration means the referral of a dispute by the parties to an independent umpire or tribunal.[18] The submission to arbitration may be on a general basis (e.g., a compromissary clause in a treaty) or on an ad hoc basis (e.g. by a special agreement or *compromis*). This method allows a decision from a third person of the parties' own choice. By being able to select the arbitrators, the parties have confidence in the persons who are to deliver the decision.

Most compromissary clauses lack specificity as to the rules of establishment and operation of a tribunal. To implement the clause, the parties usually need to conclude another agreement to deal with such issues as the competence of the tribunal (size, manner of appointments and filling of vacancies), the appointment of agents, the questions to be decided by the tribunal, the rules of procedure, the registry, finance, nature of the award, etc. The negotiation of these matters can be, and is usually, time-consuming and can often lead to an impasse.

Generally, the composition of a tribunal is decided jointly by the parties concerned – a factor that is favoured by the parties. The tribunal is usually composed of one or three arbitrators. Each party normally appoints, on the basis of parity, one or two arbitrators, as the case may be, and then the appointed arbitrators elect, by agreement, the neutral member. The presidency usually goes to a neutral member. Since the appointed members normally disagree with each other, the neutral member plays a determining role in the decision.

---

18 The Permanent Court of Arbitration (PCA), established pursuant to the 1989 and 1907 Hague Conventions, may be cited here as an example. It is a permanent institution designed to provide arbitration services. See also below, Section III. For the work of the Iran-US Claims Tribunal set up under the Claims Settlement Declarations made on 19 January 1981 by the Governments of Iran and the United States, see *Iran-US Claims Tribunal Reports* (Grotius Publications, 1983-1991), Vols. 1-27.

The process of appointing arbitrators frequently present difficulties.[19] Some arbitration clauses are not well crafted and leave holes in the procedures, which often lead to deadlocks, delay or non-constitution of the arbitration. When the rules of procedures are not clearly specified, the proceedings can drag out unnecessarily.

Difficulties may also be encountered in establishing the registry (which provides all the secretariat services to the tribunal): appointment of the registrar, recruitment of personnel, arranging for translation and interpretation, reproduction of documents and question of expenditures.

Judicial settlement means the submission of a dispute to a pre-constituted court or tribunal composed of independent judges whose tasks are to settle claims on the basis of international law and to deliver decisions binding on the parties. The ICJ is the only pre-constituted judicial body at the global level. It has both contentious and advisory jurisdiction.[20]

There has been a steady increase of cases brought to the Court and a greater use of the Court by developing countries. The Court has skilfully dealt with a variety of complex situations. Most importantly, it has provided fair and reasonable solutions to the parties for most cases brought to it.

From the standpoint of the parties to a dispute, judicial settlement and arbitration do not allow their direct participation in the decision-making; the decisions are given to them over which they have no control. The process is, therefore, less participatory but more judgmental.[21]

Some States prefer arbitration to judicial settlement because the former at least allows them to choose the arbitrators and to determine the procedural rules and the law applicable, giving them some measure of control. The parties usually must pay for the establishment and maintenance of an arbitral tribunal which is costly and the parties must negotiate all issues concerning the establishment of the machinery and the registry. The ICJ, by contrast, is pre-constituted inasmuch as it is a permanent judicial body whose composition, jurisdiction and procedural rules are

---

19 See S. Schwebel, *International Arbitration: Those Salient Problems* (Cambridge, 1987), 303 pp.

20 See, in general, E. Jimenez de Aréchaga, "The Work and Jurisprudence of the International Court of Justice, 1946-1986," in *British Yearbook of International Law*, Vol. 58, 1987, pp. 1-38. Shihata, *The Power of the International Court to Determine Its Own Jurisdiction* (1965); Rosenne, *The World Court* (1973); *same author, The Law and Practice of International Law* (1965), pp. 267-506; C. D. Gray, *Judicial Remedies in International Law* (Oxford, 1987), 250 pp.; Merrills, *International Dispute Settlement* (1984); same author, "The Optional Clause Today," in *British Yearbook of International Law*, Vol. 50, 1979, pp. 87 et seq.; Oda, "Reservations in the Declaration of Acceptance of the Optional Clause and the Period of Validity of these Declarations: The Effect of the Shultz Letter," in *British Yearbook of International Law*, Vol. 55, 1988, pp. 1 et seq.; Leo Gross, "Compulsory Jurisdiction under the Optional Clause: History and Practice in the International Court of Justice at a Crossroads," in: L. F. Damrosch, ed., (1987), at pp. 19-57.

21 See in general, R. B. Bilder, "Some Limitations of Adjudication as an International Dispute Settlement Technique," in *Virginia Journal of International Law*, Vol. 23, 1981, pp. 1-12.

predetermined by the ICJ Statute. There is, therefore, stability and some measure of consistency in jurisprudence. The Court also enjoys the highest status in the legal community. Its judgements are regarded most authoritative. Since 1989, the Secretary-General has also established a Trust Fund to offer limited financial assistance to States by offsetting some of their expenses (e.g., Counsel's fees, reproduction of documents, etc.) so as to encourage them to reach a solution of their disputes through the ICJ.[22] The Trust Fund is being widely regarded as a practical means for encouraging States to make use of the Court.

A growing interest has been shown in recent years in the use of ad hoc chambers which allows the parties a say in the number of judges constituting such a chamber.[23] Moreover, the parties do not have to set up a registry, establish rules of procedure or pay the administrative costs.[24]

Two points may be drawn from the above discussion. First, each means has its strengths and limitations; it meets different needs in different circumstances. The key is to choose the appropriate means in order to meet the specific needs. The task of an intermediary is to select the means that it considers most suitable to the circumstances and to persuade the parties why that means would be best suited for resolving their dispute.

The second point is that various difficulties may arise between the parties mostly during the preliminary stages. When that happens, either the process can-

---

22 See *Report of the Secretary-General on the Trust Fund to assist States in the Settlement of Disputes through the International Court of Justice* A/47/444, 7.10.1992. The terms of reference of the Fund is attached thereto.

23 See Article 26(2) of the ICJ Statute according to which the number of judges constituting such a Chamber (usually five members) is subject to the approval of the parties. The US/Canada Gulf of Maine Case (1984) was the first one using an ad hoc chamber of the Court. This was followed by Burkina Faso/Mali Frontier Dispute Case (1986), US/Italy Elettronica Sicula Case (1989) and El Salvador/Honduras Land, Island and Maritime Frontier Dispute Case (1986-1992). For discussions on the use of ad hoc Chamber and the question of composition, see Shigeru Oda, "Further Thoughts on the Chambers Procedure of the International Court of Justice," in *AJIL*, Vol. 82, July, 1988, pp. 556-561; and S. Schwebel, "Ad Hoc Chambers of the International Court of Justice," in *AJIL*, Vol. 81, 1987, p. 831. Apart from the ad hoc chamber, two other kinds of chambers also exist, though they have never been used: (1) 5-judge chamber to hear and de-ter-mine cases by summary procedure with a view to speedy despatch of business (Article 29 of the ICJ Statute); (2) chamber composed of three or more judges for dealing with particular categories of cases (e.g., labour, transit and communication) under Article 26(1) of the ICJ Statute.

24 In the case of ad hoc chambers, the costs are not directly borne by the States using the chamber but are shared amongst members of the United Nations; the parties do not have to pay for the judges or the administrative costs of the chambers; the ICJ Registry services the Chambers and there is no need to prepare rules of procedure as the Rules of Court apply. Sometimes, only one or two judges from the bench would be involved in a Chamber case, whereas the other thirteen or fourteen judges have nothing to do with it. Yet the judgement from the Chamber would be considered as rendered by the full Court. Thus, for example, in the case of El Salvador versus Honduras, with Nicaragua intervening, only two judges from the bench were involved. On the status of the Fonseca Bay, Judge Oda dissented. Thus only one judge from the bench actually supported the decision of the Court.

not begin or the process is stalled. These difficulties may be grouped under the following headings:

a. lack of channels of communication;
b. preliminary issues: e.g., choice of venue, frequency of meetings, seating, size of delegations, language, records, agenda, etc.;
c. organizational aspects of the "machinery" to be set up for enquiry, fact-finding, mediation, conciliation, arbitration: composition, list of candidates, scope of competence, outcome of work, preparation of *compromis*, the applicable law, etc.;
d. interpretation or application of the dispute settlement clauses.

The resolution of these difficulties would be greatly facilitated if third-party assistance is available. An intermediary/peacemaker can certainly be very helpful by offering the parties what is needed: e.g., to open channels of communication, to offer suggestions for the preliminary issues, to prepare rules of procedure, to provide language and conference services, to suggest qualified experts in the various fields of interest, and as appropriate, to help resolve problems relating to the dispute settlement clauses. Indeed, the U.N. Secretariat has in the past offered such services, though of an ad hoc nature, to the parties in conflict; they have proved valuable to the parties in finding a solution to the conflict.[25] It would be timely to expand and systematize such services and offer such services as part of the Secretary-General's good offices.

Thousands of bilateral and multilateral treaties are currently in operation and most of them contain some form of dispute settlement procedures. Difficulties in application may therefore arise and the need for services may therefore be envisaged. The availability of services on a voluntary and spontaneous basis would help States to resolve those difficulties, allowing them to make more use of the means of settlement.

III. The Need to Handle Disputes Still outside the Existing Framework

The Security Council has been dealing mainly with "crisis situations." Those disputes which do not meet this threshold of "crisis proportion" are therefore excluded. They are left outside our existing framework. As will be seen, even though a situation may have actually reached crisis proportion, no one may be prepared to bring a case to the Council. After a case has been seized by the Council, the Council may fail or decide not to adopt any measure to handle it.[26] Moreover, until recently, little attention has been paid to dispute prevention and dispute manage-

---

25 See *Report of the Secretary-General on the Work of the Organization*. A/47/1, 11.9.1992, Chapter IV: *Peace Endeavours*, pp. 30-40, in particular, paras. 140-144, 152-155, and 159-164.

26 See below.

ment. The purpose of this Section is to point out these and other associated problems and to make some suggestions.

According to the U.N. Charter, only "disputes the continuance of which is likely to endanger the maintenance of international peace and security" are the proper concern of the Security Council. In practice, the threshold for that has frequently been the outbreak of armed conflicts. The Council is normally not called upon to act until this occurs. The Secretary-General usually needs to be mandated to act. As a result, disputes are not addressed until they have reached crisis proportion and the U.N. has been concerned mainly with armed conflicts. Consequently, disputes not constituting a threat to international peace and security have been excluded from the concern of the Security Council. According to statistics, between 1954 and 1984 some 96 out of 319 disputes – about one-third – were not managed by any international or regional institutions.[27]

A closer examination further shows that the application of the threshold of crisis proportion has been subject to a very stringent political test.

A dispute is not automatically seized by the Security Council and has to be brought to its attention either by a State or by the Secretary-General.[28] A State is likely to do so if *politically* it is in its interests to bring the case to the Organization. To bring a situation to the Security Council is a highly sensitive matter and usually no friendly State would do that. A State would do so if it claims to be the victim of another State's action, or if its interests have been affected and it cannot otherwise protect them, or for other political motives (e.g., to rally support). It is therefore quite possible that even when a situation has factually reached crisis proportion, no State is prepared to bring the case to the U.N.[29]

The Secretary-General is empowered under Article 99 of the U.N. Charter to bring to the attention of the Council a situation which he considers may constitute a threat to the maintenance of international peace and security. In the past years, he has officially invoked only five times Article 99.[30]

---

27 See *UNITAR Study*, op. cit., fn. 4 above.

28 See Article 31 of the U.N. Charter. Note the words "any questions brought before the Security Council." Also Rule 6 of the provisional Rules of Procedure of the Security Council. The Secretary-General may do so under Article 99 if he considers that a situation is threatening the maintenance of international peace and security.

29 For practice in the U.N. Security Council, see *Repertoire of the Practice of the Security Council*, Chapter VIII: *Consideration of Questions under the Council's Responsibility for the Maintenance of International Peace and Security*; Bailey, *The Procedure of the Security Council* (1988), Chapter II.7: *The Agenda*, pp. 44-55.

30 These were: in June 1948 in connection with the Korean Case; in September 1959 in connection with the situation in the Congo; in July 1961, in connection with a complaint by Tunisia against France, arising out of actions by French naval and air forces against the Bizerta base; in July 1971 in connection with a conflict between India and Pakistan; in February 1980 with respect to the US hostages in Iran.

Even when a dispute is brought before the Security Council, it is for members of that organ to decide if it wishes to deal with it and if so, how. The consideration is often, if not always, political. In the past, certain conflicts of an internal nature or associated with the cold war, had no chance to be considered by the Council. Even when a situation is finally seized, members may disagree on how to deal with it. An agreement may not be reached at the end.[31] Consequently, very limited disputes reached and were treated by the Security Council. Many were left out.

I now turn to the other consequences of addressing disputes only at the level of armed conflict (or after the dispute has fully grown). On the one hand, disputes are extremely difficult to deal with at the international level after they have been fully articulated, at which point they are usually at their peak. Divergent positions have already been taken by the parties to the dispute and are publicly known. Internal interest groups have formed and pressures have been exerted on the government. The attitudes of the parties have often therefore become inflexible. Time and great effort are needed if there is to be any hope of persuading the parties to the conflict to alter their positions.

On the other hand, to deal with disputes only after they have arisen has led to the neglect of the important aspect of prevention and early detection of disputes, where treatment of the problem might be much easier. Most existing mechanisms are geared to dealing with conflicts after they have developed; the whole phase leading up to the articulation of the conflict is usually outside the existing framework and the process of dispute-settlement does not apply.

It may readily be seen from the above that the following categories of disputes remain outside the existing framework:

(a) disputes not constituting a threat to international peace and security (this include emerging disputes and disputes in their early stages);
(b) disputes which have in fact reached that threshold but no one is willing to bring them to the Council;
(c) disputes which the Council has failed to offer any help.[32]

Further studies are needed to illuminate the nature and scope of these categories of disputes. We also need to search for appropriate methods and mechanisms to deal with them and to prevent them from escalating into crisis situations. At present, we have no adequate mechanism to deal with these disputes.

These disputes are extremely difficult to deal with. Leaving aside the fact that most of them are highly politically sensitive, many other difficulties have also to be

31 See fn. 29 above.

32 Now that the cold war is over, disputes which were traditionally related to the East and West relations might now come forward to the Council. But as recent events have shown, disputes between intra-national groups have greatly increased. To what extent the above mentioned categories of disputes will now be brought to the Council remains to be seen.

considered. To gain access to and acceptance by the parties in these very sensitive areas is extremely difficult for any body. Any gesture is also likely to be taken as interference with domestic affairs. Moreover, disputes also come in many different kinds and occur in various geographic regions. Different skills are needed to deal with them. Be that as it may, some relevant developments should be noted here.

(a) The Permanent Court of Arbitration (PCA),[33] which is not only a permanent institution set up for arbitration, also offers a range of dispute settlement services including good offices, mediation, commission of inquiry and conciliation. The Court provides a Panel of 250 legal experts of recognized competence and impartiality, drawn from various geographical regions.

While intermittent use has been made of its facilities and staff, and the Secretary-General of the Court has often been called upon to assist in making appointments to international arbitral tribunals, the mechanism as a whole has not been greatly utilized.[34] Being aware of this fact, the Administrative Council of the Court authorized its Secretary-General to seek the views of experts of its 75 States parties. A working group of experts was convened in 1991 to discuss ways and means to improve the functioning of the Court. The Group has made a series of recommendations.[35] One of the recommendations was to undertake a programme of action to increase the awareness of, and to stimulate action in, the potential of the facilities offered in respect of arbitration, mediation, commissions of inquiry and conciliation. Another recommendation was to find remedies to meet its constitutional, procedural and organizational deficiencies. The Group also recommended the establishment of a Fund to enable developing countries to meet the costs of arbitration by the Court.

It is hoped that the "revitalization" of PCA and of its facilities will provide a useful role in dispute resolution.

(b) It is also relevant to mention the International Humanitarian Fact-Finding Commission, which is an independent permanent body consisting of 15 individual experts having special knowledge in international law, medicine or military affairs. They are elected in their personal capacity by the contracting parties which have accepted the Optional Clause under Article 90 of the 1977 Additional Protocol to the 1949 Geneva Conventions for the Protection of Victims of Armed Conflicts.

---

33 The Court was created by the Hague Conventions for the Peaceful Settlement of Disputes. See *The Conference of 1899* and James Brown Scott, ed., *The Conference of 1907*; *The Proceedings of the Hague Peace Conference, Translation of the Official Texts* (New York: Oxford University Press, 1990), published under the auspices of Carnegie Endowment for International Peace. The Conventions are still in force among 75 States.

34 See *The Permanent Court of Arbitration, New Directions*, published by the International Bureau of the Permanent Court of Arbitration (1991), 67 pages, particularly pp. 9-16.

35 Ibid. See also statement made by the Secretary-General of the Court, Mr. P. J. H. Honkman, at the 36th Meeting of the Sixth Committee at the forty-seventh session of the General Assembly on 17.11.1992.

The Commission's main function is to investigate grave breaches as defined in the Geneva Conventions and the Protocol. The Commission is also empowered to facilitate, through its good offices, the restoration of respect for the Conventions and the Protocol by the parties to an armed conflict.[36] Moreover, the competence of the Commission may also be extended to parties to an armed conflict even though they have not made a declaration under Article 90 of the Additional Protocol. It would seem that the Commission can therefore play a role in dispute settlement, though limited to cases of grave breaches.

(c) Also of interest is the developments in the Conference on Security and Cooperation in Europe (CSCE) in the area of peaceful settlement of disputes. Pursuant to the Charter of Paris for a New Europe, a Conflict Prevention Centre (CPC) was established in Vienna. While the Centre's functions were primarily in respect of military activities, procedures for the conciliation of disputes as well as broader tasks relating to dispute settlement may also be performed by the Centre.[37] The Consultative Committee, which is responsible to the Council of Foreign Ministers, serves as a forum for consultation and cooperation in conflict prevention and for cooperation in the implementation of decisions on crisis management taken by the Council. The Consultative Committee has the authority to initiate and, with the assistance of the CPC Secretariat, execute fact-finding and monitor missions.

Under the auspices of CSCE and the Charter of Paris for a New Europe, a set of principles and procedures for peaceful settlement of disputes was adopted at Valleta, Malta in January 1991.[38] One of the most interesting features of the procedure is the method for the establishment of a CSCE Dispute Settlement Mechanism. When a dispute occurs, such a "mechanism" is to be established to consist of one or more persons not nationals of the disputant States. The members are to be selected by joint agreement of the parties to the dispute from a register of qualified candidates. To facilitate the parties' selection and the formation of the "mechanism," there is a standing "nominating institution" which serves really as an intermediary. After allowing the parties to select and reject nominations put forward by the "nominating institution," the latter is given the final decision regarding the composition of the "mechanism," and the decision then becomes mandatory for the parties concerned. In this way, the wishes of the parties are respected and at the same time, the formation of the mechanism is also guaranteed. This is an im-

---

36 Statement made by the President of the Commission, Mr. Erich Kussbach, at the informal meeting of the Third Committee of the General Assembly on 10.11.1992.

37 *Charter of Paris for a New Europe and Supplementary Document to effect certain provisions of the Charter*, done at Paris, 2.11.1990. For text, see *International Legal Materials*, Vol. 30, p. 212.

38 See Conference on Security and Coordination in Europe (CSCE), Report of the CSCE Meeting of Experts on Peaceful Settlement of Disputes adopted at Valleta, February 8, 1991. For text, see *International Legal Materials* Vol. 30, No. 382, 1991.

portant innovation to traditional procedures of appointment. More importantly, in searching for a solution to the dispute, the Mechanism, which really acts as a peacemaker, is not restricted to any fixed procedure or method. It has a free hand in the choice of means for dealing with the dispute. This allows the mechanism to be creative.

(d) The U.N. has recently turned its attention to the question of dispute prevention. The adoption in 1988 by the General Assembly of a Declaration on the Prevention and Removal of Disputes and Situations which may Threaten International Peace and Security, signifies an important initiative.[39] The Declaration addresses States as well as the Security Council, the General Assembly and the Secretary-General, and has recommended to these organs various measures that they should take into account with a view to dealing with disputes at an early stage.

One of the recommended measures listed in the Declaration relates to the method for dealing with a dispute brought to the Organizations. According to regular procedure of the Council, public debate is the next step after a dispute has been brought to it.[40] Often, public debate and open confrontation in a political institution merely serve to publicize and even harden the opposing positions of the parties and their allies, each side using the occasion to attack the other side or to reiterate its own position. Such method does not always help to resolve the problem. Experience shows that sometimes informal approach and confidential contacts conducted behind the scenes can be more helpful in preventing a situation from further deterioration. Thus, even when a State wishes to bring a situation to the Security Council, there may be merits in urging it to approach the Council at an early stage and on a confidential basis.[41] The aim is to allow quiet diplomacy and informal consultations to take place with a view to diffusing a potential conflict. But in other cases where public attention is needed, formal debate is still an effective method.

---

39 The 1988 Declaration on the Prevention and Removal of Disputes and Situations which may Threaten International Peace and Security and on the Role of the United Nations in the Field (hereinafter referred to as "1988 Declaration on Prevention and Removal of Disputes and Situations."). For text of the Declaration, see General Assembly resolution 43/51, annex. *Official Records of the General Assembly*, Forty-third session, Supplement No. 49.

40 Of 223 disputes, 137 (or 73%) were referred to the United Nations; 86 (or 27%) of the cases were referred to regional organizations. *UNITAR Study*, op. cit., pp. 13 and 59.

41 See, for example, para. 6 of the 1988 Declaration on the Prevention and Removal of Disputes and Settlements which provides that "Any State party to a dispute or directly concerned with a situation, particularly if it intends to request a meeting of the Security Council, should approach the Council, directly or indirectly, at an early stage and, if appropriate, on a confidential basis." See also paras. 10, 11 and 12 of the Declaration regarding other means that the Council was recommended to take. These include sending, at an early state, fact-finding or good offices missions, and establishing U.N. presence in the disputed areas by observers and peace-keeping forces.

As noted earlier,[42] Articles 36 and 37 of the U.N. Charter give the Security Council the competence to recommend appropriate procedures or methods of adjustment. The Council should, when it is deemed appropriate, recommend to the parties to refer their disputes to the Court, since the Court is the principal judicial organ of the U.N. The Council, of course, may also recommend other specific measures, such as mediation or arbitration. Similarly, the language of Article 41 (in Chapter VII) of the U.N. Charter does not preclude the Council from ordering the parties to adopt a particular dispute settlement procedure. It would seem that resort to the ICJ or other suitable means should also be considered by the Council as a mandatory measure under Chapter VII, which may be ordered by the Council when circumstances so warrant. This would not only broaden the scope of measures available to the Council but also add a new dimension to the Council's image.

The advisory role of the ICJ can also be useful in dispute resolution. Even a most complicated political situation may contain elements of a legal nature. A pronouncement by an authoritative judicial body on the legal position of a specific point might sometimes serve to pave the way to an overall solution. In such a situation, it would be useful to request, at an early stage, an advisory opinion from the ICJ.[43] At present, the General Assembly, the Security Council, the Economic and Social Council and the Trusteeship Council are empowered to do so. They should therefore be encouraged to make more use of that competence.

The Secretary-General has repeatedly[44] requested that he should also be authorized to request advisory opinions, particularly on legal aspects of disputes connected with peacemaking missions entrusted to him. This procedure would permit him to obtain in a quiet and discreet manner authoritative advice from the Court without invoking public debates or entanglement of the Security Council or the General Assembly, which would be unavoidable if either organ is to initiate the request. This procedure would help to reserve the role of those organs when their involvement becomes necessary at a later stage. The Secretary-General has stated that a request would be made only with the consent of the parties involved that the opinion obtained, which has no legal binding force on any body, would be for his

42 See Section III above.

43 Para. 19 of the 1988 Declaration thus suggested that the General Assembly should consider requesting an advisory opinion at an early stage.

44 In his 1990 and 1991 Annual Report to the General Assembly, the Secretary-General suggested that consideration shall be given to authorizing the Secretary-General to request advisory opinions. See *Report of the Secretary-General on the Work of the Organizations*, 1990 and 1991, *Official Records of the General Assembly*, Forty-fifth Session, Supplement No. 1 (A/45/1) and Forty-Sixth Session, Supplement No. 1 (A/46/1).

own use as a building block in constructing a package to the resolution of the dispute.[45]

As already mentioned, the Secretary-General has been given a right of initiative for the purpose of preventing a situation from being a threat to peace.[46] The 1988 Declaration also encourages the Secretary-General to consider using "at as early a stage as he deems appropriate" the right that is accorded to him under Article 99 of the Charter to call the attention of the Security Council to any matter which in his opinion may threaten the maintenance of international peace and security.

In his report, *An Agenda for Peace*, the Secretary-General has suggested, *inter alia*, that preventive diplomacy may be performed by the Secretary-General personally or through senior staff or specialized agencies, by the Security Council or the General Assembly, and by regional organizations in cooperation with the U.N. The Secretary-General specifically pointed out that preventive diplomacy requires means to create confidence, needs early warning based on information gathering, and informal or formal fact-finding, and may involve preventive deployment and, in some situations, demilitarized zones.[47]

Recent actions taken by the Secretary-General show that he has already began utilizing those provisions mentioned above. Fact-finding missions have been despatched as early as possible to the troubled spots. His senior staff or representatives have regularly visited areas where disputes are emerging. He has also established six geographically- based Divisions within the Department of Political Affairs whose tasks are to monitor these regions and to initiate good offices.

For dispute prevention to succeed, it would require *inter alia* a rapid response information network and adequate staff equipped with expertise and skill in conflict analysis, negotiation and dispute resolution. Sufficient financial resources are also critical. Most important, any endeavour in this area will need the continued support and assistance from the Member States, the Security Council and the General Assembly, without which no prevention can be effective.[48]

IV. Seek the Interests of the Parties to a Dispute

It is an extremely difficult situation when the parties in dispute are unwilling to engage in activities for resolving their differences. When that happens, it is still worth

45 See also Statements made by the Legal Council in the *Special Committee on the Charter* (A/47/33, paras. 31 and 32), and in the Sixth Committee of the forty-seventh session of the General Assembly, A/C.6/47/SR.18, *U.N. Press Release*, GA/L/2751 dated 21.10.1992.

46 See above, Section I.

47 For details, see Section III of the Report, paras. 23-33, pp. 6-10, op. cit.

48 For an excellent analysis of the means of strengthening U.N. preventive diplomacy and peacemaking arrangements, see Statement made by the Permanent Representative of Australia at the General Assembly on 9 October 1992 on agenda item 10: *Report of the Secretary-General on the Work of the Organization*, A/47/PV.31.

the trouble of finding out why. More often than not, States are simply unwilling to make the effort. In such case, little can be done until the parties are ready to act. But in other cases, the unwillingness may be caused by the inability of the method to take into account the basic interests of the parties.

Our traditional methods aim at a *settlement* and our usual approach is to seek a *compromise*. The object has been to look for a way to reach an agreement on the basis of law and/or the immediate facts surrounding the case. Generally, a dispute is taken as is and the task is to find a way to settle it. The nature of the dispute and the causes that led to it are usually not the concern.

This kind of approach would be too narrow and too limiting particularly for those disputes which are primarily over prestige, identity, security or other human values. For the parties concerned, these values are non-negotiable and inalienable,[49] and they cannot be translated into items with which the parties can bargain. Even when a temporary measure is reached, the conflict flares up again whenever opportunity presents itself.

To deal with disputes of this kind, a broader framework is needed in order to accommodate the interests of the parties. Normally, interests represent the real motives behind a party's position. Such motives may be needs, wants, concerns or fears. By finding out the underlying interests, it might be possible to meet the parties' expectations. There may however be difficulties: sometimes, the parties may not recognize their needs, wants, concerns or fears; they may be reluctant to communicate their interests for fear of being taken advantage of or weakening their bargaining power.

A useful process to bring out the parties' interests might be to help the parties to identify and clarify the issues involved and to work with the parties to identify the underlying interests. When issues are too large, they should be divided into small manageable parts. When issues are linked or inter-related, they should be combined and packaged to encourage trade-offs and log-rolling.

Once basic interests are identified, they need to be arranged and linked to provide a workable solution. Often, multiple options are needed. Brainstorming involving experts and the interested parties individually or jointly can be useful for producing a range of options. Consideration should also be given to how various options might be combined to create an integrated solution to meet the basic in-

---

49 See, in general, J. W. Burton, *Global Conflict* (Broughton 1984); Goldberg et al., *Dispute Resolution* (1985); Fisher and Brown, *Getting Together: Building a Relationship that Gets to Yes* (1988); Rubin et al., *The Second Psychology of Bargaining and Negotiation* (1975); M. C. Kelman, "The Problem-Solving Workshop in Conflict Resolution," in R. L. Merritt, *Communication in International Politics* (London, 1972); Kanowitz, *Alternative Dispute Resolution Materials* (West 1985). A variety of methods (both in terms of process and techniques) in dispute management and problem-solving may be found in the above literature.

terests of both parties. Further refinement of the proposed solution may also be needed as the process continues.

Where natural resources are involved, it might be possible, in some cases, to approach the dispute from a functional standpoint by proposing joint resources development in the disputed area.[50] Such a project would provide a total freeze of all claims and assertions from the parties over the life of the plan; no new claims may be allowed and the respective legal positions would be preserved and not be prejudiced. The development plan would be drawn up and managed jointly by the parties (or by a third party). They would also share the costs and profits pursuant to a formula to be agreed upon. Such a functional approach can not only bring economic benefit to the parties but also provide a working basis for the utilization of the resources in dispute.[51]

V. Conclusions

Four problem areas have been addressed in this paper and various suggestions have also been made. The main conclusions are:

- We already have a wide range of means of settlement available for States to use. It is however important to recognize that each means has its strengths and limitations. Each can be used to serve different purposes. With proper assistance, States can be helped to choose the appropriate means to meet their needs.
- We also need to handle disputes as early as possible, preferably before they become explosive, and to be concerned with disputes not yet constituting a threat to international peace and security. While in theory it might be easier to manage disputes before they have become fully-grown, and they should be prevented from reaching crisis proportion, such disputes can be politically very sensitive and there are many difficulties to be overcome.

---

50 More than one hundred known boundary, transboundary and territorial disputes exist. Many of them involve disputes over the resources (oil, gas, minerals and ground water). For a list of these disputes, see Alan Day, ed., *Border and Territorial Disputes* (Detroit, 1985); David Downing, ed., *An Atlas of Border and Territorial Disputes* (London, 1990); Friedrich Kratochwill et al., *Peace and Disputed Sovereignty: Reflections on Conflict over Territory* (University Press of America, 1985). The following examples may be cited: Chad and Libya over the uranium-rich Aouzou Strip; Cambodia and Thailand over the Gulf of Thailand; Morocco and Spain over Spanish enclaves of Centa and Melilla; Namibia and South Africa over Walvis Bay and Penguin Islands; Sweden and Finland over the Aaland Islands continental shelf; China and Japan over Senkaku Islands; China and Viet Nam over the Gulf of Tonkin; Canada and France over resource-rich islands of St. Pierre and Miguelon in the Gulf of St. Lawrence; Guyana and Venezuela over the Essequibo region; Belize and Honduras over Sapodilla Cay.

51 For examples of this kind of projects, see Gault, "Joint Development of Offshore Mineral Resources," in *National Resources Forum*, Vol. 12, 1988, p. 277; Tanza, "A New Treaty Response for EMS-Dollard Region," in *International Journal of Estuaries and Coastal Law*, Vol. 2, 1987, p. 133.

- States may become more willing to resort to a dispute procedure if their basic interests are addressed. We must therefore seek to address the needs, wants, concerns and fears of the parties concerned, particularly in dealing with disputes involving values, territories, identity or security. Otherwise, the parties are not interested and unwilling to engage in activities of dispute resolution.
- All these point to the need for assistance to the parties. The intermediaries could provide useful services to help the parties not only in initiating the process of dispute resolution but also in resolving possible procedural, technical and substantive difficulties encountered during the process. Most importantly, the intermediaries must try to persuade and convince the parties why and by what means they should resolve the dispute.

All these are more easily said than done. We need mechanisms and institutions to perform these tasks. As already mentioned, the Secretary-General can provide and has provided valuable services in these areas. But more and different intermediaries are needed, given the divergent nature and locations of potential disputes. Moreover, in view of the sensitive nature of the subject matter, an intermediary must enjoy the confidence of the parties concerned. While the good offices of the Secretary-General has already established a track record and reputation, other intermediaries will need time to build up their competence and reputation. Their effective assistance depends on the availability of sufficient financial resources, technical expertise and dispute resolution skills. None of these is easily obtainable. While knowledge and skills can be acquired over time through training and research, there is no substitute for financial resources. If settlement of disputes is really important, we should be able to find ways to meet these requirements.

Recent developments both within and outside the U.N. have shown that new ways are being introduced to widen the traditional scope of enquiry, to attract the interests of the parties and to assist States in resolving difficulties encountered before and during the process of dispute resolution. These are encouraging signs. Wider publicity of such developments and support from concerned institutions would further enhance the progress.

15. Improving the U.N. System of Preventive Diplomacy and Conflict Resolution: Past Experiences, Current Problems and Future Perspectives*

Connie Peck

Introduction

In spite of the obligation imposed upon Member States by the United Nations (U.N.) Charter to settle their disputes peacefully, armed conflict continues to wreak havoc on the international community, both in terms of the many who suffer directly from its devastation, as well as those who suffer indirectly from the diversion of resources away from more pressing human needs. Yet in spite of the enormity of the problem, international systems for peaceful dispute resolution remain underdeveloped.

In large part, this can be attributed to the Cold War, which throughout the history of the U.N., greatly restricted the U.N.'s ability to carry out its mandate in the peace and security area. Not only did the superpower rivalry contribute directly and indirectly to a large number of conflicts around the globe, but it also rendered many of the mechanisms for dispute resolution, which had been provided for by the Charter, ineffective.

Thus throughout most of its history, the U.N. had to focus its efforts largely on containing and managing selected conflicts as permitted by the superpowers. Little attention was devoted to preventing disputes from erupting into armed conflicts in the first place or to resolving the real issues and grievances which were behind such conflicts. Peacekeeping became the major area of innovation and the primary instrumentality for containing conflicts. In response to these restrictions, peacemaking efforts were largely focussed on setting the stage for peacekeeping and often did not go beyond this to find a real political solution to the problem.

Suddenly, and rather unexpectedly, however, the Cold War was over. But with the sudden collapse of the structures, assumptions, and rules upon which it was predicated, a whole new set of threats to international peace and security began to emerge as the fragmentation of states followed in its wake. These new threats caught the international community by surprise, when the initial optimism with which a "new world order" was declared rapidly turned into alarm, as it became clear that what was emerging was anything but orderly.

---

* *References*: C. Peck, "Designing More Cost-Effective Method for Resolving International Conflict," in M. Bustelo and P. Alston, eds., *Whose New World Order? What Role for the United Nations?* (Canberra: Federation Press, 1991); W. Ury, J. Brett, and S. Goldberg, *Getting Disputes Resolved: Cutting the Costs of Conflict* (San Francisco: Jossey-Bass, 1988).

In this new post-Cold War era, however, the potential for the U.N. to play a more effective role in the area of peace and security has become a topic of widespread discussion, as evidenced by the historic Security Council Meeting held in January, 1992 at the level of Heads of State and Government and the subsequent report of the Secretary-General entitled *An Agenda for Peace*. Both of these represent initial attempts to redefine the peace and security agenda and to suggest new mechanisms for responding to it. But in spite of this, the U.N. has had little time to regroup before being thrust into the exigencies of trying to meet the challenges of a new era.

Thus the U.N. of today faces a very different problem than it did in the past when its efforts in the peace and security area were largely irrelevant. Today, the U.N. is being overwhelmed with requests to do more than it can manage, given its serious financial problems. In a short space of time, the expectations, demands and responsibilities on the U.N. have increased dramatically, but the mismatch between demands and capacity are causing serious difficulties. If not remedied, this overload on the system could cause the Secretariat to collapse, or at the very least, to become ineffective through loss of its best people, slowness to fulfil its mandates or loss of credibility. This paper will discuss past and current problems in preventive diplomacy and peacemaking and how the U.N. can strengthen its role in this vital area. Before doing so, however, the U.N.'s potential to function as a dispute settlement system will be examined.

I. The U.N. As a Dispute Settlement System

It can be argued that one of the major goals of reshaping the U.N. in the context of the post-Cold War era is to find more cost-effective and less destructive ways of resolving international conflict. One useful framework for analyzing dispute settlement in the U.N. is the work on how *systems* of dispute settlement can be designed to operate most effectively (1, 2).

Work in this field has shown that effective systems of dispute settlement are those that offer a range of approaches to dispute settlement. Such approaches include:

(1) interest-based dispute settlement, where attempts are made to reconcile the parties' different interests (for example, through negotiation or mediation);
(2) rights-based dispute settlement, where attempts are made to reconcile conflicting rights (for example, through arbitration or adjudication); and
(3) power-based dispute settlement, where power tactics are used to impose a solution (for example through sanctions or peace enforcement).

These different approaches have differential costs associated with them. Interest-based methods tend to be the least costly of the three since this approach attempts to address and meet the parties' underlying interests and achieve a satisfactory outcome for all parties. As a result, satisfaction with outcomes is higher, damage to the long-term relationship of the disputants is minimized, and because grievances have been addressed, the conflict is truly resolved, making it unlikely to recur. Rights and power-based procedures, on the other hand, involve a more adversarial approach which strains the relationship and results in a tendency for losers to re-initiate the conflict because their interests have not been met, resulting in the recurrence of the conflict at a later time. Nonetheless, rights contests are generally less costly than power contests, since fewer resources are destroyed and fewer opportunities are lost.

Thus an effective system of dispute resolution is one in which a step-wise dispute resolution system is used. In such a system, low-cost interest-based procedures (such as negotiation and mediation) are used as early as possible in the dispute, with other more costly methods being employed only in cases whether these have failed. The objective is to resolve disputes at an early stage before the issues become generalized, before hostilities become malignant, and before the disputants become committed and entrapped by the process. If low-cost interest-based methods (such as negotiation and mediation) fail, other methods such as low-cost rights- or power-based approaches can be used as a back-up (e.g. arbitration, resolutions by the Council). If these also fail, progressively higher-cost approaches (such as adjudication by the International Court or sanctions imposed by the Council) can be still be employed. Thus, a functional system of dispute settlement would be structured to provide a full range of dispute settlement approaches and would attempt to apply low cost approaches (for example, mediation) as early as possible in order to find a resolution before the dispute becomes costly to the disputants or to the system, in other words *before* the dispute erupts into armed conflict.

Distressed systems are those where disputes are not resolved and are therefore recycled over and over again. Typically, these systems ignore disputes until they have turned into full-fledged conflicts and then they employ high-cost power-based procedures to impose a solution that doesn't necessarily meet the parties' interests. In such cases, one or both disputants may be dissatisfied with the solution and will, therefore, either not comply with the outcome or will reinstigate the dispute in another form at a later time. In such systems, conflicts are seldom resolved and appear again and again.

Converting a distressed dispute settlement system into an effective one usually involves setting up a *full* range of dispute settlement procedures in a kind of "dispute resolution ladder" so that disputes can be handled early and by the least costly method and so that procedures can be applied sequentially in a cost-effective manner. In this way, only the most intractable or difficult disputes are subject to more costly dispute settlement methods.

The distinction between these kinds of dispute settlement seems to have been understood by the framers of the Charter, who incorporated all three approaches into the U.N. system. In fact, it can be argued that different organs of the U.N. are roughly responsible for different types of dispute settlement: (1) good offices and mediation by the Secretary-General and his representatives appear to offer the most scope for interest-based dispute settlement; (2) the International Court of Justice has the most important role to play in rights-based dispute settlement; and (3) the Security Council has a wide range of power-based procedures at its disposal.

Although the Charter provides a full range of dispute settlement procedures in theory, in practice the U.N. has never been able to fully develop into an effective system (for the reasons discussed earlier). It could be argued that the U.N. has even resembled a distressed system, since many international disputes have gone unresolved. Indeed, throughout most of the Cold War, the deliberative bodies relied primarily on relatively weak, power-based approaches, such as resolutions by the Council or the Assembly condemning action. However, because these actions were almost never backed-up by stronger Chapter VII actions, such as embargoes, sanctions or peace enforcement, the resolutions lost much of their effectiveness, since it was clear that there would be no consequences to non-compliance. The peace enforcement action of the Gulf War changed this situation (regardless of one's opinion about the action itself) since it conveyed the message that the Council was capable of using its high-cost power-based methods. Moreover, the increased use of sanctions and embargoes in a number of instances since then has reinforced this point.

At the opposite end of the cost-effectiveness dimension, it can be argued that the U.N. system has been distressed because it has not developed the more cost-effective interest-based approaches to dispute settlement. As already discussed, there has been *no* mechanism within the U.N. system for early dispute settlement, even though it is a well-established fact that peaceful methods of dispute settlement, such as mediation, are much more likely to be effective earlier in a dispute, before issues have generalized, before hostilities have escalated, before parties have become committed and entrapped, and before the main motivation has become retribution. If a truly viable dispute settlement system is to be established in the U.N., an effective mechanism for preventive diplomacy is needed.

II. Problems with Locating Preventive Diplomacy under the Auspices of the Security Council

Although the U.N. Charter gives primary responsibility for the maintenance of international peace and security to the Security Council, at a practical level, it is the

Secretary-General and his staff who offer the greatest potential for preventive diplomacy and the pacific settlement of disputes. This is because a number of problems prevent the Security Council from being able to carry out an effective preventive diplomacy role. These will be discussed below.

The Problem of Timing: As mentioned above, the problem of timing continues to present a major stumbling block to U.N. dispute prevention. Although both the Charter and the "1988 Declaration on the Prevention and Removal of Disputes and Situations and on the Role of the U.N. in this Field" authorize and urge the U.N. to become involved "early in a dispute or situation" and "at any stage of a dispute or situation," the reality of current U.N. practice is that most disputes do not reach the Council's agenda until they have escalated into armed conflict, and in some cases, they are not even acted upon at this point. In other words, many disputes are not considered by the U.N. until it is *too late* for their peaceful resolution.

This is not, however, due to a lack of adequate provisions in the Charter. Article 35 provides that *any member* of the U.N. can raise "any dispute or situation" with the Council, and Article 99 gives the Secretary-General the same authority. One is, therefore, forced to ask: Why are these provisions not used more frequently? The answer appears to be political rather than procedural.

The Problem of International "Will:" One reason that is often mentioned is the lack of international "will" to become involved. "Will," of course is impossible to assess, since it is merely a *post hoc* explanation for behavior. Nonetheless, it is argued that during the Cold War, the major powers did not want those disputes in which they had an interest to be brought before the Council, and even when this did occur, the polarization of the Council made it impossible to reach a decision.

In the wake of the Cold War, one factor which erodes international "will" may be a fear that the U.N. is being overwhelmed, and that preventive diplomacy could (if it were to fail) lead to yet another, potentially costly and long-term operation. Advocates of this view argue that the U.N., afterall, can't be involved in *every* conflict. By not becoming involved earlier, however, the U.N. relinquishes its ability to have an ameliorative effect on the situation and makes it more likely that its involvement (at a later stage) will be costly and long-term.

A less benign interpretation, which is commonly aired, is that Members of the Council are most concerned about disputes which have a direct effect on their own geopolitical interests. Many feel that the Council does not act consistently or with impartiality, and that it is more likely to ignore disputes or situations which are not of immediate interest to its members.

The Problem of Control: Another important factor seems to be that there is a general reluctance by states to bring their disputes to the Council – because they do not wish to relinquish decision-making control over matters of such importance to them. Discussions about the rights of "sovereignty" and concerns about "internationalizing" a dispute translate to mean that many, and probably most, states prefer to *maintain control* over how their disputes will be resolved, at least until such time as the situation becomes desperate. Thus, they may not approach the Council until the situation deteriorates to a point where outside intervention becomes necessary. Because of these concerns, third parties may also be reluctant to bring a situation to the Council at an early stage. Thus, Members seldom use Article 35 and Secretaries-General have rarely used Article 99, presumably because their use would be considered to be an unfriendly or political act, which might jeopardize the actor's relationship with the states involved. As a result, the Council usually waits until one or more of the disputing parties approaches the Council.

The Problem of Coercive Influence Strategies: Another major factor inhibiting an early approach to the Council is that the Council's range of potential action is largely power-based or coercive in nature. It is not, therefore, surprising that Members are often reluctant to relinquish control over the process and outcome of their dispute to third parties (Members of the Council) who may be perceived to be pursuing their own geopolitical interests and who have at their disposal, a range of powerful, coercive actions. Of course, at this early stage, the Council might merely recommend that disputants seek peaceful means of settlement, such as good offices or mediation, but options such as these are already *potentially* available without the necessity of Council involvement. Moreover, Members may fear that if such efforts were to fail, the Council (once seized with the matter) could then invoke its sternèr measures.

Finally, the kinds of actions which the Council can offer are not particularly well-suited to dispute settlement at this early stage. Mutual recriminations and positional arguing before the Council may even further harden positions or inflame a situation.

Summary: In summary, it is our belief that the Security Council is not the ideal structure for carrying out preventive diplomacy. Its methods are not well-suited to the task and its perceived partial and political nature make it unlikely to be acceptable to many Members, until the situation has become so desperate that Member States, in spite of their wishes, can no longer manage the problem.

III. The Need to Build an Adequate Mechanism for Preventive Diplomacy and Peacemaking within the U.N. Secretariat

What is needed, then, is a mechanism which can address the concerns and problems of timing and control, bypass the problems of international "will," and offer the right kind of assistance for resolving disputes at an early stage. Such a mechanism should be best located in the U.N. Secretariat and could provide an excellent complement to the work of the Security Council. It would allow the organization to provide assistance at an earlier stage, and since it would permit Members to retain control while receiving useful assistance from a skilled and impartial third party, it should be more acceptable to Members. Moreover, since its methods would be focussed on reconciling the parties' interests, rather than on attempting to establish culpability, it should enhance the prospect for peaceful dispute resolution. Of course, if this preventive stage failed and the dispute escalated into a conflict, the Security Council could still become involved, in its usual way. Thus, interest-based procedures could be introduced by the Secretary-General and if these failed, they could be followed up by power-based procedures which would be introduced by the Council in a step-wise fashion as described earlier.

Before discussing more specifically how preventive diplomacy can be developed and what is needed to support it, the next section will briefly consider how the Secretariat has functioned in the past in carrying out its peacemaking and preventive diplomacy role.

IV. Past Efforts in Preventive Diplomacy

The history of preventive diplomacy efforts by the Secretary-General and his staff is somewhat difficult to trace, since such matters are typically politically sensitive and therefore not public knowledge. In general, however, it seems that efforts at preventive diplomacy have been rare, the most notable being U Thant's important role in preventing the Cuban Missile Crisis (to be discussed in more detail later). Nonetheless, we *can* follow the general evolution of peacemaking in the U.N. Secretariat.

In the early years of the U.N. when the organization was smaller, it was generally considered that the Secretary-General would be able to personally provide whatever was needed in terms of good offices and mediation to those requiring his services, and indeed, Secretaries-General have historically spent long hours trying to assist Members in resolving their conflicts. However, as the demands on the Secretary-General grew, as the number of Members expanded, and as the number of conflicts on the U.N.'s agenda proliferated, it became increasingly unrealistic to expect the Secretary-General to personally provide good offices and mediation for all emergent and emerging situations, while at the same time carrying out the many other functions and duties which are required of him. Lie was well aware of this problem when he greeted the incoming Secretary-General (Hammarskjøld) with the warning that the job of the Secretary-General was the "most impossible job in the world." It is clear that the job has grown even more impossible, no matter how knowledgeable, well-organized, wise or tireless the individual in the position. Yet this unrealistic notion that the Secretary-General should be able to single-handedly carry out peacemaking, persists in a number of quarters today.

Over time and out of necessity, Secretaries-General began assigning senior staff or diplomats as Special Representatives, Personal Representatives, envoys or emissaries to assist in tracking particular situations and in providing good offices and mediation. These assignments were typically *ad hoc* and the choice of personnel was usually limited to a very small number of trusted individuals. Frequently, however, these individuals had other full-time duties, and as a consequence, both sets of responsibilities suffered, no matter how many long hours they worked. Further, since there was no formal support structure, these senior staff did not have sufficient resources (in terms of personnel or infrastructure) to back them up.

In addition, fact finding missions evolved as a mechanism for gathering information and, in some cases, as a forum for diplomatic initiatives. But once again, fact finding was largely an *ad hoc* procedure. On short notice, staff who had not worked together before, were hastily assembled from various parts of the Secretariat and sent off to the field to fulfil a particular mission. In some cases, staff were unfamiliar with the situation and its political, historical or cultural context. Once they had reported back, staff often returned to their previous posts with little continuity or follow-up.

These *ad hoc* arrangements for providing good offices and mediation, together with the Council's crisis orientation, have meant that the Secretary-General and his senior staff were swamped with situations which had deteriorated to the point where they could no longer be ignored – or controlled. As the system was structured and practiced, handling the conflicts which were already on the agenda was more than the system could manage. There was no time and no structure for preventive diplomacy.

Thus, it is fair to say that efforts have, on the whole, been primarily focussed on peacemaking, rather than preventive diplomacy. Moreover as mentioned earlier, it can be said that most of these efforts have been aimed at *containing* conflicts rather than on *resolving* them. The energies of Secretaries-General and their Under-Secretaries and Special Representatives have, therefore, often been concentrated on negotiating ceasefires, troop withdrawals, deployment of peacekeeping forces, and the repatriation of refugees, rather than on tackling the issues at the heart of a conflict. As a consequence, many conflicts have lived on through violations of ceasefires, skirmishes, incursions, and in some cases, the outbreak of full-scale hostilities at a later date.

The first nascent attempt at setting up a preventive diplomacy mechanism in the U.N. Secretariat occurred in 1987 with the establishment of the Office of Research and the Collection of Information (ORCI). This office was established to meet a number of objectives, but among its various sections were two small geographic units with a total of six professional staff. These units were set up to collect and analyze information, to provide "early warning" and to suggest options to the Secretary-General. One unit was assigned to cover all of Asia and Africa, the other to cover Europe and the Americas. Although this was a good beginning, a number of problems meant that these units were unable to perform optimally. They included inadequate numbers of staff, the lack of an appropriate infrastructure, the constant "borrowing" of staff for peacemaking missions, and the fact that those at the top of the structure, who were supposed to be able to respond to "early warning," were just as overwhelmed as ever.

In the case of Somalia, for example, repeated warnings throughout 1991 about the deteriorating situation were ignored, apparently because those few top officials who could have responded in a preventive fashion, were overwhelmed with other pressing and (at the time) even bigger problems, such as the Gulf War. The experience of ORCI, therefore, points out the importance of combining early warning functions with the capability of carrying out good offices by senior staff in these units. It also points to the need for strong links to the Secretary-General and his senior political officers to ensure that such "warnings" are heard and that the necessary mandate to react is provided.

A review of ORCI, undertaken in late 1991, suggested that primary emphasis should be given to the preventive aspects of the office and that the number of units should be expanded to five, with each given considerably more staff, who would not be "borrowed" for other duties, and who could devote themselves to both the research and operational aspects of preventive diplomacy in an ongoing and consistent manner.

The next breakthrough for preventive diplomacy occurred in January of 1992 (during Britain's term in the Security Council Presidency) when the British Prime Minister called for the Security Council to meet at the level of Heads of State and Government to consider matters of preventive diplomacy, peacemaking and peacekeeping. At this meeting, there were repeated calls upon the U.N. to engage in preventive diplomacy. The Secretary-General was invited to offer his ideas about how this could best be done. For the first time, the growing consensus which had been developing about preventive diplomacy, was being expressed at the highest levels.

Even before his report, however, the new Secretary-General acted quickly to initiate a wide-spread reform and restructuring process throughout the Secretariat, which *inter alia*, was intended to enhance the Secretariat's capacity to carry out peacemaking and preventive diplomacy. The ORCI was abolished, but its preventive diplomacy functions were retained and expanded into the new Department of Political Affairs. The number of geographic units was expanded to seven and then reduced to six in a second restructuring which occurred a few months later. Six directors with considerable experience were appointed to head each of these and when all posts are filled, it is anticipated that each division will have 5-9 political officers assigned to it. As can be seen, this is a substantial improvement on past structures.

Once these changes are consolidated, it is hoped that the operational aspects of preventive diplomacy and peacemaking will be much improved. To operate effectively, however, these new divisions will have to be given adequate resources and support, both within the Secretariat and by Member States. Before discussing what is needed in the future to strengthen these promising developments, it is useful to consider what it meant by preventive diplomacy.

V. Early Prevention versus Late Prevention

Discussions of preventive diplomacy are sometimes confused by two different images of how preventive diplomacy might work. These two views are based on different time perspectives and a different set of goals. Since this distinction has considerable implications for how preventive diplomacy will be set up and implemented, it requires careful examination.

One image of preventive diplomacy can be called "late prevention" or even, "last minute prevention." In this model, the U.N. would monitor situations around the globe, doing little until it was fairly certain that a particular dispute was going to erupt into armed conflict. When this "early warning" system indicated a problem, the U.N. would then presumably become involved in an attempt to persuade the parties to desist.

"Early warning" is an important feature of this model, and advocates of this approach often emphasize the need for "intelligence" information, such as the monitoring of troop movements or refugee flows, which indicate that a situation is on its way to becoming violent. It is important, however, to remember that the term "early warning" is an artifact of the nuclear stand-off, with its potential for extremely rapid deterioration. Thus, use of the term does not refer to early warning about the presence of a dispute, but rather to the probability that a dispute is about to "go critical" and erupt into an armed conflict. The goal of this kind of "late prevention" is, therefore, oriented primarily toward containing a dispute just before the situation crosses the threshold into a crisis and armed hostilities.

Advocates of this view typically see the Security Council as the best U.N. organ for the carrying out of preventive action, since they believe that, at this late stage, pressure or "leverage" through actual or implied threat will be needed to prevent the problem from deteriorating further. Possible actions that are envisaged include fact finding, resolutions calling upon the parties to desist, threats of adverse consequences if they do not comply, and more recently, preventive deployment.

Thus, advocates of this "late prevention" model place emphasis on the development of U.N. intelligence information, either through arrangements with Member States or through means, such as its own satellite, U.N. "embassies," conversion of U.N. Information Centers into political offices and improved procedures to alert the Council. Had such a model been in place before the Gulf War, for example, the U.N. would have been able to provide adequate "intelligence" and therefore "early warning" that Iraqi troops were massing on the Kuwaiti border. Such early warning would have allowed the Council to meet and take action before, rather than after, the invasion.

A somewhat different vision of preventive diplomacy, which we will call "early prevention," is that the U.N. should have the ability to offer a dispute resolution service to its Members, to assist them in complying with Chapter VI of the Charter. As argued above, such a mechanism would be best established within the Secretariat, and the goal would be to provide skilled third party assistance through good offices and mediation, as early as possible in a dispute, when the opportunity for dispute resolution is most "ripe." This service would be staffed by highly skilled and competent professionals who were trained and expert in conflict resolution, and who could both urge the parties to avail themselves of its services and provide advice, good offices, and mediation, should the parties so desire. The goal of "early warning" in this context would be identification of potentially serious disputes and the development of an in-depth understanding of the issues in dispute which might be useful in the resolution process. The aim of such a service would be to actually assist the parties in reducing tension and *resolving* the issues and grievances in the dispute before they deteriorated into an international crisis.

Advocates of this view argue that international disputes do not often develop into full-blown conflict overnight, at least for those who understand the situation and are following its development. Indeed, in many situations that have eventually become the focus of U.N. efforts, the presence of a serious dispute was well-known to the international community far in advance (although in some cases, such as the Falklands, few were paying attention). Even in the extreme case of the Gulf War, the existence of a border dispute between Iraq and Kuwait was long-standing. It was also well-known for months ahead of time, from the rhetoric emanating from Baghdad, that Iraq was becoming increasingly aggrieved and belligerent about a range of issues. Of course, in the extreme case of the Iraq-Kuwait dispute, it is quite possible that preventive diplomacy (of either the early or late prevention type) would not have been effective, since the actors might not have cooperated. The fact is, however, that we will never know, since neither type was available or attempted.

We believe that the distinction between these two somewhat different images of preventive diplomacy – early and late prevention – have not been well-understood and that this has confused the debate about what is needed. Moreover, it has led to too little discussion of what is the most important issue: the need for sufficient numbers of highly skilled and trained staff who are *effective* at persuading parties in coming to the negotiating table and in assisting them in resolving their disputes.

Of course, the two approaches are not mutually exclusive, but they do require a quite different focus in terms of the type of information collected, the kinds of staffing which will be needed to carry out relevant functions, and the U.N. organ which should have primary responsibility. It is our belief that priority should be given to the development of an "early prevention" model within the U.N. Secretariat. If "early prevention" efforts fail and the situation deteriorates, the "late prevention" model can, of course, still be employed. Focussing exclusively on "late prevention," however, is likely to be more costly and ineffective.

In our opinion, giving priority to "early prevention" has several advantages. First, its goal is dispute *resolution* rather than conflict *containment*, making it more likely that the dispute will be resolved and will not recur at some later time. Second, it is a well-established fact that disputes become more difficult to manage or resolve as they escalate. Waiting until a dispute is just about to erupt into a conflict is one of the most difficult times to intervene. The dynamics of escalation are usually so strong at this point that such escalation cannot be stopped. Finally, the "early prevention" model is likely to be more cost-effective. Assigning a small mediation team or taskforce to a particular dispute is clearly cheaper than the preventive deployment of hundreds or thousands of military troops.

VI. The Development of a New and More Professional Approach to Preventive Diplomacy

The end of the Cold War has seen the dramatic revival of the Security Council's role. It is now time for the Secretariat to complement this with the development of its own capacity in maintaining peace and security and in preventing disputes from erupting into conflicts. What is needed is a mechanism which can assist Members in implementing the choices provided in Chapter VI of the Charter and which can encourage those who cannot reach a peaceful settlement on their own, to avail themselves of mediation and good offices at an early stage in their dispute. Through such a mechanism, Members could maintain a say over how their dispute is settled, and at the same time, receive assistance in communicating with one another; in minimizing inflammatory rhetoric; in defining the issues, concerns and grievances which are causing the dispute; and in creating innovative and imaginative solutions which could address and reconcile conflicting interests.

To be effective, however, such a mechanism would need the blessing of the Council, and would require regular communication and coordination with the Council to keep it informed of the Secretary-General's actions.

Organization of the New Geographic Divisions: If adequately staffed and supported, the recently-established preventive diplomacy and peacemaking divisions within the Department of Political Affairs could provide this kind of "early prevention" service. To be effective, however, such teams would require a sophisticated level of expertise and skill. Staff are needed who have excellent skills in political analysis and who are well-versed in the cultural, historical and political perspectives of states and actors in the region. Preventive diplomacy will also require sufficient numbers of staff who are experienced and knowledgeable in conflict resolution and who can act as intermediaries on behalf of the Secretary-General to provide good offices and mediation.

Currently the six divisions set up in the Department of Political Affairs hold considerable promise. The Directors and a number of the political officers who have been assigned to these units have had experience in their region, although others are relatively new to this task. This structure should be able to provide a continuity in the approach to problems that the U.N. has not had previously. Moreover, if these divisions are able to put into practice the idea of a team approach, this should allow the emergence of a richer range of perspectives, ideas and options.

A few minor but potentially important additions to this new structure might further enhance its potential. There is, for example, considerable difference of opinion about whether individuals who act as U.N. intermediaries should be senior U.N. staff or senior diplomats with well-established reputations. A number of cogent arguments have been made in favor of each position and it appears that individuals from *both* communities could complement and augment one another's work. One possibility which might be worth considering is the appointment of a Special Representative for each region (i.e. a retired diplomat or former leader) who could assist in carrying out good offices and mediation when so requested and who would have the status and stature to negotiate with governments at the highest level. The most important prerequisite for such an individual would, of course, be his or her experience, skill and a reputation for fairness. Another suggestion has been the development of a roster of likely candidates who have expressed a willingness to be called upon when needed. It would be important for such Special Representatives to work closely with the political officers and U.N. Director of their division.

In addition it might be helpful for such teams to have access to a small group of consultants from outside the U.N. Area experts, as well as those who are highly knowledgeable in dispute resolution, could assist preventive diplomacy divisions as on-call advisers. Consultants could provide suggestions or ideas about how disputants might be persuaded to come to the negotiating table, assist in sharpening the political analysis about each party's perspective, suggest new methods or procedures for mediation, help teams brainstorm options for innovative solutions, and search for principles or precedents upon which solutions might be built. Better use could also be made of peace research institutes, which could be asked to hold special workshops or seminars with expert participants on particular problems or issues with which the Secretariat might like assistance.

It is heartening to see the emergence of such innovative approaches, for example, the brainstorming session organized between senior U.N. staff and experts in human rights to provide ideas for the El Salvador agreements, the approach to the Council on Foreign Relations to provide constitutional advice for Cyprus, and the "consultations" supported by the Swedish government to provide assistance in the political negotiations in Somalia.

Access to the Situation "On the Ground:" One additional issue that is commonly debated is whether preventive diplomacy staff should be based in the region or at U.N. Headquarters in New York. Advocates of the first position argue that it is only by being "on the ground" and "in the field" that a true assessment of the situation and the opportunities can be grasped. Secretary-General Pérez de Cuéllar put forward such an idea in his proposal for the establishment of U.N. "embassies." Others have called for the placement of political officers in U.N. Information Centers to assist in providing political analysis of the situation in the region. There has, however, been some resistance to this idea from Member States, who have been reluctant to have U.N. political staff permanently stationed in their countries for fear that they would become a kind of "U.N. CIA," which could report back to the Security Council and become a pretext for unwanted Security Council involvement. Others have argued that "embassies" would simply be too expensive.

In the past, this problem has been handled by sending missions of various types from U.N. Headquarters to the field. These have included fact finding, good will and good offices missions. Indeed, fact finding missions are still used on a regular basis, but in our opinion, as currently practiced, they are a less-than-ideal method within the context of preventive diplomacy. The name itself causes concern and implies that U.N. staff will be investigating "who did what to whom" and collecting evidence which could lead to culpability and blame. Of course, such missions often have much broader mandates than this, but the name is unfortunate, since it causes resistance by some Members who fear that they may become subject to condemnation or humiliation in the sensitive world of international relations. Another problem is that fact finding missions tend to "internationalize" a dispute. While there may be some situations when the Security Council or the Secretary-General wish to "internationalize" a given situation, in the early stages of a dispute, this is usually counterproductive and could lead some states to reject good offices overtures, which they might have otherwise accepted, had they been offered *quietly*. A third problem with fact finding missions has been the *ad hoc* way that they are often organized, as detailed earlier.

We believe that a preferable practice in terms of preventive diplomacy would be for senior members of the new preventive diplomacy and peacemaking divisions to travel to the capitals and "hot spots" of their region on a *regular and routine basis* to identify emerging disputes, to track developments in existing disputes, to gain an in-depth understanding of these disputes, to develop a sense of trust and a reputation for fairness in their region, to keep the Secretary-General informed, to urge the parties to come to the negotiating table and to offer good offices or mediation where it was deemed appropriate. Such visits would also allow the U.N. to coordinate on a regular and consistent basis with regional and sub-regional organizations. Quiet diplomacy could develop in a manner which did not call attention to itself and which did not "internationalize" the dispute. Routine visits would be more acceptable to parties than formally constituted "fact finding" missions, especially if carried out as standard U.N. practice throughout all regions.

Since the idea would be to assist parties with their problems and disputes, it can be expected that, over time, such routine visits to the region would come to be widely viewed as helpful, rather than as interference. Indeed, the confidence built by such activities could lead to the development of more permanent preventive diplomacy structures within each region, such as regional U.N. centers which could provide information and offer such services.

Initiation by the U.N.: Traditionally, Secretaries-General have waited to be asked to provide their good offices because they do not wish to be seen to be interfering. While consent is essential, it could be helpful if senior U.N. staff (under the direction of the Secretary-General) were able to urge the parties to seek negotiation or mediation and/or to offer good offices or mediation in some instances (where disputes have the *potential* to become threats to international peace and security).

Experience has shown that parties are often willing to accept assistance which is offered, but that they do not want to be seen to be asking for such help because they fear that taking a first step might be viewed as a sign of weakness by the other side. A second stumbling block is that even when one party does ask for assistance, it may create a perceived imbalance which causes the other to reject mediation, simply because the opponent wants it. Finally, government bureaucracies and public constituencies may also make it impossible for leaders to ask for help. Thus, an offer to provide good offices or mediation can go a long way to overcoming such obstacles.

U Thant's quiet, behind-the-scenes initiation of good offices during the Cuban Missile Crisis provides a dramatic example of a Secretary-General taking such an initiative. At the height of the 1962 Cuban Missile Crisis, he quietly despatched urgent messages simultaneously to both Khrushchev and Kennedy, suggesting a face-saving (and ultimately successful) alternative to what seemed an inevitable collision course. Although what is being suggested is something much more mundane, U Thant's actions provide a powerful precedent for this kind of initiative.

Of course, parties would not always accept such an initiative, but even if the parties were at first disinterested, they could be urged over repeated visits to avail themselves of this service. It is possible that over time, such urging might have the desired effect.

Providing a New Kind of Diplomacy: One striking attitude that we have encountered is a pessimism about the efficacy of negotiation and mediation. This lack of faith stems, it would appear, from two problems related to the current practice of negotiation and mediation in the international realm. The first factor, which has already been discussed, is that disputes are allowed to escalate too far up the escalation ladder before peaceful methods such as negotiation or mediation are attempted. The second problem is the over-dependence on traditional, power-based negotiation methods, which tend to be inefficient and which frequently become merely another forum for positional argument.

In traditional negotiation, the parties take hard-line positions and provide elaborate justifications and arguments to support them. Through a series of negotiating tactics or ploys, they attempt to persuade the other party to make concessions. These tactics involve a mixture of coercive gestures (e.g. demands, threats) and concessional behavior (i.e. the "carrot and stick" approach). These rewards and punishments are said to provide "leverage" which (it is hoped) will encourage the other party to comply. The goal in such traditional negotiation is to move toward some intermediate or "compromise" solution, which is usually located somewhere between the parties' two original positions.

Several factors, however, make traditional negotiation less than ideal for dispute resolution. The first is that the parties begin with positions (or preferred solutions) rather than with a careful assessment of the concerns or interests (that is, the motivation) which lies behind the adoption of these positions (and which are at the heart of the dispute). Thus the bargaining space is defined (and therefore limited) by the parties' proposed solutions. As well, they may choose extreme positions, in the hope that they can be seen to be making concessions, while still ending up close to their desired position. Another common problem is that negotiation often becomes a "battle of wills" and stalemate occurs, as each party refuses to make the next concession.

Finally, "compromise" solutions are not very attractive or satisfactory, since a compromise is likely to be a much-watered down version of each party's original position. Because the multifaceted interests (i.e. concerns, fears, aspirations, etc.) which are behind each party's position are not explored or addressed, neither party's interests may actually be met and thus it is often the case that neither is very satisfied with the outcome. As well, the process of hard bargaining usually sets up an adversarial relationship which, over the long-term, perpetuates rather than ameliorates the hostility between the parties. It is, therefore, not surprising that parties are reluctant to enter this kind of negotiation or mediation, and when they do, that it is often ineffective.

What is needed is a new kind of diplomacy based on reconciliation of the parties' differing interests, i.e. a problem solving approach rather than adversarial bargaining over positions. Using such an approach, U.N. mediators could help the parties set aside their current positions and work to identify and prioritize their issues and concerns. Once interests were fully assessed, they could also assist in developing a range of innovative proposals which might meet enough of each party's basic interests that, when further developed and refined, they could form the basis of an agreement. By working from parties' interests, mediators could assist the parties in identifying, separating and working to address the various motivational components at the heart of the dispute. While these methods have been used in the area of peacemaking, they have not yet been widely employed in preventive diplomacy, where their chances of success are even greater, since the issues at the heart of a dispute are more specific and less generalized at this earlier stage.

Although parties sometimes prefer negotiation, the presence of a third party to facilitate the process offers a number of advantages. Mediators can carefully manage the negotiation process to keep it on track and moving forward by using established procedural rules; by providing procedural control; by encouraging confidence building and acts of goodwill; by enforcing rules about public statements; and by helping the parties keep emotions, inflammatory rhetoric and dirty tricks under control.

Training in Preventive Diplomacy and Peacemaking: Although there has been a marked increase in knowledge about disputes and dispute resolution in recent years, there has been *no* training of any kind for U.N. staff who wish to learn or refine their skills in negotiation and mediation. Staff who wish to keep up-to-date with this highly complex and dynamic field are largely left to their own devices and provided with no institutional support. Often they are simply expected to know what to do or are left to acquire knowledge and skills through observation of others or trial and error. While some individuals are naturally skillful at negotiation and mediation, it has been clearly demonstrated that negotiators who work from a comprehensive knowledge base and who have the opportunity to practice and refine their analytic, strategic and interpersonal skills can be considerably more effective.

An essential part of strengthening U.N. peacemaking and preventive diplomacy will involve expanding the repertoire of skills for U.N. staff in this area. UNITAR has recently developed a Fellowship Program in Peacemaking and Preventive Diplomacy for middle level U.N. professional officers and for staff from regional organizations and foreign ministries which is designed to meet this need. The program involves advanced training in conflict analysis, negotiation and mediation. The Australian Minister for Foreign Affairs has announced in his latest address to the General Assembly that Australia will be making a financial commitment to this Fellowship program and hopes that other governments will do the same. Over time, this training program should make a significant contribution to the U.N.'s capacity for conflict prevention and dispute resolution.

Improving the U.N.'s Institutional Learning and Memory: A related problem is that the Secretariat has not tapped its own rich repository of knowledge and experience to build a body of institutional learning and memory. In the past, those involved in negotiation or mediation have worked in relative isolation on their particular assignments, with little opportunity to reflect or share problems or ideas with colleagues.

In the case of U.N. mediation, there has been little systematic overview of each case which could serve to document or preserve the lessons of different mediators in different settings. As a consequence, the U.N. has no body of documented case histories and thus no institutional memory for fundamental issues, such as what factors facilitated or hindered the negotiations, what types of procedures were used and so on. Since there is no mechanism for debriefing, recording or sharing of these experiences, there has been little reflection on what the U.N. could do in future situations to avoid or circumvent similar problems when they occur.

An important part of the UNITAR Fellowship Program will be the development of case histories of past U.N. efforts at good offices and mediation which can be used both as teaching materials and as the cornerstone for a repository of U.N. case material.

VII. Obstacles to Preventive Diplomacy

The Issue of Sovereignty: What is being advocated in this paper is the establishment of a preventive diplomacy mechanism which would provide early U.N. assistance in disputes which are potentially serious enough that they might develop into threats to international peace and security. It is argued, however, that many of the recent situations with which the U.N. has found itself confronted are, in fact, intra-state disputes.

The question then becomes, in what situations and under what conditions could/should the U.N. be able to offer assistance in such problems? Should inter-state disputes be prevented from deteriorating into disasters, but intra-state disputes be allowed to do so? Can assistance be offered as long as the parties consent?

At the heart of this debate, of course, is the fear of neocolonialism in which great powers (through the U.N.) will attempt to *impose* their will upon and *interfere* with the internal matters of lesser powers. Historical experience with colonialism makes this a very real fear for some. It is particularly acute with regard to the powers of the Security Council, but such fears also extend in some quarters to preventive diplomacy and the concern that U.N. involvement at one stage, where the parties consent, might be used to justify U.N. involvement at another, where they do not.

Since what is being suggested is a service, initiated only with *consent*, the parties should have the right to withdraw their participation at any time. In cases of intra-state disputes, the Charter is quite clear that the U.N. does *not* have the authority to intervene in the internal affairs of states, and it is hard to imagine that it could do so – unless the situation deteriorated to such an extent that the U.N. would have become involved in any case. Thus, it seems to us that by wishing to avail themselves of a U.N. preventive diplomacy service, intra-state parties to a dispute would *not* be placing themselves at risk of later unwanted interference by the U.N. Hence, it does not seem that preventive diplomacy (as discussed in this paper) could pose a threat to sovereignty. Only a threat to international peace and security would be likely to do that.

Further discussion of this very sensitive issue, however, is needed and should be encouraged to carefully consider the nature of concerns about the sovereignty issue and to weigh up the sometimes seemingly conflicting values between sovereignty and human or minority rights which occur in particular situations. The goal of such work would be to reach a consensus that will be acceptable to a large majority of the international community and to provide enhanced clarity in decision-making for U.N. action or inaction.

The Issue of Disputant "Will:" A commonly-heard refrain in discussions of preventive diplomacy is that parties don't want to resolve their disputes, they just want to win – especially the party who perceives itself to have the most power in a given situation. This desire to win, it is said, means that disputants will lack the "will" for peaceful resolution of their dispute.

While parties do, of course, want to win (that is, to have their interests met), the real problems begin when disputants only see one way of achieving this goal, usually through coercive means of persuasion. Most disputants would normally welcome a less risky and potentially destructive means of having their interests addressed, if such an alternative were available, and if it did, indeed, address their most important needs and concerns. Traditional negotiation or mediation, as discussed above, does not usually offer such a process or such an outcome. A problem solving approach to negotiation and mediation, however, does hold out such a promise, if vigorously pursued and creatively applied. Because the parties' interests are the starting point for negotiations, and the goal is to find new and innovative ways of meeting these interests, this method tends to expand the negotiating space and opens up new possibilities for an integrative solution that the parties might not have been aware of. Of course, parties will have to learn that such procedures exist and their effectiveness will have to be demonstrated. Thus one task of senior U.N. intermediaries will be to assist parties in seeing that methods other than coercive persuasion are available and that they have the potential for addressing interests.

Nothing, however, succeeds like success, and once such a mechanism is in place, it is likely to accumulate a record of success which, over time, will be persuasive. Of course, not all parties will immediately seize this opportunity, but the availability of preventive diplomacy as an option will persuade some parties to try it, and this should lead to a gradual momentum.

Resources: For such a mechanism to succeed, however, it will also require adequate resources. Staff will be needed who can devote their full attention to preventive diplomacy without being consumed by the demands of ongoing, larger crises. They will also need to be backed up with an adequate infrastructure. Research assistants are needed, as well as secretaries. Access to wire services, on-line computer facilities, data banks, advanced telecommunications, operations rooms, detailed maps, cable television, travel for routine visits to the field and to relevant meetings and so on will be required. Resources could be re-deployed from other parts of the U.N. where they are no longer needed, but it will be important for Member States to support this re-allocation.

As well, the Secretary-General's discretionary account for preventive diplomacy and peacemaking activities should be expanded. Funds have been (and continue to be) so tight that private foundations and governments have had to provide the Secretariat with special funds to carry out these activities. Expenditure on early preventive diplomacy will ultimately save expenditure later on peacemaking, peacekeeping and peace enforcement, all of which are much more costly endeavors. At a time when the U.N. finds itself in a continuous financial crisis, this is not an insignificant matter.

VIII. Conclusion

In conclusion, the efforts of the Secretary-General to establish an effective mechanism for carrying out preventive diplomacy should be supported. Preventive diplomacy is not only cost-effective for the U.N., but it is cost-effective in human terms. When disputes are resolved through preventive diplomacy, grievances are lessened or ameliorated, concerns are addressed, and hostilities between peoples do not fester and grow into reverberating echoes of violence.

Of course, some parties will not want to avail themselves of preventive diplomacy and when they do, in some cases it will not work. But even if preventive diplomacy is only effective now and then, it will be worth the effort. By supporting these efforts, the U.N. can begin to do what it was established it to do – to save succeeding generations from the scourge of war.

16. Preventive Diplomacy and Conflict Resolution: How to Improve the United Nations Intelligence Assessment and Early Warning Capabilities

Giandomenico Picco

Preamble

On the 14th of April 1988 in Geneva, the Foreign Ministers of Afghanistan, Pakistan, the USSR and the U.S. signed, in the presence of the United Nations Secretary-General, the four agreements on Afghanistan, which included most notably one on the withdrawal of the Red Army from the Central Asian country in a period of nine months. When the diplomatic initiative which led to those results started in February 1981, few believed that it would lead anywhere.

Some months later in New York, on the 8th of August 1988, the U.N. announced that both Iran and Iraq had agreed to end their war on the basis of an approach put forward by the U.N. Secretary-General. Only seven days earlier representatives of some governments, including the major ones, expressed the view that that conflict could not have been stopped before October or November of that year.

Again in 1989, the United Nations was asked to carry out the implementation of the Namibia agreements which had been achieved through much work outside the U.N., but with the assistance of the U.N. Secretary-General over the years.

In the last hours of the year 1991, another conflict, that in El Salvador, was resolved through negotiations led by the U.N. Secretary-General with the support of various friendly governments – friendly to the Secretary-General's initiative.

At about the same time, the world had gone through the second Gulf war, and had seen a new face of the U.N. at work, a face which answered as many questions as it raised. Yet, the violation of international law by a Member State was re-addressed as the U.N. "authorized" the use of force.

Another face of the U.N. and of the Secretary-General's role was seen by the world when the hostage crisis was brought to a close – at least in its most well-known aspects; a role that few would have believed possible even a few months earlier.

These are indeed some of the "successes" of the U.N. which have put the Organization on the first pages of the newspapers and to the forefront of international affairs as a protagonist or a co-partner of the Member States.

It was perhaps unavoidable that in the wave of those "successes," expectations began to raise. Two brief observations may be of relevance at this stage:

First: The period of time when those "successes" came about was characterized by the existence of a Gorbachovian USSR, and the novelty of the U.S. Administration's decision to use the U.N. for its foreign policy; to a large extent, none of those two elements apply today.

Second: The expulsion of Iraqi troops from Kuwait could not have been achieved by the Secretary-General as much as the release of the Western hostages from Beirut could not have been obtained by the Security Council.

I. Separation of Roles

A proper use of the United Nations Organization cannot be achieved if we look at the world body as only one tool in the hands of Member States. In fact, the reference to the U.N. as such does not help either analysts or decision-makers, for the U.N. as such is not an operative tool: what is indeed operative, are the different bodies and different organs which can only be utilized fully if they are understood to be separate and co-ordinated elements of the larger machine.

The differentiation of roles not only reflects what the Charter itself says, but it offers much more flexibility to the Member States to suit different situations.

Contrary to the perception of the 60's and 70's that the Security Council and the Secretary-General were the components of a zero sum game, the 80's proved that the Organization can have a more effective Security Council as well as a more useful and effective Secretary-General.

In the early 80's, the role of the Secretary-General emerged as a result of a decision to become involved in political and diplomatic initiatives, either because the Security Council was paralyzed, as in the case of Afghanistan, or because it was disinterested or marginally interested as in the case of Cyprus.

The conscious decision therefore to fill an apparent vacuum – despite the risk that this implied – put the Secretary-General in the position of playing the role of co-protagonist in major diplomatic initiatives. In both cases just mentioned, the role of the Secretary-General was not only an active one, but one where he became the proponent of formulations and possible compromises, a role – in other words – which could be defined at times as that of an intermediary, good officer or mediator. In fact, hiding behind "this screen of definitions," he ended up being very much a protagonist. He was a proponent of his own ideas and his own formulae for which no intergovernmental body had given him a mandate. When the international reality changed in the second part of the 80's, and the new Gorbachovian Soviet Union emerged, another occurrence happened: the international community had before it the first "non-East-West conflict," that is to say the Iran-Iraq war.

These two developments allowed the Security Council to begin operating in a way unbeknown to its members until then, namely not as antagonists to each others, but as co-partners in the search for a common approach.

The interplay between the Security Council and the Secretary-General reached its apex with the adoption of resolution 598, a resolution which did not see its implementation immediately after adoption, but rather a year later. At that time, it was the Secretary-General who was given the role to see to it that the resolution be implemented. Without going into the details of this matter, it was clear then, that, while working on the same crisis, the two different organs never mixed up their respective competences. Actually, by maintaining a strict separation and clarity of roles, the international community was able to exploit every chance, every nuance of the evolving conflict until it was finally brought to an end.

These examples belong of course to another era, but what remains of the successes of the U.N. in the 1980's are two important lessons: first, the acceptance of the Secretary-General as a protagonist on his own merit in the field of multilateral diplomacy, not just in theory, but in practice. That is to say that he was recognized as an actor of the international scene who could put forth his own positions and suggestions on the substance of matters, thus claiming a right to play at the same table as the Member States. The second lesson was that the roles that Secretary-General and Security Council perform could change as the world in which they operate changes. The two roles therefore may need to be adapted almost every day, but they should never be confused. This offers the Member States and the international community more opportunities and a variety of combinations in the use of the world Organization.

The diversity of roles and the evolving international climate also forced a continuous need to re-invent these roles, at least with regard to that of the Secretary-General. Most of all, an analysis of the performance of the United Nations in the 80's shows that the international community would not have gained from a Secretary-General who would have performed simply as the Executive-Secretary of the Security Council. While there may be occasions when he should do so, his potential would have been greatly reduced if he had accepted only this role.

Not everyone has been happy with an autonomous political role for the Secretary-General for he is not a nation-state. To admit on the scene a newcomer who does not have the same characteristics as others opens the discussion on the entire issue of who can be an international actor. Whether spoken or unspoken, this has been the preoccupation of some who interpret international realities as static where the codified rules of engagement do not change unless they are re-written. In fact, we all know that reality precedes law and not the other way around. If the Secretary-General had not to been accepted as a protagonist at the same table as nation-states, would we have had the same kind of resolution to the hostage problem in Lebanon? Would we have had an end to the Iran-Iraq war in August 1988 or would that have taken longer? International law may not have changed, but many who have created new circumstances during the last two years were not only the nation-states, but "minorities," ethnic groups etc., and the international community has had to deal with them.

It is clear that the differentiation of roles between the Security Council and the Secretary-General stands from the very fact that these two organs are so different in structure: An intergovernmental body accountable directly to national authorities and eventually to those who provide legitimacy to those authorities, and the Secretary-General an "anomaly" on the international scene. While appointed by the membership, he is not appointed on the basis of a specific mandate. He has the privilege of defining his own mandate which, unless challenged, would be considered valid. As basic as it may seem, it should not be forgotten that the Security Council is a collegial body, while the Secretary-General is an individual.

But most important, the Security Council has a strength which has shown over the years to be at the same time a weakness, and the Secretary-General possesses a weakness which over the years, if used with imagination, has also been shown to be his strength.

In the world of real politics and conflicts, disputes and tensions, member States which comprise the Security Council, cannot disinvest themselves of their vested interests, true or perceived, which are proper of any State. In the real world, it is very difficult for a government against which a resolution is adopted, to see the Security Council as an organ which judges exclusively on principles and morality. From Israel to Syria, to Egypt, to India, to Iraq, to Afghanistan, to Cyprus, to Namibia, and so forth, governments have always interpreted United Nations Security Council resolutions as being representative of a particular vested interest of the member States which compose the membership of the Security Council. Its strength is their ability to use tools of the member States: trade, commerce, finances, military, and others. Because nation-states do have relations among themselves which are commercial, military, etc., they are always being seen as having vested interests. On the other hand, the Secretary-General does not have financial, commercial, military and other relations with the member States or with anybody for that matter: his ability to use tools related to those areas is therefore extremely limited; yet he can hardly be accused of having vested interests or he can at least put himself in a position where nobody can accuse him of that. This weakness becomes therefore his strength as the blatant example of the hostage saga in Beirut would suffice to demonstrate. The point is that a separation and differentiation of functions for the two organs is not only desirable, but has proven over the years to be the best way to exploit the potential of the Organization.

"Despite the recent emphasis on Chapter VII in the Gulf, Chapter VI continues to be the work horse of the United Nations Charter for the maintenance of international peace and security. Increasingly too, we are coming to see that a co-leadership role for the Secretary-General in these areas is a sanction to the proper functions of the United Nations and specially to a newly effective Security Council unhampered by automatic cold war era vetoes. Indeed, the Secretary-General's ability to function as an independent and neutral body may be even more essential in resolving future situations where Chapter VII action is not appropriate."[1]

II. The Actors

The Secretary-General is not a nation-state, he does not therefore fit the image of what has been, until now, the quasi-monopolistic actor of the international scene. For this reason, every single time the Secretary-General has performed the role of a co-protagonist in a conflict situation, from Cyprus, to Afghanistan, to Iran-Iraq, to El Salvador, to Beirut, he has done so in an *ad hoc* manner and, so to speak, taking advantage of the non-opposition rather than the support of member States. The fact that he has been at times so successful is to his credit, but also opens the question of how much more could have been achieved if he had really been supported. Now that we are entering a stage in international affairs where non nation-states also appear to be actors on the international scene, perhaps the Secretary-General's role can be more fully exploited. We have witnessed an increasing number of situations where the Member States of the United Nations have accepted – sometimes even encouraged – a role for non nation-state actors. Even the 28-year old Cyprus dispute has shown us that a community has been given a chair at the main table; in Afghanistan, non-state actors for a decade have been supported as political players; in El Salvador, opposition to a government has been put on an equal footing with it; in the former Yugoslavia and in Central Asia, component entities of U.N. Member States were speedily recognized as nation-states so as to admit them to a place at that table. But to go one step further, we should also refer to other situations like Iraq, Somalia, and Lebanon – only to mention a few – where non nation-state actors have not been refused the opportunity to play on the international arena with state actors.

The tensions and conflicts that the international system has known until now have a direct bearing on the very nature of the nation-state as a component element to that system. On one side, we cannot deny that we have seen a multiplication of actors on the international arena and that it is the emergence of these new actors that has brought about some of the tension and conflict. On the other hand,

1 From a discussion paper by Catherine Tinker, Senior political officer, U.N. Association, United States Chapter.

over the last couple of years, traditional nation-states have shown a great ease in recognizing some of those new entities as states. One could even speculate that the appellative of state was given in order to "normalize" a situation for there was no other way to legitimize the participation of some at the table of the international community. What is ironic is to see that this happened when the very creation of new states undermined the existence of old ones. This new reality brings us to the very nature of tensions and conflicts as we see today and as we will see even more so in the future. For the conflicts in Yugoslavia, in Nagorno-Karabach, in Somalia, in Tajikistan, in Ossetia or in Abkhasia, as in many other parts of the world whose names have yet to appear in the first pages of our newspapers, are really conflicts and tensions between old and new actors; and their genesis and background do not really matter: our problem is to deal with them in the future.

On the international agenda we now have an item which may be briefly summarized as national sovereignty and international responsibility. This item will remain on the agenda for quite a while. The first positive fact is that it has made it on the agenda. The second, in a way, is that the United Nations may be suitable to tackle it and it may well do so by imaginative uses of the various organs of the Organization whose roles are conveniently so different. Conceptually, the Security Council, composed of nations-states, is not in the most felicitous position to tackle that agenda item. The difficulty the Security Council has encountered in dealing with "internal situations" is quite understandable considering the vested interests at stakes of each member of the Security Council. On the other hand, so-called "internal conflicts" will not go away, and resolving them by creating further instability will only take us on the path to anarchy. Here the imaginative use of the Secretary-General's role by the international community becomes very relevant. If a State "intervenes" in matters that other States may consider internal, it is evident that we could add to the instability as much as to a solution. Furthermore, for the Security Council to deal with non-nation-state actors may not always be "appropriate." The unique figure of the Secretary-General becomes therefore most convenient to deal with Islamic fundamentalists in Lebanon or the various tribal groups in Somalia. It might becoming even more useful if his role is manifested on two different levels: first, on his own, second, with a mandate from the Security Council. Institutionally and practically, the Secretary-General may then become a real bridge between the world of nation-states and the world of actors in the international arena which are not nation-states. The non-nation-state actor eventually includes the individuals, for conflicts and tensions in the future will not only be between groups and a state, but they will develop in those societies where the rights of individuals are trampled upon in the name of the right of the nation. As Mr. Pérez de Cuéllar stated in 1990, "We are clearly witnessing what is probably an irresistible shift in public attitude towards the belief that the defense of the oppressed in the name of morality should be prevalent over frontiers and legal documents." Indeed what higher role could the Secretary-General play than that of leading the international community through the difficult meanders of this particular problem without international chaos ensuing.

In brief, the real issue is how to harmonize national sovereignty and individual sovereignty without sliding into international anarchy.

III. Basic Requirements

The international community has faced a number of violations of international law where the aggressor and the victim were clearly identifiable. However, we have seen that in the majority of cases the matter is not so clear-cut. Indeed, it may be expected that conflicts in the future, particularly if they are the results of tensions between national sovereignty and individual or group sovereignty, will not offer a clear-cut picture from which the international community will easily be able to take a position in favor of one or the other side.

A solution for the U.N. Secretary-General is not one where you necessarily have a vanquished and a victor, but where, to the extent possible, there are no vanquished and international security is not weakened. In other words, there may not have to be a loser. This may well represent the best appeal to parties in a situation of tension to consider using the tool of the Secretary-General. Theoretically, one could make this point and pursue it to say that when it comes to prevention, both sides would collectively have a better chance to obtain something, through the efforts of the U.N. Secretary-General.

This would at first require the determination of the Secretary-General to go out and play that role, at an early stage, and perhaps a degree of political courage which could only be determined on a case by case basis.

But even if he was politically and personally determined to do so, he could hardly impose himself in any given situation.

In the early 80's, the Secretary-General asked me to very discreetly contact one of the parties to a long running conflict where the U.N. had played a peace-keeping role but never a political role or a peacemaking role as we would say today.

I made contact with the individuals involved in the decision-making process, the very people that never cared much about giving the U.N. or its Secretary-General any political role in the matter. In fact, we had several months of contacts. Much was learned about each other, but no real advance was made in what could have been a peacemaking role for the U.N. or its Secretary-General. The truth was given to me with tact but with clarity: we had no credibility. To this day the U.N. has remained out of any substantial political role and has given no substantial political contribution to the solution of that dispute.

Prevention and peacemaking, like any other role – but perhaps more so because it is not a technique or a set of logistic rules, and most importantly cannot be "decided" by the Security Council – requires, as a foundation, a thick padding of credibility.

Prevention or peacemaking will not happened, nor has it happened in the past, because one day someone along the East River decided to portray Don Quixote and jump into the international arena. To be acquired, credibility of course takes time, knowledge and most of all, ideas.

We are at first speaking of intellectual credibility and then of political credibility. Political initiatives based on credibility have, in the past, had a good track record of success. Of course, you may still fail even when everything possible has been done, but at least you have not damaged the credibility which will still be there for future reference.

Intellectual credibility then requires knowledge: of people, of facts, that "experts of the eleventh hour" usually do not possess. This is particularly so in areas where human relationships are indispensable to obtain results no matter what the "field" may be, economic or political.

Information acquired is better assessed if the people involved have, so to speak, "tended the fields with care" on a continuous basis.

The Afghan Agreements of April 1988 were not achieved by the U.N. Secretary-General's team because we were better, but because we were the only ones who had "tended the fields" with care for eight years, day after day – and we put forward ideas and options from the day we conceived the package of four elements, to the various detailed formulae which allowed the USSR to sign its own withdrawal.

Our presence after that in Kabul and Islamabad gave us a privileged position even vis-à-vis powerful governments: as they themselves can attest. Unfortunately, even with intellectual credibility, we did not achieved the desired results in 1991 or 1992.

It is almost an open secret now that, when negotiating the end of the Iran-Iraq war, the U.N. Secretary-General's efforts to have the two Foreign Ministers in New York agree to a cease-fire in the summer of 1988 were running out of steam. In fact, on the first of August I was approached by a diplomat of a major country who urged me to give up. For, in another two or three months – in his government's view – such time was needed to bring the hostilities to a close. As it happened, we did not give up and, on the 8th of August 1988, seven days later, the Secretary-General announced to the world that a formula had been agreed upon to end the fighting.

Without ideas – somebody once said – there will be nothing. Ideas, however, are to be followed up: one of the great problems for a bureaucracy is to follow up.

It is this ability to follow up that allows intellectual credibility to become political credibility.

Political credibility, in my experience at the U.N., has nothing to do with neutrality. I learned in the streets of Lebanon and Afghanistan, that nobody appreciates neutrality, because nobody believes you can be neutral. But the U.N. Secretary-General is expected to stick to a moral position and most of all to be fair. Fairness does not mean sharing every point of view with any side: it means believing that there are various points of view and that you are not necessarily always right. But most of all, political credibility is the consequence of the lack of a vested interest; the lack of a personal agenda. If impartiality exists, this is the meaning of it for a U.N. Secretary-General or Secretariat officials.

There was a moment in the hostage saga where I thought things were going very badly. The Secretary-General and I were determined to resolve that situation. When all plans seemed to fail, I had no hesitation to put on the table the only chip I had left with me to obtain the freedom of others: I put on the table my own freedom. I thought that would prove that I had no vested interest.

Information, credibility and the capability to follow up have to be methodically planned and built if a preventive and peacemaking role is to be performed through the instrument of the U.N. Secretary-General. That can only be done for the Secretary-General by his team: a political Secretariat, not a servicing Secretariat.

IV. Technicalities

Finally, I will address the issue of the structure which I believe would better serve a preventive and peacemaking role of the U.N. Secretary-General and his Secretariat. I say "finally" because having spent some 20 years in the U.N. system, I have come to experience that people rather than structures make the world Organization move. Certainly without the proper structured arrangements and support, the individuals involved would remain a voice in the desert, but structures by themselves have not produced results. Results are the offspring of ideas which can only be generated by individuals.

Earlier the author made a statement that not much can be "prevented" by sitting in an office along the East River in New York, and "wishing" to prevent or resolve conflicts.

- To obtain the knowledge which allows ideas to germinate, credibility to develop and capability to follow up, the U.N. Secretary-General has to have access to enough information, not only of facts, but also of perceptions. It is useful and imperative to pursue the establishment of regional offices, political offices, early-warning offices – the name is irrelevant – provided they are used as the unobtrusive eyes and ears of the Secretary-General. This process had started – under false pretenses – a few years ago. False pretenses because the Member States were cautious about allowing "U.N. embassies." Nevertheless, a beginning was made. The purpose of these offices is indeed that of developing the basic interchange between the team of the Secretary-General and a given area. They may remain open in one place for a few years and then closed as the situation requires. When and what to close will always be a political judgement in the hands of the Secretary-General.

The Central Asian States and the Caucasian States are the ones the present Secretary-General has focussed most of his attention on; new U.N. offices – new in concept as well – are being established. Time will tell how they will perform politically.

- Teams of specialists visiting a given area on a regular, almost routine basis, would also allow the establishment of relationships between the staff of the Secretary-General and regional actors, thus better understanding of those realities. These teams would continue to follow from New York those regional realities providing the continuity of care that, as I said earlier, "eleventh hour" specialists can hardly provide. There is no glamour of course in "continuity and care" nor should there be. For part of the philosophy of preventing is that success is achieved when no news hits the first page of the newspapers. Here again is worth noting that the Secretary-General, exactly because he has no vested interest nor does he seek publicity or run for election, is better placed to take care of crises yet to develop, than Member States. Governments as we all know, particularly when dealing with "foreign affairs," need a publicity component more often than not.

  It is often said that the U.N. Secretariat has access to information but it cannot properly assess it. This, when it is true, would confirm the validity of an approach that tends to create "specialists" for a given area, for specialists as opposed to last minute experts or *ad hoc* generalists, can provide better assessments.

- I hasten to add however that information is not always as available as it is often thought to be. Perhaps, to provide the raw material for credibility and generation of ideas, something new could be suggested. The end of the bipolar world and the desire expressed by many third-world countries that the U.N. not become a monopolar world and even less a U.N. overwhelmed by the North, leads me to recommend that a small team of some 10-15 U.N. officers could be established to handle intelligence information passed on to the Secretary-General by Member States.

  These United Nations staffers could have one peculiarity: they would all be "cleared" by the 15 members of the Security Council. While even now intelligence information is passed on to the Secretary-General in an *ad hoc* manner, this would allow a more regular procedure and particularly a way to assess that information by specialists.

- The regional offices, the specialists of the various areas sitting in New York, and the analysts of intelligence information could then prepare for the Secretary-General monthly analyses that the Secretary-General might or might not share with the Security Council on a regular basis or when appropriate.

  If we are moving toward an international reality marked by greater local tension, indeed a U.N., already financially strained by peace-keeping operations, should look with imagination to the preventive and peacemaking side as well. Preventive measures are far cheaper than peace-keeping; and if the tensions involve actors which are not only the nation-state, the U.N. Secretary-General possesses some advantages over other organs.
- At an early stage, there may be no need or possibility to deploy peace-keeping soldiers. But the deployment of civilian teams may be considered. Humanitarian civilian teams (though not from the U.N.) have been safer and cheaper to place in some of the former Yugoslavia at an early stage. Civilian, humanitarian patrols do not have to hit the first page of the newspapers; they have limited size and greater discretion than a military contingent, as well as the fact that they could be deployed as a result of a decision or request by the Secretary-General or the State involved. This may appear more appealing to the host country and would leave any decision of the Security Council as a further instance for the international community. We cannot remake history with "ifs" but we can prepare for the future by refining the tools available to the international community.

Prevention and peacemaking are relatively new concepts in the U.N., because the role of the Organization is evolving as the international scene changes. Peace-keeping has grown to become much more complex than 10 years ago, yet it is not a preventive tool. Except for military preventive deployment on one side of a border as in Macedonia it has rather been used as a "holding" mechanism or an implementation mechanism for agreements already achieved.

Even if the U.N. Secretary-General was to be provided with the money to have regional offices, roving specialists, analysts in residence, and a number of civilian patrols deployed *ad hoc* as needed, the total costs would hardly resemble those of any peace-keeping operation.

V. The Quest

It may not be possible for the U.N. to become effective in conflict prevention and resolution without accepting that the source of many tensions is and will be the traditional concept of state sovereignty – not to be confused with state power.

Equally important, preventive action will have to take into account new actors on the international scene, beyond the nation-state.

The greatest contribution, however, that a U.N. Secretary-General could make to preventive diplomacy and peacemaking, would be that of advancing the sense of participation of as many Member States as possible in the management and solution of crises and potential tensions. How much he can be a vehicle for achieving international democracy is yet to be explored.

17. Überlegungen zu einer Kasuistik internationaler Interventionen

Dieter Senghaas

Derzeit findet in Deutschland und im Ausland eine bewegende und streckenweise erregte Debatte darüber statt, ob angesichts oft katastrophaler Entwicklungen in manchen Gesellschaften der Welt einzelne Staaten oder die internationale Gemeinschaft ingesamt das Recht oder gar die Pflicht haben, sich massiv in die inneren Angelegenheit anderer Staaten einzumischen. Die Nichteinmischung in die inneren Angelegenheiten gehört zu den grundlegenden Prinzipien des klassischen und neueren Völkerrechts; andererseits gebietet ein wachsender Konsens über normative und insbesondere menschenrechtliche Mindeststandards eine Einmischung der einen oder anderen Art, sofern diese Mindeststandards nicht eingehalten werden.

Die laufende Diskussion, die sicher noch lange nicht beendet sein wird, würde an Klarheit gewinnen, wenn in ihr einige prinzipielle Leitperspektiven beachtet würden. Über jeden Einzelfall wird ohnehin nur im Lichte des konkreten Anlasses sowie praktischer Folgerungen befunden werden können.

I. Die Breite der Problematik

Eine Einmischung in die inneren Angelegenheiten anderer Staaten wird innerhalb der internationalen Gemeinschaft nur dann geduldet werden, wenn bei den meisten Beteiligten ein gewisses gemeinsames Verständnis über angemessene Verhaltensstandards besteht. Ein solches Verständnis berührt sowohl die zwischenstaatlichen Beziehungen als auch die Behandlung der Menschen in den einzelnen Staaten. Wo sich ein solches Verständnis herausbildet, kann sich ein System kooperativer oder kollektiver Sicherheit entwickeln. Ohne solches Verständnis werden die internationale Gemeinschaft oder Teile von ihr nicht handlungsfähig sein.

Während ein solches System normalerweise von seinem Endpunkt her gedacht wird, also vom Einsatz traditioneller militärischer Zwangsmaßnahmen zur Abwehr eines militärischen Aggressors, bedarf es sowohl im Hinblick auf den klassischen kriegerischen Konflikt als auch hinsichtlich innerstaatlicher Problemlagen einer viel breiteren Perspektive. Das Instrumentarium kooperativ-kollektiver Sicherheit beginnt mit Früherkennung potentieller Konflikte und Tatsachenermittlung, die für eine Frühwarnung erforderlich sind, sowie darauf aufbauend mit vorbeugender Diplomatie. Es setzt sich fort mit den Bemühungen um vertrauensbildende Maßnahmen. Es greift danach auf Verfahren der friedlichen Streitbeilegung zurück: Verhandlung, Untersuchung, Vermittlung, Vergleich, Schiedsspruch, gerichtliche Entscheidung oder andere Verfahren.

Wichtig werden kann die frühzeitige und vorbeugende Herbeiführung entmilitarisierter Zonen bzw. von Schutzräumen, ebenso die Positionierung von Blauhelmen, was allerdings das Einverständnis der Konfliktparteien voraussetzt.

Liegt eine klare Aggression vor, können abgestufte Embargomaßnahmen ins Spiel gebracht werden. Und erweisen sich diese als wirkungslos, sind nach der Logik der Satzung der Vereinten Nationen militärische Zwangsmaßnahmen erlaubt bzw. geboten, für die allerdings gemäß den Bestimmungen der Satzung eine Reihe notwendiger Konkretisierungen noch ausstehen.

Das Gesamtspektrum kooperativ-kollektiver Sicherheit reicht also von diplomatischen Aktivitäten über im wesentlichen nichtmilitärische Zwangsmaßnahmen bis hin zur militärischen Sanktionierung eklatanten Fehlverhaltens.

Wenn also ein Bewußtsein darüber im Entstehen ist, daß nicht nur einzelne Menschen oder einzelne Gesellschaften bzw. Staaten, sondern auch die internationale Gemeinschaft sich ziviler Umgangsformen zu befleißigen haben, damit nicht Mord und Totschlag zum Standardrepertoire der Konfliktbearbeitung werden, müssen die gesamte Palette an intervenierenden Instrumentarien und entsprechende Institutionen ausgebaut werden. Eine Diskussion, die allein von einem Endpunkt her, der intervenierenden militärischen Zwangsgewalt, die Problematik aufzurollen versucht, wäre von vornherein kontraproduktiv, denn sie wird immer in den Verdacht geraten, unter dem Vorzeichen von kooperativ-kollektiver Sicherheit bzw. humanitärer Intervention alte Machtpolitik oder imperialistische Politik rechtfertigen zu wollen. Würden demgegenüber Früherkennung und Frühwarnung, vorbeugende Diplomatie und Konfliktprophylaxe im allgemeinen sowie Maßnahmen friedlicher Streitbeilegung und positive Sanktionen einen hervorgehobenen Stellenwert gewinnen und damit zum Kern einer aktiven internationalen Diplomatie werden, bräuchte sehr viel seltener, wenn überhaupt, zu unabweisbaren Zwangsmaßnahmen gegriffen werden, die andererseits eine weitaus höhere Legitimität erhielten als diesbezügliche Vorhaben aus dem Stand.

Dabei ist für erfolgreiche Maßnahmen kooperativ-kollektiver Sicherheit die Herausbildung einer internationalen Gemeinschaft auf regionaler bzw. universeller Grundlage von zentraler Bedeutung. "Internationale Gemeinschaft" heißt in diesem Kontext: Entwicklung von allmählich selbstverständlich werdenden und akzeptierten Normen (auf jeden Fall von Mindestnormen, die nicht unterschritten werden dürfen), Herausbildung von gemeinsamen Institutionen insbesondere der Konfliktbearbeitung und Streitschlichtung sowie Bewältigung gemeinsamer politischer Aufgaben in konkreten Problemfeldern. Solche Gemeinschaftsbildung kann in subregionalen Zusammenhängen (wie der EG) leichter gelingen als auf regionaler Ebene (wie zum Beispiel im KSZE-Raum), aber im letzteren Raum immer noch wesentlich leichter als auf Weltebene. Sie hat die Funktion, die beteiligten und andere Staaten und Gesellschaften soweit zu sozialisieren, daß ein gemeinsames Verständnis über die Verwerflichkeit abweichenden Verhaltens und dessen negative Sanktionierung entsteht.

II. Fälle legitimer Intervention

Welches sind die Anlässe legitimer Intervention? In der Diskussion über kooperativ-kollektive Sicherheit ist die legitime Abwehr militärischer Aggression ein einigermaßen geklärter Fall. Hier tritt in einer klaren Stufenfolge das in der Satzung der Vereinten Nationen vorgesehene Instrumentarium in Kraft: Feststellung der Aggression, diplomatische Bemühungen zur Eindämmung des Friedensbruchs, bei Fehlschlag Übergang zu Embargomaßnahmen mit friedlichen Mitteln (die allerdings in aller Regel bewaffneter Begleitmaßnahmen bedürfen), bei Scheitern solcher Embargomaßnahmen Übergang zu militärischen Zwangsmaßnahmen. Aber auch im Falle eindeutiger Aggressionshandlungen sind Vorgeschichte und besondere Umstände des Ausbruchs der Kampfhandlungen – wenn etwa ein Staat über längere Zeit hinweg von einem anderen Staat provoziert wurde – zu würdigen.

Gegenüber diesem klassischen Fall legitimer Intervention sind die Anlässe für Interventionen im Falle von Fehlverhalten im Inneren von Einzelstaaten weit weniger geklärt. Eine solche Klärung ist jedoch erforderlich, wenn allmählich in der internationalen Gemeinschaft ein gemeinsames Rechtsbewußtsein entstehen soll: Dieses ist nicht nur im Hinblick auf die Selbstverständigung zwischen denjenigen, die willens sind, solches Fehlverhalten gegebenenfalls zu sanktionieren, von Bedeutung, sondern auch in seiner abschreckenden Wirkung.

Geht man von der Schwere solchen inneren Fehlverhaltens aus, so ist ein erster Anlaß für legitime Intervention sicher gegeben, wenn es um die Abwehr von Genozid-Politik geht. Dieser Anlaß gleitet über in einen zweiten, wenn nämlich einer Politik entgegengewirkt werden soll, die sich zum Ziel gesetzt hat, Menschen massenhaft zu vertreiben, sei es aus rassistischen, ethnopolitischen oder andersartigen Gründen (Politik der "ethnischen Säuberung"). Solche Politik, die nach allen Maßstäben gegen elementare Menschenrechte verstößt, führt überdies meist zu einer Folgenüberwälzung nach außen und schafft in Staaten und Gesellschaften, die keinerlei Verantwortung für ihre Verursachung haben, in aller Regel gravierende Probleme. Ein dritter Anlaß für intervenierende internationale Maßnahmen ist gegeben, wenn in Kriegen und vor allem in Bürgerkriegen Menschen in katastrophale Notlagen getrieben werden, die erkennbar aus eigenen Kräften vor Ort nicht mehr überwindbar sind.

In vielen Gesellschaften der Welt werden Menschen drangsaliert, ohne daß ein solches Verhalten des Staates gegenüber den eigenen Bürgern externe Folgen zeitigt; in vielen Gesellschaften ist auch die Verletzung von Minderheitsrechten zu beobachten, die oft zugespitzte ethnopolitische Konflikte zur Folge haben. In beiden Fällen sind Einwirkungen erforderlich, aber sie werden in den meisten Fällen über Protest- und Boykottmaßnahmen nicht hinausgehen. Schwierig ist auch der Fall, wenn es um die Abwehr angedrohter ökologischer Kriegsführung geht oder wenn Einzelstaaten systematisch danach streben, sich ein Potential an Massenvernichtungswaffen aufzubauen und mit oder ohne expliziten Verweis auf dieses Potential aggressive politische Absichten verfolgen.

Der entscheidende Punkt ist hier: Es bedarf einer eingehenden Debatte über eine Kasuistik legitimer Intervention. Eine solche Debatte sollte nicht in akademisch-definitorischen Spitzfindigkeiten münden, sondern vielmehr in ihrer standard- und normsetzenden Bedeutung erkannt werden. Sie müßte zu falltypischen Ein- und Ausgrenzungen führen, die natürlich in einem Grauzonenbereich umstritten bleiben werden. Die Chance, daß eine solche Debatte allmählich eine Verständigung über einen Kernbereich legitimer Intervention herbeiführt (möglicherweise hinsichtlich der drei erstgenannten Fälle), sollte nicht gering veranschlagt werden.

III. Die Modalitäten der Intervention

Interventionistische Politik steht zu Recht unter dem Verdacht, Ausfluß partikularer Machtpolitik zu sein. Deshalb ist erforderlich, daß Interventionen im Rahmen kooperativ-kollektiver Sicherheit nur durch supranationale oder internationale Organe, heute in aller Regel durch die Vereinten Nationen, legitimiert werden können.

Da die Vereinten Nationen bisher noch nicht über entsprechende Instrumentarien der Durchsetzung verfügen, sind sie vom konkreten Beistand einzelner Mitglieder bzw. anderer regionaler Organisationen (in der Regel Organisationen kollektiver Verteidigung) abhängig.

Wenn die Vereinten Nationen, aber auch regionale Abmachungen (wie beispielsweise die KSZE) Handlungsaufträge erteilen, sind die Modalitäten solcher Mandate und ihrer Implikationen grundsätzlich zu erörtern: Mandatierte Handlungen durchzuführen ist nämlich in gängigen Verträgen über kollektive Verteidigung (NATO, WEU u.a.) nicht vorgesehen. Diese Organisationen würden also ihr Handlungsspektrum erweitern, ohne daß dafür eine vertragliche Grundlage vorhanden ist. Darin liegt potentiell ein politischer Sprengsatz, der leicht zu einem unbeabsichtigten Ende solcher Organisationen führen kann.

Mit dem Ende des Ost-West-Konfliktes ist eine solche Zuordnung zwischen Organisationen, die legitime Entscheidungen treffen können, aber nicht über ausführende Instrumentarien verfügen (zum Beispiel VN oder KSZE), und solchen, die über Instrumentarien, aber kaum über Legitimität hinsichtlich entsprechender Handlungen verfügen (beispielsweise NATO), als neues Problem entstanden.

Was die Interventionsmodalitäten angeht, so sind nationale Einzelgänge prinzipiell verwerflich, und nur multilateral-kollektive Handlungen sind als legitim vorstellbar.

IV. Interventionsbeteiligung

Alle Mitglieder der Vereinten Nationen und regionaler Abmachungen sollten, falls sie institutionell und materiell dazu imstande sind, die gesamte Palette von Interventionsmaßnahmen mittragen. Da in der öffentlichen Diskussion vor allem die militärische Komponente umstritten ist, sollten unterschieden werden:

Typ I – humanitäre Hilfsmaßnahmen mit logistischen Begleitmaßnahmen auch durch das Militär (wie im Falle der Hilfsmaßnahmen in Armenien nach dem katastrophalen Erdbeben);

Typ II – humanitäre Maßnahmen plus aktive bewaffnete Begleitmaßnahmen (wie derzeit in Somalia);

Typ III – friedenserhaltende Maßnahmen (klassische Blauhelm-Interventionen wie derzeit auf Zypern);

Typ IV – friedenserhaltende Maßnahmen plus begrenzte bewaffnete Sicherungsmaßnahmen (wie anfänglich in Bosnien);

Typ V – bewaffnete Zwangsmaßnahmen zur Durchsetzung eines Embargos (erforderlich in aller Regel, sofern der Aggressor über ein erhebliches Militärpotential verfügt: zum Beispiel Irak, Serbien);

Typ VI – bewaffnete bzw. im Falle schwerer Aggression militärische Sanktionsmaßnahmen (im Sinne des Artikels 42 der Satzung der Vereinten Nationen).

Auch Deutschland sollte sich verpflichten, in der ganzen Bandbreite für multilaterale-kollektive Aktivitäten bereit zu sein, das heißt von aktiver vorbeugender Diplomatie bis zu Zwangsmaßnahmen gemäß Artikel 42.

V. Gesichtspunkte der Zweckmäßigkeit

Wie in aller Politik, so spielen auch im Falle legitimierbarer Intervention Opportunitätsgesichtspunkte eine erhebliche Rolle: Was kann aufgrund welcher Intervention mit welcher Wahrscheinlichkeit tatsächlich erreicht werden? Auf eine solche Frage gibt es nur in den seltensten Fällen eine einzige und eindeutige Antwort: In Konflikten ist Eskalation selten beherrschbar, und Deeskalation ist selten eindeutig programmierbar. Opportunitätsgesichtspunkte spielen also eine gewichtige Rolle. Durch sie können auch prinzipielle Überlegungen durchkreuzt werden:

So sollen Zwangsmaßnahmen in der internationalen Gemeinschaft in aller Regel nicht frühzeitig, sondern sehr spät ergriffen werden. Wenn aber hinsichtlich solcher Maßnahmen prinzipiell von *ultima ratio* gesprochen wird, also von Mitteln, zu denen erst gegriffen wird, nachdem alle anderen ausgeschöpft sind, begibt man sich offensichtlich der Chance, durch einen gegebenenfalls relativ frühzeitigen Rückgriff auf Zwangsgewalt die Eskalation eventuell zu stoppen. Auch wenn der *Ultima-ratio*-Position vom Prinzip her der Vorzug gegeben werden sollte, ist unter Opportunitätsgesichtspunkten nicht auszuschließen, daß frühzeitig angedrohte bewaffnete Zwangsmaßnahmen und entsprechende Aktivitäten unter Gesichtspunkten instrumenteller Drohpolitik durchaus eskalationshemmend und gegebenenfalls eskalationsstoppend wirken können. Sich in dieser Hinsicht ein grundsätzliches Denk- und Handlungsverbot aufzuerlegen, kann heißen, einer sich eskalierenden Aggression freien Lauf zu lassen und die Chance frühzeitiger Eindämmung zu verpassen. Eine eskalierende Aggression zu stoppen setzt allerdings den Einsatz von massiven und relativ überlegenen bewaffneten Mitteln voraus. Wenn die internationale Gemeinschaft gegebenenfalls zu einem frühen Zeitpunkt hierzu keine Bereitschaft zeigt, ist kaum anzunehmen, daß sie zu einem späteren Zeitpunkt unter viel schwierigeren Bedingungen dazu bereit sein könnte. Das hieße, daß Aggressoren praktisch einen Freibrief für jedwede Handlungen in Händen hätten.

Die serbische Aggression im zerfallenden Jugoslawien ist hierfür ein klassischer Beleg: So hätte eine mandatierte frühzeitige Androhung bewaffneter Intervention von seiten der USA bzw. der NATO konflikteindämmend wirken können; "frühzeitig" meint hier den Zeitpunkt, als die Jugoslawische Volksarmee (JVA) Ende Juni 1991 Slowenien zu Lande und aus der Luft militärisch angegriffen hatte. Ein deutlicher Gegenschritt – beispielsweise durch das Umdirigieren eines erheblichen Teils der im Mittelmeer stationierten Sechsten Flotte der USA in das Adriatische Meer – wäre kurz nach dem Golfkrieg nicht ohne Wirkung geblieben: Aller Wahrscheinlichkeit nach hätte sich die JVA noch schneller als ohnehin aus Slowenien zurückgezogen; und hätte sich die EG (mit oder ohne Mandat der KSZE) gleichzeitig auf massive diplomatische Einwirkungen verstanden, wäre ein Überschwappen der kriegerischen Auseinandersetzungen auf Kroatien wahrscheinlich unterblieben. Es gibt also nicht nur einen Kairos für friedliche Streitbeilegung, sondern auch für die Inszenierung bewaffneter bzw. militärischer Macht gegen eine drohende oder schon stattfindende militärische Aggression.

Zumindest spricht für die Androhung eines Früheinsatzes bzw. für den Früheinsatz selbst, daß einem Aggressor die ganze Tragweite seines Handelns verdeutlicht wird. Wenn aber trotz anhaltender eskalierender Aggression eine einmal erfolgte Androhung nicht tatsächlich in konkrete Maßnahmen übersetzt wird, wäre sie besser unterblieben, denn sie untergräbt die Glaubwürdigkeit nicht nur in militärischer Hinsicht, sondern auch im Hinblick auf diplomatische Bemühungen zur Eindämmung des Konfliktes.

Ultima ratio: im Prinzip und in der Regel ja, aber man muß sich bewußt bleiben, daß diese Maxime nicht immer und nicht unter allen Umständen der Weisheit letzter Schluß ist. Praktische Vernunft kann anderes gebieten.

VI. Zur Rolle bewaffneter Interventionskräfte

Mit Bedacht wurde bei der Beschreibung von Interventionen, die von kooperativen und kollektiven Sicherheitssystemen notfalls ergriffen werden können, allermeist statt des Adjektivs "militärisch" der Begriff "bewaffnet" verwendet. Der Grund dafür ist die Beobachtung, daß Interventionen im klassischen militärischen Verständnis umstritten sind: Militärische Interventionen werden heute oft zu Recht als ungeeignet für die Bearbeitung latenter oder akuter Konflikte angesehen, nicht nur wegen des auch in diesem Beitrag erwähnten Risikos noch größerer Opfer unter der leidenden Bevölkerung, sondern vor allem mit Blick auf die Befürchtung, daß auf diese Weise im Sinne konventioneller politischer Logik Krieg als Mittel der Politik fortgeschrieben werden könnte. Militärische Kreise selbst teilen nicht selten die Befürchtung einer Ausweitung des Kampfgeschehens und zusätzlichen Leidens der Bevölkerung, lassen aber andererseits die Bereitschaft erkennen, auch bei nicht gewalttätigen Anlässen – etwa bei Natur- oder Umweltkatastrophen und bei humanitären Hilfeleistungen – tätig zu werden. Für diese Aufgaben sind militärische Streitkräfte zwar ausgestattet, nicht aber ausgebildet, denn ihre originäre Aufgabe ist es nach wie vor, im Interesse der Verteidigung des eigenen Staates und/oder der Bündnisgemeinschaft einen potentiellen militärischen Angreifer niederzukämpfen.

Angesichts solcher Bedenken scheint es sinnvoll, für die Durchführung bewaffneter Zwangsmaßnahmen zum Schutz bedrohter Menschen einen neuen Typ von Einsatzverbänden zu schaffen, die eher Polizeieinheiten als militärischen Streitkräften ähneln. Einige Blauhelmmissionen entsprechen diesem Typ von internationalen Polizeieinsätzen bereits. Schweden und Österreich tragen solchen Überlegungen bei der Umstellung und Vorbereitung ihrer Blauhelmkontingente bereits Rechnung. Dies ist mehr als eine Umetikettierung: Polizei hat keine originäre Kampffunktion, sondern eine Schutz- und Ordnungsfunktion; sie bedarf nicht des schweren und schwerfälligen Apparates (einschließlich überschwerer Waffen), der noch immer die nationalen Streitkräfte kennzeichnet; sie ist leichter internationalisierbar; ihr Einsatz ist weniger provozierend als der einer Militäreinheit; sie kann von betroffenen Regierungen und Bevölkerungen leichter als Helfer bei der Konfliktlösung akzeptiert werden, als dies militärischen Truppen möglich ist. Noch entscheidender aber dürfte sein, daß solche Einheiten von vornherein gezielt und systematischer für ihre Aufgabe vorbereitet und ausgebildet werden können.

Der mögliche Einwand gegen die Aufstellung internationaler bewaffneter Polizeiverbände, nämlich das Fehlen einer der staatlichen Autorität vergleichbaren internationalen Autorität, ist unerheblich, weil er für den Einsatz von Militär in gleicher Weise gilt. Denkbar ist demgegenüber, daß sich im Rahmen der Vereinten Nationen eher Vereinbarungen über Interventionen polizeilicher Natur als über die Mandatierung militärischer Einsätze erzielen lassen.

Auf jeden Fall sollte diese Variante möglicher internationaler Friedenssicherung in alle Überlegungen – sei es in den Vereinten Nationen oder innerhalb regionaler Vereinbarungen, sei es im nationalen Rahmen – einbezogen werden. Denn Polizeiinterventionskräfte der beschriebenen Art können in der Regel alle Aufgaben bewaffneter Zwangsmaßnahmen übernehmen, die heute denkbar sind: Schutz humanitärer Maßnahmen; Überwachung der Einhaltung von Waffenstillständen; Einrichtung und Kontrolle von Schutzzonen; Überwachung und Durchsetzung von Embargo- und Boykottmaßnahmen; vorübergehende Übernahme von Verwaltungsaufgaben in Gebieten zusammengebrochener politischer Strukturen. Sie sind überdies für einen möglichst frühzeitigen Einsatz besser als Militär legitimiert. Sie blockieren nicht die mehr denn je notwendigen Abrüstungs- und Entmilitarisierungsprozesse.

Nur im Falle einer massiven, das heißt mit großem Personalaufwand und schweren Waffen durchgeführten militärischen Aggression eines Staates gegen einen anderen – eher ein Ausnahmefall wie der Angriff des Irak gegen Kuwait im August 1991 – dürften internationale Polizeiverbände im vorgenannten Sinne nicht ausreichen, um den Angriff abzuwehren bzw. Frieden wiederherzustellen. Gegen einen regulären Angriff, schon gar einen solchen aus militärischer Überlegenheit, wird es in aller Regel nur eine Reaktion geben können: nämlich eine Gegenmobilisierung, die die Kräfte des Aggressors in Rechnung stellt (Gegenmobilisierung plus) und die sich dabei der Logik der Satzung der Vereinten Nationen unterwirft (vorläufige Maßnahmen, friedliche Sanktionsmaßnahmen, militärische Sanktionsmaßnahmen). Auch die Logik der Satzung unterstellt jedoch keinen zwangsläufigen Automatismus. Auf jeder Stufe sind politisch gewollte Korrekturen und Unterbrechungen möglich.

VII. Schlußbemerkung

Intervenieren oder Nichtintervenieren – in der Tat, das bleibt eine Frage. Vielleicht kann eine öffentliche Diskussion in Politik und Wissenschaft dazu beitragen, einige Grundorientierungen herauszuarbeiten, die noch vor wenigen Jahren während des Ost-West-Konfliktes überhaupt nicht Gegenstand einer sinnvollen Reflexion hätten sein können. Eine solche Debatte ist nicht nur im internationalen Rahmen erforderlich, also beispielsweise auf der Ebene der Vereinten Nationen, der

KSZE, der EG und anderer Organisationen, sondern auch in einzelnen Staaten, ohne deren Beistand überstaatliche und internationale Organisationen hilflos bleiben würden.

Sich Klarheit über die hier aufgereihten Sachverhalte zu verschaffen heißt nicht, interventionistischer Politik blind Vorschub leisten. Im Gegenteil, zur Klärung gehört auch die Antwort auf die Frage, unter welchen Umständen man zu einer solchen Politik *nicht* bereit ist. Eine eingehende Analyse eines konkreten Problemfalles wird vielleicht nicht selten zu der zwingenden Schlußfolgerung führen, daß trotz empörender Vorkommnisse sich eine Intervention verbietet. Auch eine solche Entscheidung würde dann erkennbaren Kriterien genügen, und um sie geht es im einen wie im anderen Falle.

18. "Going out Alone, but in Multilateral Company:" American Policies towards the United Nations*

Pia Bungarten

As American politicians reassess their country's role in the post-Cold War world, the majority continues to subscribe to the idea of an international order led by the United States. America, in short, is willing to assume the responsibilities of leadership – to "go out alone." Lately, however, the notion has gained ground of doing so only "in multilateral company." There are four reasons for this: (1) With the end of the climate of confrontation that characterized it during the Cold War, the United Nations (U.N.) has come to seem more useful to Americans, particularly in light of its support for the Gulf War. (2) In the eyes of many Americans, economic problems are making it imperative to find new ways to "share the burden" of preserving international peace and security. (3) While Americans do not wish their country to be the world's policeman any more, they feel strongly that international stability must be maintained and they see the U.N. as filling an important gap. (4) There is an increased awareness that national security and even more so economic welfare depend on developments and relationships outside American borders. While Americans demand attention on solving domestic problems, they reject isolationist disengagement as infeasible.

Many observers, however, accuse the U.S. of aiming to "multilateralize" crises by relying increasingly on U.N. peace-keeping, while not wanting to share power and leadership. America has to bear only a part of the costs, they point out, while decisions are made by a body – the Security Council – that is dominated by the United States.

How do American politicians conceive of multilateral collaboration through the U.N.? And if American policies did not prevail in the Security Council, how easily would America part with its "multilateral company" and revert to unilateral policy making? As this paper will show, the answers to these questions do not depend primarily on whether America has a Republican or Democratic President. On these issues, both the Democratic and Republican parties contain within themselves a wide range of opinion.

* *Acknowledgements*. This paper is based on research carried out in New York in 1992 and the spring of 1993. The research included a series of interviews with U.N. civil servants, diplomats and policy makers. These interviews were "off the record." Quotations not indicated by footnotes are from these discussions. I want to thank everyone who took the time for these interviews and helped me to better understand the changes in U.S. policy making. I also want to thank my colleagues Miriam Friedmann, Barbara Hegedus and Duncan Pruett at the New York Office of the Friedrich Ebert Foundation. Without their constant support it would not have been possible to complete this paper. Special thanks are due to Tom Baker for his careful reading of the paper and his many helpful suggestions.

The most common perspective in both parties is the "internationalist" one, which assumes a pre-eminent role for the United States and accepts the idea of working through the U.N., yet wishes to retain the option of acting unilaterally if vital U.S. interests are at stake. "Multilateralists" go further, arguing that the U.S. should always act according to the U.N. charter, even if these actions go against the short-term interests of the U.S. "Unilateralists," on the other hand, believe that the notion of acting through the U.N. dangerously constrains the U.S.'s freedom of action. "Isolationists," finally, see American sovereignty as under threat from "globalist" institutions like the U.N. and object to the U.S. taking an international leadership position.

Three important elements of American foreign policy making, finally, cut across party lines: (1) the use of the U.N. by American politicians to legitimize their own actions to their voters, which may make it increasingly hard for the U.S. to pursue policies for which it cannot muster a majority in the Security Council; (2) a tendency to define America's "vital interests" not exclusively on the basis of "Realpolitik," but also of "Moralpolitik" – the enduring American belief that U.S. foreign policy must serve moral purposes such as the spread of democracy and respect for human rights; and (3) the effect of intensified immigration mainly from Central and Latin America and Asia on the future direction of foreign policies and on the composition of the elite circles of policy makers and experts.

I. The Increasing Interest of the U.S. in Multilateralism

Many observers of the U.N. have claimed that the effectiveness of multilateral co-operation in the U.N. hinges on the willingness of one powerful state to shoulder the responsibility for taking the lead. Both American and non-American observers have suggested that this role must be assumed by the U.S., since relative to other major actors in the international scene it is in the best position to shape the course of events at the U.N.

Many U.S. politicians are convinced that without aggressive American support, U.N. initiatives have no teeth. Yet in the course of the 1992 U.S. Presidential election campaign, the idea that the U.S. may need the U.N. as much as vice versa has gained ground. In his speech at the U.N. General Assembly in September 1992, President Bush announced measures designed to better prepare the U.S. military for participation in U.N. peace-keeping missions. In December 1991, his opponent, the Democratic Presidential candidate Bill Clinton, had already signaled that he would be prepared to explore the possibility of establishing a U.N. rapid deployment force that could be used for purposes beyond traditional peace-keeping. To improve the financing of U.N. peace-keeping, Senator Simon in April 1992 proposed draft legislation in the U.S. Senate to reclassify the cost of peace-keeping activities from international affairs to national defense.[2] His colleague Senator Biden in September 1992 introduced "Senate Joint Resolution 325," called the "Collective Security Participation Resolution," that urges the President "to take all appropriate steps to negotiate, under Article 43 of the U.N. Charter, 'a special agreement or agreements' with equitable terms under which designated forces from various countries, including the United States, would be 'available to the Security Council' ... for the purpose of maintaining international peace and security."[3]

Two developments have made a greater reliance on multilateral cooperation through the U.N. seem both desirable and unavoidable: (1) the perception that political changes in the U.N. since the end of the Cold War have rendered the U.N. more useful, and (2) the demand that America's allies should "share the burden" of maintaining international peace and security.

1. Rediscovering the United Nations

The U.N. has clearly gained in the eyes of many U.S. politicians. The most important reason is the Security Council's support for the U.S. initiatives in the Gulf War. As this was followed by successful U.N. efforts in Cambodia, El Salvador, and Lebanon (resolution of the hostage crisis), U.S. politicians nowadays rarely scorn the U.N. as a "dangerous place" of opposition to democracy and freedom, as many did in the 1970s and 1980s.[4] Deference to the U.N. is now considered a mainstream position. The current political consensus in Washington seems to be that the U.N. "has improved a lot," that it is "more efficient" and "less politicized." American politicians cite the recanting of the "Zionism is racism" resolution of the General Assembly in December 1991 as positive evidence that the U.N. is "getting away from rhetoric and bombast." Policy makers across the political spectrum agree with the assessment of Bill Clinton, then still Democratic presidential nominee, that "in the Persian Gulf, in Namibia, in Cambodia and elsewhere in recent years, the United Nations has begun to play the role that Franklin Roosevelt and Harry Truman envisioned for it."[5]

---

2 The bill urges Congress to make the following findings: U.N. peace-keeping contributes to U.S. national security in maintaining global stability and order; the U.S. has a national security interest in fully funding its assessment for U.N. peace-keeping operations; as a national security interest, U.N. peace-keeping should be funded from the defense rather than international affairs budget (See: Parliamentarians for Global Action, No. IV/2 [1992], p. 5).

3 Joseph Biden, S.J. Res 325, entitled the "Collective Security Participation Resolution," 102d Congress, 2d Session, p. 4.

4 Richard Falk, Samuel Kim, and Saul Mendlovitz, eds., *The United Nations and a Just World Order* (Boulder, CO, 1991), pp. 4-5.

5 Bill Clinton, *A New Covenant for American Security*, Georgetown University, Washington, D.C., December 12, 1991.

2. The Need for "Burden Sharing"

Equally important in making reliance on the U.N. more attractive was the widespread concern about America's relative economic and technological decline; many Americans now feel that their country can no longer afford to be the main protector of international order and peace.

In the early 1990s, Americans became increasingly pessimistic. They were worried that the economy was stagnant or in decline, that Japan was more competitive than the United States, and that as a consequence the American standard of living was in grave danger.[6] As one observer put it, "We have bankrupted ourselves, we have no financial resources and what would have been easy to do 10 years ago, is now not so easy." According to the journalist David Gergen, "few outside the White House talk anymore of creating a 'new world order', unless in jest. The United States cannot achieve order in its streets or even in its capital, much less the rest of the world."[7]

To many, America's standing in the world declined. America was far from a great power that met the traditional definition of invulnerability, wrote journalist William Pfaff in late 1990.[8] He held that the "security of the United States is diminished by the limits placed on its autonomy of action by the country's dependence upon foreign creditors and its inability to resolve the political stalemate that exists on the question of taxation. The gulf deployment was accompanied by an appeal for other nations to pay for it, a demand the United States would have never made in the past, and one that itself amounted to a tacit renunciation of superpower standing. Superpowers pay their own way."[9]

Opponents of the "declinist" vision, in contrast, continued to see America as the pre-eminent, unchallenged superpower well into the next century. They interpret the Gulf War quite differently. In a key article on "The Unipolar Moment," Charles Krauthammer argued that the Gulf crisis had revealed that in the post-Cold War world there was but a "single pole of world power that consists of the United States at the apex of the industrial West ... American preeminence is based on the fact that it is the only country with the military, diplomatic, political and

6 Daniel Yankelovich, "Foreign Policy after the Election," in *Foreign Affairs*, Vol. 71, No. 4, Fall 1992, p. 2.

7 David Gergen, "America's Missed Opportunities," in *Foreign Affairs*, Vol. 71, No. 1, 1992, p. 1.

8 William Pfaff, "Redefining World Power," in *Foreign Affairs*, Vol. 70, No. 1, 1991, p. 46.

9 Ibid., p. 37. The notion of "America's decline" was driven home recently by reports in *The New York Times* about the currency turmoil in Europe. The article stated that "President Bush's new world order, which assigned leadership to the United States as the only surviving superpower, clearly did not apply this week to the European currency turmoil. While the United States government stood by, Germany marched Europe to the German agenda." The reporter concluded that behind the American reticence was the diminishing power of the United States to shape Europe's economies (see: Louis Uchitelle, "U.S. Uncommonly Inactive in World Economic Arena," in *The New York Times*, September 27, 1992, p. A1).

economic assets to be a decisive player in any conflict in whatever part of the world it chooses to involve itself in."[10] Krauthammer saw the Gulf War as an example of "pseudo-multilateralism:" "A dominant great power acts essentially alone, but, embarrassed at the idea and still worshipping the shrine of collective security, recruits a ship here, a brigade there, and blessings all around to give its unilateral actions a multilateral sheen."[11]

Other political analysts have come to similar conclusions: Zbigniew Brzezinski, National Security Advisor under President Carter, declared, "Today's global politics include only one superpower, the United States. No other power currently possesses the attributes needed for effective global leverage: military reach, political clout, economic impact as well as social and cultural appeal."[12]

Arguably, the notion of America's decline has been exaggerated. An international comparison of productivity, prepared by the McKinsey Global Institute, together with experts such as Nobel laureate Robert Solow, has lent support to those who point to America's pre-eminence. Their study shows that the United States commands a significant lead over Europe and Japan in output per worker. As the International Herald Tribune reported, "in 1990, a full-time American worker produced $49,600 of goods and services a year. In dollars of equivalent purchasing power, a German worker produced $44,200, a Japanese worker $38,200 and a British worker only $37,100." Productivity is a key yardstick of international competitiveness. In the past, the leading nation – whether it was Italy from the 13th to the 15th centuries, Holland in the 18th, England in the 19th or the United States in the 20th – has always been the global productivity leader.[13]

Regardless of how strong the American economy may appear to researchers, the prevailing mood in the United States has undoubtedly been one of anxiety, mistrust, and pessimism, and this malaise was expressed as a strong desire for change in the political leadership. While it is true that the U.S. "remains the only genuine superpower," wrote Bill Hyland, former editor of Foreign Affairs, this is tempered by its having just emerged from the Cold War in a precarious economic position; there exists a broad consensus, he concludes, that America must first "put its own economic house in order."[14] The former and the new president face an anxious and inward-looking American public, quite convinced that something is fundamentally wrong with the U.S. economy. The main source of voters' anxiety is

---

10 Charles Krauthammer, "The Unipolar Moment," in *Foreign Affairs*, Vol. 70, No. 1, 1991, p. 24.

11 Ibid., p. 25.

12 Zbigniew Brzezinski, "Selective Global Commitment," in *Foreign Affairs*, Vol. 70, No. 4, Fall 1991, p. 19.

13 Sylvia Nasar, "U.S. Still No. 1 in Something? Yes, Productivity," in *The International Herald Tribune*, October 14, 1992, p. 1.

14 William Hyland, "The Case for Pragmatism," in *Foreign Affairs*, Vo. 71, No. 1, 1992, p. 44.

not the recession as such, but their fear that it signals America's irreversible decline.[15]

The conviction that U.S. lacks the resources to "stand alone as the policeman of the world"[16] drives the calls for "burden sharing," or demands for multilateral mechanisms of cost-sharing. David Boren, Democratic Senator from Oklahoma and chairman of Senate Intelligence Committee summarized the prevailing sentiments: "For the United States to act, the burden must be shared. It is time to create a genuine multilateral mechanism that can deal not only with these crises [referring to Saddam Hussein's thwarting of U.N. weapons inspections and to 'ethnic cleansing' in Bosnia] but also those that inevitably lie ahead."[17]

Both Democrats and Republicans have now invoked "burden sharing" to justify foreign policy initiatives. In making the case for aid to Russia in August 1992, for example, Secretary of State Baker emphasized that the "Freedom Support Act," designed to support Russia's transition to a democratic and market-oriented society, "is no foreign aid give-away:" "The act is America's share – and a fair one – in a coalition effort. The problems of the Soviet Union are too huge for any one country to tackle. In a policy I call collective engagement, we have joined forces with other major industrial democracies, the International Monetary Fund and the World Bank."[18]

As Democratic candidate Bill Clinton struck the same chords. In his first major address on foreign policy (at Georgetown University in December 1991), he declared that "America needs to reach a new agreement with our allies for sharing the costs and risks of maintaining peace. While Desert Storm set a useful precedent for cost-sharing, our forces still did most of the fighting and dying. We need to shift that burden to a wider coalition of nations of which America will be a part."[19]

In arguing the case for making troops available to the Security Council under Article 43 of the U.N. Charter, Senator Biden also invoked the theme of burden sharing: "From an American perspective, the formal designation of forces from various nations under Article 43 offers the opportunity to involve other nations more promptly and reliably in future collective security actions, and could thereby strengthen the institutions of collective security while spreading the burden of collective security;" American leadership in achieving 'a special agreement or agree-

15 See Theodore Sorensen, "America's First Post-Cold War President," in *Foreign Affairs*, Vol. 71, No. 4, Fall 1992, pp. 3/14; and Yankelovich, "Foreign Policy after the Election," op. cit., p. 2.

16 David Boren, "The World Needs An Army on Call," in *The New York Times*, August 26, 1992, p. A21.

17 Ibid.

18 James A. Baker, 3d: "What America Owes the Ex-Soviet Union, Editorial," in *The New York Times*, August 5, 1992, p. A23.

19 Bill Clinton, *A New Covenant for American Security*, Georgetown University, December 12, 1991.

ments' under Art. 43 would therefore serve the national interests of the United States."[20]

3. Rejecting Isolationism

While Americans as a whole have indeed became more discouraged about the nation's future and demand more attention to domestic problems, they have not seen pulling back from the world as desirable or feasible.

The apparent strength of Patrick Buchanan's "America First" slogan in the Republican primaries gave many observers the impression that the public was moving toward isolationism. At least, this is what the polls seemed to suggest: In January 1992, a Gallup/CNN/USA Today poll found that almost five out of six Americans agreed that "we shouldn't think so much in international terms, but concentrate more on our own national problems." Most of the rank ordering of issues in polls placed foreign policy and defense at or near the bottom of public priorities.[21] Similarly, the Chicago Council on Foreign Relations found that people saw protecting the jobs of American workers as the most important priority of U.S. foreign policy.[22]

Yet politicians who tried to placate the electorate with their retreats toward neo-isolationism were misreading the public sentiment. There is a traditional American bias against "foreign entanglements" and hence there will always be, as Bill Hyland wrote, "a reservoir of isolationist sentiment in the United States, it is part of our heritage."[23] During the 1992 presidential campaign, average citizens, the press, many political analysts, and in particular the Presidential candidates Bill Clinton and Ross Perot invariably emphasized the need to pay more attention to America's domestic problems. But the pollsters' methods of "probing" seemed to show that the desire to focus on urgent economic concerns was predicated on a firm commitment to internationalism. Alongside a desire to concentrate on domes-

---

20 Biden, Collective Security Participation Resolution (S.J.Res. 325), op. cit., p. 3.

21 Yankelovich, "Foreign Policy after the Election," op. cit., pp. 5, 6.

22 Gergen, "America's Missed Opportunities," op. cit., p. 17. This is explained in part also by the fact that for the first time in decades, no major power appears interested in changing the global status quo by military means. Given the end of the Cold War and the absence of any immediate threat to American security, only one percent of poll respondents declared foreign policy issues to be the most important matters facing the nation (see Richard Barnet, "The Disorders of Peace," in *The New Yorker*, January 20, 1992, p. 69, and Sorensen, "The Post-Cold War President," op. cit. p. 17).

23 Hyland, "The Case for Pragmatism," op. cit., pp. 41, 42. In a lecture at the Ralphe Bunche Institute at the City University of New York, Enid Schoettle of the Council of Foreign Relations estimated that isolationism attracts 25-30% of the population, but not of the elite. (*Current U.S. Policy in the U.N.: Problems of Leadership and Resources*, Ralph Bunche Institute Seminar, October 28, 1992).

tic problems, 71% of those polled thought that America "must take an active part in world affairs."[24]

Senator Boren expressed a widely shared sentiment when he asserted that "Americans are not enthusiastic about having United States stand alone as the policeman of the world. There is a feeling that we simply no longer have the resources, given the pressing need to rebuild our strength at home, to play the role any longer. This does not mean, however, that Americans have been lulled by the dangerous siren song of new isolationists. We understand more clearly than ever that our economic well-being and national security depend on developments and relationships outside our borders ... While Americans want something done, they do not want to do it alone."[25] Leadership may come from the United States but, without allies who see a similar threat and who are willing to share the sacrifice, people regard it as folly to act alone.[26]

This frame of mind has led the American public and American politicians, therefore, to look with greater interest to multilateral institutions that can address threats to regional and world security. Since the Gulf War, public support for solving international problems through the U.N. and other international bodies has increased. Americans Talk Issues, an organization that has analyzed opinions on security questions, found that 80% of the public thought the U.N. should take the lead when aggression occurs. A survey in October 1991 by the CBS and New York Times news organizations found that two-thirds approved of the U.N. – the highest level of support they have found in their surveys since 1953.[27] These results seem to show a latent willingness to support a policy that calls on the U.N. to act more as the world policeman. Americans are willing to buy the notion that the U.N. is the most credible candidate for the job, they are open to reexamining their ambivalence towards the U.N.[28]

II. Sharing Costs, Sharing Power?

For all the reasons given above, it would seem that American policy makers are more willing now to rely on the U.N. It is less apparent, however, to what extent the U.S. is willing to share leadership and power. Allies of America note its readiness to "multilateralize" crises, but wonder whether it will want to retain unilateral leadership.

---

24 Gallup September 1991, as quoted in Yankelovich, "Foreign Policy after the Election," op. cit., p. 6.

25 Boren, "The World Needs An Army on Call," op. cit., p. A21.

26 Yankelovich, "Foreign Policy after the Election," op. cit., p. 9.

27 David Gergen, "America's Missed Opportunities," in *Foreign Affairs*, Vol. 17, No. 1, 1992, pp. 15-16.

28 See Yankelovich, "Foreign Policy after the Election," op. cit., p. 10.

The varied, contradictory reactions of the U.N. community to President Bush's last speech before the General Assembly in September 1992 contained many of the recurrent themes in the debate over America's role and leadership in the U.N. In his address, President Bush announced that he has "directed the United States Secretary of Defense to place a new emphasis on peace-keeping." He went on to say: "Because of peace-keeping's growing importance as a mission for the United States military, we will emphasize training for combat, engineering and logistical units for the full range of peace-keeping and humanitarian activities. And we will work with the United Nations to best employ our considerable lift, logistics, communications and intelligence capabilities to support peace-keeping operations. And we will offer our capabilities for joint simulations and exercises to strengthen our abilities to undertake joint peace-keeping operations. There is room for all countries, large and small, and I hope all will play a part."[29]

Among the reactions to the speech were an acknowledgement of America's leadership role in the U.N., criticism of America's lack of financial support for the U.N., complaints about America's "use" of the U.N. to maintain its own dominance, and criticism of America's unclear commitment to multilateralism.

Acknowledging American leadership: Some commentators saw the speech as a constructive step forward; finally, it seemed, there was a shift in U.S. attitude toward participation in peace-keeping. Due to fears that the nation could be drawn into conflicts not directly related to U.S. security interests, the American government has traditionally been reluctant to commit troops and hostile to the idea of placing American forces under foreign command. In his speech, however, the President's appeared to signal an increased willingness to become involved.[30] "Putting peace-keeping on the agenda" was thought to have significance not just for U.S. policy, but by extension for the world community. Many U.N. observers held that the U.S. "provides the functional equivalent of executive leadership [in the U.N. and is] the only one who can make things happen." Pledging to enhance U.S. participation was interpreted as an endorsement of an expanded peace-keeping role for the U.N. and as at least a limited endorsement of Boutros-Ghali's appeal last June, in the *Agenda for Peace*, for U.N. members states to pledge to make their forces available to the U.N.[31] The speech thus not only put peace-keeping on the U.S. agenda in a novel way, but was seen as pushing the world a little closer to collective peace-keeping.[32]

29 Address by the President of the United States of America George Bush to the 47th Session of the United Nations General Assembly, USUN Press Release 84-(92), September 21, 1992, p. 5.

30 Ruth Marcus, "Bush Endorses Expansion of U.N. Peace-Keeping Role," in *The Washington Post*, September 22, 1992.

31 Ibid.

32 "A New Model United Nations," in *The Economist*, Vol. 324, No. 7778, September 26, 1992, p. 37.

America's lack of financial support for the U.N.: In his speech, President Bush promised to "review how we fund peace-keeping and explore new ways to ensure adequate American financial support for U.N. peace-keeping and U.N. humanitarian activities."[33] Carefully avoiding anything that the American voters might object to, he did not commit himself to spending any money and endorsed neither Boutros-Ghali's proposal for a $50-million peace-keeping start-up fund nor his idea of a $1 billion peace-keeping endowment fund.[34] Some observers conceded that "given that it is an election year, it is clear that he would not give any commitments," yet many criticized that he did not offer relief for the U.N.'s overextended peace-keepers, and emphasized again that America is by far the largest U.N. debtor, with about $800 million in debts, or about half the total of unpaid dues.[35]

Using the U.N. to retain dominance: According to some commentators, President Bush's proposals were not really about offering to share in international peace-keeping. What motivated Bush, they argued, was the fact that the U.S. could no longer afford to "go it alone" in dealing with international crises. Participation in peace-keeping, they pointed out, is much less costly for the U.S.: the crisis becomes multilateralized and America does not have to bear the burden alone. Rather, it contributes its one third of costs, while decisions are made by a body – the Security Council – that is dominated by the United States. In short: America was accused of "pursuing unilateral polices under multilateral guise" – of wanting "burden sharing" without wishing to share leadership.

Concern over American dominance is ever-present, surfacing also in the discussions of the reform of the U.N. Secretariat. The first wave of reforms at the Secretariat in the spring of 1992 gave most of the top positions to the main funders, disregarding recommendations that the permanent five member countries of the Security Council agree not to claim any top posts for several years. Senior staff members by no means necessarily do their country's bidding. Yet some observers saw it as a sign of a trend, pointing out that the U.N. might become a "club of funders" – a "major stockholders' corporation" run by a board of directors with the United States as chairman.

When Bush concluded his comments on peace-keeping with the remark "There is room for all countries, large and small, and I hope all will play a part," many greeted it with deep suspicion. Observers immediately feared that "America wants to move in and dominate peace-keeping too." Since the Gulf War, Washington has often been accused of having "hijacked the U.N." and wanting to control it. Such criticism remains strong despite the fact that (a) U.S. policies often reflect the interests of many other states, (b) that many other U.N. members agree with the

---

33 Bush, *Address to the General Assembly*, op. cit., September 21, 1992, p. 5.

34 Marcus, "Bush Endorses Expansion of U.N. Peace-Keeping Role," op. cit.

35 See *The Economist*, Vol. 324, No. 7778, September 26, 1992, p. 37.

goals pursued by the U.S. and (c) that for the time being they have no alternative vision, which makes opposition to U.S. policies difficult if not impossible.

An unclear commitment to the U.N.: Some critics of Bush's speech pointed out that he dealt only with peace-keeping, not with peace-enforcement, thus falling short of Mr. Boutros-Ghali's call for specially trained and armed "peace-enforcement units" that would be ready any time to intervene to stop or prevent small wars.[36] Other commentators criticized that the President did not specify, for example, the number and type of troops and the level of potential conflict to which such troops might be exposed.[37] Furthermore, he emphasized that "member states as always must retain the final decision on the use of their troops," thus reflecting the enduring American ambivalence over working through multilateral structures – particularly if vital interests of the U.S. are at stake.

The "crucial test" of the American commitment to working through the U.N. would come if its wishes did not prevail in the Security Council.[38] The U.N. is still described as "Tom Pickering's," even though the U.S. Ambassador, who was the American representative during the Gulf War, was posted to India in April 1992. As of Fall 1992, the Security Council has followed America's lead; were it not to, it is not clear what the outcome would be. In the words of one observer: "Will the U.S. act unilaterally? Or multilaterally? Both [ideas] are there. What will be done, will depend on the personnel situation, the economy, and if vital interests are at stake."

Whether the Republicans are in power or the Democrats does not appear to be the determining factor. Both parties have in their ranks people committed to a multilateral approach and people who favor unilateral action. Law Professor Thomas Franck believes that "the distinction is not so much between the Democrats and the Republicans on this issue, but within each party. In [both parties] you have the isolationists and the unilateralists and the multilateralists." Who gets to determine policy in the State Department – "the personnel situation" – is the crucial question.

---

36 Ibid.

37 Marcus, "Bush Endorses Expansion of U.N. Peace-Keeping Role," op. cit.

38 One possible area of conflict may be the reform of the Security Council. The permanent members (the so-called P5) – including the United States – object to changes that could diminish their power. As Professor Thomas Franck of New York University noted: "The P5 – and certainly the P3 (meaning the U.S., Great Britain and France) – throw their weight around even if quite small changes are proposed, such as the President of the International Court of Justice suggesting that the Secretary-General should have the authority to request an advisory opinion of the International Court of Justice. The P5 disapprove, most other countries are in favor of it."

III. *Positions within the Republican and Democratic Parties*

1. The Republicans

During the Republican primaries in the spring of 1992, The Economist reminded its readers that "It was internationalism that split the Republican party, until anti-communism gave it 40 years of unity."[39] With the demise of communism, the Republican party appears to have lost an important unifying thread. The splits within the Republican party became visible with the campaign of Pat Buchanan; as the New York Times columnist Leslie Gelb described it: "The Robert Taft isolationists and the Nelson Rockefeller internationalists renew their battle."[40]

Internationalist Republicans: The internationalists in the Republican Party – including former President Bush – have taken renewed interest the U.N. because they believe that with the end of the Cold War, the U.N. can return to its original mandate of maintaining international peace and security; in the words of a foreign policy analyst, "the U.N. was distorted by the East-West conflict and then distracted by the Third World. Now, without the Soviet Union, and with the Third World having been put into its place, one can go back to what it was originally set up to be. One can now realize the Rooseveltian vision."

Internationalist Republicans subscribe to the idea of an international order led by a United States which increasingly exercises its world leadership role through the U.N., as it did after the Second World War. In this conception, America acts as a leader by building coalitions and persuading international opinion.[41] Secretary of State Baker spoke of "collective engagement" which "allows the United States to rally like-minded nations ... and to draw on international institutions where they can play a constructive part."[42]

Republican internationalism places itself between two contrasting positions: In the words of James Baker again, collective engagement "avoids the dangerous extremes of either fallacious omnipotence or misplaced multilateralism."[43] On the one hand, it rejects a unilateralist policy of primary or even exclusive reliance on

---

39 "Thank You, New Hampshire," in *The Economist*, Vol. 322, No. 7747, February 22, 1992, p. 13.

40 Leslie Gelb, "Sleeper Issue in '92," in *The New York Times*, March 16, 1992, Od-Ed, p. A17.

41 See Pfaff, "Redefining World Power," op. cit., p. 43. Pfaff notes that "the idea of the United States as a coalition builder and persuader of international opinion is an attractive one. This was the American conception of its role at the close of the First World War, and again when the United States sponsored the creation in 1944-45 of the United Nations – Wordsworth's "Parliament of man, the Federation of the World" – as it then seemed. The unilateralist United States, contemptuous of the United Nations and indifferent to the constraints of international law – to "unilateral compliance," in Jeanne Kirkpatrick's phrase – was a fairly recent development" (p. 43).

42 Jerry W. Sanders, "The Prospects for Democratic Engagement," in *World Policy Journal*, Vol. 9, No. 3, Summer 1992, p. 379.

43 Ibid.

America's own strength. Evidence of this was the rejection of the "lone superpower"-plan of the Pentagon (the draft "Defense Planning Guidance for Fiscal Years 1994-1999," leaked to the press in March 1992), which met with a sharp critique from the White House and the State Department.[44] One the other hand, it holds that U.S. policies should not necessarily always be conducted through the U.N.; the Middle East peace process is an example of keeping the U.N. out. Baker insisted that "of course, the United States reserves the right to act alone."[45] If vital interests demand it, the U.S. will act alone, without the U.N. if need be; it will not subordinate the pursuit of vital interests to multilateral decisions that prohibit a particular course of action.

Republicans in the internationalist wing, according to one observer, "see little difference between the U.N. and the U.S. role. They assume that what is good for the U.S. is good for the U.N." To them, there is essentially no difference between what is in the interest of the U.S. and what is in the interest of the U.N. and the world community at large. Striving for an American-led order is desirable, for the standards championed by the United States are assumed to be applicable to all humanity.[46]

For the time being, peace-keeping and peacemaking are seen as the primary goals to be pursued through the U.N. There is no sign of U.S. leadership in areas that are currently not of interest to the U.S. – the U.N.'s role in economic and social development is not getting attention.[47] Money for development work, say the proponents of this view, should be channeled "where the good management is." This means, first and foremost, the World Bank and the International Monetary Fund (IMF). They are believed to be more competent and more amenable to supporting the spread of prosperity through free markets and open trade.

---

44 The "lone superpower"-plan of the Pentagon (the draft "Defense Planning Guidance for Fiscal Years 1994-1999"), leaked to the press in March 1992, was conspicuously devoid of references to collective action through the U.N. and was heavily criticized by many politicians and commentators as a rejection of collective internationalism. In this document, world order was seen as ultimately backed by the United States. Hence, "the United States should be postured to act independently when collective action cannot be orchestrated" or in a crisis that demands quick response. Furthermore, the U.S. mission was defined in part as preventing friendly and unfriendly nations from competing with the U.S. (see Patrick Tyler, "Senior U.S. Officials Assail Lone-Superpower Policy," in *The New York Times*, March 11, 1991). One administration official declared it was "a dumb report" that "in no way or shape represents U.S. policy." The reaction from Congress and senior Administration officials prompted tactical withdrawal by the Pentagon. A revised version, made public in late May, appeared to disavow unilateralism and the relative indifference to international cooperation evident in the earlier draft and put more emphasis on cooperation among the major democratic powers.

45 Sanders, "The Prospects for Democratic Engagement," op. cit., p. 379.

46 See Strobe Talbott, "Post-Victory Blues," in *Foreign Affairs*, Vol. 71, No. 1, 1992, p. 69.

47 Enid C. B. Schoettle, *Current U.S. Policy in the U.N.: Problems of Leadership and Resources*, Ralph Bunche Institute Seminar, October 28, 1992.

The internationalists, say many, "do have some sense of the U.N. as an organization with a broader, idealistic purpose" – they state that the "U.S. should as a matter of principle work through the U.N." – but they ultimately have an "instrumental, utilitarian approach to the United Nations." When it comes to decision making, the general interest in engaging in multilateral cooperation in fact mean a willingness to cooperate with a small number of powerful, generally like-minded states – primarily the main funders of the U.N. and the permanent members of the Security Council.

Unilateralist Republicans: Unilateralist Republicans are not divided from the internationalists by a wide gulf; they share the belief that the U.S. should play a leading role. Yet unilateralists are fearful that even "putting a multilateral sheen" on essentially unilateral policies may become too much of a constraint. Their primary concern is that the U.S. be free to take whatever action necessary to pursue U.S. interests. As one observer noted, for these conservatives, "the Persian Gulf set a *bad* precedent, as it established as future constraint on the U.S. action that the U.S. should go to the U.N. They want to retain the ability to act on their own when need be. They continue to be suspicious of the U.N., see it as a place where the majority is semi-crazy; they do not want to hitch the U.S. star to the U.N."

Unilateralists "tolerate the U.N. when it supports the U.S." They "do not see the U.N. as having any role as an institution that is independent from U.S. foreign policy" and believe that the U.N. "should not have too broad a mandate." Some observers attributed the series of Washington Post articles in September 1992, which harshly criticized the U.N., to the wing in the Bush Administration that was rather hostile to the U.N. and wanted to see its base of operation limited. The articles zeroed in on the U.N. as corrupt and wasteful, self-protecting and self-perpetuating, rather than self-policing.[48] It was interpreted as the last attempt to "cut the U.N. to size" and as coming from those policy makers who subscribe to the view that "either the U.N. does our bidding or the U.N. might as well collapse."[49]

Isolationist Republicans: As mentioned above, the Republican primary election exposed the strains within the Republican party between the internationalists and the isolationists, who were represented by Patrick Buchanan. Buchanan saw American sovereignty as under threat from "globalist" institutions like the U.N., but also the World Bank and the GATT. He described foreign aid as "international welfare" and believed neither in the U.N. nor in waging war against Saddam Hussein. As The Economist reported, Mr. Buchanan's nativism and his isolationism

48 See *The Economist*, Vol. 324, No. 7778, 1992, p. 37.

49 Other U.N. analysts such as Professor Thomas Franck at New York University saw the Washington Post articles in a different light. He stressed the anti-government stance of the press that "brings out the blackest side of issues to keep government honest." As the press observes the ascendence of the U.N. to greater importance, they feel more compelled to report its shortcomings: "The more the U.N. becomes a sacred cow, the more the press will take it on."

were so far from what most conservatives stood for that he was, in the words of Newt Gingrich – himself very conservative – "close to becoming unacceptable."[50]

Yet Mr. Buchanan by no means faded into political oblivion after losing the primaries. Far from being unacceptable, he and other leaders of the conservative right dominated the Republican platform and the convention in Houston. Theirs is essentially a social agenda. Historian Gary Wills noted that "Even national security, long a Republican specialty and ... President [Bush's] chosen field of endeavor, came late in the platform, beginning on page 100 of a 123 page document. The economy was not taken up until page 40." The whole first part of the party platform was devoted to issues such as urging teenagers to abstain from sex.[51]

With concern, many observers noted that rather than being fought and rejected at the convention, the demands of the extreme conservative wing were given center stage. "No one in the administration could afford to take offense at the fact that [Pat] Robertson called the President's New World Order a scheme of Satan for rallying a godless U.N. to fight the imminent battle of Armageddon, Gary Wills observed.[52] "The man who made these bizarre arguments addressed the convention, sat in the presidential box, received the bows and support of Dan and Marilyn Quayle."[53] Commentators wondered to what extend Bush had allowed himself to become the captive of the exclusionary religious and ideological right in his attempt to regain election.[54] In an editorial, the New York Times pointed out that "not once in his Houston acceptance speech did [President Bush] even mention the U.N., though he was pleased to take credit for the release of American hostages in Lebanon that U.N. mediation made possible. Evidently the very words 'United Nations' are still demonized on the far fringes of the GOP."[55]

It is uncertain how the isolationists will fare in the future, yet some observers such as Thomas Franck express concern that after the defeat of President Bush, Buchanan's followers could become more influential within the Republican Party.

2. The Democrats

Some observers point to the enduring streak of isolationism in the Democratic party, both among grass roots supporters and senior figures.[56] A part of the isola-

---

50 "Pat Buchanan's Cause," in *The Economist*, Vol. 322, No. 7750, March 14, 1992, p. 32.

51 Gary Wills, "The Born-Again Republicans," in *The New York Review of Books*, Vol. 39, No. 15, September 24, 1992, p. 10.

52 Ibid., pp. 12/13, Wills quoted from Pat Robertson, *The New World Order* (Word Publishing 1992).

53 Ibid.

54 Jurek Martin, "Cultural Warriors Misfiring," in *Financial Times*, August 27, 1992, p. 5.

55 "Editorial," in *The New York Times*, September 1, 1992, p. A16.

56 See "Editorial: Policy Choice for U.S. Voters," in *Financial Times*, August 24, 1992, p. 8.

tionists' demand – the call to pay attention to domestic matters – was and remains the core of Bill Clinton's promise to the country; yet in defining America's role in the world, the isolationists did not take center stage in the presidential campaign. The mainstream position is rather an ill-defined mixture of internationalism and unilateralism, which differs from multilateralism by the degree to which one is willing to subordinate the pursuit of U.S. interests to the decision making in multilateral organizations.

The Multilateralists: There is a high degree of overlap between multilateralists and internationalists. What sets the multilateralists somewhat apart, however, is their insistence that America should always act according to the U.N. Charter even if it is against short term U.S. interests. They argue that the U.S. too is subject to international law, that it cannot simply exempt itself if it so pleases, and that adherence to international law will be in the U.S. interest in the long run. In his testimony before the Senate Foreign Relations Committee on behalf of the Senate Joint Resolution 325 ("Collective Security Participation Resolution") in September 1992, Professor Richard Gardner of Columbia University argued that "when the vital national interests are threatened, we should be prepared, if necessary, to act alone." But, he continued, "when we act outside the United Nations we should also try to act, in Senator Vandenberg's felicitous phrase, 'inside the charter,' in accordance with the standards of self-defense found in Article 51 of the Charter and in customary international law."[57]

The multilateralists are prepared to give the broadest mandate to the U.N., advocating, in Gardner's words, "maximum feasible multilateralism," which he justified as well in terms of burden sharing: "A policy of maximum feasible multilateralism – to assure fair sharing of risks and burdens – makes sense for confronting military threats just as it does in dealing with economic and environment challenges."[58]

The internationalist/unilateralist Democrats: During the presidential campaign, the internationalists around Clinton presented a still unclear mixture of internationalism and unilateralism as they try to bridge old divides in the Democratic party. Like their counterparts among the Republicans, the internationalists start out with the notion of American pre-eminence. Clinton has repeatedly spoken of "our proper role as leader of the world" and stressed that "the world needs a strong America."[59] Furthermore, they share the internationalist Republicans' perception of the U.S. role in the world as that of a coalition builder and persuader of international opinion. As Bill Clinton stated in August 1992, "We will make the U.S. the

57 Richard Gardner, Testimony before the Senate Foreign Relations Committee, on S.J. Res. 325, The "Collective Security Participation Resolution," September 24, 1992, p. 3.

58 Ibid.

59 Clinton, *Speech at the Los Angeles World Affairs Council*, August 13, 1992.

catalyst for a collective stand against aggression, the action I have urged in response to Serbian aggression in Bosnia."[60]

Overall, the Democratic internationalists are judged to be "more sympathetic toward multilateral institutions, taking a broad look at the American role in international institutions." While President Bush expressed interest in enhancing U.N. peace-keeping, Bill Clinton went further by calling for a U.N. rapid deployment force. In December 1991, he stated that "one proposal worth exploring calls for a U.N. Rapid Deployment Force that could be used for purposes beyond traditional peace-keeping, such as standing guard at the borders of countries threatened by aggression, preventing attacks on civilians; providing humanitarian relief; and combatting terrorism and drug trafficking."[61]

As one observer has cautioned, however, "this is not an iron-clad commitment. He remains open, but the tone is right." As candidate, Clinton emphasized that he wants to "pursue our interests *when possible* through strengthened institutions of collective security"[62] but claims, like the Republican internationalists, the "prerogative to act alone:" "To protect our interests and our values, sometimes we have to stand and fight. That is why, as President, I pledge to maintain military forces strong enough to deter and when necessary to defeat any threat to our essential interests."[63]

In Clinton's case, the insistence that America retain the right to act alone is in part a defensive strategy for fending off Republican charges that he is a "closet dove."[64] In the last thirty years, the Republicans have never failed to criticize Democratic Presidential candidates for being "weak on defense," timid, or even outright cowardly.[65] During the campaign Clinton was at pains to show himself as a "new generation" Democrat who does not subscribe to the notion that one should reject the use of force. He has not just stressed his plans for military reform, but tried to convey that he regarded the use of force to be a normal part of foreign policy: "Let there be no mistake. The world is still a dangerous place. Military power still matters. And I am committed to maintaining a strong and ready defense. I will use that strength where necessary to defend our vital interests."[66]

---

60 Ibid.

61 Clinton, *A New Covenant for American Security*, Georgetown University, December 12, 1991.

62 Clinton, *Speech at the Los Angeles World Affairs Council*, August 13, 1992.

63 Clinton, *A New Covenant for American Security*, Georgetown University, December 12, 1991; see also Sanders, "The Prospects for Democratic Engagement," op. cit., p. 379.

64 Thomas Friedman, "Clinton's Foreign-Policy Agenda Teaches across Broad Spectrum," in *The New York Times*, October 4, 1992, p. 1.

65 Adam Clymer, "Bush and Clinton Open Fire on the Foreign Policy Front," in *The New York Times*, August 2, 1992, p. E3.

66 Clinton, as quoted in Thomas Friedman, "Clinton Asserts Bush Is Too Eager to Befriend the World's Dictators," in *The New York Times*, October 2, 1992, p. A21.

Another element of the overall still undefined attitude toward working through the U.N. to deal with security issues, is the skepticism regarding the actual capacity of the U.N. As one observer pointed out, "many in the Clinton camp are not that enamoured with the U.N. They question the U.N.'s ability as an institution. Multilateralism does not necessarily entail support for the U.N., but a commitment to doing things in a multilateral setting. There are different kinds of multilateral [settings – such as NATO]."

In assessing the relative weight of multilateralism and unilateralism in the Democratic party, one analyst concluded: "There is a great deal of uncertainty. Little has been staked out. It is open in a way as it has not been for a long time." Many observers criticized during the 1992 campaign that the Democrats – first and foremost Bill Clinton – have so far not spelled out in a coherent fashion the dangers and opportunities of the post-Cold War world.[67] Many aspects of what Clinton believes about the U.S. role in the world remained unclear. "With regard to such issues as domestic competitiveness it is clear: this comes out of him, he has thought it through. But this does not help to see where he will go with regard to the U.N." One case in point was Bill Clinton's support for a permanent seat on the Security Council for Germany and Japan, which observers regarded as too little: "This is the old notion of the Security Council as reflecting the true power distribution in the world. They have not thought it through. What about the others who want to join – Brazil, India, Nigeria?"

In fact, Bill Clinton tried to formulate a definition of U.S. interests and aspirations in the new era, stating repeatedly that he considers the promotion of democracy to be a key foreign policy goal. "The second imperative [after restoring economic vitality] of presidential leadership in this new era is to reinforce the powerful global movement toward democracy and market economies. Our strategic interests and moral values both are rooted in this goal. As we help democracy expand, we make ourselves and our allies safer ... My administration will stand up for democracy. We will [give] international assistance to emerging, fragile democracies in the former Soviet Union and Eastern Europe, and create a Democracy Corps to help them develop free institutions."[68]

Observers noted, however, that this theme had a defensive ring to it: "The chief aim is [to determine] what do we need to say to avoid the blunders of the Dukakis campaign. [You find] the embrace of democracy in contrast to human rights, because it has an overarching appeal – people who support Jonas Savimbi and those

---

67 "Editorial: They Look abroad, without a Vision," in *The New York Times*, July 15, 1992, p. A20.

68 Clinton, *Speech at the Los Angeles World Affairs Council*, August 13, 1992.

who support Nelson Mandela find themselves under the 'big tent' democracy theme."[69]

Many observers agree that during the campaign Bill Clinton's essential goal was to bridge the old divisions in foreign policy that used to plague the Democrats, such as the fault line between hawks and doves, that first emerged in the Vietnam War.[70] As a result, noted New York Times reporter Thomas Friedman, one finds in Clinton a blend of idealism and pragmatism, of internationalism and protectionism, of willingness to use force and reliance on multilateral institutions.[71] To some, Clinton's advisors appear as "a peacock, made up of every wing of the Democratic party." These include the "old hands from the Carter Administration, most adverse to use of force abroad; members of Congress such as Sam Nunn and Les Aspin, associated with the more conservative wing; neo-conservative Reagan democrats; and a new generation of foreign policy thinkers who might be called Clintonites."[72] Reconciliation appears possible, for with the end of the Cold War, the Carterites are more willing to contemplate the use of force because there is no longer the risk of this leading to a global confrontation, while the neo-conservatives are more willing to pursue human rights and a pro-democracy agenda abroad because they no longer fear that it will destabilize allies needed to confront the Soviet Union.[73]

In an essay on "The Fission Thing," Michael Lind has pointed to future conflict in the Democratic camp. He foresees potential strife between those who see the great struggle of our century as that of a democratic alliance against everyone else, and those who see a multipolar world which is fissioning into rival trade blocs in

---

69 Clinton does include new concerns in discussions of foreign policy, seemingly closer to thinking through the emergence of new issues on the agenda: "Finally, we cannot make America more secure unless we act against a host of new threats that don't respect national borders, such as terrorism, drug trafficking, and global environmental degradation. As Al Gore has so compellingly argued, the damage we do to the earth can be more than a threat to our health and resources; it can also aggravate international tensions and raise the chance of war itself" (ibid.). Furthermore, the Democratic Platform seemed to break new ground when it urges America to lead the campaign against global warming and ozone deletion, and for a biodiversity treaty. As important is the explicitly commitment to spend more on family planning programs in the Third World countries. Yet observers feel that including these issues is not so much a sign of a new understanding of future foreign policy priorities, but that they are included since they tap into voter discontent: "Those are issues with domestic appeal; they don't touch on refugees, for example, because there is no domestic constituency for this. Bush made concessions on the population issue due to the abortion people; Clinton taps into voter discontent here, the same is true in the case of environment."

70 R. W. Apple, Jr., "Campaign Shifts to a New Turf," in *The New York Times*, July 29, 1992, p. A12.

71 Friedman, "Clinton's Foreign-Policy Agenda Teaches across Broad Spectrum," op. cit., p. 1.

72 Ibid.

73 Ibid.

which "geo-economic rivalry" could translate into "geo-political" rivalry.[74] Lind describes a new fault line between liberal internationalists, like Richard Holbrooke, Michael Mandelbaum and Joseph Nye, who tend to be Atlanticists, fearful of isolationism and committed to turning America's cold war alliances into permanent elements of an institutionalized U.S.-led concert of democratic powers and – on the other side – liberal theoreticians like Robert Kuttner, Lester Thurow, and Ira Magaziner, who have developed a sophisticated critique of the free trade orthodoxy, disputing the assumption that the United States benefits from unilateral free trade with the more dirigiste East Asian and European capitalist countries.[75]

3. Using the U.N. to Legitimize U.S. Foreign Policies

An important "use" to which the U.N. is put by politicians across the spectrum is that of providing the stamp of international legitimacy to U.S. policies.[76] A clear example was the conduct of the Gulf War. Internationalizing the opposition to Iraq and getting the blessing of the Security Council was highly influential in winning the support of the U.S. Congress and of the public.

Similarly, during the confrontation with Iraq in the fall and winter of 1992/93, the U.S. government has argued that potential U.S. military action stemming from the confrontation between U.N. arms inspectors and Iraq would be fully covered by the cease-fire agreement that ended the Gulf War. Indeed, the last paragraph of the agreement empowers Security Council Members to take "such action as may be required for the implementation of this resolution and to secure peace and security in the area," and this has widely been interpreted as including military intervention.[77] The imposition of the no-fly zone was also justified with reference to the U.N.: the Bush Administration asserted that it would no longer tolerate President Hussein's challenge to the authority of the U.N. and to the cease-fire resolutions Iraq had signed. American officials argued that they did not need a new Security Council resolution authorizing the establishment of a restricted zone because Security Council Resolution 688, which prohibited the Hussein government from repressing the Iraqi people, had already provided the necessary authority.[78]

---

74 Michael Lind, "The Fission Thing," in *The New Republic*, Issue 4,054, September 28, 1992, p. 19.

75 Ibid.

76 See Gergen, "America's Missed Opportunities," op. cit., p. 6.

77 Frank J. Prial, "Diplomats Say Resolutions Cover Military Help for U.N. Inspectors," in *The New York Times*, August 17, 1992, p. A6.

78 Michael Wines, "U.S. and Allies Say Flight Ban in Iraq Will Start Today," in *The New York Times*, August 27, 1992, p. 1.

By working through the U.N. successfully, American political leaders legitimize U.S. foreign policy – not so much to foreigners, but to Americans.[79] Many observers speak scornfully of "using" the U.N., implying an illegitimate abuse of the U.N. by American policy makers in an attempt to create majorities for policies that only reflect their interests. Yet having to justify their action to voters or risk losing their support may have an important moderating influence on U.S. policies. As one observer stressed, "relying on the U.N. for legitimation may mean that invasions like the one of Panama and Grenada may become less likely" in the future, since the U.S. might not be able to muster Security Council support for such actions. Another observer emphasized that "once you work through the U.N. on issues of immediate interest to the U.S. [such as Iraq], you eventually take up other issues as well – issues not of immediate interest to the U.S. Since [one realizes] that one does need the Africans, for example, on some occasions, [one might at times pay attention to their priorities]."

"If the U.S. cannot do what it wants to do in the Security Council, maybe this should be a reason to think again, bargain again," Professor Thomas Franck argued. One has to take into account, however, that American policy makers regard the vast majority of governments represented at the U.N. as unrepresentative. They "cannot legitimately claim to speak for their people," observers state, but they rather "voice the concerns and interests of the military, economic and political elites." For the time being, therefore, Washington is unlikely to accept decisive U.N. influence on its own policy making especially if vital interests are at stake. Furthermore, U.S. public opinion would probably not accept American military interventions involving fighting and casualties in the service of an international consensus the United States did not dominate.[80]

IV. The Influence of "Realpolitik" and "Moralpolitik" on U.S. Policy Making

It is hard to predict what U.S. policies will be in the future, as the post-Cold War interests of the U.S. are unclear. With some certainty, however, one can predict that they will not be determined exclusively by "Realpolitik," but also by "Moralpolitik." "Moralpolitik" refers to the fact that Americans, in the words of Lawrence Eagleburger, then Deputy Secretary of State, "have tended to believe that our foreign policy must serve a moral purpose" such as the spread of democracy and respect for human rights.[81] There is a recurrent American desire to affect the way other governments behave toward their own people, even at the risk

79 Professor Kenneth Organski, University of Michigan, Lecture at the Ralph Bunche Institute Seminar, City University of New York, October 8, 1992.

80 Pfaff, "Redefining World Power," op. cit., p. 44.

81 Lawrence Eagleburger, as quoted in Thomas Friedman, "Rethinking Foreign Affairs: Are They Still a U.S. Affair?," in *The New York Times*, February 7, 1992, p. A10.

of upsetting the balance of power, agitating allies and impinging on bedrock norms of international relations such as the inviolability of sovereignty and the principle of noninterference in internal affairs of other states.[82]

1. Unclear U.S. Interests since the End of the Cold War

According to The Economist, the fifty years from 1941 to 1991 gave America the first real foreign policy it ever had: the saving of the world first from fascism, then from communism. Now that communism no longer needs to be contained, there is a "sudden hole in the country's sense of purpose."[83] For the time being, American foreign policy – and by extension its U.N. policies – lacks a major organizing principle. As Michael Mandelbaum, foreign policy expert at the Johns Hopkins School of Advanced International Studies and one of the key advisors to Governor Clinton, has put it: "We have a foreign policy today in the shape of a doughnut: lots of peripheral interests, but nothing in the center. There is no one central problem from which all others emanate and which can be used to galvanize the public."[84] Peter Grose, executive editor of Foreign Affairs, concluded: "Now that the cold war is over, we are looking for another X[85] – someone who can come along and write the single article laying down the architecture that will shape our foreign policy in the next 40 years."[86]

2. The Lack of Consensus on Interests in the Debate over Yugoslavia

The contentious debate over what to do in Yugoslavia has shown that there is no clear consensus on what constitutes U.S. interests. As Americans analyzed the Yugoslavian situation in 1992, they applied, in the words of one analyst, the following categories: "Is it just a 'sad fact'? Or a 'problem'? Or a 'threat'?" For the most part, he thought, people considered the Yugoslavian war something between a 'sad fact' and a 'problem,' but not a 'threat,' which would merit U.S. involvement to defend its interests. A staff member of the House Committee on Foreign Affairs was quoted as saying that "The area is now a political backwater for us. It was important under Tito, but what interests do we have in the region now that the cold war is over? The feeling among public opinion is that we have poverty, unemployment and budget problems on out own doorsteps ... Besides, people still

82 Talbott, "Post-Victory Blues," op. cit., p. 52.

83 "When Cold Warriors Quit," in *The Economist*, Vol. 322, No. 7745, February 8, 1992, p. 13.

84 Friedman, "Rethinking Foreign Affairs: Are They Still a U.S. Affair?," op. cit., p. A1.

85 Under the pseudonym of "Mr. X" George F. Kennan wrote a highly influential article in *Foreign Affairs* in July 1947, which defined "containment" as the post-Second World War U.S. policy toward the Soviet Union.

86 Thomas Friedman, "As the World Turns, U.S. Policy Stands Still," in *The New York Times*, March 15, 1992, p. A1.

do not know where Yugoslavia is, or what the war over there is about. In a presidential election year, everybody is going to be cautious."[87]

Involvement in troubles of the Balkans was seen as carrying huge risks and little chance of political gain.[88] In Panama and again in the Persian Gulf, the Pentagon has demonstrated that its vision of warfare is that of a short violent conflict in which the United States brings overwhelming force to bear and then quickly withdraws. Anything short of that tends to be described as a "quagmire" in which small steps merely deepen the military's involvement and raise the prospects of defeat.[89]

The inaction of the government in the Balkans, however, met with bipartisan criticism. The Republican Senate Leader Bob Dole has consistently raised the problem that instability in the Balkans has proved dangerously contagious in the past and that it could be so again.[90] In June 1992 he asked the Senate to authorize the use of NATO forces to re-establish peace in Bosnia, to close the air space over Bosnia, to protect humanitarian air convoys, and to plan airstrikes.[91] Les Aspin, Democrat of Wisconsin and then still head of the House Armed Services Committee, argued that "If we say all or nothing and then walk away from the use of force in the Balkans, we are sending a signal to other places that there is no downside to ethnic cleansing. We are not deterring anybody."[92]

These arguments had little effect in changing U.S. policy. What did bring about a change were horrifying pictures on American television of people dying in detention camps and on the streets of Sarajevo. The Bush Administration found itself "well behind the CNN curve,"[93] forced by public concern and pressure into stronger action. Secretary of State Baker abruptly began to deplore the lack of action aimed at curbing the violence. At a NATO meeting on May 24, he exhorted European leaders to do more about the problem; a week later, the Security Council, behind a strong American lead, adopted a sanctions package.[94]

---

87 Judy Dempsey, "U.S. Shrinks from Role in Bosnia," in *Financial Times*, August 6, 1992, p. 2.

88 John Newhouse, "The Diplomatic Round: Dodging the Problem," in *The New Yorker*, August 24, 1992, p. 62.

89 Michael Gordon, "Limits of U.S. Role, White House Is Seeking to Minimize Any Use of Military in Balkan Conflict," in *The New York Times*, August 11, 1992, p. A6.

90 R. W. Apple, Jr., "Few Choices, Fewer Hopes," in *The New York Times*, August 7, 1992, p. A8.

91 Dempsey, "U.S. Shrinks from Role in Bosnia," op. cit., p. 2.

92 Michael Gordon, "Powell Delivers a Resounding No on Using Limited Force in Bosnia," in *The New York Times*, September 28, 1992, p. A5.

93 As John Newhouse observed in his essay on Yugoslavia, governments are fearful of an trap known as the "CNN curve:" "A torrent of pictures of dismembered or tortured innocents could create pressure for using whatever it took halt the violence, but then another torrent of pictures, this one of body bags containing young soldiers being unloaded in home ports, could create the reverse spin, and with it political retribution." (Newhouse, "The Diplomatic Round: Dodging the Problem," op. cit., p. 60).

94 Ibid., p. 68.

In trying to determine their interests, therefore, Americans will not only use the categories "sad fact," "problem," and "threat" – with only a "threat" meriting attention and action. There is a fourth category: that of moral obligation. This does not mean that America will act every time some event is found to be reprehensible. As one observer said, the "'moral obligation'-people have to combine forces with those who regard something as a 'threat' to carry weight." The ever-present moral and idealistic arguments carry weight in U.S. foreign policy debates.

3. Unclear Elements of a New "Moralpolitik"

As Strobe Talbott, now ambassador-at-large in charge of coordinating the Clinton Administration's policies on Eastern Europe and the CIS-republics, has observed, "when Americans fight, they want to see not just victory, but virtue."[95] President Bush understood this when he tried to mobilize the country against Saddam Hussein: "Halfway around the world, we are engaged in a great struggle in the skies and on the seas and sands. We know why we are there. We are Americans, part of something larger than ourselves. For two centuries, we've done the hard work of freedom. And tonight we lead the world in facing down a threat to decency and humanity. What is at stake is more than one small country; it is a big idea – a new world order where diverse nations drawn together in common cause to achieve the universal aspirations of mankind: peace and security, freedom and the rule of law."[96]

In his first major foreign policy speech as a candidate, Bill Clinton touched the same chord and clearly introduced "Moralpolitik" reasoning: "U.S. foreign policy cannot be divorced from the moral principles most Americans share. We cannot disregard how other governments treat their own people, whether their domestic institutions are democratic or repressive, whether they help encourage or check illegal conduct beyond their borders. This does not mean we should deal only with democracies, or that we should try to remake the world in our image. But recent experience from Panama to Iran to Iraq shows the dangers of forging strategic relationships with despotic regimes."[97]

Clinton argued that interest-based "Realpolitik" and principle-based "Moralpolitik" are not really polar opposites, but can be merged: "The second imperative of presidential leadership in this new era is to reinforce the powerful global movement toward democracy and market economies. Our strategic interests and moral

95 Talbott, "Post-Victory Blues," op. cit., p. 57.

96 Ibid.

97 Clinton, *A New Covenant for American Security*, Georgetown University, December 12, 1991.

values both are rooted in this goal. As we help democracy expand, we make ourselves and our allies safer."[98]

Yet observers have pointed to unanswered questions. As candidate, Clinton faulted the Bush Administration for "coddling dictators" (in particular Saddam Hussein) and for not being tougher on China. While making Carteresque nods to global democracy and human rights, he also made it plain that the defence of American interests sometimes made it necessary to sup with the devil.[99] Indeed, it remains unclear how tough he would be with China. Clinton has said that "we do not want China to fall apart or descend into chaos. Rather, we want to use our relationship and influence with the Chinese to work for a peaceful transition to democracy and the spread of free markets."[100] But he has refrained from explaining how he would work to that end without getting embroiled in conflict with Beijing or fomenting revolution, given the adamant objection of the Chinese leaders to the notion of a "peaceful transition to democracy." In short, it is unclear how the tensions between "Real-" and "Moralpolitik" will be resolved in a Clinton administration.

4. Immigration and Foreign Policy

Finally, there is a novel factor that should be noted in closing. The United States is receiving record numbers of immigrants, primarily from the Caribbean, Central and Latin America and from Southeast Asia. Many observers agree that this has already effected a marked change in the social texture and in cultural patterns.[101] It may also influence future foreign political goals and policies since immigrant groups at times pursue their own foreign policy goals.

More than 17 million Americans speak Spanish as their first language, and they are beginning to make their weight felt in U.S. domestic and foreign policy making. The Mexican-American business community, for example, supports the North American Free Trade Agreement, of which Mr. Clinton is partially critical. Yet this community was expected to be influential in getting out what is normally a low, but Democratic-leaning Hispanic vote.[102] The Republicans were expected to do well among Americans of Eastern European descent. The 1990 census revealed that there are 9.4 million Americans of Polish descent, 3.5 million Czechs and Slovaks, 2.9 million Russians, 1.6 million Hungarians, 810,000 Lithuanians, and 740,000 Ukrainians. Many are working class Reagan Democrats and many ap-

---

98 Clinton, *Speech at the Los Angeles World Affairs Council*, August 13, 1992.

99 See *The Economist*, Vol. 325, No. 7780, October 10, 1992, p. 32.

100 Friedman, "Clinton Asserts Bush Is Too Eager to Befriend the World's Dictators," op. cit., p. A1.

101 See Pfaff, "Redefining World Power," op. cit., p. 38.

102 Martin, "New Scripts for Bush and Clinton," in *Financial Times*, August 10, 1992, p. 10.

proved of Mr. Bush's role in facilitating transition in their country of origin to democracy. The Polish-Americans were thought to take particular note of the endorsement Mr. Bush received in Warsaw from President Lech Walesa.[103]

Observers such as Michael Clough at the Council on Foreign Relations emphasize that in the past, the U.S. foreign policy debate has been dominated by a relatively small circle of experts and policymakers. Their authority has derived from their position in the national security bureaucracy, their international expertise and their role as principal protectors of "the" national interests in a world dominated by the East-West conflict.[104] With the end of the Cold War, the influence of this largely white, male, mostly East Coast-based elite may be challenged as groups that have been excluded from the foreign policy process become more assertive and call for a democratization of the foreign policy process.[105]

V. Epilogue: Observations on the Clinton Administration

The transition from the Bush to the Clinton Administration seems to have genuinely injected energy and optimism into the country. With the combination of an apparently vigorous economic recovery inherited from the Bush Administration, Clinton's determination to deal with the underlying problems of the U.S. economy, and his swift delivery of a plan for how to come to grips with these problems, anxiety and pessimism have given way to a revival in hope and confidence.

In his inaugural address, President Clinton committed America to an internationalist course. "Clearly, America must continue to lead the world we did so much to make," he stated, declaring that "When our vital interests are challenged, or the will and the conscience of the international community is defied, we will act – with peaceful diplomacy whenever possible, with force when necessary." In its demands for burden sharing and its preference for multilateral approaches to crises, the Clinton Administration has continued the policies of its predecessor.

Some differences in policy, however, have become apparent. The first months of the new administration have been characterized by: (1) a pronounced focus on domestic affairs; (2) an inter-nationalist response to foreign affairs, amidst (3) a partially nationalistic approach to trade, and (4) vagueness as to how the U.N. will fit into future American policy-making.

A focus on domestic affairs: In his campaign, Clinton promised to "focus like a laser beam" on the internal economy, and he has delivered. In February 1993, he

---

103 Ibid.

104 Michael Clough, and David Doerge, *Global Changes and Domestic Transformation: New Possibilities for American Foreign Policy*, Report of a Vantage Conference sponsored by The Stanley Foundation and Center for International and Comparative Studies, University of Iowa, Iowa City, Iowa, April 30-May 2, 1992, p. 10.

105 Ibid.

proposed to revive the economy through a mixture of higher taxes, reduced consumption, and targeted government investment. Although Republicans in Congress warn of crippled markets and statism, the response in the country has generally been favorable. He has been praised for projecting a sense of "vision" and for having the courage to make politically tough choices. The administration has set itself up, one observer has noted, "to stand or fall on [its] economic performance."

An internationalist response to foreign affairs: President Clinton has also been heavily criticized, however, for devoting his attention to domestic affairs at the expense of attending to international issues. Indeed, he has yet to articulate an overarching concept of America's role and define goals and strategies for the new era. However, the new administration has not turned its back on the world:

In response to the crisis in Russia (as of late March), President Clinton has clearly stated his support for democratic and economic change in Russia and for the democratically elected President Yeltsin as the embodiment of the reform process. He has announced a comprehensive strategy to support Russia's transition, scheduled a summit meeting with President Yeltsin, and sought to broaden his coalition by pushing Japan towards a more cooperative position on aid to Russia.

Long-term policies for the crises in Russia, Bosnia, and Haiti would invariably require spending money and being prepared to intervene selectively, but President Clinton faces formidable resistance to this (a) from a public weary of foreign adventures and eager to use scarce resources to create jobs and improve health care at home;[106] (b) from a military fearful of being dragged into a quagmire;[107] (c) from members of Congress pressing for overall spending cuts to trim the federal deficit; and (d) from supporters who fear that further involvement in the Bos-

---

106 A recent Wall Street Journal/NBC News Poll asked people to rank government priorities. Reducing the deficit came first with 31%, then stimulating economic growth with 24%, followed by reforming the health care system with 18%. Only 4% of the respondents gave top priority to foreign policy issues (Leslie Gelb, "Fearing Voters," in *The New York Times*, February 18, 1993, p. A23).
At the same time, people do want world crises contained and do not oppose U.S. involvement. In a Times/CBS Poll [in January 1993], 69% favored the U.S. military intervention in Somalia. 84% said they would approve of military action against Iraq if Saddam Hussein violated U.N. restrictions. While the responses on Bosnia were somewhat contradictory, particularly on the issue of European versus U.S. responsibility, 67% favored sending U.S. troops to get food and medicine through to needy civilians (Leslie Gelb, "Fearing Voters," op. cit.).

107 In the case of Bosnia, for example, questions about the U.S. participation in the peace-keeping effort have surfaced. Reflecting the caution of General Powell, Secretary of Defense Aspin indicated that he wants to spell out strict conditions that would have to be met before U.S. forces were committed to enforce any negotiated peace agreement in Bosnia. Secretary of State Christopher, on the other hand, hoped to avoid spelling out conditions at this point, because it might touch off a national debate over the issue and raise doubts about U.S. commitment to take part in the peace-keeping (Doyle McManus, "When to Deploy: U.S. Aides at Odds," in *International Herald Tribune*, March 20, 1993).

nian war could become "our Vietnam" – that just as the Vietnam war undid President Johnson's "Great Society," so could Yugoslavia undo Clinton's reforms.

A partially nationalistic approach to trade: In working out a trade policy, the Clinton Administration appears torn between two factions. One faction consists of those who believe the U.S. has lost ground partly because other countries have bent the rules (by refusing to open their markets as fully as the U.S. and by bestowing generous subsidies on strategic industries).[108] They are determined to "get results" with tough trade negotiations. The new U.S. trade representative Mickey Kantor has suggested that American officials might seek specific shares of foreign markets for American companies.[109] Others, in contrast, advocate free trade, arguing that "get tough" policies merely play into the hand of old-fashioned protectionism and are dangerously nationalistic.[110]

The record has been mixed indeed: President Clinton himself stirred up an old quarrel with the European Community over the aircraft business; American officials have commented darkly on Japan's trade surplus; the Commerce Department has slapped dumping duties on imported steel; Treasury has considered reclassifying Japanese mini-vans so as to boost tariffs on them by 1,000%; and Mr. Kantor has threatened to bar European companies from bidding for some federal government contracts and to withdraw from GATT rules covering procurement. All the while, the GATT talks remain hanging in the balance.[111]

On the other hand, however, President Clinton has strongly endorsed free trade in a speech at American University in Washington on February 27th, 1993. He acknowledged that many of the U.S. competitiveness problems had their primary roots in U.S. policies: "There is much about our competitive posture that cannot be straightened out by trade retaliation. Too many of the chains that have hobbled us in competitive trade, have been made in America."

He concluded: "Open and competitive commerce will enrich us as a nation."[112] Similarly, Clinton's Cabinet-level trade officials have filled the sub-Cabinet positions with free-traders – to the virtual exclusion of their more "confrontational" colleagues.[113]

---

108 Martin *Prowse*, "The Dangers of a Quick Fix," in *Financial Times*, February 27-28, 1993.

109 Keith Bradsher, "U.S. Drafts an Asian Trade Policy," in *International Herald Tribune*, March 12, 1993.

110 See "Trade's New Diplomats," in *The Economist*, Vol. 326, No. 7800, p. 13.

111 See "The Priming of Mickey Kantor," in *The Economist* Vol. 326, No. 7799, February 20, 1993, p. 54 and "Trade's New Diplomats," in *The Economist*, Vol. 326, No. 7800, p. 13.

112 Martin Prowse, "The Dangers of a Quick Fix," in *Financial Times*, February 27-28, 1993.

113 Keith Bradsher, "Split Goal on Trade," in *The New York Times*, February 27, 1993, p. 6. Mr. Kantor, for example, has chosen Rufus Yerxa, a Democrat who served as Deputy trade representative during the Bush Administration, to become second ranking official in his agency.

Some observers conclude that the administration is likely to oscillate between these two approaches as it struggles to develop a coherent trade policy. To Michael Aho, director of economic studies at the Council on Foreign Relations, clarification is not immediately forthcoming, and "Trade analysts will have to be like Kremlinologists for some time to come."[114]

The U.N. in future American policy-making: So busy has the Clinton Administration been with its domestic economic policy, moreover, that it has yet to clarify its positions on the U.N. One U.N. official pointed out that "in the Security Council, 14 members are up and running, the 15th – the U.S. – still needs to refer to the capital all the time."

Relations with the U.N. got off to a relatively bad start when Clinton advisors criticized the U.N. in Somalia and Yugoslavia. In Somalia, the U.S. – anxious to bring its troops home before becoming bogged down – was angry with the U.N. over its slow pace; in turn, a U.N. official accused the U.S. of trying to rush the U.N. into assuming responsibility for Somalia before the situation was entirely secure, simply to appease domestic opinion.[115]

After first harshly criticizing the Vance-Owen plan for Bosnia[116] and floating alternative ideas, the Clinton Administration has committed itself to the peace process and – should a viable settlement be reached – to participating in a peacekeeping force. While backing away from the more aggressive solutions advanced during the campaign, it has accepted the notion that the war in Bosnia is of strategic interest to the United States and that America should therefore press for a solution. It has taken the lead (as with the parachuting of food and medicine into remote areas of Bosnia even when consultations failed to win logistical support from other nations) but wants to be sure of an allied coalition and is unwilling to "go it alone" with a new policy.[117]

There are other positive signals. The Clinton Administration has restored the cabinet status of the U.N. ambassador, who is also a member of the National Security Council. Some U.S. troops are to remain in Somalia and serve under a Turkish general, acceptable both to the U.S. as a NATO officer and to the Third World as a Muslim. Acknowledged as a "brilliant move," this could indicate a willingness to allow U.S. soldiers to serve under a non-U.S. command. Though some fear that the

114 Tom Redburn, "U.S. Seeks to Avoid Protectionist Label," in *International Herald Tribune*, March 22, 1993.

115 Keith Richburg, "Americans and U.N. at Odds over Timing of Somalia Pullout," in *International Herald Tribune*, February 5, 1993.

116 Observers saw this as an attempt of the new staff in the State Department – many of whom are "ex-Carterites" – to differentiate themselves clearly from the Carter Administration's foreign policy by indicating that they were willing to be tough and use force.

117 See Flora Lewis, "Balkans: A Narrow Settlement Won't Last," in *International Herald Tribune*, March 11, 1993.

U.S. might "use the U.N. as a dumping ground" and assign foreign policy problems to the U.N. that America wants to evade,[118] others hope that "the use of the U.N. will increase" – that the U.S. will conduct more of its foreign policies through and with the U.N. and be freer thereby to focus on domestic affairs.

---

118 Stephen Rosenfeld, "Using the United Nations as a Dumping Ground," in *International Herald Tribune*, March 2, 1993.

19. Japanische Blauhelme: Friedenspioniere oder Machtsymbole?*

Hartwig Hummel

Einleitung

Im Juni 1992 verabschiedete das japanische Parlament ein Gesetz, das fortan die Teilnahme japanischer Soldaten an friedenserhaltenden Maßnahmen der Vereinten Nationen (Peace-keeping Operations, PKO) erlaubt. Auf der Grundlage dieses "PKO-Gesetzes" wurden im September 1992 die ersten japanischen Soldaten zu einem Blauhelmeinsatz nach Kambodscha entsandt.

Diese Entwicklung wirft die Frage auf, welche Zukunft die in der japanischen Verfassung niedergelegte und bisher von einer breiten Mehrheit der Öffentlichkeit unterstützte Zurückhaltung Japans in der Militärpolitik noch hat. Anders formuliert: Wird Japan seinen Status als "Zivilmacht" bzw. "Handelsstaat"[1] aufgeben und eine seiner ökonomischen Potenz entsprechende militärische Rolle in der neuen Weltordnung spielen?

Der von Japan eingeschlagene Entwicklungsweg ist auch für die außenpolitische Standortbestimmung Deutschlands in der neuen Weltordnung interessant, denn beide Länder besitzen ähnliche geschichtliche Ausgangsbedingungen für ihre Militärpolitik - von der "späten" Industrialisierung über den Imperialismus bis zur Niederlage im Zweiten Weltkrieg.[2] Die japanische Blauhelmdebatte verdient daher, in Deutschland im Hinblick auf mögliche Lehren mit besonderer Aufmerksamkeit verfolgt zu werden.

Nachfolgend wird die japanische Blauhelmdebatte vom Ausbruch der Golfkrise 1990 über den Einsatz japanischer Soldaten in Kambodscha bis zum Besuch des VN-Generalsekretärs Boutros Boutros-Ghali in Japan im Frühjahr 1993 dokumentiert und analysiert. Es bestätigt sich die These, daß die Beteiligung an Friedensmissionen der Vereinten Nationen keine grundlegende Wende in der japanischen Militärpolitik eingeleitet hat und Japan seinen Status als Zivilmacht nicht aufgibt, also weiterhin auf die Anwendung militärischer Gewalt in der Außenpolitik verzichten und statt dessen in erster Linie sein Wirtschaftspotential als außenpolitisches Instrument nutzen wird. Das PKO-Gesetz scheint sogar zur Festigung der militärpolitischen Restriktionen beigetragen zu haben: Einer schleichenden Betei-

---

* Überarbeitete und aktualisierte Fassung von Hartwig *Hummel*, Japanische Blauhelme. Von der Golfkriegsdebatte zum "PKO-Gesetz", in: INEF-Report (Duisburg), (1992) 3.

1 Hans W. *Maull*, Germany and Japan. The New Civilian Powers, in: Foreign Affairs, (1990) 5, S. 91-106; Richard *Rosecrance*, The Rise of the Trading State. Commerce and Conquest in the Modern World, New York 1986.

2 Ausführlich dazu Hartwig *Hummel*, Rüstungsexportbeschränkungen in Japan und der Bundesrepublik Deutschland. Die Bedingungen für eine nationale Friedenspolitik, Münster/Hamburg 1992, Kapitel 4 und 7.

ligung an Militäraktionen, wie von den japanischen Nationalisten gewünscht und von der Regierung ansatzweise versucht, wurde durch die gesetzliche Regelung ein Riegel vorgeschoben.

I. Die außenpolitische Debatte bis zur Golfkrise: "Burden Sharing" und Beteiligung an VN-Aktionen

Die außenpolitische Debatte in Japan berührt immer wieder die Frage, inwieweit eine *militärische* Außenpolitik Japans überhaupt mit der 1947 in Kraft getretenen Verfassung vereinbar ist.[3] Einschlägig sind hier Präambel und Artikel 9 der Verfassung.[4] Die Präambel betont die Einbettung Japans in die internationale Gemeinschaft. Artikel 9 enthält eine ausdrückliche Ächtung von Krieg und Militär:

> "(1) Im aufrichtigen Streben nach einem auf Gerechtigkeit und Ordnung neu gegründeten internationalen Frieden verzichtet das japanische Volk für immer auf den Krieg als ein souveränes Recht der Nation und auf die Androhung und die Anwendung von Gewalt als Mittel, internationale Streitigkeiten zu regeln.
> (2) Um diesen Endzweck des vorangegangenen Abschnitts zu erreichen, werden nie mehr Land-, See- und Luftstreitkräfte sowie weiteres Kriegspotential unterhalten werden."

Die USA setzten sich als Besatzungsmacht ursprünglich sehr für diese Verfassungsbestimmungen ein. Sie verfolgten damit das Ziel, die Demilitarisierung Japans nach 1945 abzusichern und Japan ein für alle Mal als militärischen Gegner auszuschalten. Spätestens mit Beginn des Koreakrieges drängte die US-Regierung Japan ungeachtet dieser Verfassungsbestimmungen zur Wiederaufrüstung, hielt aber die japanische Militärpolitik durch den mit Japan abgeschlossenen Sicherheitsvertrag fest unter ihrer Kontrolle. Mittlerweile war jedoch die "Friedensverfassung" in Japan selbst und in den Nachbarländern zum Symbol für den Neuanfang nach 1945 geworden: Japan sollte nie wieder zum autoritären und militaristischen politischen System der Kriegs- und Vorkriegszeit zurückkehren. Die militärpolitische Anlehnung an die USA und die verfassungsrechtlich gesicherte Abkehr von einer erneuten Militarisierung prägten fortan die japanische Politik. Dadurch schien es möglich, in Japan eine zivile Wirtschaft und Gesellschaft aufzubauen und die Beziehungen zu mißtrauischen Nachbarländern zu normalisieren. Zwar lehnten nationalistische Kreise die Verfassung immer wieder als "unjapanisch" ab, doch nach den verfügbaren Meinungsumfragen steht seit den 50er Jahren eine überwältigende Mehrheit der japanischen Öffentlichkeit fest zur "Friedensverfassung".

Ihre Revision wäre rechtlich möglich, doch politisch ist sie nicht vorstellbar, und bisher wurde die Verfassung auch noch nie geändert. Die japanische Regierung

---

3 Vgl. zum folgenden ausführlich Hartwig *Hummel*, Japan: Schleichende Militarisierung oder Friedensmodell?, in: Militärpolitik Dokumentation, 15 (1992) 88/89.

4 Zitiert nach Paul *Kevenhörster*, Das politische System Japans, Köln/Opladen 1969.

griff daher zum Instrument der Verfassungsinterpretation. Sie konnte damit aber den Kern des Artikels 9 – Verzicht auf eine aktive militärische Außenpolitik (z.B. militärische Kampfeinsätze im Ausland, Aufbau eines nuklearen Abschreckungspotentials oder aktive Rüstungsexportpolitik) – nicht antasten.

Die japanische Militärpolitik beschränkte sich während des Kalten Krieges darauf, im Rahmen des Sicherheitsvertrags mit den USA die Verteidigung Japans gegen einen möglichen sowjetischen Angriff zu gewährleisten und Basen für die US-Streitkräfte bereitzustellen. Das Ende des Kalten Krieges entzog dem Sicherheitsvertrag mit den USA und den Jieitai, den japanischen Selbstverteidigungsstreitkräften, die bisherige Legitimationsgrundlage: die Abwehr einer sowjetischen Bedrohung. Statt dessen beschwört die japanische Regierung nun wie andere westliche Regierungen die Gefahren aus dem "Süden": beispielsweise die Gefahr eines nuklearen Angriffs aus Nordkorea oder den Territorialkonflikt um die Inseln im Südchinesischen Meer.[5] Gleichzeitig sieht die japanische Regierung die Notwendigkeit, sich wegen des militärischen Rückzugs der USA aktiver und sichtbarer als bisher um die Aufrechterhaltung der internationalen Ordnung zu kümmern und damit die weltweiten Aktivitäten der japanischen Wirtschaft abzusichern.

In diesem Zusammenhang steht die innerjapanische Blauhelmdebatte. Bereits 1988, also noch vor der Golfkrise, unternahm die japanische Regierung konkrete Schritte im Hinblick auf eine Beteiligung an VN-Friedensmissionen: Im Rahmen der Initiative von Ministerpräsident Takeshita zur internationalen Zusammenarbeit bekannte sich die Regierung zur verstärkten Übernahme außenpolitischer Verantwortung mit einem Bündel von Maßnahmen: Die Entwicklungshilfe sollte erhöht, der Kulturaustausch verstärkt und die Beteiligung Japans an VN-Aktionen zur Konfliktlösung intensiviert werden. Daraufhin schaltete sich Japan diplomatisch in die Beilegung der Konflikte in Afghanistan sowie zwischen dem Iran und Irak ein, erhöhte die Finanzbeiträge für Flüchtlingshilfe und Wiederaufbauprogramme in ehemaligen Konfliktregionen und entsandte zivile Beobachter zur Überwachung des sowjetischen Truppenrückzugs aus Afghanistan (UNGOMAP) sowie des Waffenstillstands zwischen dem Irak und Iran (UNIIMOG).[6] Später beteiligte sich Japan mit Zivilpersonal auch an den VN-Übergangsverwaltungen in Namibia (UNTAG) und Kambodscha (UNTAC). Mit der Ernennung des VN-Beamten Akashi Yasushi[7] zum Chef von UNTAC wurde zum ersten Mal ein Japaner verantwortlicher Leiter einer Friedensmission der Vereinten Nationen.

---

5 Das japanische Selbstverteidigungsamt verwies konkret darauf, daß nordkoreanische Raketen westjapanisches Gebiet bedrohen könnten; vgl. Frankfurter Rundschau, 11.3.1992; Far Eastern Economic Review (FEER), 20.8.1992. Die neue Bedrohungswahrnehmung findet sich auch im Verteidigungsweißbuch 1992; vgl. FEER, 20.8.1992.

6 Tsuneo *Akaha*, Japan's Security Policy after U.S. Hegemony, in: Kathleen *Newland* (Hrsg.), The International Relations of Japan, Basingstoke/London 1990, S. 147-173 (155).

7 Nach japanischem Brauch steht der Familienname an erster Stelle.

1. Die außenpolitische Debatte

Die Golfkrise 1990/91 machte die Standortbestimmung Japans in der neuen Weltordnung auf einen Schlag zu einem zentralen Thema der öffentlichen Debatte. Der auf strikter militärischer Selbstbeschränkung gegründete außenpolitische Verfassungskonsens stand auf dem Spiel, denn sowohl das westliche Ausland als auch Stimmen im eigenen Land, von den Nationalisten bis zu den Spitzenverbänden der Wirtschaft, drängten über die bisherige indirekte finanzielle und technische Hilfe sowie die Bereitstellung der US-Basen in Japan hinaus auf einen direkten, das heißt personellen Beitrag Japans zum "burden sharing" des Westens. In dieser japanischen Debatte über eine Neubestimmung der Außenpolitik sind drei Grundpositionen erkennbar. Sie werden hier vereinfacht als nationalistisch, realistisch und antimilitaristisch bezeichnet.

2. Grundpositionen der Nationalisten

Die "Nationalisten" (rechte Fraktionen der Regierungspartei, rechte Gruppierungen) wollen eine Revision der Nachkriegsordnung (Verfassungsänderung, Aufhebung der Unterordnung unter die USA). Sie plädieren für militärische Selbständigkeit und unabhängige Aufrüstung der "Mittelmacht/Großmacht" Japan, zum Teil bis hin zur nuklearen Bewaffnung. Sie fordern einen gleichberechtigten Platz Japans unter den führenden westlichen Industrienationen und befürworten eine größere außenpolitische Selbständigkeit Japans auch gegenüber den USA, die ihnen als niedergehende Weltmacht gilt.

Nach Auffassung des ehemaligen Ministerpräsidenten Nakasone,[8] eines wichtigen Repräsentanten der Nationalisten, haben die politischen Ereignisse Ende der 80er Jahre das alte Machtgleichgewicht in den internationalen Beziehungen aufgehoben. Er erwartet nun verstärkt innerstaatlich-ethnische sowie zwischenstaatliche Konflikte und Machtkämpfe. Um den Weltfrieden zu sichern, müsse ein neues Machtgleichgewicht geschaffen werden. Der Golfkrieg habe die USA als nunmehr einzige militärische und werteverkörpernde Supermacht bestätigt. Dennoch erwartet Nakasone kein Wiedererstehen ihrer Hegemonie oder der bisherigen Militärbündnisse. Der Weltfrieden könne vielmehr am besten durch eine Kooperation der großen westlichen Industrieländer im Rahmen der G-7 unter Führung der USA gesichert werden. Die G-7 sei zudem das einzige Forum für eine weltpolitische Rolle Japans. Innerhalb der G-7 sollten die Verantwortlichkeiten nach dem Muster des Golfkriegs verteilt werden: USA und Großbritannien als politisch-mili-

---

8 Yasuhiro *Nakasone*, Rethinking Japan's Role in a New Age of Cooperation, in: Economic Eye, 12 (1991) 2, S. 29-32.

tärische "Führer"; Frankreich, Italien und Kanada als diplomatische Vermittler; Deutschland und Japan schließlich im wesentlichen als Finanziers. In den VN sieht Nakasone nach den Erfahrungen des Golfkriegs den legitimierenden Rahmen für Militäraktionen der Großmächte. Damit distanziert er sich deutlich vom Konzept einer VN-zentrierten Friedensordnung, die er als Ausdruck von Eskapismus und utopischem Pazifismus kritisiert. Gegen die pazifistische Friedensverfassung Japans stellt er die Pflichten aus der VN-Mitgliedschaft, die auch die Pflicht zur militärischen Beteiligung Japans an VN-Aktionen umfassen müsse. Nakasone hält eine Revision oder grundsätzliche Neuinterpretation der Verfassung für notwendig, damit Japan diesen neuen Anforderungen nachkommen könne.

3. Grundpositionen der Realisten

Die "Realisten", Angehörige des konservativ-liberalen "mainstream" (wirtschaftsliberale Gruppierungen der Regierungspartei, Bürokratie, Wirtschaftsverbände, zentristische Oppositionsparteien), verstehen Japan vor allem als Handelsnation. Ihnen geht es in erster Linie um die wirtschaftlichen Interessen Japans, die nach ihrer Ansicht nur in einer kooperativen Beziehung mit den USA und den anderen westlichen Industrieländern zu sichern sind. Die Aufrüstung Japans betrachten sie einerseits als Belastung für die Wirtschaft und die Außenbeziehungen. Andererseits nehmen sie die Aufrüstung aber in gewissem Maße als unvermeidlich hin, um das Bündnis mit den USA und damit auch der Zugang zum US-Markt zu erhalten. Hauptinstrument der japanischen Außenpolitik soll im Sinne einer umfassenden Sicherheit aber die Wirtschaftshilfe sein.

Shiina, ehemaliger Parlamentsabgeordneter der Regierungspartei und jetziger Leiter eines "Think Tank", kann als Repräsentant der Realisten in der Debatte über die zukünftige weltpolitische Rolle Japans gelten. Noch vor Beginn des alliierten Angriffs auf den Irak analysierte er in einem Aufsatz die Konsequenzen der Golfkrise für Japan.[9] Der Golfkrieg zeige, daß auch nach Ende des Kalten Krieges militärische Gewaltanwendung zur Realität der internationalen Politik gehöre. Für eine ungestörte wirtschaftliche Entwicklung sei aber eine friedliche internationale Umwelt notwendig.

Japan solle mehr als bisher zur Schaffung einer solchen Ordnung beitragen. Bei der Eindämmung der Sowjetunion und der Stabilisierung Ost- und Südostasiens sei Japan für die USA von strategischer Bedeutung gewesen. Diese Position habe es ermöglicht, mit Unterstützung der USA die japanische Wirtschaft wiederaufzubauen und mit dem Westen zu verflechten, gleichzeitig aber die japanische Wiederaufrüstung auf das bündnispolitisch erforderliche Minimum zu beschränken.

9 Motô *Shiina*, Japan's Choice in the Gulf. Participation or Isolation, in: Japan Echo, 18 (1991) 1, S. 14-19.

Daher sei die zivile Ökonomie nur wenig belastet worden. In dieser Zeit sei allerdings eine den heutigen Verhältnissen nicht mehr adäquate "pazifistische Mentalität" in der japanischen Öffentlichkeit entstanden. Damit spielt Shiina auf die gegenüber einer militärischen Sicherheitspolitik restriktiven Verfassungsbestimmungen und das "unangebrachte" Vertrauen in die VN an. Japan sei nach wie vor auf ein Bündnis mit den USA und dem Westen angewiesen, weil diese Orientierung seinen wirtschaftlichen Verflechtungen und politischen Interessen entspreche. Die VN kommen dagegen als Ersatzbündnis kaum in Frage, weil sie über wenig Macht verfügen und von der Einmütigkeit der fünf ständigen Sicherheitsratsmitglieder abhängig seien. Das Bündnis Japans mit den USA könne aber unter den bisherigen Bedingungen nicht mehr fortgeführt werden, weil Japan nach dem Ende des Kalten Krieges seine strategische Bedeutung für die USA und den Westen eingebüßt habe. Trotz der bestehenden Interdependenzen sei Japan daher nicht mehr durch gemeinsame Sicherheitsinteressen gegen ein mögliches "irrationales" Verhalten der USA gefeit. Um das Bündnis mit den USA zu sichern, müsse Japan daher anders als bisher den von den Bündnispartnern der USA erwarteten militärischen "Mindestbeitrag" leisten, denn nach wie vor bildeten gemeinsame Sicherheitsinteressen den Kern von Bündnissen.

Für Anhänger einer solchen Argumentation besteht die Schwierigkeit nun darin, einerseits die vergangene pazifistische Ideologie Japans zu überwinden, um den notwendigen symbolischen militärischen Beitrag Japans zur "neuen Weltordnung" und zur Allianz mit den USA leisten zu können, andererseits aber auch nationalistischen Forderungen nach dem Aufbau einer unabhängigen Militärmacht keinen Vorschub zu leisten. Shiina hielt daher im Golfkrieg einen sichtbaren personellen Beitrag Japans für notwendig, der Jieitai-Angehörige einschließen sollte. Das japanische Personal sollte jedoch keine direkte militärische Funktion haben.

4. Grundpositionen der Antimilitaristen

Zum dritten Lager, den "Antimilitaristen", zählen die linken Oppositionsparteien und Gewerkschaften, die linksliberale Presse und die Friedensbewegungen. Den Militärverzicht verstehen sie als Überwindung des japanischen Militarismus und Ultranationalismus bis 1945 und als Sühne für die Aggression gegenüber den Nachbarländern im Zweiten Weltkrieg. Unter Verweis auf Artikel 9 der Verfassung bestreiten sie die Berechtigung und den Sinn einer militärischen Verteidigung Japans und lehnen das Militärbündnis mit den USA ab, da es Japan in die Kriege der USA hineinziehe. Statt dessen setzten die Antimilitaristen bisher auf eine VN-zentrierte Weltordnung, die sie als Absage an eine intensivere militärische Kopplung an die USA verstanden. Unter dem Eindruck der Golfkrise gingen sie teilweise auf Distanz zu den VN. Die VN begreifen sie nun auch als Sanktionsinstrument westlicher Großmächte zur Durchsetzung einer ihren Interessen entsprechenden neuen Weltordnung entsprechend ihren Interessen. Eine angebliche Pflicht Japans, sich militärisch an VN-Aktionen zu beteiligen, weisen sie zurück: Japan sei ausdrücklich auf der Basis der Friedensverfassung den Vereinten Nationen beigetreten.[10]

Ein weiteres Motiv für den Antimilitarismus war die Absicht, durch eine zivile Orientierung die Wirtschaft von militärischen Störungen und Belastungen freizuhalten und so den Wohlstand in Japan zu erhalten. Auch die Wirtschaftsliberalen griffen gerne pazifistische Argumente auf, weil sie das Prinzip rechtfertigen, Politik und Wirtschaft strikt zu trennen (seikei bunri)[11] und politisch unbelastet alle Energie der wirtschaftlichen Expansion zu widmen. Die Antimilitaristen setzen sich von diesem Wirtschaftspazifismus ab und kritisieren an der konservativen Außenpolitik, daß sie nur die Interessen des reichen Japan schütze und sich von den negativen Folgen der japanischen Wirtschaftsexpansion unbeeindruckt zeige.

Schließlich existiert auch ein taktischer Antimilitarismus in Japan. Diesem ging es nicht um den grundsätzlichen Verzicht auf militärische Gewalt, sondern nur um die Ablehnung eines japanischen Militärbeitrags, solange er lediglich "fremden" Interessen diente, also je nach Standpunkt den Interessen der Kontrollmacht USA oder den Interessen des Kapitals.

Bisher betonten japanische Antimilitaristen die Einzigartigkeit der japanischen Erfahrungen mit dem Militarismus und den Atombombenabwürfen auf Hiroshima und Nagasaki. Damit begründeten sie die Einzigartigkeit der Friedensverfassung, die einen *einseitigen* Verzicht auf die Aufrechterhaltung eines Kriegspotentials und den Einsatz militärischer Mittel zur Regelung internationaler Konflikte enthält. Diese Haltung fand in der Formel vom "Pazifismus in einem Land" ihren Ausdruck und hatte zur Folge, daß es für viele japanische Antimilitaristen bislang nicht im Vordergrund stand, auch andere Gesellschaften zur Übernahme ihres pazifistischen Denkens zu bewegen. Im Zusammenhang mit der Golfkriegsdebatte änderten einige Antimilitaristen ihre Haltung: Sie verwiesen darauf, daß das alte außenpolitische Denken in den Kategorien militärischer Machtpolitik angesichts des Entwicklungsstandes der Weltgesellschaft generell überholt sei. Japan sei kein Sonderfall mehr. Als Land, in dem das "neue Denken" zuerst umgesetzt worden sei, stelle Japan sozusagen eine "Friedensavantgarde" dar. Damit bestreiten die Antimilitaristen auch die konservative Forderung, Japan müsse seine Verfassung "normalisieren" und dem Muster der anderen Industrieländer anpassen.

Oda Makoto, führender Vertreter der früheren japanischen Studenten- und heutigen Ökologie- und Friedensbewegung, hat in einem anläßlich der Golfkrise

10 Toshihiro *Yamauchi*, Gunning for Japan's Peace Constitution, in: Japan Quarterly, 39 (1992) 2, S. 159-167.

11 "Seikei bunri" = Prinzip der Trennung (bunri) von Politik (seiji) und Wirtschaft (keizai).

geschriebenen Essay die Position der Antimilitaristen in der Golfkriegsdiskussion konsequent durchdacht.[12] Er sieht im Ende des Kalten Krieges die Chance für eine "neue, reifere Weltordnung auf der Basis von Abrüstung, Gewaltlosigkeit und der friedlichen Konfliktlösung". Andererseits befürchtet Oda, daß sich die wirtschaftliche, politische und militärische Dominanz der Industrieländer über den Süden noch mehr verstärkt. Die Disparitäten zwischen Nord und Süd sieht er als Ursache für den Krieg im Nahen Osten und am Golf. Oda betrachtet den japanischen PKO-Beitrag als "Türöffner" für den Einsatz der Jieitai als Interventionstruppe im Ausland. Dem stellt er eine Rückbesinnung auf die Ideale der japanischen Verfassung entgegen. Der Verzicht auf das Recht zur Kriegführung bedeute eine Buße für die japanischen Untaten während des Zweiten Weltkriegs. Die Ächtung des Krieges und der Verzicht Japans auf eigene militärische Streitkräfte bilden auch die beim Beitritt allseits bekannte "philosophische und moralische Basis" der VN-Mitgliedschaft Japans. Aus der VN-Mitgliedschaft könne nicht die Pflicht Japans abgeleitet werden, einen militärischen Beitrag zu VN-Aktionen zu leisten. Im Gegenteil: Wenn die VN trotz des Grundsatzes der friedlichen Konfliktlösung letztlich auf militärischen Zwang hin orientiert seien, um ihre Prinzipien durchzusetzen, dann solle Japan aus den VN austreten, um seiner Verfassung treu bleiben zu können. Japan sei aufgrund der Friedensverfassung befugt, für sich das Recht zur Kriegsdienstverweigerung in der Weltgemeinschaft in Anspruch zu nehmen und als Ersatz einen internationalen Zivildienst abzuleisten. Ein solcher Zivildienst würde etwa bedeuten, verstärkt in internationalen Organisationen wie der UNESCO oder der WHO mitzuarbeiten und Basisgruppen im Süden über anerkannte Nichtregierungsorganisationen zu unterstützen, um dadurch weltweit Probleme wie Hunger, Armut, ökologische Verwüstung und ethnische Diskriminierung zu bekämpfen.

5. Konsens für eine aktivere außenpolitische Rolle Japans

Über die Außenpolitik herrscht in der japanischen Öffentlichkeit also nach wie vor kein Konsens. Die Meinungsunterschiede betreffen vor allem die Einschätzung der VN, die Rolle der Jieitai und die Änderung oder Neuinterpretation der Verfassung. Allerdings wird trotz dieser Differenzen die Bindung Japans an den Westen grundsätzlich nicht in Frage gestellt, neutralistische oder isolationistische Positionen haben ihre Bedeutung für die japanische Sicherheitsdebatte verloren. Von allen Seiten wird nach einer aktiven außenpolitischen Rolle Japans gerufen. Konsens über die Richtung eines verstärkten Engagements besteht aber nicht. Ob Japan Mitglied der Führungsriege der Industrieländer werden, seine Bündnistreue

---

12 Makoto *Oda*, A Nation of Conscientious Objectors, in: Anzen Hosho Seisaku (AMPO), 23 (1991) 1, S. 34-37.

zu den USA verstärkt unter Beweis stellen oder zur Friedensavantgarde werden soll, bleibt offen.

Nur die rechten "Falken" treten für eine autonome Aufrüstung Japans ein und überlegen ernsthaft, wie japanische Streitkräfte im Ausland tatsächlich eingesetzt werden könnten. Nach Meinung der Realisten und Antimilitaristen soll Japan wie bisher keine militärische Machtpolitik betreiben. Für den konservativen "mainstream", der sich noch immer durchgesetzt hat, werden zwar schrittweise Lockerungen der militärischen Restriktionen nicht zu umgehen sein, doch soll das japanische Militär auch bei Auslandseinsätzen nur symbolische Funktionen haben. Die Antimilitaristen lehnen selbst symbolische Auslandseinsätze ab. Alle Lager sind sich einig, daß die japanische Wirtschaftshilfe erheblich aufgewertet werden soll. Die Zielrichtung ist aber jeweils unterschiedlich: Den Nationalisten gilt die Wirtschaftshilfe als außenpolitisches Druckmittel gegenüber den Empfängerländern, den Realisten als Mitgliedsbeitrag für das westliche Bündnis und den Antimilitaristen als Zivildienstbeitrag zur Bekämpfung von Konfliktursachen.

III. Die japanische Politik während der Golfkrise

Die politischen Auseinandersetzungen in Japan im Zusammenhang mit Golfkrise und Blauhelmen sind vor dem Hintergrund dieser Grundpositionen besser zu verstehen. Die innenpolitische Situation in Japan während der Golfkrise war dadurch gekennzeichnet, daß die langjährige konservative Regierungspartei LDP zwar im Unterhaus des Parlaments eine Mehrheit besaß, im Oberhaus aber seit den Wahlen von 1989 die Mehrheit an die Oppositionsparteien verloren hatte.[13] Ministerpräsident Kaifu Toshiki, der von 1989 bis 1991 amtierte, verfügte über keine große Hausmacht und sollte nach einer Reihe politischer Skandale als Saubermann das öffentliche Ansehen der LDP wieder stabilisieren.

1. Die Reaktion der japanischen Regierung auf die Golfkrise

Die japanische Regierung stand mit Ausbruch der Kuwait-Krise vor einem Dilemma. Einerseits sollte sie außenpolitisch Präsenz zeigen, wobei vom Westen über die diplomatische, finanzielle und technische Unterstützung hinaus auch ein personeller Beitrag Japans zur Golfkriegsallianz gefordert wurde. Andererseits sah sie sich starkem innenpolitischem Druck ausgesetzt, die bisherige außen- und militärpolitische Zurückhaltung nicht aufzugeben.

---

13 DSP = Democratic Socialist Party; JCP = Japan Communist Party; JSP bzw. SDPJ = Japan Socialist Party; neue englische Selbstbezeichnung seit Frühjahr 1991 Social Democratic Party of Japan; Kômeitô = Clean Government Party; LDP = Liberal Democratic Party; Rengô Sangiin = Fraktion der auf Listen des Gewerkschaftsdachverbands Rengô ins japanische Oberhaus gewählten Abgeordneten; USDP = United Social Democratic Party.

Nach der Invasion irakischer Truppen in Kuwait am 2. August 1990 verhängte die japanische Regierung am 5. August Wirtschaftssanktionen gegen den Irak und das besetzte Kuwait.[14] Am 22. August zwang die irakische Regierung den Großteil der in Kuwait lebenden etwa 280 japanischen Staatsangehörigen wie andere Ausländer, nach Bagdad zu kommen, und hielt sie dort als Geiseln fest. Am 29. August billigte das japanische Kabinett 1 Mrd. US-Dollar für humanitäre Hilfsmaßnahmen für die Flüchtlinge in der Krisenregion. Am nächsten Tag verlegte die irakische Regierung 143 männliche japanische Geiseln an verschiedene militärisch wichtige Punkte im Irak. Am 2. September durften 82 von ihnen mit einer japanischen Sondermaschine den Irak verlassen. Anfang November 1990 reiste der frühere japanische Ministerpräsident Nakasone – wie auch andere prominente Politiker aus verschiedenen westlichen Ländern – in den Irak und erreichte durch eine persönliche Intervention bei Präsident Hussein die Freilassung weiterer japanischer Geiseln. Erst am 12. Dezember durften schließlich alle im Irak als Geiseln gehaltenen Ausländer das Land verlassen.[15]

Auf Drängen vor allem der US-Regierung und des Kongresses stockte die japanische Regierung ihre Unterstützungsmaßnahmen für die Golfkriegsalliierten mehrfach auf. Sie ließ Anfang September 1990 Fahrzeuge aus Japan nach Saudi-Arabien bringen. Am 14. September 1992 erhöhte sie die humanitäre Hilfe für die Krisenregion um zusätzliche 2 Mrd. US-Dollar und stellte gleichzeitig 1 Mrd. US-Dollar für die multinationalen Streitkräfte zur Verfügung.[16] Zusätzlich zu den Finanzleistungen sollte Japan aber auf Wunsch der USA auch einen personellen und logistischen Beitrag zu den multinationalen Streitkräften leisten. Ein hastig formulierter Gesetzentwurf der Regierung, der einen Auslandseinsatz der Jieitai auf der Basis von VN-Beschlüssen bei multinationalen Streitkräften und VN-Friedensmissionen ermöglichen sollte, wurde daraufhin als "Entwurf eines Gesetzes über die Friedenszusammenarbeit mit den Vereinten Nationen"[17] am 16. Oktober im Parlament eingebracht.[18]

Er sah die Aufstellung spezieller Korps für die Zusammenarbeit mit VN-Friedensmissionen vor. Entscheidender Punkt war, daß in diesen Verbänden auch Angehörige der Jieitai Dienst tun sollten. Die Korps sollten Waffenstillstandsvereinbarungen beobachten, provisorische Regierungen nach Kriegsende unterstützen, freie Wahlen überwachen sowie humanitäre Aufgaben durchführen. Das Gesetz erforderte nach Ansicht der Regierung keine Revision, sondern lediglich eine

---

14 Asahi Nenkan, 1991, S. 86. Das japanische Embargo wurde damit einen Tag vor dem Beschluß entsprechender Sanktionen durch den VN-Sicherheitsrat verhängt.

15 Ebd.

16 Ebd.

17 "Kokuren heiwa kyôryoku hôan".

18 Asahi Nenkan, 1991, S. 80.

Neuinterpretation der Verfassung. Die Regierung versicherte allerdings, daß sich die japanische Beteiligung wegen des Artikels 9 der Verfassung nicht auf Kampfeinsätze oder Einsätze auf dem Gefechtsfeld (z.B. Munitionstransporte) erstrecken werde. Die teilnehmenden Jieitai-Angehörigen sollten daher nur leichte Waffen zur Selbstverteidigung tragen dürfen. Der Gesetzentwurf sah vor, daß die japanischen Einheiten unter nationalem Befehl blieben. Die örtlichen Jieitai-Offiziere sollten sich aber mit den VN abstimmen.[19]

Zeitgleich legte die JSP einen eigenen "Gesetzentwurf über die Organisation zur Friedenszusammenarbeit mit den VN"[20] vor. Demnach sollte eine zivile, 1 000 Mann starke "VN-Friedensbrigade" getrennt von den Streitkräften aufgestellt werden. Ihr Einsatz sollte nur für friedliche Zwecke – also humanitäre Aufgaben, Waffenstillstandsüberwachung, Organisation freier Wahlen sowie Unterstützung des Aufbaus staatlicher Strukturen – und nur mit Zustimmung des Parlaments möglich sein. Die Entsendung wurde zudem an die Zustimmung aller Konfliktparteien geknüpft.

Gegen den Gesetzentwurf der Regierung, der auch auf scharfe Kritik der Nachbarstaaten stieß,[21] erhob sich anhaltender öffentlicher Protest. Innerhalb der Regierungspartei wurde er als überhastet kritisiert oder als nicht weit genug gehend abgelehnt. Die Auseinandersetzung über den Gesetzentwurf wurde offensichtlich auch für LDP-interne Machtkämpfe instrumentalisiert. Kômeitô und DSP verlangten Änderungen, lehnten aber den Entwurf nicht grundsätzlich ab. JSP und JCP waren gegen die Vorschläge der Regierung und beteiligten sich an den öffentlichen Protestaktionen. Allerdings gab es Stimmen in der JSP, die eine Teilnahme unbewaffneter Angehöriger der Jieitai nicht rundweg ablehnten.

Die parlamentarische Beratung begann im Oktober 1990. Ein Sonderausschuß des Unterhauses veranstaltete öffentliche Anhörungen. Im ganzen Land fanden Diskussionen mit Parteivertretern statt. In der LDP gewannen allmählich die Gegner des Gesetzentwurfs die Oberhand. Möglicherweise befürchteten sie negative Auswirkungen bei den im Frühjahr 1991 anstehenden Kommunalwahlen. Am 6. November 1990 beschloß die Parteiführung gegen den Widerstand von Ministerpräsident Kaifu und Generalsekretär Ozawa, den Gesetzentwurf fallenzulassen und vor einem erneuten Vorstoß einen Konsens innerhalb der LDP und mit der Opposition herbeizuführen.[22] Ozawa konnte kurz darauf die DSP und die Kômeitô zu einem Abkommen mit der LDP bewegen, in dem sie grundsätzlich einem

19 Manfred *Pohl*, Die japanischen Streitkräfte in die Golfregion? Diskussion um den "japanischen Ernstfall", in: Heinz Eberhard *Maull* (Hrsg.), Militärmacht Japan? Sicherheitspolitik und Streitkräfte, München 1991, S. 338-362 (344-352).

20 "Kokuren heiwa kyôryoku kikô hôan".

21 *Pohl*, Die japanischen Streitkräfte.

22 FEER, 15.11.1990; *Pohl*, Die japanischen Streitkräfte, S. 357f; Asahi Nenkan, 1991, S. 88; Japan Times Weekly, 2.-8.3.1992.

Gesetz über die Entsendung japanischen Personals zu VN-Friedensmissionen zustimmten. Nach dieser Vereinbarung sollte sich ein PKO-Korps auf humanitäre VN-Einsätze beschränken, die Frage nach der Bewaffnung wurde offengelassen.[23]

Der Druck auf Japan, sich an der Golfkriegsallianz stärker als bisher zu beteiligen, nahm mit der Zuspitzung der Krise um Kuwait noch zu. Am 29. November 1990 autorisierte der VN-Sicherheitsrat mit Resolution 678 eine alliierte Militärintervention zur Befreiung Kuwaits, die am 17. Januar 1991 begann. Japan, das viel Geld, aber kein Personal für die Alliierten bereitgestellt hatte, geriet unter heftigen "Beschuß" der US-Medien und wurde als Drückeberger denunziert. Angesichts dieser Situation beschlossen Regierung und LDP am 24. Januar 1991 bei einem Spitzengespräch folgendes Maßnahmenpaket: (1) Zusätzlich zu den bereits bewilligten 4 Mrd. US-Dollar wurden weitere 9 Mrd. als Kriegsbeitrag für die USA bereitgestellt; (2) die Durchführungsverordnung für das Jieitai-Gesetz sollte geändert werden, damit fünf japanische Militärflugzeuge Flüchtlinge aus der Krisenregion von Amman nach Kairo transportieren konnten; schließlich sollte (3) die Regierung Zivilflugzeuge chartern, um asiatische Flüchtlinge aus Kairo in ihre Heimatländer zurückzubringen.[24] Der Beschluß rief erneut heftige Proteste in der japanischen Öffentlichkeit hervor. Allgemein wurde die japanische Politik während des Höhepunkts der Golfkrise nicht nur von der japanischen Öffentlichkeit und der Opposition, sondern auch innerhalb des Regierungsblocks als unzureichend und überhastet kritisiert.[25]

2. Die Kontroverse über die Evakuierung von Flüchtlingen mit japanischen Militärflugzeugen[26]

Die Idee, Militärflugzeuge zur Evakuierung von Flüchtlingen in den Nahen Osten zu schicken, um damit personelle Präsenz zu zeigen, kam bei einem Spitzentreffen der Regierungsspitze und der LDP kurz vor Beginn der alliierten Offensive auf. Nach einem Gutachten des japanischen Selbstverteidigungsamtes kamen dafür fünf Hercules-Transportflugzeuge mit einer Besatzung von 45 Mann und 200 Mann Bodenpersonal in Frage. Die Militärflugzeuge sollten aus Asien stammende Flüchtlinge von Amman nach Kairo transportieren, von wo aus sie mit zivilen Chartermaschinen in ihre Heimatländer zurückgebracht werden sollten. Am 25. Januar 1991 erließ die Regierung eine auf drei Monate befristete Verordnung,

---

23 *Pohl*, Die japanischen Streitkräfte.

24 FEER, 7.2.1991 und 7.3.1991; Bôei Nenkan, 1992, S. 56.

25 Akira *Azabu*, Echoes from the Gulf in Japanese Politics, in: Japan Echo, 18 (1991) 2, S. 35-40; Takashi *Inoguchi*, Japan's Response to the Gulf Crisis, An Analytical Overview, in: Journal of Japanese Studies, 17 (1991) 2, S. 257-273.

26 Bôei Nenkan, 1992, S. 60-62; S. Javed *Maswood*, Japan and the Gulf Crisis: Still Searching for a Role, in: The Pacific Review, 5 (1992) 2, S. 149-155 (152).

die den Einsatz von Militärflugzeugen zur Evakuierung von Flüchtlingen aus der Krisenregion erlaubte. Die Verordnung bezog sich auf Artikel 100 des Gesetzes über die Jieitai, der ihren Einsatz für den Transport der kaiserlichen Familie, von Staatsgästen und hochrangigen Regierungsvertretern gestattet. Dieser Kreis wurde per Verordnung kurzerhand um ausländische Flüchtlinge erweitert. Die Umgehung der normalen Gesetzgebung stieß in der Öffentlichkeit auf Ablehnung.[27] Die Regierung hielt eine Gesetzesänderung für unnötig, da es sich um unbewaffnete Flugzeuge handle.

Am 28. Januar 1991 flogen von der Regierung gecharterte zivile Flugzeuge nach Kairo, die vietnamesische Flüchtlinge in ihre Heimat verbrachten.[28] Militärflugzeuge wurden nicht geschickt, da für sie kein entsprechendes Ersuchen einer internationalen Hilfsorganisation oder eines betroffenen Landes vorlag.[29] Daher hob die japanische Regierung die Verordnung Mitte April 1991 wieder auf.[30]

3. Die japanische Finanzhilfe für die Kriegskoalition

Bereits im August 1990 stellte die japanische Regierung für die humanitäre Unterstützung der Flüchtlinge in der Golfregion 1 Mrd. US-Dollar für Transportkosten, Versorgungsgüter und medizinische Hilfe bereit. Die Hilfe ging an Jordanien, die Türkei und Ägypten. Mitte September erhöhte sie die Finanzhilfe um zusätzliche 1 Mrd. für die multinationalen Streitkräfte und 2 Mrd. für die von der Krise betroffenen Länder Jordanien, die Türkei und Ägypten.[31]

Nach Beginn der alliierten Offensive gegen den Irak verlangten die USA während des G-7-Treffens in New York am 20./21. Januar 1991 von Japan, einen Teil der Kriegskosten für die Monate Januar bis März zu übernehmen. Sie setzten den

---

27 Nach einer Meinungsumfrage der Asahi Shimbun vom Februar 1991 hielten es 76% der Befragten für problematisch, anstelle einer gesetzlichen Regelung einfach eine Regierungsverordnung zu erlassen; vgl. Japan aktuell, (1991) 2, S. 10.

28 Asahi Nenkan, 1992, S. 88.

29 Die Intergovernmental Organization for Migration (IOM) teilte der japanischen Regierung Anfang April 1991 mit, japanische Militärflugzeuge würden nicht gebraucht, da genügend zivile Flugzeuge für den Transport der Flüchtlinge zur Verfügung stünden; vgl. Bôei Nenkan, 1992, S. 62. Nach Purrington war die Entscheidung, die Militärflugzeuge nicht loszuschicken, eine Konzession der LDP an die Kômeitô, um im Parlament deren Zustimmung zum japanischen Finanzbeitrag an die USA zu sichern; vgl. Courtney *Purrington*, Tokyo's Policy Responses during the Gulf War and the Impact of the "Iraqi Shock" on Japan, in: Pacific Affairs, 65 (1992) 2, S. 161-181 (166).

30 *Maswood*, Japan and the Gulf Crisis, S. 152. Seiki verweist auf den vergleichbaren Einsatz von Schiffen der Küstenwache, um Hilfsgüter aus Japan in die GUS zu transportieren. Dies sei im Jahr nach dem Golfkrieg geschehen, ohne daß dafür eine Verordnung erlassen worden sei; vgl. Japan Echo, 19 (1992) 2, S. 63.

31 Asahi Nenkan, 1991, S. 86.

japanischen Beitrag auf 9 Mrd. US-Dollar fest.[32] Das japanische Kabinett bewilligte am 24. Januar 1,17 Billionen Yen als Kriegsbeitrag für die USA, was nach dem damaligen Wechselkurs den geforderten 9 Mrd. US-Dollar entsprach.[33]

Die Finanzierung dieses enormen Betrags war nur über Steuererhöhungen möglich, denen auch das oppositionsbeherrschte Oberhaus zustimmen mußte. Daher war die Regierungspartei auf Unterstützung aus den Reihen der Opposition angewiesen. Sie bemühte sich vor allem um die Zustimmung der Kômeitô. Die Kômeitô-Führung stand aber unter dem Druck ihrer überwiegend pazifistischen Basis und machte eine Zustimmung davon abhängig, daß das Geld nicht für den Kauf von Waffen oder Munition verwendet und als Ausgleich der Verteidigungshaushalt gekürzt werde. Die Regierungspartei stimmte beiden Bedingungen zu.[34] Das Parlament billigte erst am 6. März 1991, also nach der Befreiung Kuwaits, mit der Mehrheit der LDP, Kômeitô und DSP den Zweiten Ergänzungshaushalt für das Haushaltsjahr 1990/91 und die ergänzenden Finanzierungsgesetze.[35] Inzwischen hatte sich der Wechselkurs des Dollars zuungunsten des Yens geändert, so daß die vom japanischen Parlament bewilligten 1,17 Billionen Yen nicht mehr die versprochene Summe von 9 Mrd. US-Dollar deckten. Die japanische Regierung gab dem Drängen der US-Regierung auf volle Bezahlung zunächst nicht nach und überwies im Juli 1991 lediglich den vorgesehenen Yen-Betrag und damit etwa 500 Mio. US-Dollar weniger als ursprünglich zugesagt.[36] Den Restbetrag überwies sie jedoch kurze Zeit später in aller Stille unter dem Vorwand, es handle sich um "Ausgaben nach Krieg".[37]

4. Der Einsatz japanischer Minenräumer im Golf nach dem Waffenstillstand

Nach dem Waffenstillstand am Golf forderten die USA ihre Verbündeten auf, sich an der Räumung der See-Minen im Golf zu beteiligen. Westliche Marineeinheiten

32 Die US-Regierung schätzte die Kriegskosten auf 500 Mio. US-Dollar pro Tag. Zunächst sollten die Kriegskosten für eine Kriegsdauer von drei Monaten finanziert werden. Für den von Japan zu fordernden Anteil legte sie dessen Anteil am Welt-Bruttosozialprodukt mit 15% zugrunde, erhöhte den Beitrag aber auf 20%, da sich Japan nur finanziell am Golfkrieg beteiligte. Daraus ergab sich folgende Berechnungsformel: 500 Mio. US-Dollar x 90 Tage x 20% = 9 Mrd. US-Dollar; vgl. Shin'ichi *Kitaoka*, Chronicling Japan's Crisis Diplomacy, in: Japan Echo, 19 (1992) 1, S. 36-42 (40); *Azabu*, Echoes from the Gulf, in: Japan Echo, 18 (1991) 2, S. 37.

33 FEER, 7.2.1991 und 7.3.1991; Asahi Nenkan, 1992, S. 88; Bôei Nenkan, 1992, S. 56; *Purrington*, Tokyo's Policy Responses, S. 163, nennt 1,18 Billionen Yen.

34 Von den insgesamt 1,17 Billionen Yen sollten 0,5 Billionen durch Einsparungen aufgebracht werden, zu denen auch eine Kürzung der mittelfristigen Finanzplanung für die Verteidigungsausgaben um 0,1 Billionen gehörte; vgl. Bôei Nenkan, 1992, S. 56-60. Das US-Außenministerium bestätigte auf Anfrage dem japanischen Außenministerium, daß der japanische Beitrag nicht für lethale Zwecke verwendet würde; vgl. *Purrington*, Tokyo's Policy Responses, S. 164.

35 Asahi Nenkan, 1992, S. 88; *Purrington*, Tokyo's Policy Responses, S. 165.

36 Asahi Nenkan, 1992, S. 88; Bôei Nenkan, 1992, S. 59-60.

37 *Purrington*, Tokyo's Policy Responses, S. 165.

begannen mit der Minenräumung im April 1991. Am 8. April 1992 veröffentlichte Hiraiwa Gaishi, der Vorsitzende von Keidanren, dem Dachverband der japanischen Wirtschaftsverbände,[38] eine Erklärung, in der er für die Entsendung japanischer Minenräumeinheiten in den Golf plädierte.[39] Die Regierung zögerte mit einer Entscheidung bis zum Abschluß der Kommunalwahlen vom April 1991. Nicht zuletzt unter dem Eindruck der Stellungnahme von Keidanren beschloß sie dann am 24. April, einen Minenräumverband in den Golf zu schicken, der bereits am 26. April auslief. Er bestand aus einem Mutterschiff, vier weiteren Minenräumern und einem Versorgungsschiff. Auf den Schiffen befanden sich 511 Besatzungsmitglieder. Fünf der regulären Besatzungsmitglieder waren aus persönlichen oder familiären Gründen in Japan geblieben.[40]

In ihrer rechtlichen Begründung für diesen Einsatz berief sich die japanische Regierung auf § 99 des Jieitai-Gesetzes[41] und betonte, daß der Minenräumeinsatz keinen verfassungsrechtlich verbotenen Einsatz der Streitkräfte im Ausland darstelle. JSP und JCP werteten diese Entscheidung hingegen als Verfassungsbruch. Auch bei der Kômeitô fand der Einsatz wenig Zustimmung. Die öffentliche Meinung war gespalten.[42]

Ein japanischer Journalist hat den Einsatz treffend beschrieben. Nach seiner Ansicht "war dieses Geschwader ... wie eine Kamikaze-Mission losgeschickt worden, mit der Erwartung, daß es einfach dadurch einen Erfolg einheimsen werde, daß es auf dem Schauplatz ankommt und sich dort umsieht".[43] Die Mission litt unter anderem daran, daß die Minenräumer eigentlich nur für Küstengewässer und nicht für eine Hochseefahrt vorgesehen waren, die Vorbereitung überhastet erfolgte, über das Einsatzgebiet kaum Informationen vorlagen und mangelnde Geräteausstattung teilweise durch halsbrecherischen personellen Einsatz wettgemacht werden mußte.[44] Da eine entsprechende Logistik fehlte, stationierten die Herstellerfirmen der Minenräumboote zivile Techniker in allen Häfen, die der Verband

---

38 Keidanren = Keizai Dantai Rengôkai.

39 Englisch übersetzt in: Economic Eye, 12 (1991) 2. *Purrington* (S. 171) verweist darauf, daß damit auch der Zugang japanischer Firmen zu den lukrativen Wiederaufbauprojekten in der Golfregion gesichert werden sollte.

40 Akihiko *Ushiba*, The Minesweeping Mission. A Job Well Done, in: Japan Echo, 19 (1992) 1, S. 43-50 (45).

41 "Die Marine übernimmt auf Anordnung des Generaldirektors die Verantwortung für die Entfernung und Beseitigung von Minen und anderen gefährlichen explosiven Objekten auf See" (zit. nach *Purrington*, Tokyo's Policy Responses, S. 172).

42 Asahi Nenkan, 1992, S. 88; Economic Eye, 12 (1991) 2, S. 27; *Purrington*, Tokyo's Policy Responses, S. 171.

43 *Ushiba*, The Minesweeping Mission, S. 44.

44 "This kind of ill-advised wizardry was commonplace in the pre-war Japanese military" (ebd., S. 49). Zum Teil wurden mangels geeigneter Sonden die Minen im trüben Wasser von Tauchern per Hand geortet.

anlief.[45] Kritisiert wurde, daß die Regierung für den Waffengebrauch durch die Marineeinheit keine klare Regelung getroffen hatte.[46] Anstoß nahm die Öffentlichkeit auch an der Bezahlung der Besatzungsmitglieder: Sie wurde angesichts der persönlichen Entbehrungen und Gefahren allgemein als "schäbig" angesehen.[47]

Der japanische Verband kehrte am 30. Oktober 1991 unbeschadet nach Japan zurück. Er hatte 34 der insgesamt 1 281 Minen beseitigt, die von Einheiten aus neun Ländern geräumt worden waren. Die Regierung bezifferte die Kosten für den Einsatz auf 1,5 Mrd. Yen (etwa 12 Mio. US-Dollar).[48] Die Erfahrungen aus diesem Einsatz beeinflußten auch das PKO-Gesetz.

IV. Von der Golfkrise zum PKO-Gesetz

1. Die Ozawa-Kommission

Nach dem Ende des Golfkriegs unternahm die japanische Regierung einen zweiten Anlauf, die Entsendung japanischer Soldaten zu Blauhelmeinsätzen gesetzlich zu regeln. Da eine Verfassungsänderung politisch nicht durchsetzbar zu sein schien, sollte zur rechtlichen Absicherung eine neue Verfassungsinterpretation erarbeitet werden. Dafür setzte die LDP eine Spezielle Studiengruppe über Japans Rolle in der internationalen Gemeinschaft unter Leitung des früheren LDP-Generalsekretärs Ozawa ein. Die kurz als Ozawa-Kommission bezeichnete Studiengruppe sollte sich offiziell nicht nur mit der Sicherheitspolitik beschäftigen, sondern auch andere internationale Beiträge Japans, beispielsweise Wirtschafts- und Entwicklungshilfe, untersuchen. Sie konzentrierte sich aber aus aktuellem Anlaß auf die Frage der japanischen PKO-Beteiligung.

Die Ozawa-Kommission trat erstmals am 6. Juni 1991 zusammen. Die Grundzüge ihrer Argumentation wurden schon Mitte November bekannt. Demnach sollten sich die Jieitai an friedenserhaltenden Maßnahmen der Vereinten Nationen und an Wiederaufbauaktivitäten nach Beendigung von Konflikten beteiligen. Die Anwendung militärischer Gewalt wurde nicht ausgeschlossen. Nach Einschätzung der Ozawa-Kommission war eine solche Beteiligung an der "internationalen Sicherheit" mit der Verfassung vereinbar.[49] Die Kommission legte am 20. Februar 1992

---

45 Ebd., S. 48.

46 "The MSDF [Maritime Self Defense Forces] members had been given no clear instructions on the use of weapons to protect themselves in the event that they came under attack. ... An unidentified vessel approached the squadron in the gulf, and it turned away only after it had been given a warning. Although nothing happened in the end, reportedly [commander] Ochiai ordered that sandbags be placed around gun emplacements to prepare for the worst in further such incidents" (ebd.).

47 Ebd., S. 50.

48 Asahi Nenkan, 1992, S. 88.

49 Ebd.

ihre Argumente in einem als Entwurf bezeichneten Bericht mit dem Titel "Die Rolle Japans in der internationalen Gemeinschaft" vor, der als Ozawa-Report bekannt wurde.[50] Darin plädierte die Ozawa-Kommission für eine japanische Beteiligung an VN-Einsätzen zur Erhaltung der "internationalen Sicherheit". Ein Beitrag zur internationalen Sicherheit war ihrer Meinung nach ebenso mit der japanischen Verfassung vereinbar wie die Selbstverteidigung Japans. Die Anwendung von Gewalt zur Aufrechterhaltung oder Wiederherstellung des Weltfriedens verletze nicht Artikel 9 der japanischen Verfassung, der die Anwendung von Gewalt zur Lösung internationaler Streitigkeiten verbiete. Die Ozawa-Kommission hielt also sowohl friedenserhaltende als auch friedenschaffende VN-Einsätze japanischer Soldaten für verfassungsgemäß. Zwei Leitgedanken prägten den Ozawa-Report:[51]

- *Aktivere Rolle Japans in der neuen Weltordnung*: Japan müsse in der neuen Weltordnung nach dem Ende des Kalten Krieges eine größere Verantwortung für die Aufrechterhaltung des Weltfriedens und des wirtschaftlichen Wohlstandes übernehmen. Diese Weltordnung sei durch eine wachsende Zahl regionaler ethnisch-nationaler Konflikte geprägt. Damit Japan eine derartige Rolle spielen könne, solle das Konzept des auf eine Nation beschränkten, passiven Pazifismus aufgegeben und durch das Konzept des "aktiven und positiven Pazifismus" ersetzt werden.
- *Neue Verfassungsinterpretation:* Bisher orientiere sich die japanische Regierung nur an Artikel 9 der Verfassung und interpretiere ihn in der Weise, daß er den Einsatz der Jieitai nur zur Selbstverteidigung erlaube, einen Auslandseinsatz oder einen Einsatz der Jieitai zur Verteidigung eines anderen Landes im Sinne einer kollektiven Verteidigung aber verbiete. Nach Ansicht der Ozawa-Kommission sei dagegen eine Beteiligung Japans an Militäraktionen der VN vereinbar mit dem "Geist der Verfassung". In der Präambel der japanischen Verfassung heiße es nämlich, daß "keine Nation alleine für sich selbst verantwortlich" sei. In der Völkergemeinschaft gebe es inzwischen ein weithin anerkanntes Konzept der kollektiven internationalen Sicherheit. Dieses legitimiere die Implementation von VN-Maßnahmen einschließlich der Gewaltanwendung, um den Weltfrieden und die Ordnung in der Weltgesellschaft aufrechtzuerhalten. Im Rahmen der "internationalen Sicherheit" könne Japan entweder mit Streitkräften unter VN-Kommando zusammenarbeiten oder sich selbst an solchen Streitkräften beteiligen.[52]

Die Reaktionen auf den Ozawa-Report waren zurückhaltend. Ministerpräsident Miyazawa erklärte vor dem Parlament, daß die Regierung nicht von ihrer bisheri-

---

50 "Kokusai shakai ni okeru Nihon no yakuwari"; englische Übersetzung, in: Japan Echo, 19 (1992) 2, S. 49-58.

51 Vgl. auch Japan Times Weekly, 13.-19.1.1992 und 2.-8.3.1992.

52 Ebd.

gen Verfassungsinterpretation abweiche, nach der ein Auslandseinsatz der Jieitai und die Beteiligung an einem System kollektiver Sicherheit untersagt seien. Allerdings unterscheide die Regierung im Hinblick auf die japanische Verfassung verbotene, friedenserzwingende Einsätze, das heißt den in der VN-Charta vorgesehenen Kampf gegen Aggressoren, von erlaubten, friedenserhaltenden Maßnahmen (PKO), durch die ein Waffenstillstand stabilisiert werden soll.[53] Ozawa selbst hielt nach Veröffentlichung des Berichts eine klarstellende Verfassungsänderung politisch für wünschenswert, obwohl sie für die Teilnahme der Jieitai an allen Arten von VN-Friedenseinsätzen einschließlich militärischer Operationen rechtlich nicht notwendig sei.[54]

2. Die politischen Auseinandersetzungen um das PKO-Gesetz

Am 31. März 1991 beschloß das Kabinett die Grundzüge eines PKO-Gesetzes, das eine japanische Beteiligung an VN-Friedensmissionen ermöglichen sollte. Als Bedingungen nannte die Regierung, daß der Waffengebrauch strikt auf die Selbstverteidigung beschränkt bleiben solle und die japanischen Blauhelmeinheiten sich sofort zurückziehen müßten, wenn der Konflikt wiederauflebe und der Gebrauch von Waffen erforderlich werden sollte.[55]

Anfang September 1991 einigten sich LDP, Kômeitô und DSP auf weitere Bedingungen für die japanische Teilnahme an Blauhelmeinsätzen:
- Zwischen den Konfliktparteien müsse ein Waffenstillstand vereinbart sein;
- die Konfliktparteien müßten mit der Tätigkeit von VN-Friedenstruppen und der japanischen Beteiligung daran einverstanden sein;
- die VN-Friedenstruppen müßten sich den Konfliktparteien gegenüber neutral verhalten und dürften für keine Seite Partei ergreifen;
- wenn eine der genannten Bedingungen nicht mehr gegeben sei, müsse ein Rückzug der japanischen Einheiten erfolgen;
- der Waffengebrauch müsse sich auf das für die unmittelbare Selbstverteidigung des Personals notwendige Minimum beschränken.[56]

Am 19. September brachte die Regierung den Entwurf ins Parlament ein. Am 5. November, während dessen parlamentarischer Beratung, wurde die Regierung Kaifu durch das Kabinett Miyazawa abgelöst. Gegen den Regierungsentwurf formierte sich erneut innerhalb und außerhalb des Parlaments Widerstand. Die außerparlamentarische Friedensbewegung gegen das PKO-Gesetz rekrutierte sich aus Bürger- und Frauengruppen, Gewerkschaften, Juristen und aus dem akademi-

53 Ebd., 2.-8.3.1992.
54 Ebd., 13.-19.7.1992.
55 Asahi Nenkan, 1992, S. 88.
56 Ebd.

schen Bereich. Diese Gruppen kritisierten das PKO-Gesetz als Türöffner für eine Aushöhlung der verfassungsmäßigen Restriktionen gegen das Militär und verwiesen auf das Mißtrauen gegen Japan in den asiatischen Nachbarländern.[57]

Ein Hauptkonfliktpunkt bei den parlamentarischen Verhandlungen zwischen Befürwortern und Gegnern des Gesetzes war zunächst die Forderung der DSP, daß das Parlament allen Blauhelmeinsätzen vorab zustimmen müsse. Am 26. November vereinbarten LDP, Kômeitô und DSP, in den Entwurf eine Bestimmung aufzunehmen, nach der das Parlament innerhalb einer "bestimmten" Frist nachträglich über die Fortsetzung eines Blauhelmeinsatzes beraten und entscheiden solle. Der Sonderausschuß des Unterhauses über die internationale Friedenszusammenarbeit beschloß am 27. November mit den Stimmen von LDP und Kômeitô gegen das Votum der DSP und der anderen Oppositionsparteien, daß erst zwei Jahre nach einem Einsatzbeschluß gemäß PKO-Gesetz die Zustimmung des Parlaments zur Fortsetzung des Einsatzes erforderlich sein sollte. In einer turbulenten Abstimmung folgte das Plenum des Unterhauses am 2. Dezember mit den Stimmen der LDP und der Kômeitô diesem Ausschußvotum und überwies den Gesetzentwurf zur Beratung an das Oberhaus. Einige Tage später beschäftigten jedoch neue Enthüllungen im Recruit-Cosmos-Korruptionsskandal das Parlament. Daher konnte das PKO-Gesetz nicht mehr wie geplant in der verbleibenden Sitzungsperiode des Parlaments behandelt werden und wurde von der Presse schon für abermals gescheitert erklärt.[58] Doch am 20. Dezember 1991 beschloß das Plenum des Oberhauses, das PKO-Gesetz in der neuen Sitzungsperiode weiterzuberaten.[59] Um die Verabschiedung des Haushalts 1992/93 bis zum April 1992 nicht zu gefährden, legte der Regierungsblock den Entwurf aber für einige Zeit beiseite.[60] Nach der Entscheidung über das Budget wurde das PKO-Gesetz weiterbehandelt. Zeitweilig wurde in der LDP die Idee diskutiert, Zustimmung bei den Oppositionsparteien wenigstens für einen einmaligen Einsatz bei friedenserhaltenden Maßnahmen in Kambodscha zu gewinnen. Diese Idee wurde wegen der parteiinternen Proteste aber bald wieder verworfen.[61]

Die PKO-Debatte spaltete die japanische Sozialdemokratie in Befürworter (DSP) und Gegner (JSP, USDP und Rengô) einer Beteiligung japanischer Soldaten an VN-Missionen. Rengô Sangiin schlug vor, Jieitai-Mitglieder für die Teilnahme an Blauhelmeinsätzen zu beurlauben und eine eigenständige zivile Einheit aufzustellen.[62] Der Generalsekretär der JSP signalisierte am 13. April 1992 seine

---

57 Ebd., S. 88 und 191.

58 Ebd., S. 88; *Maswood*, Japan and the Gulf Crisis, S. 153.

59 Asahi Nenkan, 1992, S. 92.

60 Japan Times Weekly, 20.-26.4.1992.

61 Ebd.; AMPO, 23 (1992) 3, S. 63.

62 Japan Times Weekly, 25.-31.5.1992.

"widerwillige" Bereitschaft, den PKO-Einsatz japanischer Soldaten zu akzeptieren, sofern die teilnehmenden Jieitai-Angehörigen vorher in den Ruhestand versetzt oder zeitweise freigestellt würden.[63] Am 27. April brachte die JSP einen Gegenentwurf zum PKO-Gesetzentwurf der LDP, Kômeitô und DSP im Parlament ein. Danach sollte ein strikt von den Jieitai getrenntes, 2 000 Mann starkes Korps für die internationale Zusammenarbeit aufgestellt werden.

Ernsthafte Verhandlungen zwischen LDP, Kômeitô und DSP wurden Ende April 1992 wiederaufgenommen. Die DSP forderte, daß die Regierung vor jedem Einsatz bewaffneter Jieitai-Angehöriger die Zustimmung des Parlaments einholen müsse.[64] Die DSP setzte sich außerdem dafür ein, die japanischen PKO-Einheiten dem VN-Kommando zu unterstellen; die LDP wollte dagegen das nationale Kommando nicht aufgeben. Die Kômeitô verlangte eine Beschränkung der japanischen PKO-Einheiten auf humanitäre Aufgaben und die vorläufige Außerkraftsetzung (freeze) der militärischen Aufgaben.[65]

Nach wochenlangen Verhandlungen einigten sich die Generalsekretäre von LDP, DSP und Kômeitô am 29. Mai 1992 auf ein PKO-Gesetz mit folgenden Änderungen gegenüber dem ursprünglichen Regierungsentwurf:

- Nichtanwendung bzw. Einfrieren (freeze) der im PKO-Gesetz vorgesehenen militärischen oder militärnahen Einsätze;
- Aufhebung des "freeze" nur durch Mehrheitsbeschluß des Parlaments;
- Zustimmungspflicht des Parlaments vor jeder militärischen Beteiligung von Einheiten der Jieitai bei PKO-Einsätzen;
- mögliche Unterstellung der japanischen Einheiten unter VN-Kommando;
- Revision des PKO-Gesetzes nach drei Jahren.[66]

Mit diesen Modifikationen wurde der Gesetzentwurf im Parlament zur Abstimmung gestellt. Bei der Schlußberatung im Oberhaus vom 5. bis zum 8. Juni 1992 griffen Abgeordnete der JSP, der JCP und von Rengô zu Verschleppungstaktiken.[67] Das PKO-Gesetz wurde jeweils mit einer Mehrheit aus LDP, Kômeitô und DSP am 9. Juni in letzter Lesung vom Oberhaus[68] und am 15. Juni vom Unterhaus

63 AMPO, 23 (1992) 3, S. 63.

64 Ebd., S. 63-64.

65 Japan Times Weekly, 11.-17.5.1992.

66 Ebd., 11.-17.5., 25.-31.5. und 8.-14.6.1992; Nikkei Weekly, 6.6.1992.

67 Politische Beobachter hielten diese Verzögerungstaktik angesichts der klaren Mehrheitsverhältnisse für einen Akt symbolischer Politik und für vorweggenommenen Wahlkampf; vgl. Japan Times Weekly, 15.-21.6.1992, S. 5; Nikkei Weekly, 13.6.1992 und 20.6.1992; FEER, 18.6.1992. Alle 137 JSP-Unterhausabgeordneten sowie 4 Unterhausabgeordnete der USDP reichten nach dem Scheitern der Verzögerungstaktik ihren Mandatsverzicht ein, der jedoch nicht angenommen wurde; vgl. Nikkei Weekly, 27.6.1992.

68 FEER, 18.6.1992.

verabschiedet.[69] Anläßlich der Billigung des Gesetzes im Oberhaus erklärte Ministerpräsident Miyazawa am 9. Juni 1992:

> "Hiermit wird bekräftigt, daß Japan weiterhin seine grundlegende Politik verfolgt, keine militärische Macht zu werden, die andere Länder bedroht, indem es weiterhin eine strikt defensive Haltung aufrechterhält und die Lehren der Vergangenheit durch die verstärkte Übernahme seiner Verantwortung für den Frieden und die Stabilität der Welt berücksichtigt."[70]

3. Bestimmungen des verabschiedeten PKO-Gesetzes[71]

Auf der Grundlage des PKO-Gesetzes darf die japanische Regierung bis zu 2 000 Personen (§ 18), und zwar ziviles Personal, Angehörige der Küstenwache und ausdrücklich auch japanische Soldaten[72] zu Blauhelmeinsätzen entsenden. Als solche Einsätze gelten friedenserhaltende Maßnahmen (PKO) der Vereinten Nationen sowie internationale humanitäre Hilfsmaßnahmen vor allem von VN-Unter- und -Sonderorganisationen, die diese friedenserhaltenden Maßnahmen unterstützen.

Eine japanische Beteiligung an Blauhelmeinsätzen darf nur unter bestimmten Bedingungen erfolgen. Grundbedingung ist zunächst, daß zwischen den Konfliktparteien ein Waffenstillstandsabkommen besteht (§ 6 Abs. 1 in Verbindung mit § 3 Nr. 1). Ein Einsatz japanischen Personals erfolgt nur auf Anfrage der VN und muß völlig unparteiisch sein (§ 3 Nr. 1). Wenn diese Bedingungen nicht mehr gegeben sind, müssen die japanischen Blauhelme unverzüglich zurückgezogen werden (§ 6 Abs. 13).

Eine Beteiligung japanischer Soldaten an Kampfeinsätzen bleibt ausdrücklich verboten (§ 2 Abs. 2). Sofern die japanischen Blauhelme überhaupt bewaffnet sind, ist der Waffengebrauch auf das für die unmittelbare Selbstverteidigung notwendige Minimum beschränkt (§§ 22 bis 24).

Die Teilnahme von Jieitai-Einheiten an Blauhelmaktivitäten mit militärischem Charakter (Waffenstillstandsbeobachtung, Patrouillengänge, Kontrolle und Einsammeln von Waffen, Gefangenenaustausch) wurde auf Drängen der Kômeitô vorerst "eingefroren" und findet somit bis auf weiteres nicht statt (Anhang § 2). Eine Freigabe dieser Tätigkeiten bedarf der Verabschiedung eines entsprechenden Gesetzes durch das japanische Parlament. Aber auch dann muß das japanische Parlament solchen Einsätze jeweils im voraus zustimmen (§ 6 Abs. 7). LDP-Vertreter erklärten, daß sie eine generelle Freigabe solcher Einsätze frühestens in

---

69 Frankfurter Rundschau, 17.6.1992.

70 Zit. nach Pacific Research, 5 (1992) 3, S. 19.

71 Die deutsche Übersetzung des PKO-Gesetzes ist zu finden in: *Hummel*, Japanische Blauhelme.

72 Die entsprechenden Bestimmungen finden sich in den §§ 6, 9, 12, 13, 20 und 24 sowie im Anhang in den §§ 2, 7 und 8 des PKO-Gesetzes.

zwei Jahren anstrebten.[73] Gegenwärtig ist somit der Einsatz von Jieitai-Einheiten nur im humanitären und logistischen Bereich möglich. Ihre Aufgaben umfassen medizinische Hilfe und Versorgung von Konfliktopfern mit lebensnotwendigen Gütern und Einrichtungen; Rettungs- und Repatriierungsmaßnahmen für Konfliktopfer; Baumaßnahmen; Wiederherstellung und Instandhaltung von lebenswichtigen Einrichtungen, die konfliktbedingt beschädigt wurden; Beseitigung von Umweltschäden sowie Bereitstellung von Transportdiensten und Schaffung von Nachrichtenverbindungen.

Die administrative Durchführung der japanischen Blauhelmeinsätze erfolgt durch eine besondere Zentralstelle im Amt des Ministerpräsidenten auf der Basis von Einsatzplänen, die das Kabinett billigen muß (Abschnitt 2 des PKO-Gesetzes). Das PKO-Gesetz ist zunächst drei Jahre gültig. Nach Ablauf dieser Zeit ist eine Überprüfung erforderlich (Anhang § 3).

Was die Entsendung ziviler – z.B. medizinischer – Hilfsteams angeht, so bestanden im Gegensatz zur Entsendung von Soldaten vor der Verabschiedung des Gesetzes keine Restriktionen. Mit dem PKO-Gesetz wurde aber nun nicht nur die Entsendung militärischen, sondern auch die zivilen Personals und damit auch medizinischer Hilfsteams zu VN-Friedensmissionen den strengen Einsatzvoraussetzungen unterworfen.[74]

Die verfassungsrechtliche Beurteilung des PKO-Gesetzes fiel wie zu erwarten kontrovers aus. Auf der einen Seite hielten viele Verfassungsrechtler[75] und die JSP das Gesetz für nicht vereinbar mit Artikel 9 der japanischen Verfassung, der jeden Einsatz japanischer Streitkräfte im Ausland ungeachtet des Einsatzzwecks verbiete. Auf der anderen Seite argumentierten Regierung und LDP, daß die Beteiligung der Jieitai an Friedensmissionen der VN keinen Kampfeinsatz darstelle und deshalb nicht mit Artikel 9 kollidiere. Nach Artikel 98 Absatz 2 der japanischen Verfassung müsse Japan vielmehr seinen völkerrechtlichen Verpflichtungen als VN-Mitglied nachkommen.[76]

4. Reaktionen auf das PKO-Gesetz

Höhere Regierungsbeamte äußerten, das verabschiedete PKO-Gesetz reiche aus, den Erwartungen von UNTAC an einen japanischen Blauhelmeinsatz in Kambodscha zu genügen. Sprecher der LDP und des Außenministeriums vermißten die Möglichkeit, Infanteriebataillone zu entsenden, was die möglichen Einsatzoptio-

73 Nikkei Weekly, 20.6.1992.

74 Ebd., 18.1.1993.

75 Vgl. z.B. *Yamauchi*, Gunning for Japan's Peace Constitution.

76 "Die von Japan geschlossenen Verträge und das bestehende Völkerrecht müssen gewissenhaft beachtet werden" (zit. nach *Kevenhörster*, Das politische System Japans).

nen erweitert hätte.[77] Die Jieitai-Führung erhoffte sich von Blauhelmeinsätzen eine Imageaufbesserung im In- und Ausland.[78]

Anläßlich der endgültigen parlamentarischen Verabschiedung des Gesetzes drückten Regierung und Öffentlichkeit in Nordkorea, Südkorea, den Philippinen, Taiwan und China ihr Mißtrauen gegenüber einer Ausweitung der Rolle der Jieitai aus und warnten vor einem Wiederaufleben des japanischen Militarismus. Der Generalsekretär der Kommunistischen Partei Chinas, Jiang Zemin, warnte am 1. April 1992, daß Japan "die Befürchtungen der Nachbarn bedenken solle, wenn es den Auslandseinsatz der Jieitai erwäge". Über die Haltung Singapurs liegen widersprüchliche Angaben vor. Aus Thailand sind offizielle Reaktionen nicht gemeldet worden. Die Regierungen Australiens, Malaysias und Indonesiens unterstützen indessen eine japanische Beteiligung an VN-Friedensmissionen.[79]

Politiker aus Kambodscha, wo zum ersten Mal japanische Blauhelme eingesetzt werden sollten, äußerten sich unterschiedlich. Ministerpräsident Hun Sen bat bei seinem Japan-Besuch im März 1992 die japanische Regierung – möglicherweise auf deren vorherigen Wunsch – um die Beteiligung an Friedenstruppen in Kambodscha. Prinz Sihanouk lehnte dagegen zunächst eine Jieitai-Teilnahme an den VN-Friedenstruppen in Kambodscha ab.[80]

In Meinungsumfragen kam die Spaltung der japanischen Öffentlichkeit in der Frage der Beteiligung an friedenserhaltenden Maßnahmen der VN zum Ausdruck. Die Befürworter eines Auslandseinsatzes der Jieitai als Blauhelme der VN befanden sich nach allen verfügbaren Umfragen deutlich in der Minderheit, sind aber seit der neuen Gesetzesinitiative vom Herbst 1991 stärker geworden. Bis zur Verabschiedung des PKO-Gesetzes waren die Gegner deutlich in der Mehrheit, scheinen aber seitdem resigniert zu haben (vgl. Tabelle). Andere Umfragen zeigten, wie sehr die Verwicklung Japans in militärische Aktivitäten im Ausland die japanische Öffentlichkeit polarisiert.[81] Die ad hoc getroffenen Krisenentscheidungen der japanischen Regierung, um während der Golfkrise eine japanische Präsenz zu zeigen, fanden mehr Verständnis als die dauerhafte Institutionalisierung japanischer Blauhelmeinsätze. Es gibt somit einerseits keine Mehrheit in der japanischen Öffentlichkeit für die Beteiligung japanischer Soldaten an VN-Operationen. Doch andererseits scheint der anfänglich starke offene Protest gegen Auslandseinsätze der Jieitai der Resignation gewichen zu sein.

---

77 Nikkei Weekly, 20.6.1992.

78 FEER, 2.7.1992.

79 AMPO, 23 (1992) 3, S. 63; Nikkei Weekly, 20.6.1992; Frankfurter Rundschau, 17.6.1992; *Maswood*, Japan and the Gulf Crisis, S. 154-155; *Kitaoka*, Chronicling Japan's Crisis Diplomacy, S. 41; *Yamauchi*, Gunning for Japan's Peace Constitution, S. 166.

80 AMPO, 23 (1992) 3, S. 63.

81 Weitere Umfrageergebnisse sind in: *Hummel*, Japanische Blauhelme, zu finden.

Zur Umsetzung des PKO-Gesetzes erließ die japanische Regierung etwa ein Dutzend Verordnungen und ernannte noch im Juni 1992 Yanai Shunji, Leiter des Büros für Vertragsangelegenheiten im Außenministerium, zum Leiter der Zentralstelle für die Internationale Friedenszusammenarbeit. Sein Stellvertreter wurde Ogi Jiro. Am 10. August 1992 setzte die Regierung das PKO-Gesetz in Kraft und eröffnete das Büro der Zentralstelle.[82]

Tabelle – Haltung zu einem Auslandseinsatz der Jieitai im Rahmen von VN-Friedensmissionen bzw. zum PKO-Gesetz

Meinungsumfrage	Zeit	Dafür	Dagegen	Sonstige
Asahi Shimbun	8/1990[a]	19%	67%	14%
Mainichi Shimbun	10/1990[b]	13%	53%	34%
Asahi Shimbun	11/1990[c]	15%	78%	7%
Asahi Shimbun	11/1991[d]	33%	58%	9%
Asahi Shimbun	7/1992[e]	36%	36%	28%

Quellen:
a Asahi Nenkan, 1991, S. 202.
b S. Javed *Maswood*, Japan and the Gulf Crisis: Still Searching for a Role, in: The Pacific Review, 5 (1992) 2, S. 151.
c Asahi Nenkan, 1991, S. 202.
d Asahi Nenkan, 1992, S. 204.
e Naoyuki *Arai*, Senkyô hôdô to jânarizumu no sekinin (Wahlberichterstattung und journalistische Verantwortung), in: Gunshuku Mondai Shiryô, 143 (1992) 10, S. 58.

V. Vom PKO-Gesetz zu PKO-Einsätzen

1. PKO-Einsatz in Kambodscha

Die Debatte über eine japanischen Beteiligung an VN-Friedensmissionen und ihre gesetzliche Regelung war zwar durch den Golfkrieg ausgelöst worden. Doch bald wurde klar, daß Kambodscha konkretes Ziel der japanischen Blauhelme werden sollte. Bereits im Frühjahr 1992 begann man mit der Vorbereitung des Einsatzes.

Die Regierung bemühte sich frühzeitig um ein günstiges Meinungsklima für einen Einsatz der Jieitai bei den VN-Friedenstruppen in Kambodscha (UNTAC). Nachdem sich der kambodschanische Ministerpräsident Hun Sen für eine japanische Beteiligung an UNTAC ausgesprochen hatte, forderte dies am 27. März auch der japanische Botschafter in Kambodscha, Imagawa Yukio, mit der Begründung, daß die Kambodschaner die Japaner als "großen Bruder in Asien" akzeptierten und die Jieitai den Truppen anderer Länder vorzögen. Am 1. April erklärte der

82 Nikkei Weekly, 20.6. und 27.6.1992; Japan Times Weekly, 17.-23.8. und 24.-30.8.1992; International Herald Tribune, 11.8.1992.

parlamentarische Vizeminister im Außenministerium, Kakizawa Koji, ohne Beteiligung der Jieitai sei die hohe finanzielle Unterstützung der VN-Friedenstruppen in Kambodscha "nutzlos". Auf einer Pressekonferenz in Beijing am 15. April äußerte VN-Generalsekretär Boutros Boutros-Ghali dagegen zunächst, japanische Truppen würden in Kambodscha gar nicht gebraucht.[83]

Im Mai reiste der gerade pensionierte Generalleutnant Shigata Toshiyuki inoffiziell nach Kambodscha und sondierte konkrete Einsatzmöglichkeiten für die Jieitai. Shigata schlug der UNTAC den Einsatz einer Transporteinheit, bestehend aus drei mittleren und drei großen Hubschraubern und 300 Mann, sowie den Einsatz einer Pioniereinheit von 500 bis 600 Mann zur Reparatur von Straßen und Brükken vor und bot an, unverzüglich 20 bis 30 Offiziere mit guten Englischkenntnissen und diplomatischen Fähigkeiten als Militärbeobachter zu entsenden. Die UNTAC interessierte sich Shigata zufolge für die japanische Expertise bei Gesundheitsdiensten und Telekommunikation und erwartete ein japanisches Kontingent von maximal 1 000 Mann. Das Außenministerium schlug zusätzlich vor, lokale Militärs von unbewaffneten Jieitai-Militärbeobachtern in der Minenräumung unterweisen zu lassen.[84] Der Einsatz von Militärärzten wurde wegen der großen Personallücken der Jieitai in diesem Bereich wieder verworfen.[85]

Die organisatorischen Planungen für den Kambodscha-Einsatz begannen bereits im Mai 1992. Ausrüstung und Training der Jieitai hatten sich bisher ausschließlich an der Verteidigung Japans orientiert und nicht an Einsätzen in weit entfernten Ländern. Die klimatischen Bedingungen erforderten eine besondere Ausrüstung und Infrastruktur (Klimaanlagen, sauberes Wasser usw.) sowie Vorsorgemaßnahmen gegen Tropenkrankheiten.[86] Angesichts der gefährlichen Einsatzbedingungen mußte versorgungsrechtliche Vorsorge für den Fall getroffen werden, daß japanische Blauhelme krank, verletzt oder getötet würden. Die japanischen Berufssoldaten waren von der unerwarteten Aussicht, nach Kambodscha geschickt zu werden, nicht begeistert. Japanische Militärplaner waren besorgt, daß die ohnehin schwierige Rekrutierung für die Jieitai bei entsprechenden Verlusten in Kambodscha noch größere Probleme bereiten könnte.

Unmittelbar nach Verabschiedung des PKO-Gesetzes durch das Parlament führten japanische Diplomaten Verhandlungen mit den VN in New York über

83 AMPO, 23 (1992) 3, S. 63-64.

84 Nikkei Weekly, 20.6.1992.

85 FEER, 2.7.1992.

86 Für ihren Kambodscha-Einsatz griffen die Jieitai auf Ausrüstung aus Okinawa zurück, der südlichsten Präfektur Japans mit subtropischem Klima (Informationen der japanischen Botschaft in Bonn). Bezüglich Tropenkrankheiten teilte UNTAC am 16.9.1992 mit, daß bereits mehr als 400 Malaria-Erkrankungen, darunter drei Todesfälle, Hunderte von Magen-Darm-Erkrankungen und auch einige Fälle von Denguefieber-Infektionen registriert worden seien; vgl. Frankfurter Rundschau, 17.9.1992.

einen japanischen Einsatz.[87] Bei der Eröffnung der Zentralstelle für die Internationale Friedenszusammenarbeit sagte deren Sprecher, die japanischen Pioniere könnten bereits im Oktober nach Kambodscha entsandt werden.[88] Das japanische Heer bezifferte die voraussichtlichen Kosten für die Entsendung von 500 Blauhelmen auf 18 Mrd. Yen (225 Mio. D-Mark).[89] Die Regierung versprach, den Großteil der Kosten für den Blauhelmeinsatz zu übernehmen; üblicherweise bezahlen sie die VN.[90]

Vor der Entscheidung über eine Entsendung der Jieitai nach Kambodscha mußte die Regierung klären, ob die rechtlichen Voraussetzungen erfüllt waren, und insbesondere, ob der gesetzlich geforderte Waffenstillstand bestand. Das Problem war, daß die Khmer Rouge sich zunehmend weigerten, in Übereinstimmung mit dem Pariser Friedensabkommen vom Oktober 1991 ihre Waffen abzugeben und mit der UNTAC zu kooperieren.[91] Der Ministerpräsident schickte im Juli 1992 ein Erkundungsteam unter Leitung seines Chefberaters für auswärtige Angelegenheiten, Arima Tatsuo, nach Kambodscha. Arima räumte in seinem Bericht an den Ministerpräsidenten zwar Probleme hinsichtlich der Kooperationsbereitschaft der Khmer Rouge ein, hielt den Waffenstillstand aber für insgesamt tragfähig und größere Gefechte zwischen den Konfliktparteien für ausgeschlossen.[92] Somit schienen die gesetzlichen Bedingungen prinzipiell erfüllt zu sein.[93] Wie problematisch der Zweckoptimismus Arimas allerdings war, zeigt die Tatsache, daß bereits Ende August 1992 UNTAC-Chef Akashi andeutete, die VN-Truppen in Kambodscha könnten gegen die Khmer Rouge militärische Gewalt anwenden, falls sich diese weiterhin feindlich verhielten.[94]

Weiterhin bemühte sich die japanische Regierung, von vornherein die Sicherheitsrisiken für das japanische PKO-Korps in Kambodscha zu minimieren. UNTAC-Chef Akashi sagte der japanischen Pioniereinheit ein "relativ sicheres" Einsatzgebiet mit geringer Wahrscheinlichkeit von Attacken der Khmer Rouge und geringer Minengefahr zu. Die Pioniereinheit sollte die Nationalstraßen 2 und 3 im Süden Kambodschas reparieren.[95] Parallel dazu bemühten sich japanische Di-

---

87 Nikkei Weekly, 27.6.1992.

88 International Herald Tribune, 11.8.1992.

89 Frankfurter Rundschau, 17.6.1992.

90 Nikkei Weekly, 15.8.1992.

91 Ebd., 9.9.1992.

92 Ministerpräsident Miyazawa bekräftigte dies während einer Wahlkampftour ausdrücklich; vgl. Japan Times Weekly, 27.7.-2.8.1992.

93 Ebd.; Nikkei Weekly, 25.7.1992.

94 Nikkei Weekly, 15.8.1992.

95 Ebd.; Japan Times Weekly, 17.-23.8.1992.

plomaten über die chinesische und die thailändische Regierung, auf die Khmer Rouge mäßigend einzuwirken.[96]

Formell beschloß die japanische Regierung schließlich am 8. September 1992 auf ein offizielles Ersuchen von VN-Generalsekretär Boutros-Ghali hin die Abordnung von 1 886 Mann an die UNTAC. Im einzelnen handelte es sich um 8 unbewaffnete Heeresoffiziere als Waffenstillstandsbeobachter und 8 weitere als Ablösung; 75 Zivilpolizisten und weitere 75 als Ablösung; 600 Pioniere des Heeres und weitere 600 als Ablösung sowie 400 Marine- und 120 Luftwaffensoldaten für den Transportdienst.[97] Damit hatte die Regierung den in § 18 PKO-Gesetz vorgesehenen Rahmen von 2 000 Personen bereits fast völlig ausgeschöpft.

Vor ihrem Einsatz in Kambodscha besuchten im Juli 40 japanische Offiziere das schwedische VN-Trainingszentrum.[98] Außerdem führten Ende August fast 1 100 der für den Kambodschaeinsatz ausgewählten Soldaten eine einwöchige Spezialübung in Japan durch.[99] Die Schiffe, die die japanischen Blauhelme nach Kambodscha bringen sollten, legten im September 1992 vom Hafen Kure ab, begleitet von Protesten der Friedensgruppen gegen das PKO-Gesetz.[100]

Die japanischen Truppen schlugen ihr Hauptquartier in Takeo auf, 50 Meilen südlich von Phnom Penh. Am 28. Oktober begannen die japanischen Pioniere mit der Reparatur der Nationalstraße 2. Die meisten Pioniere mußten allerdings vorübergehend in einem Übergangslager in Phnom Penh bleiben, da am vorgesehenen Bauplatz für ihre Unterkünfte unerwartet viele, nicht explodierte Bomben der US-Luftwaffe aus der Zeit des Vietnamkriegs gefunden wurden.[101]

Im Oktober 1992 führten japanische und thailändische Diplomaten in Phnom Penh Gespräche mit Vertretern der Khmer Rouge, in denen sie auf Sicherheitsgarantien für die Blauhelme drängten. Die Gespräche wurden am 29. Oktober abgebrochen. Bereits zwei Tage vorher feuerten die Khmer Rouge neun Raketen auf Phnom Penh ab. Der Außenminister Watanabe Michio erklärte gegenüber der Presse, daß japanische Soldaten in Kambodscha blieben, solange die Führer der Khmer Rouge sich verpflichteten, den Waffenstillstand einzuhalten.[102] Anfang 1993 intensivierten die Khmer Rouge ihre militärischen Aktivitäten. Am 12. Januar 1993 beschossen sie eine UNTAC-Unterkunft, töten ein Kind und zwei kambodschanische UNTAC-Angestellte und verletzten zwei indische UNTAC-Polizi-

96 Nikkei Weekly, 15.8.1992. Die Khmer Rouge verstärkten im Sommer 1992 die Kritik an der "kolonialistischen" UNTAC und forderten Anfang September über ihre Rundfunkstation den Rücktritt von Akashi als Leiter von UNTAC; vgl. FEER, 17.9.1992.

97 Nikkei Weekly, 19.9.1992.

98 Informationen der japanischen Botschaft in Bonn.

99 Nikkei Weekly, 15.8.1992.

100 Ebd., 26.9.1992.

101 Japan Times Weekly, 28.9.-4.10.1992; Nikkei Weekly, 2.11.1992.

102 Nikkei Weekly, 2.11.1992.

sten. Fünf japanische UNTAC-Mitglieder, die ebenfalls in dieser Unterkunft untergebracht waren, befanden sich während des Angriffs zufällig nicht in dem Gebäude.[103] Angesichts der sich verschärfenden militärischen Auseinandersetzungen in Kambodscha wurden in der japanischen Öffentlichkeit vermehrt Forderungen nach Rückzug der japanischen Blauhelme laut.[104] Außenminister Watanabe wiederholte aber, daß die japanischen Truppen in Kambodscha bleiben könnten, da der Waffenstillstand technisch immer noch gelte und wegen Munitionsmangels bei beiden Kampfparteien die Kämpfe nicht lange anhalten dürften.[105] Die Kämpfe bezeichnete Watanabe als nur "begrenzte" Kriegführung.[106] In den VN wurden hingegen angesichts der zunehmenden Kämpfe mit den Khmer Rouge Überlegungen angestellt, die VN-Mission von einer friedenserhaltenden in eine friedenserzwingende umzuwandeln.[107]

Ende Januar 1993 ordnete die UNTAC an, daß die japanischen Pioniere auch im Norden Kambodschas eingesetzt werden sollten, um dort Güter zu transportieren und sich um die Wasserversorgung zu kümmern. Die japanische Regierung billigte diese Order, da nach Aussagen des Kabinettssekretärs Kono Yohei die kambodschanischen Regierungstruppen die Khmer Rouge in den Westen Kambodschas trieben und daher die japanischen Soldaten im Norden nicht gefährdet seien. Unter den japanischen Regierungsbeamten, die zu dieser Zeit als Wahlbeobachter für Kambodscha ausgewählt wurden, lösten die anhaltenden Gefechte aber große Besorgnis aus.[108]

2. Weitere PKO-Einsätze

Die japanische Regierung wollte vor weiteren Blauhelmeinsätzen zunächst die Erfahrungen mit Kambodscha abwarten. Nachdem mit der Verabschiedung des PKO-Gesetzes der Grundsatzbeschluß zur Beteiligung an Blauhelmeinsätzen gefallen war, tauchten jedoch bald weitere Einsatzmöglichkeiten auf. Als erstes ging es um das ehemalige Jugoslawien. Am 7. Juli 1992 gaben die Staats- und Regierungschefs der G-7 unter Beteiligung Japans während ihres Treffens in München eine gemeinsame Erklärung ab, in der sie mit der Anwendung militärischer Gewalt zur Sicherung humanitärer Hilfslieferungen an Bosnien drohten. Von der Presse in Japan auf die Erklärung zu einem möglichen Militäreinsatz in Bosnien

---

103 Ebd., 18.1.1993.

104 Ebd., 8.2.1993. Die JSP und KPJ forderten die Prüfung und ggf. den Rückzug des japanischen Personals; vgl. Japan Times Weekly, 22.-28.2.1993.

105 Nikkei Weekly, 8.2.1993.

106 Japan Times Weekly, 22.-28.2.1993.

107 Nikkei Weekly, 8.2.1993; M. *Nitschke*, Die UNO: Ein "Tiger ohne Krallen"? UNO-Mission in Kambodscha vor dem Scheitern, in: Antimilitarismus-Information, 23 (1993) 3, S. 19-22.

108 Nikkei Weekly, 15.2.1993.

angesprochen, sagte am 8. Juli Kabinettssekretär Kato Koichi, dies sei lediglich als deutliches politisches Signal an die serbische Führung zu verstehen. Eine japanische Beteiligung an einer solchen Militäraktion zur Sicherung humanitärer Hilfslieferungen komme aber aus verfassungsrechtlichen Gründen nicht in Frage.[109]

Am 8. September 1992 beschloß die japanische Regierung zusammen mit der Entsendung von Blauhelmen nach Kambodscha auch die Entsendung von drei unbewaffneten Heeresoffizieren nach Angola, wo sie an der Überwachung der Wahlen durch die VN teilnehmen sollen.[110] Unter VN-Aufsicht konnten in Angola Anfang 1993 tatsächlich freie Wahlen abgehalten werden. Die unterlegene UNITA wollte das Wahlergebnis aber nicht anerkennen. Daraufhin entbrannte der Bürgerkrieg von neuem, so daß die VN-Beobachter rasch evakuiert werden mußten.

Auch bei der VN-Aktion in Somalia stand die personelle Beteiligung Japans zur Debatte. Japan hatte sich zunächst auf humanitäre Hilfe über das UNHCR beschränkt und bis November 1992 knapp 6 Mio. US-Dollar zur Verfügung gestellt. Im Herbst zeichnete sich jedoch eine größere Militäraktion unter Führung der USA zur Sicherung der humanitären Hilfslieferungen ab. Kabinettssekretär Katô Koichi erklärte am 11. November 1992, daß Japan sich mit zivilen Charterflugzeugen an der Somalia-Aktion beteiligen wolle, daß eine Entsendung von Militärflugzeugen aber nicht in Frage komme, da das PKO-Gesetz das Bestehen eines Waffenstillstandes zur Bedingung mache.

Präsident Bush bat den japanischen Ministerpräsidenten Miyazawa am 3. Dezember telefonisch um Unterstützung für die geplante multinationale Militäraktion unter Führung der USA. Miyazawa sagte dies im VN-Sicherheitsrat zu. Kabinettssekretär Katô bekräftigte jedoch erneut, daß sich die Jieitai an der Somalia-Operation nicht beteiligen würden, da dort kein Waffenstillstand herrsche. Ein Sprecher des Außenministeriums ergänzte, nach dem PKO-Gesetz müsse die Regierung des Einsatzlandes einem japanischen Einsatz zustimmen; da es in Somalia aber keine Zentralregierung mehr gebe, könne diese Bedingung nicht erfüllt werden. Am 4. Dezember kündigte Katô eine Beteiligung an den Kosten der Somalia-Operation an. Ende Dezember wurde aus dem Außenministerium berichtet, Japan werde für die Militäraktion über 100 Mio. US-Dollar bereitstellen. Außerdem sollten die an Somalia angrenzenden Länder von Japan medizinische Hilfe und Unterstützung bei der Betreuung von Flüchtlingen erhalten.[111]

Anfang 1993 beschlossen die VN, Blauhelme nach Mosambik zu entsenden. Generalsekretär Boutros-Ghali bat die japanische Regierung anläßlich seines Ja-

---

109 Japan Times Weekly, 20.-26.7.1992.

110 FEER, 17.9.1992, S. 14; Nikkei Weekly, 19.9.1992.

111 Nikkei Weekly, 7.12.1992; Japan Times Weekly, 23.-29.11.1992 und 21.12.1992-3.1.1993.

pan-Besuchs im Februar 1993 um Beteiligung an der VN-Mission.[112] Die im PKO-Gesetz festgelegte Höchstgrenze von 2 000 Mann japanischer Blauhelme war allerdings durch den Kambodscha-Einsatz fast ausgeschöpft, so daß für Mosambik höchstens ein kleines japanisches Team in Frage kam. Das Außenministerium plädierte für die Entsendung eines 50-Mann-Kontingents der Jieitai für logistische Aufgaben. Der frühere Ministerpräsident Nakasone forderte während eines USA-Besuchs am 1. März ebenfalls die Entsendung von 40 bis 50 japanischen Soldaten nach Mosambik, um das japanische Bekenntnis zur neuen Weltordnung zu demonstrieren. Kabinettssekretär Kono lehnte eine Entsendung von Jieitai ab, da über Mosambik zu wenig Informationen vorlägen und erst die Kambodscha-Mission der Streitkräfte erfolgreich abgeschlossen werden solle. Die Regierung beschloß schließlich, ein ziviles Team für Waffenstillstandsbeobachtung und Wahlbeobachtung zu entsenden. Vorher wurde allerdings am 4. März ein Sondierungsteam nach Mosambik geschickt, um die Situation vor Ort zu erkunden. Teile der LDP und das Außenministerium kritisierten die maßgeblich von Miyazawa herbeigeführte Entscheidung der Regierung, nur Zivilpersonal nach Mosambik zu entsenden.[113]

3. Erneute Verfassungsdebatte und der Besuch des VN-Generalsekretärs in Japan

Ende 1992 intensivierte sich die Debatte um eine Verfassungsrevision in Japan vor dem Hintergrund parteipolitischer Machtkämpfe vor allem innerhalb der LDP, forciert von deren nationalistischen Teilen (Watanabe-Fraktion, Mitsuzuka-Fraktion). Dabei spielte das Argument eine wichtige Rolle, daß Artikel 9 der Verfassung der gewachsenen außenpolitischen Rolle Japans entgegenstehe. Mitte Januar sprach sich Ministerpräsident Miyazawa aber öffentlich gegen eine Verfassungsänderung aus.[114]

Die LDP-Führung setzte wegen der innerparteilichen Meinungsverschiedenheiten über eine japanische Beteiligung an VN-Kampfeinsätzen eine Arbeitsgruppe ein. Diese empfahl in ihrem Bericht eine Reinterpretation statt einer Revision der Verfassung. Nach ihrer Interpretation verbiete die Verfassung zwar Japan, nicht aber den Vereinten Nationen den Einsatz von Waffengewalt zur Lösung internationaler Konflikte. Der Bericht wurde von rechten LDP-Politikern als nicht weitgehend genug abgelehnt.[115]

---

112 Bereits vor dem Besuch des Generalsekretärs hatten die VN inoffiziell die japanische Regierung ersucht, 20 bis 50 Mann nach Mosambik zur Beobachtung des Waffenstillstandes sowie für Transport- und Kommunikationsdienste zu schicken; vgl. Japan Times Weekly, 22.-28.2.1993.

113 Nikkei Weekly, 1.3. und 8.3.1993; Japan Times Weekly, 8.-14.3.1993.

114 Nikkei Weekly, 18.1. und 25.1.1993.

115 Ebd., 8.2.1993; Japan Times Weekly, 15.-21.2. und 22.-28.2.1993.

Die nationalistischen LDP-Politiker drängten weiter auf eine Ausweitung der militärischen Auslandspräsenz Japans. Bereits am 5. Januar 1992 bat Außenminister Watanabe den Direktor des Verteidigungsamtes, Nakayama, die Streitkräfte auf eine größere Auslandspräsenz vorzubereiten und Schiffe für den Truppentransport sowie Transportflugzeuge zu beschaffen. Am 21. Januar sprach Watanabe sogar davon, 30 bis 40% des Personals der Streitkräfte für internationale Operationen bereitzustellen. Zudem forderte er im Zusammenhang mit der Somalia-Aktion eine Revision des Streitkräfte- und des PKO-Gesetzes, um einerseits die Streitkräfte in zusätzliche Länder wie Somalia entsenden und andererseits auch dann weiter in Kambodscha Streitkräfte stationieren zu können, wenn sich die Khmer Rouge nicht mehr an das Pariser Waffenstillstandsabkommen von 1991 hielten. Das Außenministerium strebte eine Ergänzung der Einsatzmöglichkeiten nach dem Streitkräfte-Gesetz an, um auch militärische Einsätze als "Beiträge zu weltweiten Friedensbemühungen" vorzusehen; außerdem sollten die strengen Restriktionen des PKO-Gesetzes für eine Beteiligung an VN-Einsätzen gelockert werden. Ministerpräsident Miyazawa äußerte sich zurückhaltend zu dem Vorschlag Watanabes, die vorläufige Außerkraftsetzung (freeze) bestimmter Einsatzmöglichkeiten nach dem PKO-Gesetz aufzuheben.[116]

Kurz vor seinem Japan-Besuch im Februar 1993 äußerte der VN-Generalsekretär in einem aufsehenerregenden Interview mit der Nachrichtenagentur Kyodo, er hoffe, daß Japan seine Verfassung ändere, damit sich japanische Truppen an friedenserzwingenden VN-Kampfeinsätzen beteiligen könnten. Außenminister Watanabe zeigte Interesse für die Vorstellungen des Generalsekretärs, aber Ministerpräsident Miyazawa wiederholte, daß sich Japan an die bestehenden Verfassungsbestimmungen halten werde.[117] Der Generalsekretär spielte zwar nach Ankunft in Japan seine Interviewäußerungen herunter, drängte aber auf weitere personelle Beiträge Japans zu VN-Missionen, etwa Beteiligung an weiteren Friedensmissionen, vor allem in Mosambik, Entsendung medizinischer Hilfsteams für und Transport von VN-Truppen.[118] Das japanische Außenministerium und das Verteidigungsamt kündigten an, sie seien bereit, Streitkräfte zu entsenden.[119]

VI. Abschließende Wertung

Die japanische PKO-Debatte hat sowohl innen- als auch außenpolitische Konsequenzen. Zunächst ist zu fragen, ob sie auf eine grundlegende politische Kräfteverschiebung in Japan hindeutet, also auf ein Abrücken der japanischen Öffentlich-

116 Nikkei Weekly, 18.1. und 25.1.1993; Japan Times Weekly, 8.-14.2.1993.

117 Ebd., 8.-14.2.1993; Nikkei Weekly, 8.2.1993.

118 Nikkei Weekly, 15.2.1993.

119 Ebd., 22.2. und 1.3.1993.

keit von der Friedensverfassung und eine Unterstützung einer interventionistischen japanischen Außenpolitik. Bisher zeichnete sich das Kräfteverhältnis der Nachkriegszeit jedenfalls dadurch aus, daß die Friedensverfassung – gestützt auf die Mehrheit der öffentlichen Meinung, den Oppositionsparteien und akzeptiert von den wirtschaftsliberalen Teilen des Regierungsblocks – die Identität Japans ausmachte und die Schwerpunktsetzung auf die Wirtschaftsexpansion ermöglichte.

Die Debatte zeigte deutlich, daß mit einem Ende der Polarisierung der japanischen Öffentlichkeit hinsichtlich der Außen- und Militärpolitik nicht zu rechnen, ein außenpolitischer Konsens in dieser Frage also nicht in Sicht ist. Dennoch war die japanische Öffentlichkeit bereit, die Ad-hoc-Maßnahmen der Regierung zur Unterstützung der Militäraktion unter dem Kommando der USA zu dulden, obwohl die "hemdsärmeligen" Methoden der LDP und die "Prinzipienlosigkeit" der Kômeitô und der DSP einiges Mißfallen erregten. Eine Zusammenarbeit mit den Golfkriegsalliierten erschien jedenfalls wohl weiten Kreisen der Bevölkerung als unvermeidbar, sollte eine Verschlechterung der amerikanisch-japanischen Beziehungen verhindert werden.[120]

Auch die Öffentlichkeit war schließlich – eher resignierend und mangels Alternative von seiten der Opposition – bereit, das PKO-Gesetz zu akzeptieren, nachdem der Regierungsblock den ursprünglichen Gesetzentwurf wesentlich "entschärft" und bei den Vorbereitungen für den Einsatz japanischer Blauhelme in Kambodscha alle Anstrengungen unternommen hatte, militärische Verwicklungen zu vermeiden. Symbolisch hat der Regierungsblock damit zwar die isolationistische Grundstimmung überwunden, aber noch keinen Durchbruch zur Akzeptanz einer interventionistischen Außenpolitik geschafft.

Die in der PKO-Debatte sichtbar gewordene verstärkte Außenorientierung und Bereitschaft zu einer aktiveren außenpolitischen Rolle Japans scheint nicht zwangsläufig die Akzeptierung einer militärisch definierten internationalen Verantwortung Japans zu bedeuten. Vielmehr entwickelte sich im Antimilitarismus bereits ein potentiell einflußreiches Gegenkonzept: ein Selbstverständnis Japans als friedenspolitische Avantgarde. Hinzuweisen wäre hier nur auf das Schlagwort der "Kriegsdienstverweigerung" in der neuen Weltordnung. Zudem bedeutete das PKO-Gesetz mit seinen restriktiven Bedingungen innenpolitisch insofern einen Erfolg, als es weitergehenden militärischen Ambitionen nationalistischer Politiker einen Riegel vorschob.

Das Gesetz wurde von der Militärführung begrüßt, die sich erhoffte, dadurch den Legitimationsverlust des Militärs nach dem Ende des Kalten Krieges kompensieren zu können. Das Selbstverteidigungsamt begrüßte das Gesetz im Verteidi-

---

120 Motofumi *Asai*, Pacifism in a New International Order, in: Japan Quarterly, 38 (1991) 2, S. 130-141 (133).

gungsweißbuch 1992, das im August 1992 veröffentlicht wurde.[121] Im Vergleich zum Vorjahr wurde darin die potentielle sowjetisch-russische Bedrohung Japans deutlich geringer eingeschätzt, die bisher die primäre Rechtfertigung für die Existenz der Jieitai geliefert hatte. Zwar verwies das Weißbuch auf neue Bedrohungen für die Sicherheit Japans, primär auf die Entwicklung von Nuklearwaffen in Nordkorea und auf die expandierenden Marineaktivitäten Chinas. Aber das starke Gewicht, das der japanischen Beteiligung an friedenserhaltenden Maßnahmen der Vereinten Nationen eingeräumt wird, zeigt, daß vor allem in ihr die neue Legitimationsgrundlage gesehen wird.

Nicht nur der offizielle Enthusiasmus des Selbstverteidigungsamtes über die neuen Aufgaben der Jieitai sollte skeptisch betrachtet werden, sondern auch der Argwohn der militärkritischen Kreise, das PKO-Gesetz könnte zum Türöffner einer interventionistischen Außenpolitik werden. Dafür gibt es mehrere Gründe. Zunächst werden die japanischen Blauhelme weder innerhalb der Jieitai noch innerhalb der VN-Truppen ein größeres Gewicht haben. Wie der Kambodscha-Einsatz erkennen läßt, sind die japanischen Soldaten außerdem aufgrund ihrer Ausrüstung, Ausbildung und Organisation derzeit für Blauhelmeinsätze denkbar ungeeignet.

Auch außenpolitisch hat Japan für Militäreinsätze keinen Freibrief bekommen. Die PKO-Debatte zeigte, daß die Nachbarländer den japanischen Streitkräften nach wie vor mißtrauisch gegenüberstehen. Selbst die US-Regierung, die zunächst so stark auf eine Beteiligung japanischer Soldaten an der Aufrechterhaltung der neuen Weltordnung drängte, verhält sich ambivalent. Bekannt geworden sind Planungen im Pentagon, den Aufstieg konkurrierender Mächte in Europa und Asien zu verhindern.[122] Dies belegt erneut, daß auch aus der Sicht der USA weniger eine reale als vielmehr eine symbolische Präsenz[123] japanischer Soldaten bei internationalen Ordnungsmaßnahmen gefordert ist, eine Präsenz allerdings, mit der solche Ordnungsmaßnahmen auch von Japan sichtbar legitimiert werden. Als Schlüssel zu einer verstärkten Aufrüstung und militärischen Interventionspolitik Japans kann das PKO-Gesetz deshalb kaum verstanden werden.

---

121 Nikkei Weekly, 15.8.1992.

122 Diese Planungen unter dem Stichwort "no rivals" wurden durch einen Bericht der New York Times vom 8.3.1992 öffentlich bekannt. Darin werden Auszüge aus einem geheimen Entwurf des US-Verteidigungsministeriums für die "Defense Planning Guidance" der Haushaltsjahre 1994-1999 zitiert. Der Bericht liegt auch in deutscher Übersetzung vor; vgl. Blätter für deutsche und internationale Politik, 37 (1992) 4, S. 429-430.

123 Hierin unterscheidet sich die japanische PKO-Beteiligung von früheren Auslandsaktivitäten der Jieitai während des Kalten Krieges. Zu letzteren gehören beispielsweise die Teilnahme an Marinemanövern mit den USA und anderen westlichen Marineeinheiten im Pazifik (RIMPAC) und die Vorneverteidigung im Rahmen der 1 000 Seemeilen-"sea lane defense". Damals stärkte die japanische Beteiligung das westliche Militärpotential gegen die Sowjetunion real und nicht nur symbolisch; vgl. *Hummel*, Japan: Schleichende Militarisierung.

Das Motiv für eine verstärkte außenpolitische Rolle Japans liegt in der japanischen Wirtschaftsexpansion. Diese ist auf die Aufrechterhaltung der neuen Weltordnung angewiesen, die nach wie vor auf asymmetrischen Machtverhältnissen und Lebenschancen beruht und insofern durch strukturelle Gewalt im Sinne Galtungs[124] geprägt ist. Allerdings scheinen innerhalb des japanischen Establishments erhebliche Zweifel an der Funktionalität militärischer Gewalt zu bestehen: Die historischen Erfahrungen mit der militärischen Durchsetzung einer von Japan dominierten Ordnung in Ost- und Südostasien waren sehr ernüchternd; eine Militarisierung würde die japanischen Wirtschaftsbeziehungen mit dem Ausland polarisieren und die Interdependenzen gefährden. Die japanische Außenpolitik bedient sich nach wie vor hauptsächlich finanzieller Mittel, um ihre Ziele durchzusetzen.

Der Einsatz japanischer Blauhelme im Rahmen der Vereinten Nationen hat somit vor allem eine symbolische Funktion zur Legitimierung der neuen Weltordnung und ist erst in zweiter Linie durch den Wunsch motiviert, tatsächlich Konflikte zu regeln. Die innenpolitisch motivierten restriktiven Sonderbedingungen des PKO-Gesetzes, bis hin zum Rückzug bei Bruch des Waffenstillstands, passen jedenfalls nicht zu den realen Einsatzbedingungen und der Eigendynamik vor Ort und lassen sich auch außenpolitisch kaum durchhalten.

Japan hat sich somit auch in der PKO-Debatte als prototypischer Handelsstaat erwiesen. Daran wird auch die deutsche Blauhelmdiskussion zu messen sein, die sich anders als in Japan zunehmend auf eine deutsche oder gesamteuropäische Weltpolizistenrolle konzentriert und sich dadurch immer mehr am machtstaatlichen und immer weniger am handelsstaatlichen Denken orientiert.

---

124 Johan *Galtung*, Violence, Peace and Peace Research, in: Journal of Peace Research, 6 (1969), S. 167-191.

20. Prepared for Peace-keeping: The Nordic Countries and Participation in U.N. Military Operations

Åge Eknes

Introduction

The Nordic countries[1] have been among the United Nations' (U.N.) strongest supporters. With some minor exceptions, at least one of the Nordic countries has participated in every U.N. peace-keeping mission organized up until now. And there has been a massive involvement; during the Cold War period, an average of about 25% of all "Blue Helmets" came from the Nordic countries. Still, by mid 1992, after the number of U.N. soldiers had tripled in less than four years, more than 10% of the U.N. peace-keepers were from these countries. This support is also reflected in the status peace-keeping has achieved here: In Norway, for example, one of the defence forces' main tasks now is "to support U.N. peace-keeping operations by earmarking and training of stand-by units, and upon request (from the U.N.) provide Norwegian contingents."[2]

But the same countries have been more cautious when it comes to support of U.N. enforcement operations. In Korea and in Desert Storm, the Scandinavian countries – hesitatingly, but under considerable domestic and international pressure – ended up by providing medical units or personnel. Further, none of the countries participated in the military operation in northern Iraq which followed the Gulf War in order to provide security and humanitarian assistance to the Kurdish refugees. This low profile is in sharp contrast to the considerable economic and humanitarian assistance these same countries simultaneously provided to the international efforts which were launched in order to alleviate the suffering created by the Iraqi aggression.

However, this should not be taken as a generally negative Nordic stance towards U.N. enforcement operations. During the Gulf crisis, officials in all four countries emphasized that the efforts of the coalition forces were U.N.-authorized and should be regarded as U.N. missions irrespective of the fact that they were not organized in accordance with the dormant provisions of Chapter VII of the U.N. Charter. In many ways, it seems more fruitful to perceive these events as a cautious adaptation towards the U.N.'s new security role: Whereas the Nordic countries were among the driving forces behind the development of traditional peace-keeping in the 1950s and 60s – other and militarily stronger countries seem to

1 The Nordic countries in this context include Finland, Sweden, Denmark and Norway. Iceland has no armed forces.

2 See St.meld. No. 54 (1987-88) (Government White Paper on the Norwegian Defence). My translation.

have taken the lead when the new generation of U.N. forces now are to be designed.

This paper will focus on the Nordic countries' attitudes towards participation in U.N. military operations; peace-keeping as well as enforcement missions. It will first discuss the historical and political background of their traditional role – as well as technical aspects concerning how each country has organized its peace-keeping activities. Then the current situation will be addressed, before some concluding remarks are made concerning future participation.

I. Historical Context

With the development and management of U.N. peace-keeping so closely associated with the U.N. Secretary-General and his staff, it should surprise no one that the Nordic countries became involved at an early stage. After all, the two first Secretary-Generals, Trygve Lie and Dag Hammarskjøld, were from this region – as was the first mediator for Palestine, Count Folke Bernadotte, who played an important role when the first U.N. observer mission (UNTSO) was established in 1948.

But the early and massive Nordic involvement in peace-keeping must also be assessed in the light of the unique political and popular support the U.N. acquired in these countries. Multilateralism and collective security early became important issues for small countries sensitively located in the emerging superpower struggle. Irrespective of whether the countries decided to join one of the dominating defence alliances, as Denmark and Norway did in the late 1940s, or stay outside as Finland and Sweden, they found a common platform in their support of the ideals enshrined in the U.N. Charter. Although the U.S.-Soviet rivalry literally paralyzed the Security Council for the entire Cold War period, this did not discredit the U.N. to the same degree in the Nordic countries as in many other places. Rather the contrary, by emphasizing that the U.N. was an "imperfect organization in an imperfect world," the need to adapt a pragmatic approach in order to gradually strengthen the organization was repeatedly recommended.[3]

The nature of U.N. peace-keeping, as the concept gradually evolved, further appealed to the Nordic countries. These missions became perceived of as some kind of proto-military activity, non-interventionist in nature and in many situations a viable alternative to the unilateral interventions which the major powers repeatedly relied on in regional conflicts. Peace-keeping was regarded primarily as a confidence building measure which middle-sized and small nations like the Nordic countries, without great power ambitions and a colonial legacy, were particularly

3 See for example J. J. Holst, "Support and Limitations of Troop Contributors," in I. J. Rikhye and K. Skjelsbæk, *The United Nations and Peace-keeping* (London: Macmillan, 1990).

well suited for. Since the early 1960s, the Nordic countries, individually or in cooperation, have conducted numerous academic as well as government-sponsored studies aimed at improving U.N. peace-keeping.[4]

The intimate relationship between peace and development has also been underlined in the Nordic countries. In the Cold War period, peace-keeping took exclusively place in the Third World. And even if the peace-keepers' role sometimes was challenged, it was generally recognized that their overall impact with regard to strengthening the preconditions for economic and political development was positive. Peace-keeping therefore gradually became perceived of as a foreign policy instrument related to taming regional conflicts in the Third World. This is also reflected in the way such operations were financed. It became early the practice that the national costs incurred by each country's participation at least partly were covered by special funding outside the ordinary defence budget or by funds earmarked for development assistance.

A last, often neglected, general factor which needs to be addressed in order to understand the early and massive Nordic involvement in peace-keeping, is the organized interest of the military themselves. Despite occasional reluctance from the military leadership who felt that U.N. commitments drained too much resources from the national defence, U.N. service became the most important way whereby Nordic officers could obtain international experience. This factor was, of course, particularly important in Sweden and Finland which did not have NATO as an alternative organization for international service.

II. Establishment of Nordic U.N. Stand-by Forces

Several attempts were made in order to establish or organize a U.N. military capacity after the failure to implement the system of collective security as Chapter VII of the Charter envisages. Trygve Lie, in 1948, proposed the establishment of a small standing U.N. force, but did not obtain the necessary support. However, this attempt led instead to the establishment of the U.N.'s civilian Field Service organization. The next attempt came with the General Assembly's "Uniting for Peace" resolution during the Korean War, which encouraged member states to earmark forces for U.N. service and recommended the establishment of a Collective Measures Committee which should select military experts to advise member states on issues like composition and training of the units. However, few countries

---

4 The first large-scale project in this respect, called "International Security Forces," was concluded in Norway in 1962. Representatives from Sweden and Denmark also took part in the project which played an important role in the process that went on simultaneously and ended up by the establishment of the Nordic U.N. Stand-by Forces. See *Internasjonal Politikk* (The Norwegian Institute of International Affairs, Oslo), No. 1, 1963.

replied positively – in fact, of the about 60 countries approached, only Denmark, Norway, Greece and Thailand seem to have been seriously interested.[5]

The establishment of the first emergency force, UNEF I, in 1956, triggered yet another debate concerning U.N. stand-by forces. Encouraged by signals from several member countries, not least the Nordic ones, Dag Hammarskjøld decided to side-step the obstacles created by Soviet reluctance to earmarking of troops for U.N. service. He issued a report at the 14th General Assembly in 1959 encourageing countries which had provided troops for the U.N. in the Middle East to take into consideration possible future contributions to the U.N. in their military planning.

The defence ministers of Denmark, Sweden and Norway discussed this request in 1960. It was decided that the possibility of inter-Scandinavian military cooperation within this field should be explored. Working groups were established in all three countries and several concepts discussed – from establishing an integrated Nordic force to separate national contingents. The work was concluded by 1964 with decisions in the parliament of each country. The concept eventually chosen meant that each country would establish and train a stand-by force for peace-keeping operations which, upon request from the Secretary-General and decision by national authorities, would be put at the disposal of the U.N.

Finland, due to its sensitive position vis-a-vis the Soviet Union, kept a low profile in the initial phase of this process. But from 1963 onwards, they became increasingly closer incorporated. They established their own U.N. stand-by force along lines similar to the Scandinavian countries, and from 1966 onwards, they have participated in the Nordic military U.N. network as equal partners. In 1968, the four countries independently forwarded the relevant data concerning organization and status of the Nordic stand-by forces to the U.N. Special Committee on Peacekeeping Operations.

Although the stand-by forces were designed in order to be available for the U.N. Secretary-General for peace-keeping purposes on short notice, certain reservations were taken. First of all, it is a national decision in each separate case whether a unit shall be mobilized and put under U.N. command, the Secretary-General can only request. Secondly, the need for a clear mandate for the mission, host country consent and an undisputable authorization from the Security Council have been emphasized as preconditions for a positive response. It has always been underlined that the stand-by units are not available for enforcement operations.[6]

---

5 See O. Espersen, *FN-Styrker i Retlig Belysning* (København: Juristforbundets Forlag, 1965).

6 See for example R. Kristiansen, *Norsk Militær Innsats for de Forente Nasjoner (1949-1970)* (Oslo: Forsvarets Krigshistoriske Forening, 1970).

III. The Composition and Structure of the Forces

The composition of the stand-by forces was based upon the experience from the first U.N. operations in the Sinai/Gaza strip and in Congo. Additional experience from the second U.N. force in the Sinai and from Cyprus led to certain modifications in the composition – but the basic structure has remained the same until now.

The number of personnel each country has committed itself to train, equip and prepare for U.N. service has not been changed since the decisions of the parliaments in the early 1960s: Finland and Sweden have stand-by forces consisting of 2,000 officers and private soldiers, Norway 1,350, whereas Denmark set the limit at 950. Table 1 specifies the composition and personnel categories of each country's stand-by force.

It must be emphasized that these are not standing forces. Each country has developed a rather extensive system whereby regular officers as well as reserves have signed contracts implying that they are willing to be available for U.N. service on short notice, normally whithin a few days. It should also be noted that this is a flexible concept. The units represent what each country has trained for U.N. service. But the organization, equipment and training of the units might be modified according to the requirements in the area were they are to be deployed. The underlying idea was that each contingent should be able to operate independently or as part of a joint Nordic force. However, in practice, the U.N. has chosen to pick different units from the stand-by forces and integrated them in broader multinational forces.

This does not mean that the units of the stand-by forces are the only possible Nordic contributions to peace-keeping. On several occasions, when special demands have emerged in the U.N., all four countries have provided other units or modified units – as, for example, Norway did in early 1992 when it sent movement control personnel far above the number on stand-by to the U.N. force in former Yugoslavia. However, it will normally take longer time to respond to such requests and the preparedness of these units might not be of the same standard as those of the stand-by forces.

The ceiling of each national stand-by force represents the total number of personnel earmarked for U.N. service. If units are in active service, the number of personnel on stand-by is accordingly reduced. This has meant that with the general increase in this activity over the past few years, none of the countries has had much in reserve or on stand-by for immediate U.N. service. In fact, Denmark does today, due to its participation in UNPROFOR, have considerably more personnel in U.N. service than the number of personnel in its stand-by force.

Table 1 – The Units of the Nordic U.N. Stand-by Forces

Unit	Organizing Nation Denmark	 Finland	 Norway	 Sweden
1	2	3	4	5
ARMY UNITS				
U.N. Battalions	1	1	1	2
Zone HQ Company	-	-	-	-
Workshop Unit	-	-	1	-
Medical Company	-	-	1	-
Movement Control Unit	1	1	1	1
NAVAL UNIT				
Naval Vessel	-	-	1	-
Harbour Command	-	-	1	-
AIR FORCE UNIT				
Air Transport Unit	-	-	1	-
Helicopter Wing	-	-	1	-
OTHER UNITS				
Disaster Relief Units				
Survival Units	-	-	-	1
Health Care Units	-	-	-	1
Technical Assistance Unit	-	-	-	1
Transportation and Stores Unit	-	-	-	1
INDIVIDUALS	Strength of Personnel DK	 SF	 N	 S
Headquarters Staff Personnel	15	20	25	15
Observers	15	25	25	26
Movement Control Personnel	-	-	10	20
Total strength:	950	2,000	1,350	2,000

Source: Copied from *Nordic U.N. Stand-by Forces*, 3rd edition. NORSAMFN, Swedish Army Staff, Stockholm 1986.

IV. Recruiting and Training of Personnel

Recruiting of personnel to the stand-by force takes place according to national procedures. As the contingents primarily consist of officers, NCOs and private soldiers who are recruited on a voluntary basis, are campaigns regularly launched through media and the armed forces in order to spot volunteers. Military record and civilian skills are normally the most important criteria for selection. In order to be considered, soldiers must either have completed their compulsory national service – or be in the final stages of this. Those selected have to sign a contract which commits them to be available for peace-keeping duty for a period which vary between the countries, although never shorter than six months. They are then given training beyond what they normally would have received for national service. Finland and Sweden have formalized this by separate laws regulating rights and obligations of their personnel in U.N. service.

How much training the volunteers are given and how this is organized, differ slightly between the countries. Finland and Sweden have established rather large scale U.N. training centres whereas Norway and Denmark have more limited facilities. However, in all four countries personnel in the stand-by force will be briefed and trained in several U.N.-related topics when they are accepted in the stand-by force or prior to service in a specific mission, including:

- The U.N. system and the general principles of peace-keeping – including how soldiers are supposed to carry out peace-keeping tasks.
- Knowledge about the political, cultural, climatical and topographical situation in the areas where they will be deployed.
- Training in the functions they have been assigned to in the stand-by force.

In order to improve and economize the training and encourage international teamwork, a system has gradually emerged whereby the four countries have established joint Nordic training courses for some categories of officers. The courses are organized and run by the host nation – but the course staff are drawn from all four nations and the curriculum and timing of each course is a matter of consultation among the military authorities.[7] Participants from non-Nordic countries have also routinely taken part in these courses.

V. Nordic Peace-keeping Coordination

The intimate cooperation on peace-keeping issues which has evolved between the Nordic countries since the 1950s has gradually become institutionalized. From being a matter of coordination of dispatch or rotation of troops, there is now Nordic cooperation on literally every aspect of this activity. The system is as follows:

Each country has a national bureaucracy responsible for peace-keeping. There are desk officers in the defence ministries working on financial and political matters related to this activity. In the army staff or defence commands of each

---

7 Currently, Finland is responsible for the training of military observers, Sweden for training of staff officers, Denmark for military police and Norway for movement control personnel and logistics officers. In addition there is a higher level seminar for those working in national bureaucracies and higher staff positions which alternates between the countries (every third year).

country, there are offices or departments which plan and coordinate the daily activities, i.e. to keep regular contact with units in active service, take care of those support functions which are national responsibilities, recruit personnel, prepare rotations, etc. Finland has a somewhat different system as its ministry of defence has some of the functions the other countries have placed in their central military commands, whereas they have delegated the remaining functions to the U.N. Training Centre.

The Nordic cooperative network has several levels: The defence ministers meet twice a year and they had until recently primarily peace-keeping matters on the agenda. They exchange information about the situation in the U.N. missions the respective countries are involved in, coordinate initiatives towards the U.N. secretariat and evaluate the joint Nordic U.N. activity.

Figure 1 – Structure of Nordic U.N. Cooperation

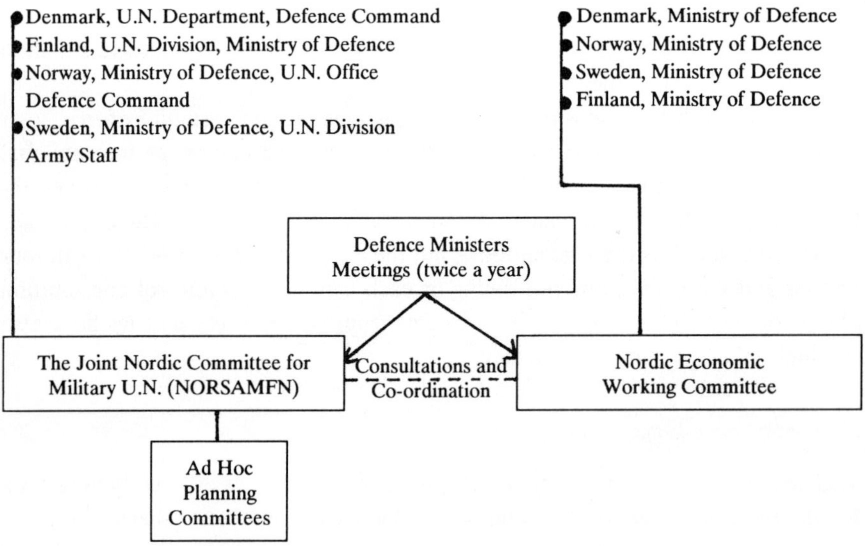

A joint Nordic Committee for Military U.N. Matters (NORSAMFN), consisting of representatives of the ministries of defence and the defence commands, meets several times a year in order to plan the defence ministers' meetings, coordinate training activities and exchange information concerning their own involvement in peace-keeping. If more than one Nordic country are involved in the establishment of a new mission, the NORSAMFN network might be activated in order to assess whether practical aspects like exchange of information concerning the area of operation and transportation to the mission area can be coordinated.

A Nordic Economic Working Committee also exists, with representatives from the four countries' ministries of defence, dealing with financial matters related to peace-keeping. In addition, there is a Transport Planning Committee which coordinates supply flights to missions where there is Nordic participation, e.g. the regular Nordic supply flight route (SCACYP) to the Middle East, and ad hoc committees are established when required for dealing with other practical aspects of common Nordic interest.

The Nordic countries also try to coordinate their politics towards the U.N. in New York. The ministries of foreign affairs have on several occasions issued joint Nordic documents with proposals to strengthen U.N. peace-keeping, and Denmark, which is the only Nordic country with a seat in the U.N. Special Committee on Peace-keeping (The Committee of 34) does *de facto* represent all the Nordic countries in the Committee.

VI. National Particularities

Despite the existence of stand-by forces – and despite the intimate institutional cooperation – it would be unwise to perceive the Nordic countries as one actor or unit when it comes to peace-keeping. The unified behaviour in the U.N. is not a product of integrated decision-making, but of intimate coordination. Each country formulates its own policy and keeps full control with regard to utilization of its personnel. Sweden, for example, did not discuss its decision to withdraw from UNFICYP in 1988 with the other Nordic countries. Similarly, there exist four examples on jointly composed Nordic unity in U.N. service. The exceptions being the joint Danish-Norwegian batallion which served with UNEF I in the 1950-60s and the more recent NORDBATT – the joint Nordic batallion in Macedonia. This, of course, can partly be explained by the operational difficulties involved in running joint units, but the political aspects concerning overall control – for example, decisions related to withdrawal from a mission – should not be underestimated.

It should also be noted that the Nordic support for peace-keeping has not been uniformly supportive. Party politics have been important. In general, the conservative parties during the Cold War period seem to have been more reluctant to large-scale U.N. contributions than governments formed by social democratic parties – and therefore, at least on some occasions have tried to limit the involvement.[8]

---

8 The most recent example was the non-socialist coalition in Norway 1989-90 which tried to withdraw its contingent from UNIFIL. However, it did not manage to achieve sufficient support for this in Parliament.

But the political leaders of the troop-contributing countries do not alone decide upon their participation. As U.N. peace-keeping depends upon the consent and co-operation of the host nations, these have a *de facto* veto with regard to participating states which has been used on several occasions. Sweden experienced this when South Africa suddenly insisted upon the removal of its contingent from UNTAG. Similarly, Denmark's and Norway's membership in NATO has, in the past, restricted the use of personnel from these countries.

VII. The Current Situation

The U.N.'s military role has expanded considerably over the past four years – both in number of operations and in their tasks. The number of troop-contributing countries, as well as the number of troops, has tripled in this period. Further, the major powers are playing a much more influential role in peace-keeping than previously – both by addressing the subject more vigourously in the Security Council as well as by providing troops and observers in far higher numbers than before.

This development has generally been encouraged and applauded in the Nordic countries. Besides, one or more of the countries have – or are supposed to – take part in all of these new missions, either by providing military observers or units – or civilian police which now seems to be in increasing demand (table 2). However, there are also areas of concern related to this expansion, most often expressed by observers or politicians outside the government circles.

First, there is an uneasiness emerging concerning the expansion of the concept of peace-keeping. With U.N. peace-keepers more often deployed in highly confusing and unstable operational environments characterized by sub-national actors whom it might be difficult to define and even harder to trust, the traditional preconditions of peace-keeping are not as relevant as they used to be. Although Nordic peace-keepers know that they might come into situations where weapons are used both against and by them, they have difficulties in grasping this trend which might make peace-keeping in many situations to something similar to security forces. For the governments, this also has an organizational dimension. The Nordic stand-by forces consist of volunteers who have signed up for peace-keeping purposes. But the question emerging now is whether these without reservations can be used for the new types of operations, now often deployed in civil war situations like Bosnia-Hercegovina and Somalia.

Second, the major powers' new interest in peace-keeping also implies that they have taken over more of the control of these missions. This is perceived both negatively and positively. Positive as far as this trend has increased the status and leverage of the peace-keepers, and thereby made the likelihood of political settlement of the conflicts where peace-keepers are deployed higher. Negative in as much as peace-keeping traditionally has been perceived as an alternative to major power involvement in regional conflicts. Smaller countries, like the Nordic ones, which have contributed to these missions, have traditionally had a large say. This is now waning, at the same time as the intimate consultations among the Council's permanent members are becoming increasingly more important. Whereas the Nordic countries undoubtedly accept the fact that their relative influence is diminishing, they will also subscribe to the need for more transparency in the Council's deliberations within this field, as recently expressed by the U.N.'s Peace-keeping Committee.

Table 2 – Nordic Participation in Current U.N. Peace-keeping Missions as of June 1993

	NORWAY	FINLAND	SWEDEN	DENMARK
UNTSO	15	17	34	11
UNMOGIP	8	5	8	6
UNFICYP	–	7	8	4
– Police	–	–	18	–
UNIKOM	28	6	6	51
UNPROFOR	352	487	114	1,085
– Police	29	–	29	27
UNDOF	–	356	–	–
UNIFIL	837	518	514	–
UNOSOM	77	5	–	–
UNAVEM II	5	–	15	–
– Police	–	–	12	–
ONUSAL	–	–	4	–
– Police	3	–	5	–
UNTAC	–	–	–	–
– Police	20	–	30	–

Acronyms: UNTSO, U.N. Truce Supervision Organization; UNMOGIP, U.N. Military Observer Group in India and Pakistan; UNFICYP, U.N. Peace-keeping Force in Cyprus; UNIKOM, U.N. Iraq-Kuwait Observation Mission; UNPROFOR, U.N. Protection Force; UNDOF, U.N. Disengagement Observer Force; UNIFIL, U.N. Interim Force in Lebanon; UNOSOM, U.N. Operation in Somalia; UNAVEM II, U.N. Angola Verification Mission; ONUSAL, U.N. Observer Mission in El Salvador; UNTAC, U.N. Transitional Authority in Cambodia.

Sources: The figures are from the U.N. Secretariat's official statistics on "Peace-keeping operations by countries." The numbers include military observers as well as personnel in regular peace-keeping operations.

Third, financial aspects might become more of a constraining variable than hitherto. Even if the Nordic countries have a long tradition of complaining about the financial status of peace-keeping, such considerations have rarely been a determining factor when overall dispositions have been made. But, with the budgetary constraints these countries now experience, combined with the U.N.'s inability to reimburse according to agreements, this question might soon achieve new actuality. The question has several dimensions. First, the U.N. owe the Nordic countries some $245 million for their contributions, and the discrepancy between some of the bigger countries' vocal support for peace-keeping and their willingness to pay is distressing. Secondly, as high cost countries, they all have significantly higher expenses for their participation than the U.N. will reimburse – even if it had done so in full. For Norway, for example, the absorption factor is about 65% – which means that only 35% of the actual costs for its peace-keeping involvement are supposed to be reimbursed by the U.N. With large troop contributions, this becomes a rather significant expense which can not be expected to be entirely protected from the general budgetary cuts which seem inevitable.

VIII. Nordic Participation in Enforcement Operations

In Korea, as in Desert Storm, the Nordic military contributions were rather limited compared to what they traditionally have provided to the regular peace-keeping missions. With the exception of the Gulf embargo of Iraq where Denmark provided a naval vessel and Norway a supply ship, their contribution have been limited to medical support units. Although Scandinavian military personnel was involved in the Gulf War and the governments supported the coalition's efforts, the same countries also emphasized that they, according to international law, were non-belligerent parties.[9] Among the somewhat peculiar consequences of this "non-neutral non-belligerent role" was that whereas the other naval vessels in the embargo operation were integrated in the coalition's commando and control system as Desert Storm commenced, the Danish and Norwegian vessel continued to conduct their embargo operation independently.

This hesitation to become strongly involved seems to have been partly a result of concern for the fate of the military observers some of these countries had deployed in Iraq in January 1991 as part of the U.N. observer mission established along the Iran-Iraq cease-fire line following the 1988 cease-fire, partly the concern that taking part in the war could prevent them from participating in a traditional peace-keeping operation afterwards. The rather unfamiliar manner in which Desert Shield and Desert Storm were organized, represented a further source of uneasiness. There emerged strong opposition within the parliaments in Norway and Sweden emphasizing that this was not U.N. operations and that it was even

9 See *Statens Offentlega Utredningar (SOU)*, Stockholm 1984: 56 pg. 268 for the legal argument used.

doubtful whether the Council had the right to authorize use of force in the manner done.

The first Nordic response to Operation Provide Comfort in northern Iraq in the aftermath of Desert Storm was even more reserved. This time it was not only the doubtful U.N. control of the missions that became a matter of concern, but also the sensitive issue of the international society's right to intervene militarily in intra-state conflicts on a humanitarian basis. In this situation, Norway, being asked by U.S. military authorities to participate with military units, decided not to do so, arguing that it was not the military capacity that was in shortage – but humanitarian assistance which the government provided.

The Gulf Wars, therefore, illustrate clearly that the Nordic countries at that time did not have a clear perception of how they should respond to the "new" and "stronger" United Nations. The four countries in general responded hesitatingly and in ad hoc manners. Finland and Sweden were clearly most reluctant to become involved – Finland had no military contributions in the Gulf at all. Denmark and Norway – the two NATO countries which also happened to be the only countries with non-socialist governments at the onset of the conflict – became more actively involved. However, not with univocal enthusiasm: There was, for example, no serious discussion about sending fighting units. They preferred instead to provide humanitarian assistance, lend and lease military equipment to the coalition forces, make economic contributions and provide medical personnel. This made it possible for Denmark and Norway to argue that they participated, for example, when the issue was on the agenda within NATO, at the same time as the opposition domestically was contained by the constraints which the government laied on the participation.

But a clear shift seems at the moment to take place both within the general public opinion as well as among the political parties in all four countries. The tragedies in former Yugoslavia and Somalia and the international society's inability to control or contain them, have in many ways been instrumental. In fact, in general terms representatives of all four governments now have emphasized willingness to participate in U.N. enforcement missions when or if such are established. This debate has also been expanded to include contributions to peace-keeping operations in a CSCE context as part of the general debate concerning activation of the U.N. Charter's Chapter VIII provisions for regional arrangements.

IX. The Nordic Countries and Participation in Future U.N. Military Operations

The Secretary-General has, with *An Agenda for Peace*, outlined the most likely directions in which peace-keeping and the U.N. use of military personnel will proceed. His conclusion seems to be that peace-keeping will be used in a broader range of operational environments than hitherto and that this will require a strengthening of the U.N.'s management capacity for military operations, including a sounder financial basis. In particular, the report's emphasis on the fact that there now exists a grey zone between peace-keeping and -enforcement that has to be dealt with, has received attention in the Nordic countries as well as among other troop contributors. This has also been underlined by the report's new definition of peace-keeping as an evolving concept which "hitherto with the concent of all the parties concerned" has been used in the termination or containment of conflicts. His proposals for establishing peace-enforcement units and implement the collective security system as forseen in the U.N. Charter's Chapter VII, illustrate that our traditional understanding of peace-keeping as an alternative to the military role originally envisaged for the U.N. has been replaced by new thinking in which peace-keeping is included as one relatively vaguely defined mechanism in the U.N. overall system for collective Security.[10]

The report has in general terms been positively received in the Nordic countries, however with emphasis on general.[11] Whereas all four countries have stated their determination to continue their contributions to U.N. peace-keeping, and that they are legally committed to support the military actions taken under the Charter's Chapter VII, few statements have been made, and even fever steps have been taken, which indicates how this will be done.

The Norwegian government took a first step towards formulating a post-Cold War policy by the White Paper on Norway's future participation in peace-keeping which was published at the end of 1992. This proposed an expansion of the Norwegian stand-by force, a general commitment of the government also to support the "new generation" of operations with operational concepts in between peace-keeping and -enforcement, and in general terms open up for Norwegian participation in peace-keeping within a regional framework, meaning NATO and the CSCE. A committee established by the Government has also recently published a report on "Green Helmets" within the Norwegian defence forces. This report proposes the establishment of an environmental task force which might also have support functions for the newly established United Nations Center for Urgent Environment Assistance (UNCUEA) in Geneva, for example, in connection with environmental disasters at the international level.[12]

Denmark has by a socalled "defence compromise" in the parliament in late 1992 decided to proceed along a somewhat different path. An "international brigade"

---

10 See *An Agenda for Peace*, U.N. A/47/227 – S/24111.

11 See the Danish statement in the Committee of 34 (the U.N. Peace-keeping Committee) on August 14, 1992, which represents a joint Nordic statement.

12 *Grønne Tropper* (Green Berets) report by a government-sponsored committee, Oslo, October 12, 1992.

which might support the U.N. as well as NATO and might be used for peace-keeping as well as enforcement operations is in the process of being established.

Sweden and Finland have not taken similar steps towards reassessing their military contributions to the U.N.[13] However, this does not mean that their ability to react to the U.N.'s future demands necessarily will be reduced. On several occasions, it has been documented that the requests which fall outside what is in the stand-by forces have been promptly responded to. A major reason for this is that each country now has tens of thousands of soldiers which have operational experience from various U.N. missions. These soldiers represent an invaluable resource to be counted on in such situations – which *de facto* means that the Nordic countries have a far higher capacity for providing qualified peace-keepers than the number of stand-by forces indicates.

The most important future constraint will, therefore – leave aside the political calculations concerning risks involved in participating in a specific mission – probably be the economic factors. The contrasting tendency of reduced defence spendings and increased cost of peace-keeping activities will inevitably have to find a balance which is impossible to determine at the moment.

Although nothing has been decided hitherto, one of the ideas often discussed at bureaucratic levels and among observers, is to direct the Nordic efforts even more towards providing support units demanding a higher level of technological expertise and less personnel. This makes in many ways sense since Nordic soldiers cost several times as much per head as, for example, soldiers from many Third World countries. With the expertise, for example, within engineering, communication, logistics, disaster relief, and of course with providing medical assistance, the Nordic countries have obtained, they might be able to fill a niche which the U.N. traditionally have had a considerable lack of resources within.

---

13 However, in more general terms, all three countries have emphasized the need to increase the preparedness within this field. See, for example, the Danish Ministry of Defence's report on the future defence forces structure and size, *Rapport om Forsvarets Fremtidige Struktur og Størrelse*, Copenhagen, March 2, 1992.

21. United Nations Financing: The Growing Gap between Demands and Resources

Enid C. B. Schoettle

"Will this Organization face the economic consequences of its own actions and how will it be done? Further, if it is not willing to face the financial consequences of its own decisions, is it then prepared to change its substantive policies? There is no third alternative."[1]

"A chasm has developed between the tasks entrusted to this Organization and the financial means provided to it. The truth of the matter is that our vision cannot really extend to the prospect opening before us as long as our financing remains myopic."[2]

"Never have so many argued about so little money as in the United Nations."[3]

Introduction

In *An Agenda for Peace*,[4] the 1992 *Report on the Work of the Organization*[5] and many other public statements, U.N. Secretary-General Boutros Boutros-Ghali suggests that since 1987, the U.N. has entered a new chapter and become a "qualitatively different body." The most marked changes have been in the field of international peace and security. Over this period, the Security Council has developed into a vigorous, decision-making institution. In 1987, it met 49 times, held 403 consultations, and issued 23 resolutions or presidential statements. In only the first seven months of 1992, the Council held 81 official meetings, 644 consultations, and issued 89 resolutions or presidential statements. The work of the Secretariat on peace and security has also expanded: in the first seven months of 1992, the Secretariat undertook "75 diplomatic missions of fact-finding, representation, and good offices" on behalf of the Secretary-General.[6]

---

1 Secretary-General Dag Hammarskjøld to the Fifth Committee on November 21, 1960 (U.N. Document A/C.5/843, p. 8).

2 Boutros Boutros-Ghali, *An Agenda for Peace: Preventive Diplomacy, Peacemaking and Peacekeeping.* Report of the Secretary-General pursuant to the statement adopted by the Summit meeting of the Security Council on January 31, 1992, United Nations Department of Information (DPI) 1247 (United Nations, New York, 1992).

3 John Stoessinger, *Financing the United Nations System* (The Brookings Institution: Washington D.C., 1964), p. 1.

4 Boutros-Ghali, *An Agenda for Peace*, op. cit.

5 Boutros Boutros-Ghali, *Report on the Work of the Organization from the Forty-sixth to the Forty-seventh Session of the General Assembly*, DPI 1289, (United Nations, New York, September 1992), para. 15.

6 Ibid., para. 16 and 20.

Nowhere is this heightened level of activity more apparent than in the field of peace-keeping. Since 1988, fourteen new U.N. peace-keeping operations have been established: more in the past four years than the 13 peace-keeping forces established between 1948-1987. They have ranged across four continents: in Afghanistan, the borders between Iran and Iraq and between Iraq and Kuwait, Cambodia, Nicaragua, El Salvador, former Yugoslavia, Namibia, Western Sahara, Angola, Somalia, and most recently, Mozambique. These new forces are no longer solely military in function, but have wide responsibilities in such areas as human rights, refugee assistance and repatriation, monitoring or conducting elections and referenda, civil administration, public information programs, humanitarian assistance, and economic and social development.

Compared with 1987, there has been a five-fold increase in the number of U.N. troops and military observers deployed: from 9,666 to 47,546 as of January 31, 1993. In 1987 there were 35 civilian police personnel deployed; as of January 31, 1993 there were 4581. As of January 31, 1993, these U.N. peace-keepers came from 67 countries: 37% of the U.N.'s membership.[7]

The U.N.'s expanding role in helping the world contain conflict has earned high-level endorsement from most of its members. On January 31, 1992 the U.N. Security Council met in New York for the first time since 1945 at the level of heads of state and government. In their final statement, the fifteen world leaders announced:

> "The members of the Council stress the importance of strengthening and improving the United Nations to increase its effectiveness. They are determined to assume fully their responsibilities within the United Nations Organization in the framework of the Charter."[8]

In July 1992, at their Munich Summit, the leaders of the "G-7" lauded the United Nations and pledged it their support:

> "The new challenges underlie the need for strengthening the U.N. ... The Secretary General's report 'An Agenda for Peace' is a valuable contribution to the work of the United Nations on preventive diplomacy, peace-making and peace-keeping. We assure him of our readiness to provide the political support and resources needed to maintain international peace and security."[9]

Despite these ringing endorsements, one thing that has not kept pace since 1987 is the financial resource base undergirding the U.N.'s rapidly expanding activities.

---

7 Ibid., para. 17-19, section IV and figures 4-6. 1992 numbers are from the Press Office of the U.N.

8 Security Council Document S/23500 (Declaration by the Heads of State and Government at the Summit Meeting of January 31, 1992), p. 3.

9 "Munich Economic Summit Political Declaration: Shaping the New Partnership," July 7, 1992, reproduced in: *Weekly Compilation of Presidential Documents*, Monday, July 13, 1992, Vol. 28, No. 28, p. 1221.

While the growing scale of U.N. operations reflect a global demand, a continuing financial crisis is curtailing the U.N.'s ability to act in ways which governments claim to want. The Secretary-General has made clear that unless this financial situation is resolved and more stable financial mechanisms put in place, the United Nations will not be able to do what it is being asked to do.

This paper will review the current financial mechanisms of the U.N. and the reasons for the current financial crisis. It will then analyze various proposals for new financial mechanisms which might address some of these problems.

I. The Current Financial Situation of the United Nations[10]

There are three types of U.N. resources: assessed contributions to the regular budget; special assessed contributions to the separate budgets of individual peacekeeping operations; and voluntary or extrabudgetary contributions of various kinds. Over the past decade, the relative shares of these resources have shifted. Having increased rapidly since 1988, the aggregate cost of peace-keeping in 1992 substantially exceeded the regular budget. In recent years, the total of voluntary contributions to U.N. programs and activities linked to the regular budget has also exceeded the regular budget. Table 1 shows the amounts of these three types of U.N. resources for the previous and current bienniums.

1. Regular Budget

The regular budget is financed according to the principle of collective financial responsibility and the provisions of Article 17.2 of the Charter that "the expenses of the Organization shall be borne by the Members as apportioned by the General Assembly." Full payment of U.N. mandatory assessments is a legally binding obligation on member states.[11]

The U.N.'s regular biennial budget is prepared by the Secretariat. It is reviewed by the intergovernmental Advisory Committee on Administrative and Budgetary Questions (ACABQ) which then refers it, with any recommended changes, to the General Assembly's Administrative and Budgetary Committee (the 5th Committee). Finally, the budget is approved by the General Assembly: according to Article 18, by a two-thirds majority vote. Since 1986, however, pursuant to General Assembly Resolution 41/213, General Assembly decisions to approve the budget

10 Except for passing references, this discussion does not address financing of the sixteen specialized agencies and two others – the International Atomic Energy Agency and the General Agreement on Tariffs and Trade – which are related to the U.N. by special agreements.

11 Stoessinger, op. cit., and Jose E. Alvarez, "Legal Remedies and the United Nations à la carte Problem," in *Michigan Journal of International Law*, Vol. 12, No. 2, Winter 1991, pp. 229-311.

have been made by consensus: thus granting each major donor – but also every other nation – an effective veto over the budget (see below section II.1).

Table 1 – Amounts of U.N. Resources (in billions of $)[a]

	Biennium 1990-91	*Biennium 1992-93*
Regular Budget Assessments	2.168	2.389
Peace-keeping Assessments	0.845	1.37[b] 4.0[c]
Voluntary Contributions to programs/ activities also funded by the regular budget	2.946	3.084

a Figures for the regular budget include income estimates and are final for 1990-1991 and appropriated for 1992-1993; the figure for peace-keeping in 1992 is approximate; and figures for voluntary contributions are from the approved (but not final) budget for 1991-1992 and the proposed budget for 1992-1993.

b In 1992.

c Currently estimated for 1993.

Source: General Assembly Resolution A/RES/46/184, *Final Budget Appropriations for the Biennium 1990-1991*; General Assembly Resolution A/RES/46/186, *Budget Appropriations for the Biennium 1992-1993*, and table 3 in section II.2.

The regular budget includes the expenses of the General Assembly, the Security Council, the Economic and Social Council, the Secretariat and the International Court of Justice and supports activities in the fields of overall policy-making, direction and coordination; political affairs; international justice and law; international cooperation for development; regional cooperation for development; human rights and humanitarian affairs; public information; common support services; special expenses; capital expenditures; and staff assessment. The regular budget also covers the administrative costs of a number of U.N. development and humanitarian programs, including those of the U.N. High Commissioner for Refugees (UNHCR), the U.N. Relief and Works Agency for Palestine Refugees in the Near East (UNRWA), the five regional Economic and Social Commissions, the International Drug Control Programme, and others. The large operational programs of these development and humanitarian agencies are, however, supported through voluntary contributions (see below section I.3).

The regular budget is financed according to a scale of assessments based on the principle of capacity to pay, with a maximum assessment of 25% established in 1971 and a minimum assessment of 0.01% established in 1978.[12] No country considered among the "least developed countries" may be assessed at more than 0.01%. The assessment formula is based initially on a state's gross domestic product averaged over the preceding 10 year period and converted into U.S.$ at official exchange rates. This figure yields a given percentage of the regular U.N. budget which is then adjusted downward for countries with high levels of external indebtedness or lower than average per capita income. States with low levels of indebtedness and higher than average per capita income pay a correspondingly higher rate of assessment. Since the United States would be assessed at approximately 27% on the basis of its gross domestic product, its rate is adjusted downwards to the 25% ceiling and other states pay correspondingly more. Finally, a "scheme of limits" is applied which limits the amount by which a state's assessment may go up or down between bienniums, as a function of drastic changes in a country's external debt or gross domestic product. The top 15 contributors to the 1992 regular budget are shown on table 2.

The scale of assessments is drawn up every three years by an expert group, the U.N. Committee on Contributions, and approved by the General Assembly. The complex formula attempts to make the assessment scale equitable, but at any given time various member states complain that their assessment rate is too high. Assessment rates for new member states and, in exceptional circumstances, claims for adjustment in existing rates can be reviewed by the Committee on Contributions during a given assessment period.

2. Peace-keeping Budgets

Since the establishment of the United Nations Emergency Force in Egypt (UNEF I) in 1956, the principal method of financing U.N. peace-keeping has been through a separate assessment for each peace-keeping operation outside the regular budget. The forces currently funded by special peace-keeping assessments include the United Nations Disengagement Observer Force in Israel and Syria (UNDOF), the United Nations Interim Force in Lebanon (UNIFIL), the United Nations Angola Verification Mission (UNAVEM II), the United Nations Iraq-Kuwait Observation Mission (UNIKOM), the United Nations Mission for the Referendum in Western Sahara (MINURSO), the United Nations Observer Mission in El

12 See General Assembly Document A/46/11 Addendum 2, Supplement No. 11, September 23, 1991, Report of the Committee on Contributions.

Salvador (ONUSAL), the United Nations Transitional Authority in Cambodia (UNTAC), the United Nations Operation in Somalia (UNOSOM), the United Nations Operation in Mozambique (ONUMOZ), and, in large measure, the United Nations Protection Force in former Yugoslavia (UNPROFOR). Seven others which have been terminated have also been funded entirely through special peace-keeping assessments.

Table 2 – Top 15 Contributors to the Regular Budget of the U.N.

	Rate	1992 amount (millions of $)
1. United States	25.0%	298.4
2. Japan	12.5%	122.6
3. Russia	9.4%	92.7
4. Germany	8.9%	87.9
5. France	6.0%	59.1
6. Great Britain	5.0%	49.4
7. Italy	4.3%	42.2
8. Canada	3.1%	30.7
9. Spain	1.9%	19.5
10. Brazil	1.6%	15.7
11. Australia	1.5%	14.9
12. Netherlands	1.5%	14.8
13. Ukraine	1.2%	11.6
14. Sweden	1.1%	10.9
15. Belgium	1.1%	10.4
Total:	84.1%	880.8

Three current peace-keeping operations are funded in other ways. The United Nations Truce Supervision Organization in the Middle East (UNTSO), which was established in 1948, and the United Nations Military Observer Group in India and Pakistan (UNMOGIP), which was established in 1949, are funded in the regular U.N. budget. Another, the United Nations Peace-keeping Force in Cyprus (UNFICYP) which was established in 1964 at the height of a U.N. crisis over how to finance peace-keeping, is funded entirely by voluntary contributions.[13]

Peace-keeping operations are considered by the General Assembly to be an expense of the United Nations, subject to the principle of collective financial respon-

13 See Susan R. Mills, "The Financing of United Nations Peacekeeping Operations: The Need for a Sound Financial Basis," *International Peace Academy Occasional Papers on Peacekeeping*, No. 3, 1989 and *Information Notes on United Nations Peace-keeping Operations*, PS/DPI/18/ Rev.1 (United Nations, September 1992).

sibility. The International Court of Justice upheld this position in the "Certain Expenses of the United Nations" in 1962 after the Soviet Union and France refused to pay for UNEF I and the Congo operations and the General Assembly sought an advisory opinion from the Court (see section II.1 below).

A special peace-keeping assessment, separate from the regular budget, is justified on the grounds that the costs of peace-keeping operations are unpredictable, can be high, and consequently are not easily accommodated in advance within the regular budget. Thus, whenever the Security Council authorizes a new peace-keeping operation, the General Assembly must approve a new assessment to pay for its deployment.

The current assessment formula for peace-keeping operations has been in place since 1973, modelled on General Assembly Resolution 3101 (XXVIII) to finance UNEF II. It differs substantially from the assessment formula for the regular budget.[14] Member states are divided into four categories. Group D, the "economically least developed states," pay only 10% of their assessment rate for the regular budget, or as little as 0.001%. Group C, the "economically less developed states," pay only 20% of their assessment rate for the regular budget. Group B, the "economically developed states," pay the same assessment rate as for the regular budget. Group A, the five permanent members of the Security Council, pay the remainder and thus a substantially higher rate than they do for the regular budget. The higher assessments on the five permanent members are approximately 22% above their regular assessment rates and in 1992, totalled 56% of the entire peace-keeping assessment.

The assessment formula for peace-keeping was clearly designed to minimize the burden on developing countries while still retaining the principle of collective financial responsibility. The "surcharge" on the five permanent members recognizes their special responsibilities for the maintenance of international peace and security and their special privilege of the veto.

3. Voluntary Contributions

From the earliest years of the United Nations, member states have differed over which U.N. activities and programs should be financed by assessed contributions and which by voluntary or extrabudgetary contributions. Indeed, there are no clear rules determining whether operational activities fall within the regular or "core" budget, and thus are subject to mandatory assessments.

Most voluntary contributions are for operational activities in the fields of economic and social development and humanitarian assistance. Some programs and agencies, such as the United Nations Development Program (UNDP), the United

14 Mills, ibid., p. 15ff.

Nations Population Fund (UNFPA) and the United Nations Children's Fund (UNICEF), are, in principle, part of the U.N. organization but in fact operate independently, with budgets funded entirely through voluntary contributions raised at periodic pledging conferences and approved by their own governing boards. As noted above, other programs and activities, including UNHCR and UNRWA, receive a small portion of their funding for administrative costs from the regular budget, but the bulk of their funding for operations from voluntary contributions.

The trend, however, is clear. Originally considered to be supplementary to assessed contributions, voluntary contributions to the United Nations have steadily increased. Including only those programs and activities partially funded by the U.N.'s regular budget, over the past decade, voluntary contributions to the U.N.'s biennial budget have exceeded the regular assessed biennial budget.[15] For example, the 1990-1991 biennial budget includes 2.946 billion in voluntary contributions as opposed to $2.168 billion in the regular budget. The 1992-1993 biennial budget includes $3.084 billion in voluntary contributions as opposed to $2.389 billion in the regular budget[16] (see table 1 above).

Voluntary contributions to the U.N. budget take three forms. The first type is voluntary contributions to agencies such as UNHCR and UNRWA for operational activities of various kinds. The second type is contributions through UNDP or UNFPA for operational activities of economic development programs such as the U.N.'s regional commissions or the United Nations Commission on Trade and Development. The third type are individual trust funds for specific purposes directly administered by the U.N. These are often established when the U.N. initiates a specific, often urgent, program for which the General Assembly has not provided funding. These specific purpose trust funds have increased in number over the past years and there are now well over 100. Some, such as the Afghanistan Emergency Trust Fund, the Kampuchean Emergency Trust Fund, the Fund for Drug Abuse and the new Central Emergency Fund are very large: ranging in these four cases from $15 million to $100 million as of December 31, 1991. Others are old funds which are simply accumulating interest, or are small initiatives with annual expenditures under $100,000.

---

15 Maurice Bertrand, "The U.N. in Profile: How Its Resources are Distributed," in Peter Fromuth, ed., *A Successor Vision: The United Nations of Tomorrow* (Lanham, MD: United Nations Association of the United States and University Press of America, 1988), pp. 356-357.

16 See *Proposed Programme Budget for the Biennium 1992-1993*, Vol. 1 (Official Records of the Forty-Sixth Session of the General Assembly: Supplement No. 6 [A/46/6/Rev.1]), p. 19, table 1 for figures on voluntary contributions; General Assembly Resolution 46/184 for final budget appropriations for the biennium 1990-1991; and General Assembly Resolution 46/186 for budget appropriations for the biennium 1992-1993. See also *Issues before the 46th General Assembly of the United Nations* and *Issues before the 47th General Assembly of the United Nations* (United Nations Association of the United States of America and Lexington Books, 1991 and 1992) and *A Successor Vision*, ibid.

By definition, these voluntary contributions are unpredic in amount, purpose and timing. It is also apparent that the vast majority come from a relatively small number of major donors, with particular donors choosing to support particular activities of special interest. The system is complex and, since contributions are also made in kind and by a wide variety of government agencies, it is not easy to calculate how much a given country voluntarily contributes to the United Nations. In the case of the United States in 1992, however, the total amount of voluntary contributions was approximately $514 million: substantially larger than the assessments owed the organization for the regular budget ($299 million), and only somewhat less than the total U.S. assessments for the regular budget and all the U.N. specialized agencies combined ($629 million).

4. Reserves

The United Nations utilizes four sources of reserve funds: the Working Capital Fund; the Special Account; the newly established Peace-keeping Reserve Fund; and the amounts realized by the suspension of financial regulations which has permitted the organization to retain budgetary surpluses both in the regular budget and in certain peace-keeping accounts.[17]

The Working Capital Fund was established in 1946 as a cash reserve to enable the Secretary-General to meet day-to-day operating expenses until sufficient assessed payments for the regular budget had been received. It was also intended to meet "unforseen and extraordinary" expenses, until such time as the General Assembly could decide how to meet them. In principle, the reserves are to be replenished when states pay their assessments in full or when the General Assembly authorizes additional funding. Over time, the Working Capital Fund has been increased from $20 million in 1947 to $100 million in 1982.[18] At the outset, the Fund was larger than the U.N. budget, but its authorized level declined in 1992 to approximately 9% of the regular budget and 4% of the combined regular and peace-keeping budgets.

Second, the Special Account was established in 1965 and again in 1972 as a mechanism into which member states could make voluntary contributions so as to rectify the financial crisis occasioned by withholdings of assessed contributions to UNEF I and the United Nations Operation in the Congo (ONUC) (see below section II). It gave governments, which for reasons of principle had withheld their assessed contributions, a mechanism to support the U.N. without ceding on principle.

---

17 General Assembly Document A/46/600/Add.1 of 19 November 1991, *The Financial Situation of the United Nations. Proposals to Address the Problems of Today and Tomorrow: Report of the Secretary-General*, p. 24.

18 Mills, op. cit., pp. 13-15.

In its early years, substantial contributions were made to the Special Account, and in the 1980s, both China and the USSR made contributions. As of 1992, together with accumulated interest, the Special Account had grown to $140 million.[19] In the renewed financial crisis of the mid-1980s, the Special Account was used as a reserve as if it were an additional Working Capital Fund: to help the U.N. cover the shortfall in assessed contributions and to meet its day-to-day obligations.[20]

Third, in 1992, the General Assembly established the Peace-keeping Reserve Fund as a mechanism to meet temporary cash shortages in the budgets of existing peace-keeping operations or the start-up costs of new peace-keeping operations. $59 million have been transferred from unspent surpluses in the accounts of two peace-keeping operations: 42 million from the account of the United Nations Transition Assistance Group (UNTAG) in Namibia and 17 million from the account of the United Nations Iran-Iraq Military Observer Group (UNIIMOG) on the Iran-Iraq border. The Fund is already in use. The remaining 91 million is in principle provided from surpluses in the regular budget which the U.N. retained in 1987. In fact, these funds have been spent to cover member state arrears since 1987. They will actually become available in the Peace-keeping Reserve Fund only after member states pay their arrears and the Working Capital Fund and the Special Account are replenished.

The fourth source of reserve funds is the sum of various surpluses in the regular budget and in separate peace-keeping accounts. The United Nations is required under its Financial Regulations to repay member states any balances in appropriations remaining after a financial period. The General Assembly can act to suspend these regulations and temporarily authorize the organization to retain the surpluses. It has done so with regard to the regular budget in 1972 and for the bienniums 1980-1981, 1982-1983, 1984-1985, and 1986-1987, for a total of $215 million. (It did not suspend the regulations for the 1988-1989 and 1990-1991 bienniums). The General Assembly has also suspended the regulations at six-month intervals for the UNEF II/UNDOF peace-keeping accounts since 1978 and for the UNIFIL account since 1979. As of September 30, 1992, these temporarily-held surpluses amounted to approximately $351 million.[21] However, the U.N. is obligated to return this amount – less the $91 million being transferred to the Peace-keeping Reserve Fund – to the member states as soon as sufficient assessments are collected to do so.

All told, the U.N. records holding approximately $650 million in these four forms of reserves. However, in fact this is only "paper money," since outstanding assessments exceed this amount. The Working Capital Fund, Special Account, and

19 General Assembly Document A/C.5/47/13, op. cit.

20 Ibid., pp. 12-13.

21 General Assembly Document A/46/600/Add.1, op. cit. and ibid.

the Peace-keeping Reserve Fund can be replenished and temporarily-retained surpluses returned to member states only if states pay in full all arrearages owed the United Nations for both the regular budget and various peace-keeping assessments.

II. Problems and Needs

1. Regular Budget (including Reserves)

Periodic financial crises have historically beset the United Nations. The current crisis stems from three causes:

- selective withholding of a portion of mandatory assessments because of political objections to particular U.N. expenditures;
- across-the-board, or contingent withholding in order to force financial and administrative reform or to exert political control; and
- delayed payments for a variety of economic or technical reasons.

These factors have led to a depletion of U.N. reserves, further exacerbating the crisis.[22] This section will address each factor in turn.

First, with regard to selective withholding, a major financial crisis erupted between 1960-64 because of the refusal of the USSR, France, and several other states to pay their assessments for the peace-keeping forces in Egypt and the Congo (UNEF I and ONUC; see section I.2 above).[23] The General Assembly requested an advisory opinion from the International Court of Justice, which held that Article 17 was binding on all member states and pertained to expenditures appropriated by the General Assembly, including expenditures for peace-keeping. Despite the ruling, the USSR and France continued to withhold. By 1964 Soviet arrearages were sufficient to invoke Article 19, which deprives a member state of its vote in the General Assembly if its arrears exceed two years worth of its assessed contribution. The U.S., seeking compromise, announced it would not invoke Article 19, but Ambassador Arthur Goldberg offered a prophetic warning:

> "if any Member State could make an exception to the principle of collective financial responsibility with respect to certain United Nations activities, the United States reserved the same option to make exceptions if, in its view, there were strong and compelling reasons to do so. There could be no double standard among the Members of the Organization."[24]

---

22 U.S. General Accounting Office Report to the Chairman, Commission on Foreign Affairs, House of Representatives, "United Nations: Issues Related to Payment of U.S. Contributions," November 1989, *passim*.

23 Stoessinger, op. cit., Chapters 5 and 6.

24 Quoted in M. Whiteman, 13 Digest of International Law, 1968, pp. 330-332.

By the late 1970s, the regular budget of the U.N. was rising rapidly. A majority of developing countries in the General Assembly were regularly voting for priorities and budgets at variance with the interests of some of the industrialized countries which regularly provided approximately 80% of the U.N.'s budget. In the United States, dissatisfaction with this "tyranny of the majority" led in 1979 to the first selective withholding of a portion of the U.S. assessment for the regular budget attributable to an item deemed inimical to U.S. interests: notably, programs benefitting the Palestine Liberation Organization. With the advent of the Reagan Administration in 1981, additional selective withholdings by the Congress or the Executive Branch were directed at programs benefitting the South West African People's Organization (SWAPO), the Law of the Sea Preparatory Commission, a new U.N. Conference Center in Addis Ababa, the Department of Public Information, and alleged inadequacies in the U.N.'s tax equalization scheme. In recent years, some other Western states have also occasionally adopted this practice. The U.N. cannot expect to recover much of the amount outstanding from such targeted withholdings.[25]

A *second* major cause of the current financial crisis in the U.N. was across-the-board withholding by the United States. This began when the U.S. Congress, with implicit Reagan Administration support, passed the Kassebaum-Solomon amendment to the Foreign Relations Authorization Act of 1985.[26] This amendment unilaterally reduced by 20% the U.S. assessed contribution to the U.N.'s regular budget and various specialized agencies until the General Assembly, or the respective agencies, adopted weighted voting on budgets: thus giving major contributors a vote on budgets proportional to their contributions. Subsequent amendments to the legislation imposed further requirements on the U.N.: reductions in Secretariat personnel, particularly at the higher grades; cuts in the secondment of nationals of any member state to the Secretariat; implementation of consensus-based budgeting and other budgetary reforms. These across-the-board withholdings contravened the obligation under international law for full payment of assessed contributions to the U.N. and precipitated serious financial shortfalls and cash flow problems at the U.N.

In response to the Kassebaum Amendment in late 1985, the General Assembly established a Group of High Level Intergovernmental Experts to Review the Efficiency of the Administrative and Financial Functioning of the United Nations (the Group of 18). Its proposals for reform were largely adopted by the General As-

25 See Alvarez, op. cit., and Margaret E. Galey, "Reforming the Regime for Financing the United Nations," in *Howard Law Journal*, Vol. 13, No. 31, 1988, pp. 543-574.

26 See Alvarez, ibid.; Douglas Williams, *The Specialized Agencies and the United Nations: The System in Crisis* (London: C. Hurst and Co., Ltd., 1987), Chapter VIII, and Galey, ibid.

sembly in December 1986.[27] The new budgetary procedures required the establishment of a budget ceiling by the Committee on Program Coordination; advanced preparation of the biennial budget by the Secretary-General; the creation of a contingency fund for additions to the budget if approved by consensus; and, most important, the adoption of consensus as the decision-making rule for voting on the budget, rather than the two-thirds majority required under Article 18 of the Charter.[28] Thus, each major contributor – but also every other country – achieved a veto over the regular budget.

The various reforms mandated by the Kassebaum amendment were scheduled for full implementation by January 1990 and their specific targets, by and large, have been achieved. Thus, this unilateral U.S. pressure produced results.[29] The developing countries, for their part, recognized that highly charged arguments calling for redistribution of resources had been counterproductive. Certain excesses and abuses were reined in. And the U.N. moved towards administrative and financial reforms.

In recognition of these changes, the 1987 Foreign Relations Authorization Act authorized full funding of U.S. assessments for the regular budget, conditional on a Presidential determination that the U.N. had made progress in implementing the new reforms. In 1988, President Reagan announced he would request virtual full funding of the United Nations in fiscal year 1990, except for the selective policy and legislative withholdings. He further pledged to repay U.S. accumulated arrearages. After some delay, a program to repay them over a five-year period began in fiscal year 1991.[30] Since that time, U.S. arrearages have been falling gradually as a percentage of the total outstanding arrearages to the U.N.'s regular budget: from 78% as of the end of 1988 to 48% as of December 31, 1992.[31] However, the U.S. commitment to virtual full payment of its assessments and arrearages remains conditional on consensus budgeting and congressional approval of the uses to which U.S. arrears are to be put.

The *third* major cause of the current financial crisis in the U.N. is delayed payments, coupled with the periodic depletion of available reserves. States are required to pay their assessments 30 days after receiving an assessment letter: typically around January 31 in a given calendar year.

---

27 General Assembly Resolution 41/213; Alvarez, ibid.; Galey, ibid., and *A Successor Vision*, op. cit.

28 Galey, ibid., p. 567.

29 Ibid., pp. 564-570.

30 Press Briefing by Marlin Fitzwater, The White House, September 13, 1988.

31 See Secretariat Documents ST/ADM/SER.B/309, *Status of Contributions as at 31 December 1988* and ST/ADM/SER.B/391 of January 5, 1993, *Status of Contributions as at 31 December 1992*.

Large numbers of countries, however, are failing to meet the U.N. due date for assessments. The only sanction against delinquent payments is Article 19 which, although now in effect against South Africa and few small states, has not deterred the growing practice of late payments. Indeed, only a small number of countries – notably the Nordic states, Canada, Australia and New Zealand – consistently pay on time and in full. In 1993, only 15 out of 180 countries did so, which together provide less than 11% of the U.N.'s regular budget.

There are various political, procedural or economic reasons why states pay late or not at all. For example, in 1981, the U.S. slipped one fiscal year in appropriating its annual assessments. Rather than paying quarterly throughout the fiscal year in which they fall due, as had been the practice until 1981, the Reagan Administration began authorizing payment of assessments in the subsequent U.S. fiscal year beginning in October: i.e. in the fourth quarter of the U.N.'s financial year. This pattern of delayed payments has had the result of putting the U.N. in a financial choke collar for three-quarters of each year. In addition, Japan – now the U.N.'s second largest contributor – generally pays its assessments beginning in late spring, after the Diet appropriates the funds. Germany – the fourth largest contributor – pays half of its assessment in January, the other half in June.

Beginning in mid-1991, the then Soviet Union – the third largest contributor – began falling behind in its payments to the regular budget because of seriously deteriorating economic conditions. As of December 31, 1992, the fifteen republics of the former Soviet Union had accumulated approximately $132 million in arrears: or 26% of all outstanding arrears for the regular budget.[32] There is no easy or immediate answer for this problem, given the severe economic conditions in the former Soviet Union, and it is likely these payments will continue to be late for some time. Finally, as has long been the case, a number of developing countries have grave difficulties in keeping current on their assessments.

For all these reasons, since the onset of the financial crisis in the mid-1980s, unpaid assessments to the United Nations have increased. At the end of 1984, 25% of the regular budget assessed for that year had not been paid to the organization. By contrast, at the end of 1992, 39% had not been paid. As of December 31, 1992, 88 countries were in arrears for assessments due in 1991 or earlier and 52 countries were late in paying some or all of their 1992 assessments.[33]

Since 1986, as a result of delays in paying current assessments and increasing arrearages, the U.N. has regularly depleted its Working Capital Fund and Special Account to meet current operating requirements. Having done so, in the summer and fall – just before the U.S. pays the bulk of its assessment after October first – and again at the end of the year, the U.N. has had to borrow from the few peace-

32 See ST/ADM/SER.B/395, ibid.

33 Ibid.

keeping operations temporarily holding surplus cash, in order to pay salaries and other regular budget obligations and to support other peace-keeping operations. In 1991, the U.N. resorted to such short-term borrowing for sixty-seven days in July-October and December; in 1992 it did so for several months.[34]

Coincident with the financial stringencies imposed by accumulated arrearages and depleted reserves, major contributors have insisted on zero real growth in the U.N. regular budget. Zero real growth permits budget increases only for inflation, exchange rate fluctuations and certain mandatory salary adjustments. It is intended to reduce inefficiencies and duplication by forcing any new U.N. initiatives to be financed by commensurate reductions in other, lower priority activities throughout the organization. Only activities to promote peace and security – by definition, urgent and thus unpredictable expenses – are exempt. This imposes rigorous programmatic and administrative constraints on the U.N.

The policy of zero real growth was first proposed in the late 1970s by the U.S. and subsequently endorsed by the Geneva Group, an intergovernmental group of major contributors to the U.N. system, in response to what they saw as excessive increases in U.N. budgets voted by large majorities of developing countries. These major contributors have pressed for the continuation of this policy, despite the changing political circumstances affecting the U.N.[35] While the Kassebaum amendment did not require zero real growth *per se*, the U.S. holds that any budget exhibiting real growth is unacceptable, thus breaking consensus and triggering the withholding mandated by the amendment. Indeed, in 1991 and 1992, the U.S. paid only 80% of its assessment for the regular budget until it was satisfied that the General Assembly's budget decisions reflected zero real growth. Other major contributors, including most of the Geneva Group and Russia, strongly share this position and have recently reiterated it to the Secretary-General.

Thus, at a time when demand for U.N. action in many areas is increasing, the principle of zero real growth inevitably suppresses the U.N.'s capacity to take new initiatives which require additional money. Coupled with the financial uncertainties posed by substantial arrearages and depleted reserves, zero real growth budgets – however well-intentioned – make it exceedingly difficult for the United Nations to implement its expanding mandate to address important world problems.

34 General Assembly Documents A/46/600/Add.1, op. cit. and ibid.

35 John R. Bolton, "The Concept of the 'Unitary U.N.'," speech given before the Geneva Group Consultative level meeting in Geneva, June 29, 1989 (reproduced in *Current Policy*, No. 1191, a publication of the Bureau of Public Affairs of the U.S. Department of State).

2. Peace-keeping Budgets (including Reserves)

The U.N. system of financing peace-keeping has, since 1973, been firmly based on the principle that peace-keeping costs are the collective financial responsibility of member states, to be met through special mandatory assessments outside the regular budget (see above sections I.2 and II.1). The problems of financing peace-keeping thus no longer stem from a dispute over legal principle which wracked the organization in the early 1960s. Rather, they stem from six other factors:

- the rapidly increasing cost of peace-keeping;
- the emergency nature of peace-keeping operations, which make them hard to accommodate in U.N. and national budget cycles;
- growing anomalies in the special scale of assessments for peace-keeping;
- the effect of the ongoing financial crisis on the U.N.'s ability to mount peace-keeping operations;
- the virtual absence of financial or material reserves to support peace-keeping operations in the crucial start-up phase; and
- the increasing pressure to fund some of the costs of peace-keeping operations voluntarily, rather than through the special peace-keeping assessment.

This section will address each factor in turn.

Table 3 – Costs of Peace-keeping Operations financed by Special Peace-keeping Assessments (in millions of $)

1989	1990	1991	1992	1993
575	348	497	1.37 billion	4 billion[a]

a Currently estimated.

Source: William J. Durch and Barry M. Blechman, *Keeping the Peace: The United Nations in the Emerging World Order* (The Henry L. Stimson Center, Washington, D.C., 1992), table seven and U.N. Document ST/ADM/SER.B./391.

First, as table 3 illustrates, the growing demand for U.N. peace-keeping since 1989 has increased its costs dramatically. With the launching of four new peace-keeping operations in 1992 – including in Cambodia, Mozambique, Somalia, and former Yugoslavia – peace-keeping costs in 1992 were $1.37 billion: the highest in U.N. history. The U.N. projects much higher peace-keeping costs in 1993. The tentative estimate of $4 billion, includes only the costs of UNTAC in Cambodia through July, UNPROFOR in former Yugoslavia through March, and ONUMOZ in Mozambique through June, 1993. If these missions continue and expand, as seems highly probable, the 1993 cost of peace-keeping will exceed $4 billion. And if new peace-keeping operations have to be deployed in other crisis areas such as Georgia, Haiti, Liberia, Macedonia, Sudan, Tajikistan, or Zaire, the costs will go higher still.

As of December 31, 1992, outstanding contributions to those peace-keeping operations financed by special peace-keeping assessments totalled $671 million, although a somewhat higher ratio of collections pertained for peace-keeping than for the regular budget.[36] This is largely because, in an unprecedented action, the U.S. Congress passed the International Peace-keeping Act of 1992, authorizing a peace-keeping contingency fund. It subsequently appropriated $350 million in supplementary funds for fiscal year 1992 and another $350 for fiscal year 1993. With these funds, the United States has paid most of its current peace-keeping assessments: as of December 31, 1992, the U.S. had reduced its peace-keeping arrears to $81 million or 12% of all outstanding arrearages for peace-keeping.

On the other hand, as of December 31, 1992, Russia owed $302 million, or 45% of all outstanding peace-keeping arrears, and it is likely to continue to have difficulties in meeting its obligations. Given the fact that the five permanent members together provide 56% of the total costs of peace-keeping, their assessment is critical if peace-keeping operations are to remain solvent.

Second, the emergency nature of most peace-keeping operations make them hard to predict and thus hard to accommodate in both U.N. and national budget cycles. Since each peace-keeping operation is separately funded with its own account, states receive separate assessments for each mission every time the mandate period is renewed. Since most ongoing missions are mandated for six-month periods from the date the Security Council first authorized them, Treasury Departments typically receive two letters per mission per year, throughout the year.[37] At a time of rapidly escalating costs for peace-keeping, states find it increasingly difficult to accommodate these frequent assessments within national budgets, with the exception of those few states which have a peace-keeping reserve or contingency fund.

The budgetary process within the U.N. is also cumbersome. When a mission is approved by the Security Council, on the recommendation of the Department of Peace-keeping Operations, the budget is then drawn up by the Field Operations Division, in collaboration with the Office of Planning, Programming, Budgeting and Finance. The mission budget is then submitted to the ACABQ, which recommends it to the Fifth Committee of the General Assembly. When consensus is reached, the budget is referred to the General Assembly for final consensus and approval. If the General Assembly is not in session, it must be called into Special

---

36 General Assembly Document A/C.5/47/13, op. cit. and ST/ADM/SER.B/395, op. cit.

37 See William J. Durch and Barry M. Blechman, *Keeping the Peace: The United Nations in the Emerging World Order* (The Henry L. Stimson Center, Washington, D.C., 1992), p. 62.

Session. Meanwhile, before a budget is passed, under the Secretary-General's spending authority for unforseen and extraordinary circumstances the Secretariat can contract for necessary equipment and services, only up to a $3 million limit, or, if the ACABQ has acted, up to a $10 million limit.

This process of reaching consensus on a mission budget is time-consuming, and has in recent years entailed months of argument about necessary expenditures.[38] Meanwhile, carefully negotiated ceasefires hang in the balance. Such delays at the outset of peace-keeping operations in Namibia, Cambodia, Yugoslavia and Somalia have run real risks of jeopardizing these operations as they were getting underway.

In the past, states made voluntary contributions in kind which were treated as additional resources, or gave cash advances which were repaid when budgets were approved and assessments received. Since 1988, however, the United States and other major contributors have argued that such early contributions should either offset the assessment of the state providing the service or reduce the overall assessed cost of the operation. The ensuing debates have raised serious political and financial questions, and have further prolonged budget negotiations for new peace-keeping operations.[39]

Third, since its design in 1973, certain anomalies have developed in the special peace-keeping scale of assessment which are raising concern among many countries. Some "economically developed" states in the former Soviet Union and Central Europe are in Category B and pay the same assessment rate as they do for the regular budget, despite severe declines in their per capita income and the value of their currencies. Conversely, several "economically less developed" states, including oil-exporting states and newly industrializing states, are in category C and pay 20% of their assessed rate for the regular budget, despite their relative economic strength and high per capita income. Finally, some countries remain in Category D, despite no longer being characterized as "least developed states" by the Economic and Social Council (ECOSOC).[40]

In order to address the wide variances in per capita income within each of the existing categories, in 1992 the Secretary-General proposed a revision in the methodology for determining the special peace-keeping assessment.[41] He suggested redefining the categories by assigning countries with per capita incomes at or above $5,000 averaged over 1980-1989 to Category B, and those with per

---

38 See Durch and Blechman, ibid., passim, and Mills, op. cit.

39 Mills, ibid., pp. 22-24.

40 Ibid., passim, and Durch and Blechman, op. cit.

41 General Assembly Document A/47/484, September 29, 1992, Report of the Secretary-General on *Administrative and Budgetary Aspects of the Financing of the United Nations Peace-keeping Operations: Composition of the Existing Groups of Member States for the Apportionment of Costs of Peace-keeping Operations Financed through Assessed Contributions.*

capita incomes below $5,000 to Category C or D. He further suggested assigning only the least developed countries as defined by ECOSOC to Category D. The remaining less developed countries would be assigned to Category C. Category A, reserved to the five permanent members of the Security Council, would remain the same. By these revised criteria, four states would shift from B to C; ten would shift from C to B; and approximately fifteen would shift from D to C.

The 1973 assessment methodology represents a "delicate political compromise" and will be hard to change. However, as the total costs of peace-keeping operations rapidly escalate, a number of countries are complaining, and the debate over the Secretary-General's proposals is intense.[42] There is also a growing belief among the five permanent members that their higher levels of assessment should be reconsidered, now that peace-keeping has become a central, continuing feature of the United Nations. This question of appropriate "burden-sharing" for peace-keeping must be addressed if the system is to be seen as equitable.

Fourth, the ongoing financial crisis in the U.N.'s regular budget affects in several ways the Secretariat's ability to mount peace-keeping operations. Currently, two peace-keeping operations – the United Nations Truce Supervision Organization in the Middle East and the United Nations Military Observer Group in India and Pakistan (UNTSO and UNGOMIP) – are funded by the regular budget, as was the United Nations Good Offices Mission in Afghanistan and Pakistan (UNGOMAP). While the Secretariat works hard to protect these operations, prolonged financial stringency is clearly affecting them. This year, for example, in order to cut costs in both the regular budget and the total cost of peace-keeping, the Secretary-General ordered a 10% reduction in the three "older" peace-keeping operations in the Middle East, including UNTSO. These cuts in UNTSO will, *inter alia*, restrict UNTSO's ability to play its traditional role as the U.N.'s small peace-keeping manpower reserve, from which a few officers can be dispatched to reconnoiter and initially staff new missions. UNTSO sent such advance teams to begin the missions in Iraq-Kuwait, Cambodia and Yugoslavia; it will be harder to do this in the future.[43]

The regular budget also covers a variety of indirect costs for peace-keeping operations: the costs of running the Department of Peace-keeping Operations itself; the costs of running the Department of Political Affairs, which negotiates cease-fires or peace settlements which peace-keeping operations then implement; and the wide range of central administrative, personnel, financial and logistical

42 See, for example, United Nations Department of Public Information Press Release GA/AB/2797, October 19, 1992 on the 9th meeting of the Fifth Committee of the 47th General Assembly.

43 See Boutros Boutros-Ghali, "From Peacekeeping to Peace-Building," The Ninth David M. Abshire Endowed Lecture, published in *Significant Speeches* (Center for Strategic and International Studies, 1992), p. 11 and author's interviews in Jerusalem, September 1992.

activities which support peace-keeping operations.[44] As zero real growth budgeting continues to be applied to the regular budget, the Department of Peace-keeping Operations and other units which support peace-keeping have been severely constrained. Those areas of the Secretariat undergirding peace-keeping operations clearly need augmentation and strengthening, and how to meet the increasing requirements is a major challenge.

Fifth, the most urgent immediate problem facing U.N. peace-keeping is the virtual absence of financial or material reserves. The U.N. is often required to send troops to a crisis area at short notice. Transportation of troops and equipment is expensive, and the greater the urgency, the greater the need for expensive airlift. Without any significant stockpiles of material, the U.N. must purchase equipment and services which are not provided by the troop contingents. These expenses often need to be met very quickly, before member states can be assessed. The absence of reserves and stockpiles thus delays new operations in their crucial start-up phase.

In principle, the Working Capital Fund can meet early expenses of a new peace-keeping operation until the General Assembly decides how costs are to be met. But this is a limited source and in any event is often depleted. The Special Account, which was established to raise contributions for peace-keeping costs, is also often depleted. The newly established Peace-keeping Reserve Fund, while useful, currently holds only 1.5% of the currently projected costs of peace-keeping in 1993.

Given shortfalls in the payment of peace-keeping assessments and in the absence of reserves, the U.N. has been forced to use cash on hand from two sources.[45] First, the U.N. frequently delays reimbursing states that provide troop contingents and equipment. The U.N. currently owes over $200 million to troop contributing countries, particularly the wealthier ones.[46] Since many of these countries are traditional troop contributors and are owed money for several operations, their sense of exploitation by the "system" of financing and particularly by those who fail to pay their assessments is increasing.[47]

In addition, as noted above in section I.4, at times the General Assembly temporarily suspends its financial requirements in order to retain surpluses arising both in the regular budget and in certain peace-keeping accounts. These balances can then be shifted to cover shortfalls in the regular budget or in other peace-keeping operations, or to fund new peace-keeping operations. Given the high costs

44 Mills, op. cit., pp. 26-27.

45 General Assembly Document A/C.5/47/13, op. cit., p. 8, and Mills, ibid., p. 20ff.

46 General Assembly Document A/C.5/47/13, ibid., and the statement of Richard Thornburgh to the Fifth Committee on October 13, 1992.

47 Mills, op. cit., p. 21.

of the new peace-keeping operations in Cambodia, Somalia, and former Yugoslavia, however, shortfalls in assessed payments for them may soon exhaust the available cash in all other peace-keeping accounts. At that point, the regular budget and all of the peace-keeping operations will run out of money at once.[48]

Finally, as peace-keeping operations increase in number and operate in a wide variety of fields beyond traditional military ones, there has been growing pressure to fund more of their costs voluntarily. It has been long-standing U.N. practice to solicit voluntary contributions for peace-keeping operations. Troop contributors from industrialized countries in effect donate a large share of their contingents' costs, since the U.N. reimbursement rate, even when repaid, does not cover their deployment costs. The U.S. has contributed international air and sea lift to transport U.N. peace-keeping forces to operations in the Congo, Suez and Somalia. Switzerland, not even a U.N. member, often contributes air-medical evacuation services to U.N. peace-keeping operations, most recently in Angola, Cambodia and former Yugoslavia. Over the past two decades, however, most peace-keeping costs have been raised through mandatory assessed contributions, based on the principle of collective financial responsibility. In ratifying this principle, the General Assembly held that all countries – powerful or small, rich or poor – must share in global efforts to keep the peace. Such support helps insure that peace-keeping operations are seen as legitimate, credible, and even-handed, rather than as arbitrary actions dependent on the will of one or two rich powers.

Three factors are now challenging this established principle. First, as peace-keeping operations increase in number and incorporate a wide variety of non-military tasks, the mix of what have traditionally been assessed or voluntary contributions has become blurred. Monitoring and conducting elections, and repatriating prospective voters in Namibia and the Western Sahara, for example, were so intrinsic to the political settlements which the peace-keeping operations were designed to ensure that these activities were charged for collective assessment. Some infrastructure costs in Namibia, Cambodia and Somalia, such as road repair, were also covered by mandatory assessments, because they were necessary preconditions to U.N. military operations in those countries.

There is no obvious limit to the potentially very large costs of such activities that can be linked to peace-keeping, particularly in countries where social and economic structures are near collapse.[49] Since U.N. humanitarian assistance and economic development have traditionally been funded through voluntary contributions, this pattern by and large continues, despite the fact that humanitarian and economic programs are now being negotiated as integral parts of overall peace settlements.

---

48 Ibid., p. 8.

49 Gerald B. Helman and Steven R. Ratner, "Saving Failed States," in *Foreign Policy*, No. 89, Winter 1992/93, pp. 3-20.

For example, Japan has made substantial voluntary contributions for refugee repatriation and resettlement in Cambodia, as well as for economic reconstruction. In El Salvador, the United States and Spain are the principal funders of the new criminal justice institutions and the extensive land reform programs which are central elements of the U.N.-sponsored peace settlement. Many Western donors are voluntarily supporting the massive programs of humanitarian assistance being carried out in former Yugoslavia and in Somalia.

Future peace-keeping operations may well founder if these necessary elements do not attract voluntary contributions. Indeed, all these non-military elements might logically be considered a collective financial responsibility of the U.N., despite the obvious anomalies of, say, Mozambique being assessed for humanitarian assistance in former Yugoslavia, and vice versa. The costs are very high, however, and practicality suggests that the bulk of such funding will continue to be voluntary. Close linkages should be developed between the Peace-keeping Operations Department and the U.N. humanitarian and economic development agencies, so that these components of what Secretary-General Boutros-Ghali has called "peace-building" are not dependent on the special interest and generosity of one or two wealthy states.

Second, an even more problematic challenge to the principle of collective financial responsibility is the voluntary funding of military peace-keeping units by states or regional organizations. In the September 1992 expansion of UNPROFOR into Bosnia and Hercegovina, funding of the enlarged force was provided by the states contributing additional military personnel: notably the United Kingdom, France, the Netherlands, Belgium and Spain.[50] NATO also contributed a headquarters communications unit and an AWACS monitoring force, supported in part by the common NATO infrastructure fund. These large, voluntary contributions were seen as the only way to deploy expensive and well-armed forces quickly at a time when the U.N. was overextended. The United States in particular viewed it as a way to shift the financial burden of peace-keeping in former Yugoslavia to wealthy European countries with a special stake in the region. This practice, however, directly challenged the U.N. practice of treating core costs of peace-keeping as a regular expense of the organization. At the time, a number of U.N. officials and governments such as Canada feared it would begin to erode the hard-won principle of collective financial responsibility for peace-keeping.[51]

This practice also created various operational difficulties for UNPROFOR. The financial responsibility for military observers and headquarters personnel was un-

50 See Security Council Document S/25264/Corr.1 of February 10, 1993.

51 See the statement by Barbara McDougall, Secretary of State for External Affairs, Canada, before the United Nations General Assembly, New York, September 24, 1992, and a statement by Ambassador Butler of Australia, U.N. Document GA/SPC/2046, November 12, 1992.

clear and caused delay and confusion. Interoperability was reduced and command and control was blurred. NATO reporting to the U.N. on the status of the no-fly zone was intermittent. A real risk has arisen that "he who pays the piper is calling the tune," despite the fact that all of UNPROFOR is clearly under U.N. command.

In February 1993, when recommending the short extension of UNPROFOR's mandate, Secretary-General Boutros-Ghali reversed his position of September, stating that "this arrangement compromised the principle ... that peace-keeping operations are collective activities of the United Nations." He concluded that "all activities of UNPROFOR in the former Yugoslavia [should] be financed in the normal manner, i.e. by assessments on the peace-keeping scale."[52]

A final issue concerning the links between assessed and voluntary contributions relates to U.N.-authorized peace enforcement. In Korea, Iraq, and recently Somalia, enforcement operations have been financed by voluntary contributions. As elements of peace enforcement and humanitarian intervention merge with more robust U.N. peace-keeping, it will be harder to keep these funding distinctions clear. The traditional distinction has already led to the perverse outcome that the U.S. is $81 million in arrears for U.N. peace-keeping operations as of December 31, 1992, while at the same time voluntarily expending over $1 billion in an enforcement operation in Somalia which it leads under the authorization of the U.N. and which will soon be transformed into a full-blown U.N. peace-keeping operation. Meanwhile, a $400 million trust fund has been established to offset the costs of poor states which are voluntarily contributing their forces to the enforcement effort in Somalia.

In short, the costs of peace-keeping operations as set out in U.N. peace-keeping budgets bear less and less relation to the true costs of U.N. peace-keeping, broadly defined. A clearer identification of total costs and new principles for meeting them are required if the hard-won principle of collective financial responsibility – and the credibility, legitimacy and non-discrimination which it imparts to U.N. peace-keeping efforts – is not to be lost.

III. Proposals for Change

Section II identified three major problems of U.N. financing:

- the financial shortfalls and cash flow problems in the regular budget;
- the special difficulties of financing complex and sometimes very large peace-keeping operations; and
- the need to build U.N. financial reserves for both the regular budget and for peace-keeping.

52 See S/25264, op. cit., para. 31 and 33.

In November 1991, then Secretary-General Pérez de Cuéllar made several proposals to improve the financial situation of the United Nations.[53] In his report *An Agenda for Peace*, the new Secretary-General Boutros-Ghali has endorsed his predecessor's proposals and offered some additional ones.[54] A summary of their various proposals is attached as Annex I. Over the past year, governments in the Fifth Committee and outside observers have commented on these proposals. In February 1993, the Independent Advisory Group on U.N. Financing, co-chaired by Shijura Ogata and Paul Volcker and funded by the Ford Foundation, issued a report "Financing an Effective United Nations" which also addressed them.[55] This section will assess the major proposals which have been made, in light of various reactions to them.

1. Financing the Regular Budget

The crisis in the U.N.'s regular budget is due to the financial shortfalls and serious cash flow problem occasioned by late payment or non-payment of assessments by governments. As U.N. officials and diplomats posted to the United Nations often observe, if major donor governments would meet their obligations to pay assessments in full and on time, the financial problems of the organization would subside. Indeed, now that the United States is paying virtually all its assessments albeit late in the year, and repaying its arrears albeit slowly, the situation should gradually improve. It would deteriorate again if Russia and other major contributors fall into serious arrears.

The major problem is: how to encourage timely payment? Possible solutions include both incentives and disincentives.

a. Adjusting National Policies and Procedures

Major contributors which are routinely late because their fiscal years begin later than the U.N.'s financial year, or because of other technical problems, should be encouraged by the Secretary-General and by other major contributors to adjust their national practices so as to better conform to the U.N. budget cycle. In the case of the U.S., after repaying all its arrearages by fiscal year 1995 as is now scheduled, it would be logical to "catch up" completely by recovering the fiscal year which was slipped in 1981 and once again appropriating U.N. assessments in the fiscal year in which they fall due. This could be done all at once by doubling up two

53 General Assembly Document A/46/600/Add.1, op. cit.

54 Boutros-Ghali, *An Agenda for Peace*, op. cit.

55 See Independent Advisory Group on U.N. Financing, "Financing an Effective United Nations: Report of the Independent Advisory Group on U.N. Financing" (The Ford Foundation, February 1993).

years of assessments in one year. It could also be done over time by appropriating say, five quarters of current assessments each fiscal year until catching up. Other major contributors should also be persuaded to adjust their practices in appropriate ways.

b. Paying Assessments in Installments

The U.N.'s regular budget is essentially an administrative budget, the great bulk of which is expended on salaries, equipment, maintenance and other predictable purposes. It is spent fairly evenly throughout the year. Yet the payment of the entire assessment is now due in one lump sum within thirty days of being billed. This U.N. regulation is widely viewed by governments as inflexible. Without incurring cash flow problems, the U.N. could change its financial regulations to permit payment of assessments in semi-annual or quarterly installments throughout the year. This would ease pressure on governments which may find it difficult to come up with fairly large payments in hard currency.

c. Charging Interest on Late Assessments

If a government is late in paying more than one or two installments of its assessment, the U.N. could be empowered to impose interest on the amount outstanding. A few U.N. specialized agencies have the authority to charge interest on late payments.

This proposal is highly controversial. Some governments which regularly pay their assessments on time favor the U.N. charging interest. Other governments oppose it, on the grounds that many countries are in arrears, and interest charges would only increase the amount they owe and their difficulties in making payments.

Any scheme of interest charges should be combined with a more flexible schedule of installment payments. The scheme should also provide for the waiver of interest charges if a state has serious economic problems which temporarily prevent it from meeting its obligations. This would distinguish countries which cannot pay on time from those which choose, for whatever reason, not to pay on time.

d. Authorizing the Secretary-General to Borrow Commercially

The Secretary-General has requested authority to borrow commercially, up to some prudent level, if other sources of cash are inadequate to meet cash flow requirements. Several U.N. specialized agencies, including UNICEF, ILO, and FAO, are authorized to borrow. This proposal is often linked to the proposal to charge interest on late assessment payments, since interest received from governments could, in principle cover the interest the U.N. would pay on its commercial loans.

Virtually all member states, as well as the Ogata-Volcker Report, oppose this proposal. They argue that interest payments on commercial loans would add to total assessments: thus penalizing those countries which pay their assessments on time as well as those which do not.

e. Revising the Regular Scale of Assessment

Obviously changes in the assessment scale only redistribute burdens among states; they do not increase revenues. But a more equitable sharing of the financial burden may make states more willing to pay now, and perhaps to pay more in the future.

The recent debate about the proper rates for the republics of the former Soviet Union revolves around two issues: the allocation of the former USSR assessment among the new republics; and the fairness of the total assessment being applied to these states, given their current economic conditions. It is certainly true that if their gross domestic products were calculated over a much shorter time period than the current 10 year average and if realistic exchange rates were applied to the current value of their currencies, they would be assessed at lower levels. Since they now are collectively assessed at 10.9%, their continued arrearages will worsen the U.N.'s cash flow problems unless their assessment rates are adjusted.

The Committee on Contributions is likely to continue considering this matter in 1993 on an exceptional basis. One possible solution might be to lower the assessment rate and then condition certain multilateral or bilateral aid on timely payment of the remaining assessments. Similar benefits should be offered developing countries which face sudden economic downturns. Another solution is for industrial countries to give foreign aid in the form of a certain number of "points" of assessment for countries suffering sudden economic reverses.

Another proposed change in the current rate of assessment is one to reduce the maximum rate of 25% at which the U.S. is currently assessed. As noted above in section I.1, the U.S. would be assessed at approximately 27% if its rate were calculated solely on its gross domestic product. Thus, the principle that no single state should bear an undue fraction of the total burden, even if as a result it "underpays" its proportional share, is already established. In 1986, the late Prime Minister of Sweden Olaf Palme proposed that the U.S. assessment be reduced to 10%. Others have echoed this view. A higher level, perhaps 15-20%, may be more realistic, and could be phased in slowly. However, other industrial states are not eager to pick up the slack. Moreover, the U.S. government has opposed such a reduction apparently because of the reduced political influence in the U.N. such a change might portend. In any event, now that the U.S. has begun virtual full payment of its assessments, the proposal seems less compelling than adjusting the rates of needier states.

2. Financing Peace-keeping

Special difficulties arise in mobilizing resources for complex peace-keeping operations under great time pressure. Various proposals have been made to pool available resources and to facilitate quicker access to them, so that the Secretariat can count on being able to begin new operations as soon as the Security Council asks it to do so.

a. Permitting the Secretary-General to Suspend Competitive Bidding

The Secretary-General has requested additional authority to place contracts without competitive bidding, thereby enabling him to acquire new equipment and enter into contracts quickly at the outset of a new peace-keeping operation. There is very little support for this proposal among governments. The Secretary-General already has authority to place contracts without competitive bidding under certain conditions and indeed, the great majority of U.N. contracts are already excluded from competitive bids. Moreover, procurement practices have become a bone of contention among major contributors, who have urged tighter management practices and the enforcement of existing regulations. The U.S., Japan, Russia the Nordics and others are all opposed, as is the ACABQ.[56]

b. Advance Approval of a Portion of a Peace-keeping Budget

Secretary-General Boutros-Ghali has proposed that the General Assembly appropriate one-third of the estimated cost of each new peace-keeping operation immediately after the Security Council establishes the operation. This would give him the necessary commitment authority to act quickly and would assure adequate cash during the critical start-up phase of a mission. The balance of the budget would be subject to the normal approval procedure. The proposal assumes that automatic appropriation of one-third of a proposed budget is prudent, since the General Assembly would be highly unlikely to cut more than two-thirds of a total budget. Despite the new Peace-keeping Reserve Fund, the proposal is thought to be needed because current financial regulations still limit the Secretary-General's obligational authority to only $3 million annually before the ACABQ acts and $10 million before final action on a budget by the General Assembly.

There is some interest in this proposal among the Nordic countries and several developing countries. Others, such as India and Mexico, are concerned about pre-

56 See General Assembly Document A/47/565.

serving financial accountability and the rights of the General Assembly. The U.S., Japan, Germany and Russia are all opposed, and argue that when necessary, the General Assembly can quickly authorize sufficient funds before a final budget is agreed upon. They cite the $19 million budget for the United Nations Advance Mission in Cambodia (UNAMIC) and the first $200 million appropriation for the United Nations Transitional Authority in Cambodia (UNTAC) as cases in point. Finally, given the virtual depletion of U.N. reserves, it is not clear that the money could be raised immediately even if the General Assembly were to appropriate it. Thus, it might prove to be a rather empty entitlement.

c. Stockpiling Material and Equipment for U.N. Peace-keeping

The U.N. has only a small depot for military equipment in Pisa, Italy and does not stockpile expensive vehicles or communications equipment. As peace-keeping operations increase, with several now being established each year, the need for stockpiling has become compelling. The Pisa facility could be upgraded for as little as $15 million and equipped to store and maintain vehicles and other sophisticated equipment. Additional U.N. depots in other regions could be established with pre-positioned equipment and stocks. These stockpiles would have substantial returns in terms of timely start-ups for new peace-keeping missions.[57]

d. A Single Budget for Peace-keeping

A single budget for peace-keeping would combine the special assessments levied for each individual peace-keeping operation into one biennial peace-keeping budget which would be financed, like the regular budget, with a single annual assessment. (It too could be paid in semi-annual or quarterly installments.) While each operation would be a separate line item, the single peace-keeping budget could be drawn upon to support common costs such as stockpiles, training and the like, as well as urgent start-up costs of new operations. Thus, member states would no longer be asked to fund individual operations throughout the year and the Secretariat would have a fairly reliable financial base upon which to manage its peace-keeping responsibilities. Mandates for the various missions could also be consolidated and extended on an annual basis, so that planning and accounting could be rationalized.

Given the fact that peace-keeping needs are inherently unpredictable, budget projections for them can never be precise. Costs of ongoing missions would have to be predicted in advance and the likelihood of new conflicts requiring new forces would have to be judged: a politically as well as analytically challenging task. It

57 Durch and Blechman, op. cit., pp. 90-91.

may be inevitable that if unexpectedly large needs arose, a supplementary assessment would be required. The basic point of the proposal, however, is that peace-keeping has become a core activity of the United Nations and needs to be financed in a regularized, predictable manner.[58]

e. Revising the Special Assessment Scale for Peace-keeping

As noted above in section II.2, there is extensive debate now about revising the peace-keeping scale of assessments, so as to rectify the anomalies that have developed. This discussion is likely to continue over the next year or two. Given the delicate political balance which it reflects, reduction of the "surcharge" on the five permanent members' assessments for peace-keeping would probably be the most controversial change. Consideration of this aspect of the scale of assessments can probably best be done in connection with future decisions about changing and/or expanding the permanent membership of the Security Council. If such members increase in number, the "surcharge" would be more broadly shared, and thus less onerous. In any event, if the cost of peace-keeping continues to be as high as in 1992 and 1993, some compensation will have to be continued for the economically least developed countries and for countries which face sudden economic reverses.

f. Adjusting National Policies and Procedures

National standby arrangements are probably the single most important element in deploying complex and sometimes very large U.N. peace-keeping operations in urgent situations. The oldest of such arrangements are the standby units and training programs in the armed forces of the Nordic countries. More recently, the U.S. peace-keeping contingency fund, established in 1992, has substantially improved the U.S. ability to pay its peace-keeping assessments in timely fashion. Similarly, Japan's reserved production lines for Nissan and Toyota peace-keeping vehicles can speed the U.N.'s acquisition of such equipment. Many such standby arrangements can be envisaged. They will be needed to flesh out the U.N.'s own capabilities, which must inevitably remain fairly limited. Debate about such national responses has already begun in response to Secretary-General Boutros-Ghali's report *An Agenda for Peace*. The Secretary-General is requesting governments to earmark standby capabilities of all sorts for rapid assignment to the U.N. The in-kind contributions being solicited include not only troops but also stockpiles of necessary equipment, training, air and sea-lift, logistics, communications, and other specialized military services. The U.N. is conducting an extensive survey this year

58 Ibid., pp. 92-94.

of the kinds of contributions governments are willing to make. It will then list these in a roster from which it can subsequently generate a mixed force quickly.

It is in this connection that a number of political figures including the Secretary-General have suggested shifting the national responsibility for funding U.N. peace-keeping from Ministries of Foreign Affairs (MFA) to Ministries of Defense (MOD). This would presumably do two things: highlight international peace-keeping as a central national security mission in the post-Cold War period; and provide access to much larger resources than exist in the budgets of MFA. In general it is true that the rising costs of peace-keeping loom huge within an MFA budget and more manageable within an MOD budget. Thus, it is assumed that it would relieve the financial pressures on the U.N. if major governments could pay their assessments for U.N. peace-keeping from their defense budgets.

There is probably no across-the-board solution, since the political issues involved will vary from country to country. There is much to be said for a peace-keeping contingency fund coordinated at the Presidential or Prime-Ministerial level, similar to Canada's envelope funding mechanism. This would provide funds for the MFA to pay the assessments, the MOD to pay for military participation in peace-keeping, and the Overseas Development Ministry to make non-military, humanitarian and economic contributions. This would also enable a government to calculate the total costs of and coordinate its overall policy towards U.N. peace-keeping.

3. Reserves and Other Sources of Financing

As it has evolved into a more operational organization, the U.N. has found it more and more difficult to function without stable and adequate reserves. Perhaps the most important set of proposals now under discussion are those to strengthen U.N. financial reserves, or to provide other regular flows of resources.

a. Suspending the Financial Regulations to Retain Budget Surpluses

Under current financial rules, appropriated funds unspent at the end of the budget biennium must be returned to member states. The General Assembly can suspend these regulations and has done so on several occasions, as noted above in section I.4. Such retained surpluses have served as additional reserves when the Working Capital Fund and the Special Account are depleted. All retained budget surpluses must eventually be returned to member states. They can be returned, however, only if outstanding assessments are paid. Until such time, they are in effect the counterpart of unpaid assessed contributions. The Secretary-General has proposed that, until unpaid assessments are down to a manageable level, the General Assembly authorize him to further suspend the relevant financial regulations without prior approval: thus permitting the U.N. to retain unspent budget surpluses on a continuing basis.

Industrialized countries and many developing countries strongly oppose this proposal as bad financial practice. They want their share of surpluses returned, and those states which have paid their own assessments in full are particularly insistent that such surpluses not be retained indefinitely. The ACABQ has formally opposed the proposal, concluding that "such suspensions can only be regarded as a temporary palliative."[59] Thus, there is broad agreement that such suspensions of the financial regulations continue to be applied only on a case-by-case basis.

b. Increasing the Working Capital Fund

The Secretary-General has requested an increase in the Working Capital Fund from $100 million to $250 million, as well as endorsement of the principle that the level of the Working Capital Fund approximate 25% of the annual assessment for the regular budget. The Ogata-Volcker Report endorsed an increase to $200 million. The increase would be financed by an additional assessment on all members, just as such increases have been financed in the past. Its proponents argue that a larger Working Capital Fund is necessary for the business-like management of a large, operational organization which sometimes must move quickly to deal with unpredicted emergencies. It is clear that an increased Working Capital Fund could not solve the problem created by large arrearages, since it could easily be depleted if states continue to run up arrears. However, an increase in this range would be a partial solution to the problem of late payment of assessments.

Some states, including the Nordic countries and a few developing countries, have endorsed the idea as a useful management tool. But most major contributors and many developing countries oppose such an increase because it would mask the problem of substantial unpaid assessments. Moreover, it would further burden those states which do pay their assessments in full and on time. Some European countries say that only after all arrears are repaid and the existing Working Capital Fund and Special Account replenished would it be appropriate to consider whether a larger Working Capital Fund is really needed. The U.S. and Russia are simply opposed to any increase in assessments.

c. Establishing a Peace Endowment Fund

This proposal was originally offered by then Secretary-General Pérez de Cuéllar, who suggested an initial target level of $1 billion. Income from the fund would be used to cover the entire costs of smaller peace-keeping operations, the first few

59 General Assembly Document A/46/765, Report of the Advisory Committee on Administrative and Financial Questions, December 11, 1991.

months of larger ones, and other activities related to peace and security.[60] At $1 billion, the fund would yield approximately $50-60 million per year, while preserving its real value. The fund would be a permanent endowment and the corpus could not be invaded. Thus, the fund would be a self-replenishing financial reserve. When fully capitalized, it could absorb the Peace-keeping Reserve Fund.

The Secretary-General suggested that member states launch the endowment fund and demonstrate their collective responsibility for peace-keeping by providing $300 million through assessments according to the special scale for peace-keeping. The remainder would be raised from private organizations of all kinds, from individuals, and from further voluntary contributions by governments.

Governments have had mixed reactions to this proposal. The Nordics and various developing countries find the proposal interesting, and support its use for both peace-keeping and related activities such as humanitarian emergencies. Others are doubtful, for several reasons. One major concern is that reliance upon voluntary contributions from private sources would dilute the commitments of states to support the U.N., particularly those states which are in arrears. The United States strongly opposes the fund on the grounds that an additional $300 million in assessments is unwarranted, given the high level of assessments already owed the U.N. Other major contributors believe the proposal is overly ambitious and simply do not believe private funds of such magnitude could be raised to support the U.N. Many states, particularly developed countries, are uneasy about ceding control over the U.N.'s financing and agenda to non-governmental actors. They fear that if such a fund accepted corporate contributions, the U.N. might become subject to corporate pressures.

To meet these various objections, the proposal could drop the requirement of initial assessed contributions and emphasize the one-time special character of the endowment by linking it to the 50th anniversary celebration of the United Nations in 1995. It could address ideological concerns about reliance on private monies by subjecting the fund to established U.N. oversight and budgetary procedures and stressing that once a private donor – whether individual or corporate – had contributed, the donor would have no means of influencing the fund's expenditures. As to the practicality of such an endowment, it can only be determined by trying it. UNICEF – the one U.N. agency that makes a serious attempt to raise money from private sources – raised $217 million in 1991 alone. At this juncture in history, the U.N. might well be able to attract substantial private funding to promote peace and security.

The figure of $1 billion is, in fact, not very large compared with current endowment drives at major U.S. universities. Stanford University has recently raised $1.2

60 General Assembly Document A/46/600/Add.1, op. cit., para. 59.

billion in endowment and Yale and Harvard are each currently conducting capital drives in the range of $2 billion. Moreover, individual and foundation gifts for world peace have important precedents. Before World War I, Andrew Carnegie donated the Peace Palace in the Hague, and the Rockefeller family and its related philanthropies contributed heavily to the construction of both the Palais des Nations in Geneva in the 1920s and the United Nations in New York in the 1940s. Indeed, if the 40 largest U.S. philanthropic foundations made a one-time contribution of only 1% of their assets to a Peace Endowment, this combined contribution would equal $500 million, or one half of the goal. Added contributions could be solicited from other private donors, regional and international financial institutions, and governments on a voluntary basis. Indeed, if well executed, the effort might realize substantially more than $1 billion to the U.N.

In 1991, the Secretary-General proposed that governments around the world pass legislation granting tax exemptions to foundations, businesses and individuals for private contributions to the United Nations: a necessary concomitant of any endowment drive. Clearly, this is a matter for domestic political debate. In some countries, including the United States and the Nordic countries, such contributions are already tax deductible. In others, this might be seen as a *de facto* tax increase on taxpayers who choose not to support the United Nations.

d. New Ideas for Global Financing

The former and current Secretaries-General included in their proposals for improving the financial situation of the U.N. a number of new schemes to tax the global commons, national defense budgets or military sales. Such taxes would provide direct financing for the U.N. These ideas are somewhat inchoate, and it is apparent that Secretary-General Boutros-Ghali is not specifically endorsing any of them. The Ogata-Volcker Report dismissed these proposals as "neither practical nor desirable" at this time.[61] No government has endorsed any of them and their implementation would be complex and highly controversial.

Thus, any serious consideration of alternate ideas for U.N. financing is not likely at this time. However, given the possibility that over the long-term the U.N. may need much larger resources, such ideas warrant careful examination by outside scholars and financial experts.

IV. Conclusion

Two onclusions follow. First, in the post-Cold War era, the U.N.'s financial problems seriously constrain the U.N.'s capacity to do well what governments and peo-

61 Independent Advisory Group, op. cit., p. 26.

ple around the world claim they want the U.N. to do. This should become an issue for high-level discussion among important governments, both at a bilateral level and in such settings as the G-7. It should also become a matter for extensive public debate.

Second, in the end, the most important factor in resolving the U.N.'s financial problems is to keep them in realistic perspective. Critics of the U.N. have long called it a "bloated bureaucracy," claiming it was full of inefficient underachievers drawing exorbitant salaries. Certainly, cases of inefficiency, duplication and corruption exist and must be reformed or eliminated. But the overriding fact is that the costs of the U.N., including those for peace-keeping operations, are quite small. The U.N.'s regular 1992 budget was 1.14 billion: the size of the 1992 budget of the New York City Fire Department. The 1992 costs for the thirteen peace-keeping missions now underway was $1.37 billion: less than the 1992 budget of the New York City Police Department. The combined U.N. expenditures for both the regular budget and peace-keeping in 1992 were less than the cost of three Stealth bombers (at $1 billion a unit) or two days of Desert Storm (at $1.5 billion per day). Surely the U.N.'s peace and security missions are worth this scale of investment.

ANNEX I
Proposals Made by the Secretary-General to Address the Financial Situation of the Organization

A. Proposals made in the report of the Secretary-General on the financial situation of the United Nations (A/46/600/Add. 1)

Proposal one

(a) Charging interest on the amounts of assessed contributions that are not paid on time;
(b) Suspending certain financial regulations of the United Nations to permit the retention of budgetary surpluses;
(c) Increasing the Working Capital Fund to a level of $250 million and endorsing the principle that the level of the Fund should be approximately 25 per cent of the annual assessment under the regular budget;
(d) Establishment of a temporary Peace-keeping Reserve Fund, at a level of $50 million, to meet initial expenses of peace-keeping operations pending receipt of assessed contributions;
(e) Authorization to the Secretary-General to borrow commercially, should other sources of cash be inadequate.

Proposal two

Creation of a Humanitarian Revolving Fund in the order of $50 million, to be used in emergency humanitarian situations. The proposal has since been implemented.

Proposal three

Establishment of a United Nations Peace Endowment Fund, with an initial target of $1billion.

B. Additional proposals made in the report of the Secretary-General on preventive diplomacy, peacemaking and peace-keeping, "An agenda for Peace" (A/47/ 277-S/24111)

(a) Immediate establishment of a revolving peace-keeping reserve fund of $50 million;
(b) Agreement that one third of the estimated cost of each new peace-keeping operation would be appropriated by the General Assembly as soon as the Security Council decided to establish the operation; this would give the Secretary-General the necessary commitment authority and assure an adequate

cash flow; the balance of the costs would be appropriated after the General Assembly approved the operation's budget;

(c) Acknowledgement by Member States that, under exceptional circumstancees, political and operational considerations may make it necessary for the Secretary-General to employ his authority to place contracts without competitive bidding.

C. Other ideas added in recent months in the course of public discussion and mentioned in the report of the Secretary-General on preventive diplomacy, peacemaking and peace-keeping, "An agenda for Peace" (A/47/277-S/24111)

(a) A levy on arms sales that could be related to maintaining an Arms Register by the U.N.;
(b) A levy on international air travel, which is dependent on the maintenance of peace;
(c) Authorization for the United Nations to borrow from the World Bank and the International Monetary Fund – for peace and development are independent;
(d) General tax exemption made to the United Nations by foundations, businesses and individuals;
(e) Changes in the formula for calculating the scale of assessments for peace-keeping operations.

Anhang

1. Abkürzungen

ACABQ	Advisory Committee on Administrative and Budgetary Questions
ACUNS	Academic Council on the United Nations System
AFL	Armed Forces of Liberia
AHB	Ausschuß Hoher Beamter (KSZE)
AJIL	American Journal of International Law
ASEAN	Association of South-East Asian Nations
BGBl.	Bundesgesetzblatt
BGS	Bundesgrenzschutz
CEP	Provisional Election Council
CIA	Central Intelligence Agency
CIAV	Comisión Internacional de Apoyo y Verificación
CIS	Community of Independent States
CIVS	Comisión Internacional de Verificación y Seguimiento
CPC	Conflict Prevention Centre (CSCE)
CSCE	Conference on Security and Cooperation in Europe
DEA	Drug Enforcement Agency
DHA	Department of Humanitarian Affairs
DOMREP	Mission of the Representative of the Secretary-General in the Dominican Republic
DPI	U.N. Department of Information
DSP	Democratic Socialist Party (Japan)
EA	Europa-Archiv
EAU	Electoral Assistance Unit
EC	European Community
ECOMOG	ECOWAS Cease-fire Monitoring Group
ECOSOC	Economic and Social Council
ECOWAS	Economic Community of West African States
EG	Europäische Gemeinschaft
EPIL	Encyclopedia of Public International Law
EPZ	Europäische Politische Zusammenarbeit
FAO	Food and Agriculture Organisation
FEER	Far Eastern Economic Review
FMLN	Frente Farabundo Martí para la Liberación Nacional
FR	Frankfurter Rundschau
FUNCINPEC	Front Uni National pour un Cambodge Indépendant, Neutre, Pacifique et Cooperatif
G-7	Gruppe der Sieben (die sieben führenden westlichen Industrieländer)
GA	General Assembly
GATT	General Agreement on Tariffs and Trade
GCC	Gulf Cooperation Council
GS	Generalsekretär (der VN)
GUS	Gemeinschaft Unabhängiger Staaten

GV	Generalversammlung (der VN)
GYIL	German Yearbook of International Law
HQ	Headquarter
ICJ	International Court of Justice
ICRC	International Committee of the Red Cross
IGH	Internationaler Gerichtshof
IHT	International Herald Tribune
IISS	The International Institute for Strategic Studies
IKRK	Internationales Komitee vom Roten Kreuz
I.L.M.	International Legal Materials
ILO	International Labour Organization
INN	International Negotiation Network
INPFL	Independent National Patriotic Front of Liberia
IOM	Intergovernmental Organization for Migration
IWF	Internationaler Währungsfonds
JCP	Japan Communist Party
JIOG	Joint International Observer Group
JVA	Jugoslawische Volksarmee
KSZE	Konferenz über Sicherheit und Zusammenarbeit in Europa
KVZ	Konfliktverhütungszentrum (KSZE)
LDP	Liberal Democratic Party (Japan)
LNTS	League of Nations Treaty Series
MFA	Ministries of Foreign Affairs
MINURSO	U.N. Mission for the Referendum in Western Sahara
MOD	Ministries of Defense
MSC	Military Staff Committee
NACC	North Atlantic Cooperation Council
NGO	Non Governmental Organisation
NORSAMFN	Nordic Committee for Military U.N. Matters
NORTHAG	Northern Army Group
NPFL	National Patriotic Front of Liberia
NUPI	Norwegian Institute of International Affairs/Norsk Utenrikspolitisk Institut
NYT	The New York Times
NZZ	Neue Zürcher Zeitung
OAE	Organisation für Afrikanische Einheit
OAS	Organization of American States/Organisation Amerikanischer Staaten
OAU	Organization of African Unity
OECD	Organization for Economic Cooperation and Development
OECS	Organization of Eastern Caribbean States/Organisation der ostkaribischen Staaten
OIC	Organisation der Islamischen Konferenz
ONUC	U.N. Operation in the Congo/Opération des Nations Unies au Congo
ONUCA	U.N. Observer Group in Central America/Observadores de las Naciones Unidas en Centroamérica
ONUMOZ	U.N. Operation in Mozambique
ONUSAL	U.N. Observer Mission in El Salvador

ONUVEH	U.N. Observer Group for the Verification of the Elections in Haiti
ONUVEN	U.N. Observation Mission for the Verification of Elections in Nicaragua/Misión de Observadores de las Naciones Unidas
ORCI	Office of Research and the Collection of Information
P 5	Permanent Five (Members of the SC)
PCA	Permanent Court of Arbitration
PKO	Peace-keeping Operations
RegAb	Regionale Abmachung
SADC	Southern African Development Community
SAIS	School of Advanced International Studies
SAM	Sanctions Assistance Missions
SC	Security Council
SCR	Security Council Resolution
SDPJ	Social Democratic Party of Japan
SEATO	South-East Asia Treaty Organization
SG	Secretary-General
SR	Sicherheitsrat (der VN)
SWAPO	South West African People's Organization
SWAPOL	South West Africa Police
SZ	Süddeutsche Zeitung
UAE	United Arab Emirates
ULIMO	United Liberation Movement for Democracy of Liberia
U.N.	United Nations
UNAMIC	United Nations Advance Mission in Cambodia
UNAVEM	U.N. Angola Verification Mission
UNCIVPOL	U.N. Civilian Police
UNCUEA	U.N. Center for Urgent Environment Assistance
UNDOF	U.N. Disengagement Observer Force
UNDP	U.N. Development Program
UNEF	U.N. Emergency Force
UNEP	U.N. Environment Program
UNESCO	U.N. Educational, Scientific and Cultural Organization
UNFICYP	U.N. Peace-keeping Force in Cyprus
UNFPA	United Nations Population Fund
UNGOMAP	U.N. Good Offices Mission in Afghanistan and Pakistan
UNHCR	U.N. High Commissioner for Refugees
UNICEF	U.N. Children's Fund
UNIFIL	U.N. Interim Force in Lebanon
UNIIMOG	U.N. Iran-Iraq Military Observer Group
UNIKOM	U.N. Iraq-Kuwait Observation Mission
UNIPOM	U.N. India-Pakistan Observation Mission
UNITAF	Unified Task Force
UNITAR	U.N. Institute for Training and Research
UNMOGIP	U.N. Military Observer Group in India and Pakistan
UNOGIL	U.N. Observation Group in Lebanon
UNOMOR	U.N. Observer Mission Uganda-Rwanda
UNOMSA	U.N. Observer Mission in South Africa
UNOSOM	U.N. Operation in Somalia

UNPA	U.N. Protected Area
UNPROFOR	U.N. Protection Force
UNRWA	U.N. Relief and Works Agency for Palestine Refugees in the Near East
UNSCOL	U.N. Special Coordinator in Liberia
UNSF	U.N. Security Force
UNTAC	U.N. Transitional Authority in Cambodia
UNTAG	U.N. Transition Assistance Group
UNTEA	U.N. Temporary Executive Authority
UNTSO	U.N. Truce Supervision Organization
UNYOM	U.N. Yemen Observation Mission
URF	United Revolutionary Front of Sierra Leone
USDP	United Social Democratic Party (Japan)
VN	Vereinte Nationen
WEU	Western European Union/Westeuropäische Union
WHO	World Health Organization
ZOPFAN	Zone of Peace, Freedom and Neutrality

2. Die Autoren

Peter *Bardehle*, Dr. rer. pol., geb. 1960, Studium der Politischen Wissenschaften in München, Augsburg und New York. Fernsehredakteur und zeitweiliger wissenschaftlicher Mitarbeiter an der Universität der Bundeswehr, Dissertation über Internationale Konsensbildung am Beispiel des U.N. Peace-keeping (Baden-Baden: Nomos, 1991), Lehrbeauftragter an der Hochschule für Politik, München.

Pia *Bungarten*, geb. 1957, studierte amerikanische Geschichte, Anthropologie und Internationale Entwicklung am Amherst College, der Universität München und der Kennedy School of Government (Harvard University). Sie war bis 1992 Leiterin des New Yorker Büros der Friedrich-Ebert-Stiftung und ist zur Zeit Mitglied der "Projektgruppe Entwicklungspolitik" der Friedrich-Ebert-Stiftung in Bonn.

Suzanne *Crow*, geb. 1960, erhielt ihren *Master's Degree in International Affairs* von der George Washington University. Seit vier Jahren ist sie als Expertin für Sowjetische und Russische Außenpolitik beim RFE/RL tätig. Vorher war sie beim *Committee on the Present Danger* mit Problemen der Rüstungskontrolle und dann beim *Center for Naval Analyses* in Alexandria, Virginia, beschäftigt. Zur Zeit arbeitet sie an ihrem Doktorat über Internationale Beziehungen an der *London School of Economics.*

Dr. Jost *Delbrück*, LL.M. (IN), Universitätsprofessor, Direktor des Instituts für Internationales Recht an der Universität Kiel; Visiting Professor an der Indiana University School of Law in Bloomington, IN; Diplomé de l'Académie de Droit International de la Haye; Mitglied des Haager Schiedshofs; Mitglied der Kammer für Öffentliche Verantwortung der EKD.

Åge *Eknes* ist wissenschaftlicher Mitarbeiter am *Norwegian Institute of International Affairs (NUPI)*. Er hat in der Abteilung Sicherheit im Verteidigungsministerium in Oslo und an der *International Peace Academy* in New York über die Vereinten Nationen und Peace-keeping gearbeitet.

Tom J. *Farer*, geb. 1935, studierte in Princeton und Harvard. Er war Präsident der *Inter-American-Commission* für Menschenrechte der OAS und der *University of New Mexico*, sowie Assistent des *General Counsel of the U.S. Defense Department* und *Assistant Secretary of State for Inter-American Affairs*. Er lehrte in Harvard, an der *Johns Hopkins*, *der Princeton* und *der Columbia University* und ist zur Zeit Professor und Direktor des "*joint-degree*"-Programms für Recht und internationale Beziehungen an der *American University* in Washington, D.C.

Helmut *Freudenschuss*, Dr. jur. MSc (Econ), geb. 1956, Mitarbeiter des Ministeriums für Auswärtige Angelegenheiten in Wien. 1991/92 Österreichs *Alternate Representative* beim Sicherheitsrat der Vereinten Nationen, davor *Assistant Professor* am Institut für Menschenrechte (public law) und Politische Wissenschaften der Universität Innsbruck. Veröffentlichungen über Österreichisches und Internationales Öffentliches Recht und Internationale Beziehungen.

Larry *Garber* ist *Senior Associate for Election Processes* am *National Democratic Institute for International Affairs*. Er ist Autor der *Guidelines for International Election Observing (1984)* und verschiedener Artikel über Wahlbeobachtung. Er war Berater (Consultant) der *Organization of American States* in Nicaragua und der *United Nations Electoral Assistance Unit*. Außerdem half er bei der Organisation internationaler Beobachtermissionen in mehr als 20 Ländern.

Wolf *Grabendorff*, geb. 1940, ist seit 1985 Direktor des Instituts für Europäisch-Lateinamerikanische Beziehungen (IRELA) in Madrid. Zuvor war er Lateinamerika-Referent im Forschungsinstitut für Internationale Politik und Sicherheit der Stiftung Wissenschaft und Politik (SWP) in Ebenhausen, Gastprofessor an der *School of Advanced International Studies* (SAIS) der Johns Hopkins University in Washington, D.C. und Lateinamerika-Korrespondent des ARD-Fernsehens in Buenos Aires. Er hat mehr als 60 Beiträge zur Innen- und Außenpolitik Lateinamerikas veröffentlicht.

Hartwig *Hummel*, geb. 1957, Studium der Geographie und Politikwissenschaft in Tübingen und Tokyo, 1983 Diplom in Geographie, 1991 Promotion in Politikwissenschaft, 1983-85 wissenschaftlicher Mitarbeiter im Deutschen Bundestag, Fraktion Die Grünen, 1989-91 wissenschaftlicher Mitarbeiter an der Universität Tübingen und seit 1991 an der Universität - Gesamthochschule - Duisburg.

James O. C. *Jonah*, Dr., seit März 1993 VN-Untergeneralsekretär für Politische Angelegenheiten, wurde 1934 in Freetown, Sierra Leone, geboren. Er promovierte am MIT (Massachusetts Institute of Technology) und verbrachte unter anderem ein Jahr in Deutschland als Stipendiat der Friedrich-Ebert-Stiftung. Er ist seit 1963 Mitarbeiter der VN und hat dort verschiedene Abteilungen (Office for Research and Collection of Information, Office of Field Operational and External Support Affairs etc.) als Assistant Secretary-General geleitet.

Winrich *Kühne*, Dr. jur., geb. 1944, Studium der Rechtswissenschaft und Politik an den Universitäten in Kiel, München und Mexico City; seit 1973 wissenschaftlicher Mitarbeiter der Stiftung Wissenschaft und Politik (SWP) in Ebenhausen bei München; zugleich Gastprofessor am Bologna Center der Johns Hopkins

University, School of Advanced International Studies, sowie Berater verschiedener politischer und gesellschaftlicher Einrichtungen. Forschungsgebiete: Schwarzafrika, allgemeine Fragen des Nord-Süd-Konflikts und VN-Friedenssicherung.

Roy S. *Lee*, geb. 1938 in China, ist *Principal Legal Officer* im Büro des *Legal Counsel, Office of Legal Affairs* der Vereinten Nationen. Er arbeitet seit 1967 bei den Vereinten Nationen, zuerst als Mitglied der Abteilung (division) für Menschenrechte und dann als Sekretär bei der 3. VN-Seerechtskonferenz. Lee hat einen LL.M.-Abschluß der *McGill University* (1962) und promovierte an der *University of London* (1967).

Dr. Kay *Möller*, geb. 1955 in Cuxhaven, Studium der Sinologie und Politischen Wissenschaft in Hamburg, Paris, Paipei und Bochum. 1982-1991 Beamter des Auswärtigen Amtes mit Posten in Malaysia und Singapur. Seit 1992 wissenschaftlicher Mitarbeiter der Stiftung Wissenschaft und Politik (SWP), Ebenhausen, wo er sich schwerpunktmäßig mit China und Südostasien beschäftigt.

Dr. Connie *Peck* koordiniert seit kurzem das neue *Fellowship Programme for Peacemaking und Preventive Diplomacy*, das von ihr in ihrer Eigenschaft als *Special Consultant* des Australischen Außenministers, Senator Gareth Evans, initiiert wurde. Davor war sie Vorsitzende des Gründungskomitees (Founding Chair) des Instituts für *Peace Research* an der *La Trobe University* in Australien und Dozentin für Psychologie. Die Möglichkeiten der Verbesserung von *Peacemaking* und *Preventive Diplomacy* innerhalb des VN-Systems sind ihr Hauptarbeitsgebiet.

Giandomenico *Picco*, geb. 1948 in Italien, war *Assistant Secretary-General* der Vereinten Nationen. Von 1973 bis 1992 leitete er als VN-Beauftragter die Bemühungen um die Freilassung der amerikanischen, englischen und deutschen Geiseln in Beirut und um die Beendigung des Irak-Iran-Krieges 1988. Er war Mitglied des VN-Teams, das die Verhandlungen über das Afghanistan-Genf-Abkommen führte. Er besitzt Auszeichnungen der Vereinigten Staaten, Großbritanniens, Deutschlands, Italiens und des Libanon. Seit August 1992 ist er in leitender Stellung beim italienischen Ferruzzi-Montedison-Konzern in New York tätig.

Dr. Rudolf *Schmidt*, geb. 1938, Diplomat und gegenwärtig im Auswärtigen Amt in Bonn tätig. Vorher auf Auslandsposten bei der deutschen VN-Vertretung in New York und der NATO-Vertretung in Brüssel sowie den deutschen Botschaften in Washington und Kinshasa und dem Generalkonsulat in Zagreb.

Veröffentlichungen über Afrika, Nord-Süd-Politik, Rüstungskontrolle und die Vereinten Nationen.

Dr. Enid C. B. *Schoettle* promovierte in Politikwissenschaft und Internationale Beziehungen am *Massachusetts Institute of Technology*. Sie lehrte Politikwissenschaften in *Swarthmore* und an der *University of Minnesota*, bis sie 1976 zur Ford Foundation ging. Dort war sie erst als *program officer* für amerikanische Außenpolitik, Rüstungskontrolle und Verteidigungspolitik tätig, später dann als Leiterin des *International Affairs Program*. Sie ist Mitarbeiterin des *Council on Foreign Relations* und leitete dort seit 1991 das Projekt *International Organizations and Law*. Sie veröffentlichte eine Vielzahl von Arbeiten über multilaterale Rüstungskontrolle, Verteidigungspolitik, Internationale Beziehungen und die Vereinten Nationen.

Dr. Dieter *Senghaas* studierte Politikwissenschaft, Soziologie und Geschichte an der Universität Tübingen, am Amherst College und an der Universität von Michigan. 1967 promovierte er an der Universität Frankfurt a.M. 1968-1970 war er zu einem Forschungsaufenthalt an der Harvard-Universität. 1970-1978 arbeitete er als Forschungsgruppenleiter an der Hessischen Stiftung Friedens- und Konfliktforschung. Seit 1978 lehrt er Friedens-, Konflikt- und Entwicklungsforschung an der Universität Bremen. Er ist derzeit Gastprofessor an der Stiftung Wissenschaft und Politik (SWP), Ebenhausen.

Engelbert *Theuermann*, geb. 1963, Wolfsberg, Österreich, Studium der Rechtswissenschaften (Magister iuris), seit 1987 Assistent am Institut für Völkerrecht und internationale Beziehungen, Universität Graz. Seit 1990 dienstzugeteilt im Bundesministerium für Auswärtige Angelegenheiten (UNO-Abteilung; österr. Vertretung in New York und Genf).

Thomas G. *Weiss* ist *Associate Director* des *Thomas J. Watson Jr. Institute* für Internationale Studien und *associate dean* der *Brown-University*. Davor hatte er verschiedene Positionen bei den Vereinten Nationen und war *Executive Director* der *International Peace Academy*. Er hat ausführlich über Entwicklung, Peacekeeping, Verbesserung der humanitären Hilfen (humanitarian relief) und internationale Organisationen geschrieben. Weiss ist außerdem *Executive Director des Academic Council on the United Nations System (ACUNS).*

3. English Abstract

International developments in the field of peace and security looked so promising after the end of the Cold War. Washington and Moscow were leaving their long-time global antagonism behind and cooperating to eliminate deformations of the East-West conflict. The negotiations on the reduction of nuclear and conventional weapons in Europe, dragging on for more than a decade, came to an end. In the Third World a number of violent conflicts were brought to a peaceful solution. The Red Army left Afghanistan; Namibia became independent, and in Nicaragua the international community convinced the warring parties to end the bloody civil war by free and fair elections, monitored by the international community. In Angola, Cambodia, the Western Sahara and later in Mozambique and South Africa negotiations were initiated.

Indeed, an era of peace and a "New World Order" seemed to have dawned. Suddenly, the U.N. was back in the limelight. The Organization's involvement in conflict management and resolution took a quantitative and qualitative leap. In particular its most powerful organ, the Security Council (SC), showed a commitment for cohesion and action, praised by many international commentators, despite the ambivalent reaction of the international community to its authorization of the U.S.-led intervention in the Gulf. Highlights of this phase of optimism were the summit meeting, held by SC members in New York in January 1992 the first time in the history of this Organization, and the *Agenda for Peace* published by Secretary-General Boutros Boutros-Ghali in June 1992.

Little is left of this optimism in the summer of 1993. Liberated from the iron clutch of the East-West confrontation, ethnic, social and religious turmoil breaks open with irresistible force in several parts of the world. In 1993 the number of violent conflicts on the European map is more numerous than on Africa's. Deliberately countering George Bush's rhetoric about a New World Order, France's president Mitterrand coined the notion of a "new world disorder."

The U.N.'s fortune has also changed. Having just got used to being supported by a wave of sympathy, the Organization suddenly became the international whipping-boy. U.N.-bashing is very much in vogue these days. If it does not act or only acts with great caution, as in Bosnia, it is accused of wavering and cowardice; if however it acts decisively and with military force, as in Somalia, it is denounced to do it all wrong. Accusations of militarism and neo-colonialism are easily made.

Without any doubt, the U.N. commits errors and has to improve; a thorough learning process is required. But this is no less true for its critics. With the extension of the U.N.'s role we all have entered into a new and mostly unknown area of international conflict management. Nobody can predict the outcome of this risky enterprise, at least not at present. Yet it seems safe to predict that peace-keeping and its extended forms are not any longer an "exotic" sideshow of global security policy, but are rather becoming one of its main pillars.

The German public and élite, struggling with the economic, social and political problems of unification and having no experience in peace-keeping, is poorly prepared for this difficult discussion. The problem of developing the U.N.'s peace-making and peace-keeping capabilities is viewed through the narrow lenses of what the constitution allows regarding the *Bundeswehr's* participation in U.N. operations. The disagreement about a correct interpretation of the *Grundgesetz* has to be seen in the wider context of a general German debate: To what extend is the use of force a legitimate tool of foreign policy and international security policy in view of Germany's history?

This book takes a much broader view. Its contributions were part of a comprehensive study on the future of Germany's defense and security policy, undertaken by a team of the *Stiftung Wissenschaft und Politik* in Ebenhausen near Munich/ Germany prepared for the German Defense Ministry in 1992-93. More than twenty international experts, many of them with experience in the field, elaborate on basic problems of the development of international law and the U.N. Charter, of peace-keeping in its military and civil components, on changes in the practice of the Security Council, on the role of regional arrangements and the improvement of preventive diplomacy and conflict management as well as, last but not least, the unsolved financial problems of the U.N. The sudden increase in tasks has not been followed by an corresponding "new thinking" with regard to the resources the U.N. needs to fullfil these tasks. The majority of states still hopes to get the "New World Order" at a "zero-tariff" as Germany's minister of foreign affairs, Klaus Kinkel, put it in his speech to the General Assembly in September 1992. The U.N. is in danger of breaking down under the burden of peacemaking and -keeping in a turbulent world.

The contributions of the international experts are preceded by a study of the editor, drawing on their findings. In an overview it introduces the dynamics of the post-Cold War turbulent world and the proliferation of ethnic, religious and similar conflicts. Public international law and the U.N. face radical new challenges. Their rules and mechanism were geared toward conflicts between states. The new generation of conflict has a different dynamic and pays little respect to traditional assumptions of international law and conflict management. A centerpiece of this study therefore is – taking up proposals by Sir Brian Urquhart and others – the demand for a new, robust generation of peace-keeping. Challenged by the proliferation of ethnic and similar conflicts, the gap between traditional Blue Helmet operations on the one hand and peace-enforcement against aggressive states in the sense of classical collective security (chapter VII of the U.N. Charter) on the other needs to be closed.

Enlarged, robust peace-keeping should not be misinterpreted as just another form of war-fighting. Yet, there is no denying the enormous challenges which have to be overcome to make it a viable instrument. The timing of non-military and military action, the use of limited military force in a non-escalatory, appeasing manner, the quick provision of sufficient numbers of well-trained troops, organization of political and military command and control in a way which satisfies the needs of operational efficiency as well as of multilateralized political and legal legitimacy are outstanding issues in this regard. Finally, the author wishes to acknowledge the impact of a number of workshops in New York with members of the U.N., diplomats and academics as well as thorough discussion with experienced peace-keepers from Austria and other countries had on the content of this study.

In a time when books on international relations are in danger of becoming outdated before they are published, the contributions here are therefore being published in the language in which they were written (most in English). They have been up-dated shortly before going into print.

Ebenhausen, July 1993

Winrich Kühne